진보
재집권
플랜

진보
재집권
플랜

초판 1쇄 인쇄　2021년 9월 02일
초판 1쇄 발행　2021년 9월 10일

신고번호　제313-2010-376호
등록번호　105-91-58839

지은이　주나라

발행처　보민출판사
발행인　김국환
편집　정은희
디자인　김민정

주소　서울시 강서구 마곡서로 152, 두산타워 A동 1108호
사이트　www.bominbook.com

ISBN　979-11-91181-78-4　03300

• 가격은 뒤표지에 있으며, 파본은 구입하신 서점에서 교환해드립니다.
• 이 책은 저작권법에 의하여 보호를 받는 저작물이므로 무단 전재와 복사를 금합니다.

진보
재집권
플랜

조나라 지음

보수와의 말싸움에서 한방에 이길 수 있는
명쾌한 논리가 가득한 책!

프롤로그

군주는 배요 백성은 물이다.
물은 배를 띄울 수 있고, 배를 엎을 수도 있다.
(군자주야 君者舟也 서인자수야 庶人者水也
수칙재주 水則載舟 수칙복주 水則覆舟)

- 〈정관정요〉 中에서 -

이렇게 다시 시작합니다

H사장 안녕하세요. 조나라 교수님. 요즘 많이 바쁘실 텐데 이렇게 시간을 내주셔서 감사해요.

조나라 별말씀을요. H사장님은 여전히 아름다우시네요. 그리고 점점 젊어지시는 것 같습니다.

H사장 시작부터 이렇게 띄워주시니 당황스럽네요. 사실 제가 젊었을 때는 모델이라는 소리를 좀 들었죠. 하지만 지금은 중고생 두 아이를 둔 엄마입니다. 예쁘다는 소리는 전부 거짓말인 거 알고 있어요.

조나라 눈치가 빠르시네요. 어쨌든 이렇게 자리를 마련해주신 것만 해도 감사합니다. 요즘은 진행 중인 재판이 있기는 하지만, 당장은 대학에서 강의가 없어서 한가한데 잘 되었죠. 제가 진보를 대표해서 다시금 이런 책을 준비한다는 게 꿈만 같습니다. H사장님 출판사는 요즘 진보 관련 책으로 엄청 잘 되고 있다고 들었는데 제가 개인적으로 이런저런 일이 많아서 H사장님 책을 읽지 못하고 있어요. 죄송합니다.

H사장 요즘 많은 일들이 있으시던데 좋은 방향으로 잘 정리되시면 좋겠어요. 이미 말씀드렸지만 이제 우리가 만들고자 하는 책은 진보의 재집권을 위해 도움이 되는 책이에요. 솔직히 진보가 잘해서 집권했다기보다는 박근혜·최순실 국정농단 사태를 올라타고 집권했잖아요. 이제 박근혜·최순실 약발이 떨어진 지금 진보는 스스로를 좀 돌아보

고 아직도 국민들이 전처럼 지지하는지, 만약 지지하지 않는다면 무엇이 문제인지 논의해봤으면 해요.

왜 진보를 하십니까?

조나라 19대 대통령 선거에서 승리를 한 진보가 21대 국회의원 선거에서 압승함으로써 국민의 확고한 지지를 받고 있다는 것이 증명되었었죠. 하지만 지난 2021년 4월 서울시장, 부산시장 보궐선거에서는 참혹한 패배를 당했어요. 그래서 "아직도 진보가 진정 국민의 지지를 받고 있는가"라는 고민이 생겼지요. 제가 가끔 스스로 진보임을 자처하는 사람을 만나게 되면 던지는 질문이 있어요. "왜 진보를 하십니까?" 여기에 시원하게 대답하는 사람이 거의 없어요. 그냥 "당연히 진보해야죠. 그럼 보수를 해요?" 아니면 "문재인 대통령이 좋아서 무조건 진보입니다" 이런 식의 대답을 들으면 정말 머뜩하죠. 아무 이유는 없고 그냥 보수는 아저씨 같고 늙어 보이니까 또는 진보인사가 좋아서라는 대답뿐이거든요. 진보진영의 지지자들은 이렇게 아무 고민 없이 나라의 미래를 결정할 정치세력에 대한 판단을 하고 있어요.

H사장 좀 의외인데요. 그런 무조건적인 지지라면 오히려 좋은 거 아닌가요? 딱히 길게 정책이나 정치적 목적을 설명하지 않아도 지지해주실 것이고, 만약 진보진영의 정치세력이 부정부패를 한다고 해도 깊게 생각을 하지 않기 때문에 계속해서 지지를 이어가시겠죠. 사실 나라를 운영하다 보면 크고 작은 사고가 없을 수 없잖아요. 이런 문제가 나올 때마다 지지자들이 문제가 있다고 인식하고 이탈을 한다면 얼마나 국

정운영이 힘들겠어요?

조나라 솔직하게 말씀드려서, 진보진영에 있어서는 그런 맹목적인 지지자들은 매우 고마운 사람들입니다. 그렇지만 자기가 왜 진보를 지지하는지 이유도 모르고 지지한다면 맹목적인 그 모습에 같은 진보진영에서조차 거부감을 가지는 경우가 생길 것이고요. 다른 진영과의 대화 과정에서 매우 추한 모습을 보이게 돼요.

H사장 추한 모습이라는 게 무슨 말씀이신지?

추한 진보

조나라 예를 들어 진보진영의 지지자 분과 다른 보수진영의 지지자 분이 같이 앉아서 식사를 하는 자리에서 '소득주도성장'에 대한 주제가 나왔다고 합시다. 맹목적인 진보진영 지지자 분이 문재인 대통령이 시행한 '소득주도성장'은 매우 잘한 정책이고, 2015년에 박근혜 대통령이 시행한 '소득주도성장'은 매우 잘못한 정책이라고 비판을 하는 거죠. 그때 다른 분들이 물어봅니다. 왜 같은 '소득주도성장' 정책인데 왜 문재인 대통령은 잘했고, 왜 박근혜 대통령은 못했나?

H사장 오호, 그러네요. 이름이 같은 '소득주도성장'이네요.

조나라 이런 질문을 받은 맹목적인 진보진영 지지자 분은 자신 있게 밝은 표정으로 대답합니다. "문재인 대통령님께서 한 건 무조건 좋고,

박근혜 X이 한 정책은 무조건 나쁘기 때문이다" 정말이지 제가 봐도 얼굴이 화끈거리고 창피해요. 하지만 맹목적인 진보진영 지지자 분은 너무도 당당하고 자신감이 넘쳐서 행복해 보이기까지 합니다. 그리고 나서 자세히 설명해달라고 하면 화를 내고 소리를 지르시지요. 만약 이런 상황에서 문재인 대통령의 '소득주도성장'과 박근혜 대통령의 '소득주도성장'의 차이점을 설명하고 상대를 이해시킬 수 있다면 얼마나 좋았을까요? 그리고 이런 맹목적인 지지자를 대한 다른 분들이 진보진영의 정치적 방향을 지지할 수 있을까요? 오히려 거부감을 가지게 되지 않을까요?

H사장 그러게요. 저도 많이 겪었던 일입니다. 정말 옆에서 보고 있으면 차라리 입을 다물고 있으라고 말해주고 싶어지더군요. 문재인 정부의 정책 내용도 모르고 진보가 뭔지도 모릅니다. 그냥 좋아요~~

조나라 제가 이런 현상들을 보면 몇 년 전에 우리나라를 휩쓸었던 'North Face' 열풍이 떠올라요. 한 벌에 60~70만 원짜리 비싼 패딩을 전국의 중고생들이 너나없이 입고 다녔었지요. 저는 그게 교복인 줄 알았습니다. 그토록 개인의 자유와 개성을 주장하는 어린 청소년들이 그렇게까지 획일적인 패션을 좋아할 줄은 상상도 못했죠. 그래서 이걸 그냥 '유행'이라고 불러요. 이유도 없고 목표도 없고 그냥 남들이 입으니까 나도 맹목적으로 입는 겁니다. 결국 '유행'은 지나가 버리고 이제 와서 옷장에 곰팡이 피어 있는 'North Face' 패딩을 보면 창피하기까지 해요. 이런 것처럼 진보에 대한 지지가 한때의 '유행'이 된다면 정말 머뜩하겠죠? 나중에 유행으로 진보진영을 맹목적으로 지지했던 지지자

분들은 거리의 'North Face'처럼 사라져버릴 수도 있습니다.

H사장   아직은 그런 걱정 안 하셔도 되지 않을까요? 진보진영의 지지 세력은 여전히 건재하죠. 진보가 무엇인지 진지한 고민을 하기보다는 열심히 열광하기 바쁘거든요. 더불어민주당 의원이라도 말 한마디만 잘못하면 문자폭탄 날아다니는 거 봐요.

조나라   하지만 언론이나 국민들의 여론에서 "이게 나라냐 vs 그럼 이것도 나라냐"라는 말들이 떠돌고 있습니다. 앞부분의 "이게 나라냐"라는 것은 박근혜 정부 시절에 진보진영에서 박근혜 정부의 실정으로 국가가 국민을 위한 정치를 하지 못해서 정부를 비난하는 투로 말한 것이지요. 문제는 그 다음에 나오는 "그럼 이것도 나라냐"라는 평가인데요. 박근혜 정부의 무능과 부정을 비판하면서 집권한 진보진영의 정책이 국민들이 생각하는 결과와 차이가 있다 보니까 무능하다고 느끼시는 국민들이 많아지고 결국 일하는 거 보니까 "박근혜 정부보다 나아진 게 없네"라는 식의 비아냥거림과 한탄이 나타나게 된 것입니다.

H사장   요즘은 '잠깐 이명박 전 대통령을 감옥에서 풀어줘서 경제를 살린 다음에 다시 수감하자'라는 어처구니없는 댓글이 달리고 있어요.

문재인 정부의 진정한 목적을 이해해야 합니다

조나라   그러나 이것은 진보진영의, 즉 문재인 정부의 진정한 목적 자체가 무엇인지 잘 모르고 계시기 때문에 생기는 평가의 오류죠. 제가 이 책에서 추구하는 목적이 바로 이것입니다. 이유 없이 진보가 뭔지도 모르고 지지하시는 분들에게 진보를 해야 하는 이유, 진보진영의 정책들과 그 결과를 말씀드리고, 진보진영의 정치적 목표가 무엇인지 확실히 전달하여 진보에 대한 지지를 더욱 강하게 만드는 것이지요.

H사장 네, 알겠어요. 이제부터 진보의 정의부터 시작해서 이미 시행되고 있는 정책의 내용과 방향이 잘 설명될 것이 기대되네요. 그래서 저는 이 자리에 조금 특별한 손님을 모셨어요. 진보 측 인사들끼리 자기들이 평가하고 자기들이 칭찬한다는 비판이 많이 있어서 보수 측 인물을 모셔봤습니다.

조나라 반갑습니다. H사장님으로부터 말씀 많이 들었습니다. 매우 독창적인 보수인사라고 칭찬이 많으시더군요.

홍박사 영광입니다. 나름 사회 평론가를 자처하는 홍박사입니다. 분명히 H사장님께서 욕을 많이 하셨을 텐데, 그런 식으로 좋게 평가해주시니 감사합니다. 실제로 뵈니 정말 미남이시군요. 어떻게 그렇게 배가 하나도 안 나오고 잘생길 수가 있습니까?

조나라 하하하, 안 보여서 그렇지 군데군데 많이 있습니다. 키가 커서 살들이 희석되는 거 같아요.

홍박사 사실 제가 좀 나오기 부담스러웠습니다. 저는 키도 작고 배도 나오고 얼굴은 중간 정도라고 우기고는 있습니다만, 어쨌든 너무 외모에서 밀려요.

H사장   저 쳐다보지 마세요. 아무 말도 안 할 겁니다.

홍박사   그럴 줄 알았습니다. 어쨌든 과분한 자리에 불러주셔서 감사합니다. 솔직히 제가 보수를 대표할 만한 석학도 아니구요. 제가 서울대 교수를 할 정도로 공부를 잘하진 못했거든요. 거기다가 보수를 대표한다고 한마디 했다가는 문자폭탄을 받을까 봐 정말 두렵고 떨립니다.

H사장   그래서 이번에 책은 모두 필명으로 집필할 예정이에요. 보안도 철저히 지키고요. 그래야 서로 허심탄회하게 자신의 의견을 말할 수 있을 테니까요. 두 분 모두 괜찮으시죠?

조나라   괜찮습니다.

홍박사   저도 대환영입니다.

H사장   그리고 이번에는 가급적 미리 질문 내용을 드리고 서면으로 받은 후 서로의 의견을 조율하는 정도의 만남을 가지려고 합니다. 매번 만나서 대화 나누고 나중에 그 내용을 정리하는 방식은 내용도 방대하고 깊이가 좀 얕은 거 같아서요.

조나라   그렇게 말씀 안 하셔도 압니다. 전에 책 낼 때 정리하시던 직원

분들이 무척 힘들어했다고 들었습니다. 이번에는 간결하게 핵심으로 바로 들어가도록 하시죠.

홍박사 H사장님이 요즘 인건비가 올라서 직원들 적게 쓰려고 하시는군요. 알겠습니다. 저야말로 좋습니다. 제가 순간적으로 말을 하는 순발력이 좀 부족한 편이거든요.

H사장 두 분 모두 감사해요. 일단 서로의 의견을 나누기 전에 규칙을 좀 정했으면 해요. 첫째, 서로에 대한 원색적인 비난은 생략 바랍니다. 예를 들면 나는 이렇게 생각하는데 이러한 관점에서 보면 저 생각은 말도 안 된다. 이런 식으로 비하하지는 말아주세요. 이렇게 하면 서로를 알아가려는 이번 작업의 의미가 없어지니까요. 물론 논리적인 비판은 가능합니다. 둘째, 정책의 내용이나 결과에 대한 언급이나 사실관계는 언급해주셔도 됩니다. 그러나 진보나 보수 인사의 개인적인 사건이나 비위 사실을 들춰내서 언급해주시는 것은 삼가해주세요. 전체적인 방향이 매몰되어 버리니까요. 셋째, 쉬운 말로 해주세요. 제가 목표하는 바는 중학생이 읽어도 알 수 있는 수준의 책을 만드는 거예요. 그래야 책이 많이 팔릴 테니까요. (웃음) 넷째, 서로 의견을 제시하는 내용의 길이를 맞춰주셨으면 좋겠어요. 한쪽이 너무 길고 한쪽이 너무 짧으면 편파적인 내용이 되는 거 같아서요. 그리고 두 분이 따로 주신 내용은 저희가 서로 대화하는 것처럼 편집할 겁니다. 물론 편집하면서 내용이 변질되는지는 두 분께서 점검해주시면 되겠죠. 그렇게 하는 이유는 앞에서 말한 것같이 중학생이 읽어도 편하게 이해되는 쉬운 책을 만들고 싶어서입니다. 이해해주실 수 있겠죠?

조나라 하하하, 전에 했던 작업이 더 편할 거 같네요. 인건비가 올라서 그런 거라면 진보에서 정말 할 말이 없으니 따르겠습니다.

홍박사 저보고 진보 관련 책에 참여하라고 할 때부터 예상하고 있었습니다. 저도 싸우러 온 건 아니니까요. 사실 잘 못 싸웁니다. 집에서도 애들에게 맨날 집니다.

H사장 애들에게만 지면 다행이죠. 그건 대한민국 어른이면 모두 다 동일한 거 아닌가요? 같은 나라에서 같은 시대를 사는 사람들끼리 서로를 이해하고 받아들이는 계기를 이 책을 통해 만들고 싶어요. 앞으로 많이 귀찮게 해드리겠지만 용서하시고 많은 협조 부탁드릴게요.

조나라 네, 알겠습니다.

홍박사 네, 불러주셔서 감사합니다. 최선을 다할수록 여기서는 욕을 먹겠지만 각오하고 있습니다. (웃음)

프롤로그 ···6

Subject 1   서로 마주 보기 ···18
Subject 2   경제민주화 이야기 ··118
Subject 3   경제 이야기 ··168
Subject 4   교육 이야기 ··240
Subject 5   국회 이야기 ··302
Subject 6   부동산 이야기 ··370
Subject 7   검찰개혁 이야기 ··460
Subject 8   복지와 재정 이야기 ··514
Subject 9   성소수자, 그리고 저출산 이야기 ···596
Subject 10 진보의 재집권 이야기 ··684

에필로그 ···707

Subject 1
서로 마주 보기

"기회는 평등(評騰)할 것입니다. 과정은 공정(公定)할 것입니다.
결과는 정의(情義)로울 것입니다"

- 제19대 대통령 문재인 취임사 中에서 -

다음 대선에서 진보가 재집권할 수 있을까요?

H사장　2022년 3월에 있을 대통령 선거에서 진보진영이 재집권할 수 있다고 보시나요?

조나라　오호~ 바로 직격탄을 날리시는군요. 고상하신 H사장님이 이렇게 돌직구를 날리실 줄은 몰랐네요.

H사장　일단 핵심부터 이야기해야 독자님들의 눈을 멈추게 할 수 있지 않을까 해서요.

조나라　맞는 말씀이네요. 항상 고민하고 있는 문제지요. 우리나라와 같은 제왕적 대통령제를 시행하고 있는 나라에서는 국회의원 178석보다도 대통령 한 명이 더 영향력이 크니까요. 만약 진보에서 다음 대선에서 진다면 재집권에 실패했다고 평가하는 것이 맞을 겁니다.

H사장　그죠. 제가 말 잘했죠? 이제 조나라님의 견해를 말씀해주시죠.

조나라　사실 문재인 대통령님이 당선되시던 2017년 5월 9일 제19대 대통령 선거 때만 해도 진보정권은 영원할 줄 알았어요. 당시에는 박근혜·최순실 국정농단에 처참한 피해를 입으신 국민들이 분노하여 불같이 일어난 저항의 촛불이 진보진영을 향하여 환하게 빛났거든요. 대한민국에 진정한 진보정부가 탄생한 날이었습니다. 하지만 4년이 지난 지금은 매우 불안한 상황이 되었지요.

H사장 맞아요. 그때가 선거하기는 편했죠. 그래서 2020년 4월 15일 21대 국회의원 선거에서 전에는 집권 3년 차 동안 진보진영의 각종 정책실패로 피해를 입은 국민들이 반감을 드러내면서 상황은 매우 긴박하게 돌아갔었지요. 진보진영의 참패를 예상하는 사람들까지 나타났던 형국이었어요.

조나라 하긴 그랬었죠. 모두가 의아해하기는 하지만 진보를 사랑하는 국민들의 지지로 결국 더불어민주당이 180석의 의석을 확보했었습니다.

사소한 문제가 쌓여서 재집권이 불안하다

H사장 그러나 21대 국회의원 선거에서 승리의 기쁨도 잠깐이었어요. 임차인들을 돕기 위해 통과시킨 임대차 3법으로 인해 전월세가 올라버리거나 살 집에 들어가지 못한 세입자들이 분노했구요. 물에 빠진 해경 공무원을 총으로 사살하고 시신에 불까지 지른 북한에 대해서 오히려 해경 공무원을 비난하는 발표를 하는 바람에 인심을 다 잃었지요. 설상가상으로 공공의대를 설립하여서 시민단체 인사들의 자녀들을 시험도 안 치르고 추천만으로 대거 의대로 입학시키려 했던 계획이 노출되었어요. 그 결과로 의사들의 저항을 상대하면서 동시에 코로나19 방역을 수행하느라 너무도 힘들었구요.

조나라 아이구, 그뿐인가요? 법무부장관 아들이 군에서 전화로 정당한 휴가 연장을 했음에도 이를 비난하는 세력들이 각종 구설수들로 공격하는 바람에 청년층의 진보진영 이탈이 가시화되었었죠.

H사장   제가 여자라서 잘 몰라요. 하지만 군대에서 현역병 휴가는 전화로 간단하게 연장된다고 국방부장관이 직접 확인해주셨잖아요? 그 정도면 아주 상식이죠. 그런데도 이걸 모르는 일부 군필 청년층 여러분들이 강력하게 반발을 했었어요. 이런 데미지가 누적되다 보니, 2021년 4월에 치뤄진 서울시장, 부산시장 보궐선거에서 더불어민주당은 대패하고 말았지요. 이제 2022년 3월에 예정된 20대 대통령 선거에서 진보진영의 후보자가 압승할 것이라고 낙관적으로 기대를 하는 것은 무리가 아닐까요?

조나라   그래서 이 책이 쓰여지는 것이 아닙니까? 진보진영도 사람이고 흠이 없을 수는 없어요. 그러나 사소한 시비가 있더라도 진보의 진정한 지지자라면, 오직 정의의 길을 향하는 진보진영의 큰 뜻을 제대로 인식해야 합니다. 이것은 마치 독립운동하는 임시정부에서 사소한 횡령문제가 생겼다고 해서 독립운동 전체를 부정하는 것과 같아요. 사소한 시비들 때문에 진보진영의 지지자가 자신의 참모습을 버리고 보수진영이나 중도층이 된다는 것은 전쟁터에서 동료들을 버리고 전선을 이탈하는 군인과 같이 비겁한 짓이죠.

H사장   전쟁터라는 표현이 매우 적절한 것 같아요. 지금 대한민국은 진보와 보수 진영 간 싸움으로 내전에 가까운 상황이잖아요? 우리는 무조건 옳고 너희는 무조건 틀리다. 서로 적대시하면서 한쪽이 지구상에서 영원히 사라지길 바라는 전쟁 상태죠. 당장이라도 총만 있으면

서로 쐬죽일 것 같은 형국입니다.

조나라 어떤 분들은 진보진영에서 국민 간에 분쟁을 부추긴다고 험담하시기도 하죠. 그러나 진보진영도 한 나라의 국민이 끝없이 서로 싸우는 것은 낭비라고 생각해요. 누군가를 미워하고 증오하면서 마음껏 욕을 해대면 속이 후련하겠지만, 그 욕을 들은 사람은 상처받을 테고요. 또 그 욕을 먹은 상대방이 다시 이쪽을 욕을 하면 내가 상처를 받게 되죠. 증오로 인한 피해는 국민 스스로 부담해야 하니, 어떻게 안타깝지 않을 수 있을까요? 마치 서로 마주 보고 서서 상대편 뺨을 한없이 때리면서 맞고 있는 것 같아요.

H사장 그런데 제가 보기에는 그렇게 열심히 싸우시는 분들이 열정에 비해 기초는 매우 빈약한 거 같아요. 앞장에서도 말씀하신 것같이 진보진영으로 자처하는 분들에게 왜 진보를 자처하는지 물으면 "그냥 멋있어서", 아니면 "당연히 진보지요"라고 답을 하거든요. 도무지 합리적인 이유가 없어요. 심지어는 "내는 전라도랑께요"도 있어요. 또한 보수진영으로 자처하는 분들에게도 "왜 보수진영을 지지하시나요?"라고 물으면 "너 빨갱이지!"라고 화를 버럭 내서요. 열심히 싸우고 서로 욕을 하시는데 정작 진보와 보수의 정의도 모르지요. 각 진영에서 실행한 정책 중에서 어떤 정책이 좋은지는 더더욱 몰라요.

조나라 과거에는 진보, 중도, 보수의 정치세력 중에 중도가 제일 많았지요. 지금 진보진영의 중심인 더불어민주당도 예전에 고 김대중 대통령 시절에는 중도보수를 선언했을 정도였어요. 고 노무현 대통령님

이후에 시민사회단체와 연계하면서 진보의 모습으로 본격적인 무장을 시작했습니다.

H사장 지금은 그때 중도층이 아예 사라져버렸는지 보이지도 않아요.

속고 있던 중도층이 피해자임을 깨닫고 진보로 편입

조나라 고 노무현 대통령님의 양극화 해소 선언을 통해서 중도층 가운데에 서민들이 기득권층에게 억압받고 있었다는 것을 깨닫게 되었고, 기득권층에 반발하면서 대거 진보로 편입되었죠. 과거에도 기득권층의 폭력에 대해 저항하는 약자들의 목소리가 있었으나 소수였어요. 자기가 피해자인 줄도 모르던 약자들이 양극화 이슈를 통해 기득권층의 부패를 깨닫고 분개하는 것은 당연한 일이지요. 이러한 계급투쟁적인 시각이 오늘날의 진보를 일으켜 세웠습니다. 이러한 시각 없이 아무것도 모르고 그냥 좋아서 싸우면 끝이 안 나는 분쟁이 되고 모두가 피해를 입게 되겠죠.

H사장 이제는 스스로 알아가는 시간을 가져야 할 때입니다. 싸울 때 싸우더라도 왜 싸우는지 알고 합리적인 이유를 대고 싸웁시다. 그래서 이번 장은 다음과 같이 준비했어요. ① 진보 스스로가 평가하는 진보 ② 보수 스스로가 평가하는 보수 ③ 그리고 입장을 바꾸어서 진보가 보는 보수 ④ 또다시 입장을 바꾸어서 보수가 보는 진보.

조나라 그래서 홍박사님을 부르셨군요. 보수의 입장을 듣기 위해서요.

H사장   다시 한 번 부탁드릴게요. 이 책은 어린 학생이나 나이가 있으신 어르신들이 읽으실 수 있어야 합니다. 그분들이 읽고 이해할 수 있도록 말을 쉽고 편하게 해주세요. 유식한 거 다 아니까 어려운 말은 쓰지 말아주시기 바래요.

조나라   오호. 학교에서 지정하는 '필독서'를 노리시는군요. 좋습니다. 나중에 필독서 지정되시면 따로 밥 사세요.

나는 진보다 ① 진보 스스로가 평가하는 진보

조나라   진보는 이제 시대의 대세가 되었습니다. 국민적 지지를 받고 있는 시대정신이죠.

H사장   진보, 나아갈 진(進)에 걸음 보(步)를 쓰죠. '앞으로 나아가는 걸음걸이'라는 의미가 되네요.

조나라   진보란 새로운 변화를 위해 한 걸음 내디딘다는 의미입니다. 새로운 변화는 곧 미래를 의미하죠. 과거의 형식보다는 미래의 비전에 더 무게를 두는 정치적 성향이라고 보시면 됩니다.

H사장   정말 멋있네요.

진보는 정의의 길

조나라 말만 멋있는 게 아니라 진보는 곧 정의를 의미합니다. 10년 전에 조국, 오연호님이 집필한 『진보집권플랜』에서는 진보를 정의하면서 진보가 추구하는 목표점에 대해 언급했었습니다. 이를 인용하자면 다음과 같습니다.

"남북문제에서는 군축, 평화공존, 평화통일을 지향하고, 경제에서는 자유지상주의, 시장만능주의가 아니라 자본주의의 모순을 직시하면서 시장에서 패자를 아우르는 정책을 추구하고, 양심 사상의 자유와 표현의 자유를 위시한 각종 정치적 기본권의 확대, 강화를 지지하는 것이 진보입니다. 계급적으로 보면 진보는 강자나 부자의 편이 아니라 약자나 빈자의 편입니다. 특권을 가진 엘리트의 편이 아니라 보통 사람의 편입니다. 저는 서민과 보통 사람이 자존감을 가지고 당당하게 살 수 있는 사회가 정의로운 사회라고 봅니다. 진보의 길이 곧 정의를 구현하는 길이라고 확신합니다"

H사장 '정의의 길'로 모든 결론이 함축되는 것 같네요. 그런데 그건 10년 전에 있었던 견해이고 정치적 약자로서 집권하지 못한 시절의 입장이잖아요. 벌써 집권한 지 4년이 되어가는데 아직도 입장이 그대로일 수는 없겠죠?

조나라 당연하죠. 만약 그때랑 똑같은 생각을 가지고 버티고 있다면 어디 가서 진보라는 말도 못 꺼내겠지요. 지금은 인터넷이 하루가 다르게 국민의 삶을 바꾸고 있어요. 보수진영은 그 변화를 따라가지 못한 채 옛날 것만 보호하고 있죠. 진보는 빠른 변화의 시대에 적응하기에 가장 적절한 정치성향입니다. 그러하기에 옳은 일을 하는 진보적 시민사회단체의 전폭적인 지지와 국민들의 강력한 지지로 집권에 성공하지 않았습니까?

H사장 글쎄요. 진보에 대한 지지보다는 박근혜·최순실의 국정농단에 대한 분노였었죠.

조나라 진보진영의 미래를 추구하면서도 깨끗한 이미지가 부정부패로 물든 부패한 정권을 응징할 대안세력으로 국민들의 마음을 열게 한 거죠.

H사장 분노가 베이스 역할을 해서 그런지 진보진영에서 정확하게 진보적인 정책에 대한 이해가 없어요. 마치 무슨 유행 같아요.

날파리 지지자

조나라 "박근혜·최순실이 미우니까 반대편인 진보진영을 지지한다"라는 견해는 매우 위험합니다. 정치적 방향성은 정책으로 나타나고 그러한 정책에 대한 지지가 필요합니다. 이상은 그럴듯한데 아무 정책이 없으면 국민의 삶을 어떻게 바꾸겠어요? 그만큼 정책이 중요한데, 정작 진보진영의 지지자들이 정책을 지지하기는커녕 정책이 뭔지도 몰라요. 소득주도성장 정책이 어떻게 경제를 변화시키는지 메커니즘을 설명하라고 하면 말도 못하는 꿀 먹은 벙어리가 되는 지지자가 거의 대부분입니다. 저도 진보의 열렬 지지자 분이 그 질문에 아무 대답도 못 하는 것을 보고 스스로 머뜩해졌지요. 또한 문재인 대통령님의 포용국가 선언에 대해 그냥 "힘든 사람 안아주는가 보네?"라고 대답하는 개념도 없는 지지자를 대했을 때는 암울하기까지 했습니다. '포옹'이 아니라 '포용'이니까요.

H사장 그래도 지지하면 되는 거 아닌가요? 지지를 안 하는 것보다야 훨씬 낫죠.

조나라 지지는 감사하죠. 그러나 진보진영에 대해 정확한 개념정립을 부탁드리고 싶어요. 왜냐하면 그냥 이유 없이 진보를 좋아하는 지지자는 날파리 같으니까요.

H사장 날파리요? 너무 심하게 표현하시는 거 아닌가요?

조나라 "무조건 깨끗하다" 또는 그냥 "무조건 이 사람이 좋다"는 식의 지지는 매우 위험해요. 이런 분들은 나중에 자기가 낼 세금이 오르던지, 진보진영에서 부정부패가 발생한다면 바로 돌아서서 비난층으로 바뀔 수 있는 위험군이거든요. 예를 들어서 열렬히 진보를 지지하시는 편의점 사장님이 있다고 칩시다. 그런데 소득주도성장에 의해서 알바들의 인건비가 비싸서 절반을 내보내고 사장님이 하루 14시간씩 일을 하지만 손에 쥐는 돈이 알바보다 적다고 했을 때 이 사장님이 어떤 행동을 취하게 될까요?

H사장　어려운 질문이네요.

조나라　만약에 이 편의점 사장님이 진보에 대한 이해와 신념이 있다면, 이런 고생도 '한 번도 경험해보지 못한 나라'를 만들어가는 과정이라고 생각하고 버틸 수 있지요. 하지만 만약 진보에 대한 이해와 신념 없이 그냥 좋아서 진보를 지지한다면 어떨까요? 조금 고생한 후에 바로 진보에 대한 열렬 비난세력으로 바뀔 겁니다. 아마도 광화문 집회에 나가서 "문재인 대통령을 찍은 손가락을 잘라버리고 싶다"는 소리나 해대겠지요.

H사장　그럼 진보진영의 지지자들을 위해서 지금부터 문재인 정부의 정책에 대해서 소개해주실 건가요?

정의 구현의 수단은 '양극화 해소' + 강력한 정부의 개입

조나라　지금부터 시작하면 다음 장들을 어찌 꾸리시려고요? 여기서는 정책보다는 진보진영 자체에 대한 언급을 하죠. 진보진영을 정의하면서 가장 중요한 것은 "진보는 정의를 구현하는 길이다"라는 믿음이죠. 그 정의 구현의 한 방법으로 가장 중요시되는 이슈는 '양극화 해소'입니다. 양극화 해소는 고 노무현 대통령님의 못다 이룬 꿈이었죠.

H사장　아까도 말씀하셨죠. 양극화 해소 이슈를 통해 중도층의 서민들이 진보진영으로 흡수되었다고요.

조나라 기득권층이 힘을 가지고 서민을 억압하고 착취하는 사회에서 서민들은 정당한 몫을 빼앗김으로 피해를 입습니다. 정권을 가진 진보 정부가 강력하게 국민을 통제해서 기득권자들을 응징하고 서민과 보통 사람이 세상의 주인으로 당당하게 살 수 있는 사회를 만드는 게 이상적인 양극화 해소입니다.

H사장 그렇지만 국가의 강한 개입으로 국민의 자유가 침해될 수 있잖아요?

조나라 자유롭게 놔두면 강자들이 약자를 괴롭히는 거 잘 아시잖아요? 정의로운 국가에 의한 사회통제로 정의가 실현된다면 국민의 자유는 어느 정도 제한될 필요가 있지 않을까요? 그러한 전제하에 항목별로 양극화 해소뿐 아니라 진보의 정책 방향성을 말씀드릴게요.

H사장 좋습니다. 하여간 정부가 강력한 지배력으로 통제한다는 거죠? 이제 정의에서 세부항목으로 넘어가는군요. 무엇부터 할까요?

진보의 남북문제

조나라 모두의 최고 관심사인 '남북문제'부터 짚고 나가죠. 저는 남한과 북한이 평화를 누리고 공존을 하기 위해서는 더욱 서로 다가가야 한다고 생각합니다. 사실 그 외에는 답이 없잖아요. 우선 양국정상 간의 왕래와 소통이 필요하겠죠.

H사장 우리 정상이 북한에 가는 것은 정례화되어 있다고 해도 북한의 지도자가 남한에 오려고 할까요?

조나라 까칠한 북한이 입장을 바꾸기 쉽지는 않겠지만, 조금 더 참고 다가가면 해결책이 보일 겁니다. 아무리 안개가 짙어도 가까이 다가가면 서로 보이잖아요. 거기에 북한만 바라보는 것이 아니라 북한과 가까운 중국과 러시아와의 관계개선으로 협력구조를 만든다면 불가능한 일만은 아니죠. 지금 우리가 미국처럼 핵무기를 가진 북한을 압박하는 것은 옳지 않아요. 미국이야 한반도에서 핵폭탄이 터져도 남의 일이지만, 우리는 우리의 생명이 달린 일이잖아요.

H사장 북한이 핵무기를 포기하게 하려면 한미일 공조가 더욱 필요한 것 아닌가요?

조나라 당장의 국익을 위해서도 미국과의 우호적 관계는 소홀히 할 수 없겠죠. 그러나 일제치하 우리 민족에게 많은 상처를 준 일본이 통일의 밥상에 숟가락을 올리도록 인정하는 것은 옳지 않다고 생각합니다. 일본은 앞으로 좀 빼주세요.

H사장 진보진영 인사답게 반일감정이 매우 투철하시군요. 이제 다음 주제로 넘어가 볼까요?

진보의 경제 : 재벌에 대한 응징

조나라　이번에는 경제에 대해 말씀드릴게요. 진보진영은 자유경쟁에서 실패한 약자의 편에서 강자를 응징합니다. 이러한 응징을 위해서 정부는 강력한 권력으로 시장에 개입하죠. 이러한 강력한 시장개입이 있었기 때문에 갑질을 일삼는 적폐재벌인 삼성에 대해 철저한 응징이 가능했지요. 삼성의 총수인 이재용 부회장을 감옥에 보내는 꿈만 같은 장면을 서민들에게 보여드릴 수 있었죠. 또한 삼성뿐 아니라, 재벌 총수 일가의 갑질에 대한 응징으로 국민들의 응어리진 마음을 시원하게 해드렸습니다.

H사장　응징도 좋지만 대기업 일자리가 줄어들면 어쩌죠?

조나라　문재인 정부에서 집권 후에 가장 먼저 한 일이 뭡니까? 일자리 창출에 선도적 역할을 하기 위해서 문재인 대통령님의 청와대 집무실에 '일자리 현황판'을 설치하고 비정규직의 정규직화를 강제적으로 추진했잖아요? 지금은 좀 줄어들었지만 더욱 강력한 규제를 통해 대기업을 압박하여 대기업에서 일자리를 늘리도록 강제할 예정입니다. 총수를 감옥에 넣겠다는데 신입사원 안 뽑겠어요? 이것으로 청년들의 대기업 일자리 걱정도 해결될 겁니다.

H사장　대기업들이 그런다고 일자리를 늘릴까요? 일반인은 얼씬도 못할 고스펙의 일자리만 한국에 남기고 전부 외국으로 떠나고 있잖아요?

조나라 그래서 대기업에 취업하기 어려운 저소득층의 소득을 보전하기 위한 '소득주도성장' 정책이 시행되었잖아요. 고소득의 경영자로부터 저소득의 노동자 계층으로 소득이 이전되도록 법으로 강제하는 것이 최고의 방법이지요. 덕분에 많은 저소득층이 최저임금 인상의 혜택을 받으셨죠. 이렇게 소득의 집중을 막고 골고루 나눌 수 있게 한 것이 경제 민주화의 대표적인 실천 모델이 아닐까요?

진보의 복지 = 경제정책

H사장 10년 전에 발간된 『진보집권플랜』에서 진보의 경제정책의 한 축으로 '복지'를 내세웠었습니다. 복지를 통한 경제 살리기에 대해서 언급해주세요.

조나라 복지야말로 진보진영 경제의 핵심축이죠. 일단 경제는 통화증가에 의해서 활성화되거든요. 이런 관점에서 국민 모두가 혜택을 받는 보편적 복지를 통해서 재정지출이 확대되는 것은 매우 바람직한 일이 아닐 수 없죠. 시장에 유입된 막대한 돈은 경제가 되살아나는 마중물이 될 것입니다.

H사장 복지뿐만 아니라 경제정책으로서도 재정지출이 확대될 예정이잖아요?

조나라 네, 맞아요. 한국형 뉴딜을 통해서 구질구질한 제조업은 과감하게 버리고, 첨단산업이 앞서 나가는 대한민국을 만들어갈 예정이죠.

디지털 뉴딜, 그린 뉴딜, 안전망 강화의 3가지 프로젝트를 2025년까지 수행하면, 대한민국은 재벌 주도의 제조업 중심의 경제에서 IT 중소기업을 중심으로 산업구조가 변화될 겁니다. 그래서 2025년 이후에는 세계 경제를 주도하는 경제강국으로 다시 태어나겠지요.

H사장 한국형 뉴딜이 꼭 성공하길 바랍니다. 계획을 보니까 2025년까지 170조를 투입하더군요. 제가 알기로 이게 다 빚인데 이거 실패하면 쌩돈 170조를 날리고 빚더미에 올라앉게 되는 거잖아요?

조나라 절대로 실패하지 않도록 많은 응원 부탁드릴게요. 사실 이 정책을 입안하고 실천할 사람 중에 기업을 운영해본 사람은 거의 없어요. 그래서 정책이 오히려 기업의 앞을 가로막을 수도 있죠. 그렇지만 우리나라 기업들은 정부지원금을 많이 주면 얼마든지 쉽게 살아나는 체질을 갖고 있기 때문에 걱정 없습니다. 정부정책이 기업운영의 현실과 맞지 않는다고 엄살을 부려봐야 결국은 정부지원금 더 달라는 소리이거든요. 그러니 기업 걱정은 그만하시고, 이제 진보진영의 '정치적 자유'에 대해 언급해보죠.

진보의 정치적 자유

H사장 광화문 집회에 대한 대대적인 탄압으로 인해 진보진영의 '정치적 자유'에 대한 이미지는 많은 상처를 입었어요. 보수세력의 2020년 10월 3일 개천절 광화문 집회를 막기 위해 문재인 정부는 경찰 버스를 이용한 차벽을 설치했었죠. 그런데 이 차벽이 과거 광우병 파동 때의

이른바 '명박산성'과 오버랩되면서 집회와 시위의 자유를 자기 편의에 따라 통제한다는 비판을 들었잖아요?

조나라 그런 비난을 시원하게 많이 들었어요. 하지만, 이명박 대통령이 명박산성을 쌓아서 국민을 탄압했던 것과는 전혀 다르지요. 문재인 정부의 경찰 버스 차벽은 코로나19 확산을 막기 위한 방역의 성격입니다. 진보진영은 기본적으로 양심과 사상의 자유와 표현의 자유를 포함한 모든 정치적 기본권이 확대되어야 한다고 생각해요. 그래서 청와대는 역대 어느 정부도 만든 적이 없는 '국민청원 시스템'을 구축해서 국민의 소리에 귀를 기울이는 노력을 아끼지 않았죠. 그런데 기득권 세력은 국민청원 시스템을 악용하여 양극화와 사회분열을 조장합니다. 이러한 그들의 악행을 진보진영은 현명한 통제를 통해서 정리하고 있습니다. 또한 진보진영은 가짜 뉴스로 민심을 왜곡하는 일부 유튜버들이 속한 정치세력을 강력하게 응징하고 있지요.

진보의 계급사회
: 서민 계급의 승리를 위한 기울어진 운동장

H사장 계급적 측면에서도 언급해주시기 바래요.

조나라 계급적 측면에서도 진보진영은 강자나 부자의 반대편인 서민들의 앞에 서서 투쟁을 이어왔어요. 그래서 국민 중에 다수를 차지하는 서민들로부터 절대적인 지지를 얻어서 집권하게 되었죠. 이제는 국민이 주신 힘을 이용해서 제도적으로 서민과 소외된 계층에게 유리하도록 심하게 기울어진 운동장을 만들어나가고 있습니다. 지금도 더불어민주당이 주도하여 도시 빈민이나 동성애자와 같이 차별에 신음하는 소외계층들을 적극 보호하는 제도가 속속 만들어지고 있지 않습니까?

H사장 약자를 위해서 강자를 억압하는 것이 정말 정의롭게 들리네요. 그런데 계급으로 국민을 두 편으로 나누면, 그 나누어진 계급 간 대립이 발생하는데 이를 보수진영에서는 편가르기라고 비난하잖아요.

조나라 하하하, 그건 일부러 편을 갈라낸 게 아니죠. 원래 갈라져 있었는데 잘 모르고 있던 것을 알게 해드린 것뿐입니다. 그 예로 임대차 3법이 통과되었을 때의 임대인과 임차인의 관계를 한 번 생각해보세요. 서로 편의를 봐주면서 무난하게 잘 지내던 임대인과 임차인이 임대차 3법을 통해서 갑자기 임차인의 권리가 높아졌지요. 이러한 차이에 손해를 보게 된 임대인들이 실거주하겠다는 거짓말까지 해대면서 임차인을 내쫓는 일들이 발생하잖아요? 이렇게 평소에는 서로 사이좋게 지내면서 힘을 합치는 것 같아도 조금만 서로에게 대립적인 이슈가 터지면 서로 물고 뜯는 것이 세상이죠. 즉 서로 대립하지 않고 협력했던 것이 아니라, 그냥 묻어두고 참고 있었던 것입니다.

H사장 진보진영에서 대립을 유도한 것이 아니라, 숨겨져서 곪아가던 이슈를 드러내서 표면화시켰을 뿐이라는 거죠?

조나라 네, 맞습니다. 국민들은 현실에 순응하기 위해서 서로 대립하게 된 것이죠. 그걸 편가르기라고 덮어씌우는 것은 보수진영의 기득권자들이 자기 마음대로 세상이 안 되니까 쏟아놓는 불평일 뿐입니다.

H사장   진보진영이 약자계급인 서민의 편에 서서 투쟁한다고 하셨는데, 정작 진보진영의 리더들이 기득권자로 드러나면서 많은 진보 지지자 여러분들이 혼란에 빠지셨었죠. 가난한 사람을 위한다더니, 정작 자신은 재산도 상상 이상으로 많아요. 21대 국회의원 가운데 국민의힘 국회의원들의 평균 재산은 41.7억이었고, 더불어민주당 국회의원은 평균 재산이 14.5억이었죠. 국민의 힘보다는 재산이 적었지만 14.5억의 재산도 서민으로 보기에는 문제가 있잖아요. 거기에 학벌도 뻑하면 서울대고요, 아니면 판검사 출신이었죠. 스스로 양극화의 눈으로 계급을 분리하면 기득권층 가운데에서도 상위에 속하면서, 과연 약자와 서민을 대표할 수 있나요?

조나라   하하하, 그런 비난은 저도 들어봤어요. 하지만 역으로 생각해보면 역시나 아니라는 생각을 하실 겁니다. 생각해보세요. 아무 학식도 없고 재산도 없는 평범한 누군가가 목소리만 크다고 국민들을 이끌겠다고 나서면 누가 따라갈까요? 국민을 이끌겠다는 사명감으로 민주화 운동과 양극화를 극복하려는 계급투쟁을 하려면 학식도 있어야 하고 사회적 능력도 있어야 하지 않을까요? 그러다 보니 재산도 늘어날 수밖에 없는 것이고요.

H사장   하긴, 대중이 아무나 따라주지는 않겠지요.

진보의 시민단체

조나라 비록 권력을 가진 사회적 강자에 부자일지라도, 서민을 위한 바른 정신이 있으면 진보진영을 이끌 지도자로서 자격은 충분하다고 할 수 있죠. 그들의 자격은 그들이 소유한 재산이나 학력이 아니라 과거 어려운 시기에 이루어냈던 민주화 운동, 시민단체의 경력을 통해서 증명된다고 생각합니다.

H사장 오호, 시민단체 이야기가 나오네요. 역시 진보진영이라고 하면 시민단체를 빼놓을 수가 없죠.

조나라 진보성향의 시민단체는 모두 옳은 일을 하는 단체입니다. 참여연대, 녹색연합, 정의기억연대 등 정의로운 일을 하는 색깔이 뚜렷한 단체들이죠. 이러한 진보적이고 정의로운 시민단체들이 정의로운 활동을 통해 국민들에게 순수하고 깨끗한 진보진영에 대한 이미지를 만들어냈습니다. 그래서 문재인 정부에서는 시민단체의 숭고한 뜻이 정책에 반영되도록 적극 시민단체 출신의 인사를 공직에 기용하고 있지요.

H사장 너무 코드인사를 한다고 보수진영에서 비난이 심했었는데요.

조나라 하지만 그런 인사 덕분에 사회적으로 불필요한 논란이 많이 줄어들었죠. 예를 들면, 고 박원순 서울시장님이 성추행의 누명을 쓰고 스스로 목숨을 끊은 가슴 아픈 죽음 앞에서 일부 보수적 성향의 여성단체 한두 곳을 제외한 거의 모든 여성단체들은 비난보다는 침묵을 택했어요. 그래서 사소한 성추행 소문이 더 이상 고인의 명예를 더럽히지 못하도록 차단되었지요.

H사장 저도 시민단체 인사들을 많이 알고 있지만, 그분들을 대할 때마다 대쪽같이 강하고 깨끗한 분이라는 인상을 받았습니다. 그런데 막상 공직에 올라가면서 필터링을 하게 되니까 집권 전에 있었던 부정들이 드러나서 문재인 정부의 발목을 잡는 일이 자꾸 생기게 되었죠. 국민들은 시민단체 출신의 공직자들이 진정으로 부패한 전 정권을 적폐로 규명하고 응징할 자격이 있는지 의심하고 있어요.

조나라 아니! 시민단체 사람들은 이슬만 먹고 산답니까! 사람이 사는 세상인데 약간씩의 그림자는 있을 수 있는 거죠.

H사장 아이고 깜짝이야. 조나라님! 왜 자기 일처럼 화를 내고 그러세요?

민주화 운동의 주역들에게 특혜를

조나라 제가 너무 몰입했나 봅니다. 제 일도 아닌데 갑자기 머뜩한 마음이 들어서요. 죄송합니다. 어쨌든 보수진영의 언론인 조중동과 유튜브의 가짜 뉴스를 통해서 진보진영의 인사들이 특권을 사용해서 불공정을 저질렀다는 이야기가 심심치 않게 흘러나오고 있습니다. 하지만 이것은 사회를 정의롭게 만들려고 애쓰던 사람들의 삶의 어두운 한 부분으로 그냥 넘겨주셨으면 해요.

H사장 그게 그냥 넘겨지나요? 예사롭지 않은 일이 많던데요.

조나라 군사정권 때부터 목숨 걸고 민주화를 위해서 헌신한 사람들에게는 혜택이 필요하지 않을까요? 독립운동을 하던 안중근 의사는 하얼빈역에서 일본의 정치인 이토우 히로부미를 사살했습니다. 이게 '의로운 일'인가요? 아니면 '살인'인가요? 사람을 안 죽이고 독립을 이루면 금상첨화이겠지만, 독립을 위해 사람을 죽인 것이 비난을 받을 일은 아니죠. 진보진영의 어두운 문제는 이렇게 이해하고 털어낼 필요가 있어요.

H사장 글쎄요. 사익을 위해 권력을 사용한다면 문제가 있는 것 아닌가요? 문재인 정부의 고위공직자들이 부동산 가격을 잡으려고 대책을 실행할 때 다주택자에게 마지막 기회를 주니까 빨리 집을 팔라고 하셨었죠. 그런데 정작 뒤에서는 그분들이 다주택을 보유하고 있어서 비난을 받았잖아요.

조나라 왜 그게 비난받을 이유가 되죠? 자기가 다주택 소유자이니까 이 정책을 실행하면 자기에게 피해가 간다는 것을 알았겠지요. 그럼에도 불구하고 다주택자에게 불리한 부동산 대책을 수립하는 사람이 진정한 의인이 아닐까요? 한 번 보세요. 종합부동산세를 올리면 자기가 세금을 더 많이 내야 합니다. 그래도 나라를 위해서 이를 실천했잖아요? 이렇게 진보진영은 모두 나라를 위해 개인의 희생을 감수하는 정의로운 사람들이라고 생각해주시면 감사하겠습니다.

H사장 생각해보니 그러네요.

조나라 조중동과 보수 유튜버들은 진보진영 인사의 사소한 자녀 입시 비리나 군대휴가 민원을 들춰내서 공격하지요. 부모들이 민주화 운동 하랴, 야당하랴 자녀들을 제대로 건사할 수가 없지 않습니까? 보수진영에 서서 기득권을 가지고 온갖 사교육을 처바른 다른 학생들과 동등하게 경쟁하는 것이 더 불공정하죠. 그런 기울어진 운동장에서 진보진영 인사의 자녀에게 작은 도움을 주는 것이 왜 불공정인가요? 국가유공자의 자녀도 대대로 특혜를 받는데? 왜 나라를 바른 길로 이끄는 사람들의 자녀가 특혜를 받지 못하고 불공정에 처해야 합니까?

H사장 이상하게 화를 내시네요. 좀 진정해주세요. 그래도 사회 지도층이라면 노블리스 오블리주의 정신으로 솔선수범해서 자녀들을 더욱 혹독한 환경에서 일반인과 같이 노력하도록 해야 하는 것 아닌가요?

조나라 이상하게 알고 계시는군요. 노블리스 오블리주의 대상은 부유층과 기업인들에 국한됩니다. 사회를 변혁시키는 진보 정치인이 자식 걱정까지 하면 어떻게 나라를 변화시키는 일에 전념할 수 있겠어요?

벨기에 왕위 계승서열 1위 엘리자베트 공주가 육군사관학교에서
군사훈련을 받는 장면 (출처 : 동아일보)

H사장 그런가요? 최근에 언론에서 벨기에 왕가의 공주가 군대에서 흙바닥을 기면서 훈련받는 모습이 공개되어서 화제가 되었었잖아요. 또 좀 지난 일이지만, 영국 왕세자는 공격헬기 조종사로 직접 전투에 참전했었고요. 선진국에서는 왕가에서부터 앞장서서 노블리스 오블리주를 실천에 옮기고 있어요. 기업인은 대부분 기부를 통해서 실천하는 걸로 나와요.

조나라 그건 사회가 안정되어 있는 선진국일 때 가능한 모습이지요. 선진국에서는 진보 정치가들도 왕가들도 개혁할 거리가 많지 않아요. 그렇지만 대한민국은 아직 진보가 이루어야 할 일이 산더미같이 많죠. 일부 편파적인 보수언론은 정치인의 자녀 군필 비율을 비교하여 진보 정치인의 자녀에게 군 면제 비율이 훨씬 높다고 공격하기도 했었죠. 그러나 정의의 길을 걷는 진보 정치인이 특혜를 누리는 것은 정당한 겁니다. 하지만 노동자들을 착취하고 하청기업에 갑질을 일삼는 기업인들은 노블리스 오블리주를 통해 삶의 방향을 바꿔야 할 대상이지요.

H사장   노블리스 오블리주 정신에 대해 진보 정치권은 상관이 없고, 기업들만이 책임을 져야 한다는 결론이네요. 조금 납득이 어려운 말씀이에요.

조나라   무슨 납득을 하려고 어렵게 노력하세요? 그냥 받아들이세요. 이런 여러 가지 구설수에도 불구하고 21대 국회의원 선거에서 국민들은 더불어민주당에 180석의 지지를 몰아주셨잖아요? 국민이 원하면 그게 정의 아닌가요?

H사장   글쎄요. 다행히도 때마침 코로나19와 같은 전 세계적인 재해로 인해서 집권당에 대한 국민적인 결집이 있었기 때문이 아닐까요?

조나라   거기에 긴급재난지원금을 전 국민에게 100만 원씩 지급할 것을 검토하고 있다는 발표와 같은 선거 호재가 힘을 보탰지요. 돈을 바라는 국민들의 마음을 그대로 읽은 더불어민주당의 신의 한 수였어요.

돈을 꿔서라도 4차 재난지원금을 줄 테니까 진보를 찍어달라

H사장   잠깐만요. 국민들이 돈을 바란다구요? 지난번 서울시장, 부산시장 보궐선거를 앞두고 2021년 3월 2일에 더불어민주당 홍익표 정책위의장이 인터뷰에서 4차 재난지원금의 지원방안 결정에 대해 질문을

받았었지요. "야권에서는 19조 5천억이라는 어마어마한 돈을 선거 직전에 뿌리는 것은 선거용 돈 뿌리기라고 비판하고 있다" 이에 대해 홍의장은 "대한민국 국민은 누가 돈을 줬다고 해서 그 돈을 받고 표를 '찍는다', '안 찍는다' 하지 않을 것이다"라고 국민의 수준에 대해 강조했었죠.

조나라 거기에다가 홍의장님은 "정부 여당이 관리하고, 어떻게 할 건지에 대한 운영의 책임을 맡고 있을 뿐, 그 돈의 원래 주인은 국민"이라며 "원래 주인인 국민에게 돈을 드리는 것이기 때문에 그 돈을 드렸다고 해서 국민께 정치적 변화가 있다고 생각되지 않는다"라고까지도 언급해주셨어요.

H사장 잘 아시네요. 그런데도 긴급재난지원금이 선거에 영향을 미쳤다고 말씀하시나요? 대한민국 국민 누구라도 기분 나빠하실 말씀이네요. 정말 긴급재난지원금 좀 쥐어준다고 표를 던지는 그런 사람이 있다면 '거지새끼'라고 욕해주고 싶어요.

조나라 참, H사장님도 힘들게 사시네요. 홍의장님의 속뜻을 그렇게 몰라요? 그럼 야당에서 "돈 뿌려서 선거에 표를 얻으려는 것 아니냐" 하는 질문에 "콜!" 이렇게 대답합니까? 그렇게 대답할 수 없으니 둘러서 말하는 것 아닙니까? 그 인터뷰 내용을 좀 끝까지 보세요.

H사장 그게 그 뜻이 아니라고요?

조나라   당시 인터뷰 내용의 끝부분에 보면 이런 내용이 나와요.

"지난번에 제가 기정 예산, 이미 확보된 예산까지 포함해서 20조 안팎이라고 했기 때문에 19조 5천억 중에 4조 5천억은 이미 확정된 예산을 다시 저희가 활용하는 거고요. 15조 중에서 9.9조 원이 국채발행을 하게 될 것 같습니다. 그리고 나머지는 세계잉여금(歲計剩餘金)이라든지 기금 등을 활용해서 나머지 5.1조 원 정도가 확보되는 것이기 때문에 그렇게 해서 15조의 추가적인 예산을 확보할 예정입니다"

H사장   하하하, 저도 그 정도는 봤어요. 하지만 9.9조 원의 국채가 생긴다고 하더라도 그건 한국은행에서 단순 매입하기 때문에 문제가 없다고 했었죠. 그만큼 한국은행에서 국채를 사들이고 돈을 찍어낸다는 뜻인데, 그럼 환율과 인플레가 걱정이거든요. 하지만 돈이 더 풀린다고 하더라도 다른 나라들도 다 푸는 거기 때문에 환율도 걱정 없고, 우리나라 인플레는 다른 나라에 비해서 약하기 때문에 걱정 없다고 했었죠.

조나라   그러니까 제가 제대로 보라는 거예요. 인터뷰 내용 중에 "이번에도 아마 (한국은행이) 상반기 중에 5조 내지 7조 정도 단순 매입 방침을 밝혔기 때문에 일종의 약간의 뭐라고 할까요? 양적 완화의 흐름을 이어가고 있다, 그런 기조를 한국은행이 모든 전 세계 OECD 국가들의 중앙은행과 유사한 형태로 정책 판단을 하고 있는 거 아닌가 생각합니다"라고 홍의장님이 분명히 밝혔지요.

H사장 한국은행에서 5~7조 국채 단순 매입을 한다면 9.9조를 어떻게 조달해요? 그리고 4차 긴급재난지원금 외에도 국채 단순 매입을 요구하는 정책들이 널렸을 텐데요?

조나라 이제 좀 홍의장님의 뜻을 눈치채시는군요. 4차 긴급재난지원금으로 한국은행의 국채 단순 매입 여력을 모두 써버리면, 가덕도 신공항은 무슨 돈으로 지을 겁니까? 그렇게 된다면 가덕도 신공항을 조속히 만들겠다는 더불어민주당은 거짓말을 한 게 되잖아요? 결국에 나머지 돈은 다 해외 차입이지요. 요즘 국채 이자가 비싸니까 손실을 많이 보고 빌려와야 해요.

H사장 그러네요. 결국은 해외 차입밖에는 답이 없네요.

조나라 홍의장님의 속뜻을 한 번 생각해봐요. 처음에는 국민들이 돈 좀 준다고 표를 던지지 않는다고 했죠? 그리고 국민의 돈을 국민에게 돌려주는 거라고 했고요? 하지만 뒤에 와서는 9.9조나 빚을 진다고 했어요. 한국은행에서 국채 단순 매입으로 어림없다는 것도 언급했구요. 즉 "국민의 돈을 국민에게 주는 것이면 더불어민주당을 지지하지 말아 달라. 그러나 빚까지 내서 국민에게 돈을 퍼주려고 더불어민주당은 노력하고 있다. 이렇게 하면 국민들은 쌩돈을 받는 것이기 때문에 지지해달라" 이런 뜻이잖아요.

H사장 하아, 정말 놀라운 지혜가 숨어 있는 답변이었군요.

조나라   결국 홍의장님은 국민들에게 자기가 내지 않은 돈을 더 많이 받게 될 거라는 신호를 간접적으로 보낸 겁니다. 이제 좀 아시겠죠? 역시 돈을 푸는 게 선거에서는 최고의 방법이죠. 이제 180석의 국회 의석이 있으니 국채발행이나 추경도 어려울 게 없지요.

나는 보수다 ② 보수 스스로가 평가하는 보수

홍박사   헐, 180석의 국민적 지지가 있으니까 모든 것이 가능해진 것인가요? 용두사미로 초라하게 줄어들어 버린 긴급재난지원금 1인당 100만 원 지급이라는 호재가 없었다면 몇 석이 줄어들까요? 또한 수많은 부정선거 논란에도 아직도 재검표를 안 하고 질질 끌고 있는 투표함들은 무슨 진실을 알고 있을까요?

H사장   부정선거 의혹을 말씀하시는 건가요? 그건 2021년 6월 28일 재검표를 통해서 당락에 영향을 끼치지 않는 정도의 오류만 있다고 밝혀진 것으로 아는데요.

홍박사   글쎄요. 부정선거라는 표현보다는 재검표 지연작전이라는 표현이 적절합니다. 만약 개표상에 문제가 있다면 다시 세어보면 간단한 것 아닌가요? 그런데 1년 넘게 시간을 끌다가 이제서야 재검표를 했습니다. 1년의 시간 동안에 무슨 일이 벌어졌을까요? 왜 쓸데없이 시간을 끌어서 의혹을 만듭니까? 시간을 끌지 않고 바로 재검표를 했다면 모두가 수긍했겠지요. 그것도 안중근 의사께서 이토우 히로부미를 죽인 것처럼 의로운 일이니까 괜찮은 건가요?

H사장　요즘 안중근 의사께서 많이 바쁘시네요. 언론에 자주 나오세요.

홍박사　진보진영의 비리를 무죄로 만드는 정당성을 부여하시랴, 추미애 법무부장관 아들이 군대 가도록 지도하시랴, 정말 바쁘시지요? 만약에 나중에 10만 원권을 만들게 되면 진보진영에서는 꼭 안중근 의사 그림을 넣어주시길 바랍니다.

H사장　아하, 민주당 박성준 원내대변인이 추미애 법무부장관의 아들 군대문제를 이야기하다 나온 위국헌신군인본분(爲國獻身軍人本分) 비유를 말씀하시는 거죠?

홍박사　개별 사안에 대해 너무 깊게 들어가지는 않겠습니다. 아시는 분은 다 아시겠지요. 어쨌든 안중근 의사께는 후대를 대표해서 죄송하다는 말씀을 드립니다. 그분께서는 민족을 위해 숭고한 희생을 하셨는데, 100년이 지난 지금은 같은 민족끼리 이렇게 원수가 되어 있으니.

H사장　그래서 이렇게 책까지 써가면서 서로 간의 오해를 풀려고 애쓰는 거잖아요.

홍박사　애를 쓰기는 하지만 잘 될지 모르겠습니다. 원래 싸움을 붙이기는 쉬워도, 성질이 나 있는 상태에서 화해시키는 것은 너무도 어려우니까요.

H사장　그래도 노력 좀 해주세요. 진보진영에서 보는 보수진영의 모

습과 실제 모습은 다르다고 설명을 해주세요.

홍박사 그럼 이제 오해를 좀 풀어보겠습니다. 10년 전 『진보집권플랜』에서 보수를 과거 권위주의 시대로 회귀를 꿈꾸는 사람으로 표현했었습니다. 그런데 상식적으로 한복 입고 "네 죄를 네가 알렷다" 호통치는 시대로 가려는 사람이 누가 있겠습니까? 아니면 군사독재 시절로 돌아가서 삼청교육대로 끌려가는 사람들을 구경하다가 같이 끌려가고 싶은 사람들은 어디 있을까요?

H사장 박정희 대통령 시절의 공화당의 부활을 부르짖는 꾸질꾸질한 노인들이 모인 태극기부대를 보면 조금 그런 느낌이 들기는 해요.

홍박사 사람을 외모로 평가하는 것은 좀 실례가 아닌가요? 그분들의 경제적 상황, 문화적 가치관에 의해 외모를 덜 다듬었을 뿐이니까요. 아마도 젊은 시절에는 우리보다 더 잘생기고 아름다운 분들이었을 수도 있습니다. 그리고 최근 들어 보수진영의 정당에도 젊은 사람들이 많이 들어왔습니다. 심지어는 젊은 사람들이 주도하는 보수시민단체도 생기고 있습니다.

H사장 외모만을 보고 평가한 것은 제가 잘못한 것 같네요. 죄송합니다. 이제 보수진영에 대해 제대로 표현 부탁드릴게요.

보수가 지키려는 것은 국민의 자유와 권리

홍박사　보수는 기본적으로 무언가 지키는 사람들입니다. 한자의 뜻으로 보자면, 保(지킬 보) + 守(지킬 수)니까, 아주 지키는 데 환장을 한 사람들이 되겠지요. 그럼 무얼 지키는가 하는 게 문제인데요. 보수진영에서 악착같이 지키려고 하는 것은 헌법에 있는 '자유민주주의'라고 보시면 됩니다.

H사장　그건 이미 귀가 닳도록 들은 내용이에요.

홍박사　그래요? '자유민주주의'는 국민들이 자유를 더욱 누리고 민주주의적 권력을 가진다는 의미입니다. 이게 이루어지려면, 국가는 국민을 지배하는 것이 아니라 섬겨야 합니다. 국가가 일일이 감시하고 통제하는 국가는 자유민주주의 국가가 아닙니다.

H사장　네, 네.

홍박사　아주 지겨우시군요. 그럼 생각해보세요. 아까 진보진영은 국가의 권력을 강화해서 국민을 더욱더 통제해야 한다고 했습니다. H사장님은 국민이 국가의 눈치를 보고 벌벌 떨면서 사는 게 좋으세요? 아니면 자유롭게 권리를 누리면서 사는 게 좋으세요?

H사장　허 참. 그냥 '자유민주주의'라고 하니까 꼰대 같았는데, 국민이 자유롭게 권리를 누린다고 하니까 느낌이 다르네요. 이게 더 진보 같

은 느낌이에요. 저보고 선택하라고 하시면, 당연히 통제받는 것보다는 자유롭게 권리를 누리는 것이 좋죠.

홍박사 그 '자유민주주의'가 1948년 7월 12일에 제정된 헌법정신이니까 정말 수구(守舊)꼴통 소리를 들을 만합니다. 하지만 거기에는 진보에서 떠들어대는 '인권'에 대한 개념도 이미 들어가 있습니다.

H사장 무슨 말씀이신지요? '인권'은 진보진영의 핵심 키워드잖아요? 남의 밥그릇에 숟가락 꽂으시면 안 되죠.

홍박사 고리타분해도 조금만 참고 들어주세요. 헌법에는 다음과 같은 조항이 있습니다.

'① 모든 국민은 인간으로서의 존엄과 가치를 가지며, 행복을 추구할 권리를 가진다. ② 국가는 개인이 가지는 불가침의 기본적 '인권'을 확인하고 이를 보장할 의무를 진다' (헌법 제10조)

국민의 행복과 개인의 '인권'은 진보가 최근에 새롭게 만들어낸 개념인 줄 아시는 분들이 무척 많습니다. 미안하지만 아주아주 오래된 헌법에 들어있는 개념입니다. 이런 좋은 가치가 오래되었다고 수구꼴통 소리를 듣는다면 그게 더 문제 아닐까요?

H사장 헌법에는 오랫동안 있었을지 몰라도, 그동안 무시되고 억압되었기 때문에 진보진영에서 이를 강조하면서 정치적 입지를 굳힌 것 아

닌가요?

홍박사   그렇게 생각하시는 분들이 많습니다. 그러나 개인의 자유와 권리가 언제 더 강하게 보장되었을까요? 한 번 생각해보세요. 이명박 박근혜 정부 때 없던 벌금이 문재인 정부 때 얼마나 많이 생겼는지. 또한 그 벌금이나 처벌이 얼마나 강하게 변했는지. 문재인 정부에서는 국민의 사소한 생활까지도 통제하는 수없이 많은 규제들이 만들어졌습니다.

H사장   아까도 조나라님이 정의를 위해서 국가의 권한이 강해져야 한다고 하셨어요. 그리고 국가를 강하게 개혁하기 위해서는 국가의 권한이 강해질 수밖에 없잖아요? 저는 오히려 보수진영은 왜 그렇게 국민의 자유와 권리를 위해서 급진적으로 개혁하지 못했는지 묻고 싶네요.

홍박사   국민의 자유를 억압하면서 무슨 '정의'를 위한다는 건가요? 국민이 자유롭게 살고 권리를 누리는 게 '정의' 아닌가요?

H사장   그렇지만 자유를 누리게 하면 강한 국민이 약한 국민을 억압하니까 정부에서 권력으로 강한 국민을 억제하겠다는 거죠.

홍박사   헌법에서는 국민의 존엄과 인권에 대해 국가가 보호해야 한다고 되어 있습니다. 그런데 급진적으로 특정집단의 권리를 높이면 상대적으로 다른 집단이 피해를 볼 수밖에 없습니다. 진보진영처럼 국민을 딱 보호할 서민과 억압해도 되는 기득권 세력으로 나누어서 한쪽만 억압하면 안 됩니다. 둘 다 대한민국 국민이잖아요? 누군가 웃기 위해 누군가 울어야 하는 이런 부작용에 대해 조심스럽게 접근한 것이 잘못인가요?

H사장   글쎄요? 강한 국민은 좀 억압해도 되는 거 아닌가요?

홍박사   공정한 법 적용이 아니고, 한쪽을 무조건 강자로 보고 억압하는 법은 부작용을 낳습니다. 어린이 보호구역에서 어린이의 교통안전을 위해 제정한 '민식이법'을 알고 계시지요? 이 법에서 어린이 보호구역에서의 사고는 무조건 운전자에게 책임을 묻는다는 것을 알게 된 어린이들이, 몰래 숨어 있다가 갑자기 차 앞으로 뛰어들어 사고를 일으킨 후 금품을 요구하는 일이 발생하고 있습니다. 어린이는 무조건 약하니까 보호해야 한다고 생각하고, 운전자는 무조건 강하니까 무한책임을 져야 한다는 기울어진 논리가 오히려 사고를 만들어내고 있습니다. 이래도 이게 잘하는 일입니까? 이렇게 어린이들이 장난치다 죽으면 문재인 대통령이 살려내실 건가요? 아니면 민식이 부모님들이 살려내실 건가요?

H사장   저도 그 동영상 보고 깜짝 놀랐어요. 왜냐하면 저도 '민식이법' 만들 때 박수를 치고 좋아했거든요. 그런데 그게 어린아이들에게 이렇게 악용될 줄이야. 한쪽을 일방적으로 억압하는 법률이 부작용이 많다는 것은 인정할게요. 그럼 보수진영이 만든 정책은 부작용이 없이 모든 국민을 행복하게 했다는 뜻인가요?

홍박사   모든 국민이 행복해지는 정책은 없습니다. 그러나 사회적 비난이나 부작용을 최소화하기 위해 정책에 공정성을 부여할 수는 있겠지요. '민식이법'에서 운전자는 무조건 악하고 강하다, 어린이는 무조건 선하고 약하다의 양분법 논리에서 빠져나오는 겁니다. 운전자도 악하기도 하지만 선하기도 하다. 또한 어린이도 선하기도 하지만 악하기도 하다는 전제를 인정하는 거죠. 그래서 '고의로 사고를 일으키는 어린이에 대해서는 운전자 과실을 면책해준다'라고 악용을 막는 조항을 넣었다면 얼마나 좋았을까요? 보수에서 민식이법을 만들었다면 악용의 여지를 좀 더 없앴겠지요.

H사장   지금 생각해보니 그러네요. 진보진영은 악한 편과 선한 편, 이렇게 둘로 나누어놓고 생각하는 경향이 있나 봐요. 하지만 이렇게 법률이 악용되면 사회적 비난에 쌓일 텐데요? 진보에서는 왜 이렇게 했을까요?

홍박사   진보에서는 그런 사회적 비난이 생겨도 걱정이 없습니다. 양쪽을 편가르기해서 싸움을 붙인 후에 숫자가 많은 쪽에 유리하도록 일방적으로 정책을 바꾸면 되니까요. 이런 방식은 사회적 비난을 줄일 수는 있겠지만 숫자가 적은 쪽은 억울하게 울어야 합니다. 그게 바람직한가요? 숫자가 많든 적든 모두가 한 국민이잖아요.

H사장   같은 국민이라는 말씀을 자꾸 하시네요. 강조하려고 일부러 그러시는 거죠? 숫자가 적은 쪽도 국민이니까 국가는 그들의 인권도 지켜주어야 한다는 말씀이잖아요?

홍박사 보수진영은 부자든 가난한 서민이든, 강자든 약자든 모두 소중한 국민입니다. 그리고 국민 모두의 인권을 지키기 위해 노력합니다. 한쪽의 인권을 개무시하는 진보진영식 편가르기는 사양합니다. 거기에다 인권뿐 아니라 한 가지 더 추가할게요.

H사장 여기가 무슨 중국음식점도 아니고. 도대체 뭘 추가하시게요?

보수는 국민의 재산도 지킨다

홍박사 모든 국민의 최대 관심사가 뭔지 아시나요?

H사장 글쎄요. 진보와 보수의 대립에 대한 해결방안?

홍박사 이거 왜 이러세요? 돈이지요. 모두가 돈 벌려고 아등바등 살고 있잖아요.

H사장 아, 그러네요. 저도 지금 돈 벌려고 이러고 있는 거고요.

홍박사 국민 중에는 해탈의 경지에 올라서 물욕을 초월하신 분도 있기는 하겠지만, 현실적으로 국민들 모두 돈을 벌려고, 즉 재산을 형성하려고 자신의 삶을 투자합니다. 그러니 그 국민의 재산을 지키고 사유재산 제도를 유지하는 것 또한 국가의 의무입니다. 그런데 합법적으로 그 재산을 빼앗는 사람이 있습니다.

H사장   재산을 빼앗는데 합법적이라고요? 금융사기 말씀이신가요?

홍박사   웬 놈이 칼을 들고 남의 돈을 내놓으라고 하면 강도지만, 정부가 법으로 남의 돈을 내놓으라고 하면 세금이 됩니다. 세금은 국가의 필요에 의해서 국민의 재산권의 일부를 침해하는 행위입니다. 거둘 때도 조심해야 하고 쓸 때는 더 신중하고 공평을 기해야 하겠지요. 그런데 밑도 끝도 없이 돈 많으니까 세금 막 거둔다? 이것도 불공정한 일입니다.

H사장   저도 돈이 많은 편이지만, 소득이 많은 부자에게 세금을 더 부과하는 것은 조세를 통한 소득재분배로 공정한 일이 아닌가요?

홍박사   정당하게 돈 많은 사람을 구분한다면 그 말도 옳습니다. 소득재분배는 부자에게서 세금으로 돈을 많이 거두어서 부자의 소득은 낮추고, 서민에게 복지를 줘서 서민의 소득은 올리는 시스템입니다.

H사장   맞아요. 그거 해야죠.

홍박사   소득재분배는 부자와 서민이 명확하게 구분되어야 실현 가능한 시스템입니다. 준조세 성격의 건강보험료를 예를 들어볼까요? 서민에게 혜택이 가고 부담이 없다고 홍보하면서 출범한 문재인 케어가 4년이 되었습니다. 그런데 2020년 건강보험료는 월 300만 원 소득자에게 연간 42만 원 인상되었지요. 그럼 월 300만 원 소득자가 부자인가요?

H사장 월 소득 300만 원이 부자라고요? 장난해요?

홍박사 생각하기 나름이겠지요. 월 200만 원 소득자보다는 확실히 부자일 것입니다. 그런데 그렇게 가정하면 월 200만 원 소득자도 월 100만 원 소득자보다는 엄청난 부자가 됩니다. 이렇게 부자에 대한 선을 긋지 않고 대충 넘어가면 부자가 부담할 것 같았던 사회적 부담이 자꾸 밑으로 밀려 내려오게 됩니다.

H사장 그런 식으로 하면 온 세상에서 제일 가난한 사람 한 명만 가난한 거잖아요. 그런 말장난은 그만하시죠. 어쨌든 누가 생각해도 월 300만 원 소득이면 부자는 아닙니다.

홍박사 처음에 문재인 케어를 시작할 때 비용 부담에 대한 국민적인 공감대 없이 '부자들이 다 냅니다'라는 식으로 덮어두었었습니다. 이런 식의 진행은 나중에 탈이 나게 되어 있습니다. 나중에 설명하겠지만, 부자들 돈이 생각한 것만큼 많지 않거든요. 결국 서민 증세로 이어지게 됩니다. 나중에 서민에게도 증세할 거라면 뭐가 소득재분배인가요? 국가의 복지가 늘어나면 세금이 늘어난다는 국민 모두의 공감대 형성이 필요합니다. 예를 하나 더 들어볼까요?

H사장 또 있어요? 하긴, 문재인 정부 집권 이후에 계속 뭔가 오르기만 했으니 이상할 것도 없네요.

홍박사 직장인들이 직장을 잃게 되었을 때 받는 고용보험이 있습니다. 보통 실업급여로 알고 계시지요. 이는 직장인이 타의에 의해서 직장에서 나온 경우 소득을 보전해주기 위해서 미리 보험료를 내는 형식의 제도입니다.

H사장   그건 누구나 알죠. 하지만 기업에서 강제로 내쫓은 경우가 아니면 받기 힘든 돈이라는 것도 알아요.

홍박사   진짜 실업급여가 필요한 서민에게는 깐깐하게 실업급여 지급을 심사하고 거절하던 고용노동부가, 문재인 정부 들어서 도깨비방망이가 되었습니다. 실업급여 외에도 청년·중장년을 고용하면 지원금을 주는 사업도 고용보험기금에서 지출됩니다. 이건 실업자가 취업할 수 있도록 돕는다는 명분이 있지만, 이런 사업들이 실제로 고용 창출과 노동 생산성 향상에 도움이 될까요? 과연 각종 규제로 언제 감옥에 갈지 모르는 경영자가 지원금 얼마 받으려고 직원을 늘릴까요? 결국 이런 퍼주기식 정책으로 고용보험기금이 급격히 고갈되었습니다.

H사장   어머, 저희 직원들이 낸 고용보험기금이 거덜이 났다구요? 그럼 나중에 실업급여를 어떻게 받아요?

홍박사   걱정 마세요. 홍남기 경제부총리님은 재주가 매우 뛰어나십니다. 2020년에 7.8조 적자가 났지만, 세금으로 모두 메울 예정입니다. 거기다가 2019년 10월에 1.3%였던 보험요율을 1.6%로 올렸었거든요. 그런데 1년 5개월도 안 되어서 또 인상을 검토하고 있습니다.

H사장　그건 서민인 월급쟁이들 돈인데 왜 올려요?

홍박사　왜 올리긴 왜 올립니까? 부자만 가지고는 퍼주기를 감당할 수가 없으니 그렇죠. 진보진영의 지지자 여러분! 여러분은 돈 자꾸 더 내도 기분 좋으시죠?

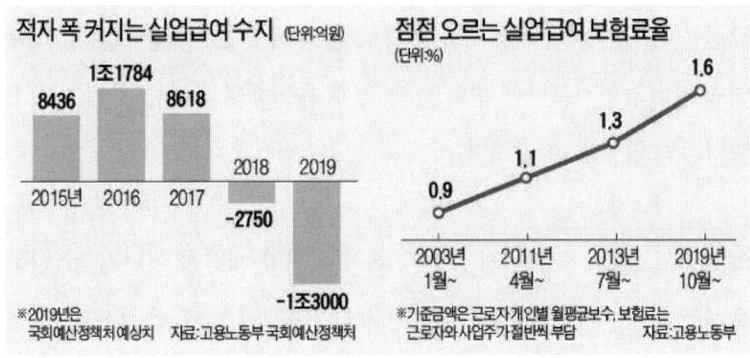

점점 오르는 실업급여 보험료율 (출처 : 한국경제)

H사장　서민들에게 그게 얼마나 큰돈인데요. 정말 치명적인 말씀을 하시는군요. 자꾸 사설이 길어집니다. 결론을 정리하죠. 부자와 서민을 확실히 나누는 기준이 없으니까 부자 증세가 서서히 하위 계층으로 내려와서 마지막에는 서민들도 세금을 더 내게 된다는 거죠. 그래서 소득재분배는 환상 속에서나 나오는 일이 된다는 뜻인가요?

홍박사　부자들이 여러분의 상상처럼 돈이 많지 않다는 것도 중요한 이유가 됩니다. 이 건은 나중에 언급합시다. 이번에는 남북관계에 대해서 이야기해보죠.

H사장   보수진영이니까 남북관계에서도 헌법 이야기를 하시겠네요.

홍박사   정확하십니다. 일단 보수진영은 남북관계에 있어서 분단국가의 현실을 보는 관점이 좀 배타적이라고 해야 할 듯합니다. 북한을 지독한 제왕적 독재체제로 인식하고 있기 때문에 '자유민주적 기본 질서에 입각한 평화적 통일'(헌법 제4조)에 어긋나는 연립정부 수립과 같은 방법은 통일의 방법이 아니라고 봅니다. 독재체제로 있는 그대로의 북한을 받아들이기보다는 변화할 수 있게 유도하려고 하는 자세를 갖고 있다고 보면 좋을 듯합니다.

H사장   그건 예전에 반공사상이 투철할 때의 개념이 아닌가요? 너무 오래된 생각이라 현실에서 적용하기에는 문제가 있을 거 같은데요. 자유민주적 통일이 가능하려면 북한이 '자유민주적'이 되어야 하는데, 이걸 기대하기가 쉽지 않아요.

홍박사   그럼 북한은 하나도 안 바뀌는데 우리가 '자유민주적'을 포기하고 북한식으로 바꾸어야 합니까? 시대가 바뀌었다고 아무 생각 없이 막 바꾸는 게 능사는 아니잖아요? 하긴 북한이 변한 것도 있지요. 예전에는 소련제 T-34 탱크와 대포를 썼는데, 이제는 핵무기와 미사일을 쏘니까요. 많이 변하긴 했습니다. 사거리 300~500km짜리 미사일을 불꽃 구경하려고 쏘지는 않을 거고요. 쏜 놈은 어디 떨어지는지 보이지도 않거든요. 그 미사일들의 타겟이 지금 여러분이 살고 있는 동네가 아닐까요? 전에 국방부에서 미사일이라고 표현하면 여당에 혼나니까 발사체라고 표현했는데요. 그럼 발사체는 맞으면 안 죽습니까?

H사장 글쎄요. 다르게 생각할 수도 있잖아요. 미국이 전쟁을 일으켰을 때 항공모함을 요격하기 위해서가 아닐까요?

홍박사 핵을 포기하면 왜 미국이 북한을 공격하겠습니까? 이라크 같은 테러지원국도 아닌데, 뭐하러? 그리고 항공모함을 요격하는데 왜 지대지 미사일을 실험합니까? 지대함 미사일을 실험해야지요. 만에 하나 그 지대지 미사일 탄두에 화학무기나 핵무기를 실어 보내서 우리나라 서울이나 부산을 공격했을 때 우리나라 국민들이 몇 명이 죽을까요? 아마도 미사일 하나당 이번 코로나19로 사망하신 분의 몇 백 배는 돌아가실 겁니다. 그래서 북한의 공격에 대비해야 한다고 보수진영은 끊임없이 주장하는 것입니다. 이렇듯 보수진영은 북한으로부터 국민의 소중한 생명을 보호하려고 노력합니다.

H사장 논란의 여지가 많기는 합니다만, 북한이 미사일을 계속 쏘는 것은 사실이니 인정하도록 하죠. 정답이 없는 내용은 나중에 논의해요. 다음으로 넘어가 주시죠. 다음 주제는 경제인가요?

홍박사 보수진영을 마음에 안 들어하시는 진보진영 지지자 분들도 경제는 보수가 잘한다는 것은 인정하실 겁니다. 그 이유는 경제에 대해 현실적으로 분석하고 있기 때문입니다. 경제를 강자와 약자의 대결구도로 보는 환타지적 입장이 아니라, 내 가족의 생계를 위해 땀 흘려 일하는 사람들이 얽히고설킨 복잡한 유기체로 보는 현실적인 입장이기 때문이지요.

H사장 대립하는 구도가 아니라 서로 돕는 구조라는 것인가요?

홍박사 아뇨. 대립도 있고 협력도 있고 아주 복잡합니다. 여기서 갑인 사람이 다른 곳에서는 을이 됩니다. 그래서 각 주체들이 그때 그때 스스로 알아서 대처할 수 있는 자유롭게 풀어놓는 자유시장경제 시스템이 필요한 겁니다.

H사장 자유시장경제 시스템이 효율성이 높지만 부작용이 있다는 것도 다 아는 이야기죠. 그래서 다른 시스템을 적용하는 나라들도 많이 있잖아요.

홍박사 전 세계적으로 본다면, 경제체제는 국가마다 조건이 다릅니다. 조상이 물려준 유적이 풍부한 나라는 관광에 몰빵해도 먹고사는 데 지장이 없습니다. 아니면, 석유가 빵빵 나오는 나라는 석유산업을 국유화하고 석유로 번 돈을 국민에게 연금으로 분배하는 국가 주도의 경제정책도 가능합니다. 최근 들어 쫄딱 망한 베네수엘라가 그 좋은 예가 됩니다. 그러나 우리에게는 이런 선택권이 아예 없습니다. 안타깝게도 산 좋고 물 좋은 아름다운 금수강산은 돈이 안 되니까요. 즉, 내세울 변변한 자원도 없고, 좁은 땅덩어리, 그리고 작은 내수시장을 가진 나라가 바로 대한민국입니다. 이런 상황에서 잘 먹고 잘 사는 나라가 되려면 유일한 선택은 인적 자원에 의지한 기술력으로 무언가 만들어서 해외에 팔아야 합니다. 즉 수출 주도형 경제를 활성화하는 것밖에는 방법이 없지요.

H사장   누가 몰라요? 근데 양극화 문제가 심각해지니까 그렇죠.

홍박사   수출 주도형 경제는 필연적으로 국제무역시장에서 경쟁자들과 부딪혀야 합니다. 그리고 국제무역시장이야말로 극한의 경쟁이 있는 무한의 자유시장경제 시스템입니다. 일단 여기서 이겨야 돈을 벌 수 있고, 벌어야 나누든지 말든지 합니다. 자유시장경제가 양극화의 부작용이 있더라도 효율성이 최고인 것은 인정할 수밖에 없잖아요? 그런 효율성이 없으면 국제사회의 경쟁에서 패배하게 됩니다.

H사장   너무 보수다운 말씀이라 수구꼴통 소리도 안 나오네요. 주위를 돌아봐 주세요. 자유시장경제에서 시장 실패자들이 극빈자로 전락하는 모습이 안타깝지 않나요? 자유시장경제 체제보다 조금 비효율적이라도 골고루 잘 사는 방법이 있지 않을까요?

홍박사   그게 제일 문제지요. 제일 좋은 방법을 빼고 다른 방법에서 좋은 걸 찾으니까요. 생각해보세요. 국민들이 진짜 원하는 것은 골고루 잘 사는 세상입니다. 즉 가난한 사람을 부자로 만드는 거죠. 그런데 경제적 효율성이 떨어지면 돈을 못 벌게 되고 결국 나눠 먹을 게 없습니다. 그럼 골고루 못 사는 세상이 됩니다. H사장님도 직원 중에 월급 많이 받는 사람도 있고, 적게 받는 사람도 있지만 책이 안 팔리면 직원들 월급 줄 수 있어요?

H사장   당연히 못 주죠. 난 뭐 땅 파서 돈 주나요? 그 월급 주려고 저까지 나서서 이렇게 책 쓰는 거 아닙니까?

홍박사 열심히 일해도 돈 못 벌어서 불쌍한 사람이 있으면 모두가 도와줘서 어려움을 이겨 나가게 하면 될 일입니다. 별 잘못도 없이 열심히 일해서 기업 일으키고, 수많은 사람 고용해서 일자리 늘린 사람을 일부러 보란 듯이 괴롭히면 양극화가 해소됩니까? 많은 일자리가 있는 회사를 탈탈 털어서 돈 못 벌게 하고, 결국 회사 문을 닫게 해서 아까운 일자리를 날려 먹으면 양극화가 없어지나요?

H사장 기업이 진보정부에 의해서 공격받는 것은 기업인들의 부정부패 때문이 아닌가요? 일자리 때문에 기업의 부정부패를 봐줄 수는 없잖아요.

홍박사 그건 정당하게 수사를 하면 되죠. 나올 때까지 터는 정치적 타겟수사 말고요. 일단은 돈 잘 버는 사람을 못 벌게 방해하기보다는, 돈 못 버는 사람을 잘 벌게 해서 부자가 되는 길을 열어주는 것이 보수의 가치입니다. 한마디로 기회를 더 주고, 부자가 되는 길을 더 쉽게 만들어줘서 누구나 부자가 될 수 있게 장려하는 것이지요.

H사장 오랜 자유시장경제 시스템 때문에 부자가 못 되고 어렵게 사는 사람이 넘쳐나요. 그럼 이분들은 어떻게 해요? 보수진영에서는 이분들에게 관심이나 있나요?

홍박사 이 세상 어디에나 어느 분야에나 애써도 안 되는 사람들은 있습니다. 조기축구회도 나가 보면 매일 나오는데 공 한 번 못 차는 분이 있고요. 글을 쓴다고 작가 흉내내고 자기 돈으로 책 내는데 도무지 무슨 소린지 알아볼 수가 없는 분도 있어요. 심지어는 도서관에서 살다시피 공부를 하는데 성적은 형편없는 학생들도 흔히 볼 수 있습니다.

H사장   윽, 갑자기 심장이 뜨끔하네요.

홍박사   죄송합니다. 제가 많은 분들이 상처받을 소리를 했네요. 하지만 축구를 지지리도 못하던 사람이 농구하러 가면 날아다닐 수도 있어요. 글은 못 쓰는 사람도 만화를 잘 그릴 수 있습니다. 지금 형편에서 안 되면 다른 조건으로 마음껏 바꿀 수 있는 자유가 중요합니다. 그게 자유시장경제입니다.

H사장   그럼 돈 못 버는 시장 실패자도 환경이 바뀌면 돈을 잘 벌 수 있다는 건가요?

홍박사   그런 도전을 위한 자유가 보장되어야 한다는 겁니다. 그런데 누군가 억압하고 탄압해서 돈을 못 버는 상황이 벌어지면 안 되겠지요. 그래서 헌법에는 경제 민주화의 개념이 있습니다.

    '국가는 균형 있는 국민경제의 성장 및 안정과 적정한 소득의 분배를 유지하고, 시장의 지배와 경제력의 남용을 방지하며, 경제주체 간의 조화를 통한 경제의 민주화를 위하여 경제에 관한 규제와 조정을 할 수 있다' (헌법 제119조 2항)

    보수에서 추구하는 자유시장경제 시스템이라고 해서 피도 눈물도 없는 무한경쟁이 아닙니다. 경제주체 간에 약자를 보호하는 장치가 들어설 수 있도록 이미 헌법에서 준비되어 있습니다.

H사장 어머, '경제 민주화'가 진보진영에서 만들어낸 표현인 줄 알았는데, 헌법에 있는 내용이네요. 이거 정말 몰랐어요.

홍박사 1987년 10월 29일 전두환 대통령 시절에 전부 개정되었을 때 추가된 내용입니다. 오래된 법문이라고 무시하시면 안 됩니다. 사람 사는 모양새는 결국 똑같기 때문에 세대를 넘어서 적용되는 룰은 같거든요. 보수진영은 헌법에 의거한 '경제주체 간의 조화를 통한' 적절한 정부 개입을 지지합니다. 물론 여기서 말하는 '적절한'의 의미 또한 사유재산이나 개인의 자유와 같은 헌법정신을 침해하지 않는 것을 말하지요.

H사장 그럼 왜 지난 보수정권 시절에는 양극화를 문제화하지 않고 덮으려고만 했을까요?

홍박사 양극화라는 말만 안 했을 뿐 어려운 사람을 돕는 정부의 개입은 꾸준히 있어 왔습니다. 지금 돌아가는 복지 시스템의 대부분도 기본 체계는 보수에서 만들어놓은 겁니다. 하지만 양극화라는 말이 터져나오면서 약자를 돕는 것이 아니라, 자유시장경제에서 경쟁에 승리한 사람들을 벌을 주고 있습니다. 그 사람은 평생 돈 버느라 노력을 했을 텐데 이걸 악으로 몰아버리니까 불공정하다고 볼 수 있지요.

H사장 성공한 사람을 존중해주자는 말씀이죠?

홍박사   아뇨. '스스로의 삶을 위해 노력해서' 성공한 사람들을 존중해 주자는 겁니다. 그리고 그 노력해서 성공을 이룬 사람이 '내'가 될 수 있는 길을 열어주는 것이 보수진영입니다.

H사장   다음으로 가시죠. 정치적 자유에 대한 보수진영의 견해를 들을 차례네요.

홍박사   양심과 사상의 자유, 그리고 표현의 자유를 포함한 정치적 기본권이 확대되어 가는 것은 진보진영이든 보수진영이든 받아들일 수밖에 없는 사회현상입니다. 특히 인터넷이나 SNS와 유튜브에 의해서 정치적 발언의 기회가 많아진 것도 이런 정치적 자유 향상에 큰 역할을 했지요. 그러나 자유가 다른 사람의 권리를 침해하면 통제가 필요하다고 생각합니다. 하지만 정치적 목적으로 억압할 대상을 이미 정해놓고 가짜 뉴스라고 억누르는 통제는 잘못된 것이 아닐까요? 진보와 보수 양쪽이 모두 가짜 뉴스를 생산해내고 있는데, 보수만 지적을 당하고 있거든요.

H사장   그렇지만 가짜 뉴스는 통제해야죠?

홍박사   어차피 불가능하겠지만, 정부의 객관적인 개입을 희망합니다. 어쨌든 가짜 뉴스는 그렇다 치고, 저는 SNS를 이용한 개인에 대한 비방이나 혐오에 대한 통제가 필요하다고 생각합니다.

H사장   방법적으로만 가능하다면 개인에 대한 비방이나 혐오는 저도

없어졌으면 좋겠어요. 상처 주는 사람은 재미로 하지만, 상처받는 사람은 목숨이 왔다 갔다 하거든요. 이제 마지막으로 계급적인 문제에 대해서도 언급해주시죠.

홍박사　계급이요? 그게 언제적 개념인가요? 공산혁명하느라 편가르기하기 위해 사용되던 개념이잖아요? 서로 돕고 서로 돌고 도는 세상에 계급이 어디 있나요? 옛날처럼 신분제 사회가 아닌 한 이상한 소리 좀 안 했으면 좋겠습니다.

H사장　하지만 양극화의 개념으로 보면 부자와 서민으로 계급이 나누어지잖아요?

홍박사　글쎄요, 저도 몰랐는데 아까 조나라님과 말씀하시는 것을 듣고 보니, 사실 진보진영의 지도층도 대부분 부자잖아요. 그럼 부자들이 이끄는 서민들이 부자를 공격한다는 건데 이게 바로 계급이 없다는 증명 아닌가요?

H사장　좀 애매해지네요.

홍박사　세상 모든 사람이 똑같이 태어나지 않는 한, 일부 특권을 가진 엘리트 지배층은 있을 수밖에 없습니다. 단지 사회 시스템이 향상되면 이런 엘리트 지배층이 충분히 견제받고 투명하게 일하게 됩니다. 그 엘리트 지배층의 특권이 누군가를 희생시켜서 자기의 이익을 채우는 수단이 되지 않도록 견제가 필요합니다. 직원을 고용한 기업인이라면 부당한 근로자 착취가 없도록 정부가 근로기준법에 의거해서 감시할 것입니다. 또한 정치인이라면 부패한 행위가 없도록 성역 없이 수사 대상이 되어야 하지 않을까요? 그게 진정한 엘리트 지배층의 상식이 아닐까요? 아무리 권력자라도 법을 어기면 처벌을 달게 받게 하는 것이 진짜 계급 없는 사회 아닐까요?

그러니까 너는 보수다 ③ 진보가 보는 보수

H사장 홍박사님이 말씀해주신 보수진영의 개념에 대해서 잘 들었습니다. 좀 고리타분하긴 해도 좋은 말씀들이었던 것 같아요. 이제 순서를 넘겨서 '③ 진보가 보는 보수'로 가보도록 하죠.

조나라 아까 홍박사님이 말씀하셨듯이 '보수(保守)'는 무언가를 지킨다는 뜻이죠. 그리고 지키는 대상이 바로 헌법에 나오는 '자유민주주의'라고 하셨습니다. 자유민주주의란 기본적으로 국민들이 자유롭게 살아가도록 권력이 골고루 나누어지는 정치 형태를 말합니다. 말은 좋죠. 그런데 왜 보수진영이 그 자유민주주의 시스템을 지키려 할까요?

H사장 그러게요. 지킨다는 말만 했지 왜 지키는지는 말씀을 안 하셨어요.

조나라 기득권을 가진 세력이 자신의 힘을 이용하여 자유롭게 서민을 억압하기 위해서는 국가의 통제가 느슨해서 자유롭게 움직일 수 있는 시스템이 좋은 거죠. 즉 보수가 지키려는 것은 국민들의 '자유'가 아니라 기득권을 가진 사람들이 그 권력을 맘껏 휘두를 '자유'입니다.

H사장 자유를 부르짖는 것이 사실은 기득권을 휘두르기 위함이라는 말씀이죠?

조나라 그 기득권 행사의 성향에 따라 보수진영은 여러 가지 계층으로 나뉘어집니다. 첫 번째 '기름지고 게으른 보수'가 있죠. 기득권을 가진 지 오래되고 누릴 줄 아는 사람들입니다. 쉽게 말해 좀 높은 사람들이라고 보면 돼요. 기업의 사장님들이나 교수님들이 있죠. 보수단체의 단체장들도 있어요. 모든 진보진영의 사람보다 자신들이 더 똑똑하다고 믿고 항상 상대를 깔보고 있지요.

H사장 배 나오고 머리 벗겨진 사장님이 떠오르네요.

조나라 배 나온 사람은 진보진영에도 있어요. 김어준 씨는 어쩌라고요?

H사장 그분은 털이 많잖아요.

조나라 외모로 이야기하시면 안 되고요. 일단, 권위적이고 헌신하기 귀찮아하는 사람들이라고 보면 됩니다. 촛불집회 같은 길거리 투쟁은 싫어해요. 회장 명함을 가지고 다니면서 번지르르한 양복을 입고 좋은 식당에서 모임 가지기를 좋아합니다. 특히 정치적 사안에 대해서는 거리에서 목소리를 내기보다는, 고위공직자와 식사를 하고자 합니다. 영화나 드라마에서 이미 그 실체가 많이 드러나 있지요. 이분들이야말로 부정부패의 온상이라고 할 수 있어요.

H사장 영화나 드라마에 흔히 나오는 악한 재벌 총수나 권력자들을 말씀하시는 거죠? 저는 항상 그런 내용을 볼 때마다 시나리오를 쓴 작가가 재벌 총수나 정치인을 밀착해서 조사한 꼼꼼함이 돋보인다고 생각해요. 철저히 접근하고 취재해서 쓰지 않고서야 어떻게 그렇게 적나라하게 표현할 수 있을까요?

조나라 맞습니다. 만약에 그런 시나리오가 철저한 밀착 취재 없이 상상으로만 만들어졌다면, 국민적 호응을 얻을 수 있겠어요? 진짜로 작가님들이 아무런 밀착 취재 없이 상상으로만 시나리오를 썼다면 국민들은 전부 새까맣게 속은 게 되겠지요. 그리고 그런 모습을 기반으로 기업에 대한 규제정책을 설계한 진보진영은 바보 멍청이가 될 겁니다.

H사장 영화나 드라마의 악한 재벌 총수나 정치인의 이미지가 떠오르니 갑자기 화가 나려 하네요. 그래도 '베테랑'에서의 재벌 3세로 나온 유아인 씨는 참 멋있었는데. 연기도 잘하고요.

조나라 하여간 잘생기면 뭐든지 용서가 되는 이 세상에 대해 '어이'가 없습니다. 다음으로 넘어가죠. 두 번째 '광신형 보수'가 있습니다. 가난하고 나이 드신 어르신들이 주축이 되어서 집회를 하는 추한 모습의 조직이지요. 흔히들 목적을 알 수 없는 시민단체들을 구성하고 계시는데요. 예를 들어서 태극기부대나 해병전우회와 같은 노인분들의 단체가 대부분이죠.

H사장   아까는 외모로 평가하지 말라고 해서 놓고서는?

조나라   전광훈 목사와 광화문 집회 사람들을 보면 상식적으로 이해가 되질 않잖아요? 좀 무언가에 홀리게 하는 느낌이지요. 그러니까 가진 것 없는 서민인데도 무언가에 홀려서 오히려 보수진영을 지지하고 있어요. 이성적인 판단이라기보다는 광신도적인 성격을 갖고 있으니까요. 그런 분들과 만나는 기회가 있어서 진지하게 토론을 요구하면 바로 욕하고 소리부터 지릅니다.

H사장   그러게요. 진보진영에도 막무가내식 지지자가 있지만, 보수진영의 광신도적인 지지자들에 비하면 많이 나은 편이에요.

조나라   세 번째로 '흔들리는 보수'가 있어요. 평소에 정치적 소신은 보수진영입니다. 이분들은 자기가 거지가 아니기 때문에 복지 혜택을 받는 것은 구차하다고 생각하시죠. 그리고 스스로 열심히 일해서 잘 살아야 가치 있다고 확신을 하십니다.

H사장   가장 멀쩡한 '보수'이시군요. 근데 왜 흔들리나요?

조나라   말로는 굳건하긴 한데, 돈 앞에 무너지는 케이스죠. 일단, 복지 혜택의 맛을 보면 진보 지지자로 변신합니다. 현실적인 유동층이라고 보시면 됩니다. 예전에는 젊은 층이 많아서 복지의 포커스가 구직수당이나 청년수당으로 청년들 복지에 역량을 집중했었지요. 그러나 이제는 진보진영이 주도하는 공공근로에 노인분들이 많이 참여하시면서 새로운 바람이 불고 있습니다.

H사장　제가 아는 어르신들도 공공근로를 하시고 나서 자기에게 돈을 주는 정부는 처음이라면서 엄청 진보진영을 칭찬하셨죠.

조나라　통상적으로 저소득층을 지원하는 선별적 복지에서는 젊은 세대가 복지와 분배를 주장하는 정치세력을 지지하게 됩니다. 왜냐하면 중장년 세대나 노인 세대에 비해 상대적으로 가난하기 때문에 복지와 분배에서 돈을 지불하는 쪽이 아니라 받는 쪽에 속하기 때문이죠. 그런데 문재인 정부에서 주장하는 보편적 복지에서는 상황이 바뀌죠. 모두 같은 금액을 주니까요. 돈 많은 중장년 세대나 노인 세대가 돈을 받는 게 청년들로서는 못마땅하죠. 복지에서 소외되던 노인 세대는 더욱 좋아하구요.

H사장　그래서 노인층의 더불어민주당 지지가 늘어났군요.

조나라　거기에 모든 세대에 돈을 지불하다 보니 금액 규모가 워낙 커져서, 중장년 세대와 노년층에서 받는 세금으로는 감당이 안 돼요. 그럼 이게 보통 10년 만기짜리 국채로 만드는 빚이거든요. 생각해보세요. 젊은 세대와 노인 세대가 똑같이 받는데, 나중에 빚을 갚아야 할 때쯤에는 노인 세대는 소득이 없거나 돌아가셨겠지요. 같이 받았는데 젊은 세대만 부담을 독박으로 써야 하는 겁니다. 노인 세대 입장에서는 무조건 남는 장사니까, 당연히 보편적 복지를 표방하는 더불어민주당을 지지하는 거죠.

H사장 보편적 복지야말로 그동안 소외되었던 노인 세대에게 더없이 좋은 복지가 아닐 수 없네요. 또 다른 보수진영의 모습이 있나요?

조나라 더 있겠지만, 여기까지만 하죠. 일단 보수진영은 이렇게 다양한 형태를 가지기도 하지만, 나름의 공통점도 있습니다. 자유민주주의 체제를 옹호하는 척하면서 자신의 기득권을 지키려 하는 거죠. 이미 모든 권력을 자유민주주의 체제 위에 세워놨으니 그게 흔들리는 게 싫을 뿐입니다. 보수진영의 한 명 한 명 모두가 그런 것은 아니지만, 이명박, 박근혜 정권에 붙어서 부정부패의 단물을 빨면서 혜택을 누리던 사람들이 보수진영의 리더를 자처하고 있습니다. 또한 '자유'의 그늘에 숨어서 서민을 억압하던 사람들이 진보진영의 적폐청산을 통해 그늘이 사라지니 저항하는 것뿐이죠.

H사장 그늘이 사라지다니요?

조나라 예를 들어 정치적 이유로 줄 잘 서서 좋은 공직을 꿰차고 있었는데, 진보정부가 집권하고 나서 정치가들이나 시민단체에서 새로운 인물이 자기 자리를 넘보니까, 반발하지 않겠어요?

H사장 코드인사의 정당성을 말씀하시는 거군요. 코드인사가 문제가 되는 이유는 능력이 인사의 기준이 아니라, 관계가 인사의 기준이기 때

문이죠. 능력이 있어서 좋은 성과를 낸다면 왜 문제가 되겠어요? 그런데 코드인사로 경제부처의 수장이 진보진영의 사람으로 바뀌고 나서 경제가 어려워졌어요. 그래서 과거 보수진영이 국가를 운영할 때가 살기 좋았다는 평가가 나오고 있구요.

조나라 자유시장경제가 효율적이고 국가의 발전에 공을 세운 것은 저도 인정합니다. 그러나 모두 아시듯이 그 안에 사람이 없어요. 약자들을 돌보려는 마음이 없죠. 약자를 돌볼 필요 없으니 이미 가지고 있는 사람들에게는 부담도 없고 활동하기 편하죠. 이런 갑과 을이 정해져 있는 상황에서 을의 삶은 피폐해집니다. 예를 들어 재벌들의 횡포에 중소기업은 기술을 빼앗기고 인재도 빼앗긴 채 죽어갑니다. 힘없는 노동자들은 기업주의 착취에 노동의 합당한 대가도 제대로 못 받고 눈물을 흘릴 수밖에 없죠. 이걸 바로 잡으려니까 문제인 정부는 국가가 규제해서 '자유'를 통제할 수밖에 없는 것이고요. 이 통제로 인해 기업주는 자신의 권력이 제한되니까 "자유시장경제의 효율성을 상실했다"고 하면서 싫어하고 반발하는 거죠.

H사장 국가의 강력한 시장개입은 재벌들의 부정과 기업주의 착취를 바로 잡기 위한 정당한 일이었다는 말씀이군요.

조나라 아까 민식이법 어쩌구 저쩌구 하는 것을 저도 들었습니다. 하지만 그건 아주 일부의 문제일 뿐입니다. '민식이법 놀이'를 하다가 어린이 몇 명 죽는다고 세상이 무너지는 것은 아니잖아요? 진짜 중요한 것은 국가권력에 의해 '양극화가 해소'되는 것이지요. 그래서 국가가 자유시장경제를 통제하는 것은 정의롭지 못한 부와 권력에 대해 통제하는 것이므로 앞으로 더 커져야 합니다.

H사장 그러나 보수에서는 자유시장경제의 효율성이 무너지면 우리나라가 세계 무역시장에서 승리할 수 없다고 주장하고 있어요. 그래서 기업이 무너지고 돈을 못 벌면 모두가 가난해진다고 말하죠.

조나라 저도 그런 말씀은 수없이 들었습니다. 하지만 그것은 대한민국 기업들이 흔히들 하는 엄살입니다. 대한민국은 1인당 국민소득 3만 불의 경제대국이거든요. 또한 이 정도 규제로 우리나라 기업들이 세계 무역시장에서 쓰러지지 않아요. 지난 진보정부 4년 동안에도 삼성이든 현대든 대기업은 아무도 무너지지 않았어요. 문을 닫아봐야 GM 같은 외국계 기업의 공장 하나뿐이겠지요.

H사장 대기업이야 워낙에 크니까 잘 버틴다고 할 수 있겠죠. 하지만 여력이 없는 중소기업이나 자영업자는 어떡해요?

조나라 중소기업이나 자영업자는 원래 끊임없이 망하고 새로 창업하는 일을 반복하는 업종 아닙니까? 과거 이명박, 박근혜 정부 시절에는 중소기업과 자영업자들이 안 망했습니까? 제가 아는 분 가운데는 세 번 사업에 실패하고 다시 도전해서 성공하신 분이 있습니다. 지난 세 번의 실패는 마지막 성공을 위한 밑거름이 아닐까요? 이렇게 원래 망하기도 하고 잘 되기도 하는 게 중소기업과 자영업자인데 정부 때문에 더 어려워졌다고 하시면 머쓱하죠.

H사장   사업에 실패한 분들께는 좀 죄송하기는 해도 사실이니까 인정할 수밖에 없는 말씀이네요. 다른 주제로 넘어가서 보수진영에서는 지금 가난한 서민이 나중에 부자로 바뀔 수 있다고 주장하죠. 부자들에 대한 국가의 통제가 강화되면 서민들은 지금은 속이 후련하겠죠. 하지만 나중에 그 서민이 부자가 되었을 때는 그 통제를 받게 되지 않을까요?

조나라   보수에서는 시장 실패자에게 이렇게 사탕 발린 거짓말을 하죠. "너도 열심히 하면 언젠가 부자가 될 수 있어"라고 불가능하지만 희망적인 거짓말을 합니다. 그렇지만 "가난한 사람들이 왜 가난할까요?"라고 물으면 "게으르고 술만 퍼먹어서 그렇다"고 부정적인 시각을 드러내요. 어쩌면 가난한 서민에 대한 편가르기는 부자들이 먼저 시작한 게 아닐까요? 거기에 부자들은 기득권을 지키기 위한 겹겹의 방벽을 두릅니다. 퇴직한 공무원을 영입해서 시장을 독점하기도 하고, 어떤 때는 압도적인 돈으로 좋은 시설을 갖춘 대형마트를 만들어서 영세상인들의 삶의 터전을 초토화시키죠. 이제는 가난한 사람이 부자가 되는 것은 거의 불가능한 세상이 되었습니다.

H사장   글쎄요? 제 지인들 중에는 가난한 시절을 딛고 성공한 사람이 많은데요.

조나라   당연히 가난을 딛고 성공한 사람들의 노력은 인정해야죠. 그러나 그 과정에서 필연적으로 다른 서민들의 희생이 있었다는 것도 인정해야 합니다. 생각해보세요. 노동자에게 충분한 보상을 했다면 어떻게 그런 부를 쌓을 수 있을까요? 하청업체에 공정한 가격으로 거래했다면 어떻게 많은 이익이 남을 수 있었을까요? 노동자를 착취하고 하청업체에 갑질을 했으니 가능한 것 아닌가요? 이런 성공한 사람의 부정적인 모습은 덮어놓은 채, 보수진영은 마냥 성공한 사람의 노력만을 존중하자고 하죠.

H사장   흠흠, 듣기 좀 그러네요. 저도 기업주이거든요. 기업에서 돈 벌려고 이익을 추구한 게 무슨 그렇게 악독한 죄를 지은 것처럼 말씀하세요? 그럼 이익 날 때 번 돈 다 나눠주면 나중에 적자 났을 때 난 어떻게 살아요? 돈 번 게 나쁜 짓이면, 저도 노동자를 착취하고 하청업체에 갑질을 하는 나쁜 사람인가요?

조나라   당연히 아니죠. 진보진영의 기업가는 노동자에게 대가를 좀 덜 지불해도 괜찮습니다. 왜냐하면 서민들을 위해 정치적으로 노력하는 모습이 노동자의 임금을 대체하는 효과가 있으니까요. 예를 들어서 노조에 대해 우호적인 책을 발간하셔서 국민들이 노조에 대한 좋은 생각을 가지도록 돕는다면, 한두 명 직원들 급여를 좀 덜 주거나 안 줘도 문제될 것은 없는 거죠. 그게 바로 진보진영 기업가와 보수진영 기업가의 차이가 아닐까요?

H사장   참나, 그렇게 둘러댄다고 될 말인가요? 기업주와 노동자가 서로 주고받기로 약속한 급여를 지급했을 뿐인데 착취했다고 하시니 살짝 기분이 나쁘네요. 그럼 도대체 얼마를 급여로 지급해야 착취가 아닌 게 되나요? 어쨌든 저는 괜찮다고 하시니 더는 말 안 할게요. 이왕

에 돈 주는 이야기가 나왔으니 정부가 국민에게 돈을 주는 '복지'에 대해 말해볼까요? 진보진영에서는 차별 없이 전 국민에게 주는 보편적 복지의 확대를 주장하는데요. 반면에 보수진영에서는 국가재정 악화를 걱정하며 매우 부정적으로 봅니다.

조나라 보수진영에서는 복지는 국가가 가난한 사람들을 불쌍히 여겨서 온정을 베푸는 것이라 생각하죠. 그러니까 살만한 사람에게 주는 것은 낭비이고, 불쌍하고 가난한 사람을 선택해서 나눠줘야 한다고 주장합니다. 문제는 그 선택의 과정에서 부정부패가 발생한다는 겁니다. 복지를 받아야 할 사람을 선택하는 것도 기득권이고요, 받을 수 있게 허가된 것조차도 기득권이 됩니다. 장애인증, 생활보호대상자 등록 같은 것 말이죠. 특히 이런 허가 권력을 가지고 휘두르는 것을 즐기는 사람들이 보수입니다. 국민들이 권력자를 바라보면서 "복지 좀 주세요" 하고 설설 기는 모습을 보면서 즐기는 거죠. 이런 선택의 문제 없이 전 국민에게 고루 주는 보편적 복지야말로 진정한 진보진영의 이상적인 복지 시스템입니다.

H사장 하지만 최근 보수진영도 복지에 대해 조금씩 다른 입장을 표방하고 있어요. 제21대 국회의원 선거에서 180석을 더불어민주당에 내어주며 대패한 국민의 힘은 선거 직후에 '전 국민 기본소득'을 들고 나와서 진보진영을 당황하게 했죠. 그때 당시 이낙연 총리가 국가재정에 부담이 된다며 오히려 방어하는 자세를 취함으로써 국민들을 어리둥절하게 했었어요.

조나라 정말 울지도 못하고 웃지도 못할 코미디였죠. 지금 생각해도 안타깝습니다. 소 잃고 외양간 고치려고 하는데 못질도 제대로 못하는 무능력한 보수진영의 대표적 실패 사례가 아닐까요? 보수진영이 자기만의 눈높이로 세상을 보고 국민의 눈높이를 이해하지 못해서 쫄딱 망한 경우입니다. 현재 국민의 힘으로 이름을 바꾼 미래통합당은 선거가 끝나서 180석을 잃고 나서도 정신을 못 차립니다. 지도부는 죄다 도망을 가고 지리멸렬했었죠. 그나마 김종인 씨를 당 비상대책위원장으로 추대한 것이 그나마 제대로 한 일이었어요. 그런데 그 김종인 비상대책위원장이 국민의 힘을 이끌려고 보니까 선거에서 패배한 이유가 복지정책에서 밀렸던 겁니다. 그래서 뒤늦게나마 복지에 대한 주도권을 선점하려고 발버둥친 게 '전 국민 기본소득' 이슈였습니다. 하지만 그런 노력을 왜 선거 다 치른 후에 하나요? 한심하기 이를 데 없습니다.

H사장 제21대 국회의원 선거에서 국민들은 더불어민주당에 180석의 열렬한 지지를 보냈습니다. 이에 대해서 일각에서는 야당의 지독한 무능에 대한 심판이라는 평가도 있어요.

조나라 그때 무능한 미래통합당과 미래한국당은 선거전략으로 여당의 경제 실정과 조국 전 법무부장관의 자녀 대입 개입문제, 그리고 위성정당을 만들지 않겠다고 정의당과 약속한 후에 위성정당을 만든 말 바꾸기 행태를 파고들어서 지지를 얻으려 계획했었죠. 그런데 당시에는 코로나19로 인해 국민들이 공포에 휩싸여 있었어요. 사실 몇 명 죽지도 않고 심한 병도 아니었지만, 당시에는 국민들을 공포에 몰아넣기에 충분했죠.

H사장 한참 벌벌 떨던 시절이었죠. 저도 회사 말고는 집 밖에 한 달 동안 안 나갔었어요.

조나라 이럴 때 여당의 경제 실정이나 조국 전 장관의 자녀 대입문제, 그리고 더불어민주당의 말 바꾸기가 국민의 귀에 들어갔을까요? 이때는 코로나19로 불리지 않고 '우한폐렴'이라고 불리던 시절이었어요. 중국에서 시작된 병이니만큼 중국인이 국경을 넘어 대한민국에 들어오는 것에 강한 거부감을 가지던 때였죠. 그래서 전 국민의 가장 강력한 열망이 중국에서의 중국인 입국 차단이었어요.

H사장 하지만 안타깝게도 당시 문재인 정부에서는 중국과의 관계를 고려해서 절대로 중국인의 입국을 막을 수 없는 처지였었잖아요?

조나라 만약 이때 당시의 미래통합당과 미래한국당이 코로나19 방역을 위해 법을 바꿔서라도 중국인 유입을 막겠다고 공약했다면? 그리고 우리나라 전염병관리법의 약점을 파고들어서 무료로 원정 코로나 치료를 받으러 입국하는 얄미운 외국인에 대해 입국 시 격리비용과 치료비용 모두 물리도록 전염병관리법을 개정하겠다고 국민들에게 다가갔다면? 선거 결과는 정반대로 나왔을지도 모릅니다.

H사장 거기에 선거 직전까지 1인당 100만 원 지급하겠다고 논의했던 긴급재난지원금도 있었잖아요.

조나라 감사해요. 복지 이야기하다가 옆길로 새니까 티 안 나게 바로 잡아주시는군요. 당시에는 코로나19로 경제적 피해를 입은 서민층에게 좀 더 현실적인 재난지원금을 지불할 방법이 있었어요. 전 국민 지불은 솔직히 누가 봐도 밑 빠진 독에 물 붓기였구요. 예를 들어서 피해 입은 소상공인에게 우선 지급을 신청받는 겁니다. 그리고 심사 없이 바로 지급을 하는 거죠. 단, 이때 부정수급 시에 2배 배상한다고 서약을 하는 겁니다. 그리고 나서 나중에 자료를 제출해서 심사를 받도록 하는 거죠. 이런 신청에 의한 선지급 후검증 시스템은 코로나19로 인한 피해자를 파악하기도 쉽고요, 빨리 지급이 가능하다는 점에서 매우 훌륭한 제안이 될 수 있었죠. 당시에 정부는 손해를 입은 사실을 입증할 서류를 준비해서 신청하면 검토하는 데 2달 걸린 후에 지급을 한다고 했으니, 당장 피해로 죽을 둥 살 둥 했던 소상공인들이 얼마나 어이가 없었겠어요? 아마 국민들에게 이런 정책을 어필했으면 소상공인들에게서 몰표를 받았을 겁니다. 하다못해 긴급재난지원금을 1인당 150만 원씩 주겠다고 더불어민주당보다 더 지를 수도 있었죠. 어차피 행정부가 지출하는 건데 더 팍팍 준다고 했다면, 정치 지형이 많이 달라졌을 겁니다.

H사장 당시 미래통합당과 미래한국당은 여당의 경제정책의 실패로 국민의 삶이 저하되었다는 것을 어필했어요. 경제 실패는 일반 국민들의 관심사니까 잘한 거 아닌가요?

조나라 여당의 경제정책 실패로 돈 벌기 어렵다는 것은 기업을 경영하는 사장님들이나 아는 사실입니다. 경제정책 실패로 회사에서 짤려서 취업을 못하는 사람은 정부 탓이라기보다는 자기가 다니던 회사의 사장님이 나쁘다고 생각하고 있겠죠. 특히 월급이 꼬박꼬박 나오는 일반 국민은 경제가 뭐가 어렵냐고 반문을 할 지경이었죠. 사장님이 회사가 어려워서 피가 마르는 것은 알 바 아니잖아요? 당시에는 전 국민이 코로나19로 인해 자신의 생명이 위협받는 와중이었는데, 여당의 경제정책 실패가 눈에 들어올까요?

H사장 조나라님과 같은 브레인 진보진영이라는 것이 정말 다행이라고 생각되네요. 이제 선거 이야기 그만하고 보수진영의 북한에 대한 입장을 평가해주시죠.

조나라 보수진영은 북한을 때려죽여야 할 적으로 봅니다. 협력의 여지는 조금도 없죠. 옛날 저희 어렸을 때 열심히 봤던 '똘이장군'을 떠올리시면 됩니다. 다음의 포스터를 보시면 아시겠지만, 공산주의자들, 즉 북한 사람들을 늑대나 돼지로 표현하고 있어요. 보수진영의 투철한 반공의식이 그대로 나타나는 1978년작 김청기 감독의 명작이죠.

H사장   저도 기억나요. 1990년대 '남북의 창'이라는 프로그램을 통해 북한을 접하기 전까지는 저도 북한에는 늑대랑 돼지가 살고 있는 줄 알았었어요. 그때 '남북의 창'을 보고 북한에도 사람이 산다는 걸 알고 많이 놀랐었지요.

조나라   보수진영이 생각하는 통일의 방법은 쉽게 표현해서 "북한이 폭싹 망하면 싹 치고 올라가서 날로 빼먹어야지"입니다. 그래서 북한의 체제는 독재니까 흔들리기 쉽다고 생각하고 지도자를 모략하는 모든 노력을 수행하고 있죠. 그러니 인도주의적인 지원이나, 개성공단 같은 경제협력이 눈에 가시로 보일 수밖에요.

H사장   거기에 대북 전단지를 살포하는 탈북자 단체를 지원하죠.

조나라   네, 이러한 행동은 북한을 진정한 대화 상대로 보지 않기 때문입니다. 생각해보세요. 그 정도로 북한체제가 흔들릴 상황이 아니잖아요. 이렇게 상대를 우습게 생각해서는 결코 평화가 이 땅에 정착되지 못합니다.

H사장   보수진영이 통일문제에 있어서는 답이 없다는 것은 모두 알고 계시는 일일 거 같고요, 이제 계급 측면에서 보수진영을 평가해주세요. 아까 홍박사님은 계급이라는 개념 자체를 부정하셨어요.

조나라   보수진영에서는 모두가 같은 국민이니까 계급적으로 나눌 필요 없다고 엄청 친한 척합니다. 그러나 그것은 거짓말이죠. 역설적으로 보수진영에서 만들어놓은 소득양극화 현상에서 부자와 서민의 계급이 두드러지게 나타나죠. 그러니까 보수진영은 자기들이 부자 계급과 서민 계급을 만들고서, 그걸 부인하는 거예요.

H사장 그런데 그게 조선시대 신분제 사회처럼 딱 정해진 게 아니고 왔다 갔다 하니까 계급이 아니라고 하는 거 아닌가요? 정해져 있는 신분이 아니고 맨날 변하는데 어떻게 계급이라고 할 수 있나요?

조나라 물론 개개인은 부자가 되기도 하고 가난해지기도 하죠. 그래서 보수진영에서는 계급적 경계를 부정합니다. 그러나 그중에는 지금 이 순간 부자인 사람도 있고, 가난한 서민도 있어요. 시간이 흘러 나중에 부자가 되면 그 사람은 부자라는 계급이 됩니다. 또 시간이 흘러 부자가 가난해지면 서민 계급이 되는 거죠. 계급 간 이동이 있다고 해서 지금 분명히 있는 사회현상을 부정하면 안 되죠.

H사장 딱 고정된 신분은 아니더라도, 분명히 계급적 경계는 있다는 뜻이군요.

조나라 그냥 눈에 보이는 상황을 덮으려고 애쓰는 것은 보수진영의 습성 중에 하나인가 봅니다. 하지만 그 계급적 경계와 대립 가운데에서 우리는 살고 있어요. 그리고 계급적 대립이야말로 진보진영이 꿈꾸는 세상을 만드는 원동력이지요.

H사장 그런가요? 계급 간에 대립이 일상화되는 것은 국가적 낭비라

고 아까 말씀하셨잖아요?

조나라   그냥 끝없이 대립만 하고 있으면 당연히 낭비입니다. 그러나 대립을 통해 문제가 발견되고 해결책을 찾고 더욱 발전해 나간다면 대립도 필요한 것이죠. 물론 그 해결책은 서민에게 일방적으로 유리해야 할 것입니다. 이런 일이 현실로 되기 위해서는 국가가 강력한 지배력으로 기득권층인 부자 계급을 억압해야 합니다. 이런 일을 할 수 있는 사람은 진보진영밖에 없구요. 그래서 진보진영이 재집권을 해야 사회적 발전이 있다는 결론이 나오는 거죠. 이런 말씀드리면 아마도 보수진영은 마냥 화합하자고 선동해서 문제를 덮으려고만 할 겁니다.

진보인 줄 알았는데 그냥 운동권? ④ 보수가 보는 진보

H사장   진보정권에서 권력을 가지고 부자 계급을 무너뜨려 주면 모두 서민 계급이니까 대립이 싹 사라질 거라는 말씀이죠? 이번에는 보수진영에서 평가하는 진보진영에 대해 들어보겠습니다.

홍박사   보수진영이 지키려는 것이 헌법의 '자유민주주의' 가치가 아니라 자기의 기득권이라는 평가는 잘 들었습니다. 그런데 말씀하실 때마다 '기득권'에 대해 말씀하시는데, 죄송하지만 지금 권력을 쥐고 있는 측은 진보진영입니다. 새로 권력을 쥔 게 아니라 이미 4년째 쥐고 있어요. 그럼 권력을 잃은 보수진영과 권력을 4년째 쥐고 있는 진보진영 중에 누가 현재의 기득권 세력인가요?

H사장   그런 논리라면 진보진영이 '기득권 세력'이 되네요.

홍박사   그리고 문재인 대통령의 강력한 열렬 지지자들은 진보진영의 권력을 지키기 위해 단결된 힘으로 반대파에 실력행사를 하고 있죠. 즉, 기득권을 지키기 위해 힘을 쓰고 있어요. 그럼 이제 진보진영을 보수진영이라고 불러야 당연한 것 아닙니까? 이렇게 기득권의 유무에 의해서 진영을 분리하고 정치적 성향과 상관없이 집권하면 무조건 '보수진영'이 됩니다. 한마디로 틀린 논리죠.

H사장   뭔가 아닌 것 같은데 부정을 못하겠네요. 보수진영 특유의 말장난 실력이 보통이 아니셔요.

홍박사   아까 조나라님은 보수진영이 박근혜 전 대통령에 붙어서 정치적 이익을 본 기득권 집단이라고 하셨지요? 하지만 실제로 박근혜 정부의 국정농단으로 인해 가장 큰 수혜를 입은 사람은 지금 집권세력인 진보진영입니다. 거의 무혈입성을 했으니까요. 이렇게 박근혜 전 대통령에게서 정치적 이익을 얻은 것으로 분류해도 낭패가 됩니다.

H사장   서론이 참 기시네요. 본론으로 들어가 주세요.

홍박사   보수와 진보는 기득권의 유무라는 정치적 입장에 의해서 정의하는 게 아니구요. 정책적 성향에 의해 정의하셔야 합니다. 그럼 '진보'의 정치적 성향은 무엇일까요? 기본적으로 '새로운 것을 지향하는 사람들'을 진보라고 하는 게 맞을 듯합니다. 과거에 잘못된 것을 부수고 새로운 것을 지향해서 이것을 이루기 위해서 열심히 새로운 시도를 하는 겁니다. 물론 새로운 것의 방향은 국민들이 더 잘 살고 권리를 누리는 쪽이겠지요. 여기까지는 너무 멋있고 좋습니다.

H사장   살짝 부정을 밑장으로 까시는군요.

홍박사   그런데 안 해본 것을 해보는 것은 좋은데, 급진적으로 시도하는 성향이 있어요. 왜 급진적이냐 하면 천천히 시도하면서 이리 재고 저리 재면 국민들이 변화를 못 느끼니까요. 그래서 깊은 생각 없이 급진적으로 추진하다 보니 예상치 못한 부작용이 드러나게 됩니다. 부작용이 생기면 반감이 생기니까 이걸 억누르기 위해 정부의 권한이 점점 강해집니다.

H사장   맞아요. 아까 내내 조나라님이 정부가 강력한 권력을 행사해야 한다고 강조하셨죠.

홍박사   정부가 강력한 권력으로 국민을 통제하는데 어떻게 국민의 권리가 향상됩니까? 국민의 권리는 점점 찌그러들 수밖에 없습니다.

H사장   음, 정부의 권력도 강해지고 국민의 권리도 향상되는 방법이 없을까요?

홍박사   당연히 없습니다. 그래서 일단 시작하기 위해 질러놓고 반발이 생겨서 여론이 안 좋아집니다. 이때 국가재정을 이용한 땜빵으로 문제점을 보완합니다. 그리고 좀 정리가 되면 스스로 잘 해결했다고 홍보합니다. 특히나 땜빵을 위해 사용한 재정을 '복지'라고 널리 알립니다.

H사장   자유는 좀 찌그러든다고 치고요. 서민들이 더 잘 살게 될 수도 있지 않나요?

홍박사   겉으로 나눠주는 것처럼 흉내만 내지, 실제로는 서민을 점점 가난해지게 만듭니다. 진보진영은 돈이 어떻게 벌리는지 모릅니다. 왜냐하면 진보진영에서 생계를 위해 기업을 운영해본 사람의 비율이 엄청나게 적기 때문이지요. 돈을 벌어본 적도 없고, 직원을 직접 고용해서 월급을 줘본 적도 없는 사람들이 먼발치에서 영화나 드라마에서 본 기업의 모습을 진짜라고 여기면서 경제를 운영하니까, 경제정책에서의 실패가 많이 드러나게 됩니다.

H사장   갑자기 뭉뚱그려서 경제정책이라고 하시니 이해가 안 되는데요. 구체적으로 설명해주실 수 있을까요?

홍박사   대표적인 정책이 소득주도성장이죠. 기업이 가진 풍부한 돈을 가난한 노동자들에게 주도록 하는 멋진 정책이었습니다. 문제는 물가를 생각 못했죠. 급여가 오른 만큼 시중에 돈이 많이 풀리게 됩니다. 돈이 많이 풀리니까 가격이 막 오릅니다. 다들 느끼시겠지만, 진보진영 집권 전에 비해서 일반 생활물가는 엄청나게 올랐어요. 치킨값은 거의 두 배구요. 옵션 없는 평범한 김밥값도 과거 1,500원이었는데 이제는

3,000원짜리도 흔히 보입니다. 최저임금의 급격한 인상과 과도한 저금리가 물가를 올리고 있어요. 결국 과거에 150만 원 소득자가 그 돈으로 김밥 1,000개를 사먹을 수 있었다면, 지금은 500개밖에 사먹을 수 없게 가난해졌습니다.

H사장 맞아요. 물가는 너무 올랐어요. 심지어 전에는 없던 배달비도 생겼죠.

홍박사 작은 항아리에 물을 빨리 채우려고 막 붓다가 항아리가 넘어져서 깨진 형국입니다. 소득이 올라가도 더 가난해졌습니다. 물가가 오르지 않도록 통제할 수 있는 수준에서 소득주도성장을 했다면 절반 정도라도 성공한 정책이 될 수도 있었습니다. 그런데 진보진영에는 그런 디테일이 없었지요. 이제 급진적인 정책의 피해가 좀 몸으로 느껴지시나요?

H사장 그렇지만 진보진영의 정책들이 모두 서민들의 권익을 향상시키는 것들 아닌가요? 비난이 많은 임대차 3법도 임차인들의 권리를 엄청나게 높여줬잖아요.

홍박사 덕분에 전세난으로 집을 못 구하는 사람들이 난리가 났었습니다. 가난한 사람을 잘 살게 해주겠다는 약속을 지키기 위해 실행한 정책이 결국 가난한 사람에게 피해가 갑니다. 진보진영의 정책이 나오면 나올수록 가난한 사람이 집중적으로 더 가난해지는 현상을 보면서 국민들이 '속았다'라고 생각하는 시기가 곧 오겠지요.

H사장　그럼 홍박사님은 진보진영을 '새로운 것을 급하게 시도하다가 민폐를 끼치는 진영'이라고 보시는 겁니까?

홍박사　100% 실패라는 것이 있을까요? 그러나 진보진영이 보수진영에 비해서 정책적 실패의 확률이 높은 것은 사실입니다. 계란후라이에 소금을 넣는 것이 지겨워서 다른 양념을 생각할 수 있어요. 만약 고춧가루를 넣거나 설탕을 넣는다면 어떨까요? 이렇게 기존 베이스를 전부 부인하고 새롭게 만드는 것이 진보진영입니다. 과연 맛이 어떨까요?

H사장　그러니까 보수는 원래 넣던 소금만 죽을 때까지 넣는다는 건가요?

홍박사　기존 소금간의 베이스를 유지한 채 살짝 무언가를 보완하고 개선하겠지요. 예를 들어 새우젓이나 명란젓을 물에 개서 넣는 시도를 하겠죠. 제맛은 안 나더라도 실패의 확률이 확 낮아집니다.

H사장　의외로 맛있을 것 같은데요. 저도 한 번 해봐야겠네요.

홍박사　물론 계란후라이에 마요네즈를 넣어서 기적의 맛이 나올 수도 있습니다. 새로운 시도를 한다는 진보진영의 정책적 방향성은 높게 평가합니다. 그렇지만 이것은 어디까지나 새로움을 추구하는 일반적인 진보진영에 대한 평가구요. 우리나라 진보진영은 일반적인 진보진영과는 많은 차이가 있습니다.

H사장   일반적인 진보진영과 차이가 있다구요? 그게 무슨 소리인가요?

홍박사   대한민국 국민들이 기대하는 진보정치의 이미지와 현재 대한민국의 권력을 잡은 진보진영의 모습이 차이가 있다는 말씀입니다. 국민들은 스웨덴을 복지국가로 이끌었던 사민당과 같은 진보의 모습을 꿈꾸고 있지요. 실제로 노무현 대통령은 집권 후 가장 능력 있는 분석기관이라고 생각한 삼성경제연구소의 의견을 듣고 스웨덴 같은 복지국가로 가기 위한 프로젝트를 시도했었습니다. 거기에서 우리나라가 가야 할 이상향을 스웨덴 같은 친기업 복지국가로 정의했었지요.

H사장   저도 그때 놀랐었어요. 노무현 대통령이 삼성경제연구소의 조언을 받고 있다는 게 믿어지지 않았었지요.

홍박사   그런데 지금 우리나라 진보진영은 '운동권' 마인드에 사로잡혀 있습니다. 국민을 자유롭게, 사람답게, 부유하게 하는 것이 진정한 진보의 방향성이죠. 그런데 지금의 진보진영은 국민의 삶에는 별 관심이 없고, 독재와 싸우던 체계를 그대로 끌고 와서 오로지 적을 쳐부수는 응징에 몰입하고 있습니다. 이는 진정한 진보의 모습이 변질되고 있는 것이죠.

H사장   어허! 더불어민주당 지지자 분들이 들으시면 큰일 날 소리네요. 그런 말을 하시면 책이 안 팔립니다. 이 책의 구매자들이 대부분 그분들인데 앞으로 조심해주세요.

홍박사   이건 보수진영의 지식인뿐만 아니라 과거 운동권에서 민주화 운동을 했던 분조차 하셨던 말씀입니다. 2020년 12월 17일 동아일보에는 전 범민련 남측본부 사무처장을 지낸 민경우님의 인터뷰 내용이 나옵니다. 그걸 잠깐 인용할게요.

"우리가 보통 아는 민주주의는 상대를 인정하는 거다. 그래야 대화든, 토론이든 할 수 있으니까. 그런데 학생운동 시절 우리에게는 그런 개념이 없었고 배우지도 못했다. 상대는 그냥 적이고 타도의 대상이었다. 이런 상태에서 민주주의를 부르주아 민주주의와 프롤레타리아 민주주의로 구별하는 이분법적 사고가 들어왔는데 쉽게 말해 부르주아 민주주의는 거짓 민주주의이고 프롤레타리아 민주주의가 더 완성된 형태의 진짜 민주주의라는 것이다. 그리고 이를 위해 조직을 만들고, 권력을 접수하고, 저항하는 자는 분쇄하라는 방법론까지 들어왔다. 프롤레타리아 민주주의가 정말 위험한 건 민주주의를 파괴하는 주장과 행동을 '민주'라는 이름으로 합리화하기 때문이다"

(출처 : 동아일보)

H사장　쓸데없이 긴 문장 인용하지 마시고, 책 팔릴 걱정이나 해주세요. 저는 비판 받을 걱정이 한가득이란 말이에요.

홍박사　그분들에게 이런 비판이 있다는 것도 알게 하기 위해서 날 부른 것 아닌가요? 만약 비판이 두려우시면 조나라님만 불러도 "진보 만만세~~" 하는 책이 나옵니다. 저도 이런 말하면 나중에 문자폭탄 맞을까 봐 조마조마합니다. 그래도 돈 받고 나왔으니 밥값은 해야죠.

H사장　저는 더 조마조마합니다만, 그 말씀도 맞네요. 어디 보수의 밥값을 보여주세요.

홍박사　정치 성향으로 보면 일반적인 국민들이 꿈꾸는 진짜 진보는 역사 속에서 국민의 자유와 권리를 향상시키는 쪽으로 움직여 왔습니다. 프랑스 대혁명이 왕의 폭정을 끝낸 것처럼 민주주의의 발전이 지상목표였지요. 다들 아시겠지만, 민주주의는 정부가 가진 권력을 국민에게 골고루 나누는 것이 기본입니다. 예를 들자면 고 노무현 대통령은 권위주의적인 공권력을 제한해서 국민의 인권을 향상시키는 노력을 했어요.

H사장　그렇죠. 그때부터 술 취한 어르신들이 파출소에서 소리를 지르기 시작하셨어요.

홍박사　그런데 현재 우리나라의 진보진영의 주축을 이루고 있는 운동권 세력은 아직도 전투조직적인 마인드를 갖고 있습니다. 적을 쳐부수어야 하고, 배신자는 용서하지 않습니다. 그래서 당과 국가가 절대적 권한을 가지고 모든 것을 통제하려는 전체주의적 성향을 가집니다.

H사장 하하하, 독일의 히틀러나 이탈리아의 무솔리니인가요? 요즘 세상에 전체주의가 말이 됩니까?

홍박사 당연히 그런 군사정권은 좀 힘들지요. 하지만 감성적인 접근을 통해 지지층을 결집하는 능력은 히틀러를 뛰어넘습니다. 예를 들어서 '한 번도 경험해보지 못한 나라'라는 시적이고 모호한 표현으로 국민들은 점점 살기 어려워지지만 언젠가는 좋아질 것이라고 기대하며 마냥 기다리게 만듭니다. 거기에 감성팔이식 홍보전략에도 능합니다. 예를 들어서 문재인 대통령의 '국민과의 대화'는 인위적으로 연출된 따뜻함이 넘쳐났었죠. 덕분에 팬클럽 모임이라는 비판을 듣기도 했었습니다. 사실 일반 국민들이 대통령을 만나러 나오면 좋은 소리가 나올까요? 절박하고 답답한 마음으로 나오는 거 아닌가요?

H사장 그래도 어떻게 대통령에게 험한 소리를 해요? 좋은 소리만 나오는 게 당연하죠.

홍박사 대대적인 개혁을 하다가 국민적 반대에 부딪힌 프랑스의 마크롱 대통령이 상황을 타파하기 위해 지방을 돌면서 국민과의 대화를 시도했습니다. 당연히 대화 분위기는 살벌했어요. 고성도 나왔구요. 이게 민주주의 아닐까요? 예를 들어서 2020년 2월 9일 문재인 대통령이 충남 아산 전통시장을 방문했을 때 한 상인에게 최근 경기에 대해 물어봤었습니다. 그 할머니 상인은 "거지 같다"라고 대답했었습니다. 이런 상황이 진짜 국민과의 대화가 아닐까요? 다만, 이분이 나중에 어떤 일을 당하셨는지는 제가 말 안 하겠습니다. 인터넷을 참고해주세요.

H사장 제가 지금 그분이랑 똑같은 일을 당할까 봐 걱정이에요. 어쨌든 비록 감성팔이일지라도 국민들에게 새로운 세상을 향한 꿈을 주는 것이 나쁜가요?

홍박사 '한 번도 경험해보지 못한 나라'를 만들어가는 방법이 문제가 되겠죠. 운동권이 이끌고 있는 진보진영은 양극화가 없는 나라를 이상적 국가로 선전합니다. '서민'을 위해 '부자'를 공격한다는 명목으로 국민의 자유와 권리를 억압할 수 있게 법을 만들어서 정부 권한을 점점 강력하게 만들어갑니다. 국가가 모든 것을 주도하기 위해서 '법'으로 국민의 자유를 억압합니다. 이것이 과거 '군사정권식 전체주의'에서 발전한 '입법 전체주의'입니다.

H사장 아이고~ 살벌하셔라. 인권과 자유를 강조하는 진보진영이 법 좀 몇 개 만들었다고 무슨 전체주의입니까? 너무 지나친 과대평가 아닌가요?

홍박사 글쎄요. 아까 잠깐 나왔었던 이야기인데요. 요즘 들어 벌금에 대해 어떻게 생각하세요?

H사장 그러고 보니 벌금이 너무 쎄고 단속도 심해요.

홍박사 벌금 하면 우선 과속단속카메라가 생각나실 겁니다. 문재인 정부 이후에 속도카메라가 유난히 많아졌다고 생각하지 않으시나요? 이는 2017년 이후 매년 고정형 과속단속카메라는 1,100~1,400대가량 새로 설치되고 있고, 이동형 과속단속카메라도 매년 30~80대가량 추가 설치되고 있기 때문입니다. 이로 인해 과속 등으로 인한 단속 건수도 2020년 1,531만 8,442건으로 최고치를 경신했습니다.

H사장 어째 많더라니. 매년 1,000대 이상을 길에다 새로 깔아놓으니 단속이 많이 될 수밖에 없겠네요. 거기에 최근에는 5030 정책으로 제한속도도 엄청 낮췄잖아요? 엑셀을 조금만 밟고 있어도 규정속도를 확 넘겨요.

홍박사 선거 때 뿌릴 돈을 마련하느라 경찰들이 바쁩니다. 거기에 일반 국민들은 모르게 과속단속카메라의 허용범위를 확 줄여서 단속율을 높인 것도 단속 건수 증가에 한몫을 했습니다.

H사장 허용범위요? 그게 뭔가요?

홍박사 과속단속카메라는 기계마다 오차가 조금씩 있기 때문에 약간 더 높은 속도로 다녀도 단속을 하지 않게끔 봐주는 범위가 있습니다. 예를 들어서 규정속도가 100km이면 110km까지는 단속을 하지 않는 겁니다. 하지만 문재인 정부 이후에 이 허용범위가 대폭 축소되었고, 덕분에 교통 과태료 징수액은 2016년부터 지난해까지 5년 동안 해마다 증가했습니다. 2016년 5,851억 8,900만 원이었던 징수액은 2017년

6,726억 3,700만 원으로 늘었다고, 이후 7,022억 4,200만 원(2018년), 7,480억 5,000만 원(2019년), 7,738억 9,200만 원(2020년)으로 매년 최고치를 경신하고 있습니다.

H사장 그것뿐이 아니에요. 벌금의 금액도 확 늘었어요.

홍박사 그렇죠. 예를 들면 주택을 임대하는 분이 관할구청에 임대계약을 신고할 때 제때 신고하지 않으면 2,000만 원의 벌금이 나옵니다. 문재인 정부에서는 벌금 하나도 이렇게 시원하게 높입니다. 예전에는 보통 신고 늦게 하면 15만 원 정도가 과태료였죠. 또한, 노후 경유차를 몰고 시내에 들어오면 25만 원의 벌금이 부과됩니다. 목숨이 왔다 갔다 하는 위반인 중앙선 침범도 제일 비싸게 과태료 물어도 9만 원입니다. 너무 과하다고 생각 안 하시나요? 그밖에도 수없이 많은 규정과 벌금이 신설되었습니다. 진보진영에 국민의 자유를 보장하려는 의지가 있는지 묻고 싶습니다.

H사장 벌금 이야기를 하시니까 제가 머리가 아파집니다. 다음으로 가시죠.

홍박사 민주주의의 기본 시스템인 삼권분립에 대해서 말씀드리겠습니다. 진짜 진보, 즉 우리가 보통 꿈꾸는 진보는 민주적 절차를 중요하게 생각합니다. 삼권분립을 통해서 상대 견제세력의 통제를 인정합니다. 정부의 책임자인 대통령이라 해도 수사를 받을 일이 있으면 수사를 받습니다. 이렇게 법 아래에서는 니 편 내 편 없이 모두 평등합니다.

그래서 스스로의 문제가 드러나고 처벌을 받는 것을 인정합니다. 아까 계급 이야기를 하다 나온 내용이지만, 과거 고 김대중 대통령도 김홍업, 김홍걸 두 아들이 검찰의 수사를 받을 때 청와대 참모들이 어떻게 대응할지를 물어봤었습니다. 김대중 대통령은 수사에 영향을 미칠까 봐 간단한 논평조차 하지 않겠다는 입장을 참모들에게 지시했지요. 결국 김대중 대통령의 아들들은 감옥에 갔습니다.

H사장   아들을 감옥에 보내야만 진짜 진보가 되는 건 아니잖아요?

홍박사   권력의 개입으로 인해 삼권분립이 무너지고 결국 법치주의 실현이 막혀버렸다는 말씀을 드리는 겁니다. 상대방이 부패하면 단호한 법 집행을 하고 진보진영의 대통령 측근님이 부패하면 수사팀을 날려버립니다.

H사장   무슨 말씀을 하시는지 알겠네요. 하지만 아무 죄도 없는 진보진영의 대통령 측근님이 검찰의 정치적 목적에 의해서 무자비하게 털리는 것이 정당한가요?

홍박사   아무 죄가 없다는 것은 누가 정하나요? MBC뉴스나 시사타파, 뉴스공장에서 아무 죄도 없다고 말한다고 해서 그게 왜 진실이 됩니까? 수사해서 밝혀야지요. 살아있는 권력에 대해 수사 중인 수사팀을 인사권을 이용해서 해체시켜 버리고 나서 아무 죄도 찾을 수 없다고 하면 되는 건가요? 상식이 있는 사람이라면 이것을 정당하다고 할 수 있을까요?

H사장   네, 무슨 말씀이신지 알겠습니다. 하지만 자꾸 이러시면 책 출판이 어려울 수도 있어요. 이 책은 문제가 되는 그 진보진영의 대통령 측근님이 아무 죄가 없다고 생각하시는 분들이 보는 책입니다.

홍박사   좋습니다. 그 진보진영의 대통령 측근님을 위해서 그 이야기는 그만하죠. 다음으로 넘어가겠습니다. 일반 국민들이 꿈꾸는 진정한 진보진영은 과거에 기득권으로 인해 권력자들이 누리던 이익에 대해 스스로 규제를 합니다. 자기가 자기 권력을 통제해서 국민 개개인의 권리가 확대되도록 합니다.

H사장   그게 뜬금없이 무슨 말씀인가요?

홍박사   제가 예를 들죠. 예전에 재판을 하면 검사가 수사를 하고 피의자를 심문한 후에 조서를 꾸며서 재판에 넘기면 그게 결론이 되는 시스템이었습니다. 피의자가 재판에서 다른 변론을 할 수 없었지요. 하지만 고 노무현 대통령은 '공판주의'를 형사소송법에 반영했습니다. 그래서 검사가 피의자에게 불리한 조서를 만들었을 경우 재판정에서 피의자가 그걸 뒤집을 수 있게 했습니다. 권력을 가지고 있는 사람 자신의 권한을 스스로 축소시킨 겁니다. 그만큼 피의자의 권리는 향상되었습니다.

H사장   그 이야기는 저도 들은 적 있어요.

홍박사   진짜 진보는 복지에 있어서도 진짜 서민에게 이익이 가는 정책을 실시합니다. 스웨덴의 복지정책은 무지무지 잘 되어 있다는 환상을 가지는 분들이 많습니다. 아닙니다. 스웨덴의 복지정책은 철저하게 지방자치에 맡겨져 있어서 지방자치단체가 자신의 재정 안에서 주민들의 의견을 수렴해서 복지정책을 만들어나갑니다. 그래서 막무가내 식 돈 뿌리기를 하겠다는 지방자치단체장이 있으면 오히려 미움을 삽니다. "네가 돈 낼래? 나중에 우리 돈 뺏어갈 거잖아" 이런 식이죠. 국민들이 정치가들의 인기를 올리기 위해 희생하지 않겠다는 자기 권리의 표현이죠.

H사장 스웨덴이라고 하면 마냥 천국인 줄 알았는데, 그게 아니네요.

홍박사 일반 국민들이 꿈꾸는 진정한 진보가 아닌 운동권 진보진영에 대해 돌아보죠. 기존의 정치가와 정부 안에 기득권층으로 흘러 들어가는 혜택이 그대로 유지되거나 오히려 강화됩니다. 그리고는 운동권 진보진영의 사람들을 그 자리에 배치합니다. 문재인 정부 초기부터 계속 이어지는 환상의 코드인사 아시죠? 참여연대를 그대로 청와대로, 정부 요직으로 옮겨 왔었잖아요? 하지만 그 정부 요직의 권한을 규제하는 어떠한 조치도 취하지 않았습니다. 오히려 그 권력을 통제하는 기관을 무력화시켜서 더욱 권력을 강화했지요. 권력을 그대로 두고 사람만 바꾼 겁니다. 제 말이 거짓말인가요? 인터넷 찾아보세요.

H사장 자기 마음에 맞는 사람과 개혁을 실천하려면 그럴 수밖에 없지 않을까요? 반대하는 사람을 데리고 어떻게 일을 해요?

1. 서로 마주 보기 99

홍박사 맞습니다. 그런데 그 개혁의 방향이 정치권력과 공권력을 더욱 강화하고 국민에 대한 규제도 한층 강화하는 방향이었습니다. 일단 터무니없는 기업규제의 정당성을 확보하려고 집권 초기에 삼성 때리기에 올인을 합니다. 어쩌다 기업만 기득권 세력이 되었나요? 기업에서 나오는 월급에서 세금을 떼어가는 건 정부가 아닌가요? 그런데 월급이 나오는 기업은 나쁜 놈이고, 세금을 떼어가는 정부는 선한 양인가요? 정부가 수퍼갑 아닌가요? 거기에 정부 요직을 차지한 진보진영의 인사들이 권력을 이용한 부정비리의 새로운 창구인 사모펀드를 제대로 활용합니다. 예전에는 정치인이 기업에 직접적으로 돈을 요구했다면, 지금은 사모펀드에 투자하고 관련 이권사업에 압력을 행사하는 형태로 부정비리가 진화하고 있습니다. 이런 새로운 부정부패 방식에 대해 규제는 전혀 만들지 않습니다. 옵티머스 펀드의 환매중단 사태로 8조에 가까운 서민의 희생이 발생했는데도, 사모펀드를 규제하는 특별법을 만들자는 말도 안 나옵니다.

H사장 옵티머스나 라임 같은 금융사기에 피해를 입으신 분들에게 유감을 표합니다. 저희 책은 그 사건과 아무런 연관이 없습니다.

홍박사 그래서 결국 국민의 권리가 축소됩니다. 한마디로 서민들이 피해를 보는 정책이 실시되는 겁니다. 그런데 더 놀라운 것은 명분은 좋고 이름이 이쁩니다. 아시죠? '소득주도성장'!

H사장 아우. 또 나와요? 할 게 그거밖에 없어요?

홍박사 당연히 수없이 많죠. 새로 부작용을 설명하기 귀찮아서 그렇습니다. 다른 정책의 부작용은 다음 장들에서 소개해드릴게요. 어쨌든 이름은 '소득주도성장'이라고 성장정책인데 실제로는 '실물경제를 침몰'시키는 정책입니다. 바깥에는 축구경기를 한다고 써놓고 막상 안에 들어가면 야구경기를 하고 있는 상황이라고 보시면 됩니다.

H사장 소득주도성장으로 경제성장율이 떨어졌다는 것은 저도 인정해요. 아무리 진보성향의 기업가라도 그건 부정할 수 없을 겁니다. 그렇지만 재벌기업에 대한 징벌은 정당한 것 아닌가요? 문재인 정부 초기에 삼성 때리기는 기업이 그동안 정권에 붙어서 이익을 얻기 위해 부패를 저질러 온 악행의 정당한 보상이라고 봐요.

홍박사 재벌과 정치권이 손을 잡고 부정부패를 무럭무럭 키웠다고 칩시다. 그래서 정의로운 진보진영에는 악독한 기업에 대해 아무 짓도 못하게 똘똘 싸매서 규제를 하는 것이 숙명처럼 여겨지고 있습니다. 삼성 타도!! 이런 거죠.

H사장 그럼요. 그게 정의 아닌가요?

홍박사 하지만 기업이랑 정치권이 같이 부정부패라는 작품을 만들었잖아요? 그런데 왜 기업만 법으로 규제해요? 지금 정치권의 권력을 축소하는 강력한 규제법은 왜 안 만듭니까?

H사장 이제 만드시겠지요. 178석의 의석이 있으니 정치권에 대한

규제법 정도야 얼마든지 만들지요. 정의로운 진보진영인데. 저는 믿어요.

홍박사 혼자 열심히 믿고 계세요. 저는 현재의 진보 운동권은 절대로 스스로를 규제하는 법을 안 만들 것이라고 믿습니다. 누구의 믿음이 맞는지는 독자님들이 판단하실 겁니다.

H사장 홍, 두고 보자구요. 방금 지적하신 진보진영의 기업규제에 대해서도 언급해주세요.

홍박사 운동권 진보진영의 기업 때리기는 어느 정도 선을 지켜야 합니다. 사실 기업이 돈을 안 벌면 누가 법니까? 기업 말고 돈을 벌 수 있는 주체를 아시는 분은 제보 바랍니다. 기업을 싹 죽여버리면 누가 돈을 벌어서 국민들이 먹고살까요? 제가 '돈을 번다'라고 말하니까 좀 속되어 보이는데요. 사실은 '가치를 만들어낸다'라는 표현이 정확할 것 같습니다. 여러 사회 주체들 가운데에서 '가치를 만들어내는' 유일한 주체가 기업입니다. 나머지는 가치를 소비합니다.

H사장 그건 초등학생도 알아요. 그걸 뭐하러?

홍박사 그래서 일반적인 국민들이 꿈꾸는 진짜 진보는 친기업적입니다. 대표적으로 스웨덴의 복지 기초를 만든 사민당이 있습니다. 돈이 있어야 복지를 할 수 있다는 건 누구나 알 수 있는 사실입니다. 그러나 돈 많은 사람들 돈을 홀랑 빼앗아버리면 1년은 행복할지 몰라도 그 다음에 몰락의 길을 걷는다는 것을 그들은 알고 있었죠. 우리나라 사람들만 잘 모릅니다. 그리고 국민들이 그 어떤 것보다 원하는 것이 '일자리'라는 것을 스웨덴의 사민당은 알고 있었습니다. 그래서 고용을 하는 기업에 혜택을 무지무지 줍니다. 예를 들어서 스웨덴의 사민당은 1970년대에 고용 없이 혼자 돈을 버는 사람의 소득세를 95%로 올립니다. 예를 들면 유명 작가나 배우 같은 사람들이죠. 이런 사람을 견제하면서도 고용을 많이 하면 대대적인 공제를 해줘서 조금이라도 고용을 늘리는 쪽으로 기업을 움직이게 했습니다. 그래서 모두가 잘 살 수 있는 기본적인 수입원을 확보했습니다.

H사장 그래서 스웨덴에 볼보나 에릭슨 같은 유명하고 오래된 기업들이 있는 거군요.

홍박사 반면에 운동권 진보는 아르헨티나의 페론 대통령이나 베네수엘라의 차베스 대통령의 영향을 받아서 적극적인 반기업적 정책을 시행합니다. 경제 성장과 고용이 중요하다고 겉으로 말하면서도 표를 얻기 위해 양극화 명분을 더 중요하게 내세웁니다. 그럼 부자가 악역을 맡게 되는데, 결국 기업을 하는 사람들이지요. 부자를 적으로 돌렸으니 친기업 정책이 나올 수가 없습니다. 그래서 정부가 앞장서서 기업을 두들겨 패니 경제 성장도 안 되고 실업률은 오르기만 합니다. 결국은 모두가 비슷하게 못 사는 나라를 만들어서 양극화를 해소하는 결과를 만들어냅니다.

H사장 저도 기업인이라서 그런지 문재인 정부가 기업들 기 좀 살려

줬으면 좋겠어요. 뻑하면 '대표자 1년 이하 징역'이라고 되어 있는 법들을 줄줄이 만들어내니 기업할 의욕이 안 생깁니다. 기업들이 생기를 잃으면 결국에는 세금을 못 내니까 재정에도 문제가 생길 텐데요. 그렇게 국가재정에 문제가 생기면 복지는 어떻게 한데요?

홍박사   이제 복지를 살펴봅시다. 통상적으로 모든 진보진영은 복지정책에 적극적입니다. 그래서 '진보는 복지다'라는 공식이 성립하도록 국민들 귀에 복지를 노래하죠. 일반적인 국민이 꿈꾸는 진짜 진보는 이를 실제로 실천합니다. 아까 살짝 말씀드린 것같이 스웨덴의 복지 시스템이 있죠. 지방자치와 함께 국민들의 합의에 의한 복지이면서, 기업의 생산능력에 비례해서 지속 가능한 복지를 만들어갑니다. 재미있는 것은 스웨덴의 복지는 무조건 선택적 복지라는 겁니다. 최근 우리나라는 모든 국민에게 골고루 주는 '보편적 복지'에 홀딱 빠져 있습니다. 하지만 선진국들은 이를 오히려 반대합니다. 왜냐하면 국민들이 오랜 경험을 통해서 나라에서 땅 파서 복지하는 게 아니고 결국 내 돈 가져가서 복지할 거라는 것을 알기 때문입니다. 부자들 돈만 빼앗아서 줄 거라고 누가 꼬셔도 선진국 국민들은 안 넘어갑니다.

H사장   그거 유명한 일화를 알아요. 2016년 스위스에서 전 국민에게 골고루 소득을 나눠주는 '기본소득 제도'가 국민투표에 붙여졌었죠. 국민이면 무조건 매월 300만 원 정도 되는 돈을 주는 제도였는데, 막상 투표를 해보니 국민의 76.9%가 반대를 했어요. 어차피 그거 내가 세금으로 때워야 할 거라는 국민적 의식이 나타난 결과였죠.

실천적 복지 VS 선언적 복지

홍박사　선택적 복지냐, 보편적 복지냐라는 논쟁은 바보짓입니다. 진짜 진보는 실천적 복지를 합니다. 1930년대 스웨덴은 여성의 출산율을 높이기 위해 보육시설을 건설하여 보육자원을 확충했습니다. 뭔가 땀 흘려 만들어야 실제로 복지가 향상되는 거니까요. 그런데 운동권 진보 진영은 복지에 대한 접근이 좀 다릅니다. 실천적 복지가 아니라 선언적 복지를 합니다.

H사장　'선언적 복지'요?

홍박사　복지시설을 만드는 것 같은 어려운 일은 하지 않고, 국민 전체에게 골고루 돈을 주는 나눠주기식 복지를 말합니다. "앞으로 이런 조건이면 돈을 줍니다"라고 정하면 그만입니다. 그렇게 선언하고 나서 선진국 국민들이면 속지 않을 거짓말을 국민들 귀에 속삭이죠. "이거 세금 더 안 내도 받으실 수 있습니다. 부자들이 모두 낼 거니까요" 그런데 매년 서민들이 내는 세금을 야금야금 올립니다. 그래도 안 되니까 국가채무도 급속히 늘어납니다. 그래서 지속 불가능한 게 그냥 보이는 복지를 추진합니다.

H사장　저도 그 생각은 해봤어요. 부자들이 돈이 그렇게 많나? 저도 출판사를 운영하면서 부자라고는 못해도 넉넉한 형편이라고는 생각하지만, 실제로 내 소득을 가지고 돈을 못 버는 가정을 직접 돕는다면 2~3가정도 힘들 거 같아요.

홍박사   멀찍이서 보기에는 부자들이 무지하게 돈이 많아 보이지만, 실제로 그 부자들의 소득을 몽땅 세금으로 빼앗아도 숫자가 적으니 총 금액이 얼마 안 됩니다. 결국은 서민들에게 세금을 야금야금 올릴 수밖에 없습니다. 1가구 1주택에도 종합부동산세를 때리고 건강보험을 무지막지 올리고 있습니다. 이제 국민들도 슬슬 눈치를 채실 때가 되고 있습니다. "뭐야? 복지 준다더니 결국 내 돈 내서 내가 받는 거야?"

H사장   그렇지만 진보진영도 바보가 아닌데 다른 대안을 갖고 계실 것이라고 생각해요. 모두가 희생 없이 만족할 수 있는 방법을 찾고 제도화할 겁니다.

홍박사   저도 그러기를 바랍니다. 만약 아니면 나라가 쫄딱 망할 테니까요.

H사장   이제 대북관계에 대해서 말씀해주시죠.

홍박사   일반 국민들이 꿈꾸는 진짜 진보의 예를 들기가 상황이 애매합니다. 많이 인용되는 스웨덴에는 분단 현실이 없기 때문이죠. 그래서 고 노무현 대통령식으로 접근해보는 것이 어떨까 합니다. 진보진영에 철저한 반공정신을 요구할 수는 없습니다. 진보는 당연히 친북한적인 입장을 베이스로 하기 때문입니다. 그래서 북한을 정당한 국가로 인식합니다. 또한 국민들이 억압과 가난에 시달리는 독재국가가 아니라, 국가 대 국가의 대등한 관계로 접근해서 남북관계를 개선하려 노력하죠. 효율적인 관계개선을 위한 '개성공단' 같은 시스템적인 접근이 대표적인 예가 될 것입니다. 이것도 공단 설치 같은 실천적인 노력이 있어야 하는 것이죠. 그러나 운동권 진보진영은 친북한적인 입장이 좀 지나칩니다. 북한을 대등한 나라가 아니라 섬겨야 할 나라로 인식하고 있습니다. 그래서 적극적으로 포용하는 선을 넘어서 비굴하게 느껴질 정도로 양보하고 협력합니다.

H사장 저도 그 부분은 정말 불만입니다. 전에 북한에서 문재인 대통령님을 '삶은 소대가리'라고 비방했었지요. 그러나 청와대나 외교라인 어디서도 반응을 하지 않았어요. 대등한 국가관계에서 어떻게 그럴 수 있지요?

홍박사 만약 국내에서 문재인 대통령을 '삶은 소대가리'라고 표현했으면, 문재인 대통령의 열렬 지지자 분들의 문자폭탄에 매장되었겠지요. 아니면 '대통령 모독죄'로 기소되었을 겁니다. 그러나 이런 슈퍼 인내력의 바탕에는 정치적 이익이 깔려 있습니다. 전에 백두산에서 두 지도자가 나란히 사진을 찍었을 때 문재인 대통령의 지지율이 급격히 올라갔었습니다. 그래서 이번에는 김정은 지도자의 방한을 통해 통일 분위기를 한껏 올려서 지지율 상승을 노리는 겁니다.

H사장 좋습니다. 진보에 대한 평가는 여기까지만 하고요. 다음 대선에서 진보가 재집권할 수 있도록 조언을 부탁드려도 될까요?

홍박사 제가 보수진영인데 제가 조언하면 그걸 누가 믿겠어요? 모두 안 믿고 반대로 행동할 것 같은데요. 어쨌든 돈 받고 일하는 것이니 성

1. 서로 마주 보기

의 있게 대답해드릴게요. 믿고 안 믿고는 독자 여러분이 선택하세요. 우선, 다음 대선에서도 진보의 약진이 예상됩니다. 대부분의 국민이 진보에 대해 잘 모르지만 스스로를 진보로 자처하고 있기 때문입니다. 그러나 지금의 문재인 정부는 실패를 너무 많이 했어요. 그 실패를 가려주고 있는 1등 공신이 코로나19 바이러스죠. 그런데 안타깝게도 코로나19 같은 바이러스 약빨이 다음 대선이 있는 2022년 3월쯤에는 바닥이 날 겁니다. 정책실패에 대해서 코로나19 핑계를 대기 힘든 상황입니다. 거기에 코로나19 후폭풍이 불기 시작할 겁니다.

H사장　후폭풍이라뇨?

홍박사　원래 축구경기 볼 때는 모르는데, 다 끝나고 나서 비디오 돌려보면서 분석하면 잘못한 게 잘 보입니다. 아. 공격수는 다른 선수로 기용했어야 했는데. 아니면, 프리킥을 좀 더 멀리 보냈어야 했는데 같은 것 말입니다. 코로나19가 끝나고 나서 나중에 정책적 피해자들이 항의를 하고 나오면 정치적 피해를 입을 수밖에 없습니다. 예를 들어서 영업제한으로 피해를 입은 피시방 사장님들 같은 분들이 가만히 있겠습니까? 마스크 안 끼고 고기 구워 먹는 식당은 영업하게 하면서 마스크 끼고 게임하는 피시방은 영업을 통제했었잖아요? 거기에 누적된 실패들이 덧대어질 겁니다.

H사장　그런 문제가 있겠군요. 그럼 보수진영에 유리한 상황이 되겠네요.

홍박사 그렇지는 않을 겁니다. 왜냐하면 보수진영을 대표하는 국민의 힘이 너무 힘이 없습니다. 도대체 이름을 왜 그렇게 지었는지 이해가 안 될 정도죠. 처음에 의욕적으로 김종인 비대위장을 기용했지만 뭔가 물고 늘어지는 내공이 없어요. 과거 민주당이 세월호 사건을 끝까지 물고 늘어지는 내공과 너무 비교됩니다. 2020년 9월 21일 연평도 인근에서 공무원 한 명이 실종되었습니다. 그리고 북한에 의해 22일 사살되고 불태워졌습니다. 그런데 문재인 대통령은 처음 보고를 받은 후로 10시간 동안 무슨 일을 했는지 공개하지 않고 있습니다. 과거 민주당은 세월호 사건 때 박근혜 대통령이 7시간 행적을 숨겼다고 끝까지 추궁했었는데, 그것보다 3시간이나 많죠. 그런데 국민의 힘은 그걸 놓칩니다. 정치적 근성이 부족합니다. 숫자도 부족합니다. 거기에 당내에 유명하고 추진력 있는 사람들이 다 낙마했기 때문에 국민적 지지가 부족합니다.

H사장 그나마 안심이 되는 말씀이네요.

홍박사 아마도 지금의 더불어민주당은 보수정당으로부터의 공격보다는, 새로운 진보세력에 대해 경계해야 할 것 같습니다. 국민들은 강성 운동권 논리에 지쳐가고 있거든요. 만약에 경제에 대해 제대로 알고 비전을 제시하는 새로운 진보가 나타난다면 국민들은 흔들리게 될 겁니다.

H사장 내내 말씀하신 그 '일반 국민들이 꿈꾸는 진짜 진보'를 말씀하시는 건가요?

홍박사 네, 그렇습니다. 지금의 국민들은 갑자기 늘어난 규제법에 짓눌려서 자유와 재산을 빼앗기고 있습니다. 긴급재난지원금 찔끔 주고서는 세금을 몇 배나 올리고 있지요. 아직도 '한 번도 경험해보지 못한 나라'를 기다리시는 국민들이 많이 계시겠지만, 그건 지금 상황이구요. 2022년 3월에는 점점 늘어나는 강력한 처벌법들과 세금에 내 자유와 재산이 빼앗기고 있다고 생각하는 국민들이 점점 더 늘어날 겁니다. 그런 와중에 국민들에게 다시 자유와 재산을 돌려주겠다고 속삭이는 진짜 진보정당이 나타난다면 역으로 공격당할 가능성이 커집니다. 아무리 전라도 사람이라도 내 재산을 빼앗기는 판에 흔들릴 수밖에 없지 않을까요? 어차피 같은 진보진영이니까 아무나 집권해도 상관없다고 하면 괜찮지만, 더불어민주당이 재집권해야 한다고 생각하시면 문제가 커집니다.

H사장 혹시 정의당을 말씀하시는 것인가요?

홍박사 정의당은 더불어민주당보다는 조금 더 왼쪽에 있습니다. 그래서 좀 더 비현실적이면서도 강력한 진보적 주장을 하는데요, 그게 일반 국민들에게 잘 안 먹힙니다. 그러니까 더불어민주당에 협조해서 선거법을 바꾸는 일등 공신임에도 지지자들에게 버림을 받았지요. 특히 경제에 있어서는 아주 왼쪽입니다. 대한민국 국민들은 내 재산이 축나는 걸 오래 보고 있을 만큼 넉넉한 살림살이가 아닙니다. 그런데 골고루 나눠준다는 돈이 결국은 내 돈이었다는 것을 지난 4년간 경험했잖아요? 이제는 나눠주기식 사탕발림보다는 국민들에게 먹고사는 일에 대해 강력한 희망을 줘야 합니다.

H사장   먹고사는 일에 대한 강력한 희망이 뭘까요?

홍박사   경제 운영에 있어서는 명분보다는 현실에 기초한 방안을 말합니다. 예를 들어서 젊은 유권자 대부분이 대기업에 들어가고 싶어 합니다. 그런데 운동권 진보진영은 대기업을 철저히 규제하고 벤처창업을 권장하죠. 그럼 대기업 일자리는 점점 줄어들고 벤처기업 일자리는 늘어납니다. 그런데 젊은이들은 벤처기업에 들어가고 싶어 하지 않아요. 이때 누가 나와서 대기업 규제를 풀어주고 대기업 일자리를 늘리겠다고 제시하면 젊은 유권자의 표가 어디로 갈까요?

H사장   그렇지만 대기업에 대한 규제가 줄어들면, 재벌이 운영하는 대기업들의 경제적 횡포가 심해질 텐데요.

홍박사   젊은 유권자들에게 대기업의 횡포를 막는 것이 중요한지, 내가 대기업에 취업하는 것이 중요한지 한 번 물어보기나 하시고 나서 그걸 걱정해보시는 게 어떨까요?

H사장   젊은 사람들이야 당연히 자기 일자리가 중요하겠지요.

홍박사   혹시 '먹고사니즘'이라고 들어보셨나요?

H사장   더불어민주당 박용진 의원이 주장하는 것이잖아요. 박용진 의원은 이승만, 박정희 대통령도 긍정적으로 평가해서 진보진영의 이단아로 구설수에 올랐던 국회의원이죠. 국민이 먹고사는 문제, 즉 민생

을 제일로 생각하겠다고 표명하고 대선에도 도전할 뜻이 있는 걸로 알고 있어요.

홍박사   문제는 이분이 더불어민주당 내에서 대권후보가 될 가능성이 전혀 없다는 겁니다. 문재인 대통령 라인이 아니거든요. 만약 이런 분들이 당을 나와서 뭉친다면, 가장 강력한 경쟁자가 될 수 있습니다.

진보 재집권을 위하여

조나라   운동권 진보라는 재미있는 표현이 있군요. 전혀 몰랐습니다. 지금의 진보진영을 이끌고 있는 인재들이 독재정권과 싸우던 운동권 출신이라 붙여진 이름이라면, 이를 영광스럽게 받아들이겠습니다. 그러나 국민들을 위해서 사회를 망치는 양극화 문제를 해결하겠다는 의지만은 진정한 진보임을 믿어주시기 바랍니다. 아까 실패를 너무 많이 했다고 평가하셨죠? 그러나 저는 이것이 실패가 아니라고 생각합니다.

H사장   정책실패가 아니면 뭔가요?

조나라   과정이죠. 그리고 지금은 기득권자들만 행복해하는 부패한 보수정권에서 모두가 행복해하는 진정한 진보로 가는 과도기입니다. 그 변화의 시대에 상처를 도려내는 악역을 운동권 진보가 도맡아 하고 있는 것이죠. 당연히 욕을 먹을 수밖에 없구요. 대표적인 예가 '검찰개혁'이 아닐까요? 공수처를 막으려는 악랄한 정치 검찰총장과 국민의 검찰개혁 염원을 실현하려는 법무부장관이 서로 충돌하는 것을 보면서 많은 국민적 비판이 있었어요. 그렇지만 욕을 먹을 것이 두렵다면 어떻게 검찰개혁을 이루겠습니까? 욕을 먹더라도 할 건 해야지요.

H사장 이제 마무리해야 하니까요, 재집권을 위한 방안을 정리 바랍니다.

조나라 진보진영이 권력이 없을 때는 감성으로 집권이 가능했습니다. 이제 권력이 있으면 정책적인 성공으로 재집권을 노려야겠지요. 국민들이 기다리는 소식! 정쟁보다는 가슴이 탁 트이는 사이다 같은 정책이 필요해요. 그런데 아무리 정책을 잘해도 비판만 하는 언론이 있으면 빛이 나질 못하죠. 어느 나라든 정책은 실행되고 나면 통계청의 통계나 사회적 현상에 의해 결과가 나타나고 여론에 의하여 평가가 됩니다. 그런데 그 통계나 사회적 현상이 꼭 그 정책 때문이 아닌데도 오명을 뒤집어쓸 수가 있어요. 예를 들어서 임대차 3법에 의해 전월세 대란이 발생했다고 주장하는 언론이 있습니다. 그러나 사실 임대차 3법이 아니라 과거 박근혜 정부에서 과도하게 부동산 시장을 부풀리려 했던 정책의 후유증이 원인일 수도 있지 않을까요?

H사장 탄핵된 지 4년이 지난 박근혜 대통령의 정책 실패로 주택공급의 차질이 공급을 줄였고, 그래서 전월세가 급등했다는 말씀이죠?

조나라 그래서 정책이 있으면 그 후에 평가하는 평가기관이 필요합니다. 국가로부터 독립적인 지위를 인정받고, 재정적 지원이 법률로 강제되어서 정치권의 눈치를 보지 않아야죠. 아마도 중립적인 진보시민단체의 인사들로 구성되는 것이 합리적일 것 같습니다. 이런 기관의 정책 평가를 통해 진보진영의 정책이 재평가되는 과정이 필요할 것입니다.

H사장 에이, 그런 정책 결과 평가기관에서 평가를 해도 언론에서 비아냥거리면 소용없는 것 아닌가요?

조나라 정책 결과 평가기관에 대한 언론의 비난을 금지하는 법을 같이 만들면 됩니다. 해당 언론의 대표자와 기자를 10년 이상 징역에 보내는 법을 만들면 문제가 사라지는 거죠.

H사장 그럼 언론의 자유를 통제하는 건가요?

조나라 아까도 말씀드렸듯이 진보가 이루려는 '양극화 해소'를 방해하는 세력을 통제하기 위해서 국가는 강력한 권한으로 적극적인 개입을 해야 합니다. 진보를 정의로운 세력으로 보신다면, 진보에 의한 통제가 가장 정의로운 것이지요.

H사장 좀 겁이 나네요. 다음으로 보수진영에서 '문빠'로 지칭하는 열렬 지지층에 대해서 어떤 의견이 있으신가요? 그들의 과도한 행동이 일반적인 국민의 정서와 어긋나서 중도 성향의 지지층을 밀어내는 효과가 발생한다는 평가가 있거든요.

조나라 과거에 '문빠'는 맹목적인 SNS상의 폭격 도구였어요. 그러나 그 간단한 기능이 반대파가 비난 자체를 포기하게 만드는 중대한 역할을 했죠. 한마디로 공격적이고 파괴적인 역할을 자발적으로 수행한 겁니다. 이제는 진보진영의 재집권을 위한 논리를 만들어내는 생산적인 역할을 해나가고 있습니다. 항상 여론은 주류층의 등을 보면서 따라가는 성향이 있어요. '문빠'는 여론이 따라가고 싶어 하는 주류층으로서의 역할을 맡아줄 것이라고 생각해요. 그리고 여론은 '문빠'의 논리에 따라가면서 그 논리를 재생산하게 되겠지요. 예를 들어서 조국 전 법무부장관의 자녀입학 비리문제에서도 '문빠'에서 "죄가 없는 조국 전 장관을 악독한 정치검사들이 정치적 목적으로 공격한다"라고 정의하면 어떤 증거가 나와도 이는 다 조작된 증거로 국민들이 인식하게 됩니다. 이미 아무 죄가 없는 것으로 결론이 나와 버렸으니까요.

H사장   글쎄요. 비판을 허용하지 않는 정책 결과 평가기관에 의한 정책 평가와 열렬 지지층인 '문빠'의 활동만으로는 재집권이 밝지만은 않아 보이네요.

조나라   이제 책 시작인데 뭘 그리 조급해하세요? 각 부문별로 이후부터 진보의 재집권을 위한 방향을 구체적으로 설정할 예정입니다. 책을 끝까지 읽으시면서 문재인 정부와 진보진영의 미래를 응원해주시기 바랍니다.

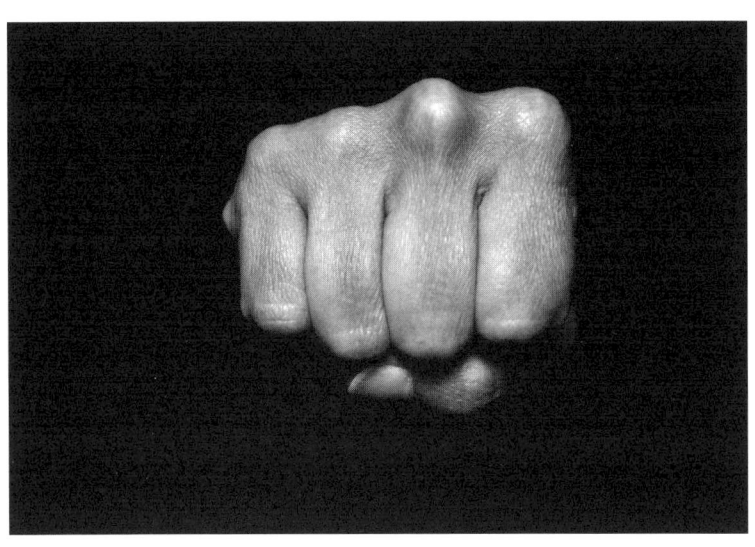

Subject 2
경제민주화 이야기

"재벌들 혼내주고 오느라고"

- 김상조 공정위원장 -

경제민주화란?

H사장 경제보다 더 크게 국민의 삶에 영향을 미치는 것은 없겠죠. 그래서 첫 주제로 경제민주화를 선택해봤어요. 대한민국의 경제라고 하면 거대 재벌들의 막강한 경제권력이 먼저 떠오르는데요. 대기업에 몰려 있는 경제력 집중에 의한 심각한 문제에 대해 논의를 해봤으면 좋겠습니다.

조나라 먼저 '경제민주화'의 정의부터 짚고 넘어가야 할 것 같습니다. 모두가 알고 계시겠지만 '민주화'는 우선 정치용어입니다. 옛날에 왕과 같은 한 명의 권력자에게 집중되어 있던 권력이 의회라는 다수에게 분산되었고 나중에는 국민에게 골고루 분산된 것을 '민주화'라고 부른다는 것은 상식이 되었습니다. 지금 이 시대의 젊은 청년들과 서민들이 가장 열망하는 것은 무엇일까요? 그것은 바로 일부 재벌이나 대기업, 그리고 자본을 이용해서 노동 없이 부를 누리는 극소수 부자들이 경제력을 독점함으로써 생기는 빈부격차 문제가 해결되기를 바라는 것 아니겠습니까? 그래서 진정한 '경제민주화'는 대기업이나 극소수의 부자들에게 몰려 있는 '경제력'을 제도의 힘으로 청년들과 서민들에게 분산시키는 것이라고 할 수 있겠죠. 이러한 전제하에 대기업 가운데 대표적인 기업인 '삼성'에 대해서 이야기를 시작해봤으면 합니다.

H사장 아하, '경제민주화'가 일부 대기업에게 집중되어 있는 경제력을 서민들에게 분산시키는 작업이었군요. 그럼 우선 대기업들의 경제력 집중으로 인해 발생하는 많은 문제점들과 이에 대한 해결방안이 제

시되어야 하겠네요.

양극화 해소가 지상목표

조나라 지금 문재인 정부에서 진행하고 있는 정책이 경제에서 효율성 높은 대기업을 밀어서 빨리 돈을 뻥튀기하는 정책이 아니라는 것은 다들 아실 것입니다. 그런 후진적인 경제 운영은 보수진영에서 예전에 열심히 추진하던 것이었고요. 그 부작용으로 우리 경제에는 뚜렷한 양극화 현상이 나타났어요. 특히 경쟁에서 실패한 약자에게 "다 너 잘못이야" 하고 그들을 내동댕이치는 냉혹한 사회가 되어버렸죠. 이러한 극명한 빈부격차의 어두움 때문에 우리 사회는 '양극화 해소'의 열망을 가지게 되었고, 이 열망이 진보개혁 정권을 탄생시키게 된 거죠.

H사장 경제민주화가 곧 양극화 해소라는 말씀이신가요?

조나라 그렇게 해석이 될 수도 있겠네요. 그러나 정확하게는 '양극화 해소'가 최종 목표이고, '경제민주화'는 그 수단 중에 하나라고 보시면 됩니다.

H사장 경제민주화는 대기업에 집중되어 있는 경제력을 분산시키는 것이라고 하셨는데요. 그렇게 되면 대기업이 사라지게 되는 것 아닌가요? 대기업이 사라지면 대한민국 경제에 문제가 생기지 않을까요?

대기업이 없어져도 문제 없음, 낙수효과는 없기 때문

조나라 대기업이 돈을 벌어도 중소기업이나 서민의 소득으로 연결되는 낙수효과가 전혀 없다는 것이 이미 밝혀진 사실이죠. 그렇기 때문에 대기업은 사라져도 아무 문제가 없는 것입니다.

H사장 그래도 싹 없어지면 좀 안 좋을 거 같은 불안한 생각이 드네요. 이제 우리나라의 대표적인 대기업인 삼성의 이야기로 넘어가 보시죠.

삼성의 긍정적인 부분 : 직원과 협력사가 이룬 성과

조나라 삼성에 대한 평가는 긍정적인 부분과 부정적인 부분으로 나누어집니다. 우선 긍정적인 부분은 삼성이 우리나라를 대표하는 기업으로 역할을 하고 있다는 것이지요. 세계 어느 공항 앞에 가더라도 있는 큼직한 삼성 간판을 보면 우리나라의 국력이 느껴진다고 하면서 뿌듯해하는 국민들이 많습니다. 실제로 2015년 포브스지에는 기업 가치로 본 세계 기업 랭킹 10위권 안에 삼성이 7위로 들어가 있었습니다. 같은 해 현대차는 64위, 기아차는 97위였지요.

H사장 좀 오래된 랭킹이네요. 그래도 현대차, 기아차보다도 훨씬 상위에 기록되어 있어요.

조나라 삼성의 좋은 이미지는 삼성의 이름하에 땀 흘리는 직원 한 사람 한 사람의 노력과 협력사의 희생으로 이루어진 것이지요. 우수한 제품을 정직하게 만드는 노력이 없었다면, 지금의 삼성이 될 수 없었겠지요. 그리고 대한민국 모든 취업준비생들이 입사를 희망하는 회사가 되기도 어려웠을 겁니다.

H사장 호호호, 삼성 홍보맨이 되신 거 같아요. 그러면 부정적인 부분은 어떤 것이 있을까요?

삼성의 부정적인 부분 : 재벌 총수 일가의 사회 지배

조나라 삼성이라는 기업 자체는 매우 훌륭한 기업이죠. 그래서 일반 국민들 대부분이 자녀가 삼성에 들어가기를 소망하고 있구요. 그런데 그 일반 국민들이 돌아서면 삼성 욕을 합니다. 왜 그럴까요? 삼성의 폐해는 그 재벌 소유구조에 의해서 발생한다고 보면 됩니다. 이건희 일가의 영구적 삼성 지배를 위한 부정부패가 문제가 되는 거죠. 그리고 그것을 덮기 위해 경제력을 이용한 사회 지배가 문제가 되는 것입니다.

H사장 고 이건희 회장 일가는 어차피 일반인이고, 기업을 운영하는 사람일 뿐인데 계속 자기 자리 유지하려 하는 게 문제가 되나요?

조나라 그들이 경영을 하다 보면 잘하는 일도 있겠지만, 실패하는 일도 생기겠지요. 총수와 그 가족은 회사의 최종 결정권을 독점하고 있는데 결정의 결과에 대해 아무런 책임을 지지 않습니다. 즉 권한만 있고 책임은 없는 비정상적이고 불법적인 상황이 된 거죠. 과거 삼성자동차가 부실기업으로 정리되어서 르노에 팔려나가게 되는 문제가 발생했을 때도 이건희 회장은 아무 책임도 지지 않았어요.

H사장 그래요? 손실 나서 돈이 빠져나가면 그게 책임 아닌가요? 자기 기업인데? 저도 책이 폭망해서 돈 못 벌고 손실 나면 눈물이 나요. 이 책은 그러면 안 될 텐데요.

조나라 국가의 중요한 기업이면 그 경영자에게는 사회적 책임이 추가로 더 있어야 하지 않을까요? 특히 경영권 세습과정에서는 여러 사회적 문제가 생겨요. 삼성의 경영권 세습의 방법으로 이재용 부회장은 박근혜 전 대통령과 최순실 씨에게 줄을 댔습니다. 이러한 박근혜 전 대통령의 부패와 삼성의 비리가 국가적으로 큰 손실을 초래했을 뿐 아니라, 전 국민에게 뼈아픈 상처를 주었지요. 그래서 국민들은 분노했고, 이로 인한 촛불민심이 결국에는 박근혜 정권을 몰아내 진보정권을 탄생시킵니다. 만약 삼성의 이런 추악한 행동이 없었다면 박근혜 전 대통령과 최순실 씨의 관계는 그냥 친한 아줌마들끼리로 끝났을 것이고, 보수정권이 몰락하는 일은 없었겠지요.

H사장 결국은 삼성의 부정부패가 진보정권 탄생의 일등 공신이라는 말이네요. 고맙다고 표현을 해야 할지 고민이 되네요. 삼성 말고 그 밖에 보편적인 대기업의 문제점은 무엇이 더 있을까요?

대기업의 문제들 : 갑질

조나라 우선 대표적인 것이 경제력을 이용한 갑질이 있겠지요. 대기업과의 거래를 희망하는 중소기업은 널리고 널렸습니다. 그래서 이런 압도적인 지위를 이용해서 대기업이 중소기업의 기술을 가로채고 인력을 빼내서 중소기업을 고사시키는 일은 아주 일상적인 일이 되었죠. 그 과정에서 대기업의 총수 일가가 저지르는 갑질은 차마 눈 뜨고 볼 수 없는 잔악무도한 일로 사회적 비판의 대상이 되고 있습니다.

H사장 대표적인 대기업 총수 일가의 갑질의 예를 들어주실 수 있을까요?

조나라 2018년 대한항공 조현민 전무의 물컵 갑질이 대표적이라고 할 수 있죠. 광고 대행사와의 미팅 중에 격분한 조 전무는 종이 물컵을 던지는 상상조차 못할 만행을 저질렀어요. 처음에는 유리 물병을 던졌다는 소문이 퍼졌지만 이내 사실이 아닌 것으로 밝혀졌죠. 그러나 업무상 갑을 관계에서 갑이 을에게 종이 물컵을 던졌다는 것은 인성을 완전히 말아먹을 갑질이 아닐까요?

H사장 정말 제가 그런 일을 당했다면 평생 씻을 수 없는 상처가 되었을 것 같아요. 어떻게 돈 좀 있다고 양심도 없이 그런 갑질을 할 수 있을까요?

조나라 그래서 경제민주화가 필요한 겁니다. 진보진영은 대기업이 가진 경제력을 빼앗아서 중소기업과 벤처기업, 그리고 골목상권의 소상공인에게 이전하는 정책을 통해 경제민주화를 이루어낼 것입니다. 또한 노동자의 권익도 향상시켜서 대기업이 가진 권력에 맞서는 노동자의 활동을 보호하려 하고 있지요. 대표적으로 대한항공 조현민 전무의 참혹한 갑질이 있었던 2018년 말에 유성기업이라는 대기업의 노조가 탄압에 맞서 싸웠어요. 당시 민주노총 소속의 노조원들이 해당 기업의 간부를 40분간 폭행하는 쾌거가 있었죠. 당시 경찰들도 진보진영의 뜻을 이해하고 있었던 모양입니다. 현장에서 아무런 조치도 취하지 않고 노조를 응원하고 있었거든요.

H사장 종이 물컵을 던지면 참혹한 갑질이고, 40분 동안 사람을 두들겨 패면 쾌거인가요?

조나라 누가 했느냐가 중요하니까요. 재벌가의 자녀로 온갖 특혜를 받아온 재벌 상속녀이기에 종이컵만 던져도 갑질이 되는 거구요. 참혹한 노동 현장에서 착취를 받아온 노동자들이기에 사람을 40분 동안 때려도 정당한 것이지요. 이것이 진보의 진정한 정의 아닐까요? 진보가 하면 폭력도 정당한 것이 됩니다.

H사장 결국 폭행을 주도한 노조원들은 나중에 감옥에 간 걸로 알고 있습니다만.

조나라 노조활동을 위축시키기 위한 보수진영의 저급한 여론몰이 작전 때문이었죠. 진보진영은 이런 숭고한 노동운동을 응원하고, 대기업 총수 일가의 갑질을 응징해서 경제민주화를 이루어야 한다고 생각합니다.

H사장 경제민주화를 위한 정책 추진 실적이 있을까요?

조나라 당연히 있죠. '타다'라는 이름을 많은 분들이 기억하고 계실 것입니다. 공유경제가 어쩌고 저쩌고 하면서 출범한 기업이었는데요. 실제로는 1,500대의 차량을 확보한 무허가 대기업 운송회사라고 보면 될 듯합니다. 당시에 10인승 이상의 렌터카에는 기사를 같이 제공할 수 있다는 법의 헛점을 이용해서 출범했었습니다. 그러나 영세한 택시회사를 위협하고 서민인 택시기사의 생계를 위협하는 대기업의 경제력 집중이 예상되는 상황이었죠. 결국 진보진영인 더불어민주당에서는 '여객자동차 운수사업법 일부 개정법률안(속칭 : 타다 금지법)'을 통과시킴으로써 '타다'를 실질적으로 금지시키는 데 성공했습니다. 법을 통해서 대기업의 시장 장악을 원천적으로 봉쇄하고 중소기업과 서민을 지켜낸 쾌거였지요.

H사장 그게 성과인가요? 공유경제는 국가에서 4차 산업혁명의 한 축으로 장려하던 사업 아니었나요?

조나라 맞습니다. 그러나 돈보다 사람이 우선이죠. 아무리 미래산업인 공유경제라 하더라도, 서민의 생계를 위협한다면 없애는 것이 옳은 일 아닐까요? 그밖에도 2020년 12월에 통과되었던 '공정경제 3법'이 있습니다.

H사장　아하, 대기업 총수 일가의 감사 선출 권한을 지분에 상관없이 3%로 제한한 것이 큰 이슈였죠. 처음에는 총수 일가 전체를 합산하여 3%로 하려 했으나, 무산되고 각각 3%로 제한했죠.

조나라　이제는 서민들이 돈을 모아서 대기업의 경영권을 확보할 수 있는 길이 쉬워진 것이지요. 3%만 지분을 확보해도 60%를 넘게 가지고 있는 대기업 총수와 동일한 의결권이 되니까요. 약자에게 유리한 법 아니겠습니까? 이렇게 되면 대기업 총수는 언제 경영권을 빼앗기게 될지 모르게 됩니다. 따라서 경영권을 지키기 위해 기업의 실적을 향상시키기 위한 경영활동에 전념하게 될 겁니다.

H사장　어? 그런가요? 보통 빼앗길 게 뻔한 상태면 잘 관리 안 하는 게 정상 아닌가요? 예를 들어 부채 때문에 곧 압류될 차라면 누가 엔진오일을 갈겠어요?

경제민주화는 대기업 박살내기가 아니다

홍박사　맞습니다. 내 꺼 아닌데 잘 가꾸는 사람이 이상한 거죠. 진보 진영에서는 '대기업의 경제력 집중'이라는 이상한 표현을 써서 이걸 잘게 나누는 것이 공정한 것처럼 홍보하고 있습니다. 사실 경제민주화라는 구호 자체가 허구입니다. 아무 근거 없이 대기업에 경제력이 집중되어서 문제라고 거짓말을 하고 있어요.

H사장　어허, 이젠 아예 경제민주화까지 무력화하시나요? 헌법에도

나온다면서요?

홍박사　개념 자체가 틀려요. 그건 1980년대 당시에 대기업과 정치인들의 정경유착으로 경제계에 대한 정부의 통제가 힘들었던 시절에 나온 개념입니다. 기업에 뇌물을 먹는 정치인들을 통제해서 기업이 합법적으로 운영되게 유도하기 위한 것이었죠. 대기업을 박살내서 잘게 쪼개어 작은 기업에게 나누어주자는 건 아니었습니다. 사실 큰 기업은 큰 기업대로의 역할이 있고요, 작은 기업은 작은 기업대로의 역할이 있습니다. 수조 원이 넘는 자동차 개발 프로젝트가 있다고 합시다. 그걸 작은 중소기업이 어떻게 수행합니까? 대기업이 그 프로젝트를 수행할 수밖에 없죠. 그러면 중소기업은요? 그 자동차에 쓰일 일부 부품을 개발합니다. 대기업은 그걸 조립해서 자동차를 완성하는 거고요.

H사장　지금 홍박사님은 대기업과 중소기업의 상생구조에 대해서 말씀하시려는 거죠? 그게 잘 안 되고 대기업의 갑질에 의해서 중소기업들이 억압받으니까 문제가 되는 거 아닌가요? 그런 갑질문제를 없애기 위해서, 문재인 정부에서 추진하는 경제민주화 방향은 대기업은 싹 밀어버려서 없애버리고, 중소기업을 성장시켜서 경제를 살리겠다는 거 아닙니까?

홍박사　글쎄요. 문제가 되는 대기업과 중소기업 간의 갑질은 분명히 있습니다. 그렇지만 협력하는 관계는 하나도 없나요? 거의 대부분이 문제가 없고, 아주 조금 문제가 있다고 해서 싹 없애버리는 게 답입니까? 차를 타고 다니면 교통사고가 나니까 차를 안 타고 다니실 거예요?

H사장 차는 타야죠. 안 탔을 때보다 탔을 때의 이득이 더 많으니까요.

홍박사 대기업에 납품하는 중소기업의 비율이 46.8%입니다. 한마디로 대기업이 없어지면 46.8%의 중소기업이 망하게 되고, 거기에 딸린 직원들은 실직자가 됩니다. 또한 우리나라 전체 중소기업이 벌어들이는 돈의 81.8%가 대기업과의 거래를 통해 벌어들이는 돈입니다. 그런데 갑질문제가 있다고 대기업을 싹 밀어버려요? 자동차로 치면 접촉사고 한 번 났다고 영원히 차를 안 타겠다고 하는 것과 뭐가 다릅니까?

H사장 중소기업과 대기업 간의 거래 규모가 그렇게 큰 줄은 몰랐어요. 저는 언론에서 하도 갑질만 강조해서 협력관계는 별로 없는 줄 알았어요.

홍박사 언론에서는 문제만 보도하죠. 예를 들어 눈길에 10중 추돌사고가 나면 기사가 나옵니다. 하지만 전국에 있는 모든 차가 사고가 난 건 아니잖아요?

H사장 하지만 대기업에 너무 큰 경제력 집중이 일어나는 것은 사실 아닌가요? 영세한 중소기업과의 형평성을 위해서는 경제력의 분산이 필요하다고 생각하는 국민들이 많아요.

대기업은 대기업의 역할

홍박사 덩치가 크다고 무조건 미워하시면 안 되죠. 예를 들어서 수도권과 인천공항을 이어주는 영종대교를 들어봅시다. 어마어마하게 큰 다리죠. 중소도시의 하천을 건너는 작은 다리에 비하면 엄청난 규모입니다. 그럼 작은 다리와의 형평성을 위해서 영종대교를 잘게 나눕니까? 그럼 인천공항에 어떻게 가요?

H사장 송도 쪽으로 가서 인천대교를 이용하면 되죠. 아니면 월미도에서 배를 타도 되고요. 호호호, 그 배 타고 가면 갈매기에게 새우깡도 던져줄 수 있어요.

홍박사 나 참, 그냥 아닌 건 아니라고 인정해요. 영종대교는 바다를 건너는 필요에 의해서 크게 된 겁니다. 작은 하천의 다리는 필요에 의해서 작은 거고요. 역할에 의해 규모가 결정됩니다. 사실 정치도 민주화해서 국민에게 주권이 있다고는 하지만, 국회의원이 일반 국민보다 권한이 많은 것은 사실이잖아요.

H사장 대기업에 경제력이 집중된 것은 정당한 필요에 의한 것이라고 합시다. 그렇지만 경제력을 빨아당긴 것만큼의 혜택을 국가에 끼치지 못하고 있잖아요. 대기업으로부터의 낙수효과가 없다는 것은 이미 증명된 일 아닌가요?

낙수효과가 없다는 거짓말

홍박사   그 증명 자체가 아주 잘못되었습니다. 진보진영은 낙수효과가 없다고 신나게 대기업을 비난하다가 경제정책의 성공사례로 주식시장의 주가지수 상승을 거론하죠. 그 주가지수는 대부분 대기업이 끌어올린 겁니다. 삼성의 이익 규모에 의해 대한민국의 경제성장율이 들쑥날쑥하는 것을 모르시는 건가요? 제가 낙수효과가 없다고 주장하는 신문기사를 쓴 기자들에게 정확한 산출 근거에 대한 문의메일을 몇 번 보냈었습니다. 몇 명의 기자가 제게 답변을 했을까요?

H사장   한 명도 없다고 하시려는 거죠? 원래 기자들은 그런 메일에 일일이 답하지 않아요.

홍박사   네, 한 명도 없었어요. 그런 메일에 답도 안 하는 기자가 쓰는 기사가 사실이라고 믿고 따르는 국민들이 불쌍하죠. 그 사람들은 자기 기사에 책임도 안 집니다. 거기에다 아까 말씀드린 것처럼 중소기업이 벌어들이는 돈의 81.8%가 대기업에서 나오는 돈입니다. 그 돈이 우리나라 곳곳에 퍼졌을 텐데, 그게 낙수효과 아니면 뭔가요? 힘들게 경제통계를 들먹이며 낙수효과가 있는지 없는지 거론하지 말고, 우리 간단하게 가죠.

H사장   간단하게요? 어떻게요?

홍박사   목마른 사람이 우물을 판다는 속담은 아시죠? 대통령이나 경제부총리 등이 나서서 열심히 대기업 총수를 만나서 달래고 있는 상황을 모르시나요? 낙수효과가 하나도 없는데 경영계, 즉 이른바 대기업 총수들을 대통령이 왜 만납니까? 아직도 표면적으로는 낙수효과를 부정하지만 실제로는 인정할 수밖에 없는 상황이 아닐까요? 더 이상 경제가 무너지면 서민들의 표가 대거 이탈할 수도 있으니까요.

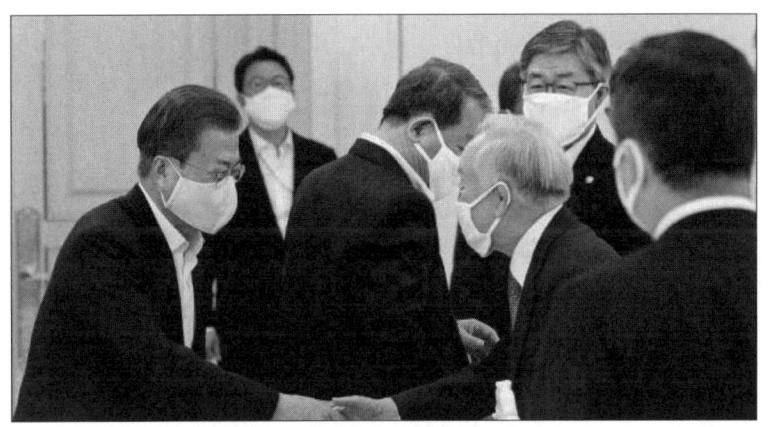

2020년 3월 18일 청와대에서 열린 경제주체 원탁회의
(출처 : 한국경제)

H사장 그건 꼭 낙수효과 때문이라고 할 수는 없죠. 한 나라의 대통령이 그 나라의 경제인들을 만난다는 데 정치적 이유도 있는 거잖아요.

홍박사 대기업이 필요한 이유는 그뿐이 아닙니다. 국민들이 대기업을 원하고 있기 때문이죠. H사장님은 팬택이라고 아시나요? 1997년부터 2017년까지 휴대전화를 생산했던 회사였죠.

H사장 잘 알죠. 제가 처녀 때 많이 썼던 SKY 휴대폰을 인수합병하면

서 삼성에 도전했던 휴대전화 회사잖아요. VEGA라는 모델명으로 유명했었죠.

홍박사 지금 젊은 사람들은 모르겠지만 그때 잘 나가는 아가씨들은 SKY폰을 많이 썼지요. 놀랍게도 그 회사가 2017년까지도 일을 했습니다. 아시다시피 지금은 사라졌지만요. 이건 삼성이나 LG 같은 경쟁사의 갑질에 의한 게 아닙니다. 소비자들의 선택이었죠. 소비자들이 삼성, LG 아이폰만 사니까 저절로 도태된 겁니다.

H사장 저도 슬라이드폰 이후에는 팬택이나 SKY폰을 사용하지는 않았던 거 같아요.

믿을 수 있는 대기업 제품

홍박사 가정을 해봅시다. 중소기업이 만든 차가 있고 동급으로 현대가 만든 차가 있다고 합시다. 내 가족들과 함께 타고 고속도로를 달려야 하는 상황이라면 어느 회사의 차를 타시겠습니까? 또는 핸드폰을 구매한다고 합시다. 삼성이 만든 폰과 이름 없는 작은 회사의 폰이 있다고 하면 어디 것을 구매하시겠습니까? 서민들의 구매 성향은 대기업 제품을 선호하는데, 정작 그 제품을 만드는 회사는 서민의 적이라고 말하기엔 좀 문제가 있지 않을까요?

H사장 저도 같은 가격이라면 대기업 제품을 선호해요. 그렇지만 그건 당연한 선택의 문제가 아닐까요? 중소기업은 대기업에 비해 규모가

작기 때문에 A/S 등과 같은 서비스에서 불리할 수밖에 없잖아요. 그리고 실제 피해가 발생해도 지불 능력이 약하기 때문에 보상을 받기도 힘들고요.

홍박사 맞습니다. 같은 제품이라면 대기업 제품을 선호하는 것이 당연합니다. 그러니까 대기업은 표면적이고 큰 비즈니스를 맡고 중소기업은 거기에 협력해서 경제를 운영해 나가는 것이 정답이지요. 문제는 여기서 힘의 불균형이 있어서 중소기업이 피해를 본다는 겁니다. 그러나 대기업과 중소기업의 힘의 불균형 문제를 제도와 국가의 간섭에 의해서 해결하면 부작용이 나오지요. 이 문제는 수요와 공급의 법칙을 이용해서 해결해야 합니다.

H사장 수요와 공급의 법칙이요?

홍박사 대기업의 갑질문제를 해결하는 방법은 수요와 공급의 법칙을 이용하는 것 말고는 없습니다. 그러나 지금 그걸 이야기하면 나중에 할 말이 없으니까요, 나중으로 미룹시다. 일단 대기업의 필요성에 대한 이야기를 이어가겠습니다.

H사장 네, 수요와 공급 같은 딱딱한 이야기는 나중으로 미뤄주세요.

홍박사 제가 먼저 물어보겠습니다. 우리나라 청년들이 가장 많이 원하는 직장이 어딥니까?

H사장 당연히 공무원이나 공기업 아닐까요? 직장이 안정되고 연금도 높고요.

홍박사 그러나 경쟁률이 너무 높아요. 거의 사법고시 수준이죠. 거기에 잊을 만하면 취업 부정이 등장하기 때문에 빽이 없이는 힘들다는 의식도 팽배합니다. 그래서 차선으로 선택하는 곳이 있습니다. 바로 대기업입니다. 대기업 입사를 희망하는 청년들에게 눈높이를 낮추면 좋은 중소기업도 많이 있다고 충고를 하는 어른이 있다면 바로 꼰대로 낙인찍힙니다.

H사장 그렇습니다. 저도 젊은 지인에게 그런 말을 했더니 그 다음부터 저를 피하더군요.

홍박사 그럼 정부에서 해야 할 일이 대기업의 일자리를 늘리는 게 옳겠습니까? 줄이는 게 좋겠습니까?

H사장 당연히 대기업 일자리를 늘리는 게 좋겠지요.

홍박사 그런데 왜 우리나라 청년들은 대기업을 규제하는 법률이나, 대기업 총수의 구속 소식에 환호할까요? 자기 일자리가 줄어들 게 뻔한데 말이죠?

H사장 진보진영에서 만들어놓은 뿌리 깊은 반기업 정서 때문이라고 말씀하시려는 건가요?

홍박사 반기업 정서가 뿌리 깊은 건 맞는데, 진보진영에서 만들어낸 것은 아닙니다. 전통적으로 모든 매체에서 부자는 악으로 묘사되어 왔습니다. 흥부놀부전이나 홍길동전을 보세요.

H사장 그러네요. 생각해보니 그것도 오래된 전통이군요.

홍박사 이 세상 사는 사람 누구나 "나도 부자가 되고 싶다"는 솔직한 욕망이 있습니다. 이재용 부회장 정도 되는 사람이 아니면 모두가 갖는 순수한 욕망이죠. 그런데 그게 현실로 이루어질 수 없다는 절망 사이에서 갈등하고 좌절하게 됩니다. 그러니까 당연히 지금 부자인 사람들이 미워집니다. 그리고 농경사회가 지나고 산업사회가 된 지금, 부자에 대한 원한은 자연스럽게 대기업과 그 경영자에게 투영됩니다. 그리고 그러한 미움이 어이없는 모순을 낳습니다.

H사장 모순이요?

홍박사 예를 들어서, 축구를 잘해서 연봉을 많이 받고 유럽 축구 리그에 진출하면 영웅이 됩니다. 그런데 경영을 잘해서 세계시장에서 10등 안에 드는 기업을 만들면 경영자는 감옥에 갑니다. 이상하죠? 왜 유럽 축구 리그에 진출한 선수가 연봉을 많이 받는 것을 질투하는 사람이 없을까요?

H사장 그건 인정! 사실 청년이 힘들게 스펙 쌓아서 대기업에 취직하면 축하해주지만, 그 대기업 경영자는 그냥 보기만 해도 미워요.

홍박사   맞아요. 대기업을 미워하는 명분 중에 하나가 중소기업에 대한 갑질이거든요. 그 갑질을 방금 이야기하신 힘들게 스펙 쌓아서 대기업 들어간 청년이 하는 겁니다. 갑질할 사람이 갑자기 어디서 튀어나오는 건 아니잖아요?

H사장   생각해보니 그러네요. 대기업에서 갑질 전문으로 누굴 뽑는다는 소린 못 들어봤어요.

홍박사   누구에게도 이익이 되지 않는 사회현상입니다. 반기업 정서에 물들어서 저녁에 친구들과 술 한 잔 하면서 열심히 기업을 헐뜯던 사람이 다음날 아침엔 기업으로 출근하러 갑니다. 기업을 악의 세력으로 보고 비난하던 사람이 공무원이 되어서 기업을 혼내주러 다니지만, 사실 그 공무원의 월급은 기업에서 낸 세금입니다. 기업 없으면 못 살면서 기업을 미워한다는 게 너무 황당하지 않습니까?

H사장   그러게요. 기업 덕분에 먹고살면서 기업을 미워하고 증오한다면 정말 싸가지 없는 인간이지요. 저도 이런 싸가지 없는 반기업 정서는 우리나라의 발전에 도움이 되지 않는다고 봐요. 그럼 이 싸가지 없는 반기업 정서를 어떻게 하죠?

홍박사   반기업 정서의 중요 포인트를 짚어드리죠. 아까 조나라님이 말씀하신 것처럼, 대기업이 통째로 욕을 먹는 게 아닙니다. 대기업 회사 자체는 좋아해요. 그 회사의 물건도 열심히 사구요. 일부 직원들의 갑질이 사회적 문제가 될 때도 있지만 그게 반기업 정서의 핵심은 아닙니다. 결정적으로는, 그 기업의 총수가 대를 이어서 경영권을 승계하면서 증오의 대상이 되는 겁니다. 자신은 평생 이룰 수 없는 엄청난 부를 재수 좋게 부자 아버지 만난 사람이 노력도 안 하고 낼름 받아먹는 것을 보니 화가 나는 겁니다. 상실감은 더 말할 수 없구요.

H사장 솔직히 말해서 부정할 수는 없네요. 저도 우리 아버지가 좀 더 잘 살았더라면 하고 생각한 적이 많으니까요.

홍박사 저도 저희 아들이 자기 꿈이 재벌 2세 되는 거라고 해서 황당했어요. 아빠가 좀 더 노력하라고 하더군요. 그래서 저도 내 꿈은 재벌의 아버지가 되는 거라고 말했지요. 네가 노력하라고요.

H사장 하하하, 그 말빨을 누가 당하겠어요.

홍박사 이런 부러운 감정을 갖고 있는 사람에게 더 합리적인 미움의 원인을 정치가들이 제공합니다. '불법 세습'!!! 얼마나 솔깃합니까? "그래 저 거대한 대기업을 이어받는데 어떻게 불법이 없겠어? 다 불법을 저지른 나쁜 새끼들이야" 이렇게 세뇌되어 가는 거죠. 그러나 이 논리에는 명백한 문제가 있습니다.

H사장 논리적 문제점이요? 뭐가요?

2. 경제민주화 이야기

재벌의 소유주는 주주

홍박사   옛날에 홍길동전에 등장하는 농경사회에서는 토지를 많이 가진 사람이 악역을 해도 설득력이 있었죠. 왜냐하면 토지는 제한적인 재화라서 누군가 많이 가지면 다른 사람은 그만큼 못 가지게 되거든요. 그러나 지금과 같은 산업사회에서는 누가 많이 가졌다고 해서 내가 못 가지지 않아요. 비즈니스는 만들면 만들수록 부가 생기는 거니까요. 예를 들어서 테슬라 자동차를 보죠. 기존에 자동차를 만들던 회사가 많이 있었지만, 테슬라는 전기자동차를 만들면서 업계 정상에 올랐지요. 그렇다고 기존 업체들이 쫄딱 망했나요? 그건 아니거든요.

H사장   그렇지만 대기업, 그것도 대기업들이 모인 재벌을 소유한 총수라면 악역이 되기 충분한 것 아닌가요? 특히 그 자녀들이 별 노력도 없이 그 소유를 이어받는다면?

홍박사   저는 그 '대기업 소유주' 또는 '재벌 소유주'라는 표현부터 문제가 있다고 생각합니다. 생각해보세요. 대기업은 거의 대부분이 상장기업입니다. 특히 여러분들이 '재벌'이라고 알고 계시는 대기업 집단은 거의 상장기업입니다. 투자해야 할 전체 금액을 잘게 나누어서 각각의 조각을 일반 국민에게 팔아서 자금을 조달합니다. 그렇게 모인 돈으로 설립되고 운영되는 회사들입니다. 그 주식은 누구나 돈만 있으면 쉽게 사고팔 수 있어요. 재수가 좋으면 가격이 올라서 이익이 생기기도 합니다. 그럼 대기업 소유주는 재벌 총수가 아니라 주주들인 것입니다. 2020년 12월 기준으로 삼성전자의 주식을 1% 미만으로 소유한 일반인 투자자가 200만 명을 넘은 것으로 추산되었었죠. 전 인구의 4%가 삼성전자의 주인이 셈입니다.

H사장　그렇지만 재벌 총수 일가에 의한 회사의 지배는 사실이잖아요? 그들의 한마디 한마디에 기업이 일사분란하게 움직이는 모습을 모르는 사람은 없을 텐데요.

정치가들의 속삭임 "엄청 부자네, 아이구 배 아파"

홍박사　하하하, 표현이 '대기업 소유주'에서 '재벌 총수 일가'로 바뀌셨군요. 바람직한 현상입니다. '대기업 소유주'라는 있지도 않은 개념은 언뜻 들었을 때 '뭐? 저 큰 기업을 몽땅 혼자 가지고 있는 거야? 엄청 부자네. 아이구 배 아파. 분명히 불법적으로 돈을 모은 나쁜 사람일 거야. 누가 나서서 몽땅 빼앗아버리면 좋겠네'라는 생각을 심어줄 수 있거든요. 가난한 사람을 선동해서 부자들에 대한 미움을 극대화하는 효과를 얻을 수 있지요. 하지만 현실은 아닙니다. 그냥 큰 기업을 세운 창업주와 그의 가족들이 주식을 남들보다 더 가지고 있고 기업경영을 하는 시스템이라고 보시면 됩니다.

H사장　하긴. 저도 예전에 '롯데의 왕자의 난' 때 좀 의아했어요. 동생인 신동빈 회장이 경영권을 형에게서 빼앗기 위해서, 얽히고설킨 주식 보유지분 관계에서 주식을 많이 가진 대주주를 자기에게 우호적인 편으로 끌어들이느라 난리가 났었죠.

홍박사 그렇습니다. 드라마나 영화에서는 재벌 총수 일가가 마치 중세시대의 왕족처럼 대단한 존재로 비춰지고 있습니다. 많이 보셨을 겁니다. 재벌 총수 일가가 으리으리한 저녁식사 자리에서 식사하다가 (모두 정장을 입고 있죠. 화장도 풀옵션에 머리까지 셋팅했어요.) 고압적인 회장님이 한마디 하시죠. "음. 막내가 이번 사업 실적이 좋구나. ○○텔레콤은 앞으로 막내가 경영하도록 해" 이렇게 대사 던지면 나머지 형제들이 인상이 일그러지면서 서로 째려보죠.

H사장 거의 모든 막장드라마에 나오는 장면이네요.

홍박사 그렇지만 현실은 좀 다릅니다. '롯데의 왕자의 난'에서 보셨듯이 재벌 총수라도 자기 지분만으로는 경영권을 유지할 수 없다는 겁니다. 그래서 만약 주주총회에서 대부분의 주식을 가지고 있는 소액주주들이 경영권을 내려놓으라고 의견을 표시하면 내려놓을 수밖에 없는 것이지요. 한마디로 지금은 재벌 총수라도 언제든지 짤릴 수 있다고 보면 됩니다.

H사장 이론적으로야 누구나 알고 있어요. 하지만 실제로 일어날 가능성이 없잖아요?

홍박사 아무리 소액주주라고 하더라도 기업에게 능력 있는 리더가 필요하다는 것은 상식입니다. 만약에 지금의 총수를 몰아내고 경영권을 시민단체가 추천하는 전문경영인에게 맡겼을 때, 정의로운 일을 한답시고 알짜 설비나 기술을 팔아서 그 돈으로 정신대 할머니 지원하는 정의연에 다 기부해버리면 그 손실은 주주가 책임져야 합니다. 그런 리스크를 피하고 싶은 게 정상 아닐까요?

H사장   저도 진보 쪽이지만 정의연에 기부하는 것은 막고 싶네요.

홍박사   주식을 소유하지 않고 먼발치에서 재벌 총수를 바라볼 때는 총수 일가가 아닌 '전문경영인'이 경영을 하면 회사가 갑자기 잘 될 것이라고 꿈꾸고 있습니다. 진보진영에서 하도 반복교육을 해놔서 가치관이 그렇게 박혀 있지요. 10년 전쯤에 LG전자에서 구본무 회장이 실험을 해봤습니다. 본인은 일선에서 물러나면서 전문경영인을 임명하고 글로벌 경영을 위해 임원진을 외국 전문경영인들로 교체했었지요.

H사장   그래서 어떻게 되었나요?

홍박사   전문경영인의 폐해가 그대로 나왔습니다. 장기적인 투자나 협력사와의 협력은 찾아볼 수가 없고, 단기 실적을 내기 위한 감원과 단가 후려치기가 대대적으로 이루어졌습니다. 그래서 실적을 낸 전문경영인들은 인센티브를 챙긴 후 떠나버렸어요. 결국 침몰하고 있는 LG전자를 살리기 위해 구본무 회장은 2년 만에 경영 복귀를 선언할 수밖에 없었습니다.

H사장   그러니까 소액주주들도 재벌 총수 일가가 도망가지 않고, 책임지고 경영할 것을 믿고 기존의 재벌 총수 일가를 지지한다는 말씀이군요.

2. 경제민주화 이야기

홍박사 방금의 전문경영인 체제의 폐해에 대한 언급에서처럼 전문경영인이 만병통치약은 아닙니다. 그럼 창업주가 죽지 않고 계속 경영을 하면 되겠지요. 문제는 사람이 영원히 살 수는 없다는 것입니다. 그건 자연의 법칙입니다. 그래서 다음 세대에 자신이 이루어놓은 것을 넘겨줄 수밖에는 없는 것이지요. 세대를 넘어 이어받는다는 의미의 단어로 '세습'과 '승계'를 들 수 있습니다. 이 두 단어는 같은 의미이지만 느낌은 완전히 다르지요.

H사장 회사 경영을 직계가족이 이어받으면 '세습'이고, 생판 모르는 전문경영인이 이어받으면 '승계' 아닌가요? 저는 그렇게 알고 있는데?

홍박사 그 부분은 좀 부자연스러운 점이 있습니다. 생판 모르는 남을 어떻게 믿고 경영권을 넘길까요? 아까 전문경영인의 예에서처럼 홀랑 말아먹고 도망치면 어쩔 겁니까? 영화 속에서처럼 우연히 양자를 얻어서 평생 지켜보며 키운다는 설정이 아닌 한 정상적으로 나를 이어갈 리더를 평생 곁에서 지켜보며 평가할 방법은 없습니다.

H사장 그럼 그냥 편하게 '세습'으로 통일하시죠. 요즘 사회 분위기도 자식에게 물려주는 것을 부정적으로 보고 있습니다.

홍박사 왜 재벌에 대해 무조건 부정적으로 인식시키려고 강요하세요?

H사장 요즘 사람들은 그걸 더 좋아하거든요. 책이 많이 팔리려면 '세습' 쪽으로 몰고 가야 유리하니까요.

홍박사 죄송합니다. 그런 합리적인 이유가 있는지 몰랐습니다. 그렇지만 저는 무조건 부정적으로 생각하는 것보다는 경영의 결과를 보고 평가해야 한다고 생각합니다. 능력도 안 되는 사람이 경영권을 이어받아서 쫄딱 망하고 주주들의 돈을 날려 먹느냐, 어렸을 때부터 혹독한 경영훈련을 쌓아서 이어받은 경영권으로 회사를 발전시켜 나가느냐의 문제인 것이지요.

H사장 하긴 외국에서 장인들이 대를 이어서 기업을 운영하는 것을 보면 참 부러운 마음이 들었어요.

홍박사 일본 또는 유럽 선진국에서는 200년, 300년 이상 친족들의 경영을 통해 이어진 회사들이 많이 있습니다. 심지어 일본에서는 시장 모퉁이의 초밥집조차도 100년이 넘었다고 크게 써 있는 것을 본 적이 있습니다. 이것이 자랑거리가 되는 세상인데 왜 우리나라만 유독 직계가족이 이어받는 것에 반감이 있을까요?

H사장 삼성의 경영권 세습과정에서 많은 불법이 자행되었기 때문이 아닐까요?

홍박사 딩동댕! 드디어 '불법'이 나왔네요. 정치인들이 하도 '불법'이라고 깔아놔서 재벌은 자녀에게 볼펜 하나만 넘겨도 다 불법으로 생각합니다. 정말 불법이 있으면 조사를 해서 처벌을 하면 됩니다. 조사를 해도 처벌할 거 없으면 불법이라는 말을 쓰시면 안 됩니다. 물론 먼지가 나올 때까지 털어보는 수사방식은 좀 곤란하구요.

H사장 먼지가 나올 때까지 털어도 안 나올 정도로 법을 지키면 되는 거 아닌가요? 돈도 많은데 변호사 쓰면 되죠.

홍박사 왜냐하면 우리나라 법은 아직도 해석에 문제가 있는 조항들이 수두룩하거든요. 명확한 내용을 판결이 나기 전까지 아무도 모르는데 어떻게 지켜요? 다만 일반적으로 적용되는 법의 테두리 안에서 경영권을 이어받는 절차를 지키는 거죠. 그런데 이것을 무조건적으로 "저기에는 분명히 불법이 있을 거야. 그러니까 불법 세습이야"라고 국민들에게 속삭이는 것은 다분히 부자들에 대한 반감을 미리 심어줘서 나중에 서민 편을 드는 정당을 지지하도록 세뇌하는 과정이 아닐까요? 요즘 보수진영에서 "시민단체들은 다 기부금을 자기들끼리 나눠 먹는 나쁜 사람이야"라고 국민들에게 홍보하는 것과 같은 맥락이지요.

H사장 글쎄요. 하지만 과거 삼성바이오의 불법적인 회계처리는 사회적으로 많은 파장을 일으키지 않았나요?

홍박사 맞습니다. 하지만 그 파장의 방향이 문제입니다. 대부분의 국민들께서는 삼성이 몰래 숨어서 회계 부정을 저질렀다고 알고 계시지만, 사실은 모두 공개했던 내용입니다. 심지어 관련 정부 부처에 질의서를 보내 문제없다고 확정까지 받은 내용입니다. 그런데 진보진영이 권력을 잡으니까 회계 부정이라고 탈탈 털기 시작했습니다. 삼성의 불법성을 부각시키기 위해서 아닐까요? 법대로 했는데 나중에 해석이 그렇지 않다면서 번복해버린다면 어떻게 국민이 법을 지킬 수 있습니까?

H사장 법을 지킬 때는 합법이었는데, 나중에 불법이 되면 정말 대책이 없겠네요.

홍박사 그래서 기업하시는 분들 사이에서는 미래의 불확실성이 경영의 변수가 아니라 과거의 불확실성이 변수라는 말이 나옵니다. 결국 그 뒤에 나쁜 파장이 생기게 됩니다. 기업을 하는 기업인들이 진보정권의 시대에서는 법을 믿고 신뢰하지 않게 되었습니다. 지금 열심히 법을 지켜도 상황이 바뀌면 법의 해석이 전혀 달라집니다. 그러면 탈탈 털릴 수밖에 없다는 걸 눈으로 목격하게 되었으니까요. 법을 믿을 수 없는데 어떻게 투자를 하고 일자리를 늘리겠습니까? 결국 애꿎은 청년들 실업만 줄창 늘어나게 되는 거 아닙니까?

H사장 청년실업이 마치 진보정권의 잘못처럼 말씀하시는군요. 이명박 정부, 박근혜 정부 때도 청년실업은 심각했어요. 그때는 청년들이 분노한 나머지 '헬조선'이라는 말까지 만들어내서 정부를 비난했었지요. 지금은 '헬조선'이라는 말이 싹 없어졌잖아요? 왜냐하면 청년들이 느끼는 경기나 취업 상황이 예전 정부보다 훨씬 좋아졌으니까요.

홍박사 아하, 그렇군요. 제가 잘 모르고 말씀드린 것 같습니다. 청년실업이 줄어들고 청년들이 느끼는 경기나 취업 상황이 좋아지고 있군요. 우리나라 모든 청년들께서도 동의하실 겁니다.

H사장 그건 제가 그냥 해본 말이에요. 일자리가 씨가 마르고 있다는 건 저도 알아요. 그렇지만 지금의 높은 실업률에는 코로나19의 영향도

있지 않을까요? 진보진영의 문제로만 볼 수는 없다고 생각해요.

홍박사　알겠습니다. 원래는 실업률이 줄어들고 청년들이 취업하기 좋아졌었는데 100% 코로나19 때문에 경제가 나빠진 거군요. 그러니까 코로나19 이전에 실업률이 높아졌다고 발표되었던 통계는 전부 거짓말이었던 것이군요. 죄송합니다. 제가 잘못 알고 있었나 봅니다.

재벌 총수보다 더 부자가 되는 신흥 창업주가 많음

H사장　사과하시니 받아들이지요. 잠깐 숨을 돌리면서 홍박사님 말씀에 대해 중간점검을 하죠. 일단 주제는 '반기업 정서'에는 논리적 문제점이 있다는 거구요. 첫째, 재벌 총수는 소유주가 아니다. 주주가 소유주인데 총수와 직계가족은 좀 많이 갖고 있다. 그래서 경영권을 가지고 있는 것이다. 둘째, 전문경영인은 그다지 믿을 만한 사람이 아니다. 그래서 지분을 많이 가진 총수 일가가 경영하는 것이 믿을 만하다. 셋째, 경영권을 이어받아서 회사를 성장시키면 '승계', 쫄딱 말아 먹으면 '세습'이다. 넷째, 경영권을 이어받는 행위에 무조건 '불법'을 붙이지는 말아달라. 다섯째, 지금의 청년 일자리 부족 현상은 코로나19 때문이다.

홍박사　정리를 참 잘해주셨습니다. 약간 뒤에 결론이 좀 찜찜하지만요. 그런데 어쩌죠? 아직 할 말이 남아 있는데요.

H사장　어머, 죄송해요. 너무 일찍 정리했네요. 하고 싶은 말씀을 더 해주세요.

홍박사 아까 제가 반기업 정서의 기반에는 자신은 결코 재벌 총수 같은 부자가 될 수 없다는 마음이 있다고 했지요. 그런데 사실이 아닙니다. 최근 IT기업의 약진으로 IT 창업자 4인방이 자산 28조 원으로 4대 그룹 총수의 자산 합계인 19조 원을 한참 넘어서는 일이 일어났었지요.

H사장 그럼 재벌 2세로 태어나지 않아도 재벌 2세보다 더 부자가 될 수 있는 세상이라는 겁니까?

홍박사 누구에게나 가능한 건 아니겠지만, IT세상이 열린 지금 시대에 가능성은 훨씬 높아졌지요. 물론 4대 그룹보다 더 큰 기업을 만들기는 훨씬 힘들겠지만, 그 총수보다 부자가 되는 건 가능해졌습니다.

H사장 부자를 꿈꾸는 청년들에게 희망을 주셔서 감사해요. 이걸로 끝이죠?

홍박사 아직 남아 있습니다. 진보진영의 국민 여러분들이 위의 글을 읽으시고도 대기업이나 그 총수 일가가 여전히 미우시면 그 경영권을 홀랑 빼앗아버리면 됩니다.

H사장 헐, 이제 책이 팔리든 말든 막 나가시는군요. 민중봉기라도 일으키라는 겁니까? 사유재산권이 보장되는 대한민국에서 어떻게 빼앗아요?

거액주주 운동으로 경영권 쟁취

홍박사   예를 삼성전자로 들어보죠. 삼성전자는 주식시장에 공개된 기업입니다. 전 국민이 5,000만이고, 진보진영이 전체 국민의 절반이라고 하면 2,500만이 되겠네요. 그중에 경제 능력이 있는 사람이 20%, 즉 500만이라고 해봅시다. 그들이 한 달에 20만 원씩만 모아서 2년만 모으면 삼성전자 주식의 20%를 살 수 있습니다. 그러면 고 이건희 회장 일가보다 주식이 더 많으니까 그들을 쫓아낼 수 있게 되는 거지요. 그러고 나서 진보진영에서 주장하는 대로 유능한 전문경영인에게 경영을 맡기면 회사가 더 잘 될 테니 주가가 오르겠지요. 그럼 높은 가격에 다시 주식을 팔면 이익도 납니다.

H사장   오호, 그럴듯한데요.

홍박사   그러고 나서 그 돈으로 또 다른 대기업의 주식을 사서 또다시 경영권을 박탈하면 됩니다. 이런 과정을 거치면 향후 3~4년 후에는 모든 대기업의 오너 일가 경영 시스템을 개혁할 수 있습니다. 삼성전자가 너무 크면 훨씬 작은 대기업부터 먼저 잡으면 됩니다. 그럼 모아야 할 돈도 적어지겠지요. 목표를 이룬 후에 진보진영에서는 돈을 다시 주인에게 돌려주면 될 것입니다. 그런데 왜 그렇게 하지 않나요?

H사장   사회 정의를 세우기 위해서 돈을 앞세우는 것은 옳지 않다고 생각하기 때문이 아닐까요?

홍박사 그럼 참여연대에서 이끄는 소액주주 운동이 잘못된 것이었나요? 어차피 돈으로 주식을 사야 소액주주가 되는 것 아닙니까? 예전에 참여연대에서 소액주주 운동을 할 때만 해도 진보진영을 지지하는 국민이 그리 많지 않았었지요. 지금은 전체적인 지지자도 많아졌거니와 정치적 승리를 위해 돈을 지불할 열성 지지층도 두터워졌습니다. 진보진영의 시민단체들이 협력해서 조금만 규모를 키워서 '거액주주 운동'으로 바꿔보실 의향은 없으신가요? 인간적으로 삼성의 지배구조를 비판하고 싶으면, 먼저 자기 돈을 투자하는 노력을 보인 후에 비판해야 한다고 생각합니다. 그런 대안적인 제스처 없이 그냥 "너 돈 많으니까 나가라" 하는 것은 좀 합리적이지 못하다고 생각합니다.

H사장 '거액주주 운동'이라…… 그것 참 재미있는 발상이네요. 실제로 실천이 가능할까요?

홍박사 가능한 정도가 아니라 아주 쉬워졌죠. 2020년 12월에 국회를 통과한 공정경제 3법이 도와주고 있습니다. 3% 지분만 확보해도 더 큰 지분을 가진 주주와 대등하게 의결을 할 수 있으니까요. 거액주주 운동을 위한 고속도로는 이미 깔렸습니다. 이제는 진보진영의 지지자 분들의 의지에 달려 있다고 생각합니다. 매달 20만 원씩을 사회의 발전을 위해서 투자할 것인지, 아니면 내 돈은 아까우니까 그냥 사회의 문제를 지금처럼 문자폭탄이나 댓글로 비판만 할 것인지 선택의 문제이겠지요.

H사장 하하하, 간도 크셔라. 진보진영의 지지자들을 자극하시는 건

가요?

홍박사 실천은 없이 말로만 진보라고 표현하는 분들에게 던지는 질문입니다. 아니면 몇 년에 한두 번 촛불집회에 나가서 2~3시간 시위하다 오고서 세상을 바꾸었다고 만족하시는 분들에게 던지는 질문입니다. 또한 컴퓨터 앞에서 키보드로만, 자기 나름대로 세상의 적이라고 판단한 상대를 공격하시는 분들에게 드리는 질문입니다. 한 달에 20만 원으로 진짜 세상을, 아니 재벌을 바꾸시겠습니까? 그만한 열정이 있으십니까?

H사장 홍박사님, 마치 진보진영의 웅변가가 나타나신 것 같습니다. 입장이 좀 혼란스럽네요.

거액주주 운동은 실패한다. 그만큼 경영은 무서운 것

홍박사 사실 저도 안 될 거라고 생각합니다. 왜냐하면 경영진 교체를 통해 소유의 민주화는 이루어질지 몰라도 그 과정에서 비효율이 나오고 결국 주식 가격의 폭락으로 이어지겠지요. 그럼 매달 내신 20만 원이 날아갑니다. 회사는 그런 겁니다. "앗!" 하는 순간 돈이 날아가는 존재지요. 그런데 그런 곳에서 경영하는 사람에게 어떻게 책임도 없이 권리만 휘두른다고 비난하는지 그 이유를 모르겠습니다. 그리고 몇 조가 걸린 사업을 결정하고 판단하는 스트레스를 견디면서 회사를 이어받고 경영하는 사람들을 한 달에 20만 원도 아까워서 못 낼 사람들이 비난하는 것이 진짜 책임은 없이 권리만 누리는 일 아닐까요?

H사장   우리나라 진보진영의 한 사람으로서 좀 기대가 되네요. 저는 한 달에 20만 원씩 낼 용의가 있어요. 다른 진보진영 지지자 분들도 동참해주시기 바랍니다. '거액주주 운동'이 실제로 이루어진다면 사회적 파장이 어마어마할 것 같습니다.

홍박사   하하하, 진보진영 지지자 여러분 파이팅입니다.

H사장   지금까지 반기업 정서의 모순점을 지적하는 시간이었습니다. 그럼 이 반기업 정서를 어떻게 바꾸어 나가야 할지, 보수진영의 입장은 무엇인지 알아볼까요?

홍박사   하하하, 무슨 교육방송이에요? 좀 촌스럽네요. 그런 거 하지 말아주세요.

H사장   흥.

부자와 서민은 협력자

홍박사   보수진영은 부자와 가난한 사람을 대결구도가 아닌 협력구도로 봅니다. 부자가 만든 기업에서 가난한 사람은 일을 해서 돈을 법니다. 기업이 노동자를 착취했던 시절이 있었습니다. 그렇지만 21세기의 대한민국에서 '착취'라는 것은 있을 수가 없습니다. 오히려 제도를 이용한 노동자들의 권익만이 존재하지요. 그리고 보수진영은 진보진영과 달리 시간을 길게 두고 사회적 현상을 봅니다. 그래서 지금의 가난한 사람이 몇 십 년 후에 부자가 될 수 있다고 봅니다. 당연히 지금의 부자도 몇 십 년 후에 가난해질 수 있습니다. 순환 구조로 봅니다. 그렇기 때문에 기업을 악의 세력으로 비난할 이유가 없는 것이지요.

H사장 보수진영은 항상 그 입장이시죠. 알겠습니다. 그래서 어쩌겠다는 건데요?

친기업 정서를 만들자

홍박사 반기업 정서가 문화를 통해 국민들에게 각인되었듯이 보수진영에서도 서서히 문화를 통해서 친기업 정서를 국민들에게 각인시켜야 한다고 봅니다.

H사장 오호~~ 무지 거창하시군요. 하지만 일부 기업에서는 국민들에게 이미 사회적 헌신을 하는 기업으로 보이기 위한 노력들을 하고 있잖아요? 저소득층에게 연탄을 나른다던지, 소년소녀가장에게 금전적 지원뿐 아니라 집을 고쳐준다거나 하는 봉사활동을 하고 있잖아요? 신문기사에도 나와요.

홍박사 정말 너무 너무 비참하고 소박해서 웃음이 나오는 일입니다. 대기업이나 중소기업 단체에서는 왜 이런 멍청한 일을 하고 있는 것일까요? 이런 일을 한다고 누가 알아주기나 합니까? TV를 켜면 모든 드라마에서 (특히 막장드라마) 대부분 재벌 2세나 3세가 악역으로 나와서 가난한 주인공을 달달 볶습니다. 가끔 재벌 2세가 남자 주인공으로 나와 매력을 뿜어내지만 이를 시기해서 싸움을 거는 상대는 대부분 같은 재벌 2세입니다. 거기에 돈을 만 원씩이나 내고 영화관에 가서 혼이 빠지도록 몰입해서 보는 영화에도 재벌 2세, 3세는 당연히 악역입니다. 특히 그 악역을 잘해야 연기력 있다고 칭찬을 받습니다. 짬짬이 스마트폰으로 보는 웹툰에서조차 부자들은 악역으로 나오기 일쑤입니다. 이렇게 하루 종일 악한 부자들을 접한 사람에게는 신문 한 귀퉁이에 쬐끄만 기업의 선행기사는 가식으로밖에 보이지 않습니다.

문화를 이용한 친기업 정서 만들기

H사장 저도 드라마를 많이 보지는 않지만 대기업 회장님들이 보디가드를 쫙 데리고 다니면서 마음에 안 드는 사람들에게 폭력을 가하는 일은 사실 아닌가요? 그렇게 해놓고 경찰 수사는 돈으로 무마하는 거죠.

홍박사 드라마에서 나온 게 사실이라고 생각하시는 건가요?

H사장 앞장에서도 언급되었지만, 드라마나 영화의 시나리오 작가님들이 재벌 총수 일가에 밀착해서 취재한 결과가 아닐까요? 그렇지 않고서야 어떻게 그렇게 디테일하게 재벌 총수의 악행들을 그릴 수 있어요?

홍박사 좋습니다. 이 책이 출판되어서 만약에 반응이 좋으면, 그때는 드라마나 영화의 시나리오 작가님들을 찾아가서 어떻게 밀착취재를 했는지 물어봅시다. 그분들의 입에서 진실이 나오겠지요. 우리가 믿고 있는 재벌 총수들의 악행이 진짜 밀착취재를 통한 것인지, 아니면 그들만의 상상으로 지어낸 허구인지요.

H사장 좋아요. 일단 책이 많이 팔리는 게 중요하겠네요. 그리고 대기업 총수의 악행이 나오는 드라마나 영화가 싫으시면, 아예 대기업 총수 가족이 나오지 않는 드라마나 영화를 보세요. 예를 들면 태양의 후예 같은 것 말이에요.

홍박사 대기업 총수는 아니지만, 부자가 피해자로 나오는 영화도 있습니다. 봉준호 감독의 '기생충'을 보셨나요? 여기서는 가난한 사람이 부자를 등쳐먹는 내용이 나옵니다. 저는 '기생충'처럼 부자가 악역이 아닌 영화나 드라마가 많아져야 한다고 봅니다. 특히 대기업으로 치중되어 있는 배경이 중소기업이나 일반 제조업 현장으로 확대되어야 한다고 생각합니다. 낯선 직업들의 산업현장에서 더욱 다양한 소재가 나오지 않을까요?

H사장 그렇지만 시청률은 좀 떨어질 것 같네요. 뭐니 뭐니 해도 현빈 같은 멋있는 배우가 외제 스포츠카를 몰고 나와줘야 그림이 나오지 않을까요?

홍박사 어차피 남녀 사랑 이야기에서 남자 주인공을 백마 탄 왕자로 만들려면 경제적으로 유복한 것이 편하겠지요. 만약 그런 필요라면 재벌 3세가 아니라 일찍 성공한 중소기업 사장이 어떨까요? 그리고 그 배경도 중소기업의 현장이 되는 겁니다. 실제로 중소기업 사장도 가난한 여주인공을 신데렐라로 만들어줄 돈은 충분히 있습니다. 또한 현장은 A 회사, 사무실은 B 회사, 식당은 C 회사 하는 식으로 여러 회사들을 다니면서 촬영하면 그 회사에 대한 이미지도 좋아지고 홍보도 될 것입니다.

H사장 아이디어는 좋지만 현실적으로는 힘들 것 같아요. 유명한 극작가님들이 대기업 총수 일가를 밀착취재하기도 힘드실 텐데, 거기에 중소기업들 현장답사에 중소기업들의 현장에서 발생하는 에피소드까지 모으러 다니려 하시겠어요?

친기업 영화나 드라마에 지원금을 주자

홍박사 노력이 필요하니까 대가가 있어야 합니다. 대기업이나 중소기업 단체에서는 문화재단을 따로 설립하고, 대기업의 이미지를 좋게 묘사하거나 중소기업의 위상을 높여준 작품의 제작자에게 상금을 지급하는 게 어떨까 합니다. 대기업들이 돈을 모으면 1년에 10억 정도 상금은 어렵지 않을 것이라고 봅니다. 현실적으로 대한민국의 드라마 대부분이 영세한 하청 제작사를 통해 제작됩니다. 그렇다면 그들에게는 매력 있는 제안이 될 수 있겠지요. 또한 '태양의 후예'라는 드라마에서 볼 수 있듯이 시청자들은 새로운 소재에 목말라 하고 있습니다. 맨날 보는 재벌 2세와 가난한 아가씨의 사랑 이야기는 흥미가 떨어질 때가 된 거죠.

H사장 그럴듯한 말씀입니다. 막장드라마의 재벌 놀이는 사실 지겨울

만큼 지겨워졌거든요.

홍박사   말이 나왔으니까 말인데요. 몰래 숨어 사는 조폭 두목이라면 모를까, 사회적 관심의 중심에 있는 재벌 총수의 직계가족이 깡패 같은 보디가드들을 데리고 다니며 폭력을 휘두른다는 게 현실적으로 가능할까요? 종이컵만 던져도 회사가 거덜이 나도록 압수수색을 당하는 판에?

H사장   땅콩회항으로 유명한 대한항공 조현아 부사장의 동생이 홍보대행사에 저지른 끔찍한 갑질을 말씀하시는 거죠? 아까도 그 이야기 나왔었어요.

홍박사   물컵을 던진 게 잘한 일은 아니지요. 하지만 대한항공부터 재벌 총수 자택, 조현민 전무 자택 등 10번이 넘는 압수수색을 할 정도의 일은 아니라고 봅니다. 그런데 사건이 검찰과 경찰의 압수수색을 통해 확대되고 언론이 가공하면서 정치적으로 이용됩니다. 대기업 총수는 이렇게 잘못한 게 많아서 수사를 받는다는 메시지를 국민들에게 던지는 겁니다.

H사장   그 결과로 밝혀진 죄명은 너무 어이없었지요. 정작 물컵을 던진 조현민 전무는 업무방해 혐의가 인정되지 않았구요. 엄한 사람들만 엄한 혐의로 판결을 받았죠. 경찰이랑 검찰은 도대체 뭘 하는 건지.

홍박사   뭘 하긴 뭘 해요. 종이컵 던진 갑질을 가지고 할 게 없잖아요?

갑질로 치면 정치권에서도 강력한 분들 많이 계시죠. 그런데 그분들은 압수수색 안 하더군요.

H사장   더불어민주당 박범계 의원의 "살려주세요 해보세요" 사건 말씀이신가요?

홍박사   자세한 내용은 인터넷을 참고해주세요. 그뿐이 아닙니다. 갑질에 대해서는 누가 누구를 비난할 상황이 아니죠.

H사장   그렇긴 하네요.

홍박사   문화를 이용한 친기업 정서를 국민들에게 심어주는 노력도 중요하지만, 정치권에서도 기업을 보호하겠다는 의지를 보일 필요가 있습니다. 계속 예를 들고 있는 복지국가 스웨덴을 볼까요? 스웨덴에서는 고소득자에 대해서 세금을 과세할 때 고용을 많이 하는 기업과 그 경영자에게는 특혜가 주어집니다. 고용이 없이 아파트 임대소득으로 이익을 남긴 사람과 수백 명을 고용하고 사업을 해서 이익을 남긴 사람이 왜 똑같은 세율로 소득세를 내야 하나요? 고용 창출자에게 특혜를 줘야 일자리도 늘어날 거 아닙니까? 또한 대기업이 얼마나 고용하고 있고 파급된 일자리 또한 몇 개인지를 조사해서 공표해야 한다고 생각해요.

H사장   국민들에게 대기업이 일자리를 만들고 있다고 홍보하자는 말씀이죠?

홍박사   그렇습니다. 그래서 대기업들이 좋은 이미지를 위해서 더 많이 고용하려는 경쟁을 하게 하면 어떨까요? 문재인 정부는 집권 초기에 일자리 현황판을 청와대에 설치하고 일자리 상황을 직접 챙기겠다고 공언했었죠. 이를 본 일반 국민들은 살짝 착각합니다. "일자리는 기업이 아니라, 정치권에서 만드는 것이다"라고요. 물론 지금은 그 일자리 현황판을 보면서 일자리를 챙기는 대통령 모습은 언론에 나오지 않습니다. 그 많던 대형 TV는 어디로 갔을까요?

H사장   대기업들이 세금납부 실적과 일자리 창출로 경쟁하는 상황은 상상만 해도 재미있네요.

홍박사   아까 대기업과 중소기업의 힘의 불균형 문제를 제도와 국가의 간섭에 의해서 해결하면 부작용이 나오기 때문에, 이 문제는 수요와 공급의 법칙을 이용해서 해결해야 한다는 말씀을 드렸었죠?

H사장   이제 딱딱한 수요와 공급 이야기가 나오는 건가요?

대기업이 많아지면 갑을 관계 저절로 해소

홍박사   인간이 만든 제도로는 흉내낼 수 없는 절대적인 경제법칙이지요. 수요는 많은데 공급이 부족하면 가격이 오른다. 이렇게 쉽게 정의할 수 있습니다. 만약 대기업이 지금보다 10배 정도 많아지고 중소기업이 그대로라면 대기업의 갑질이 10배 더 강해질까요? 아니면 10분의 1로 줄어들까요?

H사장 대기업의 완성품을 만드는 데 필요한 부품의 수요는 10배가 늘어나지만 중소기업이 만드는 부품의 공급은 그대로이니까, 아마도 대기업에서 부품을 구하느라 난리가 나겠지요. 대기업 구매담당자가 갑질은커녕 중소기업에 찾아가서 제발 공급해달라고 사정을 하지 않을까요?

홍박사 바로 그겁니다. 대기업과 중소기업의 힘의 불균형 문제는 대기업의 숫자를 늘리는 것부터 시작해야 합니다.

H사장 그렇지만 최근 20년간 재계 순위 30위 안에서는 거의 변동이 없어요. 대기업이 중소기업의 성장을 견제하고 억누르기 때문에 중소기업은 대기업으로 성장하지 못하는 것이지요.

대기업이 안 생기는 이유

홍박사 대기업이 중소기업의 성장을 방해하는 일이 어디엔가 있기는 있겠지요. 그러나 그런 극히 소수의 힘의 대결구도만으로 세상을 제한하시면 합리적인 판단에 문제가 생깁니다. 기업은 어디까지나 정치조직이 아니라 돈에 의해서 결정되는 조직이기 때문입니다. 저는 그래서 새로운 대기업이 나타나지 않는 이유를 2가지로 분류합니다. 첫 번째는 만들어지는 대기업이 탄생하지 않고 있다는 것이고요. 두 번째는 성장해서 대기업이 되려는 기업이 없다는 겁니다.

H사장 대기업이 만들어진다고요? 그렇게 큰 회사가 어떻게 만들어

져요?

대기업이 만들어지지 않는다 - 순환출자

홍박사 예를 들어 삼성전자가 투자해서 삼성자동차를 만드는 경우를 들 수 있겠지요. 대기업이 지분투자를 통해서 대기업을 만들어냅니다. 그러나 이 길이 현재는 막혀 있지요. 순환출자처럼 싸고 쉽게 대기업이 만들어지는 쉬운 방법을 막아버리니까 대기업에서 또 하나의 계열사를 만들기가 너무 힘들어졌습니다. 또 나중에 국정조사나 검찰조사를 받을 위험도 커졌고요. 그래서 계열사를 안 만듭니다. 생각해보세요. 갑자기 대기업 계열사 하나가 뚝 나타나면, 청년들이 꿈꾸는 대기업 일자리 몇 천 개가 그냥 생깁니다.

H사장 대기업의 순환출자는 IMF 당시 기업 부실의 근본 원인으로 밝혀졌었죠. 순환출자를 통해 몸집을 불린 기업들을 살리느라 세금이 얼마나 많이 들어갔는지 아세요? 줄줄이 회사끼리 출자의 연결고리로 묶여 있으니까 그중에 한 회사만 무너져도 한꺼번에 줄줄이 무너지는 위기에 몰렸었죠.

홍박사 그럼 그때 순환출자로 엮이지 않은 회사는 하나도 안 망했습니까? 그리고 그때 순환출자로 엮이지 않은 기업은 세금으로 도와주지 않았습니까?

H사장 ······.

홍박사 순환출자가 되어 있든 독립적이든 IMF 같은 경제위기에서 무너지는 회사가 생기는 것은 당연합니다. 그리고 나중에 순환출자로 인한 연결고리가 문제된다면 창업 시에는 순환출자를 인정하고 5~10년 후에는 순환출자의 비율을 줄이도록 제도로 정하면 될 듯합니다. 그러면 대기업들이 큰 비용 없이 큰 계열사를 만들어낼 것이고 청년들의 대기업 취업이 훨씬 쉬워질 것입니다.

H사장 그렇지만 결과적으로 대기업 총수 일가의 재산이 늘어나게 될 텐데요. 이에 대한 국민적인 감정이 곱지는 않거든요.

홍박사 글쎄요. 이재용 부회장 자산이 작년에 얼마였고, 올해 얼마로 늘었는지 정확하게 아시나요?

H사장 글쎄요. 인터넷 찾아보면 알겠죠. 그걸 누가 달달 외우고 있어요?

홍박사 사실 대기업 소유주는 자산이 몇 조씩이나 되기 때문에 돈 더 벌 필요가 없는 사람들이지요. 그리고 우리 일반 국민들도 그냥 많으려니 해요. 그런 사람들이 돈 더 벌든지 말든지 신경 안 쓰고 대기업이 늘어나면 중소기업과 서민들이 벌 수 있는 돈이 늘어난다는 것에만 집중해주셨으면 좋겠습니다.

대기업이 되면 고생이다 - "성장 안 해"

H사장 그럼 두 번째 말씀하신 "성장해서 대기업이 되려는 기업이 없

다"는 무슨 의미인가요?

홍박사 혹시 H사장님은 여성이시니까 군대 안 가셨죠?

H사장 네, 그래도 그 마음은 이해할 것 같아요.

홍박사 남자들이 군대 갈 때 즐거운 마음으로 갈까요? 아니면 법으로 정한 의무니까 억지로 갈까요?

H사장 의무니까 가겠죠. 군대 가면 고생할 게 뻔한데.

홍박사 우리가 군대 가면 고생할 게 뻔히 보이듯이, 중소기업들도 대기업이 되면 고생길이 뻔하다는 게 보입니다. 각종 규제에 심사에 세무조사까지 별의별 고생들이 기다리고 있지요. 그래서 대기업이 되느니 작은 기업으로 머무는 것이 훨씬 좋은 상황이 되어버린 것입니다. 우리가 군대 가기 싫은 것이나 대기업이 되기 싫은 것이나 같은 논리인 것이지요. 결국 늘어나야 할 일자리가 늘어나지 않고 정체되어 버립니다.

부자가 기업을 만들어야 취업 가능

조나라 정말 모두 옳은 말씀이시네요. 저도 부자가 기업을 만들어야 가난한 사람도 취업을 할 수 있다고 생각합니다. 그리고 가난한 사람도 스스로의 노력으로 부자가 될 수도 있고요. 경제의 생태계는 그렇게 서로 보완하고 협력하고, 또 돌고 도는 구조라는 것을 모르는 사람이 있을까요?

H사장   의외네요. 조나라님이 그 의견에 동의하시다니요? 명쾌한 논리로 멋지게 부정해주실 줄 알았는데요.

조나라   저도 합리적인 사람입니다. 보수진영의 의견이라도 옳은 건 옳다고 인정해야죠. 하지만, 대기업이 잘 되어야 경제가 활성화된다는 부분은 조금 아쉬움이 있어요. 진보진영에서는 낙수효과는 1도 없다는 게 정설이거든요.

H사장   그러게요. 그렇다고 한국 경제에서 한 분기 정도 대기업 싹 빼버리고 운영하는 실험을 할 수도 없고 말이죠.

조나라   그건 안 될 말이죠. 참아주세요. 그리고 국민들이 중소기업의 제품보다는 대기업의 제품을 선호한다는 말씀도 인정합니다. 저도 그런 사람이니까요. 또한 대기업의 숫자를 늘려야 중소기업에 대한 갑질도 줄어들 것이고, 청년들의 좋은 일자리가 늘어날 것이라는 말에도 찬성합니다.

H사장   너무 그렇게 다 인정하지 마세요. 조나라님답지 않아요.

조나라   하지만 홍박사님께서 하신 말씀을 찬찬히 종합해보면, 결국 진보 정치인들이 자신의 표를 얻기 위해 뿌리 깊은 반기업 정서에 숟가락을 얻었다. 그리고 또다시 표를 얻기 위해서 기업을 나쁘게 표현하고 규제를 만들어서 기업들을 혼내주고 있다. 그래서 기업활동이 위축되고 대기업들의 숫자가 늘어나지 않아서 청년들이 고생이다. 그러니까 청년들이 대기업에 들어갈 수 있도록 지원하기 위해서는 대기업에 대한 규제를 풀어서 대기업 총수 일가의 재산을 꽉꽉 늘려주면서 거기에서 찔끔 생기는 대기업 일자리를 우리나라 청년들은 감사하게 받아먹으라는 말씀으로 들립니다.

H사장 오호, 그렇게까지 심하게 말씀을? 그런데 나름 정확하네요.

조나라 우리나라 국민들은 이제 더 이상 이런 엉터리 논리에 속지 않아요. 지금 우리나라 청년들은 구차한 대기업 일자리 쪼가리보다는 더 평등한 나라, 공정한 사회를 바라고 있으니까요. 그들은 부도덕한 대기업에 더 수월하게 돈을 벌 수 있게 해주어서 취업자리 하나 더 생기는 것보다는 평생을 실업자로 살더라도 대기업으로의 경제력 집중이 사라지기를 바라고 있습니다. 더 이상 우리나라 국민들을 경제성장률 몇 %에 질질 끌려다니는 돈의 노예로 생각하지 말아주셨으면 좋겠네요.

H사장 우리 국민들을 돈의 노예에서 해방시켜 주시다니 말씀은 고마워요. 진짜 해방되고 싶네요.

우리나라 경제가 무너지더라도 부자들을 응징

조나라 전통적으로 '경제'는 '한정된 재화를 가장 효율적으로 분배하고 사용하는 행위'라고 정의하고 있지요. 즉 효율성이 최우선입니다. 그러나 이제 우리나라에는 그런 효율성은 중요하지 않습니다. "효율성을 무시한다면 경제정책이 아니다"라고 하실 수도 있습니다. 진보진영에서도 효율성을 무시하면 세계 경제에서 도태되어 우리나라 경제가 무너질 것을 잘 알고 있어요. 바보가 아니니까요. 그렇지만 부자가 더 잘 살게 되는 것은 도저히 용납할 수 없는 일입니다. 대한민국 경제가 무너져서 같이 못 살게 되더라도 해외차입을 통한 사회복지로 안정적인 삶을 나누며 함께 평등해질 수 있다면 이것이 진정한 정의입니다.

H사장 대한민국 경제가 무너지다니요? 말도 험하게 하셔라. 그리고 해외차입이 늘어나는 것은 좀 부담스럽네요.

조나라 해외에서 차입한 빚은 다음 세대에서 천천히 갚으면 되므로 아무 문제가 되지 않습니다. 그래서 앞으로도 천천히 나아가는 비효율의 경제정책은 꾸준히 이어질 것이고, 그동안 빈부격차를 즐기면서 부를 축적했던 부자들과 기업들에게는 강력한 세금과 규제가 더 추가되어야겠지요. 최종적으로 진보진영에서는 그동안 빈부격차에 시름했던 서민들이 진정 원했던 세상, 즉 빈부격차 없이 가난하지만 다 같이 나누는 세상을 만들어나갈 것입니다.

국민들은 자기가 잘 사는 것보다는 부자들 응징을 원함

H사장 우리나라 청년들과 서민들이 경제발전보다는 빈부격차 해소를 통한 상대적 박탈감 해소를 원하고 있다는 지적이 귀에 확 들어오네요.

조나라 아마도 모든 진보진영의 국민들이 적극적으로 공감하는 말씀이 아닐까요? 앞으로도 문재인 정부와 그 이후의 진보진영의 재집권을 통하여 더욱더 경제가 어려워지고 부자들과 대기업들이 무너져서 모두가 빈부격차 없이 살 수 있는 정의로운 세상이 이루어지길 바랍니다. 진보진영의 재집권이 이루어지도록 모두들 지지를 모아주세요. 감사합니다.

Subject 3
경제 이야기

"완전한 경제 회복의 종착점은 코로나 격차와 불평등을 해소하는 것입니다. 우리 정부는 경제적 불평등 완화를 국가적 과제로 삼고, 출범 초기부터 소득주도성장과 포용정책을 강력히 추진했습니다. 최저임금 인상, 비정규직의 정규직화, 노동시간 단축, 기초연금 인상, 아동수당 도입, 고교무상교육 시행, 건강보험 보장성 강화 등 수많은 정책을 꾸준하게 추진했습니다. 시장의 충격을 염려하는 반대의견도 있었지만, 적어도 고용 안전망과 사회 안전망이 강화되고 분배지표가 개선되는 등의 긍정적 성과가 있었던 것은 분명합니다"

- 문재인 대통령 취임 4주년 특별연설 중에서

경제정책의 목표

H사장   지난 장에서는 경제민주화와 대기업에 대한 의견을 나누어봤어요. 이번 장에서는 문재인 정부의 경제정책을 돌아보고 이에 대해 평가하는 시간을 가져보겠습니다.

조나라   제가 질문 하나 던져도 될까요?

H사장   네, 물어보세요.

조나라   일반적인 사람의 경우에, 기분이 매우 나쁜 일이 생기고 나서 바로 식사를 하게 되었다고 가정합시다. 특히 이때 먹게 될 음식이 비싸고 좋은 음식이라고 가정해보죠. 이때 이 사람은 음식을 맛있게 먹을까요? 뭘 먹는지 맛도 모르고 먹게 될까요?

H사장   아니, 사람이 성질이 나서 뚜껑이 열리고 있는데 밥이 들어가겠어요? 당연한 걸 왜 물어요? 저는 그럴 때 뭐 먹으면 바로 체해요.

조나라   맞습니다. 어떤 사람이든 분노는 가장 강한 감정이죠. 그게 진보진영에서 추구하는 경제정책의 핵심 포인트입니다.

H사장   그게 무슨 소리에요? 분노가 경제정책이라구요?

조나라   알고 계시겠지만, 진보진영이 추구하는 궁극의 목적은 '양극화 해소'입니다. 이 '양극화 해소'를 위해서 여러 가지 정책이 있을 수 있죠. 이때 정책을 선택하는 기준은 국민들의 마음입니다. 국민들은 양극화 문제 앞에 섰을 때 가장 먼저 극소수 부자들이 가진 부에 대해 강하게 분노합니다.

H사장 아까 경제민주화 이야기에서 했었죠. 뿌리 깊은 반기업 정서라고요.

조나라 문재인 정부의 양극화 해소 정책은 부자와 기업에 대한 응징에 방점이 찍혀 있어요. 그래서 부자와 기업들에 대한 강력한 규제가 일사천리로 진행될 수 있었던 겁니다.

H사장 부자나 기업이 생산을 해야 국민이 먹고사는데, 그걸 응징하면 가난한 사람이 어떻게 먹고살아요?

조나라 그래서 서두에서 말씀드렸지요. 분노가 가장 중요하다고요. 국민들의 마음에 응어리진 부자와 기업에 대한 울분을 풀지 않으면, 결코 양극화는 해소될 수 없는 거죠. 먹고사는 문제는 잠시 접어놓더라도, 분노부터 해결해야 하는 겁니다.

H사장 네, 부자와 기업 때려잡기가 주 목표라는 거죠. 그리고요?

조나라 어허, 때려잡기가 뭡니까? '국민들의 응어리진 울분 해소'라고 해주세요. 여기서 또 중요한 포인트는 경제의 중요 역할을 기업이 아닌 정부가 해야 한다는 겁니다.

H사장   네? 각 기업의 상황과 필요가 천차만별인데 어떻게 그걸 정부에서 대응해요?

조나라   기업이 주도하면 기업만 잘 살게 되는 현상이 또 벌어지니까요. 지금까지 겪었으면 그만할 때도 되었잖아요.

H사장   일단, 진보진영의 경제정책의 방향은 ① 양극화 해소 ② 기업 못 살게 해서 국민들 마음 풀어주기 ③ 정부 주도, 이렇게 보면 되겠죠?

경제정책 - 소득주도성장, 혁신성장, 공정경제

조나라   네, 맞습니다. 그럼 이제 각각의 경제정책을 말씀드릴게요. 혹시 이 책을 읽으시는 독자님들 중에 보수진영의 사람과 논쟁을 하다가 "진보에서 잘한 경제정책이 뭐가 있냐?"라는 질문을 들으시고 꿀 먹은 벙어리가 된 적이 있는 분이 계신다면, 이번 장을 잘 읽어봐 주세요. 문재인 정부의 대표적인 경제정책은 소득주도성장, 혁신성장, 공정경제 이렇게 3가지로 볼 수 있습니다.

H사장   드디어 나왔군요. '소득주도성장'!!

조나라   이 세 개의 정책을 잘 연결해볼게요. 문재인 정부의 경제정책은 한마디로 느리게 성장하지만 (소득주도성장), 미래를 철저히 준비하고 (혁신성장), 경제 권력을 휘두르는 강자를 강하게 규제해서 약자가 대등하게 일할 수 있는 (공정경제) 경제 시스템을 이루는 것입니다.

H사장 흠, 나름 멋지게 말이 되네요. 이제 소득주도성장부터 말씀해주세요.

조나라 소득주도성장은 서민들의 소득을 제도를 통해 강제로 높여서 소비를 만들어냅니다. 이렇게 많아진 소비가 생산을 늘게 만들어서 기업들이 살아나는 선순환을 일으키는 거죠.

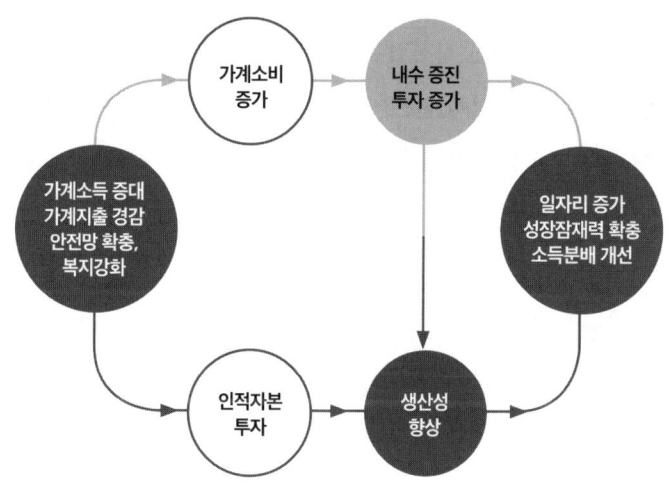

소득주도성장의 선순환 구조 (출처 : 소득주도성장특별위원회)

요약하자면 소득주도성장이란 저임금 노동자의 임금, 가계의 소득을 제도를 통해 강제로 올려 소비 증대 → 기업투자 및 생산 확대 → 소득 증가의 선순환 구조를 만들겠다는 경제정책으로 포스트케인지언 경제학자들의 임금주도성장에 근거하는 정책입니다. 여기서 주목할 것은 돈의 흐름이 기업주에게 먼저 가는 것이 아니고 저소득층에게 먼저 돌아간다는 점이지요. 이것은 경제적으로 보면 매우 비효율적인 겁니다. 저소득층이 받은 돈이 바로 소비와 생산으로 이어지지 않고 중간에 사라지거든요. 그러나 이러한 돈이 천천히 쌓이면 나중에 경제의 흐름을 조금씩 바꾸어 나갈 것입니다.

소득주도성장 효과까지는 시간이, 그럼 피해자들은?

H사장 그렇군요. 소득주도성장이 충분한 효과를 거두기까지는 많은 시간이 필요하군요. 그렇지만 실제로 소득주도성장을 시행해보니까 문제가 생겼죠. 높아진 최저임금을 지불해야 하는 기업주가 영세해서 돈이 없으니까요. 서민에게 돈이 가도록 지불해야 하는 사업주라 하더라도 영세한 분들은 서민보다 더 가난해요. 그래서 회사 문을 닫아버리는 일이 벌어졌지요.

조나라 100% 깨끗한 진보진영에서도 잘 알고 있는 일입니다. 정책을 시행할 때 그 정도도 고려하지 않았을까요? 최저임금을 급격히 올리면 지불 능력이 모자란 영세상인들이 가장 고통받을 것이고, 결국 영세상인들이 만드는 일자리가 사라져서 서민들이 더 고통받게 될 거라는 걸 모르는 사람이 있나요? 그걸 예상 못했으면 바보죠.

H사장 서민들이 그런 걸 어떻게 예상해요? 경제 전문가도 아니고요.

조나라 이미 문재인 대통령 선거 시절 공약에서도 분명히 밝혔었잖아요? 최저임금 오른다고요. 그리고 수많은 경제 전문가가 부작용을 지적했었죠. 그런데도 국민들이 지지해주셨어요. 그게 무슨 뜻입니까? 서민들이 더 힘들어도 좋으니 부자들을 응징해달라는 뜻이 아니었을까요?

H사장   글쎄요. 그분들이 그 정도까지 생각했을까요? 지금도 서민들 가운데에서는 임금이 올라가니까 회사에서 자동화 시스템을 도입하고, 때문에 알바 자리에서 밀려난 분들이 늘어나고 있어요. 이러한 가난한 서민은 어떻게 살아요?

조나라   그래서 사회 안전망이 필요하다고 문재인 정부는 '포용국가 4가지 정책'을 경제정책보다도 먼저 언급했던 것이죠. 포용국가 정책은 나중에 복지에서 말씀드리겠습니다. 일단, 소득주도성장이나 다른 정부정책을 통해 피해를 입으신 분들에게는, 문재인 정부에서 사회 안전망 강화를 통해 혜택을 드리고 있으니까 괜한 걱정하지 말아주세요.

H사장   최저임금 인상으로 인해 피해를 입은 소상공인과 영세중소기업에 대한 대책들이 줄줄이 발표된 게 그래서 그런 거군요. 그런데 이상한 것은 소득주도성장을 추진할 때 많은 문제점들이 예상되었는데, 그때는 아무런 조치가 없다가 실제로 최저임금이 인상되어서 문제가 터지니까 지원대책이 쏟아져 나왔어요.

조나라   당시에는 그저 최저임금 조금 올린 것이 그 정도로 큰 문제로 번질 줄 몰랐었죠. 하지만, 문재인 정부는 곧 문제를 인식하고 강력한 지원책을 통해 문제들을 수습하는 탁월한 문제해결 능력을 보여주었어요.

H사장 글쎄요. 당시에는 그 지원대책을 실행할 공무원 조직조차 준비가 안 되어 있었지요. 때문에 책정된 예산을 떠넘기듯이 지원하는 이상한 현상이 일어났잖아요? 이 부분은 어떻게 생각하세요?

조나라 당시 신문에서도 나왔었죠. 해당도 안 되는 기업에 해당된다면서 공무원이 돈을 밀어 넣었다는 보도가 있었어요. 일면으로는 준비가 안 된 것으로 보일 수 있지요. 그러한 시각이야말로 보수진영스러운 효율성 위주의 경제 시각이라고 말씀드리고 싶어요. 얼핏 보면 비효율적으로 엉망진창으로 일한 것처럼 보이겠지요. 하지만 저소득층의 소득 증대를 위해서 기업의 희생만을 강요한 것이 아니라 정부에서도 발 벗고 나서서 재정을 투입하여 소득주도성장 정책의 목적을 달성하는 과정이 아닐까요? 예산을 아무에게나 떠넘겼다고 하시지만 결국 돈이 서민과 영세상공인에게 흘러 들어갔고 그분들의 소득 증대에 공헌한 것은 사실이잖아요.

혁신성장

H사장 그렇게 깊은 정책적 배려가 있는 줄은 몰랐네요. 다음으로 혁신성장은 어떻게 진행되고 있나요? 혁신성장은 문재인 정부의 경제정책 3가지 중에서 제일 소리 없이 조용한 정책인 거 같아요. 아무도 어떻게 되고 있는지 모르거든요.

조나라 예전 박근혜 정권 때의 창조경제를 기억하시나요? 곳곳에서 창조경제에 대한 설명회가 있었고, 창조경제에 대한 책도 나왔었죠. 그중에는 기획재정부에서 발행한 것도 있었어요. 창조경제를 실천한 기업인에 대한 대대적 홍보도 했었지요. 정말 쓸데없는 일에 홍보를 위해서 돈을 쏟아붓는 멍청한 일을 했습니다. 정책이나 제대로 수행할 일이지 홍보하느라 바빠서 일을 제대로 못한다면 그게 어떻게 제대로 일한 것이라고 할 수 있을까요? 그런 홍보의 노력에도 불구하고 아무도 창조경제가 어떻게 실천해야 하는 것인지는 정확하게 알지 못했어요. 왜냐하면 멋진 말잔치였기 때문이죠. 그리고 나서 죽도 밥도 안 되니까 최경환 경제부총리를 기용해서 진행한 정책이 겨우 '소득주도성장'이었습니다.

H사장 네? '소득주도성장'이 문재인 정부에서 처음 한 게 아니었나요?

조나라 이때의 '소득주도성장'은 문재인 정부의 '소득주도성장'과는 다른 개념이었어요. 서민의 소득을 향상시켜서 경제를 성장시키기보다는 기업들 내부에 있는 '사내유보금'을 사용하도록 독려했었죠. 그래서 배당을 하거나 투자를 하지 않으면 세금을 내게 한다고 으름장을 놨지요. 결국 그 돈은 주주와 같이 돈이 많은 사람들에게 돌아가거나 설비나 공장을 만드는 기업들에게 흘러 들어가서 부동산 경기의 과열이나, 과도한 시설 투자로 기업의 경쟁력을 약화시키는 문제를 발생시켰습니다.

H사장 그럼 혁신성장은 창조경제와 다른 개념이라는 말씀이신데요.

어떠한 차이가 있나요?

조나라 사실은 그렇게 많이 차이가 나지 않아요. 다만 접근방법에서 다르다고 보시면 될 것 같습니다. 혁신성장에는 두 가지의 큰 축이 있습니다. 첫 번째는 플랫폼 경제(빅데이터, AI, 블록체인 등 인프라)이고요. 두 번째는 8대 선도사업 즉 미래자동차, 드론, 에너지 신산업, 바이오헬스, 스마트공장, 스마트시티, 스마트팜, 핀테크 등이지요. 이러한 산업에 대한 투자와 규제완화는 박근혜 정권에서도 시도되었으나 문재인 정부에서는 미래의 4차 산업혁명을 대비하여 성장하는 것에 초점을 맞추고 있어요.

H사장 '4차 산업혁명'이라, 오랜만에 듣는 소리네요. 전에는 난리도 아니더니 요즘은 아무도 말을 안 해서 끝난 줄 알았죠. 그래서 우리나라가 4차 산업혁명에 모든 준비가 되었나요?

조나라 하하하, 이제 우리나라는 4차 산업혁명을 위한 인프라를 위한 투자가 어느 정도 완성되었기 때문에 말이 나올 필요가 없죠. 지금 제조업을 하고 계시는 경영자 분들은 모두 스마트 공장과 같은 정부 지원을 받기 위해서 노력하고 있습니다. 정상적인 경영활동보다는 정부의 지원금을 확실히 확보하는 것이 훨씬 유능한 경영자의 자질이 되었죠. 정부 주도의 경제가 확실하게 안착되고 있다고 보시면 돼요.

H사장 정말 많은 변화가 있었고 국민들 모두 몸으로 체험하고 계시겠죠? 그런데 혁신성장의 다른 한 포인트에는 규제혁신이 있지 않나

요? 규제혁신을 통하여 새로운 시장과 일자리 창출을 하겠다는 방향성이 있었던 것으로 알고 있는데요.

조나라 그래서 문재인 정부에서는 끊임없이 규제를 없애기 위해 규제혁신을 추진하고 있어요. 실제로 2019년 초에 규제샌드박스를 실행해서 1년 만에 195건의 과제를 승인한 성과를 냈지요.

H사장 규제샌드박스 안에서의 규제혁신이 성공했다는 뜻이죠? 이제는 공정경제로 넘어가 볼게요.

공정경제

조나라 '공정경제'는 모든 경제주체가 첫째, 일한 만큼 정당한 보상을 받을 수 있고, 둘째로 대등한 위치에서 경쟁할 수 있는 경제구조를 만드는 정책입니다.

H사장 처음에 나오는 '일한 만큼 정당한 보상'이라는 내용을 보고 노동으로 먹고사는 가난한 국민들 마음이 따뜻해졌겠어요. 정말 기대가 되네요.

조나라 공정경제는 다음의 4가지 추진방식이 있어요. ① 갑을문제 해소 ② 기업 지배구조 개선 ③ 대·중소기업 간 상생협력 촉진 ④ 소비자 권익보호 등입니다. 우선 대기업의 중소기업에 대한 횡포를 강력한 피해보상 규정을 통해 규제했어요. 또한 대기업 집단의 순환출자 정도를 감소하도록 법 집행과 각종 제도 개선도 추진했지요. 대·중소기업 간 상생협력을 위해서 대기업이 경영 노하우를 제공하고, 정부는 자금을 지원하여 '스마트 공장'을 구축하는 사업도 진행했습니다. 마지막으로 소비자 권익을 보호하기 위해서 제도 개선, 법 집행을 강화했어요. 다음의 그림을 봐주세요. 가운데 EQUITY가 공정입니다. 대기업과 힘없는 중소기업의 갑을 관계에서 약한 이에게 더 많은 지원이 가는 합리적인 세상이 진보진영이 꿈꾸는 세상인 것이죠.

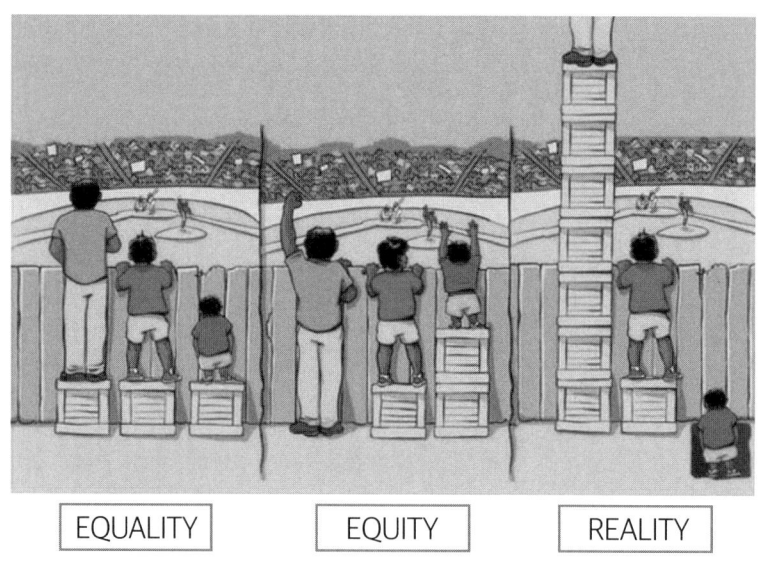

기업에 대한 정부 개입은 부정부패

H사장 그런데 그런 정부 개입이 불합리한 일을 만들까 봐 걱정이 되네요. 위의 그림처럼 딱 맞게 EQUITY(공정)가 지원되면 좋겠지만, 그게 쉽지 않잖아요. 겉으로는 약한데 속으로 강한 곳이 있고, 그 반대도

있어요. 어떻게 국가가 모든 걸 판단하고 통제할 건가요?

조나라   그러니까 기업 간의 불공정을 해결할 수 있는 법을 더 촘촘히 만들어야 하는 거죠. 그리고 국가의 권한을 강화해서 모든 것을 국가가 통제해야 합니다.

H사장   그게 돼요? 대기업과 중소기업 간에 거래를 끊을 수 없게 강제로 이어주면, 이러한 협력관계가 독점적 거래관계로 발전하지는 않을까요? 또한 앞에 그림에서 가운데 EQUITY(공정)로 되어 있는 상황이 억지로 EQUALITY(동일)로 바뀌지는 않을까요? 스마트 공장으로 무인화가 이루어진 공장에서 고용이 점점 줄어드는 효과는 생기지 않을까요? 그리고 계속 '법 집행'을 통해 기업활동을 조정한다면 나중에는 자율성을 잃은 기업들이 서서히 문을 닫을 수도 있지 않을까요?

조나라   하하하, 그러한 염려는 집어넣어 두시죠. 문재인 정부에서는 그 어느 정부보다 깨끗한 사람들이 각 부처에서 정부정책을 실행하고 있기 때문에 효율적으로 잘 이루어질 겁니다. 그래서 100% 깨끗한 진보진영이라고 자처할 수 있는 거 아닐까요?

H사장   정말 기대가 되는 말씀이네요. 사실 어떤 정책이든 어느 정부든 말은 번지르르하게 할 수 있지만 실천되는 과정 속에서 부정부패가 발생하고 각종 이권이 개입하면서 썩어들어 가기 마련이지요. 하지만 조금의 잘못도 없는 100% 깨끗한 진보진영이라면 부정부패나 이권이 개입할 틈이 없겠군요.

조나라   맞습니다. 그러나 일부 보수언론과 보수유튜버에 의한 무분별한 가짜 뉴스가 진보진영을 부정부패의 온상처럼 표현하고 있어요. 제가 이러한 내용을 반박하는 것은 지면 관계상 어렵구요. '김어준의 뉴스공장'이나, 유튜브에서 '시사타파'를 보시면 명쾌한 해석을 들으실 수 있지요. 참고 바랍니다.

H사장   저희가 그분들 방송을 홍보해드렸는데, 그분들도 우리 책을 홍보해주시면 참 고마울 것 같네요.

조나라   서로 돕고 사는 거죠.

H사장   그런데 사실 요즘은 소득주도성장, 혁신성장, 공정경제가 좀 시들해진 것 같아요. 최저임금도 최근 2년간에는 미미하게 올랐잖아요. 나머지 경제정책들도 가시적인 성과가 나타나지 않고 있어요.

조나라   그건 법이 받쳐주지 않아서 생긴 문제죠. 그동안 보수 야당의 악랄한 방해가 있어 왔잖아요? 이제는 178석이라는 거대한 권력을 국민들이 직접 진보진영에 쥐어주셨지요. 그래서 더불어민주당에서는 강력한 공정경제 3법 등을 제정해서 기업의 소유주가 함부로 경영권을 남발하는 것을 통제했어요.

H사장   아하, 아까 경제민주화에서도 언급되었죠. 대주주 지분의 크기에 상관없이 주주총회에서 감사 임명 시에 의결권을 3%로 묶어버리는 법. 그래서 다른 주주들의 경영권 공격이 용이하게 되었잖아요.

조나라 아까 자기 것이 아니면 함부로 하니까, 기업이 손상될 것이라고 하셨지요?

H사장 맞아요. 사실 60% 지분 가진 대주주가 의결권 3%밖에 발휘 못 하면 뭐하러 열심히 운영하겠어요? 자산을 팔아서 몽땅 배당해버리고 회사를 없애버리죠.

조나라 하하하, 그런 말도 안 되는 일이 생길 리 없으니까 걱정 마세요. 우리나라 공기업들을 보세요. 공공성이 보장되어 있고 대주주도 없지만 잘 굴러가고 있지 않습니까?

H사장 그래요? 공기업이 적자 투성이라서 세금으로 구멍을 막고 있다는 걸 모르는 국민도 있나요? 예를 들어 공기업인 코레일네트웍스에서는 정치권의 인맥으로 철도와 전혀 상관없는 사장이 잠시 부임했었는데, 그분이 노사 합의서에 노조가 파업을 해도 임금의 70%를 지급하겠다고 서명을 했어요. 덕분에 노조는 아무 부담 없이 2020년 11월에 시작한 파업을 다음해 1월까지도 이어갈 수 있었죠. 당연히 회사재정은 거덜이 나고 있고요. 그래도 그 회사는 걱정이 없겠죠. 우리가 낸 세금으로 채워질 테니까요. 이제는 이런 식으로 사기업이 적자가 나도 세금으로 구멍을 막을 건가요?

조나라 말이 그렇다는 거죠. 사기업은 이야기가 좀 다릅니다. 대주주의 의결권을 3%로 제한했기 때문에 앞으로 사모펀드를 통한 경영권 공격이 용이해졌습니다. 사모펀드들도 수익을 내야 하니까 유능한 전문경영인을 써서 효율적인 운영에 나서겠지요. 이러한 과정을 통해 무능한 소유주의 경영권을 제한하고, 유능한 전문경영인이 경영할 수 있게 해서 회사가 더욱 발전하게 되는 결과가 나타날 겁니다.

H사장　말처럼 되면 얼마나 좋을까요?

한국판 뉴딜로 코로나19 탈출

조나라　이제 문재인 정부의 경제정책 가운데 마침표를 찍는 한국판 뉴딜정책에 대해 말씀드리겠습니다.

H사장　이제야 '한국판 뉴딜'이 나오네요.

조나라　한국판 뉴딜은 미국의 뉴딜정책에서 그 의미를 따왔습니다. 코로나19가 한창이던 2020년 7월 14일 전격적으로 발표되어서 온 국민의 마음을 훈훈하게 해드렸었죠. 코로나19로 얼어붙은 세계 경제로 말미암아 경제가 활력을 잃었을 때 문재인 대통령님은 전폭적인 재정의 투입을 통해 한국 경제를 살리겠다는 의지를 정책으로 표현하셨지요.

H사장　자세한 내용을 설명해주세요.

조나라　한국판 뉴딜은 '디지털 뉴딜', '그린 뉴딜', '안전망 강화'로 구성되어 있고 각각의 내용은 다음의 표와 같습니다.

구분	내용
디지털 뉴딜	• D.N.A. 생태계 강화 : 국민생활과 밀접한 분야 데이터 구축·개방·활용 • 교육 인프라 디지털 전환 : 모든 초중고에 디지털 기반 교육 인프라 조성 • 비대면 산업 육성 : 스마트 의료 및 돌봄 인프라 구축 • SOC 디지털화 : 4대 분야 핵심 인프라 디지털 관리체계 구축
그린 뉴딜	• 도시·공간·생활 인프라 녹색 전환 : 국민생활과 밀접한 공공시설 제로 에너지화 • 저탄소·분산형 에너지 확산 : 에너지 관리 효율화 지능형 스마트 그리드 구축 • 녹색산업혁신 생태계 구축 : 녹색 선도 유망기업 육성 및 저탄소·녹색 산단 조성
안전망 강화	• 고용·사회 안전망 : 전(全) 국민 대상 고용 안전망 구축 • 사람 투자 : 디지털·그린 인재 양성

H사장 죄송합니다만 뉴딜정책 아니었나요? 내용이 왜 이래요?

조나라 무슨 말씀이죠? 미래의 먹거리를 창조하는 디지털과 환경을 생각하는 녹색산업에 대한 대대적인 투자를 통해서 대한민국을 한 단계 업그레이드할 위대한 플랜입니다.

H사장 그런가요? 사실 미국의 뉴딜정책은 대규모 토목공사를 이용해서 가진 것 없고 배운 것 없지만 일자리가 필요한 서민들에게 일자리를 제공했던 프로젝트였던 것으로 알고 있거든요. 그런데 한국판 뉴딜에서는 디지털이나, 그린 분야의 대학에서 전문적으로 공부하고 IT기업이나 환경 관련 기업에서 잘 나가는 사람들만 일자리를 늘릴 수 있는 상황으로 보여요.

조나라 당연하죠. 생각해보세요. 미래의 먹거리를 어떻게 가진 것 없고 배운 것 없는 일반 서민이 책임질 수 있겠어요. 그런 일자리는 토목공사를 하든지, 제조업을 육성해야 늘어날 수 있는 것 아닌가요? 하지만, 어떻게 진보진영에서 이명박 전 대통령이나 하던 4대강 개발 같은 하등한 일을 벌일 수 있겠어요?

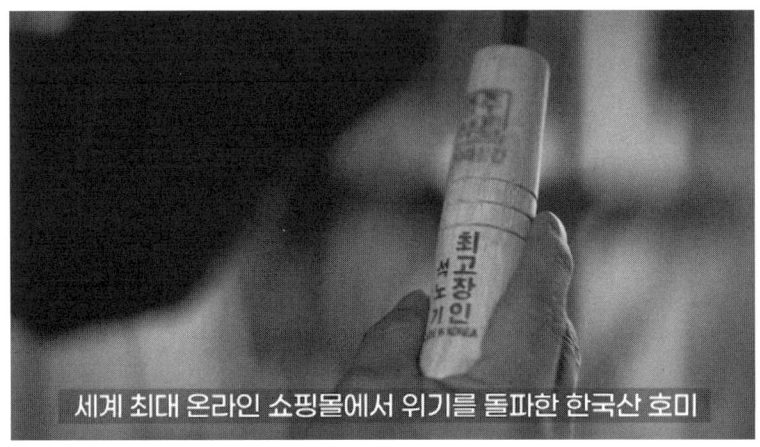

내 삶의 새로운 기회, 한국판 뉴딜(호미 이야기)
대한민국 정부에서 제작한 '한국판 뉴딜' 홍보용 유튜브

H사장 그럼 얼마 전 TV에도 나온 광고였죠. 한국판 뉴딜(호미 이야기)에서 영주의 대장간 장인 석노기님이 "(한국판 뉴딜은) 나 같은 사람도 잘 살 수 있게 하는 것 아니겠어?"라고 하며 기대에 찬 표정으로 출

연했었죠. 그런데 실제로 한국판 뉴딜은 그분과는 상관이 없다고요? 그럼 가진 것 없고 배운 것 없는 서민은 어떻게 먹고살아요?

조나라   그래서 마지막에 안전망 강화가 있지 않습니까? 디지털 뉴딜과 그린 뉴딜을 통해서 늘어난 첨단 IT기업과 녹색기업들의 수익에서 세금을 거두어서 가난한 서민의 생활을 떠받치는 안정망을 만드는 것이죠. 곧 가난한 서민은 더 가난해지고 결국 국가의 지원으로 겨우 연명하는 세상이 오게 되는 겁니다.

H사장   그럼 IT기업과 녹색기업들의 수익에서 세금을 왕창 거두면 그 사람들은 무얼 먹고 살아요?

조나라   걱정 마세요. 그분들은 적정한 정도의 세금만 낼 것입니다. 나머지는 국가재정과 민간의 투자를 통해 이루어집니다. 그래서 문재인 정부는 한국판 뉴딜에 전례 없는 투자를 약속했지요. 2025년까지 국고 114조 원을 직접 투자하고, 민간과 지자체까지 포함하여 약 160조 원을 투입할 것입니다.

H사장   국고에서 114조 원을 투자한다고요? 재정이 그렇게 여유가 많아요? 이명박 전 대통령의 4대강 사업이 22조 들어갔었는데, 그것보다 몇 배예요?

조나라   누구는 그 돈이 큰돈인지 모르나요? 코로나19라는 전대미문의 대재앙 앞에서 적극적인 정부의 역할이 필요하지 않겠습니까? 그리고 그 돈이 한 번에 들어가는 게 아니고요. 2025년까지 장기적인 플랜입니다.

H사장   참, 2025년이면 코로나19는 진작에 끝났을 상황 아닌가요? 어쨌든 이 정책을 이어가기 위해서라도 꼭 진보가 재집권해야 하겠네요.

조나라   문재인 정부 마지막 해인 2022년까지 국고 49조 원과 민간과 지방재정에서 추가되어 총 68조 원을 투입할 예정이죠. 이렇게 투자하면 일자리도 2022년까지 89만 개, 2025년까지 190만 개가 창출될 거라고 봐요. 코로나19로 인해 일자리가 필요한 국민들은 한국판 뉴딜에 의해서 넘치는 일자리를 경험하게 될 것입니다.

H사장   제가 너무 소심한가요? 68조 원이라는 돈의 액수를 들으니까 엄청 큰돈이라는 생각이 듭니다. 이게 세금으로 커버가 되나요?

대한민국은 국민소득 3만 불 부자나라

조나라   간단하게 말씀드리죠. 한마디로 말해서 재정은 걱정할 필요가 없어요. 왜냐하면 지금 우리나라는 1인당 국민소득이 3만 달러인 고소득 국가이니까요. 이러한 고소득 국가에서 이 정도 재정도 감당하지 못한다고 한다면 말이 안 되죠.

H사장   그냥 국민소득으로만 비교하면 좀 위험하지 않을까요? 현재 우리나라의 소득세율과 법인세율은 전 세계적으로도 높은 것으로 알

려져 있어요. 그런데도 연간 세금으로 거두어들이는 돈은 300조 원이 안 되죠. 그런데 난데없이 국가재정으로 68조 원이 뚝 떨어진다는 것은 문제가 있어 보이네요. 정부에서는 한국판 뉴딜을 하느라 돈이 모자라기 때문에 주택만 갖고 있으면 저소득층이라도 종합부동산세를 내도록 하는 건가요?

조나라 지금도 살기 힘든 저소득 국민에게 세금까지 지운다는 것은 옳지 않지요. 하지만 집이 있는 분을 저소득층이라고 부르기 곤란하지 않을까요? 그분들은 세금을 얼마든지 더 내도 문제가 없어요. 소득이 없어서 돈이 없으면 집을 팔면 되지 않습니까? 그리고 돈 많은 기업이 세금을 더 부담해야 하지 않을까요?

H사장 죄송하지만, 저도 기업하는 사람이에요. 그렇게 무작정 세금을 더 내라고 하시면 곤란하죠. 책이 잘 팔려봐야 세금 내면 남는 게 없잖아요. 그럼 뭐하러 이 책을 만들어요?

조나라 문재인 정부가 집권한 이후 4년이 지난 지금도 통계에 보면 소득불균형이 더 심해지고 있어요. 이는 최저임금 인상에도 불구하고 부자나 기업들이 부를 독점해서 일어난 상황이지요. 그래서 더더욱 서민들은 정부정책의 혜택을 통해 인간다운 삶을 누리게 되는 것이 옳다고 봅니다.

H사장 혹시 한국판 뉴딜에 사용될 재정을 감당할 수 있는 재원 공급 방안으로 계획되고 있는 게 있나요? 누구에게 세금을 얼마나 올려서

세금을 왕창 거두면 해결될 수 있다. 이런 계획이요.

조나라   방금 H사장님이 말씀하셨듯이 우리나라 1년 세금으로 걷히는 돈, 즉 세수가 300조 원 정도라고 보시면 됩니다. 그리고 아시다시피 2021년 국가예산이 560조 원이구요. 모자라는 돈이 260조 원입니다. 삼성전자 시가 총액만 해도 400조 원(2020년 11월 기준 : 출처 네이버증권)입니다. 지금 더불어민주당이 삼성전자를 국유화하는 특별법을 재정해서 삼성전자 하나만 국유화해서 팔아도 모든 재정 적자를 메우고도 남죠.

H사장   하하하, 삼성전자가 바보인가요? 그 회사의 법무팀과 변호사를 고용해서 그 특별법에 이의를 제기하고 헌법소원해서 무력화할 걸요?

조나라   그렇게 소송을 하고 재판을 해도 대법원에서 삼성은 무조건 집니다. 더불어민주당의 든든한 후원자가 대법원장으로 계시거든요. 누군지 아시죠? 더불어민주당의 대법원 출장소 소장님이시지요. 만약 이긴다고 해도 재판이 2~3년 걸립니다. 하지만 법은 재정과 동시에 바로 시행 가능하죠. 일단 법을 만들어서 싹 빼앗고 나면 누가 소송을 이어갈 수 있을까요? 절대로 기업은 특별법을 이길 수 없지요.

H사장   그러네요. 그럼 누가 살까요?

조나라   삼성전자는 덩어리가 커서 국내 기업이 인수하는 건 불가능해요. 그러나 삼성전자 같은 알짜 기업이라면 전 세계적으로도 매수하고 자 하는 기업들이 넘칠 겁니다.

H사장   그런데 그렇게 외국에 팔고 나면 우리나라 국민은 뭐 먹고 살아요? 삼성전자가 1년에 벌어들이는 돈이 몇 십조인데요. 그게 날아가잖아요.

조나라   그렇게 판 다음에 또 법으로 국유화해서 매수자로부터 빼앗으면 됩니다. 재정 걱정은 바보나 하는 짓이지요.

H사장   그럼 빼앗길 텐데, 누가 사요?

조나라   하하하, 국가에서 안 빼앗겠다고 약속하고 팔면 됩니다.

H사장   그럼 다시 못 빼앗잖아요?

조나라   다시 법을 바꿔서 빼앗으면 되죠. 178석이 있는데 왜 걱정해요? 명분은 만들면 되는 거니까요.

H사장   "명분은 만들면 돼"라는 말을 어디서 들은 기억이 나네요. 그것도 100% 깨끗한 진보진영의 오랜 전통인가 봐요. 그런데 이상하게 걱정이 되네요. 우리는 가끔 재정을 방만하게 운영해서 실패한 국가들의 참혹한 결말에 대한 소식을 접하게 됩니다. 아시다시피 그리스나 베네수엘라 같은 재정의 한계로 몰락의 길을 걷는 나라들의 안타까운

소식인데요. 그 나라에는 삼성 같은 기업이 없어서 이렇게 된 건가요?

조나라 그 나라들은 주로 관광이나 석유자원에 의존한 국가들이죠. 그리스는 관광산업의 한계로 지속적인 경제성장이 어려운 가운데에 무리하게 재정지출을 늘였어요. 결국 빚이 빚을 낳는 결과를 만들었지요. 베네수엘라는 유가 하락으로 재정이 파탄이 났는데도 복지를 유지하려고 무분별하게 화폐를 발행한 결과 파국을 맞은 거구요. 우리나라는 산업국가이고 무역국가입니다. 고정된 자원에 의존해서 먹고사는 나라가 아니라는 뜻이죠. 우리나라의 부자나 기업들은 충분히 재정을 감당할 준비가 되어 있다고 봅니다.

내가 잘 사는 게 제일 중요하다

H사장 이제 보수진영이 보는 경제정책에 대한 평가를 들어볼 시간이 되었네요. 홍박사님이 하고 싶은 말이 많으셨을 텐데, 참으시느라 고생이 많으셨어요.

홍박사 아닙니다. 좋은 말씀 잘 들었습니다. 마지막에 "명분은 만들면 된다"라는 말씀은 정말 감명 깊게 잘 들었습니다. 변화하는 상황에 맞게 움직이기 위해 과거에 내가 한 약속에 얽매이지 않고 창조적으로 명분을 만들어서 변화해야 한다는 뜻으로 들었습니다. 역시 항상 달라지는 진보진영이십니다. 보수진영에서도 그렇게 대범하게 변화하는 노력이 필요하다고 생각합니다.

H사장 이렇게 살짝 띄우신 다음에 또 우다다 공격을 하실 거죠? 자, 이제 공격 시작~~

홍박사 저도 이야기 하나 하면서 시작하죠. 월세를 사는 가난한 사람이 있습니다. 그런데 마침 회사가 망해서 실직을 했습니다. 몇 달간 직장을 구했지만, 법이 너무 기업주에게 엄격해서 회사들마다 사장님들이 감옥에 가버렸어요. 그러니 여기저기 회사들이 망해버렸죠. 결국엔 취직을 할 곳이 없어요. 모아놓았던 돈도 다 써버리고 월세를 못 내게 되었습니다. 곧 어린 자녀와 부인이 길바닥에 나앉게 되었어요. 이 가난한 사람에게 필요한 것이 월세를 낼 수 있는 돈을 벌 일자리입니까? 아니면 삼성의 이재용 부회장이 구속되는 것입니까?

H사장 당연히 일자리죠. 삼성이 어떻게 되든 말든 알게 뭐예요?

양극화 해소한다고 했을 때 부자가 되길 꿈꾸는 서민

홍박사 서민들이 정부가 양극화를 해소하기 위한 경제정책을 실행한다고 했을 때 기대했던 결과는 무얼까요?

H사장 글쎄요.

홍박사 "나도 이제 잘 살 수 있겠구나"였을 겁니다. 내가 못 살아서 양극화된 거니까 내가 부자가 되면 양극화가 해소될 거라고요.

H사장 그러게요. 모든 서민은 부자가 되는 게 꿈이 아닐까요?

홍박사 그런데 정작 진보진영에서는 "같이 못 사는 게 목표랍니다" 하고 친절하게 안내해주십니다. 그런데 소득감소 속도가 부유층보다 서민이 더 빨라요. 그러니까 국가의 재정으로 서민들에게 돈을 왕창 줍니다. 그래서 모든 경제 관련 통계들이 엉망진창이 되는 겁니다. 그 통계가 보기 싫어서 통계청장도 바꿔버렸지요. 이것도 가짜 뉴스라고 하실 건가요?

H사장 그건 사실이죠. 2018년에 전격적으로 교체되었잖아요. 하지만 그런 인사권은 정당한 대통령의 권한 아닌가요?

홍박사 글쎄요. 인사권은 대통령의 권한이지만, 인사의 이유가 정부에 불리한 통계를 정직하게 만들었다는 것이라면 좀 씁쓸합니다. 보통 드라마에 보면 정직하고 성실하게 일했기 때문에 회사에서 짤리면 그 회사를 욕하잖아요. 그렇게 통계청장을 바꿔서 이런 저런 기준을 바꿔가면서 통계를 다르게 만듭니다. 그래도 경제정책들이 폭망한 것이 드러나요. 결국 그것도 더 속이기 힘드니까 이제 와서는 '한국형 뉴딜정책'으로 이름을 바꿔서 다시 시작하고 있습니다.

H사장 오호~ 처음부터 쎄게 나가시네요. 저도 조나라님이 설명한 문재인 정부 초창기 경제정책들이 전부 사라진 것은 알아요. 요즘은 어디서 뭐하는지 소식도 없어요.

경제정책이 아니라 선거전략

홍박사   문재인 정부의 초창기 경제정책은 실제로 사라져버렸습니다. 왜냐하면 대선은 다가오는데 내세울 거리가 못 되니까요. 아까 '경제민주화'의 말미에 조나라님이 언급하신 경제의 정의를 보시죠. '경제'란, '한정된 재화를 가장 효율적으로 분배하고 사용하는 행위'입니다. 즉 효율성이 최우선시되는 것입니다. 그런데 문재인 정부의 경제정책은 조나라님께서 말씀해주신 것같이 '효율성'을 외면하고 가난한 국민들 분풀이를 위해서 기업을 최대한 혼내주고 법으로 제한하는 정책입니다. 즉 이것은 돈을 버는 경제정책이 아니라 돈 많은 기업을 혼내는 장면을 연출해서 인기를 끌려는 선거전략으로 봐야 할 것입니다.

H사장   오호, 경제정책이 아니라 선거전략이라는 거죠?

홍박사   아까도 말씀드렸듯이 진짜 가난한 서민은 빈곤에 허덕이고 있습니다. "재벌 총수를 혼내줘서 기업들이 망하고 내 일자리가 날아가더라도 분이 풀리니까 기분 좋다"라고 느긋하게 있을 여유가 없습니다. 최저임금 인상으로 사라져버린 편의점 알바 자리라도 있으면 좋겠다고 한숨을 쉬고 있지요. 하지만 문재인 정부는 이런 극빈층에는 관심이 없습니다.

H사장   이상하네요. 아까 선거전략이라고 하셨는데, 극빈층은 관심이 없다니요? 그럼 누가 진보진영의 경제정책 아니 선거전략을 지지한다는 건가요?

홍박사 극빈층은 숫자가 많지 않으니까요. 오히려 진보진영에서는 안정적인 회사에 다니면서 월급이 꼬박꼬박 나오는 중산층을 타겟으로 선거전략을 시행합니다. 중산층은 경제가 어려워도 월급은 나오기 때문에 경제가 어려워진 줄도 모릅니다. 경제가 어려워진 것은 회사 사장님의 몫이니까요. 이때 재벌 총수를 혼내주는 모습을 보면 일단 속이 후련하다고 생각합니다. 멋있으니까요.

H사장 그렇지만 그분들도 경제가 어려워진 걸 느낄 날이 오지 않을까요?

홍박사 그렇지요. 전부는 아니지만 중산층들도 일단 실직이 되고 재취업이 안 되면 그때부터 빈곤층으로 전락하게 되고 그때부터 진보진영의 경제정책을 욕하는 사람이 됩니다.

H사장 홍박사님의 말씀이 옳은지는 실직 후에 재취업이 쉬워졌는지 어려워졌는지가 관건이겠네요. 이건 독자 여러분들이 자신의 관점으로 판단해주시기 바래요.

홍박사 나중에 블로그를 개설해서 일반 국민들이 실직 후 재취업이 잘 되는지 설문조사를 해보는 것도 좋은 방법일 것 같습니다. 거기에서 국민들의 의견도 들어보시죠. 내가 돈 많이 벌어서 잘 사는 게 중요한지, 나는 돈 못 벌어서 못 살아도 되니까 재벌 총수를 혼내주는 것이 중요한지요.

H사장   그런데 홍박사님은 너무 돈돈하면서 돈만 밝히시는 것 아닌가요? 보수진영 특유의 금전만능주의를 보는 것 같아서 좀 그렇네요. 세상에는 돈보다 중요한 것들이 얼마든지 있잖아요? 신념이라든지, 정의라든지.

돈이 전부는 아니지만 필요한 것

홍박사   맞습니다. 돈보다 중요한 것은 세상에 너무나도 많습니다. 그러나 돈보다 훨씬 중요한 그것들을 지키기 위해서는 돈이 '필요'합니다. 예를 들어 우리나라의 자유와 주권은 돈을 주고 살 수 없는 소중한 것입니다. 그러나 이를 지키기 위해서는 국방을 튼튼히 해야 하고, 군대를 유지하고, 무기를 사기 위해 돈이 필요하죠. 이렇게 항상 돈은 필요합니다. 우리는 나라가 국민에게 무언가 해주어야 한다고 합니다. 그런데 사실은 '나라'가 아니고 '정부'를 말하는 거죠. 그럼 그 정부는 누가 구성하나요? 공무원들입니다. 국가에 대한 봉사의지를 가지고 공무원을 하시는 분들이 대부분이시겠지만요. 만약 이분들에게 2~3년간 월급이 한 푼도 안 나온다면 어떻게 될까요? 그래도 쫄쫄 굶으면서 아무 부정비리 없이 공무원직을 그대로 유지하실 분이 몇 분이나 계실까요?

H사장   당연히 아무도 남아 있지 않겠죠. 아니면 부정비리를 저질러서 뒷돈을 챙기겠지요. 돈보다 중요한 가족들의 생계를 지켜야 하니까요. 그렇지만 자신의 신념이나 정의에 비하면 돈은 한낱 휴지조각에 불과하다고 말씀드리고 싶군요. 정말 보수진영 특유의 금전만능주의

는 거북하기 짝이 없네요.

홍박사   죄송합니다. 그럼 진보진영에서는 돈의 '필요'성은 인정하지 않고 신념이나 정의를 더 중요시한다는 것인가요? 그럼 저랑 내기하시죠. H사장님의 출판사는 진보진영 쪽 회사인 것으로 알고 있는데요, 앞으로 1년 동안 출판사 직원들에게 월급을 안 주었을 때 직원들이 계속 일할지 안 할지요.

H사장   좋습니다. 당장 내기합시다. 저는 당연히 일 '안 한다'에 걸게요. 홍박사님은 일 '한다'에 걸어주세요.

홍박사   …….

H사장   죄송해요. 현실을 인정할 수밖에 없네요. 아마 저희 직원들은 한 달만 월급을 안 줘도 제 책상이랑 차를 가지고 가버릴 거예요. 가족을 돌보든, 회사를 운영하든, 국가를 운영하든 돈은 '필요'한 것 맞아요. 이제 저도 금전만능주의에 끼워주세요.

홍박사   이 글을 읽으시는 독자님들 중에 '나는 돈이 필요 없다. 진정한 진보다'라고 생각하시는 분은, 책 끝에 제 계좌를 넣어놓을 테니 잔고 전액을 송금 바랍니다. 잔고를 모두 저에게 송금하시고도 돈이 필요 없으시면 진정한 진보로 인정해드리겠습니다. 그리고 만약 돈이 다시 필요하다고 생각하시는 분은 연락 주시면 다시 보내드릴게요. 대신 앞으로 돈이 필요 없다는 소리는 삼가해주시기 바랍니다.

H사장   이런 대화를 나누는 것조차 가진 돈이 없고 직장이 없는 서민들에게는 죄송하네요. 그분들은 하루 종일 돈 걱정에 한숨을 쉬고 계실 텐데요.

홍박사   돈이 없는 진짜 서민은 카드사나 대출은행에서 전화만 와도 심장이 멎을 것 같다고 하소연합니다. 그런데 들어보면 그리 큰돈도 아닙니다. 이런 분들을 잘 살게 하는 것이 진짜 경제정책 아닌가요? 더 못 살아도 기업이나 재벌 총수 혼내줄 테니 기다리라고 하는 게 경제정책인가요?

H사장   저도 진보진영이지만, 솔직히 돈 문제만큼은 극복이 쉽지 않네요.

홍박사   이렇게 경제정책에서도 일반 국민들이 생각하는 진짜 진보와 운동권 진보가 나누어집니다. 진짜 진보는 정말 돈이 없어서 하루하루 힘들게 살아가는 서민들을 위해서 중요한 것이 무엇인지 알고 있지요.

H사장   또 스웨덴의 사민당이 나오나요? 진짜 진보 레파토리?

홍박사   스웨덴의 사민당이 정권을 잡은 시기는 전 세계가 대공황의 늪에 빠져 있던 1930년대였습니다. 정말 전 세계가 가난하고 힘든 시기였죠. 정말 간절하게 서민들을 위한 정책이 간절히 필요한 때였습니다. 그들은 기업만이 일자리를 만들어낼 경제주체임을 인정하고 기업을 지원합니다. 일자리가 생겼는데 서민 중에 절반인 여성들이 일을 못해요. 아이를 키워야 하니까요. 그래서 공공육아 시스템을 구축합니다. 결국 여성들도 경제활동에 참여해서 취업을 했죠.

H사장 스웨덴의 공공육아 복지 시스템이 그때 시작되었군요.

홍박사 최종적으로 서민에게 필요한 것은 일자리였다는 것을 그들은 알고 있었습니다. 정부재정으로 국민을 먹여 살릴 생각을 그들도 했었겠지요. 그러나 그걸로 안 된다는 것을 이내 깨달았습니다. 결국 기업의 총생산을 늘리고, 일자리를 늘리는 것만이 서민들의 소득을 올리는 방법이었지요. 놀랍게도 서민이 잘 살게 되니 빈부격차도 줄어듭니다.

H사장 일자리가 최고의 복지라는 것은 문재인 정부의 집권 초기에도 언급되었던 것이잖아요? 앞에 경제민주화 이야기 편에서는 청와대 일자리 현황판 이야기도 있었어요.

홍박사 맞습니다. 운동권 진보의 한계죠. 머릿속으로는 양극화 해소의 방법으로 기업과 부자를 가난하게 해서 격차를 줄이면 된다고 생각합니다. 그러면서도 한편으로는 국민들이 일자리를 원하고 있다는 것을 외면할 수 없으니까 쇼를 할 수밖에 없습니다.

H사장 그럼 운동권 진보에서는 방향을 바꾸나요?

홍박사 아뇨, 그러면 운동권 진보가 아닙니다. 운동권 진보는 자신의 신념대로 기업의 총생산을 줄이는 방향으로 정책을 시행합니다. 결국 기업들의 총생산이 줄어들고 당연하게 일자리도 줄어듭니다. 그래서 줄어든 일자리를 세금으로 부어서 공공근로 일자리를 만듭니다. 2017년 5월 대선 당시에 문재인 대통령은 공공부문에 81만 개의 일자리를 더 만들겠다는 공약을 했었죠. 우리는 그게 공무원 일자리인 줄 알았는데, 사실은 공공근로 일자리였어요.

H사장 문재인 대통령님이 당선되고 나서 저희 직원 중에 한 명도 공무원 시험 준비한다면서 회사를 그만두었었죠. 정부가 공무원을 81만 명이나 한꺼번에 뽑으면 공무원이 될 최고의 기회라고 하면서요. 지금쯤 다른 곳에 취업하지 않았으면 공공근로를 하고 있겠네요.

홍박사 경제정책이 내실이 없으니 홍보에만 열을 올립니다. 저도 실제로 찾아보고 놀랐는데요. 모든 경제정책과 이슈마다 홍보 사이트와 관련된 위원회가 다 있습니다. 정책의 실천 역량이 전부 홈페이지 제작에 들어간 것 같습니다. 하여간 홍보에는 아낌없는 투자를 하는 운동권 진보입니다. 예를 들어보지요. 문재인 대통령이 공공임대주택을 홍보하기 위해서 방문했던 임대아파트의 홍보비용으로 4억 3천만 원이 들었다고 합니다. 4억 3천만 원이면 그 임대아파트 몇 채를 무상으로 국민에게 줄 수 있는 돈이었습니다.

H사장 홍박사님! 거기까지! 이야기가 부동산까지 가면 안 돼요. 나중에 나오거든요. 이제는 경제정책 이야기로 들어가 주시죠.

홍박사 네, 저도 경제정책 이야기를 하고 싶었습니다. 일단 초기 문재인 정부의 경제정책은 아까 말씀하신 것같이 소득주도성장, 혁신성장, 공정경제의 3가지입니다. 그런데 이 정책들이 모두 쫄딱 망했어요. 대한민국의 멀쩡하던 경제가 다 박살이 나서 지금은 정부의 자금 수혈에만 의지하는 중환자가 되어가고 있습니다. 그런데 마침 이때 코로나19가 터졌어요. 정부가 경제에 자금을 뿌리기 너무 좋은 명분이 생겼습니다. 그래서 그동안의 경제정책은 바로 폐기하고 '한국판 뉴딜'을 선언합니다.

H사장 그렇지만, 예전 정책이 공식적으로 폐기된 것은 아니잖아요?

홍박사 운동권 진보는 원래 홍보에 능하고 실천에 약합니다. 그래서 처음에 요란했던 정책들이 소리 없이 사라지는 게 정상이지요. 결코 공식적으로 없애지는 않습니다. 왜냐하면 각종 정책에 관련된 위원회나 자문단에게 월급을 계속 줘야 하기 때문입니다.

소득주도성장특별위원회 공식 사이트 : http://ilg.go.kr

H사장 이 그림을 보여주시는 것 보니 소득주도성장부터 시작하시는 거죠?

소득주도성장 - 실패 이유

홍박사 소득주도성장 정책은 문재인 정부의 대표적 자랑거리 정책입니다. 부자들의 것을 빼앗아 가난한 사람에게 나누어주는 '의적 홍길동' 코스프레에 가장 근접한 정책이거든요. 소수의 부자들 또는 표가 나오지 않는 기업에게 모든 지불책임을 떠넘기고 표가 많이 나오는 저소득층에게는 많은 소득을 보장해서 지지층을 확보하는 매우 효율적인 정책입니다.

H사장 사회적 파장도 컸고 기대도 컸었죠.

홍박사 실행방법도 다른 복지정책에 비해서 너무나도 간단합니다. 다른 복지정책과 달리 이를 실행할 예산을 확보할 필요도 없고요, 공무원 조직을 따로 구성할 필요도 없습니다. 최저임금위원회(노동자를 대표하는 위원 9명, 사용자를 대표하는 위원 9명, 공익을 대표하는 위원 9명)에서 어차피 노동자, 사용자 측 대표는 서로 합의가 안 되는 상황이니까 정부에서 지정한 공익위원 9명의 의견대로 결정하면 그만이거든요. 나머지는 민간기업에서 다 알아서 집행하게 됩니다. 정말이지 정부 입장에서는 책임은 전혀 없으면서 권리는 최강인 최고의 상황이 되는 것이지요.

H사장 비용이 적게 들고 효과가 큰 정책이라면 왜 비판을 하시는 건가요? 오히려 적극 협조하고 지원해야 하는 것 아닙니까? 재정 부담 없이 저임금에 시름하는 저소득층이 소득이 높아진다면 나쁠 게 하나도

없는 것 아닌가요?

홍박사 맞습니다. 저소득층이 소득이 늘어나고 소비 여력이 늘어서 소비를 늘이고, 그렇게 수요가 늘어나니까 공급을 하기 위한 제조나 서비스 산업이 투자와 성장을 하게 된다면 누가 싫어할까요? 문제는 이 연결고리에 새는 부분이 너무 많다는 겁니다.

H사장 이전에 내내 이야기하셨던 내용이잖아요? 이제 상세하게 설명해주세요.

홍박사 하늘에서 돈이 뚝 떨어지는 상황이 아닌 다음에야 인건비가 늘어나면 각 기업들은 그 부담으로 이윤이 줄어듭니다. 그동안 전 정부에서 했던 것처럼 살짝 줄어들고 말면 다행인데, 너무 급격하게 줄어드니까 가격을 확 올릴 수밖에 없죠.

H사장 맞아요. 소득주도성장 전에 13,000원 하던 치킨이 소득주도성장 이후에 20,000원으로 가격이 올랐어요. 거기에 공짜였던 배달비는 별도로 붙었죠.

홍박사 예를 들어 월 급여가 130만 원이다가 소득주도성장으로 인해 급여가 180만 원으로 오른 직장인의 경우 소득주도성장 전에는 13,000원짜리 치킨을 100마리를 사먹을 수 있었다고 가정하면, 소득주도성장 후에는 20,000원짜리 치킨을 90마리를 사먹을 수 있게 되는 것입니다. 즉 물가가 오르게 되면 소득이 올라봐야 오히려 더 가난해지는 겁니다. 특히 물가는 치킨, 김밥 등 저소득층이 주로 이용하는 식당 물가에서 급격한 상승을 보입니다. 그 이유는 저소득층이 주로 그런 식당에서 일하고 계시니까 최저임금 상승의 직격탄을 맞게 되기 때문입니다.

H사장 저희 직원들이 자주 가는 분식집도 김밥이 1,500원에서 2,500원으로 올랐어요. 그래서 제가 인건비가 그렇게 많이 오르지는 않았을 텐데 왜 이리 많이 올렸냐고 항의했더니, 재료비도 다 올라서 그렇다고 말씀하시더군요.

홍박사 그게 바로 가격 인상의 연쇄효과입니다. 실질 소득이 줄어드니 소비가 더 위축되어 버리는 결과가 나타납니다.

H사장 하지만 소득주도성장이 실행되면서 자영업자나 중소기업의 붕괴 등 부작용이 나타나자, 문재인 정부에서는 각종 복지 혜택을 통해서 직접적인 지원으로 부작용을 대처했어요. 청년내일채움공제로 취업청년 소득세 감면을 했고요, 근로장려금도 지급했지요. 그 외에도 소상공인, 자영업자를 위한 정책자금 지원도 확대되었구요.

홍박사 맞아요. 소득주도성장을 통해 국민들이 살기 어려워져서 각종 지원책이 쏟아졌습니다. 그 전에는 어렵지 않아서 그런 지원책이 아예 필요 없었거든요. 그럼 어떤 상황이 더 좋은 겁니까?

H사장 당연히 지원이 필요 없는 상황이겠죠.

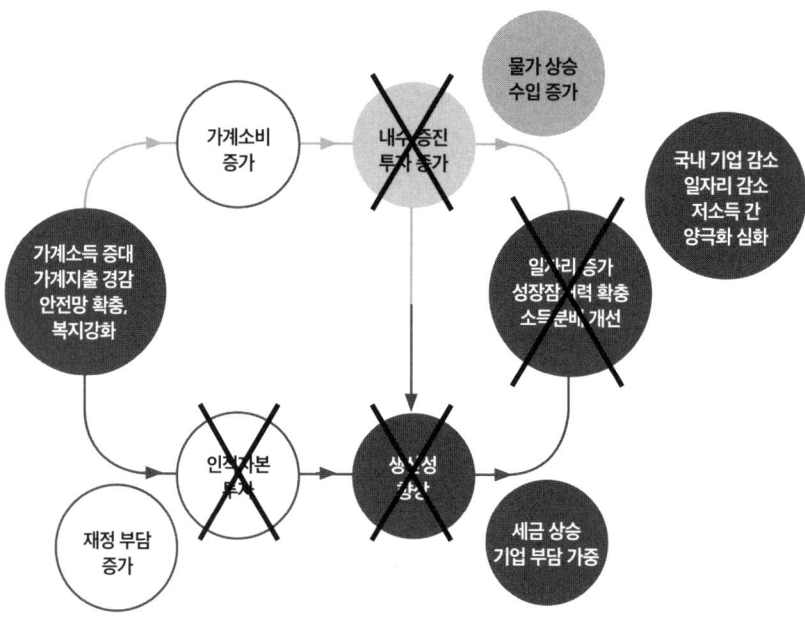

소득주도성장의 악순환 구조

홍박사   2020년 최저임금 인상률 2.9%, 2021년 최저임금 인상률 1.5% 였습니다. 실질적인 소득주도성장 정책은 중단되었다고 봐야겠지요. 그러나 앞에서 나온 '소득주도성장특별위원회'는 서울의 종로구의 미 대사관 뒤쪽에 비싼 사무실을 임대해서 운영비와 월급을 모두 국고로 지원받으면서 아직도 활동 중에 있습니다. 지금 이 시간에도 직장을 못 구해 어린 자녀를 붙잡고 돈 걱정에 한숨 쉬는 서민들이 꿈도 못 꿀 큰돈을 하루에 써버리면서 말이지요.

H사장   참, 속상하네요. 저는 왜 그런 위원회에서 안 불러줄까요? 거기서 월급 나오면 이런 책 안 만들어도 먹고 살 텐데요. 이제 혁신성장

으로 넘어가 주세요.

혁신성장은 대기업을 위한 것

홍박사 하하하, 진작에 문재인 대통령 선거캠프에서 활약을 하셨어야지요. 이제 와서 그런 소리 하면 뭐합니까? 정책 이야기합시다. '혁신성장'에서 문재인 정부는 갑자기 대기업이나 중견기업을 밀어주는 정책으로 자세를 바꿉니다. 2019년 12월 11일에 중소벤처기업부에서 발표한 혁신성장의 실천 내용을 한 번 볼까요? 'BIG 3 중소벤처기업 혁신성장 지원전략'이라고 제목이 표시되어 있습니다. 그런데 제목과 달리 그 BIG 3를 자세히 보면 ① 시스템 반도체 ② 바이오헬스 ③ 미래차입니다.

H사장 그게 뭐 어때서요? 요즘 뜨는 사업들 아닌가요?

홍박사 살짝살짝 사업 부문을 쪼개서 중소기업이나 벤처에서 쉽게 접근할 수 있을 것처럼 꾸미고 있습니다. 예를 들어서 ① 시스템 반도체를 볼까요? 시스템 반도체는 일반적인 메모리 반도체가 아니라 CPU와 같은 연산, 제어 기능이 들어간 특수 반도체입니다. 그런데 벤처나 중소기업이 어떻게 시스템 반도체를 만듭니까? 기본적인 투자만 몇 조가 듭니다. 그저 시스템 반도체 이동할 때 받치는 판 정도를 벤처에서 만들 수 있겠지요.

H사장 시스템 반도체가 그런 거예요? 난 쉬운 건 줄 알았어요.

홍박사 그리고 ③ 미래차에서 '자율주행 센서모듈 - HW, SW 융합기술개발 및 사업화' 항목을 보면 얼핏 보면 '조그만 센서 모듈 정도야 중소기업이나 벤처기업의 것이 적용될 수 있겠구나'라고 생각할 수 있겠지요.

H사장 그런 센서 정도는 간단한 것 아닌가요?

홍박사 테슬라에서 만든 자율주행차가 센서의 오류로, 하얀색으로 칠한 트럭을 하늘의 구름으로 인식하는 바람에 사람이 죽는 사고가 났던 것을 아시나요? 자동차를 생산하는 대기업에서 품질이나 성능이 입증되지 않은 작은 회사의 부품을 생명을 다루는 중요한 부분에 적용할 수 있을까요? 겁 없이 적용했다가 대형사고가 나면 국정조사에 자동차 제조사 대표자가 불려가서 별별 모진 소리를 다 들을 텐데, 누가 그런 용기가 있을까요?

H사장 미국이니까 테슬라 사장이 조용히 넘어갔죠. 우리나라였으면 지금 감옥에 있을 거예요.

홍박사 결국은 모두 대기업이나 그에 준하는 중견기업들에게 성장의 키를 맡긴다는 겁니다. 모두 좋은 학교 나와서 스펙 쌓아서 피 터지게 경쟁해야 들어갈 수 있는 회사입니다. 도대체 어디가 저소득층을 배려하는 건가요?

H사장 '혁신성장'은 '성장'에 방점이 찍혀 있는 정책이라 어쩔 수 없지

않을까요? 저소득층을 배려하다 보면 아까 조나라님이 말씀하신 '느린 성장'이 생길 수밖에 없으니까요. '느린 성장'에 활력을 넣기 위해서 '혁신성장'이 있는 거잖아요?

기업을 죽이는 규제가 많음
- 저소득층이 일할 자리가 줄어듦

홍박사 그래요? 멀쩡하게 잘 돌아가던 경제를 지원금을 줘야 겨우 버틸 수 있게 망가뜨리지 않는 게 더 중요할 거 같은데요. 서민의 삶의 터전을 다 망가뜨려 놓고 엉뚱한 곳에 지원을 할 거면 서민을 위한다는 말을 처음부터 하지 말았어야 하겠지요. 생각을 해보세요. 나무를 키우는 데 오래 걸립니까? 나무를 베어내는 데 오래 걸립니까?

H사장 키우는 게 오래 걸리죠. 베어내는 것은 순식간 아닌가요?

홍박사 기업도 마찬가지입니다. 중소기업 하나가 설립되어서 어느 정도의 규모가 있는 기업으로 성장하기까지는 수년에서 수십 년의 노력과 많은 돈이 필요합니다. 그런데 그런 기업을 법에서 정한 규제 한 건이면 바로 영업정지 또는 조업정지시켜서 무너뜨릴 수 있지요.

H사장 그래서 앞에서도 조나라님도 '규제혁신'이 혁신성장의 중요한 한 부분이라고 강조하셨었어요.

홍박사 아마도 진보진영에서 하는 '규제혁신'은 규제를 더욱 강화하는 방향을 의미하나 봅니다. 그래서인지 문재인 정부에서는 기업에 대한 규제가 날로 강해집니다. 요즘은 강화된 산안법, 화관법으로 대표자 구속이 매우 쉬워졌습니다. 거기에 중대재해법으로 처벌이 몇 배나 강력해졌어요. 한마디로 멀쩡히 일하던 사장님이 순식간에 감옥에 가버리게 됩니다. 대부분의 중소기업은 사장님의 기술력이나 영업력에 의지하고 있는데 사장님이 몇 년씩 감옥에 가버리면 누가 회사를 운영합니까? 직원들끼리 멍하니 있다가 문 닫으면 뿔뿔이 흩어질 수밖에 없는 것 아닌가요?

H사장 그렇지만 기업이 법을 제대로 지키면 되는 것 아닌가요? 법을 어겼기 때문에 처벌을 받는 것을 기업인이기 때문에 옹호할 수는 없는 것 아닌가요?

홍박사 기업의 대표자가 지킬 수 없는 무책임한 떠넘기기식 법이 계속 만들어지고 있는 것이 문제입니다. 이러한 법들은 '반기업 정서' 즉 '돈 많은 기업은 나쁜 기업'이라는 사고에 바탕을 두고 있기 때문에 기업의 잘못에 대해서 비현실적으로 가혹합니다. 예를 들어서 직원들이 아무 생각 없이 일하다가 늦게 퇴근해서 52시간제를 위반해도 CEO는 형사처벌을 받습니다. 본 적도 없는 하도급업체의 직원이 안전규정을 무시하고 일하다가 사고가 나도 원청의 CEO는 처벌을 받습니다. 그럼 CEO가 몸이 하나인데 수십 명 수백 명의 하도급 직원들까지 뒤에서 졸졸 쫓아다니면서 관리감독을 해야 합니까?

H사장 사실 저도 원청하청 간 연대책임은 좀 무리가 있다는 생각을

해요. 무슨 조선시대 연좌제도 아니구. 비유를 하자면 제가 출판사 사장이지만 저희가 인쇄를 하는 건 아니거든요. 그런데 만약 인쇄소에서 사고가 나면 제가 책임져야 하는 거잖아요? 저는 그분 얼굴도 모르는데.

홍박사 2019년 11월 기준으로 대한민국에서 기업을 하시는 대표자는 2,205개가 넘는 형사처벌 조항을 피해서 일해야 합니다. 솔직히 다 외우지도 못합니다. 그걸 어떻게 다 지킵니까? 문제는 기업에 대한 규제는 날이 갈수록 많아지고 있다는 것입니다. 규제가 날이 갈수록 늘고 있어서 규제가 뭐가 생겼는지 어기면 형량이 얼마인지 배우러 다니는 시간이 점점 많아지고 있습니다. 이렇게 약간만 잘못해도 모든 책임이 CEO에게 부과되는 상황에서 기업이 어떻게 혁신을 해서 성장을 할 수 있겠습니까?

H사장 하긴 2021년 3월에 네이버 창업자도 "돈 안 벌어도 되니, 국내에서는 사회갈등 유발하는 사업 피하자"라고 임원들에게 당부해서 논란이 되었어요. 말이 '사회갈등 유발 사업'이지 그냥 신규사업 투자하지 말자는 말이었잖아요.

홍박사 신문기사에는 이분이 2020년 4월 '타다 금지법'이 국회에서 통과된 이후 충격을 받은 걸로 나옵니다. 결국 정부의 규제가 기업의 투자를 직접적으로 위축시키는 사례라고 볼 수 있지요.

H사장 그런 큰 기업이 살살 기다니……. 정부가 슈퍼 갑이긴 하네요.

홍박사 결국 기업주 입장에서는 자기가 잘못하지도 않았지만 감옥에 갈 가능성이 있는 사업을 왜 유지합니까? 최대한 빨리 축소하고 정리해서 가진 돈으로 아파트 사면 훨씬 유익한 일 아닐까요? 이렇게 과도한 규제와 과도한 처벌은 기업가가 기업을 성장시키고자 하는 의욕을 꺾어버림으로써 혁신성장을 실패의 길로 이끕니다.

규제샌드박스 밖의 냉혹한 현실

H사장 하지만 문재인 정부에서도 규제혁신을 위해서 규제샌드박스를 이용한 개선활동이 활발하게 진행되고 있다고 하던데요.

홍박사 규제샌드박스가 어떤 것인가요? 잘 아시겠지만, 규제샌드박스는 신산업·신기술 분야에서 새로운 제품이나 서비스를 출시할 때 일정기간 동안 기존 규제를 면제하거나 유예시켜 주는 제도입니다. 어린이들이 안전하고 자유롭게 놀 수 있는 모래놀이터(샌드박스)처럼 규제로부터 자유로운 환경을 제공해줌으로써 그 안에서 다양한 아이디어를 펼칠 수 있도록 하겠다는 취지입니다.

H사장 그런 거예요? 규제가 없어진 게 아니고?

홍박사 네, 이 사업이 어느 정도 성장해서 샌드박스를 나오면 이 사업을 처절하게 응징하기 위한 각종 규제가 눈이 벌겋게 되어서 기다리고 있습니다. 규제샌드박스로 사업을 키우면 뭐합니까? 나오면 규제에 숨막혀 죽을 텐데요. 중요한 것은 규제샌드박스 바깥에 있는 규제를 없애야 하는데 오히려 늘어나기만 합니다.

H사장   각종 규제가 있다고 하더라도 '혁신성장' 정책 안에는 다양한 지원책이 있지 않습니까? 금융 지원도 있고, 컨설팅 지원도 있습니다. 이러한 지원과 추가로 대기업과의 협업을 통해서 시너지 효과를 기대할 수 있지 않을까요?

"감옥 가는 건 싫어"

홍박사   만약에 누군가가 "금융 지원도 해주고(공짜로 주는 거 아닙니다. 빌려주는 것), 컨설팅 지원도 해주고, 대기업도 같이 일하도록 소개해줄 테니 당신은 열심히 일하시다가 본인 잘못이 아니더라도 사고가 나면 감옥에 가세요"라고 하시면 지원을 받은 후에 감옥에 가시겠습니까?

H사장   생각만 해도 싫어요. 제가 괜한 말을 한 것 같네요. 지금까지 홍박사님의 이야기를 요약하자면, 반기업 정서에 기반한 가혹한 규제 법규들이 기업활동을 위축시키고 있는 상황에서 돈 좀 지원해주고, 컨설팅 좀 해준다고 해서 기업들이 혁신을 하거나 투자를 하지는 않을 것이다. 따라서 '혁신성장'은 성과를 낼 수 없는 비현실적인 구호이다. 따라서 '혁신성장' 정책은 실적이 없다. 맞나요?

홍박사   제가 그렇게 말할 걸 그랬습니다. 정말 요약을 잘하시네요. 이제 공정경제로 들어가 볼게요. '공정경제'의 개념은 말만 들어도 가슴이 설레는 좋은 개념입니다. 가장 중요한 개념이 "모든 경제주체가 일한 만큼 정당한 보상을 받을 수 있다"인데요. 죄송하지만, 이건 거짓말입니다. 바깥에는 축구경기를 한다고 써놓고 막상 안에 들어가면 야구경기를 하고 있는 상황이라고 보시면 됩니다.

H사장 오호, 막 던지세요.

홍박사 아까 조나라님이 설명할 때 후다닥 넘어갔었는데요. 자세한 내용을 보시면 이해가 됩니다. '공정경제'의 4가지 추진방식은 ① 갑을 문제 해소 ② 기업 지배구조 개선 ③ 대·중소기업 간 상생협력 촉진 ④ 소비자 권익 보호 등으로 구성되어 있습니다. 갑과 을의 관계에서 갑이 횡포를 부리지 못하게 하자는 게 주요 목표라고 볼 수 있죠.

H사장 그게 '공정' 아닌가요? 갑을 간에 공정하게 일하자는 개념인 것 같은데요.

홍박사 4가지 추진방식만 보면 문재인 정부에서 말하는 '공정경제'는 '기업 간 공정경제'를 의미합니다. 우리 국민들 모두 '공정경제'라는 말에 '내가 노력을 많이 하면 권력이나 부정부패에 의한 차별을 받지 않고 대가를 받을 수 있겠구나' 생각하셨잖아요? 죄송하지만, 그런 개인들의 불공정 문제는 거론되지 않는 겁니다.

H사장 그럼 '공정경제'라는 건 기업들 관계만 해당되고 개인은 상관없단 말씀이에요?

홍박사 네, 맞습니다. 운동권 진보진영에서는 기업만을 불공정의 대상으로 보고 있기 때문이죠. 예를 들어서 인천공항의 단기 알바를 하던 비정규직 직원들이 대통령이 한 번 방문한다는 소리에 전부 정규직 직원이 되었습니다. 당시 인천공항 정규직 시험을 준비하던 많은 취업 준비생들이 눈물을 흘리면서 불공정을 토로했었지요. 그러나 운동권 진보진영에서는 그 현상을 불공정으로 보지 않습니다. 왜냐하면 기업이 아니라 개인의 문제였으니까요.

H사장 그래서 정부에서 문제가 없다고 당당하게 말했던 거군요. '공정경제'가 일반 국민과는 상관없이 '기업'에만 치중한 것이라면 이해가 되네요. 그러나 정부에서 갑에게 억압당하는 을을 지원하는 게 무슨 문제가 됩니까?

부도덕한 '을'을 어떻게 하나?

홍박사 사회현상에는 항상 변수가 있지요. 이들을 전문용어로 '양아치'라고 합니다. 갑을관계에서도 '양아치 을'이 있습니다. 을이 모두 다 백옥같이 순결한 건 아니니까요. 예를 들어 여기 A라는 대기업이 있고 B라는 중소기업이 있어서 납품을 하고 있습니다. 이때 B는 납기도 못 맞추고 불량을 수없이 낸다고 칩시다. 한마디로 '양아치 을'입니다. 그래서 A는 양아치 을인 B와의 거래를 끝내고 C라는 다른 중소기업을 끌어들이려 합니다. 이때 B가 공정거래위원회에 고발을 하고 조사가 나옵니다. 당연히 A는 B의 납기, 품질 문제를 거론하여 정당성을 호소합니다. 그러나 만약 대통령으로부터 을을 지켜주라는 명령을 받은 단속공무원이 B와 계속 거래할 것을 지시한다면 거래를 준비하느라 투자한 C는 쫄딱 망하게 됩니다. 왜냐하면 C는 아직 정식 거래를 하지 않았으므로 을이 아니거든요.

H사장 너무 과도한 비유 아닌가요? 우리나라 정부가 그렇게 일방적이고 멍청하게 일하지는 않을 거라고 생각해요.

정부와 단속공무원의 차이

홍박사 이해를 돕기 위해서 과도하게 설명했습니다. 그러나 저는 '정부'라고 표현하지 않았습니다. '단속공무원'이라고 표현했습니다. 여기에는 많은 차이가 있습니다. '정부'는 누가 문책을 하지도, 짜르지도 않습니다. 그러나 일개 '단속공무원'은 윗사람이 문책을 하면 속수무책으로 당해야 합니다. 어떻게 맨 위의 VIP의 마음을 무시하고 일할 수 있겠습니까? 자연히 눈치를 보게 되고 조직에서의 생존을 위해 불합리한 것도 합리적으로 포장할 수 있게 됩니다.

H사장 그건 좀 과도한 추정이 아닌가요? 공무원 사회도 조직에 대한 규정이 있는데, 인사권을 가진 상급자가 그렇게 마음대로 할 수 있나요?

홍박사 더 심하게 할 수 있죠. 예를 들어서 문재인 정부 출범 이후 환경부 산하기관들의 기관장을 물갈이하는 과정에서 일어났던 '문 정부 블랙리스트 사건'이 있습니다. 김은경 전 환경부장관과 신미숙 전 대통령균형인사비서관이 1심에서 유죄가 인정되어 실형을 받았지요. 많은 인사비리가 있었지만, 그중에 돋보이는 게 있었습니다.

H사장   그게 담당공무원 길들이기였다는 건가요?

홍박사   그렇죠. 당시 청와대는 한겨레신문 출신인 박모 씨를 한국환경공단 상임감사로 앉히려고 했었습니다. 그런데 그분이 너무 자격이 안 되는 거예요. 그래서 담당공무원들이 서류심사에서 탈락시켰습니다. 윗선에서는 면접만 보면 무조건 합격시키려고 기다리고 있는데, 홀랑 서류심사에서 탈락되니까 황당하지 않겠어요? 결국 나머지 서류 합격자 7명을 모두 '적격자 없음'으로 날려버렸지요. 그러고 나서도 분이 풀리지 않으니까 김은경 전 환경부장관은 해당 공무원을 좌천시켜 버립니다. 윗선의 뜻대로 하지 않았다고 성실하게 공무원으로서 쌓아온 평생의 실적이 한 번에 날아가 버립니다.

H사장   공무원은 철밥그릇인데 좌천되었어도 공무원 아닌가요? 다시 돌아올 수도 있고요.

홍박사   그 정도로 안 끝납니다. 진보 운동권을 너무 쉽게 보지 마세요. 신미숙 전 대통령균형인사비서관은 그 좌천된 공무원에게 '사죄 소명서'를 작성할 것을 강요합니다. 이건 사실관계는 전부 명확하게 확인된 사항이구요. 단지 법리적인 문제만이 재판에서 문제되었던 일이니까 믿으셔도 됩니다.

H사장　공무원은 철밥그릇인 줄 알았는데 그렇지도 않네요. 그토록 미웠던 말단 '단속공무원'에게 약간 불쌍한 마음도 생기네요. 그건 그렇고 ② 기업 지배구조 개선은 어떻습니까? 이것은 정당하지 않습니까?

기업 지배한 사람이 경영하느라 고생

홍박사　H사장님은 '삼성'의 경영현안에 대해서 하루 몇 시간 생각하십니까?

H사장　제가 그걸 왜 고민해요? 제 고민으로도 시간이 모자라요.

홍박사　그럼 이재용 부회장은 하루에 몇 시간 고민할까요? 제가 아는 지인으로부터 들었는데 이재용 부회장이 삼성의 공장을 순시할 때 일정 계획이 초 단위로 짜여져 있다고 합니다. 그 사람이 뭐가 부족해서 초 단위의 스케줄을 소화할까요?

H사장　그건 자기가 경영자니까 당연한 거 아닙니까? 만약 내가 삼성의 경영자이면 나도 그렇게 할 겁니다.

홍박사　맞습니다. 경영권을 가진 경영자이니까요. '기업 지배구조 개선'이 뭡니까? 경영권을 행사하는 기업주 일가에 경영권을 제한하는 거 아닌가요? 왜 제한합니까? '그 사람이 경영자'라면서요? 한마디로 "그 사람이 경영하느라 고생하는 것은 당연하고 경영자의 지위를 유지하는 것은 못하게 하자"는 양아치 논리 아닌가요?

H사장   공정경제 3법에 대해 말씀하고 싶으신 거죠? 대주주의 의결권이 3%로 제한되어서 경영권이 위협받으니까요.

홍박사   아까 사모펀드를 통해 경영권을 빼앗고 전문경영인이 와서 기업가치를 높인다고 하셨는데, 그게 가능할까요? 진보진영의 독자님들, 한 번 인터넷에서 찾아봐 주세요. 사모펀드가 돈으로 경영권을 빼앗아서 더욱 발전시킨 회사가 많은지, 회사가 해체되어서 문을 닫은 회사가 많은지요. 그리고 옵티머스나 라임 같은 펀드들이 건드린 회사들이 어떻게 되었는지 인터넷으로 검색이라도 한 번 해주세요.

H사장   그 검색결과를 확인하신 분은 저희에게 연락 부탁드릴게요. 이제는 '한국판 뉴딜'에 대해서 말씀해주세요.

홍박사   한국판 뉴딜에 어떤 내용이 중요한지는 언급하지 않겠습니다. 어차피 지원금 좀 주다가 또 시간이 지나면 흐지부지 없어질 테니까요. 또 권력을 가진 몇몇 분들이 사모펀드를 통해서 우회 투자한 후에 지원금을 합법적으로 타내겠지요. 어쨌든 결정적으로 국민의 삶에 영향을 미치는 것은 지원금액의 규모입니다. 왜냐하면 이는 국가재정에서 나갈 테고요. 전부 해외에서 차입한 빚으로 충당될 겁니다. 결국 우리나라 국민들이 이 돈을 눈물을 흘리면서 갚아야 합니다.

H사장   그래도 부디 삼성전자는 안 팔았으면 해요.

홍박사   아까 조나라님이 말씀하신 대로, 문재인 정부는 2022년까지

68조를 투입해서 일자리를 89만 개 창출한다는 전망을 내놓았습니다.

H사장 맞습니다. 그런데 전부 인텔리한 사람들에게 나눠주게 되는 것이라, 제가 좀 불만을 가졌죠.

홍박사 그것도 문제지만, 68조를 2년간 그냥 89만 명에게 그냥 나눠줘도 연봉 3천 8백만 원이 됩니다. 지원금 떨어지면 그 사업들이 사라질 텐데 뭐하러 뉴딜을 해요? 그냥 89만 명에게 나눠주지. 앞으로 나랏돈 나눠줘서 2년 잔치하고 나중에 털어먹는 시스템이 눈에 보입니다.

H사장 아까도 재정 이야기하다가 삼성전자 하나 팔면 해결된다는 말이 농담처럼 나왔어요. 사실 돈 없다고 막 돈 찍어내다가 베네수엘라처럼 되는 것보다는 그게 나을 수도 있지 않을까요?

홍박사 경제민주화에서 말씀드렸죠. 삼성전자는 이재용 부회장 소유물이 아니라고요. 국민들 다수의 소유물입니다. 그걸 빼앗겠다고요? 영혼까지 끌어모아서 마련한 돈으로 삼성전자에 투자한 서민들의 돈을 빼앗는다니, 진보 맞아요?

H사장 하긴, 그렇죠? 베네수엘라는 취약한 석유산업에 의존한 경제 기반이 약한 나라였지만, 우리나라는 경제력의 기초가 튼튼한 산업국가잖아요? 삼성전자 같은 기업을 팔아버리면 안 되죠.

홍박사 죄송한데요. 베네수엘라가 '취약한 석유산업에 의존한 경제 기반이 약한 나라'라고요? 누가 그런 소릴 해요?

H사장 아까 조나라님이요. 그때 안 듣고 뭐하셨어요?

홍박사 하도 순식간에 지나가서 제대로 못 들었나 봅니다. 그럼 산유국들이 전부 가난한 나라인가요? 아니면 부자 나라인가요? 우리도 예전에 산유국을 부러워하지 않았나요? 땅만 파면 돈이 나와서 저절로 먹고살 수 있는 게 산유국입니다. 산유국이 전부 부자 나라인 거 몰라서 하는 말씀입니까?

H사장 생각해보니 그러네요.

홍박사 베네수엘라는 전 세계 최대의 석유매장량을 자랑하는 산유국입니다. 석유산업을 잘 육성해서 키워나갔으면, 지금도 사우디아라비아 부럽지 않게 잘 나가고 있겠지요. 그런데 국민들이 정치가들의 꾀임에 넘어가서 투표를 잘못하는 바람에, 극빈 상태에서 쓰레기통을 뒤져서 끼니를 이어가고 있죠.

쓰레기통을 뒤져서 음식을 먹고 있는 베네수엘라 국민들

H사장   으, 더러워라. 베네수엘라는 나중에 따로 이야기하기로 하시죠. 여기서 너무 말이 길어지고 있는 것 같아요. 지금까지 홍박사님께서 열심히 문제인 정부의 경제정책의 문제를 지적해주셨는데요. 비판하는 것은 매우 쉽습니다. 그러면 우리나라 경제가 살아나려면 어떻게 해야 할까요? 원론적인 이야기 말고 제도적으로 도입할 만한 아이디어가 없을까요?

경제의 활력을 살리자

홍박사   저도 그런 거 말해도 되는 겁니까? 누가 제 의견에 귀를 기울이고 들어주기나 하겠습니까? 저는 여기에 비판자의 입장으로 나온 사람입니다. 제게 제안하는 역할을 제안하시면 좀 곤란한데요.

H사장   어허, 또 그러신다. 돈 받잖아요?

경제정책은 정치논리랑 따로

홍박사   그렇게까지 심각하게 말씀하시니 저도 숨김없이 말씀드리겠습니다. 저는 우선적으로 표를 의식해서 국민들 감성에 눈치를 보는 정치논리에 경제정책이 지배되어서는 안 된다고 생각합니다. 국가의 경제력이란 새로운 부가가치를 창조하는 능력을 의미합니다. 즉 경제정책은 새로운 부가가치를 창조하는 능력을 마음껏 발휘할 수 있도록 발판을 마련해주는 수준의 정책이 맞다고 생각합니다.

H사장   국민들이 부자들에게 화가 나 있다고 해서 기업이나 부자를 망가뜨려서는 안 된다는 뜻인가요?

홍박사   맞아요. 그렇게 부가가치를 창조하는 능력을 갉아먹는 경제정책은 나중에 되돌리기 너무 힘들게 됩니다. 소득주도성장이 좋은 예인데요, 기업이 돈을 내서 서민의 소득을 올리는 정책은 서민의 소득이 올라가는 것처럼 보이지만, 돈을 지불해야 하는 기업의 소득이 줄어들기 때문에 부가가치의 창조량은 거리가 있습니다. 특히 부가가치 창조의 주체인 기업의 희생을 강요하기 때문에 부가가치 창조의 능력은 저하되기 마련이지요. 외국에서도 '소득주도성장'과 비슷한 급격한 최저임금 인상정책을 폈던 나라 중에 경제가 쑥쑥 성장한 나라는 단 한 곳도 없습니다.

H사장   그런데 왜 정치인들은 강제로 최저임금을 급격하게 올리는 정책을 선호할까요?

표가 안 나오는 기업만 괴롭힘 - 포퓰리즘

홍박사 이는 서민들의 표 때문입니다. 기업에서는 표가 안 나오거든요. 그러니 투표권이 없는 기업에서 돈을 내도록 하고 자신에게 표를 던질 유권자들에게 돈이 흘러 들어가게 하는 정책에 끌리는 게 당연합니다. 그러나 이렇게 상처받은 기업들이 망하거나 움츠러들고 부가가치 창조 능력을 상실하면, 그때부터는 경제 자체가 무너져 내리게 됩니다. 그걸 국민들이 눈치채면 좋은데, 기업이 거덜이 나면 정부가 잘못해서라기보다는 기업의 경영자를 욕합니다. 그리고 표는 또 계속 기업을 거덜내는 쪽에 던지게 됩니다. 결국은 경제는 무너지지만 정치가는 국민들로부터 표를 얻습니다. 그래서 더 경제를 망치는 최악의 방안이 최고의 선거전략이 되는 겁니다. 그러면 결국은 아르헨티나나 베네수엘라가 되는 겁니다.

페론(Juan (Domingo) Perón)

페론 대통령 - 포퓰리즘과 부정부패

H사장 중남미의 포퓰리즘 창시자인 아르헨티나의 페론 대통령이네요. 노동자 위주의 복지정책을 펴서 인기를 끌고, 기업들을 국유화하면서 생긴 이권을 빨아들이는 부정부패의 상징인 분이잖아요.

홍박사 국가가 기업의 이권에 개입하면서도 아무 거리낌 없이 국민들에게 퍼주기를 했던 분입니다. 국민들은 퍼주는 돈 몇 푼에 감동해서 그의 부정부패에 눈을 감았고요. 그래서 부정부패 때문에 한 번 쫓겨난 다음에도 다시 집권하는 데 성공합니다. 국민들은 부정부패를 하더라도 정부에서 돈을 나눠주니까, 거기에 맛을 들여서 거부하지 못합니다. 아시다시피 아르헨티나는 이분 덕분에 9번째 모라토리엄을 준비하고 있습니다.

H사장 알았어요. 이 페론 대통령처럼 자신이 인기를 얻기 위해서 기업들을 축내면 나라가 쫄딱 망한다는 말씀이시잖아요? 이제 그만하시고 경제를 살릴 방법을 말씀해주세요.

경제정책에 책임을 지자

홍박사 네, 첫 번째로 제시하고 싶은 것은 경제정책에 대한 정부의 책임입니다. '소득주도성장', '혁신성장', '공정경제' 등 경제정책들이 사실상 폐기에 들어갔음에도 아무도 책임을 지지 않습니다. 잘해봐야 청와대 비서실에서 몇 명 사표를 내는 정도입니다. 그분들은 대통령의 측근이기 때문에, 바로 다른 부처로 옮겨서 권력을 또 휘두릅니다. 이래서는 국민의 삶만 거덜납니다.

H사장   그럼 어떻게 하죠? 경제가 제대로 성장 못하면 대통령을 탄핵하나요?

홍박사   구조적으로 경제정책의 세부 내용은 기획재정부에서 공무원들이 만들어냅니다. 물론 실행은 다른 산업자원부나 중소벤처기업부 같은 다른 부처에서 하지만요. 이런 경제정책이 실패하면 그 경제정책의 기획이나 실행을 맡은 담당공무원을 문책하는 겁니다. 고위직 같은 경우는 옷을 벗는 게 당연하겠지요.

H사장   너무 심하신 거 아닌가요? 그분들은 위에서 하라고 해서 그렇게 기획하고 실행한 거잖아요?

홍박사   실업률이 1% 높아질 때마다 얼마나 많은 가정이 눈물을 흘리면서 돈 걱정을 하는지 아시나요? 경제성장율 0.1% 떨어질 때마다 얼마나 많은 기업들이 문을 닫는지 아시나요? 국민에게 봉사하라고 공무원시켜 놨더니, 국민은 개무시하고 인사권자 눈치만 보느라 실패가 뻔한 정책을 입안합니다. 결국 그 정책이 가난한 국민들 눈에 피눈물이 나게 했는데, 이 정도 벌이 뭐가 심해요?

H사장   하긴 듣고 보니 심한 건 아니네요. 그래서 정권이 바뀌어도 정책이 비슷비슷했던 거군요. 위에 장관은 바뀌지만 실무공무원들은 그

대로니까요. 그러니까 되지도 않는 비슷한 정책 대충 내놓고 또 정권 바뀔 때까지 기다리는 느낌이에요.

홍박사 만약 경제성장률이 떨어질 때마다 기획재정부 공무원들이 짤리거나 문책을 당하면, 소득주도성장 같은 경제정책이 입안될 때 공무원 노조가 나와서 뜯어말렸을 겁니다.

H사장 헐, 좀 놀랍네요. 이런 해결방안은 생각 못했어요. 또 다른 제안이 있나요?

홍박사 10년 전『진보집권플랜』이라는 책에서도 "한 사회에서 부와 가치를 창출하는 곳이 기업 아닙니까? 엄밀하게 얘기하면 자본과 노동이겠죠. 정치권력이나 언론이 부와 가치를 창출하는 기관은 아니잖아요"라고 언급되었습니다. 한마디로 돈은 기업이 만들어내는 부가가치에 의해서 사회에 생겨나는 겁니다. 그렇다면 '기업'이 돈을 벌게 해줘야 합니다.

H사장 그럼 자본과 특혜를 특정기업에 몰아줘서 단기간에 기업을 부풀리는 박정희 시대 경제정책으로 가자는 건가요?

홍박사 아닙니다. 오히려 문재인 정부에서 박정희식 경제정책을 따라 하고 있어요. 소득주도성장에서도 문제가 발생하니까 기업에 재정으로 돈을 퍼붓습니다. 혁신성장에서도 BIG 3 산업에 지원금을 펑펑 줘서 기업을 키우려 합니다. 한국판 뉴딜은 2025년까지 160조가 기업들

에게 풀릴 예정입니다. 국가재정을 부어서 기업을 뻥튀기하려 하고 있
잖아요. 이게 박정희식 경제정책이 아니면 뭔가요?

H사장　듣고 보니 그러네요. 돈 줘서 기업을 급성장시키려는 박정희
식 경제정책들이네요.

홍박사　미안하지만, 지금은 기업들의 경제규모가 커져서 정부에서 돈
좀 몰아준다고 전체 경제가 살아날 정도로 부양이 쉽게 되지도 않습니
다. 거기에다가 그런 식으로 재정을 푸는 것은 어마어마한 후유증이
따라옵니다.

H사장　소득주도성장처럼 물가가 오른다고 하시려는 거죠? 하지만 그
건 아직 먼 미래의 이야기 아닌가요?

홍박사　아닙니다. 물가상승은 이미 진행되고 있습니다. 우리가 실제
로 "물가가 오르는구나"라고 느낄 때는 이미 늦은 겁니다. 기획재정부
의 2021년 전망에 의하면 일반인의 물가상승률이 2%를 예상하고 있
습니다. '2%면 별거 아니네'라고 생각하시겠지만, 우리가 접하는 식당
물가, 장바구니 물가는 20~30% 정도 오른다고 보시면 됩니다. 가격이
100원, 500원, 1,000원 단위로 오르니까요.

H사장　그게 재정을 풀어서 그렇다는 건가요? 코로나19 때문에 그런
거 아닌가요? 아직 한국판 뉴딜은 시작도 안 했잖아요.

홍박사   한국판 뉴딜이 시작도 안 하고, 코로나19에 대응하기 위한 재난지원금만 풀어도 시장이 이렇게 들썩들썩합니다. 한국판 뉴딜로 돈을 뿌려대면 얼마나 더 물가가 오를까요? 우리나라 물가가 베네수엘라를 추월할지도 모르죠. 그래서 막 퍼주는 것보다는 규제를 풀어서 기업활동을 장려하는 게 더 좋은 겁니다.

H사장   기업에 돈을 주지 말고 스스로 벌 수 있게 해주라는 뜻이죠? 그리고 그 방법은 규제를 푸는 것이고요?

홍박사   실제로 모든 사회 주체들 중에 가장 혁신적인 주체가 기업입니다. 정부는 흉내도 못 내죠. 그냥 놔두면 정말 혁신적으로 성장합니다. 그런데 그 길을 규제가 막고 있지요. 이러한 규제를 없애주면 기업들은 알아서 성장합니다.

H사장   또 규제가 문제네요. 구체적으로 말씀해주세요.

홍박사   정부의 규제는 회사에서 '비용'으로 나타나게 되고 이 '비용'은 여러 형태를 가지게 됩니다. 예를 들어 가혹하고 복잡한 법규 때문에 매번 무슨 일을 하려 할 때마다 관련 법률전문가에게 돈을 내고 물어봐야 한다면 그것도 비용이고요, 법이 명확하지 않고 애매해서 법률전문가도 잘 모르겠다고 해서 그 사업을 포기하면 그것도 비용입니다. 또한 법을 열심히 지켜서 허가도 다 받고 진행했는데 단속공무원이 나와서 올해 그 법의 해석방법이 바뀌었다고 영업정지를 시키고 대표자를 구속시키면 그것도 비용에 들어가지요. 그래서 법규에 대한 비용이 최근 가장 심각한 경영상의 문제로 대두되고 있습니다.

H사장   저도 기업규제를 없애야 하는 필요는 인정합니다. 그렇지만 얽히고설킨 이해관계들 때문에 쉽지 않아요

지킬 수 없는 법들 - 시험 봐서 정리하자

홍박사   글쎄요. 없앨 수 있는 사람이 없애기 싫어서 그런 것은 아닐까요?

H사장   규제를 없애기 싫어하는 사람들이 떠오르긴 하네요.

홍박사   질문 하나 하죠. 법은 지키라고 만드는 겁니까? 아니면 못 지키면 처벌하기 위해서 만드는 겁니까?

H사장   당연히 지키라고 만들었지요. 법을 지키는 것을 강제하기 위해서 처벌조항이 필요한 거구요.

홍박사   그럼 지킬 수 없는 법이 법인가요?

H사장   그런 법이 있습니까?

홍박사   있습니다. 아뇨 최근에 제정된 거의 대부분의 기업 관련 규제 조항들이 그렇습니다. 기본적으로 행정처분의 기준을 법에서 명확하

게 정하지 않고 대충의 방향만 제시합니다. 결국 단속공무원의 판단에 따라 기업주는 규제 대상이 될 수도 있고 아닐 수도 있습니다.

H사장 저도 그거 알아요. '중대한', '심각한' 이런 표현 말이죠? 기준이 될 수 없는 감성적 기준.

홍박사 맞아요. 또한 세부 내용이 시행령에 의해서 결정되는 경우가 있습니다. 시행령은 매년 수시로 바뀝니다. 그럼 작년까지 합법이었던 것이 갑자기 불법이 됩니다. 예를 들어 다 지켰는데 나중에 올해 법이 바뀌었다, 또는 아리송한 법 조항에 대해 소송이 있었고 판례가 나왔는데 기존의 해석이 바뀌었다 같은 날벼락이 떨어집니다. 예전에 '통상임금' 재판의 결과가 좋은 예입니다. 몇 십 년간 옳았던 일이 순식간에 불법으로 변신해서 우리 기업들의 뒤통수를 때렸죠.

H사장 그렇네요. 법이 너무 자주 바뀌고 그 내용도 애매해서 해석도 제각각이죠. 저도 인허가 관련 담당공무원이 바뀔 때마다 입장이 달라서 곤혹을 치른 경험도 있습니다.

홍박사 특히 수없이 많은 법들이 있는데요. 누구 하나 다 아는 사람은 없습니다. 너무 복잡하고 변수가 많거든요. 그런데 재미있는 것은 단속공무원이나 허가공무원들도 다 모르는 법을 기업주는 다 알아서 지켜야 한다는 것입니다. 모르는데 어떻게 지킵니까? 회사에서 경영의 모든 사항을 법률전문가와 상의해서 해야 하나요? 문제는 법률전문가들도 잘 모른다는 겁니다. "그런 게 생겼어요?"라고 반문하는 경우도 있고요.

H사장   그럼 어떻게 합니까? 법을 줄이자니 문제가 발생할 수도 있을 텐데요.

홍박사   저는 단속공무원이나 허가공무원들이 규제법률에 대한 시험을 봐야 한다고 생각합니다. 그래서 본인들도 해석이 제각각인 법이나 조항이 너무 전문적이고 어려운 법들은 '실행 불가능한 법'으로 분류해야 한다고 생각합니다. '실행 불가능한 법'으로 분류된 조항에 대해서는 단속이나 허가 시에 유예를 줘야 하지 않을까요? 어차피 못 지키는 법인데 뭐하러 적용합니까?

H사장   저도 공무원에게 규정에 대해 물어보러 갈 때가 있어요. 그러면 갑자기 자리에서 일어나서 어디론가 갑니다. 한참 만에 어디선가 두꺼운 규정집을 갖고 와서는 한참 찾아서 겨우 대답해주더군요. 그런 법을 말씀하시는 거죠? 저도 그런 공무원이나 규정을 대할 때마다 '도대체 어떻게 법을 지키나' 하는 생각을 해요.

홍박사   특히 시험을 봐서 일정 점수 이하의 공무원에게는 패널티를 줘야 합니다. 그럼 법이 바뀌거나 규제가 생기는 것을 공무원들이 가장 싫어하게 되겠지요. 더 이상 규제가 공무원들에게 힘을 실어주는 도깨비방망이가 아니라 무거운 짐이 될 것입니다. 또한 국회의원들에게도 해석이 여러 가지로 되거나 명확하지 않은 조건을 넣은 법을 만들지 못하도록 해야 할 필요가 있습니다. 지금의 국회의원에게 자신이 예전에 만들어 통과시킨 법의 명확한 해석을 질문해서 그게 뭔지도 모르는 국회의원이 있다면 피선거권을 제한할 필요가 있지 않을까요? 그래야 법이 좀 더 쉽고 지키기 편하게 만들어질 것 같습니다.

H사장 그 내용은 나중에 '국회 이야기'에서 자세히 해주세요. 그럼 규제에 의한 리스크 비용이 감소하면 기업들이 확 살아날까요?

홍박사 지금 우리나라의 기업들은 모두 높은 대정부 리스크에 시름하고 있습니다. 실제로는 순식간에 터무니없이 바뀌거나 생겨나는 법과 단속공무원, 허가공무원들의 임의적인 법 적용에 시름하고 있습니다. 이 흐름만 바꿀 수 있으면 절반의 성공이라고 볼 수 있지 않을까요? 그럼 천천히라도 살아날 겁니다.

H사장 결국 기업을 살리는 것은 '규제혁신'이군요. 그리고 그 책임을 기업이 아닌 규제의 실행자인 단속공무원, 허가공무원들이 지도록 하자는 거구요.

홍박사 규제혁신의 마지막으로는 '공정성'이 있습니다. 아까 경제정책이 실패하면 기획하고 실행한 공무원들이 불이익을 봐야 한다는 말씀을 드렸지요. 이와 비슷하긴 합니다.

H사장 경제정책을 공정하게 실행해야 한다는 말씀인가요?

홍박사 아닙니다. 지금 국회는 아무 책임도 지지 않으면서 정책을 남발하고 있습니다. 만약 기업에 대한 규제를 만들어낼 때 똑같이 국회도 적용받도록 법을 만들면 어떨까요? 예를 들어서 공정경제 3법에서 지분에 상관없이 의결권을 3%로 제한했다면, 국회도 의석 수에 상관없이 3% 의결권을 갖게 법을 연동하는 겁니다.

H사장 그것 좋네요. 만약 그랬으면 중대재해법 같은 법이 국회의원에게도 적용되었겠죠. 만약 보좌관 중에 한 명이라도 죽으면, 징역을 가고 벌금도 받도록요.

홍박사 그렇죠. 중대재해법 같은 과잉 처벌법을 만드는 데 좀 더 신중해질 수 있을 겁니다.

서민을 보호하기 위한 기업규제

H사장 조나라님께서는 어떻게 생각하십니까? 규제혁신을 간절히 필요로 하는 기업들이 문재인 정부의 규제혁신에 대해 만족하고 있다고 생각하시나요?

조나라 기업들이 어떻게 생각하는지는 저는 관심 없습니다. 아마 진정한 진보진영의 지지자라면 기업의 의견에 관심 없는 것이 당연하겠지요. 어쨌든 저는 상황에 비해서는 매우 성공적이라고 생각해요. 여기서 상황이라는 것은 서민들, 즉 저소득층이나 노동자들에게 유리하게 사회를 이끌어나가야 하는 문재인 정부의 근원적 목표를 말하는 것입니다. 아까도 말씀하셨듯이 '혁신성장'은 기업과 함께 이루어야 하고 기업의 이익이 많아지는 방향으로 진행되어야 합니다. 기업들은 거기에서 가장 큰 장애물이 기업규제라고 아우성치지요.

H사장   그러니까요. 그 기업규제를 얼마나 없앴는지 실적을 말해주세요.

조나라   그렇지만 '혁신성장'을 위해서 근원적 목표를 무시해서는 안 됩니다. 예를 들어 중대재해법의 경우 기업주의 책임을 대폭 강화하여서 노동자의 안전에 대해 적극적인 활동을 하도록 기업주를 독려하는 기능을 가지고 있지요. 만약 중대재해법의 사업주의 책임을 줄이도록 개정하면 상대적으로 기업주는 노동자의 안전을 신경 쓰지 않게 되고 결국 노동자는 위험에 노출되게 됩니다. 이 상황은 진보의 근원적 목표를 어기게 되는 것입니다. 그러면 규제를 풀어주면 안 되겠지요. 이렇듯 서민을 보호하는 틀 안에서 움직이면서도 이 정도의 성과를 거두는 것은 정말 성공적인 거죠.

H사장   중대재해법 이야기가 나와서 말씀인데요. 만약 사업주가 철저히 안전교육을 시키고, 안전조치를 다했는데 근로자가 이를 무시하고 일하다가 사고가 나면 처벌을 받게 되나요?

조나라   시행규칙의 내용에 따라 향후 조정이 되겠지만, 일단 법문에 따르면 사고가 발생하면 무조건 처벌받게 되어 있어요. 그리고 회사의 경영자가 모든 책임을 지는 것이 당연한 것 아닙니까? 그 회사의 대표 잖아요? 모든 잘못이 근로자에게 있어도 경영자가 책임을 지는 게 뭐가 문제죠?

H사장 문제가 있지요. 기업을 경영하는 경영자가 바보가 아니니까요. 중대재해법과 같은 감당할 수 없는 규제가 생기면, 기업 경영인들은 어차피 직원을 교육하고 안전장치를 해봐야 사고는 무조건 날 것이고, 그에 대비하는 다른 방법을 찾겠지요.

조나라 글쎄요. 대비할 방법이 있을까요? 이 중대재해법은 돈 많은 부자와 기업주를 혼내주기 위해 정교하게 설계되어 있어요. 대한민국에서 사업을 하는 한 모두 죄인이고 범법자로 몰릴 수밖에 없지요. 결국 자신에게 갑질을 하고 착취하던 부자와 기업주가 감옥에 가는 것을 옆에서 지켜보는 서민들의 마음을 시원하게 해주는 사이다와 같은 법이지요. 2021년 1월 22일 일간지에 더불어민주당 박주민 의원이 12명의 동료 의원들의 반대를 무릅쓰고 이 법을 추진했다고 밝힌 내용이 나옵니다. 그만큼 이 법을 통해 서민들이 좋아할 것을 바라보면서 한 길로 나아간 진보 정치인의 노력이 서려 있는 것이지요. 그런데 어떻게 대비를 해요?

H사장 방법이 왜 없어요? 대한민국에서는 그 법을 대비할 수 없으니까 해외로 도망가는 거죠. 2021년 2월 벤처기업협회, 전국경제인연합회, 한국중견기업연합회 등이 공동으로 국내 기업에 설문조사를 했어요. 놀랍게도 국내 고용을 축소하겠다는 기업이 37.3%나 나왔지요. 특히 그중에 고용을 축소하겠다는 벤처기업은 40%에 달했어요. 중견기업보다 벤처기업이 더 고용에 회의적이라는 거죠.

조나라   아마 보수진영에 속한 벤처기업에만 설문조사를 하신 모양이네요.

H사장   해외로 이전하겠다는 기업이 전체에 21%에 달했고요. 그중에서 벤처기업이 해외 이전 검토 비율은 24%였어요. 고용도 줄이고, 해외로 도망가서 중대재해법을 피하겠다는 거죠. 그럼 우리나라에 일자리가 줄어들 텐데. 실업률이 높아지면 어떻게 할 건가요?

조나라   하하하, 문재인 대통령의 별명이 일자리 대통령인 것을 잊으셨나요? 실업률은 높아지지 않습니다. 또 공공근로를 확대해서 공공알바 일자리를 확 늘리면 되거든요. 이렇게 말씀드리면 재정문제를 거론하면서 싸우자고 덤비시는 분들이 계시겠지요. 아까 말씀드렸잖아요. 삼성 하나만 팔아도 재정 걱정은 필요 없다고요. 무엇보다 재정 때문에, 실업률 때문에 부자와 기업인을 응징하지 않는다면 진보가 무슨 의미가 있습니까? 국민들이 그 일을 하라고 178석의 지지를 주신 것 아닌가요?

H사장   진보진영의 그런 입장은 이해합니다. 다시 규제혁신으로 돌아가지요. 그럼 문재인 정부에서 규제혁신의 성과가 하나도 없나요? 있기는 있을 것 아닙니까?

규제개혁의 걸림돌 - 야당의 반대

조나라   지방정부 단위의 작은 규제들은 조금씩 정리되고 있으나 쉽지는 않습니다. 특히 대부분의 규제가 법으로 정한 것이어서, 법률을 바꾸지 않는 한 규제를 없앨 수가 없거든요. 그런데 야당에서는 이러한 민생법안의 처리는 전혀 안중에도 없이 무조건적인 반대만을 외치고 있으니 안타까울 따름입니다.

H사장 그럼 문재인 정부와 여당인 더불어민주당에서는 강력하게 규제개혁을 위한 법안처리를 밀어붙이고 있다는 것인가요? 제가 알고 있는 바로는 소수 야당의 소리는 신경 안 쓰고 178석의 의석을 이용해서 규제를 강화하는 법률만 통과시키고 있는 걸로 알고 있는데요. 21대 국회에 이르러 과반 이상을 확보한 거대 여당이 통과시킨 규제개혁 법안은 무엇이 있죠?

조나라 제가 처리한 것이 아니라서 잘 모르겠습니다. 제 책임도 아닌 것을 그렇게 정직하게 물어보시는 것은 실례가 아닐까요?

H사장 그 말씀이 맞군요. 법안을 조나라님께서 처리하신 것은 아니니까요. 어쨌든 규제개혁의 모든 문제가 야당에서의 무조건적인 반대 때문이니까 어쩔 수 없었다는 입장은 잘 들었습니다. 하지만 기업들이 점점 무너지고, 일자리를 잃고 극빈자로 전락하는 서민이 더 이상 늘어나기 전에 규제혁신이 이루어졌으면 하는 마음이 있네요.

조나라 기업이 무너지고 가난한 서민들이 일할 일자리가 줄어드는 것이 마치 규제 때문인 것처럼 포장되고 있네요. 미안하지만 아닙니다.

H사장　일자리가 줄어드는 것이 기업규제 때문이 아니라는 말씀인가요?

조나라　일부 영향이 있을 수는 있겠지요. 그렇지만, 사실 외국인 노동자에 의한 영향이 많습니다. 최저임금의 급격한 인상으로 외국인 노동자들의 급여가 높아지자, 일부 기업인들 중에서는 외국인에게라도 차등 지급할 수 있게 최저임금 제도를 고쳐달라는 요구가 있었습니다.

H사장　그렇게 했으면, 우리나라 사람들의 일자리가 조금이라도 더 보호되지 않았을까요?

조나라　그럴 수도 있었겠지요. 그러나 문재인 정부에서는 그들의 인권에 더욱 집중했습니다. 일자리 몇 개 보호하자고 외국인 노동자들의 인권을 무시할 수는 없는 일 아니겠습니까? 진보진영의 경제관에는 돈보다 사람이 우선된다는 것을 나타내는 통 큰 결정이었지요.

H사장　경제관에서 돈을 빼고 사람을 넣으신다니, 물통에서 물을 빼고 모래를 넣는다는 거랑 뭐가 달라요? 어쨌든 재집권을 위한 결론을 마무리 부탁드릴게요.

조나라　다시 원론으로 돌아가겠습니다. 진보의 최종 목표는 '양극화 해소'입니다. 그리고 국민들은 어설픈 경제성장보다는 부자와 기업을 응징하기를 원하고 있습니다. 국민들 마음속에는 나는 가난해져도 얼마든지 버틸 수 있으니 진보진영이 가던 길을 계속 가기를 응원하는 마음이 있습니다.

H사장   누가 그런 응원을 해요?

조나라   21대 국회의원 선거에서의 결과가 이를 증명하고 있지요. 178석이 괜히 나옵니까? 선거의 승리는 국가운영의 성과와 관계가 별로 없어요. 일단 표만 많이 얻으면 되니까요. 실제로 가난한 사람보다는 스스로가 가난하다고 생각하는 서민이 절대 다수입니다. 그렇게 스스로를 가난하다고 생각하는 서민이 똘똘 뭉치는 계기만 마련하면 선거에서 승리할 수 있는 거죠. 2차 세계대전에서 소련처럼 전투에서는 졌지만 전쟁에서는 이길 수 있는 겁니다.

H사장   결국 자잘한 성과에 연연하지 않겠다는 뜻이네요.

조나라   진보진영은 흔들림 없이 지금의 경제정책 방향을 유지해서 기업활동을 제한하고, 더욱더 많은 재정을 투입하여서 국가경제가 정부의 재정에 의해서 움직이는 틀을 건고하게 만들어갈 것입니다.

H사장   내가 가난해지더라도 부자와 기업을 혼내주기 원하는지, 아니면 부자와 기업이 잘 살든 말든 내가 잘 살게 되기를 원하는지 이 둘 중에 국민 여러분들이 무얼 원하는지가 관건이네요. 두 분의 말씀 감사해요.

Subject 4
교육 이야기

"(공공의대) 후보 학생 추천은 전문가, 시민사회단체 관계자 등이 참여하는 중립적인 시, 도 추천위원회를 구성해서 동 위원회가 정부 제시 심사기준 등을 토대로 시, 도에 배정된 인원의 2~3배 수를 객관적이고 합리적으로 선발하여 추천하도록 할 예정입니다"

- 보건복지부

부모의 욕심에 공부하는 기계가 되어버린 아이들

H사장 얼마 전 방영되었던 'SKY 캐슬'이라는 드라마를 보신 분들 많으시죠? 물론 극작가가 꾸며낸 허구의 이야기이긴 합니다만 자녀에게 좋은 학벌을 만들어주기 위해 자녀들의 의견이나 인성은 무시하고 공부기계를 만들어가는 잔혹한 모습들이 국민적 공감대를 일으켰어요. 세상에는 수만 가지의 직업이 있고 사람 숫자만큼의 다양한 삶이 있는데 왜 성적이라는 하나의 틀로 우리의 자녀들이 찍어내져야 하고 평가받아야 할까요?

조나라 맞습니다. 학교에서 배우는 수없이 많은 수학공식들, 미국인도 모르는 너무 너무 어려운 영어단어들과 문법들은 사회에 나와서 한 번도 써먹을 수 없는데요. 우리 아이들은 왜 이런 것을 달달 외우느라 인생을 허비해야 할까요?

H사장 우리나라에서 자녀가 있는 분들이 가장 크게 고민하시는 것이 바로 '교육' 아닐까요? 자녀들의 교육은 자녀들의 미래를 결정하는 가장 큰 요소이기 때문에 부모로서 신중하지 않을 수 없는데요. 이제부터 이 부분을 같이 논의해봤으면 합니다.

공부하지 마!
가난한 서민을 위한 세상이 온다!

조나라 사실 교육에서 가장 중요한 것이 '대입'이겠지요. 유아 때부터 열심히 어린이 그림 동화전집을 사서 읽어주면서부터 '대입'의 준비가 시작된다고 봐도 무리가 아닐 겁니다. 부모가 조금 더 내 자녀에게 잘 해주면 내 자녀가 남들보다 조금 더 많이 알게 될 것이고, 그러면 남들보다 조금 더 앞서 나가고, 남들보다 조금 더 좋은 대학에 진학할 것이다. 그러면 남들보다 조금 더 좋은 직장에 취직하고 남들보다 조금 더 풍요한 삶을 누리게 될 것이다. 지금 이 시대의 교육은 이런 허황된 기대에 근거해서 자녀의 인생을 공부에 틀어박아 버리는 삐뚤어진 사랑의 표현이 아닐까요?

H사장   그 삐뚤어진 사랑을 저도 하고 있으니 정말 가슴이 아프네요. 더군다나 사실 경제적으로 성공한 사람 중에 공부를 잘해서 성공한 사람은 그다지 많지는 않은 것 같아요. 의외로 공부보다는 그 사람의 창의적인 생각과 노력이 성공의 길로 이끄는 경우도 많거든요. 전에도 말씀드렸지만, 제가 아는 가난한 직장인에서 사장으로 성공한 분들 대부분이 학력은 좋지 않지만, 그 분야에서 창의력을 발휘해서 노력하신 분들이지요. 밑바닥부터 일을 배워서 우연한 기회에 사업을 차려서 부를 이루게 되었다고 말하는 분들이 많이 있어요.

조나라   하하하, 진보에 의해서 세상이 평등하게 바뀌었는데, 경제적 성공이 뭐가 중요한지 모르겠네요. 좋은 대학을 나와서 좋은 직장, 즉 돈 많이 주고 안 짤리는 직장에 가서 돈 많이 벌어봐야 진보진영의 나라에서는 세금으로 재산을 다 빼앗길 수도 있죠. 양극화 해소의 가장 중요한 방향이 부유층에 대한 탄압이니까요. 뭐하러 그런 쓸데없는 짓을 하는지 모르겠어요. 그런 부모의 삐뚤어진 사랑 표현에 아이들만 죽어나는 거죠.

H사장   진보진영에서 주장하는 가난한 서민이 주인이 되는 세상에서는 고학력이 오히려 독이 된다는 말씀이죠? 가난하게 사는 게 인생의 목적이라면, 그럼 이제 공부는 필요 없는 건가요?

권력의 자리는 학력이 꼭 필요합니다

조나라   만약 공부의 목표가 부자가 되는 것이라면, 공부를 잘하지 못해도 큰 문제가 없습니다. 그렇지만 사회적인 성공, 즉 진보진영에 핵심인물로서 민주주의를 위해 헌신하면서, 정치권에 입문해서 권력을 휘두를 수 있는 지위에 오르려면 공부는 필수적입니다. 한 번 보세요. 정치권이든 시민단체든 국민의 선택에 의해서 국민의 세금을 마음껏 쓸 수 있는 권력의 자리에는 거의 사법고시 통과하신 분들이나 서울대 나오신 분들이 앉아 계시지 않습니까?

H사장   그러고 보니 그 말씀도 맞네요. 서민을 위한 진보진영에는 모두 고학력자들이 자리하고 있어요. 특별한 이유가 있을까요?

조나라   사실 다양한 경험을 통해 알게 된 것이지만, 출신학교에 의해 사람의 능력을 평가하는 방법이 의미는 있습니다. 고학력자가 조직에 대한 순응을 잘하거든요. 좋은 학교를 나왔다는 것은 단적으로 부모가 시키는 공부를 다 했다는 증거이니까요. 즉 시키는 대로 순순히 일을 잘한다는 뜻이지요. 진보진영은 내부적으로 강력한 지도체계를 유지하고 있습니다. 여기서 조직에 순응적이지 않는 사람은 장애물이 될 뿐이죠.

H사장   학력이 높으면 말 잘 듣는 순둥이라는 말씀이군요.

조나라   거기에 책임감도 높습니다. 부모님의 기대에 대한 책임감이 없다면 그렇게 죽기 살기로 공부해서 좋은 대학에 갈 리가 없지 않겠습니까? 또한 공부를 잘하기 위해서 필요한 여러 가지 조건들을 다 갖추고 있지요. 체력이나 인내력, 그리고 인성까지도요. 즉 좋은 대학 나온 사람이 같이 일하기 좋다는 거지요.

H사장   그런 이유 때문에 국가를 운영하는 정치권이나 권력기관들이 점점 더 심하게 학벌 위주의 시스템으로 가게 되는 것 같아요. 전부 공부 잘한 판사, 검사 출신이거나 교수 출신이니까요. 학력이 좀 떨어지지만, 혁신성을 갖춘 기업인은 정치권이나 권력기관에 입문하기가 쉽지 않아요.

기업인은 부도덕하기 때문에 공직자는 어렵다

조나라   기업인들이 판사, 검사나 교수님들보다는 혁신적이라는 것은 저도 인정합니다. 그러나 기업인들이 정치권이나 권력기관에 입문하지 못하는 이유는 그들의 부도덕함 때문이 아닐까요?

H사장   기업인의 부도덕함이요?

조나라   한 번 생각해보세요. 기업인들이 정치권에 입문하거나 고위공직자로 취임하면 우선 자기 소유의 기업을 국가의 권력으로 지원하겠지요? 그래서 이를 예방하기 위한 제도가 있습니다. 기업인들이 국회의원이 되거나 고위공직자로 취임하려면 '공직자주식백지신탁' 제도에 의해서 본인과 배우자, 그리고 직계가족이 소유한 주식에서 3,000만 원 초과분을 한 달 안에 매각하거나, 금융회사에 백지신탁을 해야 합니다. 백지신탁이 된 주식 또한 그냥 놔두는 게 아니라 60일 안에 매각해서 다른 형태의 재산으로 돌려받게 되지요. 즉 국회의원이 되거나 고위공직자가 되려는 사람은 주식을 소유하면 안 된다는 겁니다. 물론 모든 소유 주식이 해당되는 것이 아니고요, 공직업무와 관련이 있는 주식만 해당됩니다.

H사장   그럼 공직업무와 관계없으면 주식을 갖고 있어도 된다는 거네요. 공직업무와의 관계는 누가 결정해요?

조나라   공직업무와의 관계가 있는지에 대한 판단은 '주식백지신탁심사위원회'에서 합니다. 이 제도가 시행된 2006년부터 2019년 5월까지 주식백지신탁 심사를 받은 고위공직자는 모두 5,291명이었고, 이 가운데 직무와 관련 있음 판정을 받은 고위공직자는 18%(953명)였습니다. 놀라운 것은 판사나 검사, 국정원 직원, 외교부와 법무부 관련 공직자는 단 한 건도 직무 관련 판정을 받지 않았어요. 즉 사법고시, 행정고시 등 고시를 통과한 고학력 공무원 직군으로 이루어진 고위공직자 그룹은 그만큼 도덕적으로 깨끗한 상태를 유지하고 있었으며, 학력이 상대적으로 떨어지는 기업인 출신 고위공직자들은 그만큼 부도덕하다고 볼 수 있지요.

기업인에 불리한 주식백지신탁

H사장 자기가 일으킨 기업이고, 그 기업에서의 성과가 공직업무랑 관계가 있으니까 공직에 기용되는 것 아닌가요? 그럼 당연히 해당 기업과 공직업무랑 관계가 있겠죠. 그래서 소유 주식이 공직업무와 관계가 있는데, 뭐가 부도덕해요? 거기다가 기업인은 자신의 기업을 키우기 위해 평생을 바쳐서 키웠는데 그 주식을 다 포기해야 한다고요?

조나라 그렇습니다. 기업에 대한 소유를 포기해야만 공직사회에 들어올 수 있는 것이죠.

H사장 검사, 판사 출신들이야 나라에서 월급 받아서 주식을 살 때 일부러 업무랑 관계없는 걸로 골라 사면 되겠죠. 그들은 선택이 가능하잖아요. 그렇지만 기업인은 자기 기업의 주식을 선택할 수도 없고요. 그 주식이 없으면 공직에서 퇴임 후에 자기 기업으로 못 돌아가잖아요. 생각해보세요. 교수님들은 휴직하고 공직에 있다가 퇴임하면 바로 복직이 돼요. 검사, 판사 출신 공직자도 퇴임하면 변호사로 개업이 되는데, 기업인만 거덜이 나는 시스템이잖아요?

조나라 그러니까 공부 열심히 해서 처음부터 판검사를 하던지, 좋은 학벌을 갖추어서 대학교수를 했어야죠. 그게 안 되면 경제인은 회사 경영이나 하면 되는 겁니다. 노동자를 착취하면서 돈을 벌었으면 조용히 찌그러져 있어야지, 어딜 정치권이나 공직을 넘봅니까? 아예 기업인들은 공직의 근처에도 못 오게 해야 한다고 생각합니다.

H사장   헐, 제발 그 말씀이, 공부만 열심히 해서 공무원 시험에 합격한 사람은 도덕적이고, 열심히 일해서 부를 축적한 사람은 부도덕하다는 논리가 아니길 바래요.

학력이 좋아도 보수진영은 부도덕

조나라   당연히 아니죠. 기업인이라도 진보진영의 기업인은 부도덕하지 않아요. 부도덕함으로 논한다면 박근혜·최순실 적폐세력이 단연 최고 아니겠습니까? 그런데 그 적폐세력에도 사법고시 출신 고학력자들이 줄줄이 포함되어 있습니다. 즉 고학력이라 할지라도 보수진영에 물들면 부도덕하게 오염될 수밖에 없다는 거죠.

H사장   도덕적이냐 부도덕적이냐의 판단기준이 진보냐, 보수냐로 나누어진다는 것인가요?

조나라   당연한 것 아닌가요? 이것이 바로 진보진영처럼 100% 깨끗하고 정직한 정치세력만이 계속해서 정권을 이어가야 하는 당위성이 아닐까요? 최근 보수언론과 일부 인터넷 매체에서 진보진영의 정치인이나 공직자의 비리를 사실처럼 보도하는 기사들이 나오기도 하지만, 모두 사실이 아니며 가짜 뉴스임을 다시 한 번 강하게 밝힙니다.

H사장 예전에 보니까 문재인 대통령 측근 중에 한 분이 딸의 입시부정에 연루되어 있다는 뉴스를 본 적이 있는데, 그것도 그럼 가짜 뉴스인가요? 증거나 정황이 매우 명확한 상황을 나타내는 것 같았는데요.

조나라 흥! 전부 정치검찰과 언론이 만들어낸 가짜 뉴스입니다. 더 이상 말씀드릴 게 없네요. 그리고 첫 장에서 말씀드렸지요? 안중근 의사의 의거를 살인으로 볼 수 없다고요. 의로운 진보진영에서 일어난 일들에 대해서는 다른 잣대가 필요한 것입니다!

H사장 다 가짜 뉴스고 그 대통령 측근께서 아무 잘못도 없는데, 왜 갑자기 화를 내세요? 누가 보면 자기 일인 줄 알겠어요. 어쨌든 그분을 보면 공부 열심히 해서 좋은 학교의 교수까지 하신 분인데, 잘 마무리 되기를 바랍니다.

조나라 더러운 보수진영의 판사들이 추악한 판결만 하지 않았더라도, 그분이 이렇게 힘들어하지는 않으셨겠지요. 어쨌든 대법원은 전부 깨끗한 진보성향의 판사님들이시니까 대법에서는 좋은 결과가 나올 거라고 의심치 않습니다. 진보성향의 판사님들은 법보다도 정치적 성향을 훨씬 중요하게 생각하시거든요.

H사장 이제 판사님들 욕은 그만하시고요. 문재인 정부의 교육정책에 대한 이야기로 들어가 주세요.

선진국에서는 교육은 국가의 책임

조나라　우리나라는 아직도 선진국에 비해서 가족의 개념이 강한 나라입니다. 물론 선진국이라고 해서 또는 복지국가라고 해서 가족의 개념이 없는 것은 아니죠. 인류가 그 존재를 이어가기 위해서는 가정을 이루고 자녀를 낳고 키우는 행위는 그 무엇보다도 숭고하고 중요한 일입니다. 그 과정에서 부모와 자녀가 서로 사랑하고 섬기는 행복은 가장 소중하다고 할 수 있겠지요. 그러나 선진국에서는 우리나라처럼 부모가 자식의 교육에 대해 전적으로 책임을 지지 않고 있으며, 부모가 경제적 이유로 자녀에게 좋은 교육을 시키지 못한 것이 마치 큰 죄를 진 것처럼 인식되지는 않습니다. 왜 그럴까요? 그것은 자녀교육의 책임이 부모에게서 국가에게로 넘어갔기 때문입니다.

H사장　그 이야기는 저도 들은 적 있어요. 스웨덴에서는 영유아 보육을 국가에서 맡아서 해준다고 하던데요.

조나라　스웨덴의 부모들은 자녀교육의 짐에서 해방되어서 기쁘게 자녀들을 출산합니다. 자녀들 또한 국가의 책임하에서 평등한 교육이 실시되므로 사교육을 통해 경쟁에서 밀려서 뒤처질 걱정 없이 교육을 받을 수 있구요. 즉 진정한 국가라면 "교육은 국가가 책임진다"라고 선언할 수 있어야 하겠지요.

H사장　그래서 문재인 정부 교육정책의 슬로건이 "교육은 국가가 책임진다"군요. 하지만, 우리나라와 스웨덴 같은 유럽 국가는 문화적으

로 큰 차이가 있잖아요? 우리나라 부모님들의 모성애는 매우 강해서, 아이들의 육아를 전적으로 국가에 맡기기 싫어하시는 분도 많다고 들었어요. 또한 스웨덴에서도 청소년 자살율이 심각하다고 합니다. 그 이유가 어린아이 때 돌보지 않던 부모가 낯설기만 한데 갑자기 나이가 들어서 청소년이 되었다는 이유로 부모와 함께 살아야 하니까, 그 스트레스로 청소년들이 많이 자살한다고 하던데요.

조나라 어허, 그럼 언제까지 교육문제로 부모가 머리를 싸매고 있어야 합니까? 선진국에서 하는 정책은 그대로 따라 해주어야 나라가 발전하는 것 아니겠습니까? 그래서 문재인 정부에서는 선진국의 롤모델처럼 "교육은 국가가 책임진다"고 약속하고 있는 것입니다. 이제 진보진영이 국가를 운영하니, 국가가 자녀의 교육을 책임질 것을 무조건 믿고 따라주시길 바랍니다.

H사장 알겠어요. 잠깐 쓰앵님이 나오는 줄 알았어요. 서론이 너무 길었네요. 이제는 선진국의 교육정책을 따라하는 문재인 정부의 교육정책을 설명해주세요.

문재인 정부의 교육정책의 7가지 큰 틀

조나라 우리나라 교육의 문제점부터 짚어봤으면 합니다. 교육은 태어나면서부터 죽을 때까지 이루어진다고 할 수 있지요. 그래서 유아기 때부터 교육의 레이스는 시작됩니다. 부모들은 아이를 좋은 유치원에 보내기 위해서 경쟁적으로 지원을 합니다. 시작부터 뒤처지면 아이들의 미래에 어두운 그림자가 드리운다고 생각하니까요. 저렴한 국공립유치원이 부족해서 어쩔 수 없이 사립유치원에 보내는 분도 계시지만, 어떤 분은 빚을 내서라도 아이를 위해 비싼 유치원을 보냅니다. 이후에 중학생이 되어서는 대학에 잘 진학시키는 특목고, 자사고에 보내느라 사교육을 시키게 되고요. 고등학생이 되어서는 온갖 복잡한 대입전형에 맞추어 스펙을 쌓고 내신을 올리느라 자녀들을 사교육의 용광로에 몰아넣습니다. 결국 이런 저런 과정을 다 거쳐서 힘겹게 대학에 가도 대학들의 서열 비교에서 밀려 상처를 받고 주눅이 들어 대학생활을 합니다. 나중에 졸업 후에 직장에 들어가도 영원히 같은 회사를 다닐 수는 없어요. 사정이 생겨서 회사를 나오게 되는 경우가 생깁니다. 이때에도 확실한 재취업 교육은 별로 없지요.

H사장 공부에 절어서 생활하는 우리 아이들의 비참한 삶이 파노라마처럼 스쳐 지나가네요.

조나라 이런 문제점들에 대해 문재인 정부에서는 ① 국공립유치원 확대 ② 특목고, 자사고 폐지 ③ 고교학점제 추진 ④ 국가교육위원회 설치 추진 ⑤ 대학입시 단순화 + 공정성(계층 사다리 복원) ⑥ 거점국립대 육성 ⑦ 직업교육 강화 등의 큰 틀을 준비했습니다.

H사장 대통령 임기 5년에 이걸 다 한다는 게 무리한 욕심 아닌가요? 그래도 하나하나가 중요한 것으로 보이네요. 각 정책별 세부사항과 실적을 설명해주시죠.

조나라   제가 일일이 말씀드릴 필요 없이 유튜브에서 찾으시면 정말 소상하게 잘 나와 있어요. 교육부에서 국민에게 친절하게 잘 설명하도록 홍보자료를 충실하게 만들어서 올려놨습니다. 정말 제대로 된 진보진영의 교육부다워요.

H사장   저도 그 교육부에서 만든 동영상을 봤는데 감동적인 영상이더군요. "약속~~ 어쩌구 저쩌구" 하면서 나오는데 뮤직비디오인 줄 알았어요. 그 외에도 유난히 교육부에 관련된 홍보영상이 무척 많더군요. 그런 것 만들려면 돈이 많이 들어갈 텐데, 그런 식으로 국민의 세금을 사용해도 되는 건가요? 국민들은 그런 홍보 동영상보다는 자녀들의 교육환경이 개선되기를 기대하고 계실 텐데요. 10년 전에 출간되었던 『진보집권플랜』에서는 "이것과는 별도로 국가기관이 쓸데없는 곳에 돈을 쓰지 못하는 체제를 만들어야겠죠. 4대강 예산 같은 것은 두말할 것도 없고, 각종 홍보비, 연말만 되면 전국적으로 벌어지는 보도블록 교체 비용, 공무원 연수나 지방의회 의원 연수를 위한 비용을 보면 황당할 정도로 많거든요"라고 정부가 홍보를 위해 낭비하는 돈에 대해 진보진영은 비판적인 견해를 보였었어요.

조나라   아까 말씀하신 대로 대통령 임기 5년에 교육정책이 다 이루어지기는 어려워요. 그래서 100% 깨끗한 진보진영이 재집권해야 하는 것이고, 그런 당위성을 달성하기 위해서 국민에 대한 홍보는 그 어떤 투자보다도 필요하지 않을까요? 진보진영이 다시 집권하기 위해서 국가의 세금을 쓰는 것은 반대할 이유가 없는 것이지요.

H사장 제가 생각이 짧았군요. 정말 중요한 것은 진보진영이 재집권하는 것이니까요. 진보가 재집권하기 위해서는 국민의 세금이 좀 원래 목적하고 다르게 쓰여져도 문제가 없다는 거죠? 결국에는 진보진영의 정치적 목적을 위해 세금을 쓰는 것은 정당할 수밖에 없겠네요. 그래야만 지금의 정책들이 계속 이어질 수 있으니까요.

조나라 그렇습니다. 오히려 더 많은 세금이 100% 깨끗한 진보진영의 홍보를 위해 쓰여져야겠지요.

H사장 그런데 만약에 보수진영에서 정권을 잡았을 때 그런 식으로 자신들의 홍보를 위해 세금을 썼다면 진보진영에서 어떤 평가를 했을까요?

조나라 당연히 부당한 일이지요. 보수진영은 부패해 있으니까요.

H사장 어쨌든 독자님들에게 "교육정책은 유튜브 참고하세요"라고 말할 수는 없는 노릇이니까요, 간략하게라도 설명 부탁드립니다. 아까 정책의 큰 틀 ①번이 '국공립유치원 확대'였습니다.

교육부 홍보 동영상ⓒ(https://www.youtube.com/watch?v=Pqrfgsr5p70)

큰 틀 ① 국공립유치원 확대

조나라 '① 국공립유치원 확대'에 대해서 먼저 말씀드릴게요. 타이틀이 '국공립유치원 확대'지만 유치원부터 고등학교까지 전방위적인 교육지원 정책입니다. 사실 전체 교육에서 국공립유치원이 차지하는 역할이 별로 없잖아요? 국공립유치원을 늘이는 것은 중요한 일이 아니지요. 우선 두드러진 실적으로는 첫 번째, 누리과정 지원액을 전액 국고 일반회계에서 지원하게 되었지요. 유아들을 교육하는 누리과정의 예산이 박근혜 정권 당시 엉뚱하게도 지방 시도교육청으로 떠넘겨졌었어요. 그래서 재정이 빈약한 지방정부로서는 제대로 된 지원이 어려웠었거든요. 이제는 이러한 문제가 완전히 해결되었죠. 두 번째 성과는 과거에 유치원 입학을 위해 부모님들이 유치원마다 돌아다니면서 발품을 파셨는데, 이제 '처음학교로' 시스템을 통해서 온라인으로 입학 신청과 배정을 받으실 수 있게 되었어요.

H사장 저도 저희 지인을 통해 들었는데, '처음학교로' 시스템으로 인해서 유치원 앞에서 줄을 설 필요가 없어서 너무 좋다고 하시더라구요.

조나라 셋째로 사립유치원에서 지원금 유용과 같은 불법적 비리가 많아서 불안해하셨던 부모님들이 많으셨지요. 이런 부모님들을 위해서 사립유치원에도 '에듀파인' 회계프로그램을 100% 적용시킴으로써 회계 투명성을 강화했습니다. 넷째로, 초중등교육법 개정을 통해서 2020년부터 고등학교 2. 3학년을 시작으로 2021년에 전면 고등학교 무상

교육을 실시합니다. 여기에는 입학료, 수업료, 교과서 비용이 포함되고요. 학생 1인당 연간 160만 원의 혜택이 예상됩니다.

H사장 어머, 에듀파인 회계프로그램만 쓰면 지원금 유용과 같은 문제가 싹 없어지나요? 종종 신문에 보면, 시민단체도 지원금을 유용하는 사례가 있는데 '에듀파인' 같은 회계프로그램을 공통적으로 쓰게 하는 게 어떨까요?

조나라 아니, 아까 말씀드렸지요? 진보적인 시민단체에는 도덕적으로 다른 잣대가 필요하다고요. 세상을 바꾸기 위해 힘든 길을 가는 시민단체의 리더가 그깟 돈 몇 억을 모금 목적과 다른 일에 썼다는 것이 그렇게 큰일인가요? 그 시민단체에서 하려는 숭고한 뜻이 더 중요하지 않을까요?

큰 틀 ② 특목고, 자사고 폐지 - 2025년까지

H사장 네, 알겠습니다. 제가 괜한 이야기를 꺼냈네요. 저 때문에 주제가 벗어나 버렸군요. 이제 다시 교육으로 돌아가서, 사회적으로 가장 큰 이슈였던 두 번째 주제인 '② 특목고, 자사고 폐지'에 대해 말씀해주세요.

조나라 원래 지금 얘기하려고 했습니다. 두 번째 큰 틀이 바로 특목고, 자사고 폐지입니다. 2019년 말 기준으로 12개의 자사고가 지정 취소되었습니다. 이 과정에서 처음에는 정부에서 지정 취소를 진행한다고 하다가 여론의 반대가 이어져서 표를 잃을 우려가 있으니까 교육청이 재지정 평가를 하고 교육감이 승인하는 형태로 바꾸었다는 비난이 있습니다만, 그것은 전혀 사실무근이죠.

H사장 그것도 설마 가짜 뉴스?

조나라 물론이죠. 이 과정에서 기득권을 가진 각 학교와 학부모들이 강력하게 반발했지요. 진보교육감의 강력한 추진에 불만을 품은 일부 특목고, 자사고에서는 소송을 진행하기도 했구요.

H사장 그 소송에서 전부 특목고, 자사고들이 이기고 있던데요. 이제 1심이니까 3심까지 가면 어떤 결과가 나올지 궁금해요.

조나라 정말 쓸데없는 짓이죠. 대법원이 더불어민주당의 눈치를 보고 있는 거 몰라요? 결국 3심에서는 특목고, 자사고는 모두 패배하게 되어 있어요.

H사장 하긴. 최근의 대법원 판결 결과를 보면 그 말씀도 수긍이 되네요.

조나라 재판을 해봤자 무조건 집니다. 그리고 재판과 상관없이, 문재인 정부는 2025년에 자사고, 특목고의 설립 근거가 되는 초중등교육법 시행령을 개정할 계획입니다. 그렇게 설립 근거가 없어지면 특목고, 자사고는 자연스럽게 일반고로 전환되는 거죠.

4. 교육 이야기 255

H사장   또 2025년이에요? 한국판 뉴딜도 그때까지더니. 문재인 정부의 임기가 끝난 다음 아닌가요? 차기 정부의 할 일까지 미리 정한다는 것은 당연히 진보진영이 집권한다는 교만함이 나타나는 것 같아서 국민적 반감이 있어 보여요.

조나라   진보진영의 길이 100% 옳은 길이라는 신념이 없으면 불가능한 일이겠지요. 진보진영의 길은 오류가 없습니다. 지금은 좀 아닌 것 같지만 나중에는 모든 국민들이 이전에 없던 국가를 통해 만족과 기쁨을 누리게 되실 것입니다. 교만해 보인다는 역풍이 생길 것을 왜 예상하지 못했겠습니까?

H사장   옳은 길인 건 알겠는데, 왜 목표 시점이 2025년인지 설명해주시죠?

큰 틀 ③ 고교학점제 추진 - 사교육에서 해방

조나라   2025년은 교육정책의 세 번째 큰 틀인 '③ 고교학점제 추진'이 마무리되는 시기입니다. 그래서 그때 동시에 변화가 이루어지게 설계되어 있는 거예요. 고교학점제는 지금처럼 획일화된 교육과정으로 모든 학생이 동일한 수업을 듣는 시스템이 아닙니다. 여러 가지 전공 교과과정이 준비되고 학생들은 자신의 미래에 맞는 수업을 선택하여 듣고 학점을 따서 졸업하게 되는 대학의 수강신청과 비슷한 시스템이죠.

H사장   고교학점제는 저도 알아요. 그렇지만 그렇게 운영하려면, 교

육장소도 더 필요하게 되고 전문적인 선생님들도 더 많이 필요한 거 아닌가요?

조나라 그렇기 때문에 충분한 준비기간이 필요한 거죠. 그래서 2025년으로 완성기간을 미루게 된 것이고요, 고교학점제를 통해서 고등학교 교과과정이 획기적으로 바뀌게 되면 특목고나 자사고의 존재 이유 자체가 없어지죠. 당시에 선거가 가까이 다가오니까 반발을 피하기 위해서 실행을 2025년으로 미루었다는 터무니없는 소문이 돌았었지요. 이런 헛소문을 누가 믿겠어요?

H사장 그렇게 말씀하시니까 이해가 되네요. 아마도 책을 읽으시는 분들 중에 선거에서 특목고나 자사고 폐지로 인한 역풍을 맞을까 봐 선거 이후로 미루었다고 생각하시는 분은 없으시겠지요?

조나라 하하하, 정말 재미있는 발상이지요.(웃음) 고교학점제를 실시하게 되면 모든 사교육 시장이 흔들리고 사라질 것이 예상됩니다. 사교육 시장이 다양한 학생들의 요구와 학교에서 준비한 다양한 과정을 전부 반영할 수는 없을 테니까요. 결국 학교에서 배우는 것이 정답이라는 인식이 퍼지면서 자연스럽게 학부모들은 사교육의 고통에서 빠져나올 수 있게 될 것입니다.

H사장 그렇게만 되면 얼마나 좋아요. 그런데 과목이 많아져서 생기는 부작용도 만만치 않을 거 같은데요.

큰 틀 ④ 국가교육위원회 설치 추진

조나라   부작용이 좀 예상되기는 하지만, 국민들께서 진보진영에 대한 믿음으로 잘 이겨내실 거라고 생각합니다. 네 번째 큰 틀인 국가교육위원회 설치는 드디어 2021년 7월에 관련된 법안이 국회를 통과했어요. 그 후 1년간의 준비 과정을 거쳐서 2022년 7월 정식 출범하게 됩니다. 국가교육위원회는 인권위원회처럼 정치적인 영향에서 벗어나 독립적인 교육정책 수립역할을 할 수 있을 것으로 기대됩니다.

H사장   정말 제대로 만들려고 하시나 봐요. 보통 위원회는 한두 달이면 뚝딱 나오는데요. 1년이나 준비하신다니요. 어쨌든 아직 준비 중이면 말할 게 없네요. 다음으로 가시죠.

큰 틀 ⑤ 대학입시 단순화 + 공정성(계층 사다리 복원)

조나라   이제 다섯 번째 큰 주제였던 '⑤ 대학입시 단순화 + 공정성(계층 사다리 복원)'이 나올 순서지요? 다들 아시겠지만, 문재인 대통령의 특별지시로, 입시비리의 온상이 되어온 학생부전형의 대입 비율을 축소하고 공정한 정시전형의 비율을 확대했어요.

깜깜이 수시 전형 - 부정비리의 온상

H사장   이 점도 좀 문제가 있다고 생각해요. 사실 교육전문가들은 수시 확대를 요구하고 있거든요. 그리고 문재인 정부의 고교학점제를 실

행하기 위해서는 수시의 확대가 절대적으로 필요하잖아요? 그런데 입시비리 문제를 이유로 대통령이 직접 정시 확대를 지시했지요. 그럼 고교학점제로 수시를 준비한 학생들은 어디로 갑니까?

조나라 저희 딸이 대학에 들어가는 과정을 옆에서 지켜봤습니다. 정말 지켜만 봤어요. 오해 없으시기 바랍니다. 수시 전형이라는 특히 학생부종합전형이라는 제도는 이게 정말 실제로 있을 수 있는 제도인지 의문이 들 수밖에 없는 이상한 제도였습니다. 상식적으로 권한을 행사하는 조직이나 사람이 있으면 그 권한이 적절하게 행사되었는지 점검하고 잘못되었을 때 책임을 지는 시스템이 꼭 있게 되어 있잖아요? 그런데 학생부종합전형에는 그냥 권한만 있었고, 평가나 책임은 찾아볼 수가 없더군요.

H사장 오호, 그래요?

조나라 1년에 60만 명의 수험생들이 수많은 자기소개서를 내고 면접을 보고 합격, 불합격을 기다립니다. 그러나 그중에서 단 한 명도 왜 합격했는지 왜 불합격했는지 알지 못하죠. 나중에 그 평가를 점검하는 기관이나 절차도 없구요. 학교에 아는 사람이 있으면, 학교에 영향력이 있으면 쉽게 합격을 확정 지을 수 있고 나중에 들킬 염려도 없어요. 아무도 점검하지 않으니까요. 점검하지 않으니 책임도 없습니다. 수시 축소를 비난하시는 분들은 아마도 교육 관계자일 가능성이 커요. 책임이 없는 권한이 축소되니 얼마나 가슴이 아프시겠습니까? 하지만 이제 점점 더 정시가 늘어나야 할 것입니다.

고교내신 절대평가 - 서열 없는 공정한 사회

H사장   정시 확대의 필요성은 공감해요. 그런데 뭔가 중요한 게 살짝 성의 없이 스쳐간 느낌이네요. 전체적으로 봤을 때 유아교육의 투명성이 더 확보되고, 가난한 사람들도 교육비 때문에 교육의 기회를 놓치지 않도록 재정으로 지원하는 모습이 나타난 것 같아요. 하지만 말씀 중에 고등학교 자녀를 가진 부모님들이 가장 심각하게 생각하시는 '고교내신 절대평가' 문제는 그냥 지나치셨어요.

조나라   깜깜이 입시를 만들 것이라는 비난을 열심히 받고 있는 '절대평가' 말씀이시군요. 사실 교육이 공부 잘하는 사람과 못하는 사람 구분하고 서열을 나누기 위해서 하는 것이라면, 당연히 비난받아 마땅하죠. 어떤 학교는 정직하게 학생들이 공부한 성과를 나타낼 수 있도록 보통 수준의 문제를 출제해서 절대평가를 하더라도 학력의 순위가 나타날 수 있게 할 것이고, 어떤 학교는 내 자녀가 공부 못하는 것을 싫어하는 학부모의 등쌀에 떠밀려, 매우 쉬운 문제만 출제해서 학력 순위는 절대 알 수 없지만 모든 학생이 좋은 점수를 얻게 만들겠지요. 하지만 모든 학생들이 학력으로 평가받지 않는 공정한 사회를 이루기 위해서는 꼭 필요한 제도 아닐까요?

H사장   아하, 모든 학생들이 학력으로 평가받고 서열에 의해 평가되는 것을 예방하기 위한 좋은 제도이군요. 그럼 도대체 시험을 왜 봐요? 그냥 안 보고 모두 100점을 준 다음에, 그냥 전자추첨으로 대학교를 가는 것이 좋지 않을까요?

조나라　하하하, 걱정하지 마세요. 그때쯤이면 고교학점제를 통해서 다양한 과목을 이수한 다양한 인재들이 배출될 것이고, 이에 맞게 대학들도 학생 선발의 방법을 찾을 것이라고 봅니다. 결국 획일화된 교육에 의해서 획일화된 인재를 만들고 똑같은 기준을 모두에게 적용해서 줄 세운 뒤에 앞에서부터 잘라 나가는 방식의 입시는 없어지게 되겠죠. 따라서 지금 같은 과열 경쟁도 없어질 겁니다.

H사장　글쎄요. 어차피 학생들이 가고 싶어 하는 상위 대학의 자리는 가고 싶어 하는 학생보다 적은데, 그저 점수를 애매하게 한다고 경쟁이 없어질까요? 고교학점제에서 과목 신청하는 방법을 알려주는 학원부터 등장하기 시작해서 어떤 과목이 서울대 가기 좋은지 모아서 가르치는 학원들이 생기기 시작할 것 같은데요.

조나라　사실 저도 현재의 학생부전형에서 활용되는 동아리 활동에 문제가 있다는 것은 알고 있어요. 좋은 과목에 지원할 수 있는 동아리에는 지원자가 넘쳐서 금방 채워집니다. 그러나 인기 없는 동아리, 예를 들면 제빵 동아리 같은 곳은 지원자가 없어서 억지로 채워 넣는다고 하더군요.

H사장　과거의 경우를 보면, 교육의 내용이 다양해지고 복잡해질수록 사교육이 점점 발달하는 것 아닌가요? 역설적으로 진보진영의 혁신학교에 다니는 학생들의 부모님들이 학력을 높이기 위해 더 많은 사교육을 실천하고 있다고 하더군요.

큰 틀 ⑥ 거점국립대 육성

조나라 문재인 정부의 교육정책 가운데 여섯 번째 큰 틀인 '거점국립대 육성'을 말씀드릴게요. 2020년 여름을 뜨겁게 달구었던, 의사 파업을 국민들께서는 기억하실 겁니다. 공공의대를 만들어서 증가하는 의료 서비스 수요에 대비하는 한편, 거점국립대를 육성하려는 문재인 정부의 정책에 의사들이 반기를 들었었죠. 코로나19라는 위급 상황에 의사들의 협조가 꼭 필요했던 정부는 무릎을 꿇고 말았습니다. 결국 '거점국립대 육성'의 큰 그림이 의사들의 철밥그릇 지키기에 무너지는 아픔을 겪어야 했지요.

H사장 그게 문제가 아니었지 않나요? 당시 그 공공의대에 신입생을 시민단체에서 추천하는 인원으로만 시험 볼 자격을 준다고 해서 문제가 되었었는데요. 자격도 없는 시민단체 간부들의 자녀들에게 의사면허를 따는 고속도로를 놔준다는 비판이 있었잖아요.

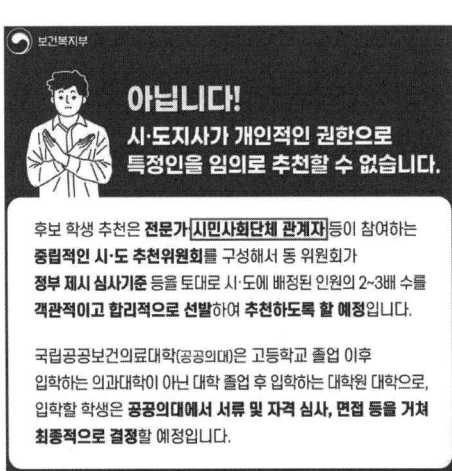

조나라   그렇게 말씀하시면 섭섭하죠. 왜 시민단체 간부들의 자녀들이 자격이 없나요? 나라를 바르게 이끌기 위해서 부모가 일생을 진보진영의 집권을 위해 퍼부었잖아요? 그러면 이분들이 자녀교육에는 소홀할 수밖에 없지 않았을까요? 그럼 국가가 이렇게 해서라도 부모님들이 못 다 한 자식사랑을 할 수 있게 배려해야 한다는 생각은 안 드시나요? 특히나 새로 대학을 만들어서 입학시키는 것이므로, 다른 의대를 지원하는 학생의 기회를 빼앗는 것도 아니잖아요?

H사장   묘하게 설득력이 있으시네요.

조나라   다음은 대학입학금 전면 폐지입니다. 자녀가 대학에 합격해도 부모님들은 편하게 있을 수 없죠. 대학입학금 부담 때문입니다. 대학입시 다음으로 가장 큰 걱정거리가 입학금이 아닐까요? 자녀가 원하는 대학에 합격했다는 소식을 들음과 동시에 걱정이 시작되죠.

H사장   잠깐만요. 입학금은 별로 부담이 안 돼요. 등록금이 문제죠. 조금씩 다르지만 국공립대의 경우 입학금은 17만 원 정도구요. 사립대는 70~80만 원 정도 하죠. 그거 없앤다고 해도 300~500만 원 수준인 등록금이 그대로인데, 크게 달라질까요?

조나라   어쨌든 도움은 분명히 되겠지요. 문재인 정부에서는 국공립대는 2018년부터 전면 입학금 폐지, 사립대는 점진적으로 줄여나가서 2022년부터는 입학금이 서서히 없어진다는 목표를 세웠었습니다. 그런데 2017년 10월 정부와 사립대 회담에서 사립대학의 입학금 폐지가 무산되었지요. 당시 사립대학들은 입학금이 없어진 만큼 국가에서 지원해줄 것을 요청했습니다. 사실 금액이 그리 큰돈은 아니었지만, 양극화 해소를 위해서 저소득 서민의 편에 서 있는 문재인 정부에서 돈 많은 사립대학에 돈을 준다는 게 말이 되는 소린가요? 결국 사립대학의 과도한 요구로 인해 협상은 결렬되었어요. 그래서 새내기 대학생이 되시는 청년들에게 복지 혜택을 제대로 드릴 수 없는 여건이 되어버린 것이지요.

H사장 그래도 정부에서 좀 지원해주지 그랬어요? 사립대학들도 땅 파서 일하는 거 아닌데요.

조나라 당연히 돈이 하늘에서 뚝 떨어지는 것은 아니죠. 하지만, 사립대학들이 문재인 정부의 큰 뜻을 이어받아서 희생해야 했다고 생각합니다. 이런 비협조적인 사립대학들은 불이익을 받아야 해요. 예를 들어서 사립대학 출신은 공무원 임용에서 불이익을 받게 하는 거죠.

H사장 네? 아니 왜 잘 나가다가 삼천포로 빠져요? 사립대학이 잘못한 것도 아니잖아요. 보상도 안 해주고 마냥 돈 받지 말라고 하니 누가 따릅니까? 거기다가 그 학생들이 왜 피해를 봐야 하나요?

조나라 사립대학은 학생들의 입학금과 등록금에 의해서 운영되는 학교 아닌가요? 그러니 학생들에게 불이익을 주면, 그 학교에 지원하지 않을 테고, 학생이 없으면 사립대학이 직접적인 손실을 입게 되는 거죠. 물론 학생들의 희생이 불가피하죠. 그러나 우리나라 대학생들 대부분이 진보진영의 지지자 아닙니까? 본인에게 아무리 큰 손해가 있더라도 진보진영의 정책에 적극 동의해줄 겁니다.

H사장 글쎄요. 아무리 그래도 청년 지지자들을 너무 쉽게 보시는 것 같네요. 일단 사립학교 입학금 폐지는 물 건너갔구요. 이제 다음으로 넘어가 주시죠.

교육정책 총정리

조나라 다 말씀드렸어요. 일단 길게 말씀드리느라 앞에 내용들이 가물가물하실 테니 제가 정리해보겠습니다.

	정책 큰 틀	문제점	현재 상황
1	국공립유치원 확대	유아교육 시설의 부족	어린이집 누리과정 전액 국가지원, 국공립유치원 확대는 미비(공립 신설 2019년 5개원), 유치원 회계 시스템 에듀파인 사용으로 재정 투명화, 고등학교 무상교육 실시
2	특목고, 자사고 폐지	중학교 사교육 (특목고, 자사고 입시)	직접 폐지에서 교육감에게 결정 권한 위임하여 진행 중, 소송에서 지고 있으나 대법에서는 승리 예상, 2025년에는 재집권한 진보정부에서 시행령 개정으로 전면 폐지 예정
3	고교학점제 추진	고교교육 획일화	2021년까지 준비, 2022년부터 점진적 적용
4	국가교육위원회 설치 추진	독립적인 교육정책 입안기관 필요	2021년 7월 법안 통과 후 준비 중
5	대학입시 단순화와 공정성 확보	고등학교 사교육 (입시방법을 교육)	2025년 고교학점제 전면 실시, 2025년 고교내신 절대평가, 2021년 정시 확대
6	거점국립대 육성	공공의대 부족, 대학 입학금 부담	공공의대 설립은 의사 파업으로 전면 보류됨, 2019년 국공립대 입학금 전면 폐지, 사립대는 입학금 점진적 폐지하려 했으나 실패

H사장   큰 틀에서 보면 문재인 정부의 교육정책은 어렸을 때는 돈으로 잘 키울 수 있게 지원해주고, 고등학생이 되어서는 공부 안 해도 복잡한 입시로 인해 운으로 대학에 들어갈 수 있게 해주는 시스템인 것 같아요.

조나라   그렇습니다. 고등학생들이 열심히 공부해서 경쟁하는 것 자체가 무력화되도록 하는 게 목표입니다. 진보진영의 지상목표가 '양극화 해소' 아니겠어요? 교육에서도 양극화 해소를 위해 사교육과 같은 노력이 무의미해지도록 판을 새로 짜는 거죠.

교육은 국가(국민, 영토, 주권)가 책임진다?

H사장   이제는 홍박사님 차례가 돌아왔습니다. 독자 여러분들은 듣기 싫은 소리라도 조금 참고 이해하면서 들어주세요. 이제 문재인 정부의 교육정책을 진솔하게 평가해주시죠.

홍박사   문재인 정부는 "교육은 국가가 책임을 진다"는 목표를 가지고 있습니다. 누가 책임진다고요?

H사장   국가요. 방금 말씀하셨잖아요?

홍박사   '국가'라고 말하면 매우 능력이 있는 절대자처럼 느껴집니다. 그럼 우리가 초등학교 시절에 배운 국가의 3요소를 떠올려보겠습니다. 국가의 3요소는 국민, 영토, 주권입니다. '영토'가 교육을 책임지나요? 아니면 '주권'이 교육을 책임지나요? 그게 되면 얼마나 좋을까요? 그럼 하나 남은 것이 '국민'인데요. 국민 모두가 교육을 책임진다면, 뭐 하러 책임진다는 소리를 대통령이 합니까? 말은 멋있게 '국가'가 책임진다고 했지만 현실적으로 '교육은 행정부'가 책임진다고 표현하는 것이 맞습니다.

H사장 논리적으로 그렇네요. 국가가 책임지겠다는 발언은 약간 교만한 느낌이었군요. 대통령이 행정부의 수반이라는 점을 상기시켜 주셔서 감사해요.

홍박사 여기서 '행정부'라고 하면 국가의 기능을 대변하면서 절대적인 능력이 있는 공적 기관으로 보입니다만, 행정부를 움직이는 두 가지 요소는 '예산'과 '공무원'입니다. 그런데 통상적으로 '예산'은 '국민의 세금'이라고 알고 계시는 분이 많으신데요, 사실은 '국민의 세금'에 국가가 진 '빚'이 추가됩니다. 그런데 국가가 진 '빚'은 어차피 국민이 내는 세금으로 갚을 테니까 결국 '국민의 빚'이 정확한 표현입니다. 그럼 말을 바꾸어서 "교육은 국민의 세금 + 국민의 빚과 공무원이 책임진다"라고 말씀드려야 정확한 표현이 됩니다.

H사장 참 싫은 이야기인데, 맞는 말씀이네요.

홍박사 칭찬 감사합니다. 국민의 세금이야 원래 국민을 위해서 사용하라고 납부한 것이니까 별로 문제가 없습니다. 그런데 '국민의 빚'은 결국 다음 세대에서 갚아야 합니다. 우리 아이들에게 "우리 세대가 너희의 교육을 책임질 테니 너희는 나중에 그 빚을 책임지거라" 하고 말하는 것이 진정한 책임인가요?

H사장 마치 "교육은 다음 세대가 갚을 빚으로 책임진다"로 들려요.

홍박사 그리고 대한민국의 믿음직한 공무원 조직이 있습니다. 얼마나 신뢰가 가고 든든합니까? 같은 공무원이 정부가 바뀔 때마다 180도 다른 정책을 입안하고 수행합니다. 거기에다가 아무도 비리사건에 휘말리거나 자신의 권력으로 부정을 저지르지 않는 완벽한 조직일까요? 제3기 신도시개발에서 일부 LH직원들과 관련 일부 공무원들이 보여준 멋진 부동산 투자를 어떻게 평가할 것인가요? 그건 국민들이 판단하시기 바랍니다.

H사장 그냥 '국가'라고 떠넘길 때는 믿음직했는데 '국민의 세금 + 국민의 빚과 공무원'이라고 표현하니까 부담이 많이 생기네요. 규정만 따지고 이권이 생기면 몸을 던지는 일부 공무원들이 열심히 할지도 궁금하고, 국민의 빚이 늘어나는 것도 힘드네요. 왜 이렇게 믿음이 안 가죠? 저만 그러나요?

"진짜로 국가가 책임진다는 것을 믿고 아이에게 공부 안 시키는 사람 있나?"

홍박사 "교육은 국가가 책임진다"는 표현까지는 인정된다고 봅니다. 말이라도 멋있게 하면 그게 어딥니까? 그러나 실제로 학부모나 학생이 정부에서 책임을 진다는 걸 믿고 안심을 할 수 있게 하는 것은 불가능합니다. 혹시 아시는 분들 중에 "아~ 이제 국가가 아이들의 교육을 책임지니까 나는 하나도 걱정 안 하고 있어도 되겠네"라고 하시는 분을 보신 적 있으십니까? 아무리 열성 문재인 대통령 지지자라 하더라도 이렇게 행동하시는 분은 없을 겁니다.

H사장 사실 저도 국가가 교육을 책임진다고 했을 때, 정부에서 중고등학생 한 명당 과외선생님을 한 명씩 집으로 보내주고, 하루 10시간씩 따라다니며 케어해주겠다는 뜻인 줄 알고 좋아했거든요. 그런데 그게 아니더군요.

홍박사 그 정도 되면 국가가 책임지는 게 될까요? 그 국가에서 파견한 과외선생님이 제대로 안 가르치거나 아이를 괴롭히면 신경 안 쓰실 거예요?

H사장 그러네요. 결국 국가에서 교육을 책임지는 건 불가능한가요?

홍박사 당연히 불가능합니다. 기대하는 사람이 이상합니다. 아이들 교육은 내가 직접 발 벗고 나서도 불안하기 짝이 없고 마냥 부족해 보입니다. 그런데 어떻게 나라의 정책만을 믿고 자녀교육에 대한 긴장감을 내던질 수 있겠습니까? 절대로 책임질 수 없는 일을 책임진다고 호언장담해서 기대를 하게 해놓고 나중에 책임 안 집니다. 말을 멋있게 하지만 다 거짓말이지요. 바깥에는 축구경기를 한다고 써놓고 막상 안에 들어가면 야구경기를 하고 있는 상황이라고 보시면 됩니다.

H사장 하긴, 저도 만약 제 아이들이 휴일에 학교도 안 가고, 학원도 안 가는 날이라고 하루 종일 빈둥빈둥 텔레비전만 보면서 놀고 있으면, 자기 방에 들어가서 공부하라고 소리 지르거든요. 그렇게 제가 소리 지르면 책상에는 앉겠지만, 공부를 하는지는 알 수 없죠. 집에서 부모가 챙겨도 그런 상황인데 국가가 모든 걸 책임진다니 조금 이상했어요.

홍박사 단 한 분이라도 진보진영의 지지자 여러분 중에 문재인 정부의 "교육은 국가에서 책임진다"고 하는 말을 믿고 자녀들의 공부에 일절 관여하지 않고, 학원도 다 끊어버렸다는 분이 계시면 연락 주시기 바래요. 연락 기다리겠습니다.

H사장 "교육은 국가가 책임진다"는 구호가 불가능한 것이라고 생각하니 좀 씁쓸하네요. 이제는 정책들에 대해서 평가해주세요.

돈이랑 권력으로 할 수 있는 것에 집중. 무언가 만들어내는 것 허술

홍박사 기대를 꺾어버려서 죄송합니다. 사실 문재인 정부의 정책들이 좀 비슷한 성향인데요. 말은 너무너무 멋있습니다. 그렇게만 되면 정말 세상에 없던 나라가 나타날 것 같습니다. 그런데 실행 내용을 보면 목표를 달성할 생각이 있기나 한 것인지 의심스럽습니다. 일단 교육을 정부가 책임지기 위한 문재인 정부의 교육정책은 재미있게도 별로 안 중요한데 권력이나 돈으로 할 수 있는 것은 열심히 하고, 매우 중요하지만 돈으로도 해결이 안 되는 것은 대충 나중으로 미루었다고 표현하고 싶습니다.

H사장 저와 비슷한 느낌을 받으셨군요. 뭔가 중요한 것이 쏙 지나가 버린 그런 느낌이거든요. 무엇이 쏙 지나갔을까요?

홍박사 저는 우리나라 교육의 개선점 가운데서 특히 중요한 것 3가지가 ① 대학교 입시제도 문제 ② 중고등학생의 사교육 문제 ③ 어린 자녀의 보육 문제라고 봅니다. 그런데 이 중요한 문제를 싹 무시하고, 돈을 최대한 많이 쓰는 방향으로 포장만 그럴듯하게 했어요.

H사장 오호 3가지 문제요? 아주 쉽게 접근하시는군요. 다른 문제들도 많을 텐데요.

① 대학입시의 문제 : 어차피 경쟁, 가장 필요한 것은 공정성

홍박사 좋은 대학에 들어가려는 사람은 많고, 좋은 대학에서 받아줄 수 있는 자리는 적다면 학력 순으로 세워서 정리하는 방법밖에 없는 것 아닙니까?

H사장 그렇죠. 그게 대학입시의 최대 문제죠.

홍박사 현실을 바꿀 수 없다면 가장 공정하게, 쉽게 경쟁할 수 있도록 대학입시의 방법을 바꿔나가야 하는데 대학입시 제도는 그대로 놔두고 경쟁 자체를 부정하면 어떻게 합니까? 고등학교 과정을 열심히 해도 했는지 모르게 점점 복잡하게 바뀌나가니까, 우리의 자녀들이 목표지점이 어디인지도 모르고 무조건 달리고 있는 것 아니겠습니까? 그러니까 예전에 단순한 입시제도에서는 벌써 끝났을 단계에 올라가고서도 한없이 더 달려야 하는 거죠.

H사장 정말이지 입시제도가 너무 복잡해요. 수험생 자녀를 두신 부모님들이 모두 같은 마음일 거 같아요. 이제 전체적인 평가 말고 문재인 정부의 세부적인 정책 내용을 평가해주세요.

교육부의 유치원 원장 길들이기 VS 부모들 희망
: 공립유치원 증가

홍박사 문재인 정부 3년 동안 교육현장에서 가장 큰 이슈가 되었던 것을 들라고 하면 첫 번째가 유은혜 교육부장관이 강행한 사립유치원 길들이기 사건과 두 번째가 특목고, 자사고 폐지를 위한 작업들이었습니다.

H사장 사실 사립유치원의 원장들이 지원금의 일부를 유용한다는 이야기는 공공연하게 있었잖아요? 없는 이야기 지어낸 것도 아닌데.

홍박사 그러나 교육현장에서 학부모님들이 원했던 것은 사립유치원 원장님들의 도덕성이 아니라 공립유치원 확충이었습니다. 나라에서 지원하고 운영하는 유치원이 충분한 숫자가 되어서 사립유치원 눈치 안 보고 아이들을 맡기고 싶다는 것이 대다수 부모님들의 요구였습니다. 그런데 정작 새로 생긴 공립유치원이 몇 개나 됩니까? 국공립유치원 학급 수는 2017년 10,395개 → 2018년 10,896개 → 2019년 11,889개로 1,500개 가량이 늘었으나 이 대부분이 난리통에 때려치우는 사립유치원을 매입하여 국공립으로 바꾼 형태입니다. 새로 설립된 공립유치원은 2019년 5개원 개원, 2020년 서울·경기 등에 겨우 30개원 내외 개원을 목표로 설립 추진 중에 있습니다.

H사장 아까 조나라님도 국공립유치원 확대는 미비하다고 인정하셨죠. 쑥쓰러우셨는지 말로는 조금 언급하고 정리하는 표에 살짝 넣으셨어요.

홍박사 강력한 권력으로 사립유치원을 제도 밑에 굴복시키는 것 말고 나아진 게 무엇일까요? 에듀파인 시스템을 사용해서 사립유치원 운영이 너무 만족스럽고 좋아졌다고 말씀하는 부모님들은 어디에 계시길래 저는 한 명도 못 만나 뵈었을까요? 어린 자녀를 두신 부모님들이 나라에 바라는 요구가 사립유치원 원장님들을 교육부의 지시에 굴복시키는 것이었을까요? 아니면 공립유치원의 숫자를 늘려서 아이들을 맡길 자리를 늘리는 것이었을까요?

H사장 한마디로 권력을 이용해서 사립유치원 운영에 개입하는 것은 열심히 하고 정작 필요한 국공립유치원 확충은 대충했다고 말씀하시는 거죠?

홍박사 맞습니다. 그리고 기본적으로 유치원 원아들에게 지원되는 국가지원금은 부모에게 지급하는 것이 합리적이라고 생각합니다. 우선 자녀를 직접 키울 것인지 보육시설에 보낼 것인지 결정할 수 있는 결정권이 부모에게 있어야 하니까요. 지금은 직접 키우면 아무 혜택이 없습니다. 그러나 유치원에 보내면 지원금이 유치원으로 나옵니다. 만약 아이를 너무 사랑해서 직접 키우고 싶은 부모가 있다면 이분들에게 선택권을 줘야 하는 것 아닐까요?

특목고, 자사고를 없애면 뺑뺑이 레이스 시작

H사장 다음으로 중고등학생의 교육에 대한 정책은 어떻게 보십니까?

홍박사 문재인 정부는 고입입시를 조장해서 사교육을 늘인다는 이유로 특목고, 자사고를 폐지하려고 했습니다. 사교육 문제의 해결책으로 제시된 거죠. 하지만 어쩌다가 특목고, 자사고가 생겼는지 심각하게 고민하기보다는 그 제도를 만든 이명박 대통령에 대한 복수심이 작용하지 않았나 의심됩니다.

H사장 특목고, 자사고가 왜 생겼나요?

홍박사 어허, 얼마나 되었다고 그걸 잊으셨어요? 뺑뺑이로 거주지역 인근의 학교에 무작위 배정을 하다 보니 공부 잘하는 아이들이 몰려 있는 유명 고등학교 인근에 집값이 대책 없이 올랐었잖아요? 결국 돈 없는 서민은 좋은 학교 근처에 집을 못 구해서 점점 도태되는 현상이 일어났지요. 이런 현상을 극복하기 위해서 성적으로 학생을 뽑는 특목고와 자사고를 만든 것 아닌가요? 실제로 자사고 폐지방침이 결정된 후에 강남구 전셋값은 2019년 7월~2020년 3월 고작 8개월 동안에 9.32%나 상승했습니다. 특목고, 자사고를 없애고 나서 다시 무작위로 뽑는 고입이 되면 좋은 고등학교 입학을 위한 또 다른 부동산 레이스가 시작될 것입니다.

H사장 사실 특목고, 자사고 들어가는 아이들은 소수에 불과하지 않습니까? 전체 학생의 사교육에 대한 대책이라고 보기에는 좀 문제가 있어 보여요.

대학입시는 손을 못 댐 - 시민단체 교수님들 때문에

홍박사 진정으로 사교육을 없애고 싶다면 대학입시 제도부터 고쳐야 합니다. 그런데 이런 근본적인 처방을 하면 시민단체에 관련된 교수님들이 자기 자녀를 다른 교수들과 짜고 대학에 입학시키기 어려워집니다. 어느 대통령 측근이 하신 것처럼 말이죠. 결국 대학입시를 손대지 못하니 제일 만만한 특목고, 자사고를 혼내주기 시작한 것이지요. 이러한 상황으로 자녀가 특목고, 자사고에 진학하지 못해서 상대적 박탈감을 가진 학부모들에게서 표가 나올 수 있지 않겠습니까?

H사장 사실 저희 집도 특목고, 자사고 폐지된다는 소식을 접했지만, 사교육비는 전혀 줄지 않았어요.

홍박사   문재인 정부 4년 차에 사교육이 줄어들었다는 가시적인 성과는 전혀 없습니다. 오히려 더 많은 증가세를 기록했는데요. 학생 수가 줄어들었어도 2018년(19조 5,000억) 대비 2019년에는 사교육비 총액이 7.8% 증가했습니다.

고등학교 무상교육? 학원비보다 못해요

H사장   하지만 중고등학생 사교육 부담에 힘들어하는 부모님들께 도움이 되는 정책도 있던데요. 고등학교 무상교육을 통해 학생 1인당 연간 160만 원의 혜택이 주어질 예정이잖아요.

홍박사   언제 국민들이 고등학교 입학료, 수업료가 없어서 힘들다고 했습니까? 왜 중요하지도 않은 것을 자기 돈도 아니고 국민의 세금으로 인심 쓰듯이 해결한다고 생색을 내는 겁니까? 아까 말씀드렸듯이 우리가 낸 세금과 아이들이 갚아야 할 빚입니다. 교육지원금을 위해 사재를 헌납했다는 진보인사를 한 명도 못 봤습니다.

H사장   모르죠. 혹시 있는지. 독자님들 중에 아시는 분이 있으시면 연락 주세요.

홍박사   1년에 160만 원이면 한 달에 13만 3천 원입니다. 고등학생 자녀 한 명의 교육을 책임지는 국가가 해줄 수 있는 게 이 정도인가요? 책임져지겠습니까? 오히려 학원을 한 개 안 가도 되게끔 해주는 것이 훨씬 이익일 것 같습니다.

내신 절대평가, 고교학점제 - 더욱더 사교육에 올인

H사장　하긴 그렇겠군요. 학원 한 과목에 20~30만 원을 하니까요. 정말 사교육비 때문에 부모들은 허리가 부러지고 있고요, 학생들은 사교육 받으러 다니느라 젊음을 허비하고 있지요. 그래서 문재인 정부에서는 이러한 사교육을 없애기 위해서 고교내신 절대평가와 고교학점제를 실시한다고 하는 것 아닐까요?

홍박사　고교학점제는 다양한 교과과정을 대학처럼 신설하고 학생들이 거기에 맞추어서 학점을 채우기만 하면 졸업이 되는 시스템입니다. 다양한 과목이 신설되면 학원은 그에 맞춘 과목들을 다 소화하지 못할 것이고, 그렇게 되면 학생들이 자연스럽게 학교 공부에 더 집중하게 될 것이라고 선전하고 있습니다. 하지만 과연 그렇게 될까요?

H사장　사실 불안해요. 괜히 우리 아이들 헛고생만 시키는 게 아닐지.

홍박사　또한 절대평가는 순위를 매기는 대신에 단순히 점수만 매기기 때문에 학교에서는 문제를 쉽게 내줄 것이고 심하게는 만점자가 절반 이상이 되는 학교도 생기겠지요. 모두가 만점 가까이 맞을 테니 사교육을 받는 사람이 없어질 거라고 선전하고 있습니다.

H사장　어서 사교육이 없어져서 공교육이 바로 서고 아이들이 행복한 세상이 왔으면 좋겠어요.

홍박사　그렇지만 부작용이 너무 훤하게 보여서 말을 안 하고 넘어갈 수가 없습니다. 단 한 번이라도 입시제도를 복잡하게 하고, 평가를 엉터리로 만들어서 사교육이 줄어든 적이 있었나요? 그 정도 학부모들에게 곡소리 나게 했으면 이제 그만할 때도 되지 않았나요?

H사장　그러게요. 저희 어릴 때부터 계속 입시제도를 이리 바꾸고 저리 바꿨지만, 결국 사교육 시장은 커져만 갔죠. 입시제도가 많이 바뀔수록 사교육은 심해졌어요. 이제는 입시제도를 설명해주는 학원도 있을 정도니까요.

고교학점제의 현실적인 문제

홍박사　알긴 아시는군요. 먼저 고교학점제를 보죠. 고교학점제를 실시하려면 먼저 교실과 선생님들이 대폭 확충되어야 합니다. 그리고 학생들에게 교육할 다양한 교과과정이 준비되어야 할 것입니다. 준비가 되어 있나요? 2022년에 고등학교 1학년부터 실시된다고 합니다. 미리 테스트하기 위해서인지 2018년부터 선도학교를 지정하여 실제로 고교학점제를 실시하고 있습니다.

H사장　그래요? 벌써 하고 있어요? 입시제도는 그대로인데요?

홍박사　일부 선도학교의 경우 147개의 과정을 만들어서 가르치고 있다고 합니다. 이해가 안 되는 부분인데요, 명문대학도 147개의 전공과목이 있지는 않습니다. 어떻게 고등학교에서 147개의 전문 분야를 교육시킬 것인가 하는 문제가 있습니다. 그럼 그야말로 대충 관련된 유튜브만 보면서 시간 때우겠지요.

H사장   147개의 과목이면 147명의 강사가 필요할 텐데요. 그만한 재정이 학교에 있을까요? 교실도 147개가 안 될 거 같은데요. 웅동학원 같이 좋은 학교가 아니면 어림도 없겠는데요.

홍박사   가장 결정적인 문제는 이 과정을 이수하여 다양한 인재가 배출된 다음입니다. 이 학생들은 자신이 원하는 특정 과가 아니면 다른 전공은 못하게 됩니다. 다른 전공과목에서는 그 학생이 이수한 과목은 인정해주지 않을 가능성이 크거든요. 예를 들어 자동차 정비에 대한 과목을 이수한 친구가 자동차과에 진학을 못하여 화학공학과에 진학하려 하면 받아줄 학교가 없다는 거죠.

H사장   유연성이 떨어지게 된다는 거죠? 저도 그 생각은 했어요. '고등학교 내내 전공했던 과목이 나중에 적성에 안 맞으면, 다른 과목으로 어떻게 진학할까?'라고요.

홍박사   또한 이 제도는 학종(학생부종합전형)을 통해 전문성을 인정받아야만 의미가 있습니다. 그러나 학종으로 들어갈 수 있는 비율이 오히려 줄어들었습니다.

H사장   그건 모 대통령 측근님 때문에.

홍박사   그리고 전국에 모든 고등학교가 고교학점제를 실시하면 대학들은 자기 학교에 들어오는 데 필요한 과목 리스트를 공지하기 시작할 것입니다. 국어국문과 학생을 뽑는데 양자역학을 공부한 학생을 우선해줄 수는 없는 노릇 아닙니까? 그런데 대학마다 이름도 다르고 내용도 다르겠지요. 결국 좋은 대학에 좋은 과에 들어가기 위해서 고교학점제 중에 어떤 과목을 수강해야 하는지 알려주는 학원이 생길 것입니다. 일부 과목에는 학생들이 몰려들 것이고 결국 그 과목은 사교육으로 발전하게 되겠지요.

어차피 지금 입시는 그대로, 결국 학원으로

H사장   저도 좀 이상하다는 생각을 했어요. 고등학교를 대학처럼 운영하는 것이 목표라면, 그냥 전국에 대학교를 없애고 고등학교에서 배우게 하는 게 낫지 않을까요? 왜 대학에서 배워야 할 전공과목을 수박 겉핥기식으로 배워야 하는지 이해가 되질 않아서요. 일부 선도학교에서는 일부 진행하고 있다고 하는데, 대학입시가 그대로라면 그 학생들은 학교에서 배운 후에 저녁에는 수능을 보기 위한 학원에 또 가야 하는 거 아닌가요?

홍박사   어차피 지금 수능에 나오는 내용을 학교에서 배워도 또 저녁에는 학원으로 학생들이 향하고 있습니다. 별로 잃을 것은 없어 보입니다.

H사장   저희 아이들도 그러더군요. 학교선생님이 학원선생님보다 훨

씬 못 가르쳐서 학원에 갈 수밖에 없다고요.

내신 절대평가의 현실적인 문제

홍박사   문제는 내신 절대평가인데요. 다양한 과목을 요리조리 가르친 다음에 시험은 학생들 모두 100점을 받게 될 것입니다. 그럼 전교생이 1등급이 되는 거죠. 시험이 너무 쉬워서 학생이 100점을 맞아 오면 학부모들이 기뻐할까요? 아니면 우리 아이의 상태가 궁금해서 학원에서 돈 내고 시험을 따로 보게 할까요? 점점 변별력 있게 시험문제를 내는 학원이 명문학원으로 뜨겠지요.

H사장   이제는 아이들이 시험 보러 학원을 가야겠네요.

홍박사   또한 절대평가를 통해서 변별력을 없애면 없앨수록 대학들은 자체적으로 좋은 학생을 선발하는 노력을 하게 될 것입니다. 본고사나 논술 등이 나오겠지요. 결국 또 사교육으로 갑니다.

H사장   말씀을 들어보니 이래도 사교육, 저래도 사교육이네요. 도대체 뭐가 문제입니까?

문재인 정부는 전부 고학력으로 줄 세움

홍박사   학벌을 우선시하는 문화 때문이겠지요. 학벌 우선 문화가 가장 강력한 곳이 진보진영 아닙니까? 문재인 정부의 청와대 보좌진이나 장관들을 보면 모두 하나같이 검사 출신, 판사 출신, 교수 출신 아니면 서울대 출신입니다. 학력을 기준으로 줄 세워서 앞에서부터 자르는 것이 옳은 일이 아니라면 중졸 출신, 지방대 출신, 평범한 직장인 출신, 자영업자 출신 등의 인물이 그 자리를 채워야 마땅한 거 아닐까요? 자신들은 인재를 영입하고 활용할 때는 학력으로 줄 세워서 앞에서부터 자르면서 왜 학교는 그렇게 하면 안 된다고 평등을 말하는 걸까요?

H사장 또 진보진영에서 표를 얻으려고 가난한 사람들, 학력이 낮은 사람들을 자극하는 것이라고 말씀하시려는 거죠?

홍박사 아닌데요. 그냥 그러지 말라고 하려는 건데요.

H사장 …….

좋은 대학교 = 대기업 취업

홍박사 점점 인구가 줄어들어서, 대학에 입학하려는 학생의 수가 전체 대학교 정원보다 적어졌다고 합니다. 하지만 여전히 선호되는 상위 대학의 정원은 입학하려는 학생보다 턱없이 부족합니다. 좋은 학교를 나와야 정계에 진출하기도 좋고, 대기업에 취업하기 유리하기 때문이지요. 공무원은 고시를 따로 보기 때문에 상관없지요. 결국 대기업 일자리가 희소해질수록 좋은 대학에 들어가려는 경쟁은 치열해질 수밖에 없습니다.

H사장   결국은 대기업 일자리군요.

홍박사   앞장의 경제민주화에서 언급했던 대기업 양성정책이 실행되어 대기업의 일자리가 팍팍 늘어나면 더할 나위 없겠지요. 그래서 대기업이 너무 많다 보니 임금이나 대우가 중소기업이랑 별로 차이가 없는 세상이 되어야 합니다. 그렇게 되면 좋은 대학에 들어가기 위한 경쟁이 줄어들겠지요.

H사장   결국은 국민의 선택의 몫인가요? 대기업을 혼내주고 취업난에 시달릴 건가? 아니면 대기업을 키워주고 사교육에서 탈출할 건가?

홍박사   진보진영에서는 평준화를 통해서 학력 차를 없애려고 합니다. 그러나 상위 대학들은 좋은 학생들을 뽑으려고 하지요. 왜냐하면 우리나라 대학은 '입학생 수 = 졸업생 수'이기 때문입니다. 그래서 대학을 졸업할 때 갖추어야 할 역량을 고등학교 때 미리 갖춘 수준 높은 학생을 입학 때 선발합니다. 결국 부모님들은 남들보다 우수한 성적으로 대학에 들어가게 하기 위해서, 또는 성적이 좀 떨어지더라도 복잡한 입시제도를 잘 이용해서 상위 대학에 들어가게 하기 위해서 자녀들을 사교육 속으로 밀어 넣을 수밖에 없습니다.

H사장   그렇다고 선호되는 상위 대학 정원을 왕창 늘릴 수는 없잖아요? 정원을 늘려서 졸업생들의 능력이 저하되면 결국 상위 대학의 희소성이 사라질 테니까요.

대학 입학생 수 〉 졸업생 수로 조절 : 내부 경쟁체제로

홍박사 대학에 입학하는 인원을 대폭 늘리고 대학에서 졸업하는 인원을 제한하면 될 것이라고 생각됩니다. 현재 정원의 2~3배의 인원을 선발합니다. 이렇게 많은 인원을 선발하려면 수능이나 내신의 커트라인을 대폭 낮춰야겠지요. 즉 적당히 어느 정도의 성적만 갖추면 서울대도 쉽게 들어갈 수 있게 하는 겁니다. 그러고 나서 학년을 마칠 때 성적으로 유급인원을 정합니다. 2회 유급하게 되면 학교를 떠나야 하구요. 물론 그렇게 떠나기 전에 다른 과로 전과하는 기회 같은 것도 제도적으로 보장해줘야 할 것입니다. 전공을 선택해서 들어왔는데 적성에 안 맞을 수도 있는 거니까요. 결국 졸업은 원래 대학 정원에 맞추어서 이루어지게 하는 겁니다.

H사장 에이~ 그건 그냥 치열한 경쟁과 사교육을 고등학교에서 대학으로 옮겨놓은 거잖아요? 결국은 대학 옆에 수없이 많은 학원이 등장해서 전공과목을 가르치겠지요. 아니면 대학 내에서 유급하지 않기 위해 부정한 방법들이 성행하게 될 텐데요.

홍박사 맞습니다. 제가 말씀드린 시스템이라면, 고등학교에서 적당히 공부하다가 대학에 가서 치열한 경쟁을 하게 됩니다. 그러나 고등학교 입시경쟁과는 여러 가지 다른 점이 생기게 됩니다. 첫째로 쓸데없는 공부를 덜하게 됩니다. 예를 들어 일본어를 전공하는 대학생이라 할 때, 대입입시가 치열하면 일본어와 상관없는 수학이나 영어를 많이 공부해야 합니다. 왜냐하면 '국영수 합산 몇 등급 이상'이라는 조건이 상위 대학 입학조건으로 달리게 되기 때문입니다. 그리고 정작 일본어를 전공하고 일본 관련 기업에서 일하게 되면 고등학교에서 사교육으로 열심히 배운 수학이나 영어는 별로 쓰지도 않습니다. 혹시 H사장님은 사회에 나와서 인수분해나 로그 함수를 써본 적 있으세요?

H사장   하하하, 인수분해라는 단어도 오랜만에 듣네요. 저도 사회에 나와서 고등학교 때 배운 인수분해나 로그 함수를 한 번도 쓴 적이 없어요.

홍박사   솔직히 왜 전국에 모든 고등학생이 아인슈타인이나 풀 필요가 있는 수학공식을 달달 외워야 하는지 이해가 안 됩니다. 그러나 대학에서 치열한 경쟁을 하게 되면 교양과목이 있기도 하지만 전공만 열심히 하면 됩니다. 적은 과목에 집중하게 되니까 더 높은 수준의 학업성취가 가능합니다. 또한 사교육에 들어가는 시간이나 노력도 상대적으로 적어집니다.

H사장   하긴, 제 경험으로 고등학생 때의 공부의 양과 대학생 때의 공부의 양을 비교해본다면, 공부의 양은 확실히 줄겠네요.

사교육 개선 - 철이 든 성인으로서 자기 책임하에 공부

홍박사   둘째로 이미 성인이 된 학생이므로 자기 공부에 대한 책임을 집니다. 중고등학생이 학원에 가는 가장 큰 이유는, 자신의 밝은 미래를 설계하기 위해서가 아니라 부모님이 강제로 가라고 하니까 어쩔 수 없이 가는 것입니다. 하지만 대학에 가서 스스로가 자신의 책임하에 공부하기 위해 사교육을 찾을 때는 임하는 자세부터 달라집니다. 예를 들어 지금도 공대생들이 CAD를 배우기 위해 학원을 찾는 경우가 많이 있습니다. 학교에서만 배운 것으로는 경쟁에서 밀리기 때문에 배우는 것이지요. 이걸 두고 대학생 사교육이 심각하다고 말할 사람이 누가 있겠습니까?

H사장   저도 대학생이 토익학원 다닌다고 해서 사교육이 심각하다고 하는 사람은 못 봤어요.

공교육 정상화 : 고등학교에서 학원 덜 가게 됨

홍박사   셋째로 공교육 정상화의 측면이 있습니다. 고등학생에게 "왜 학원에서 공부하고 학교에서 자냐?"라고 물었더니 "학원선생님이 더 잘 가르쳐요"라고 대답하는 경우를 적지 않게 봤습니다. 왜일까요?

H사장   그러게요. 사실 학교선생님들이 대학교에서는 학원선생님보다 훨씬 공부 잘했을 텐데요. 그 어렵다는 임용고시를 통과했으니까요.

홍박사   그렇지만 학교선생님들은 다양한 학교 행정과 많은 학생들을 감당하다 보니 수업의 질이 상대적으로 떨어집니다. 또한 학원처럼 치열한 경쟁에 놓여 있지 않다 보니 선생님들 스스로도 어떻게 하면 잘 가르칠지 고민하지 않습니다. 결정적으로 고등학교 과정은 전 국민이 통과한 과정입니다. 그중에 공부를 잘했던 분이라면 조금의 노력만으로도 충분히 가르칠 수 있는 실력이 됩니다.

H사장 고등학교 과정이 보편적인 교육과정이다 보니, 누구나 가르칠 수 있다는 거죠? 그러니 학원선생님이 되기도 쉽구요.

홍박사 그러나 대학에서 전공과목은 상황이 다릅니다. 누구나 배우는 과정이 아니잖아요? 대학의 전공과목을 가르칠 정도의 실력이 되려면 쉽지도 않고 해당 전공의 전문가가 몇 명 되지도 않습니다. 어떻게 학원선생님이 대학 전공과목을 교수님보다 더 잘 가르칠 수 있을까요? 만약 그 정도 능력이면 대학에서 스카우트하지 않을까요?

H사장 하하하, 상상의 나래를 펴니 참 재미있네요. 대학 입학정원을 늘려서 쉽게 대학에 들어가게 하고 대학 안에서 경쟁을 시켜서 졸업은 어렵게 하는 방안이 장점이 많은 것 같긴 하군요. 거기에 대학에서는 돈을 낼 학생의 수가 많아지니 전체적으로 학생 한 명당 내야 할 등록금의 금액도 낮출 수 있겠지요.

홍박사 제가 독일에서 어떤 회사의 엔지니어로 알고 계시던 분이 있었습니다. 당시에 나이가 40대 중반이었는데 대학에서 더 공부하신다면서 회사를 갑자기 그만두시더군요. 그런데 나중에 알고 보니 인근 대학의 교수가 되어 있었습니다. 우리나라에서는 상상도 못할 일이지요. 그분의 고등학교 성적은 훌륭하지 않았습니다. 하지만 회사에서 20년 넘게 해당 분야에서 실력을 쌓았고 대학교에서는 고등학교 성적이 최소한만 충족하면 입학이 허가되므로 쉽게 입학시켜 주었습니다. 결국 이미 전공 분야의 실무에서 전문가였던 그가 실력을 인정받아서 교수가 된 것이지요. 물론 그분의 피나는 노력이 있었다고 생각합니다. 이런 교육환경이 된다면 어떨까요? 즉 쉽게, 아무 때나 대학에 갈 수 있는 환경이 된다면 왜 중고등학교 사교육이 심각해질까요?

H사장　알겠습니다. 정말 한국에서는 있을 수 없는 꿈같은 이야기네요. 입시제도 외에 추가로 우리나라 교육에서 변화되어야 할 부분은 없습니까?

국민의 삶에 필요한 내용을 가르치자

홍박사　교과과목도 많이 변경되어야 한다고 생각합니다. 지금의 교과과목은 정말이지 우리 국민들의 삶과 전혀 상관없는 엉뚱한 학문입니다.

H사장　그럼 어떤 교육과정을 말씀하시는 건가요?

홍박사　저는 지금 가르치는 교과목의 심화도를 좀 축소해서 기초적인 부분만 가르치고 평가했으면 좋겠습니다. 예를 들어 영어만 봐도 일상 회화에 필요한 영어가 아니라 시험문제를 맞추기 위한 영어입니다. 그냥 대충 말해도 자기네들끼리 다 알아들을 문장을 놓고 정해진 문법에 의해서 꼭 들어가야 하는 단어를 찾게 합니다. 그게 무슨 의미가 있습니까? 교육의 수준을 높일 게 아니라 거기에 추가로 도로교통법, 근로

기준법, 세법, 형법, 형사소송법 등 우리 삶에 밀접한 법들을 가르치는 시간이 있었으면 합니다.

H사장 학교에서 세법을 배우면 정말 쓸모 있겠네요. 저도 기업을 운영하고 나서야 세금이 복잡하고 어렵다는 것을 알게 되었거든요. 하지만 세법은 너무 자주 바뀌어요. 이런 상황에서 법률을 정식 교과목으로 정한다면 계속 수시로 교육 내용이 바뀌어야 하잖아요. 교과서를 다 찍어놓고 또 바꿔야겠지요. 그렇다면 교육현장에서 큰 혼란이 생기지 않을까요?

홍박사 그래서 더욱 교과과정에 넣어야 합니다. 순진한 선생님들이나 학생들이 법을 정하는 사람들이 얼마나 많이 변경하는지 알면 "기업들이 불법을 저질렀다"는 소리를 듣고도 믿지 않겠죠. 또 바꿨구나 할 겁니다. 그리고 국민들도 정부가 지킬 수 없는 법을 만들어내고 있다는 것을 알아야 할 필요가 있습니다.

H사장 초지일관 법 자체에 대한 문제를 제시하시는군요.

홍박사 대부분의 국민들은 법을 잘 모르기 때문에 방송이나 인터넷에서 '불법'이라는 말만 들어도 대단한 잘못을 저지른 것으로 오해하고 그 대상을 정죄합니다. 하지만 법이 복잡하고 어려워서 지키고 나서도 판단하는 사람에 따라서 '불법'으로 변할 수 있다는 것을 학교에서 배운다면 사회에 대한 이해가 더 넓어지지 않을까요?

H사장   그렇네요. 아마도 지키기 어려운 애매한 법을 만드는 국회의원들의 나쁜 습관도 고쳐질 수 있을 거 같고요. 그리고 학생들이 법을 배우면 세상에 대한 이해가 좀 넓어질 거 같아요.

수영, 단축마라톤 같은 체력 성적도 반영

홍박사   그 외에 체육활동도 대학입시에 학력으로 인정받았으면 좋겠습니다. 예를 들면 수영, 단축마라톤 같은 운동을 들 수 있겠지요. 우리의 자녀들이 체육활동으로 인한 성적을 대학입시에 반영 받을 수 있다면 좀 더 건강하고 윤택한 삶을 살아갈 수 있지 않을까요? 가장 젊고 건강한 시기에 좁은 책상 앞에서 한 발짝도 떠나지 못하고 공부만을 요구받는 아이들이 너무 불쌍합니다. 또한 예절교육도 점수에 들어갔으면 합니다. 선생님에 대한 인사성, 친구들과의 관계들이 점수로 평가되어서 대학입시에 반영되면 좋을 것 같습니다.

H사장   체육활동이라시면, 예전에 있었던 체력장을 말씀하시는 건가요?

홍박사   체력장과는 좀 개념이 다릅니다. 예를 들어서 수영으로 50m를 쉬지 않고 간다든지, 단축마라톤을 시간 안에 완주한다는 간단한 평가를 하면 좋을 것 같습니다.

H사장   하긴 사람이 머리뿐 아니라 팔, 다리, 몸 여러 가지 지체가 달려 있는데 왜 머리만 평가하는지 이해가 안 될 때가 있었어요. 좋은 의

견인 거 같아요. 현재 문재인 정부의 교육정책에 대한 자세한 비판이라기보다는 새로운 교육정책의 방향을 제시하시는 것 같습니다.

진보교육이 답이다

H사장   홍박사님이 재미있는 제안을 해주셨어요. 중고등학생이 불필요하게 많이 해야 하는 공부를 대학생이 되어서 심화해서 공부하도록 길을 바꿔주자는 말씀이었는데요. 조나라님께서는 어떻게 생각하시나요?

조나라   아마도 유럽 선진국이나, 미국에서 실행하고 있는 입시제도를 따라하려고 하시는 것 같습니다. 선진국들이 한다고 되지도 않는 것을 막 따라하면 되겠습니까? 우리는 우리나라의 문화와 상황이 있는 것입니다.

H사장   그런가요? 좋은 아이디어 같았는데.

조나라   거기다가 홍박사님의 제안한 내용 중에, 학생들에게 세법과 같은 현실생활에서 꼭 필요한 내용들을 가르쳐야 한다는 말씀은 정말 수긍이 안 돼요. 그것은 어린아이들이 법을 이용해서 세금을 피하는 방법을 연구하게 만들겠지요. 어린아이들이나 중고생은 법을 모르고 순수하게 성장하는 것이 좋다고 생각해요.

H사장   아이들은 법을 모르는 게 낫다고요? 그럼 법을 어떻게 지켜요?

조나라　　차라리 모르는 게 낫죠. 촉법소년법을 예로 들 수 있겠습니다. 2021년 1월에 있었던 일이었죠. 의정부 경전철 안에서 70대 노인을 중학교 1학년 학생들이 목을 조르는 등 폭행을 하고 욕설을 했습니다. 그리고 이것을 휴대폰으로 찍어서 버젓이 SNS에 올렸어요. 하지만 이 아이들 모두 만 14세 미만의 촉법소년이었던 탓에 아무 법률상 제재를 받지 않았지요. 아이들이 법을 알면 그걸 이해하고 따르기보다는 이용해서 나쁜 짓을 하려고 하거든요.

H사장　　맞아요. 그래서 촉법소년법을 폐지하거나, 개정해야 한다는 목소리가 있었죠. 거기에 요즘 사회적으로 문제가 되는 '민식이법 놀이'도 있지요. 민식이법의 과잉 처벌조항을 아이들이 이용해서 자기 목숨을 걸고 운전자를 괴롭히는 위험천만한 놀이예요. 이것도 개선이 시급하죠. 마침 더불어민주당이 거대 여당으로서 입법을 마음대로 할 수 있는데, 이렇게 꼭 필요한 법 개정이 왜 아직도 안 되고 있을까요?

조나라　　야당과 보수진영의 반대 때문이지요. 그쪽이 수가 적어도 워낙에 예의 없이 함부로 하니까, 거대 여당도 법을 마음대로 바꿀 수가 없어요. 아 참. 예의 이야기가 나왔으니 말인데요. 고등학교 교과과정에 예절교육이 뭡니까? 요즘 학생들을 다 예의도 모르는 날라리로 폄하하시는 건가요?

H사장　　방금 그렇게 말씀하셨잖아요? 촉탁소년법을 이용해서 노인을 괴롭히는 나쁜 아이들이라고.

조나라 그건 법 같은 거 가르치지 말라는 거지요. 그런 거 말고, 오히려 어렸을 때부터 정치교육, 즉 진보적인 사고가 가능하도록 역사를 가르치고 행동하는 시민이 되어서 시위현장에서 활동할 수 있도록 전교조에서 강력하게 지원해야 한다고 생각합니다.

전교조 : 진보 성향의 정치교육이 필요

H사장 제가 아이들과 이야기해보면 정말 정치에 대해 전혀 몰라요. '더불어민주당'과 '국민의 힘'을 구분을 못해요. 평생 쓰지도 않을 수학공식은 달달 외우는데 정작 자신이 살아가는 세상이 어떻게 돌아가는지 모른다는 게 말이 되나요?

조나라 그런 상황이라면 교육현장에서 진보와 보수를 가르치고 정치적인 문제에 대해서 토론하는 시간을 가지는 것도 좋을 겁니다. 진보가 어떤 정치적인 입장이며 무엇을 이루어 왔는지, 보수가 얼마나 부패하고 문제가 많으며 사회에 악영향을 일으켜 왔는지 아이들에게 명확히 알려주는 정식 교육과정이 있었으면 좋겠지요.

H사장 잠깐만요. 그럼 좀 편향된 교육 아닌가요? 진보만 명확하게 알려주고 보수를 비난하는 교육과정은 좀 곤란해요. 저는 중고등학생들이 여러 가지 정치세력의 성향과 특징을 객관적으로 배우고 지지하는 세력을 스스로가 판단해야 하지 않을까요?

조나라 하하하, 어차피 객관적으로 설명해도 진보를 하게 되어 있어요. 진보진영이야말로 100% 옳고 깨끗한 정치세력이니까요.

H사장 그런 줄 알았는데, 아닌 모습이 자꾸 보이니까 젊은 청년층에서 많은 이탈자들이 나오고 있죠. 청년 연령대에 문재인 대통령 지지율이 지속적으로 떨어지고 있잖아요? 문재인 대통령 측근의 자녀 입시 비리가 큰 영향을 끼쳤지요.

조나라 저도 그 점은 저의 일처럼 매우 가슴 아프게 생각합니다. 그래서 향후에는 지방선거와 같이 진행되는 교육감 선거에서 청년들의 교육감 투표권을 제한해야 한다고 생각합니다. 사실 청년이라기보다는 자녀가 없는 독신자의 투표권 제한이지요.

H사장 자녀가 있는 노인층에는 공공근로를 통해서 지지가 높아지니까, 교육감 투표권을 보장해주는 거죠? 상대적으로 지지가 떨어지는 독신층에게는 투표권을 제한하자는 거구요.

조나라 하하하, 참신한 생각이네요. 보수진영에서 나온 줄 알았네요. 그렇게 근거 없이 추측으로 말씀하시면 정말 머쓱하죠. 생각을 해보세요. 교육감 선출에 있어서 자녀가 없는 독신자들이 왜 투표를 합니까? 자녀가 없는데 교육이랑 상관이 없잖아요. 이건 부산시장 뽑는데 서울 사람에게 투표권을 준 거랑 뭐가 다릅니까? 그래서 교육감 선거에 있어서 자녀가 없는 독신자의 투표권을 제한해야 한다는 겁니다. 나중에 결혼하고 자녀를 낳으면 그땐 투표권을 주면 됩니다.

H사장 그렇게 듣고 보니 그럴듯하네요. 이제 마무리해야 하니 진보 지지자 분들에게 한 말씀 부탁드려요.

사교육에서 벗어나는 모범을 보여주세요

조나라 100% 깨끗한 문재인 정부의 교육정책을 적극 지지해주시는 진보진영 국민 여러분께 부탁 한마디 올리겠습니다. 사교육은 내가 자녀의 성적 향상을 위해 한다기보다 남들이 다 하니까 우리 아이가 뒤처지지 않기 위해 하게 됩니다. 즉 부모들끼리의 심리적인 부담이 서로 과도한 경쟁을 만듭니다. 그렇다면 이 더러운 흐름을 깨는 것이 중요하다고 생각해요. 앞으로는 초중고생을 두신 진보진영의 학부모님들께서는 문재인 정부의 교육정책을 믿으시고 자녀들의 사교육을 줄이는 데 동참해주시기를 바랍니다.

H사장 진보 지지자 분들은 자녀를 학원에도 보내지 말라고 말씀하시는 건가요?

조나라 그렇지요. 생각해보세요. 진보를 적극 지지하고 신뢰하시는 열성 지지자 분들이 정작 자녀교육에 대해서는 정부의 의지를 무시하고 사교육 시장으로 자녀들을 내몬다면 보수진영의 웃음거리가 될 수밖에 없지요. 아까 지적하신 것처럼 문재인 정부 이후에 사교육 시장에 들어가는 비용이 날로 늘어나고 있습니다. 문재인 대통령의 지지율만큼의 국민들이 사교육 시장을 외면한다면 사교육 시장은 점점 줄어들겠지요. 투표를 진보진영에 했으면 그에 대한 책임을 져주시기 바랍니다. 이제는 국가가 교육을 책임지고 있다는 사실을 믿어주시고 행동으로 실천해주시길 바랍니다.

H사장   그렇지만 내 자녀가 나중에 부유하게 살기를 바라는 마음은 진보나 보수나 마찬가지 아닌가요? 지금 사교육으로 공부시키지 않으면 나중에 가난하게 살 확률이 높아지는데 정부만 믿고 있으라고 하시면 곤란하죠. 아예 법으로 사교육을 금지시켜서 전면적으로 못하게 하면 또 몰라도요.

가난한 서민이 주인이 되는 세상, 자녀를 가난하게 해야 한다

조나라   그런 근시안적인 시각이 우리 아이들을 불행으로 내모는 겁니다. 지금 진보진영의 정책을 보세요. 공정경제 3법으로 열심히 일해서 회사를 소유해도 3%의 의결권밖에 행사하지 못하니까 허무하게 회사의 경영권을 잃게 되어 있어요. 또 중대재해법을 보세요. 회사를 운영하면서 돈을 많이 벌어봐야, 알지도 못하는 하청업체에서 사람이 죽으면 바로 감옥을 가야 하죠. 이건 바로 돈 많은 사람이 살기 어려운 세상을 만들어가는 과정이 아닙니까? 즉 가난한 사람이 대우받고 권리를 행사하는 세상을 만들어간다는 거죠.

H사장   그럼 "진보가 가난한 사람의 권리를 높여줄 테니, 자녀를 가난하게 만들어라" 이런 뜻인가요?

조나라   정확합니다. 진보진영은 양극화 해소를 누누이 강조해 왔잖아요? 그리고 지속적으로 부자와 기업에 대한 억압정책을 펼쳐 왔구요. 그런 진보를 지지하면서, 내 자녀는 부자나 기업주가 되길 바라는 건 말이 안 되는 것 아닌가요? 진보를 지지하면서 왜 자녀를 부유한 사람으로 만들려고 하나요? 투표를 진보진영에 했으면, 자기 자녀들을 최대한 가난하게 만들어서 한 번도 경험해보지 못한 나라의 주인이 되게 해야 할 것 아닙니까?

H사장   그래요? 자녀를 가난한 사람으로 만드는 것이 진보의 진짜 모습이라는 건가요? 그럼 왜 진보진영의 인사 중에서는 입시부정을 저질러서라도 자녀를 의사로 만들려는 사람이 있는 건가요?

조나라   어허, 참 나. 그거 가짜 뉴스라니까요.

H사장   혹시 그분은 가난함의 혜택을 버리고서라도 자녀를 의사로서 세상에 헌신하게 하려는 고귀한 마음을 갖고 계신 건가요?

조나라   바로 그거죠! 이제서야 진보의 진짜 마음을 이해해주시는군요!

H사장   너무 그렇게 반갑게 대답해주시면, 독자님들이 제 말을 듣고 이제서야 둘러댈 말을 생각한 걸로 오해하실 거 같아요. 좀 살살 반가워주시기 바래요. 기왕 말이 나온 김에 아까 언급된 수시입시, 즉 학종에서 발생할 수 있는 입시부정에 대해서 같이 이야기해봤으면 좋겠습니다.

조나라 좋은 말씀 감사합니다. 여기서 교육에 대한 주제를 마치도록 하죠.

H사장 아직 안 끝났어요. 아까 조나라님이 수시전형이 비리의 온상이 될 가능성이 높은 제도라고 말씀하셨었지요. 그래서 수시전형의 비율이 줄어들고, 정시전형의 비율이 늘어나게 된 것이겠지요? 그렇지만, 정시를 자꾸 늘려서 정시 100%로 할 게 아닌 한, 현행 수시전형의 문제점을 개선해야 하지 않겠습니까?

조나라 맞습니다. 다양한 인재는 정시 이외에도 뽑을 수 있는 길을 열어두어야겠지요. 하지만 학생부종합전형과 논술이 다양한 인재를 뽑는 방법이라고 하기에는 문제가 많아요. 그 어떤 전문가도 종이에 적힌 자기소개서 내용과 상장 몇 장을 가지고 단지 몇 분 만에 그 사람을 다 판단할 수는 없기 때문이죠. 만약 학생부종합전형이나 논술이 공정성을 확보하려면 낙방한 학생들에게, 합격한 학생들의 자기소개서와 학생부 내용을 신상정보를 가린 채 공개하는 것도 한 방법일 것입니다.

H사장 시험답안 공개는 현재 논술고사를 치르는 일부 대학에서 시행하고 있어요. 하지만 이의를 제기하는 공식적인 창구는 운영하지 않고 있죠.

조나라 나중에 모든 것이 오픈된다면, 학생들로부터 객관적인 평가에 대한 요구가 생기겠지요. 학교도 그런 반론을 염두에 두고 더 공정한 평가를 진행할 것으로 보입니다. 이제 좀 마치시죠?

깜깜이 입시지만 대학에서 잘 가르치면 된다

H사장   마치기 전에 좀 의문인 사항이 있어요. 고교학점제로 다양한 분야를 접한 학생들을 키우고 내신 절대평가를 통해서 학생의 실력평가를 무력화하여 성적을 통한 서열화를 없앤다는 내용은 앞에서 이미 이야기했었죠. 현행 대학입시 제도하에서 이런 평등을 강조하는 깜깜이식 성적 계산방법은 국가의 미래를 책임질 엘리트 인재를 길러내는 방법으로 적합하지 못하다는 지적이 있습니다.

조나라   고등학교에서 성적이 변별력이 없다고 해서 아무 대학이나 가게 되면 엘리트를 못 길러낸다는 말씀은 앞뒤가 맞지 않아요. 대학이 뭐하는 곳입니까? 가르치는 곳 아닌가요? 지금은 사교육으로 잘 교육된 학생을 골라 뽑아서 명문대 타이틀을 유지하고 있는 대학들이 더욱 더 사교육을 조장하는 방향으로 학생들을 뽑고 있어요. 제대로 된 대학교육보다는 검증된 우수한 학생을 뽑아서 별로 노력 안 들이고 쉽게 성공을 거두고 있는 겁니다.

H사장   그래서 학부모님들은 자녀들을 명문대학의 선택을 받을 수 있는 학생으로 만들기 위해 사교육에 자녀와 스스로의 인생을 갈아 넣는 거잖아요.

조나라   이 과정에서 부모님의 경제력에 의한 불평등이 생기지요. 공부를 못하는 학생도 부모가 돈이 있어서 사교육을 쑤셔박아 주면 명문대에 합격할 조건이 되고, 공부를 열심히 하는 학생도 부모가 돈이 없어서 사교육을 못 받으면 명문대는 근처에도 못 갑니다. 내신을 위한 학교 내 시험이나, 수능조차도 사교육으로 중무장하지 않으면 상위 성적을 얻기 어려울 정도로 어려운 문제만을 냅니다. 시험문제를 풀기 위해 훈련되지 않으면 절대로 명문대학에 못 가요.

H사장 슬픈 현실이네요.

조나라 이게 정상인가요? 참담함에 눈물의 꽃이 피어나네요. 차라리 누가 우수한지 알 수 없는 평준화된 고교성적으로 운빨로 대학에 들어가는 것이 훨씬 공정하지 않나요? 또한 평준화된 성적으로 운빨로 명문대에 입학한 학생들도 잘 가르쳐서 엘리트를 만들어내야 진정한 명문대학이 아닐까요?

H사장 아하, 대학에서 잘 가르치기만 하면 아무 문제가 없는 것이군요. 그래도 그건 좀 공정하지 못한 것 같은 느낌이 있어요. 열심히 학업을 하든 안 하든 무조건 운으로 대학을 입학한다면 누가 열심히 공부합니까? 그리고 '운'을 결정하는 과정에서 무수한 입시비리가 발생할 가능성도 있지 않을까요? 어차피 아무나 뽑아도 상관없는 입시제도이니까요? 그래서 지금은 다시 입시비리에 대해 같이 잠깐 생각해봤으면 합니다.

조나라 진짜 좋은 말씀 감사합니다. 수고하셨습니다.

Subject 5

국회 이야기

"문재인 정부 지켜야 됩니다. 여기가 흔들리면 나라가 흔들려요. 그리고 문재인 정부를 지켜가면서 정권을 재창출해야 바로 저런 사람들이 이권을 탐하려고 하는 행위를 근본적으로 차단할 수가 있고, 밑에서 이루어지는 이런 비리라던가 이런 것도 고쳐나갈 수 있는 거거든요. 그러니 정권 재창출해서 시간을 가지고 일을 해나가는 거죠."

- 2021년 3월 23일 이해찬 더불어민주당 대표
김어준의 다스뵈이다에서

진보가 드디어 3권의 대통합을 이루어내다

H사장　우리나라는 3권이 분립된 민주주의 국가라고 초등학교 때부터 배우죠. 그래서 일반 국민들은 입법부인 국회, 대통령을 수반으로 하는 행정부인 정부, 사법부인 법원으로 국가의 권력이 나누어져서 서로 견제하며 균형을 이룰 것으로 기대하고 있습니다. 그런데 어떤 분들은 우리나라의 대통령제를 '제왕적 대통령제'라고 부르죠. 3권이 분립되어 있는데 왜 대통령이 제왕이라고 불릴까요?

조나라　형식적으로는 삼권분립의 형태를 취하고 있는 것이 맞습니다. 기득권을 지키기 위해서 부정부패를 일삼는 보수정권 시절에는 꼭 필요한 시스템이었지요. 하지만 100% 깨끗한 진보진영이 집권한 시점에서 불필요한 시스템이 되어버렸어요. 그래서 문재인 정부에서는 문재인 대통령님을 전폭적으로 지지하는 국민의 염원에 따라 3권의 역사적인 대통합을 이루었습니다.

H사장　서로 견제하라고 분리해놨는데, 그걸 통합했다구요?

조나라　그런 견제 자체가 필요 없으니까요. 사법부부터 생각해보시죠. 사법부의 양대 수장 중 하나인 대법원장은 국회의 동의를 얻어서 대통령이 임명합니다. 다른 한 명의 수장인 헌법재판소장 또한 대통령이 임명합니다. 현실적으로는 인사권이 대통령에게 있기 때문에 대법원장과 헌법재판소장의 임기(6년)가 종료되는 시점에 잘만 연결되면 대통령 측근을 임명함으로써 쉽게 사법부를 행정부의 견제세력이 아닌 협력세력으로 만들 수 있습니다. 이런 구조를 잘 이용해서 문재인 정부에서는 모두 친진보인사로 임명했기 때문에 사법부의 전폭적인 지지를 얻게 되었지요.

H사장 그렇게 지지하면 안 되는 거 아닌가요? 공정성이 훼손되잖아요? 최근 문재인 정부가 임명한 김명수 대법원장이 더불어민주당이 마음껏 탄핵할 수 있도록 탄핵 대상인 판사의 사퇴를 만류했었지요. 그리고 그런 사실을 부인하는 거짓말까지 해서 문제가 되었잖아요? 이건 공무원의 정치적 중립 위반이 아닌가요?

조나라 정치적 중립이 공정한 걸까요? 100% 깨끗한 문재인 정부를 지지하는 것이 '진정한 공정' 아닌가요? 정치적 중립이면 절반 정도는 박근혜·최순실을 지지해준다는 뜻이잖아요? 이게 맞아요? 생각해보세요. 박근혜·최순실의 국정농단 사건을 통해 얼마나 많은 국민들이 아직까지도 몸서리쳐지도록 뼈아픈 고통을 겪고 있습니까?

H사장 뼈까지는 안 아픈 거 같은데요. 좋습니다. 사법부는 그렇다 치고 지금의 주제인 국회를 보죠.

조나라 그런데 국회는 대통령이 임명권자가 아니고 국민이 선거를 통해 투표로 임명을 하기 때문에 국민적인 지지가 없으면 대통령의 힘만으로는 협력세력으로 변화시키기가 쉽지 않아요.

H사장 하지만 21대 국회에서는 국민의 열렬한 지지로 진보진영은

178석의 국회의석을 확보했잖아요.

21대 국회는 178석의 선거 승리, 이번 장은 20대 국회를 기준으로 설명

조나라 진보진영의 압도적인 승리를 시기하면서 보수진영은 치졸하게 부정선거를 운운하며 공격했었지요. 그러나 김명수 대법원장을 위시한 100% 깨끗한 진보인사로 채워진 대법원에서 진보진영을 위해 부정선거 관련 사건의 진행을 1년이 넘도록 막고 있었기 때문에 문제되지 않을 겁니다. 선거가 끝난 지 1년이라는 시간이면 진보진영의 지지자들에게 좋은 일이 생길 수도 있는 시간이니까요.

H사장 그러게요. 홍박사님도 너무 시간 끌었다고 뭐라고 하시던데요. 1년의 시간 때문에 의혹이 더 강해졌다구요.

조나라 걱정 마세요. 시간이 모든 것을 덮어주지 않을까요? 덕분에 지금 21대 국회는 흠잡을 데 없이 완벽하게 잘 운영되고 있습니다. 어떤 분들은 국회가 대통령 직속기구가 되었다고 비난하지만, 100% 깨끗한 진보진영이 운영한다면 삼권분립은 일사분란한 개혁작업에 방해만 될 뿐이지요.

H사장 그래서 그런지 국민의 힘이 별로 '힘'을 못 쓰고 있어요.

조나라 지속적으로 국민의 힘이 치졸한 공격을 하기는 해도 매우 미미하죠. 그래서 21대 국회에 대해서는 별로 할 말이 없어요. 때문에 이번 국회 이야기에서는 21대 국회가 아닌 정쟁이 한창 거셌던 20대 국회를 기준으로 말씀드릴게요.

H사장   20대 국회를 기준으로 말씀하신다니 좀 부담스럽네요. 안 좋은 과거를 들추는 기분이에요.

20대 국회는 야당이 사사건건 반대해서 분쟁이 끊이지 않음

조나라   사실 문재인 정부 초기 20대 국회에서 가장 어려운 일거리 중에 하나가 국회를 설득해서 민생에 꼭 필요한 법을 제정하는 것이었죠. 대부분의 국민들이 신문이나 TV에서 보서서 알고 계시듯이, 자유한국당 국회의원들은 사사건건 진보정책에 반대하면서, 매일 장외투쟁을 했었지요. 또한 아무도 관심 가지지 않는 단식쇼까지 했어요. 정말 신문이나 TV를 보시는 국민 여러분께서 얼마나 힘들어하셨을지 죄송한 마음뿐입니다.

H사장   저도 사실 20대 국회에서 일어나는 분쟁을 보면서 매우 안타까웠어요. 그리고 제발 21대 국회에서는 이런 충돌을 위한 충돌이 일어나지 않기를 바래요.

조나라   국회에 대한 이야기는 국민들이 좀 밀접하게 느끼시고 계시죠. 사실 언론에 보도되는 정치에 관련된 이야기의 거의 대부분을 차지하거든요.

H사장 싸우는 것도 문제이지만, 국가의 이익을 위해서 싸우는 게 아니라서 더 문제가 아닐까요? 국가의 이익이 아니라 자기 지지자들만을 위해서 싸우는 것 같아요.

조나라 참 답답한 일이지요. 저도 국회에 대한 이야기만큼은 진보진영의 입장을 잠깐 내려놓고 진솔하게 접근해볼까 해요. 진보 지지자분들께서는 "조나라가 갑자기 변절했나" 하면서 의아해하실 수도 있지만요.

H사장 뭔가 대단한 말씀이 나올 것 같아서 기대가 되네요.

왜 국민들은 국회의원에게 실망하나?

조나라 국민들로부터 국회는 끊임없이 욕을 먹고 있지요. 왜 그럴까요? 아마도 국민들이 기대하는 국회의 모습과 실제 모습이 너무 달라서 분노하는 것이라고 생각합니다.

H사장 국민들이 기대하는 국회의 모습이 뭔데요?

조나라 좀 과도한 기대 수준이라고 할 수 있겠죠. 첫 번째는 '국회의원에 대한 불가능한 기대'입니다. 우선 너무 과도한 도덕적 잣대를 의미하죠. 모든 법을 다 지켜야 하며, 거기에 경제적 능력이 출중하면서도 스스로 부를 축적하지 않아서 가난해야 합니다. 아니, 무슨 이슬만 먹고사는 신선입니까?

H사장 국회의원이면 '공인'인데, 그 정도는 해야 하는 거 아닌가요?

조나라 여보세요! '공인'은 사람 아닌가요? 일반 사람이 국회의원으로 당선되면 갑자기 '공인'이 되고 천사로 변합니까? '공인'이라는 타이틀을 붙여놓고 흠집을 내고 탈탈 터는 짓은 좀 하지 말아주세요. 만약 이 책이 잘 되면 H사장님도 '공인'이 되는데, 털끝만 한 잘못도 없이 살 자신 있으세요?

H사장 제가 공인이 될 만큼 책이 잘 팔렸으면 좋겠네요. 그렇게만 되면 탈탈 털려도 괜찮아요. 호호호.

조나라 참, 자나 깨나 책 판매에 매달리시는군요. 다시 국회 이야기하시죠. 국회의원이 되려면 우선 정당에 소속되어서 정치적 발판을 마련해야 합니다. 그래야 공천을 받으니까요. 그럼 아무 일도 안 하고 무위도식하는 백수가 갑자기 정당에 주목받는 정치 기대주가 될 수 있을까요? 아닙니다. 자신의 분야에서 두각을 드러내고 사회적 이슈에 나서야 정당에서 공천을 받아 선거에 출마할 수 있습니다.

H사장 그렇지만 그 과정에서 법을 모두 지키면 되잖아요? 정말 털끝만큼도 법을 어기거나 세금을 축소해서 내는 일 따위는 없어야 하는 거 아닌가요?

조나라 참 나, 홍박사님이 하는 말을 못 들었어요? 우리나라 법은 다 지킬 수가 없어요. 결국 사소한 흠결이 생길 수밖에 없죠. 국회의원을 하시다가 장관으로 임명받기 위해서 청문회를 하면, 본인도 모르는 잘못들이 쏟아져나오잖아요? 예를 들어서 현재 법무부장관을 하고 있는 박범계 의원의 경우 6,000평의 고향 땅이 재산신고 과정에서 누락되어서 난리가 났었죠. 하지만 그게 법무부장관직 수행과 무슨 상관입니까? 진보진영 인사가 일만 잘하면 되었지, 그깟 공직자윤리법에서 지정하는 공직자 재산신고를 좀 누락하면 어때요?

H사장 홍박사님 말씀이 여기서 인용될 줄은 몰랐네요. 그리고요?

국회의원의 말 꼬투리로 시비

조나라 말 꼬투리로 시비하는 것도 심각한 문제죠. 언론에서 나오는 국회의원에 대한 기사를 보다 보면 너무 작은 흠집도 크게 보도하는 것을 보고 좀 심하다고 생각해요.

H사장 '○○ 비하 발언' 이런 기사 말씀하시는 거죠?

조나라 실제로 내용을 열어보면 별생각 없이 말하다가 살짝 언급된 것인데 언론을 타고 나면 너무 사태가 커져버리죠. 예를 들자면 2010년 11월에 연평도에 북한으로부터 대포알이 날아왔었어요. 평화롭던 연평도가 전쟁터로 변해버렸었지요. 그때 당시에 인천시장이었던 송영길 의원이 현장을 방문했습니다. 거기서 불에 탄 잔해에서 불에 그

을린 소주병을 보고 "이거 진짜 폭탄주네"라고 말했습니다. 이에 대한 비난이 한나라당, 선진당으로부터 일어났고 사퇴하라는 요구까지도 있었지요.

H사장 그거 좀 적절하지 않은 발언 아니었나요? 그곳에는 피해를 입으신 주민들도 많으셨는데.

조나라 발언 하나만 보면 분명히 적절하지 않은 표현이라고 할 수 있겠죠. 그러나 그분도 사람이잖아요? 기자회견에서 그런 말을 일부러 발표한 것도 아니고 포격현장 곳곳을 돌아다니면서 일행에게 한 말을 가지고 어떻게 그런 맹비난을 할 수 있나요? 상갓집에서도 상주들끼리 이야기하다가 웃기는 이야기를 하면 웃기도 합니다. 상을 치르는 3일 동안 울고만 있는 상주는 본 적이 없어요. 결국 국회의원들이 사소한 말실수로 구설수에 오르고, 국회의원들이 이를 가지고 분쟁한다면 중요한 정책이나 국민을 위한 봉사를 위해 써야 할 시간이 낭비되지 않을까요? 국회의원도 사람인데 사소한 실수는 그냥 실수로서 덮어야 크게 좋은 일을 할 수 있지 않을까 싶습니다.

H사장 하긴, 그런 거 다 신경 쓰면 어떻게 큰일을 하겠어요.

조나라 거기에 사회적 약자를 비하하는 듯하다고 의심이 될 것 같은 언행도 해서는 안 되죠. 실제 의미가 어떻든 그건 중요하지 않아요. 악마의 편집으로 부정적인 부분만 싹 뽑아내서 인터넷에 퍼지는 순간 그가 평생 쌓아 올린 공적은 먼지처럼 사라집니다.

H사장   그건 저도 문제라고 생각해요. 악마의 편집으로 뭐든지 가능하더라고요.

조나라   거기에 국민들은 임기 동안 열심히 일했던 국민의 대표인 국회의원들이 임기를 마치면 하나같이 불출마를 선언하면서 다음 세대에게 자리를 넘겨주는 아름다운 모습을 기대합니다. 문제는 이게 가능한가요? 국회의원 한 번 하는 게 얼마나 힘듭니까? 사무소 차리랴, 선거 치르랴, 홍보하랴 최선의 노력을 다해서 이루어놓은 것을 잠깐 멋있기 위해서 포기해야 합니다. 특히 다선 의원에게 있어서는 거의 목숨을 내놓으라는 것과 같지요.

H사장   그런 희생을 하면서 다음 세대에게 길을 열어주기에 멋있는 것 아닌가요?

조나라   그게 문제예요. 그럼 H사장님은 다른 출판사 사장님을 위해 자신의 출판사를 공짜로 넘기실 의향이 있으신가요?

H사장   미쳤어요? 내 걸 왜 공짜로 줘요?

조나라   자기는 희생하지도 않으면서 타인에게 희생을 강요하는 행위가 왜 당연한 건가요? 너무 너무 깨끗하고, 너무 너무 능력 있고, 너무 너무 욕심 없이 다 주는 그런 사람은 이 세상에 없어요. 국회의원도 한 사람의 인간입니다. 신이 아니라는 거지요. 국회의원을 바라보는 국민들의 시선이 조금은 더 너그러워졌으면 좋겠습니다.

H사장 국회의원 개인에 대한 국민들의 요구가 너무 과도하기 때문에 국회의원이 욕을 먹는다는 거지요? 기대 수준과 현실이 너무 차이가 나니까요?

조나라 국회의원 개인에 대한 기대뿐 아니라, 의정활동에 대한 기대도 터무니없지요. 입법과정을 보시죠. 국민들은 국회의원에게 국민생활에 도움이 되면서 나에게 이익이 되는 좋은 법을 제정하도록 기대하고 있어요. 여기서 중요한 포인트는 '나에게 이익이 되는 법'이라는 겁니다. 아무리 좋은 법이라도 나에게 손해가 되는 법이라면 좋은 법이 아니지요.

H사장 호호호, 이 세상에 그런 좋은 법이 있으면 좋겠네요. 여자 출판사 사장님만 세금을 깎아주는 법 같은 거요.

법으로 수익자와 피해자가 혼합되는 경우

조나라 꿈 깨시죠. 어떤 법이든 제정되고 나면 누군가에게는 이익을 주지만, 누군가에게는 불이익을 주게 돼요. 동전에 양면이 있듯이 장점과 단점은 항상 함께 존재합니다. 또한 내가 이익을 받을 법이라고 생각했는데, 어처구니없이 내가 피해를 보는 법이 되는 법도 있지요.

H사장 법은 그대로인데, 이익을 보는 사람에서 피해를 보는 사람으로 입장이 바뀌는 법이 있다구요?

조나라   예를 들어서 '민식이법'을 봅시다. 어린이 보호구역에서 사망 사고를 내면 운전자는 무기 또는 3년 이상의 징역에 처합니다. 고의적으로 살인을 저질러도 초범의 경우 무기징역은 나오지 않지요. 그러나 국회에서는 어린이를 보호한다는 명분하에 강력한 법을 만들었어요. 그러나 문제가 있지요. 운전을 해보신 분들은 아시겠지만 어린이들은 막무가내로 튀어나올 수 있거든요. 아무리 주의를 하고 서행을 해도 가능성을 낮출 수는 있으나 사고를 완전히 없앨 수는 없지요.

H사장   그래요. 아무리 조심해도 결국 사고는 발생하겠죠. 그러니까 사고 아닌가요?

조나라   특히 어린이 보호구역에 많이 들락날락하는 운전자가 대상이 되겠지요. 예를 들어 자기 아이를 학교에 데려다주거나 데리고 오려고 학교 앞을 통과하는 학부모들이 강력한 법 집행의 대상이 될 것입니다. 만약 어린이 보호구역에서 학부모가 사고를 냈다고 합시다. 그럼 그 학부모는 무기징역을 받겠죠? 그렇게 학부모가 감옥에 가 있는 동안 그 학부모의 가정은 파탄이 나요. 그 학교를 다니던 어린아이였던 그 학부모의 아들이 다 커서 결혼을 하고 아이를 낳을 때까지도 그 학부모는 감옥에서 늙어가겠지요.

H사장   그러게요. 도대체 누구를 위한 법인가요? 가족 생이별 법?

조나라   자기 아이를 데리러 어린이 보호구역을 지나간 수많은 차들 중에 별난 어린이 하나가 뛰어들었다는 이유로 한 사람의 인생은 완전히 망가집니다. 내가 학부모의 입장이었을 때는 우리 아이를 지켜주는 너무 너무 고마운 법이 내가 핸들을 잡았을 때는 나의 가정을 파괴하는 악법으로 변신합니다. 이렇게 같은 한 사람에게도 아이를 학교에 보냈을 때와 운전을 할 때의 입장이 달라지죠.

H사장 그러네요. 무조건 나에게 이익이 되는 법만 만들 수는 없겠네요. 내 상황이 자꾸 바뀌니까요. 예를 들면 집주인의 배려로 싸게 월세를 살던 사람이 있었는데, 기업주를 강력히 처벌하는 법을 적극 지지했어요. 왜냐하면 자기는 기업주가 아니니까요. 그런데 집주인이 기업주였던 거죠. 그래서 집주인이 처벌을 받고, 기업이 망하고, 월세 살고 있는 집이 은행에 넘어가요. 결국 그 사람은 비싼 월세를 알아봐야 하죠. 이런 상황이 벌어질 수도 있는 거잖아요?

조나라 법이라는 게 이렇게 무서운 겁니다. 모두가 어이가 없어 하는 법이 여론에 밀려서 제정이 되거든요. 엄벌조항에 의지하는 법은 효과에 비해 부작용이 클 수밖에 없어요. 지금은 그게 너무 좋은 법처럼 생각되어서 지지하지만, 결국 나에게 적용되어서 나의 인생을 망치게 되지요.

H사장 그러네요. 어떻게 나에게 좋기만 한 법이 있을 수 있을까요? 결국은 국회의원이 아무리 잘해도 나에게 좋기만 한 법은 만들 수 없다는 뜻이시죠? 그래서 국민들의 기대가 꺾이는 거구요. 국민들의 과도한 기대 수준은 이제 끝난 겁니까?

국회의원의 불가능한 약속 때문에 국민들은 실망

조나라 아닙니다. 산 넘어 산이 또 있어요. 국민들의 과도한 기대 수준, 두 번째는 '국회의원의 불가능한 약속'입니다. 지키지도 못할 것들을 약속해서 국민을 실망시키죠. 그 약속은 사실 국민들의 요구에 의해 등 떠밀려서 하게 되는 것인데요. 놀랍게도 우리나라 국민들은 다당제 시스템에서 정쟁이 없어지기를 원합니다. 이런 요구에 밀려서 결국 국회의원들은 정쟁을 없애겠다고 다짐을 하면서 국민들에게 약속을 하지요. 법이 제정되는 과정에서 국회의원들이 서로 양보하고 타협하면서 하하 호호 웃으면서 화목하게 의결을 하겠다고요.

H사장 가끔 그런 경우가 있기는 하지 않나요? 충돌 없이 법이 통과되기도 하던데요?

조나라 우리 국민들은 이런 모습을 아주 드물게 보게 되는데요. 예를 들어서 국회의원 세비를 올린다든지, 아니면 국회의원 보좌진 운영비를 인상한다든지, 국회의원 수를 증가시킬 때 이런 아름다운 모습을 보게 되죠. 또한 각 당의 이해관계에 큰 영향이 없으나 여론의 압력을 많이 받는 교통이나 안전 관련 규제법안을 통과시킬 때도 이런 모습이 보입니다. 그게 민식이법이었지요.

H사장 아하! 저도 기억납니다. 대통령과의 대화에 예쁘장한 민식이 엄마가 눈물을 흘리며 나와서 법 제정을 하소연했었지요. 그 TV 방송을 본 국민들 중에 정신 못 차리는 분들 몇 분이 댓글 좀 달고 나서, 이

게 대세구나 생각한 국회의원들이 법 제정을 재촉했구요. 결국 야당이 반대하는 시늉을 좀 하다가 시원하게 제정하더군요.

조나라 그렇게 국회의원과 직접적인 관계가 없는 법은 쉽습니다. 그러나 국회의원이 직접 적용 대상이 되는, 즉 정치적으로 민감한 사안인 경우 당 대 당의 대결이 생기게 되지요. 예를 들어 이번에 공수처법의 경우 공수처장을 자기 편으로 만들지 못한 측은 엄청난 곤경에 빠질 수 있으니까, 민감할 수밖에 없습니다.

H사장 결국 싸움이 날 수밖에 없네요.

조나라 이런 상황에서도 국민들은 무조건 하하 호호 명랑국회를 만들겠다는 약속을 지키길 바라죠. 거기서부터 불쾌감이 생기게 되는 겁니다. 물론 이런 기대에 부응하기 위한 '국회선진화법'이 있습니다. 국회의원들이 국민과 했던 대표적인 헛된 약속이었죠. 국회선진화법은 쟁점법안의 경우 과반수가 아닌, 재적의원 5분의 3 이상이 동의해야 신속처리 법안으로 상정할 수 있도록 한 법안입니다. 국회의장의 직권상정과 다수당의 법안강행 처리를 제한하는 것이 목적이지요.

H사장 저도 알아요. 이 법은 2012년 새누리당 박근혜 비상대책위원장이 통 큰 양보를 해서 제정되었잖아요?

조나라 실제로 국회선진화법이 있는 것은 아니고요(민식이법처럼), 국회법을 개정한 것입니다. 그때 몸싸움이 상시화되어 있는 국회에 더 이상의 무력충돌을 막기 위해 '국회법 제166조. 국회 회의를 방해할 목적으로 그 회의장이나 그 부근에서 폭력행위를 하거나 회의장의 출입 또는 공무집행을 방해한 사람은 5년 이하의 징역, 또는 1천만 원의 벌금에 처한다' 조항을 넣었습니다. 이때 합의한 정당이 지금 국민의 힘의 전신인 새누리당이었지요.

H사장 저도 정말 이 법으로 더 이상 몸싸움하는 국회는 없어질 줄 알았어요.

조나라 그런데 이번에 준연동형비례대표제로 선거제도를 바꾸고 고위공직자수사처를 신설하는 법을 통과시키는 과정에서 얼마나 많은 몸싸움이 있었나요? 처음부터 이런 약속을 하지 않았으면 국민들을 실망시키는 일도 일어나지 않았겠죠.

H사장 사실 국회에서 약속을 무시하고 행동하는 것은 일반화된 행동양식이 아닌가요? 누가 누구를 탓할 만한 사항은 아니라고 봐요. 실제로 진보진영이 국회에서 하는 행동을 보면 가슴이 좀 아프거든요. 특히 이번 21대 국회의원 선거에서 선거법을 바꿀 때 협력했던 정당들에게 위성정당을 절대 안 만든다고 약속했잖아요? 이 약속이 철저히 깨어지면서 직접 위성정당을 만드는 더불어민주당의 모습은 명분과 실리 모두 잃어버리는 어이없는 행동이었던 같아요.

조나라 그걸 그런 시각으로 보시면 안 되죠. 100% 깨끗한 진보진영에서 국민들을 위해 정책의 방향을 바꾸는 것을 약속을 무시하는 행동으로 매도해서는 안 됩니다. 물론 더불어민주당이 선거법을 바꾸고 고위공직자수사처법을 제정하기 위해서 군소정당에게 위성정당을 만들지 않겠다고 약속했던 것은 사실입니다. 그리고 나서 21대 총선을 대비해서 위성정당을 만든 것도 사실이구요. 그러나 자기 기득권을 지키기 위해서 자기가 만든 '국회선진화법'을 무시하고 몸싸움으로 회의진행을 반대한 한나라당과 동일하게 비교하시면 머쓱하죠.

H사장 왜요? 어차피 같은 거짓말 아닌가요?

조나라 그 의도 자체가 다르기 때문입니다. 보수진영의 거짓말은 자신의 기득권을 지키기 위한 이기적인 마음으로 했기 때문에 악한 거짓말이 되는 거죠. 그러나 100% 깨끗한 진보진영은 약속을 지키려 했지만 국민들이 더불어민주당의 압도적 당선을 염원했기 때문에 어쩔 수 없었던 것이거든요. 사소한 정당 간 약속이 중요하겠습니까? 아니면 국민의 대의가 중요하겠습니까?

H사장 어떻게 국민들의 열망을 그렇게 쉽게 아세요?

조나라 21대 총선 당시 180석의 당선자를 보고서도 모르시겠어요? 이게 바로 국민적 열망이 아니라면 무엇일까요? 100% 깨끗한 진보의 길의 끝에는 항상 국민이 있습니다.

H사장 그렇지만 이 결과를 통해서 오히려 더 비판을 받았죠. 약속을 지켜도 충분히 다수당이 될 수 있었고, 군소정당과 협력이 더 강화되었

을 거라는 평가도 있었어요.

정의당의 추한 행동 - 더불어민주당이 싹쓸이하길 잘했다

조나라 알고 있어요. 하지만 군소정당들도 정신을 차려야죠. 사실 더불어민주당의 압도적인 지지를 옆에 붙어서 공짜로 꿀 빨려고 한 의도 아닙니까? 자기 힘으로 국민의 지지를 얻을 생각을 했어야죠. 특히 정의당 보세요. 여성의 편에 서는 것을 핵심가치로 하는 정당에서 당 대표에 의한 성추행 사건이 일어납니다. 해고노동자의 편에 서겠다고 출마해서 당선된 여성 국회의원은 자기 보좌관을 7일 전에 통보하고 짤라버립니다. 그래 놓고도 법에는 안 걸린다고 되려 호통을 쳐요.

H사장 그런 최근의 모습을 보면 오히려 군소정당에 의석을 주지 않고 100% 깨끗한 더불어민주당이 의석을 싹쓸이한 게 잘한 행동일 수도 있겠네요.

조나라 거기에다 선거 당시의 진보진영의 국회에서의 모습은 이해를 해주시기 바래요. 지금 진보진영의 중심이신 문재인 대통령님의 뜻이 국정운영에 제대로 반영되기 위해서는 국회가 뻣뻣한 모습을 유지해서는 안 되겠지요. 대통령님의 뜻이 현실에 반영될 수 있도록 청와대와 긴밀하게 협조하면서 명분에 얽매이지 않고 실리를 추구하면서 발전해 나가는 사이다 같은 모습이 기대됩니다.

H사장 일부 언론에서 국회가 청와대의 하수인이라고 비난하고 있지

만, 개인적으로는 대통령과 국회 여당이 사사건건이 자신들의 입장만 주장하고 대립하는 모습보다는 강력하게 연대하고 협력하는 모습이 보기 좋아요.

조나라   국민들에게 국회가 내거는 헛된 약속 중에는 '선심성 예산'이 있지요. 어느 국민이든지 자기가 돈을 내지 않고 다른 지역의 사람들이 낸 돈으로 내가 사는 곳에 좋은 시설을 만드는 것을 기뻐합니다. 그래서 국회의원들은 당선을 위해 중앙정부의 돈을 타와서 지역구에 선물을 안겨주겠다고 약속하죠. 그런데 그중에 말도 안 되는 게 많아요.

H사장   최근에 부산시장 선거 때 나왔던 '가덕도 신공항 특별법'이 생각나네요. 처음에 7.5조라고 예상되었던 건설비용이 국토부 내부자료에서는 28.6조였잖아요. 그 돈을 누가 내요? 부산시민들 표 얻으려고 중앙정부의 재정으로 감당한다고 약속했지요. 그래서 부산시민은 아무 부담이 없다고요. 결국 그 돈을 부산시민이 내지 않는다면, 다른 지역 국민들이 내야 하는 거잖아요? 서울에 사는 제가 낸 세금이 부산 가덕도 공항 짓느라 날아가겠지요.

조나라   죄송하지만 결국은 부산시민도 내야 합니다. 왜냐하면 그런 식으로 가덕도 신공항이 추진되면, 다른 지역의 사업들도 모두 날림으로 추진될 거니까요. 결국 부산시민들의 세금은 그쪽으로 투입되겠지요. 결국은 세금으로 이곳 저곳 품앗이하는 결과가 되죠. 이런 국회의원들의 거짓 선물 보따리가 국민들의 호주머니를 점점 텅 비게 만들게 될 겁니다. 나중에 그 사실을 알게 되는 국민들은 국회의원들만 탓하겠지요.

H사장 그래서 또 비난의 화살은 국회로 향한다는 말씀이군요.

싸움을 만드는 정당정치

조나라 그렇죠. 뻔히 다 보이는 결과를 알면서도 찍어놓고 왜 비난을 하는지 이해가 안 돼요. 마지막 국민들의 과도한 기대 수준, 세 번째는 '싸움을 만드는 정당정치'입니다.

H사장 정당정치가 문제라고요? 다당제를 운영하는 우리나라에서 정당정치가 문제가 있다고 하시면 중국처럼 1당 독재 시스템으로 전환하기를 바라시는 건가요?

조나라 하하하, 솔직히 국회에서의 분쟁을 보다 보면 중국이 부러울 때가 있어요. 국회의원끼리 몸싸움을 벌이는 경우는 없을 테니까요. 그러나 정당정치에서 정당이 좀 더 민주화된다면 무식하게 싸우는 일은 좀 줄어들겠지요. 아시다시피 현재 우리나라 정당정치 시스템은 국민은 민주주의이고 정당은 독재인 시스템입니다.

H사장 재미있는 표현이시네요. 국민은 민주주의인데, 정당은 독재라니…… 어떤 의미이신가요?

조나라 제가 처음 하는 말도 아닌데요. 원래 있는 말입니다. 입장을 살짝 바꿔서 우리가 국회의원이 되었다고 생각해보시죠. 치열한 경선을 뚫고 겨우 공천을 받습니다. 매일 새벽에 지역구에 나가서 차가 많이 지나다니는 곳에서 푯말을 든 동료와 운전자의 얼굴도 보이지 않는 차들을 향해 손을 흔들고 꾸벅 꾸벅 인사도 합니다. 밤잠도 포기하고 전 재산을 털어 부어서 겨우 선거에서 이겼습니다. 그래서 국회의원이 되었습니다. 짜자잔~

H사장 정말 고생 많으셨네요.

조나라 이제는 국가에 대해 생각했던 좋은 정책과 뜻을 제도에 반영해서 대한민국이 정말 살기 좋은 번영의 나라가 되게 하고 싶어요. 그러나 당의 목소리와 다른 목소리를 내면 역적이 되죠. 국회의 회의장 또한 나가봐야 맨 앞자리에 자리 채우기 역할밖에 안 되구요. 정말 높으신 분들은 맨 뒤에서 전체적인 지휘를 하시고, 국회의원 한 사람 한 사람은 무조건 뜻에 따르는 것이 전제되어서 움직이죠. 그것을 당론이라고 하구요. 표결이 있을 때 내 뜻을 드러내는 것은 자살행위죠.

H사장 너무 일사분란한 게 꼭 군대 같아요. 국회의원이나 되신 분들이 무슨 군대에 신병도 아니고. 도대체 왜 그러죠?

당론에 따르지 않으면 배신자

조나라 여성분이 군대 신병을 아시다니 정말 대단하시네요. 이렇게 군대 신병 같은 국회의원들은 당에서 정해준 대로 표결에 임하지 않으면 두고두고 배신자로 낙인찍히고 다음 선거 때는 공천을 받을 수 없게 돼요. 그게 무서운 거죠.

H사장 어허, 그럼 당 지도부에 공천이라는 무기가 있기 때문에 국회의원들이 당의 충성된 노예가 된다는 건가요?

조나라 노예까지는 좀 심하구요, '공천'이라는 두 글자는 국회의원에게는 저승사자보다도 더 무서운 존재입니다. 질문 하나 드릴게요. 우리나라 국민들은 선거에서 투표할 때 출마한 사람들에 대해 어떤 기준으로 평가할까요?

H사장 정당이죠. 사실 국회의원 선거 출마자와 가까운 사이가 아닌 한은 그 사람의 됨됨이를 알 방법이 없잖아요?

조나라 대부분이 우편으로 날아오는 선거홍보 자료와 길거리의 사진들을 보고 평가할 수밖에 없어요. 그래서 연예인이나 뉴스앵커 출신의 정치인이 선거에서 유리하죠. 그 사람의 이미지가 매스컴을 통해 이미 알려져 있으니까요. 하지만 일반적인 후보의 경우 미리 알려져 있는 이미지가 없잖아요? 그러니까 결국은 정당만 보고 투표를 하게 되는 거죠.

H사장 저도 결국에는 그 후보자가 속한 정당을 보고 결정해요.

조나라 그렇죠. 결국 국회의원 후보자를 평가할 때 그 사람이 속한 당을 보고 결정하게 됩니다. 무소속으로 출마를 하더라도 지역 내 기반이 아주 튼튼하거나, 이미 다른 정당 출신으로 이름을 알린 정치인이 아니라면 당선되기 힘들지요.

H사장   결국 당에서 공천을 못 받으면 다음에 국회의원 출마는 포기해야 한다는 거죠?

조나라   이런 상황에서 여야가 대립하는 이슈가 생기면, 지도부는 소속 국회의원에게 전투 명령을 내리게 되고, 다음 번 공천을 받기 위해서 본인의 의사와 상관없이 국회의원들은 일사분란하게 투쟁의 장으로 나가게 되는 것입니다.

H사장   저도 국회의원들이 각자의 색깔을 나타내지 못하고 조직에 맹목적으로 충성하는 모습을 보았을 때 정말 답답해요. 개개인을 만나보면 정말 훌륭한 분들이거든요. 그런데 막상 정당에서의 활동하는 모습을 보면 스스로의 의지보다는 당의 뜻에 따르기만 합니다. 만약 당론에 어긋나는 발언을 하기라도 하면 시원한 다구리를 당하게 되더군요.

나라를 망가뜨려야 유리한 정당정치 시스템

조나라   사실 소속된 정당에 충성을 다하는 것이 나쁜 일은 아니죠. 정당의 목적이 국민을 위한 것이라면요. 그런데 정당의 목표가 국민에게 손해가 되는 경우가 생깁니다.

H사장 무슨 말씀이세요? 국민들이 얼마나 날카롭게 지켜보고 있는데요? 정당이 잘해서 국민의 생활을 향상시킬 좋은 법을 만들고, 꼼꼼한 예산 편성으로 국가 살림살이를 야무지게 관리해야 다음 선거에서 표를 끌어오게 되지 않을까요?

조나라 이론은 그렇죠. 그런데 문제는 민주주의에서 선거는 제로 섬(Zero sum) 게임이라는 겁니다. 한정된 표를 누가 더 많이 차지하는가에 대한 경쟁이지요. 우리나라 국회는 다수결의 시스템입니다. 일단 소수당이 되면 할 수 있는 게 아무것도 없어요. 좋은 법안을 올려도 다수당이 밀어버리면 상황종료입니다. 나쁜 법안을 막을 힘도 없구요. 결국 아무 성과도 내지 못했는데 선거는 또 4년마다 다가옵니다. 소수당이 국민들에게 어필할 수 있는 방법은 무엇일까요?

H사장 음, 소수당이 국민들에게 어필할 수 있는 방법이라…… 그래서 소수당이 장외투쟁으로 나가고 열심히 비난하고 저항하게 되는 건가요?

조나라 정말 야무지게 비난하고, 생떼 쓰는 것 말고는 할 게 없어요. 정책적 대안이요? 정말 환상적인 정책을 내놔도 관심 못 받아요. 그리고 실제로 표결에 끌려가게 되지요. 그러니 비난을 합니다. 열심히 반대합니다. 내가 잘할 방법이 없으니까 남이 못해서 욕먹게 하는 걸 기회로 삼을 수밖에 없는 거죠. 결국 싸울 수밖에 없는 구조가 됩니다.

H사장 그래서 그렇게 맨날 싸우는 거군요.

조나라   거기에 비난에 시달리고 여론의 눈치 보느라 거대정당이 아무 일도 못해서 나라가 망가지면 그 책임을 들어서 또 비난할 수 있습니다. 즉 나라가 망가지면 망가질수록 소수당에는 유리한 정국이 되는 거죠.

H사장   예전에 어떤 개그프로에서 "내가 잘할 필요 없어. 남이 못하면 돼"라는 대사를 들은 적이 있는데요. 딱 그 식이군요. 서로 잘하려는 경쟁이 아니라, 남을 끌어내리는 방식의 투쟁이 되네요.

조나라   문제는 이런 비난과 끌어내림의 과정에서 고난을 받게 되는 것은 국민들이라는 겁니다.

H사장   그게 제일 문제죠. 국민의 이익보다 정당의 이익이 우선되는 현상, 실제 예를 들어주실 수 있을까요?

조나라   예를 들어보자면, 과거 한미 FTA 체결과정을 들 수 있지요. 2005년 노무현 대통령 임기 중에 한미 FTA 협상이 시작되었고 2006년 노무현 대통령은 신년사에서 한미 FTA의 필요성을 역설했어요. 이때 당시 민주당은 한미 FTA 체결에 열렬히 찬성하면서 적극적인 지지를 보냈습니다. 반면 당시 한나라당은 필사적으로 반대했구요.

H사장   저도 기억해요. 정말 거품 물고 반대했었죠.

조나라   한미 FTA를 통해서 미국과의 교역이 확대되면 국민들의 소득이 늘어나게 되는 것이 뻔하지만 그 공적을 민주당이 가져가는 게 싫었기 때문이었지요.

H사장   참 나쁜 사람들이네요. 그때 한나라당이 지금은 국민의 힘이죠.

조나라   그런데 정권이 바뀌자 2011년(이명박 대통령 임기 중)에 한나라당은 한미 FTA의 비준이 국회에서 통과되도록 최선의 노력을 기울였지요. 누가 봐도 국가에 도움이 되는 정책이었으니까요. 그렇다면 도대체 2007년에는 왜 그토록 한미 FTA의 체결을 반대했던 겁니까? 결국에는 자기 정당의 이익을 위해서 했던 것 아니겠습니까?

H사장   저도 기억이 납니다. 이명박 대통령 임기 중인 2011년에는 입장이 바뀌었죠. 하지만 민주당도 똑같이 입장이 바뀌어서 정동영 민주당 최고위원이 한미 FTA를 열렬히 반대했어요. 그때 기자들이 물었지요. 전(2007년)에는 왜 반대하지 않고 찬성했었느냐고요. 그때 정동영 민주당 최고위원이 예전에는 잘 몰랐었다고 대답했다가 나라의 미래가 걸린 중요한 사안을 잘 모르고 추진하는 게 말이 되느냐며 비난하는 여론에 휘말렸던 것이 기억납니다. 정말이지 국익보다는 정당의 이익을 위해서만 움직이는 모습이 적나라하게 나타나네요.

조나라   어허. 그런 거 뭐하러 말해요?

H사장   진보진영에는 창피한 이야기이긴 해도, 사실 아닌가요? 국회의 구조적 문제는 진보진영이라도 피할 수 없다는 반증이기도 하구요.

이제 국회의 문제점들을 극복하는 방법을 이야기해보죠.

치킨집도 맛 없으면 망한다. 일 못하는 국회는 망하게 하자

조나라 국회에서 각 정당이 자기의 이익을 지키기 위해서 나라를 망치는 못된 버릇을 고치는 방법은 의외로 간단합니다. 세상의 일반적인 룰을 적용하면 돼요. 동네 치킨집도 맛이 없으면 장사가 안 돼서 망합니다. 학생들도 공부를 안 하면 성적이 나쁘게 나옵니다. 회사에서 허드렛일을 하는 말단직원도 일 못하고 방해만 된다면 직장에서 쫓겨납니다.

H사장 출판사 사장도 책 잘못 만들어서 안 팔리면 회사 문 닫아야죠.

조나라 그런데 우리나라에서 유일하게 국회는 나라가 잘못되면 반사이익으로 다음 정권을 얻게 될 가능성이 커집니다. 나라를 망칠수록 유리해지는 정치 시스템이 정말 옳은 것일까요?

H사장 조나라님께서는 아까부터 우리나라 국민들을 너무 띄엄띄엄 보시네요. 정말 그렇게 우리나라를 망치는 국회의원들은 선거를 통해서 국민들이 심판을 할 거예요. 누가 나라를 이롭게 하고 누가 나라를 어렵게 할지 국민들이 구분하지 못할 것이라고 생각하세요?

조나라 아까도 이론적으로는 맞는 말씀이라고 했었죠? 그야말로 이론일 뿐입니다. 정당은 국가를 위해 일하고 그 실적으로 평가받는다는 논리는 너무 그럴듯해서 현대 민주주의에 든든한 받침이 되고 있어요. 그런데 현실은 좀 다릅니다. H사장님 말대로라면 선거에 투표용지는 주관식으로 적게 만들어져야겠지요. 즉 자기가 맘에 두는 사람을 아무라도 써넣을 수 있게 만들어야 합니다.

H사장   그런 방법은 초등학교 반장선거에서는 가능하겠죠. 다들 서로 아니까요. 하지만 국가 규모의 선거에서는 물리적으로 불가능하잖아요?

조나라   그래서 정당의 추천을 통해 후보자를 선택의 테이블에 올려놓게 되는데, 그것이 바로 '공천'입니다. '공천'을 통해 투표용지는 여러 개의 답 중에 하나를 선택해야 하는 객관식 시험의 답안지가 되지요. 이 공천을 받으려면 언론에 많이 노출되는 게 유리해요. 국민을 위해 합리적인 정책을 만들어봐야 언론에 안 나옵니다. 오히려 상대 당의 약점을 잡아 비난하는 기자회견을 하면 신문 1면에 나오죠. 그렇게 인지도를 올리면 공천 1순위가 됩니다. 하지만 너무 많은 사람들이 서로 튀려고 싸우기만 하니까 국민들로부터 선거 때마다 제일 많이 듣는 말이 있어요.

H사장   제가 맞춰볼게요. "찍을 사람이 없다" 아닌가요?

조나라   맞습니다. 임기 내내 하도 서로 헐뜯고 욕을 해대니까 나중에는 둘 다 싫은 상태가 됩니다. 그래도 민주주의의 꽃인 선거를 무시하고 놀러가기에는 양심이 허락하지 않으니까 투표소에는 가죠. 가서 내가 좋아하고 믿을 만한 정당의 후보를 찍는 것이 아니라, 그나마 덜 나빠 보이는 정당의 후보를 찍을 수밖에 없어요. 이게 선거의 현실이지요. 아무리 유능해도, 아무리 나라를 위해 헌신해도 정당의 공천을 받지 못해서 투표용지에 이름을 못 올리면 소용이 없어요.

H사장 무소속이 있잖아요?

조나라 아까 말씀드린 것처럼 무소속의 후보자는 정당소속의 후보자보다 매우 불리한 게임을 할 수밖에 없어요. 국민이 아무리 현명하게 선택을 하기 위해 노력해도 결국 객관식 시험의 답안지에 정해진 번호 중 하나를 선택할 수밖에 없으니까요.

H사장 투표용지가 객관식 시험의 답안지라는 표현이 마음에 와닿네요. 그럼 이런 객관식 선거의 문제를 어떻게 하면 개선할 수 있을까요?

조나라 해결방법은 간단합니다. 앞에서 말씀드린 것처럼, 치킨집 사장님의 경우를 적용하는 거죠. 치킨이 맛이 없으면 손님이 없고 손님이 없으면 망합니다. 국회의원의 정치활동을 통해서 국가가 발전하고 국민이 행복하게 되었다는 것이 통계자료와 같은 객관적인 수치로 입증이 되면 계속해서 국회의원이 될 자격이 주어지고, 아니면 망하는 거죠.

H사장 그럼 평가를 통해 국가가 발전하지도 국민이 행복해지지도 못했다면요?

조나라   만약 객관적인 수치로 실적을 평가해서 실적이 기준에 미달하면, 다음 국회의원 선거에 출마할 피선거권을 박탈하는 것입니다. 한 5년 정도 박탈하면 2번의 총선에 나갈 수가 없게 되죠. 그러한 평가를 통해서 현직에 있는 국회의원들로부터 차기 선거에서의 피선거권을 제한합니다.

H사장   그러면 당에서 공천을 받는 것보다 피선거권을 유지하는 게 더 중요한 문제가 되겠네요. 일단 피선거권이 있어야 출마를 할 테니까요.

조나라   그렇죠. 나라를 발전시키지도 못하고 국민을 행복하게도 못했다고 평가되면, 다음 선거에서는 국회의원이 될 가망이 아예 없어지는 것이지요. 이러한 조치는 여야 구분 없이 모든 국회의원이 대상이 됩니다. 만약 다음 선거에도 국회의원이 되고 싶다면 국가가 발전하고 국민이 행복해지도록 노력해야 할 것입니다. 그게 안 된다면 여야 상관없이 싹 다 짤리는 거죠.

국가운영을 수치로 평가해서 점수를 매기자

H사장   오호~ 일 못하면 나가라. 매우 쉬운 논리네요. 그럼 객관적인 평가의 기준이 궁금해집니다.

국회 평가항목 ① 지니계수(양극화 해소)

조나라 국민들의 삶속에서 가장 영향이 많은 부분부터 평가하면 될 것 같습니다. 모든 국민의 최고 관심사인 소득양극화 해소를 먼저 고민해보죠. 소득양극화를 평가하는 지니계수가 있습니다. 지니계수가 OECD 국가의 평균 또는 상위 40% 정도 선에서 커트라인을 만들면 어떨까 합니다. 국회의원 선거가 4월에 있으니까 전년도 지니계수 통계가 나오는 시점에서 선거후보 등록 여부가 결정되는 것도 의미가 있겠습니다. 이렇게 제도적으로 장치를 만들면 국가의 소득분배가 얼마나 불평등한지 관심도 없던 국회의원들이 열정적으로 관심을 가지겠죠. 그래서 임기 동안에 매년 지니계수에 촉각을 곤두세우고 자나 깨나 국민들의 소득분배, 즉 양극화 해소를 위한 노력을 기울일 겁니다.

H사장 죄송하지만 그런 식이면 어마어마한 부작용이 예상되는데요. 그야말로 법으로 부유층이나 기업에 막대한 세금을 덮어씌우고 그걸 저소득층에게 신나게 나누어주면 일시적으로는 지니계수가 낮아지는 현상이 나타날 거 아닌가요? (지니계수는 낮을수록 좋은 것입니다.) 그렇지만 곧 이익이 사라진 기업들이 문을 닫고 산업 기반이 무너지면 빈곤국가로 곤두박질치겠지요. 그렇게 해서 그리스나 베네수엘라처럼 국가가 몰락의 길을 걸으면 어떻게 해요?

국회 평가항목 ② 경제성장률

조나라 그런 부작용은 당연히 막아야죠. 그래서 여러 가지 다른 평가

기준을 넣었으면 합니다. 우선은 국가의 경제성장률도 기준에 들어가 있어야 하겠지요. 국회의원이 법으로 부유층이나 기업을 탈탈 털어서 경제에 활력이 뚝 떨어지면서 경제성장률도 알아서 곤두박질칠 겁니다. 그러니 경제성장률도 평가기준에 넣어야죠. OECD 평균이거나 상위 40% 안에 들어가야 만점을 받고 그 이하는 포인트별로 감점을 넣는 게 어떨까요?

H사장 에이, 그러면 정부에서는 국채를 발행하여 빚을 잔뜩 지면서 시장에 돈을 풀 거 아닌가요? 돈이 쫙 풀린 시장은 일시적으로 활력을 얻고 경제성장률이 확 올라갈 거 아닙니까? 물론 돈이 잔뜩 풀렸으니 저소득층의 소득도 올라가겠죠? 문제는 나중에 이 빚을 누가 갚나요? 또 삼성을 팔면 된다고 하실 건가요?

국회 평가항목 ③ 국가부채 증감률

조나라 삼성을 파는 것에 대해 반감이 있으시군요. 그게 못마땅하시면 평가항목에 국가부채 증가율도 넣으면 어떨까요? 경제성장을 인위적으로 빚을 내서 올리지 못하게요. 여기서 국가부채 비율은 OECD 평균이나 상위 순위를 보는 것이 아니라 증감률을 가지고 평가했으면 합니다. 국가부채 비율이 증가되면 감점, 감소되면 추가 점수를 받는 거죠. 그리고 그 비율의 크기에 따라 증감되는 점수도 커지게 하면 될 듯합니다. 이렇게 하면 국회와 기획재정부장관이 얼굴 붉히며 싸울 일도 없어지지 않을까요?

국회 평가항목 ④ 실업률

H사장   그럴듯한데요. 그렇지만 지금 희망을 잃고 힘들어하는 청년들을 위해서 어떤 평가항목이 추가되어야 할까요?

조나라   청년들이 가장 힘들어하는 것이 취업 아닐까 합니다. 그렇다면 그들에게 일자리를 만들어주는 것만큼 훌륭한 성과는 없는 것이지요. 단연 실업률을 기준에 넣어야 하지 않을까 합니다. OECD 평균 이상 또는 상위 40% 내 정도의 기준이면 좋을 것 같습니다. 집권 초기부터 '일자리 대통령'을 자신해온 문재인 대통령님의 정책성과로서 가장 강조하고 싶은 부분이 아닐까요?

H사장   어? 그래요? 일자리가 줄어들었다고 난리던데요?

조나라   2020년 통계는 코로나 여파가 섞여 있으니, 2019년 통계를 보시죠. 실제로 2019년 연평균 실업률은 3.8%이고요. 청년 실업률은 8.9%였습니다. 2014년 박근혜 정부 때 연평균 실업률이 3.5%였고, 청년 실업률은 9%였거든요. 그럼 연평균 실업률이 3.5%에서 3.8%로 조금 늘었구요. 청년 실업률은 9%에서 8.9%로 감소한 거지요.

H사장   모두가 입으로는 어렵다고 하지만 실제 통계를 보니 청년실업은 오히려 좋아졌네요. 하지만, 박근혜 정부 때는 청년들에게 공공일자리를 주지 않았었잖아요?

조나라   그게 다른 거죠. 문재인 정부만큼 일자리에 관심이 많은 정부가 또 있을까요? 문재인 정부의 강력한 재정투입으로 청년 일자리 문제는 날로 좋아지고 있어요. 박근혜 정부를 한 번 보세요. 양질의 일자리 어쩌구 저쩌구 하면서 재정을 투입할 생각조차 못하고 있었지 않습니까? 그러니까 겨우 3.5% 실업률에 청년실업 9%의 실적밖에는 못 이루는 겁니다. 그러니까 헬조선이라는 비난을 받을 수밖에요.

H사장   하긴 문재인 정부 이후에 인터넷상에서 헬조선이라는 표현이 완전히 사라졌잖아요?

조나라   당연하죠. 비록 단기이기는 하지만 청년들에게 공공일자리를 제공해서 취업난을 직접적으로 해결해주었기 때문이죠. 그냥 놀이터 옆에 지나다니며 쓰레기만 주워도 한 달에 90만 원을 주는데 어떤 청년이 싫어하겠어요? 이것은 고용에서 재정의 역할이 얼마나 절실하게 필요한 것인지 잘 나타내주는 사례라고 봅니다.

H사장   하지만 일부에서는 공공계약직 일자리를 늘릴수록 공공부문의 서비스 질이 떨어진다 지적하던데요. 사실 공공계약직 일자리는 지난 3년 동안 70만 3,000명(2017년)에서 91만 7,000명(2020년)으로 약 31%나 증가했어요. 그러니 거기에 얼마나 돈이 많이 들어갔겠어요? 결국 다른 곳에 쓸 돈이 모자라겠지요. 거기에 2021년 초에는 공공계약직 계약이 일제히 만기 종료되면서 실업자가 쏟아져나왔었지요.

조나라   걱정 마세요. 또 재정을 써서 공공계약직으로 고용하면 되니까요. 그리고 공공서비스의 질이 좀 나빠져도 100% 깨끗한 진보의 길을 지지하시는 국민 여러분들께서는 모두 이해해주시겠지요.

H사장 아까 경제 이야기에서 재정을 너무 많이 쓰면 나중에 부작용이 크다고 했었는데 살짝 걱정되네요. 그밖에 또 어떤 평가종목이 있을까요?

국회 평가항목 ④ 종합복지지수 ⑤ 부패인식지수(CPI)

조나라 진보하면 '복지' 아닙니까? 국회의 평가항목으로 '종합복지지수'를 추가해야 한다고 봅니다. 국가가 국민의 복지를 위해 헌신해야 한다는 것은 이제 옵션이 아니라 필수가 되었지요. 최근 들어서 각종 선거에서 진보진영뿐 아니라 보수진영까지도 복지에 관련된 정책을 들고 나오는 것을 보면 복지야말로 시대적 요구가 아닐까요?

H사장 그렇지만 복지가 제대로 자리 잡으려면 무엇보다 그 제도를 시행하는 공무원이 깨끗해야 하잖아요?

조나라 그렇죠. 공무원의 청렴성을 평가하는 지수는 '부패인식지수(CPI)'가 있지요. 이것도 추가합시다. 이젠 되었죠?

국회 평가항목 ⑥ 인권지수

H사장 저는 진보하면 '인권'이라고 생각해요. 고 노무현 대통령이 가

장 중요시했던 게 인권 향상이잖아요?

조나라 거참, 바라는 것도 많으시네요. 사실 인권 향상은 진보진영에 대해서만 이루어졌으면 하는 마음이 있어요. 가끔 진보진영에서 만든 인권위원회에 보수진영에서 인권침해 받았다고 제소하는 경우가 있는데 정말 머쓱하죠. 어쨌든 국회 평가항목에 '인권지수'를 넣도록 하죠.

H사장 이 정도 평가하면 나라가 확 좋아질 것 같은데요. 국회도 훨씬 덜 싸우구요.

조나라 모든 평가항목이 중요하긴 하지만, 전부 같을 수는 없으니까요. 각각의 평가항목에 가중치를 줘서 계산하고 매년 평가한 후에 집권기간 평균점수가 60점 이하일 때는 해당 국회의원이었던 모두가 5년간 피선거권을 제한당하게 되는 게 어떨까요? 이렇게 하면 국민에게 이익이 되는 게 확실한 정책은 반대를 위한 반대를 못하게 될 것입니다. 반대를 위한 반대를 했다가 평가점수가 나빠지면 자신의 재선 기회도 날아가 버리게 될 테니까요.

정당의 이익보다 국가의 이익을 우선

H사장 매우 훌륭해요. 그렇지만 제가 생각하기에 완전히 정쟁을 막을 수 있는 장치는 아닌 것 같은데요. 왜냐하면 평가지수와 상관없는 정치적인 이슈들에서 충돌이 예상되거든요.

조나라   그렇죠. 국익과 상관없는 정치적 이슈가 있죠.

H사장   예를 들어서 김경수 지사의 드루킹 의혹 특검 같은 내용의 이슈에서 여야가 충돌할 수 있겠지요. 자기 정당에 불리하다고 생각되는 측에서는 결사적으로 반대할 것이고, 유리하다고 생각되는 측에서는 결사적으로 찬성할 테니 서로 협력할 리가 없지 않습니까?

조나라   어차피 다당제를 택하고 있는 우리나라에서 명랑국회가 될 리는 없습니다. 정당 간의 이해관계에 얽힌 일은 신나게 싸우라고 하세요. 하지만 앞에서와 같은 국회 평가제도를 통해서 자기 정당의 이익을 위해 국가의 이익을 깎아내리는 일은 막을 수 있겠지요.

진보이기에 가능한 국회개혁

H사장   그런데 이미 더불어민주당에서 178석의 의석을 확보했잖아요. 이런 국민적 지지에 눌려서 국민의 힘의 저항도 별로 없던데요. 이런 국회에 대한 규제가 필요한가요? 이기고 있는 게임에서 룰을 바꿀 필요 없잖아요?

조나라   저는 오히려 더불어민주당이 178석의 국민적 지지를 확보했기 때문에 이런 것이 가능하다고 봐요. 기득권에 쩔어 있는 국민의 힘에서 이런 적극적인 국회 개혁이 가능할까요? 오직 진보만이 이런 국회발전을 위한 한 발자국을 뗄 수 있겠지요.

H사장 글쎄요. 의미는 매우 좋은 제도인 것 같습니다만, 이것도 결국에는 법으로 만들어져야 하는 것 아닌가요? 제아무리 진보적인 더불어민주당 국회의원들이라도 이 제도를 법으로 만드는 데 찬성표를 던질 리 없다고 봐요.

조나라 참 나, 지금 진보진영을 대표하는 더불어민주당이 178석의 절대 다수당입니다. 진보진영을 못 믿으세요? 왜 그런 말씀을 해요?

H사장 국회에서 법안 통과시키는 실적을 보면 알 수 있죠. 2021년 4월엔 더불어민주당 소속의 고 박원순 서울시장과 오거돈 부산시장의 성추행 사건으로 인해 보궐선거가 실시되었죠. 추정되는 선거비용만 서울이 571억, 부산이 267억입니다. 합치면 총 선거비용만 838억이 들어가요. 이렇게 큰 사고를 쳤는데도 성범죄 선출직에 대한 규제법안은 진보진영에서 한 건도 안 올라왔거든요.

조나라 같은 기간에 선출직이 아닌 일반공무원에 대한 규제는 신속하게 처리한 것과 너무 비교된다는 내용의 기사를 저도 봤어요. 상대적으로 불공정하다는 내용이었죠.

H사장 맞아요. 선출직에 대한 규제는 0건인데, 일반공무원에 대한 규제는 19대 국회부터 21대 국회인 지금까지 44건이나 통과시켰어요. 선출직이 개인적 잘못으로 사퇴해서 다시 선거를 치르면, 최소한 보궐선거 비용의 일부라도 당에서 내게 해야 하는 게 공정하다는 여론이 있거든요.

조나라   참 어이없는 여론입니다. 생각을 해보세요. 고 박원순 시장은 그냥 고소당했다는 사실만 인지하고서도 스스로 목숨을 끊었어요. 오거돈 시장도 사건이 이슈가 되자 바로 공직을 내려놓았죠. 이 얼마나 솔직하고 책임 있는 행동입니까? 나라를 말아먹고도 탄핵될 때까지 자리를 지킨 박근혜 대통령과는 너무도 다른 모습 아닙니까? 그 두 사람 때문에 국민들 모두가 입었던 처참한 피해를 생각하면 지금도 분해서 손이 부르르 떨려요. 거기에 비하면, 이 두 분의 의로운 행동이야말로 진정 100% 깨끗한 진보진영의 모습이라고 생각해요.

H사장   그러네요. 정말 진보진영은 스스로에게 정직하고 깨끗한 분들만 모여있군요. 그런데 성추행은······.

조나라   자자, 국회 이야기합시다. 그동안 국회의원이 국회의원을 규제하는 법이 통과되지 않은 건 사실이죠. 하지만 이제는 달라요. 더불어민주당 안에서도 1건 정도는 국회 스스로에 대한 규제를 통과시켜야 구색이 맞는다는 뜻이 모이고 있지 않을까요?

H사장   어린이 보호구역에서 사고를 내면 운전자는 무기징역까지 각오해야 하는 법을 시원하게 만들었던 국회의원들입니다. 그런데 국민의 대표로 선출된 사람이 나라 운영에 실적을 내지 못하면 무기징역도 아니고 꼴랑 5년의 피선거권을 제한하는 법 정도는 통과시켜도 별문제 없을 것 같네요.

법률적용 양극화 해소 - 정의당 류호정 의원

조나라 그래야 국회에서 제정한 법으로 인해 규제를 당하는 다른 쪽에서 조금이라도 납득을 할 수 있겠지요. 한쪽은 법 적용이 많이 되도록 법이 무수히 생기고요. 다른 한쪽은 법 적용이 안 되도록 법이 생기질 않는 현상, 이것도 일종의 '법률적용 양극화'가 아닐까요?

H사장 듣고 보니 그렇네요. '법률적용 양극화'라 재미있는 표현입니다. 그런 '법률적용 양극화'의 실제 예가 있을까요?

조나라 2021년 1월 마지막 날 언론을 뜨겁게 달구었던 정의당 류호정 의원 비서면직 사건이 있었죠. 당시 류호정 의원은 업무상 불만이 있던 자신의 비서를 7일 전에 통보하고 짤랐어요. 그리고 고용주라면 정당하게 해야 할 해고 회피 노력이 전혀 없었지요. 기업이 해고한 노동자들의 권익을 위해서 한 몸 바치겠다고 하신 정의당 의원님으로서는 이해하기 힘든 일이었지요.

류호정 정의당 비례대표 후보가 예비후보 당시 제작한 포스트

H사장   하지만 당시에 류호정 의원 비서는 근로기준법의 적용을 받지 않는 신분이라서 법률상 위법한 행위가 아니라는 해명이 나왔잖아요?

조나라   네, 위법은 아닙니다. 법이 없거든요. 기업이 노동자를 해고하면 천하에 죽일 놈으로 몰던 정의당에서 그 의원 보좌관을 해고로부터 보호하는 법령은 전혀 입법화한 적도 없어요. 왜냐하면 자기 보좌관을 해고로부터 보호하면 마음껏 자를 수 없으니까요. 기업이 고용한 노동자는 노동자이고 국회의원이 고용한 노동자는 개인인가요? 왜 국회의원이 고용한 노동자를 보호하는 법은 이제껏 안 만들었어요? 이게 바로 표를 얻고 관심을 얻기 위해 진보라는 이름만 내건 정의당의 진짜 모습이지요.

H사장   정의당에 대해서 불만이 많으신가 봐요?

조나라   당연하죠. 아까 이미 언급한 내용이지만 독자님들의 이해를 위해 다시 말씀드리죠. 21대 국회의원 선거를 앞두고 선거법 개정 시에 더불어민주당은 정의당의 요구로 위성비례정당을 만들지 않기로 약속했었죠. 하지만 적폐 덩어리인 미래통합당이 위성비례정당을 만들었기 때문에 상황이 너무너무 급박해졌어요. 더불어민주당이 위성비례정당을 만들지 않으면 다수당의 지위를 확보하기 어렵다고 판단되는 시기였죠. 결국 문재인 정부를 지키기 위한 방법으로 어쩔 수 없이 위성비례정당을 만들 수밖에 없었습니다.

H사장   그게 뭐가 정의당이 문제인가요? '명분은 만들면 된다'라는 명

언이 문제 아니었나요?

조나라   아니죠. 만약 그때 정의당이 진보의 승리를 위해 더불어민주당에게 약속 같은 것을 요구하지 않았다면, 그리고 과감하게 기득권을 내려놓고 더불어민주당을 지지해주었었다면, 더불어민주당은 200석 넘게 확보할 수 있었을 것이고 개헌도 순조롭게 이루어졌을 것입니다. 문재인 대통령님의 연임도 가능할 수 있었지요. 문재인 대통령님 같은 훌륭한 지도자를 5년밖에 따를 수 없게 만든 건 모두 정의당의 책임이라고 할 수 있지요.

H사장   그렇게 듣고 보니 정의당에 문제가 많았었군요.

조나라   이제는 정의당이 천천히 무너지는 것이 보여서 여간 다행이 아닙니다. 얼마 전에 당 대표께서 소속의원의 몸을 더듬으셔서 바로 내려오셨잖아요? 정의당에는 더 이상 기대할 게 없고 오직 더불어민주당만이 100% 깨끗한 진보진영의 의지를 대변한다는 것을 온 국민이 알게 되는 계기가 아닐까 합니다. 이제 진보진영의 대표인 더불어민주당이 얼마나 국회를 100% 투명하게 만들어가는지, 국민들 앞에서 얼마나 책임 있는 정치를 하는지 국민 여러분들이 직접 느끼실 때가 된 것 같습니다.

H사장   참으로 꿈같은 말씀이네요. 우리 사회에서 많은 권리가 있는 사람이 많은 책임을 지는 모습은 너무 낯설게만 느껴지는 광경입니다. 도통 본 적이 없으니까요. 권리가 많으신 분들도 책임을 조금 더 지실

수 있기를 검토해주시면 좋겠습니다. 이제 보수진영의 국회에 대한 관점을 들어볼게요.

법률공장, 구멍 투성이의 불량법을 대량생산

홍박사 이번 장에서는 말싸움 안 해서 좋네요. 이렇게 발전적인 아이디어를 제시하는 자리에 제가 있다는 게 너무 기쁩니다. 국회의 실적을 평가해서 다음 국회에 출마를 막는다는 것은 상당히 신선한 아이디어입니다. 왜 진보진영의 브레인이라는 평을 들으시는지 알겠습니다. 특히 아까 국회의원을 평가하는 방법 중에 법률제정 건수를 넣지 않으신 것에 대해 높은 점수를 드리고 싶습니다. 국회는 입법부입니다. 즉 법을 만드는 곳이지요. 그러나 법을 대량생산하는 것은 곤란합니다.

H사장 어떤 시민단체에서는 입법 갯수를 가지고 국회의원을 평가하잖아요? "어느 국회의원은 법을 몇 개 발의했다. 그리고 몇 개 통과되었다"라는 식으로 말이죠. 일단 입법부인데 법을 만들어야 일을 하는 거 아닌가요?

홍박사 법은 갯수로 평가해서는 안 됩니다. 법은 예술작품처럼 하나 하나 신중하게 만들어야지 그냥 공장에서 찍어내는 공산품처럼 대량생산해서는 안 된다고 생각합니다. 법은 그냥 만들어놓으면 되는 것이 아니라 실제로 지켜져야 하는 것입니다. 법은 전 국민이 지켜야 합니다. 예외는 없습니다. 그렇기에 법 한 개 한 개가 중요한 의미가 있고, 철저히 검토되어야 하며, 부작용을 최소화하기 위해 정교하게 설계되어야 합니다. 그러기 위해서 머리 좋고 훌륭하신 분들이 국회의원을 하는 것 아닐까요?

H사장 도대체 국회의원들이 법을 얼마나 많이 만들길래 그런 말씀을 하시나요?

홍박사 국회의안정보 시스템에 따르면 2016년 5월 30일 시작된 20대 국회에서 2019년 12월 25일까지 접수된 법안은 총 23,579건입니다. 그리고 이날까지 본회의에서 처리된 법안은 7,211건이었습니다. 접수된 법과 통과된 법이 비율로 치면 30%에 불과해 보이지만 휴일까지 포함해서 통상 하루 5건 이상의 법안이 통과된 것입니다. 또한 300명의 국회의원으로 치면 일인당 24건이 넘습니다.

H사장 그건 과거의 일이잖아요? 더불어민주당이 다수당이 된 21대 국회에서는 좀 더 정교하게 입법활동이 진행되고 있지 않을까요?

홍박사 21대 국회는 더 대단한 생산성을 자랑합니다. 2021년 6월 28일 국회의안정보 시스템에 따르면 21대 국회는 2020년 5월 30일 개원 이후 이날까지 1만 307건의 의원 발의 법안을 제출했습니다. 이는 역대 최단기간 1만 건 돌파 기록입니다. 21대 국회는 월평균 792개 법안을 내놨구요. 하루 26개, 시간당 한 개꼴로 법안을 제출했습니다. 그렇다면 국회의원들은 그 법들의 부작용을 꼼꼼하게 점검했을까요?

H사장 최근에도 부작용 신경 안 쓰고 임대차 3법을 강행 처리해서 전

월세가 폭등하고, 집을 구하지 못한 세입자들이 발을 동동 굴렀지요.

홍박사   국회의원들이 입법목적만 맹목적으로 달성하려고 해서 문제입니다. 법은 만드는 분의 입장이 아니라 법을 지키는 국민의 입장에서 접근해야 한다고 말씀드리고 싶습니다. 임대차 3법도 표면적으로는 가난한 임차인의 권리를 향상시키고 부유한 임대인의 권리를 제한하는 것처럼 보입니다. 그래서 그 법을 통과시킨 더불어민주당에서는 서민을 위해 큰 일을 한 것처럼 홍보했지요. 하지만 현실은 전월세가 폭등하고 임대물건이 품귀현상을 빚으면서, 서민들만 잔뜩 골탕을 먹고 말았습니다. 겉으로는 서민을 위하는 법을 만든다고 자랑했지만, 속으로는 부작용 때문에 서민들이 피해를 입게 됩니다. 밖에서 보면 멋있지만, 속으로는 다 거짓말입니다. 바깥에는 축구경기를 한다고 써 놓고 막상 안에 들어가면 야구경기를 하고 있는 상황이라고 보시면 됩니다.

H사장   그 임대차 3법 때문에 피해를 입은 임차인을 알고 있는데요. 정말 길바닥에 나앉을 뻔했어요.

홍박사   법을 지키는 사람을 무시하고 서민을 위한다는 명분에 휩싸인 결과죠. 이런 서민을 위한다는 명분에 눈이 멀다 보니 지킬 수 없는 법이 생깁니다. 지킬 수 없을수록 처벌조항은 강력합니다.

H사장   내내 우리나라 법이 지킬 수 없다고 하셨는데요. 제대로 그런 법의 예를 좀 들어주세요.

홍박사   2018년 김용균 씨의 태안화력발전소 사고사에 따라 안전에 대한 여론에 밀려 제대로 된 기준이나 조항도 없이 그냥 고용노동부장관의 마음에 그냥 내맡겨버린 '산업안전보건법' 개정안 제53조를 보겠습니다.

[예]

제53조(고용노동부장관의 시정조치 등)

① 고용노동부장관은 사업주가 사업장의 건설물 또는 그 부속 건설물 및 기계 · 기구 · 설비 · 원재료(이하 '기계 · 설비 등'이라 한다)에 대하여 안전 및 보건에 관하여 고용노동부령으로 정하는 필요한 조치를 하지 아니하여 근로자에게 현저한 유해 · 위험이 초래될 우려가 있다고 판단될 때에는 해당 기계 · 설비 등에 대하여 사용 중지 · 대체 · 제거 또는 시설의 개선, 그밖에 안전 및 보건에 관하여 고용노동부령으로 정하는 필요한 조치(이하 '시정조치'라 한다)를 명할 수 있다.

② 제1항에 따라 시정조치 명령을 받은 사업주는 해당 기계 · 설비 등에 대하여 시정조치를 완료할 때까지 시정조치 명령사항을 사업장 내에 근로자가 쉽게 볼 수 있는 장소에 게시하여야 한다.

③ 고용노동부장관은 사업주가 해당 기계 · 설비 등에 대한 시정조치 명령을 이행하지 아니하여 유해 · 위험 상태가 해소 또는 개선되지 아니하거나 근로자에 대한 유해 · 위험이 현저히 높아질 우려가 있는 경우에는 해당 기계 · 설비 등과 관련된 작업의 전부 또는 일부의 중지를 명할 수 있다.

④ 제1항에 따른 사용 중지 명령 또는 제3항에 따른 작업 중지 명령을 받은 사업주는 그 시정조치를 완료한 경우에는 고용노동부장관에게 제1항에 따른 사용 중지 또는 제3항에 따른 작업 중지의 해제를 요청할 수 있다.

⑤ 고용노동부장관은 제4항에 따른 해제 요청에 대하여 시정조치가 완료되었

다고 판단될 때에는 제1항에 따른 사용 중지 또는 제3항에 따른 작업 중지를 해제하여야 한다.

[출처] 개정 산업안전보건법, 제53조(고용노동부장관의 시정조치 등)에 따른 과태료부과 개별기준 (2020. 1. 16. 시행 전부 개정 법률)

H사장 제가 얼핏 보기에도 명확한 기준이 없네요. '높이 2m 이상에서 근로자가 떨어질 가능성' 이런 식의 표현이 아니라, '유해·위험이 현저히 높아질 우려가 있는 경우'라는 표현을 사용하는군요. 현저히 높을지 안 높을지 그냥 고용노동부장관이 알아서 결정하라는 거 같은데요?

홍박사 사업자가 근로자의 안전을 위해 어떤 활동을 해야 하고, 만약 안 했을 때 어떤 조치가 있다는 것을 규정하는 법규입니다. 어떤 활동을 해야 할지 고용노동부령으로 정합니다. 그리고 나서 기업활동이 부당하다고 생각되면 고용노동부장관이 자기 마음대로 판단해서 기업을 멈춥니다. 그렇다면 고용노동부장관이 직접 와서 평가할까요?

H사장 고용노동부장관이 뭐하러 직접 다녀요? 밑에 단속공무원이 평가하러 다니겠지요.

홍박사 맞습니다. 결국 이 법은 고용노동부장관이 아니라 단속공무원에게 자기 마음대로 기업을 주무르라고 허락해주는 문서입니다. 기업은 단속공무원의 마음에 들지 안 들지 어떻게 알고 법을 지키나요? 결국 지킬래야 지킬 수 없는 법입니다.

H사장　　그래서 시행령이 있는 것 아닌가요? 시행령에서 촘촘하게 자세한 적용방법과 기준을 정하는 거잖아요?

홍박사　　그래서 재정 숫자에 밀려서 날림으로 만들어낸 불량법이라는 겁니다. 법에서 촘촘하게 자세한 적용방법과 기준을 법안에다 정하면 될 텐데, 왜 시행령에 미루나요? 법률제정 숫자에 밀려서 국회가 입법권한을 포기하고 행정부에 떠넘긴 거 아닌가요? 이러다 보니 법보다는 시행령이 더 완성도 있게 만들어지거나 또는 기준이 모호해서 적용하는 공무원의 자의에 의한 기준이 법보다 우선됩니다. 결국 국회의 입법기능보다 고용노동부의 공무원의 힘이 더욱 국민의 삶에 큰 영향을 미치게 됩니다.

H사장　　이런 절대 권한을 가진 공무원에게는 부정부패의 유혹이 생길 수밖에 없겠네요. YES냐 NO냐를 마음대로 결정하는 거니까요.

홍박사　　그렇게 공무원에게 전권을 위임하기에는 너무 위험합니다. 왜냐하면 우리나라의 부패인식지수(CPI)가 전 세계 45위이기 때문이지요. 한 10위권 안에만 들었어도 어떻게 해볼 텐데요. 독자 여러분도 제가 무슨 말씀을 드리려고 하는지 아실 겁니다.

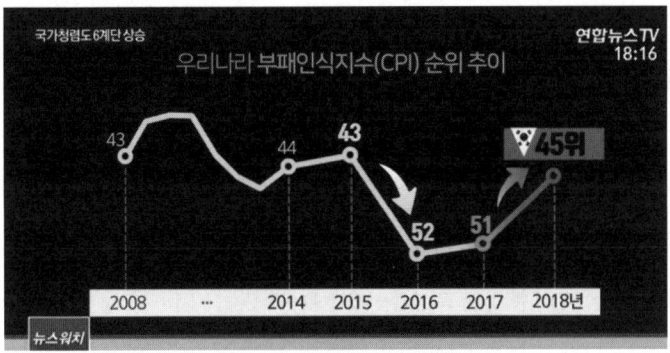

우리나라 부패인식지수 45위 (출처 : 연합뉴스TV)

H사장 공무원은 아니지만 공기업 직원조차도 문제가 되고 있지요. 2021년 2월 4일 변창흠 국토교통부장관이 발표한 '2·4 주택공급대책'의 주요 골격이 공정한 공공기관에 의한 주택 개발이었거든요. 민간이 개발하면 이익을 빼먹기 위해서 불공정한 일이 벌어지니 LH나 SH 같은 공기업이 주관하겠다고 주장했지요. 그런데 한 달도 안 되어서 LH 직원들의 내부 정보를 이용한 부동산 투기의혹이 터졌어요.

홍박사 공무원이든 공기업 직원이든 사람입니다. 절대적으로 정의롭기를 바라는 게 문제지요. 이익이 생길 게 뻔한데 어떻게 그걸 놓칩니까?

H사장 단속공무원도 결국은 사람이죠. 이런 단속공무원에게 무한의 힘을 실어주는 저런 법이 왜 생기는 걸까요? 국회의원들이 문제가 생길 수 있다는 것을 모를 리도 없을 텐데요?

공무원이 법안을 만들어서 국회의원에게 입법 용역시킴
- 제2의 입법기관

홍박사 실제로 국회의원들이 직접 만든 법률은 생각보다 많지 않습니다. 오히려 공무원들이 권력을 휘두르고 싶은 일에 적용할 법안들을 만들어서 국회의원에게 의뢰한 법률이 더 많습니다. 법률제정 수가 모자라서 머리가 아프던 국회의원에게는 땡큐죠. 결국 별다른 검토나 수정도 없이 대량으로 법이 통과됩니다. 그러다 보니 산업안전법 개정안에서도 공무원의 자의적인 판단이 강화되었습니다. 거기에 자세한 내용은 시행령으로 내용을 정하게 떠넘겨놓았습니다. 정확한 내용이 없으니 법은 공무원들이 그때그때 자기 입맛에 맞게 시행령으로 적용하기 위해 만들어놓은 보조장치일 뿐입니다.

H사장 법의 부족한 부분을 시행령으로 보완하는 게 아니라 시행령이 마음껏 달릴 수 있도록 법으로 고속도로를 깔아주는 식이네요.

홍박사 그런데 우리 국회의원들이 그러한 문제를 개선하지 않고 그대로 받아들여서 법률로 제정합니다. 이것은 입법부가 행정부에 대한 견제를 스스로 포기하고 행정부의 법률 제정기구로 전락한 사례가 아닐까요? 입법부가 스스로 위상을 지키려면 시행령으로 상세 내용을 정하는 패턴의 법률은 최소화해야 된다고 생각합니다.

H사장 날림으로 법을 만들면 국민적 피해가 생기고, 지킬 수도 없고, 공무원들도 부패하게 된다는 말씀이네요. 그럼 이걸 예방하려면 어떻

게 해야 할까요?

홍박사　국회의원들이 충분히 법을 검토하고 부작용을 피하기 위한 조항들을 촘촘히 만드는 것을 장려하기 위해서는 지금과 같은 대량생산 시스템은 곤란합니다. 저는 법의 대량생산으로 인한 피해를 최소화하기 위해서 국회의원들이 만든 법에 대한 평가를 받아야 한다고 생각합니다.

H사장　지금도 공청회와 같은 자리를 통해서 중간평가를 받지 않나요?

홍박사　그건 평가가 아니죠. 그냥 자리만 마련해놓고 하고 싶은 말을 하고 나서, 부작용에 대한 지적은 신경도 안 씁니다. 헌법을 위반할 만한 법을 만들어서 위헌판결이 나도 신경도 안 써요. 자기가 잘 알지도 못하는 법을 입법 건수에 쫓겨서 이름만 끼워 넣고, 이후에 발생할 알지도 못하는 부작용에 책임도 안 집니다.

H사장　그럼 홍박사님이 맨날 주장하는 것처럼 시험이라도 볼까요? 자기가 만든 법 내용 모르면 감점 주는 식으로? 실제로 시험을 보면 정쟁이 확 줄어들 것 같긴 합니다. 공부하시느라 시간이 없으실 테니까요.

홍박사　그것도 한 방법이 되겠네요. 국회의원들이 자기가 발의한 법에 대해 시험을 보면 좋겠네요. 부작용이 예상되는 애매한 사항이 적용될 때를 가정하여 그 해법을 제시하는 시험을 봐야 할 듯합니다. 그렇지만 누가 문제를 내고 누가 채점을 할까요? 그것도 그거지만, 국회의원님들께서 시험을 보러 오기는 하겠어요? 현실성이 너무 없지요.

H사장 아니면 유튜브나 방송에서 국회의원 인터뷰하는 코너를 만들면 어떨까요? 자신이 만든 법을 적용하기 애매한 상황에 대해 물어보는 거죠. 답을 못하고 쩔쩔매는 국회의원의 모습이 방송을 탄다면 꽤나 인기 있을 것 같아요.

암호화된 법안

홍박사 국회의원을 골탕 먹이는 게 해결책이 되는 건 아니죠. 골탕 먹이는 것보다는 합리적으로 조금씩 나아져야 한다고 생각합니다. 기왕 하는 김에 법을 만들 때 쓰는 용어도 좀 쉽게 바꿨으면 좋겠어요. 일반인이 알 수 없도록 암호화되어 있는 느낌이 들어요. 법의 조항이 너무 어렵고 복잡합니다.

H사장 어떻게 하면 아무도 못 알아볼지를 연구해서 쓴 것 같아요. 이번에 총선을 치른 '준연동형비례대표제'의 내용을 신문에서 본 적이 있는데, 정말 누군가가 과외하듯이 일일이 설명해주지 않으면 무슨 소린지 도대체 모르겠더라구요.

홍박사 제가 그 법의 원문 내용을 보여드리겠습니다. 독자 여러분 중에 한 번 읽으신 후에 그 뜻을 이해하실 수 있는 분은 천재이십니다. 다음의 자료는 국회의안정보 시스템에서 직접 뽑은 자료에서 발췌한 것입니다. 국회의원이 법률을 발의할 때 사용하는 양식 그대로입니다.

'[2019985] 공직선거법 일부개정법률안(심상정 의원 등 17인)'으로 검색하셔도 볼 수 있습니다.

"의석정수"를 "비례대표국회의원 의석정수"로 한다.
① 중앙선거관리위원회는 다음 각 호의 어느 하나에 해당하는 정당(이하 이 조에서 "의석할당정당"이라 한다)에 대하여 비례대표국회의원의석을 배분한다.
1. 임기만료에 따른 비례대표국회의원선거에서 전국 유효투표총수의 100분의 3 이상을 득표한 정당
2. 임기만료에 따른 지역구국회의원선거에서 5 이상의 의석을 차지한 정당
② 비례대표국회의원의석은 다음 각 호에 따라 각 의석할당정당에 배분할 총의석을 산정한 후 제3항에 따라 권역별로 배분한다.
1. 각 의석할당정당에 배분할 의석수(이하 이 조에서 "연동배분의석수"라 한다)는 다음 계산식에 따른 값을 소수점 첫째자리에서 반올림하여 산정한다. 이 경우 연동배분의석수가 1보다 작은 경우 연동배분의석수는 0으로 하며, 비례대표국회의원선거 득표비율은 각 의석할당정당의 전국득표수를 모든 의석할당정당의 전국득표수의 합계로 나누어 산출한다(이하 이 조에서 같다).

$$\text{연동배분의석수} = [\,(\text{국회의원정수} - \text{의석할당정당이 추천하지 않은 지역구국회의원당선인수}) \times \text{해당 정당의 비례대표국회의원선거 득표비율} - \text{해당 정당의 지역구국회의원당선인수}\,] \div 2$$

2. 제1호에 따른 각 정당별 연동배분의석수의 합계가 비례대표국회의원 의석정수에 미달할 경우 각 의석할당정당에게 배분할 잔여의석수(이하 이 조에서 "잔여배분의석수"라 한다)는 다음 계산식에 따라 산정한다. 이 경우 정수(整數)의 의석을 먼저 배정하고 잔여의석은 소수점 이하 수가 큰 순으로 각 의석할당정당에 1석씩 배분하되, 그 수가 같은 때에는 해당 정당 사이의 추첨에 의한다.

잔여배분의석수 = (비례대표국회의원의석정수 - 각 연동배분의석수의 합계)
× 비례대표국회의원선거 득표비율

3. 제1호에 따른 각 정당별 연동배분의석수의 합계가 비례대표국회의원 의석정수를 초과할 경우에는 제1호 및 제2호에도 불구하고 다음 계산식에 따라 산출된 수(이하 이 조에서 "조정의석수"라 한다)를 각 연동배분의석 할당정당의 의석으로 산정한다. 이 경우 산출방식에 관하여는 제2호 후단을 준용한다.

조정의석수 = 비례대표국회의원의석정수 × 연동배분의석수
÷ 각 연동배분의석수의 합계

③ 의석할당정당에 대한 권역별 비례대표국회의원 의석(이하 이 조에서 "권역별 비례대표국회의원 의석수"라 한다)은 정당별로 다음 각 호에 따라 배분한다.
1. 각 권역에 배분할 의석수(이하 이 조에서 "권역별 연동배분의석수"라 한다)는 다음 계산식에 따른 값을 소수점 첫째자리에서 반

H사장 분명히 한국말인데 도대체 뭔 소린지 모르겠네요. 아마 저만 그런 게 아닐 것 같아요. 원래 준연동형비례대표제의 내용을 잘 알고 계시는 분도 이 법률안을 보시면 머리가 어지러우실 것 같은데요.

법을 만들고 검증하다. 사전재판제 그리고 일몰제

홍박사   아까 법에 대한 시험 이야기하다 말았죠? 실현이 어려울 거라고요. 시험 말고 다른 검증방법을 말씀드리고 싶습니다. 일단 법이 국회를 통과하면 시행 전에 일정기간 동안 관련 당사자들이나 국민들로부터 애매한 법 적용의 사례를 가상으로 만든 사건을 고소되는 형태로 법원에서 접수할 수 있도록 했으면 합니다.

H사장   법 시행 전에 사건부터 접수하는 건가요?

홍박사   그 법에 이해관계가 있는 사람들이 법원에 가상 고소장을 접수하는 겁니다. 법원은 이에 대해 1개월 이내에 심사를 거쳐 법리적인 사항을 검토하여 판결을 하고 판결이 어려울 정도로 불합리한 법률에 대해서는 국회로 다시 돌려보내서 재검토를 요청하는 것입니다. 만약 사법부에서 법이 애매해서 판단을 할 수 없다는 의견을 내면, 시행은 무기한 연기되는 겁니다. 이러면 법의 불합리성을 지적해도 대꾸도 안 하고 마무리하는 형식적인 공청회보다는 낫지 않을까요? 이렇게 검증 과정을 거친다면 법에 구멍이 뽕뽕 뚫려서 제대로 적용되지 않는 실수를 예방할 수 있을 것입니다.

H사장   국회에 대한 규제가 하나 또 생기는 것 같네요. 아까 조나라님께서 국회에 대한 규제방안을 하나 만드셨거든요. 이런 식으로 자꾸 국회의 안 좋은 말씀들을 하시면 나중에 법으로 우리 책이 출판되지 못하게 막히는 게 아닌지 걱정되네요.

홍박사 제발 그런 일이 없기를 바랍니다. 저는 이런 제도를 '사전재판제'라고 부르고 싶습니다. 가상의 재판을 통해 법의 완성도를 미리 점검하는 것이지요. 이러한 과정은 법의 적용현장에서 있을 낭비를 미리 예방하는 효과가 있을 것입니다.

H사장 하지만, 이런 과정을 거치면 입법기간이 너무 길어지잖아요?

홍박사 그러나 검증되지 않은 법이 실제 우리 국민들의 생활에서 문제를 일으키는 것에 비하면 시간적인 낭비는 훨씬 덜하다고 생각합니다. 그리고 법률안에 대한 일몰제 또한 시행되었으면 좋겠습니다.

H사장 일몰제요? 유효기간을 정한다는 말씀이지요?

홍박사 네, 규제법안을 만들 때 특정한 시장의 흐름이나 여론에 의해 떠밀리듯 만들어진 법이 해당 시장의 흐름이 끝나거나 여론이 바뀌었는데도 버젓이 살아남아서 계속 적용됩니다. 그렇다면 법이 사라질 수 있는 기회를 만들어주는 것도 좋은 방법이라고 생각합니다. 즉 법을 만들 때 의무적으로 시행기간을 정해놓고 그 시행기간이 끝났을 때 여론이나 상황에 따라 국회에서 그 법을 계속 연장해 나갈 것인지 아니면 개정할 것인지 아니면 폐기할 것인지 정했으면 좋겠습니다.

H사장 그러게요. 도무지 생기기만 하고 없어지질 않으니 법이 너무 많아요. 아마 국민들께서도 연말정산 때마다 법이 너무 많고 자주 바뀐다고 생각하실 거예요. 제 개인적으로 생각하기에 일반 국민이 법

에 접하는 경우는 대부분 연말정산 때거든요. 얼마 되지도 않는 세금을 돌려주는 규정이 매년마다 새로 생기거나 싹 바뀌어서, 매년마다 처음부터 배워야 하죠. 도대체 국회의원들은 어떻게 그렇게 어려운 말로 쓰여진 법을 정기적으로 바꿀 수 있는지 놀라울 뿐이에요.

홍박사 하하하, 법이 바뀌는 게 아니고요, 시행령이 바뀌는 겁니다. 세법에는 '대통령령으로 정한다'라고 하는 말이 100번이 넘게 나옵니다. 대통령령에는 '긴급명령'과 '시행령'이 있으니, 결국 연말정산 규정은 '시행령'으로 정리된다고 보시면 됩니다.

H사장 법이 바뀌는 게 아니에요?

홍박사 네, 그래서 국회와 상관없이 세금을 내야 하는 규정이 자꾸 바뀌는 겁니다. 시행령을 정할 수 있는 것은 대통령, 국무총리, 장관 등입니다. 하지만 그분들 중에 직접 시행령의 조항들을 컴퓨터로 문서 편집해서 작성하는 사람이 있을까요? 그냥 밑에 직원들이 작성해준 것을 검토하고 문제없으면 국무회의에서 논의하고 공시합니다. 국민들을 위해 철저한 논의를 거치기에는 국무회의의 시간이 너무 짧습니다.

H사장 시행령은 그렇게 간단하게 제정된다구요? 뭐 다른 검증절차 없어요?

홍박사 국회 법사위처럼 서로 견제하면서 의견을 나누는 과정이 있을 리 없구요. 형식적인 공청회를 한다고 해도 그냥 막무가내로 시행령을 홍보하고 입장만 반복해서 말하고, 거기서 나오는 반대의견은 그냥 참고사항일 뿐입니다.

H사장 그래서 정부 마음대로 국민의 세금을 정하는군요.

홍박사 그렇죠. 정부의 방침에 따라 시행령이 널뛰기를 합니다. 정부가 이번 연도에는 빠짝 세금을 거두어들여서 복지에 써야겠다고 생각하면 세법이 바뀌지도 않았는데 세금이 쭉쭉 빠져나가게 되고요, 정부에서 작은 정부가 좋아요라고 선언하면 세금이 덜 빠져나가게 되는 겁니다. 즉 세금을 많이 걷고 안 걷고를 법이 아닌 정부의 의지대로 조절할 수 있다는 겁니다.

H사장 정말이지 입법시점부터 철저하게 설계되지 않은 법이 시행령에 의지하는 어설픈 형태가 되고, 시행령을 주무를 수 있는 정부는 정치적 이해관계에 따라서 국민들을 들었다 놨다 하다니. 무언가 단단히 잘못되었는데 제대로 된 검증장치조차 없다는 게 신기하군요.

법이 애매모호해서 다 지키고 나서 나중에 위법이 된다

홍박사 제정단계만 엉성한 게 아닙니다. 나중에 적용이 바뀝니다. 법률이 내용을 제대로 정리하지 않아서 시행령으로 때우고요, 결국 그게 문제가 되어서 법원의 판결에 의해 최종 내용이 틀어지는 경우를 심심찮게 보게 됩니다. 과거를 돌아보면 통상임금 판결이 대표적인 경우죠. 근로기준법에서 통상임금을 제대로 정의하지 않고 내버려둔 결과

해석이 애매해지고, 이를 정리하기 위해서 시행령이나 행정지도로 규칙을 만들었는데, 그게 상위 법의 내용과 다르니까 돈 물어줘라 이런 식으로 판결이 나서 나라가 들썩들썩했었습니다.

H사장 그래요. 그때도 난리가 났었죠. 다행히 법원에서 소급적용은 안 해도 된다고 해서 겨우 넘어갔어요. 그래서 법이 처음부터 정확하게 만들어져야 하는 거군요.

홍박사 글쎄요. 법을 잘 만들어도 하위 시행령이 충돌하는 경우가 있습니다.

H사장 그래요? 하지만 시행령이 아무리 날고 기어도 상위 법의 테두리 안에 있는 것 아닌가요? 상위 법과 충돌하면 행정소송을 할 수도 있잖아요?

홍박사 맞습니다. 그런데 기업에 적용되는 시행령에는 맹점이 있습니다. 기업과 공무원 사회의 시간의 속도 차이입니다. 기업들은 시시각각으로 변하는 시장상황에 민감하게 대처하고 변신하면서 살아남고 있습니다. 조금만 게으른 동작을 보이면 경쟁사에게 먹히거나 고객에게 외면당하기 때문입니다. 그래서 기업에서는 시간이 무척 빠르게 흐릅니다. 그러나 공무원 사회는 아닙니다. 시시각각으로 상황이 변하거나 말거나 규정만 정해놓고 규정대로만 하면 됩니다. 감사가 나와서 지적만 안 당할 정도로 서류만 준비하면 되고요. 경쟁하거나 견제하는 조직이 없습니다. 상대적으로 시간이 천천히 흐릅니다.

H사장 그렇죠. 공무원에게 급하다고 말해봐야 기다리라는 말만 들으니까요.

홍박사 상위 법과 충돌하는 시행령을 기업에 적용해서 기업활동을 위축시키고 시장의 흐름을 왜곡한다고 칩시다. 기업들이 반발하고 시행령이 상위 법과 충돌한다고 소송을 합니다. 1~2년 소송을 거쳐서 시행령의 조치가 상위 법에 충돌한다는 이유로 번복되더라도, 그때 규정이 그랬다고 하면 공무원들은 면책됩니다. 기업은 이미 막대한 피해를 입은 다음입니다.

H사장 그래서 기업들은 상위 법에 충돌을 하던 말던 시행령이 제정되면 따를 수밖에 없는 구조가 되는 거군요.

홍박사 심지어는 시행령이 상위 법을 무시하라고 선언하는 경우도 있습니다.

H사장 충돌도 모자라서 시행령이 상위 법을 무력화한다구요?

홍박사 자본시장법 시행령 개정을 들 수 있는데요. 국민연금이 지분 투자를 통해서 경영권에 개입하기 위해서 법에서 정한 제약을 무력화하는 시행령이 제정되었습니다. 자본시장법에 의하면 상장기업 발행주식 총수 100분의 5 이상을 보유한 기관투자자가 정관 변경을 회사 측에 요구하려면, 그 전에 보유주식의 수 및 비율, 변동 사실, 보유 목적 등을 사전 공시해야 합니다.

H사장   기관투자자가 경영권을 행사하기 위해서 주식투자를 한다고 시장에 미리 널리 알려야 한다는 거죠?

홍박사   미리 경영권을 행사한다고 알리지 않은 기관투자자는 경영권을 행사하여 정관 변경을 요구할 수 없습니다. 당연히 국민연금이 주식에 투자하면서 그런 공시를 했을 리 없지요. 그런데 이제 와서 경영에는 참여하고 싶습니다. 그래서 자본시장법 시행령 제154조의 개정을 통해서 금융위원회가 정하여 고시만 하면 상위 법에 저촉받지 않는다고 선언해버렸습니다. 금융위원회가 국회인가요?

H사장   네? 그게 가능해요? 상위 법에 저촉은 무조건 되는 것이지 하위 시행령에서 적용 안 된다고 선언함으로 피할 수 있는 게 아니잖아요? 이런 게 가능하다면 입법부는 뭐하러 있어요?

홍박사   시행령의 제정에서 공무원은 권한만 있고 책임은 없는 불합리한 상태가 됩니다. 국회의원은 매우 제한적이긴 합니다만, 법 제정에 문제가 있으면 반대 여론이 형성되고 다음 선거에서 불리한 상황이 됩니다. 그러나 시행령을 제정하는 공무원들은 선거에 의해서 불이익을 당할 이유도 없고 다음 장관으로 오는 분의 뜻에 따라 또다시 시행령을 만들면 됩니다. 국가의 법과 동등한 수준의 규칙이 되는 시행령을 이렇게 아무 책임도 지지 않는 사람들이 만든다는 것이 매우 무서운 현실이지요.

H사장   하긴, 시행령 잘못 만들었다고 좌천되거나 짤리는 공무원은 못 본 거 같아요.

홍박사   왜냐하면 윗선에서 정치적 이유로 이런 걸 만들라고 지시가 내려와서 그렇게 만든 거니까요. 부작용이 있는 건 이미 알고 있습니다. 그리고 어차피 국민이 힘들거나 비난해도 자신의 인사권자가 아니니까 신경 쓰지 않는 것은 당연하지요. 더욱이 시행령에 공무원들의 자의적인 판단이 들어가면 들어갈수록 공무원들은 일하기 편해집니다. 한마디로 '내 맘대로' 결정해도 뒤탈이 나지 않으니까요.

H사장   너무 좋은 상황이네요. 제가 공무원이라도 시행령이 생길수록 춤을 추겠어요.

홍박사   그래서 그런지, 너무 많이 만들어요. 시행령은 하도 많이 생기고 바뀌어서 몇 개가 생기고 바뀌었는지 정확한 통계조차 없습니다. 정부에서조차 다 모르는 이 시행령들을 국민들은 다 지켜야 합니다.

H사장   '책임이 없는 권한' 이것이 문제라면 여기에 책임을 더하면 되는 것 아닌가요?

시행령에 대한 공무원의 책임 - 시험을 보자

홍박사   아까 국회의원들은 시험 보는 거 포기했지만, 공무원들은 시행령에 대한 시험을 볼 수 있을 듯합니다. 1년에 1회 정도 자신이 수행하는 업무에 관련된 시행령뿐 아니라 관련된 시행령 모두를 시험 범위로 시험을 치르고 인사에 적극 반영하는 것이 어떨까요? 80점 이하의 공무원은 해당 부서에 있을 이유가 없습니다. 자신이 하는 일을 제대로 모르고 하는 사람이니까요.

H사장 그거 살벌하겠네요. 다들 시험공부를 하느라 정신없겠는데요?

홍박사 단속공무원들이나 허가공무원들이 제일 무서워하는 것 두 가지가 민원과 동료 공무원입니다. 시행령에 대한 민원은 있을 수 없으니 다른 부서의 동료 공무원들이 가장 무서운 사람들이 됩니다. 시행령이 하루가 멀다 하고 바뀌고 내용이 복잡해서 다른 부서의 공무원들이 공부해야 할 내용이 점점 많아지면 시행령 변경에 대한 반감이 공무원 사회에서도 싹트게 될 것입니다. "어떤 자식이 또 바꿨어? 또 외워야 하잖아!" 이런 거죠.

H사장 그럼 규정 자체가 애매해서 공무원의 자의적 판단에 의지할 수밖에 없는 경우는 어떻게 시험을 봐요? 아까 산업안전법에서 '유해·위험이 현저히 높아질 우려가 있는 경우'라는 조항을 살펴봤었잖아요. 현저히 높을지 안 높을지를 어떻게 시험문제로 내죠?

홍박사 자의적인 판단이 필요한 규정에 대해서는 적용하기 애매한 상황을 상정해서 의견을 묻고 소수의견에 대해 감점을 주는 게 어떨까요? 그러면 공무원들이 같은 눈높이를 유지하려고 노력하겠지요.

H사장 예를 들자면요?

홍박사 산업안전법에서 '유해·위험이 현저히 높아질 우려가 있는 경우'를 적용해보죠. 공장 내에 작업현장과 통로 간에 높이 차이가 있다고 합시다. 차도와 인도처럼요. 난간이 없는 경우에 유해·위험이 현저히 높아질 높이 차이는 얼마일까요? ① 10cm ② 20cm ③ 30cm ④ 40cm ⑤ 50cm 이중에 선택하게 하는 겁니다. 어떤 공무원은 10cm 높이도 용납이 안 된다고 할 것이고, 어떤 공무원은 50cm도 별문제 없다고 할 것입니다. 하지만 주류가 있을 테니까요. 주류에서 벗어난 답을 하는 공무원에게는 감점을 주는 겁니다. 그렇게 하면 같은 규정을 적용함에 있어서 "전에 공무원은 된다고 했는데, 이번에 바뀐 사람은 안 된다고 하더라"라는 민원인의 한탄은 더 이상 듣지 않아도 되겠지요. 또한 반대로 자의적인 판단이 들어간 시행령이 하나 만들어질 때마다 공무원 사회는 난리가 날 겁니다.

H사장 이렇게 하면 시행령이 한 번 바뀌거나 새로 생길 때마다 공무원 사회에서는 곡소리가 나겠는데요.

홍박사 결국 꼭 필요하고 지키기 쉬운 시행령이 만들어질 것입니다. 자의적 판단이 들어가거나 애매한 조항을 넣어서 시행령을 만들었다가는 그 공무원은 살아남기 힘들겠지요.

H사장 일단 시행령을 최대한 명확하고 쉽게 수정하는 것이 우선이 되겠어요. 그러나 당장 시행령을 다 바꿀 수는 없잖아요?

홍박사   자의적인 판단조항이 어쩔 수 없이 있어야 한다면 공무원들의 눈높이를 널리 공개하는 작업이 필요합니다. 행정처분을 받아보신 분들은 대충 느낌을 아실 텐데요. 그날 담당공무원의 기분에 따라서도 판단 내용은 달라질 수 있습니다. 공무원도 사람인데 당연하겠지요. 그래서 행정처분 내용을 데이터베이스화를 하여 유사한 경우에 유사한 처분이 날 수 있도록 가이드라인을 형성해야 합니다. 일종의 판례를 공시하는 경우라고 할 수 있겠지요. 이 데이터베이스는 개인정보를 가린 후 일반에 공개하여서 일반 국민이 법 준수에 활용하게 해야 합니다. 만약 기존 사례를 무시하고 들쭉날쭉한 처분이 난다면 관련 부분에 대해 공무원 내부감찰 부서에서 점검하고 불이익이 주어지는 것도 좋을 듯합니다.

H사장   잠깐 정리할게요. 홍박사님은 시행령의 난립을 견제하는 장치로 2가지를 제시하셨지요. 첫째는 시행령에 대해 시험을 보는 것이구요. 둘째는 행정처분 결과를 데이터베이스화해서 국민들에게 공시하여 행정처분의 결과가 일관성 있게 나오도록 하는 것이었어요. 이게 정말 된다면 공무원의 권한은 대폭 축소되고, 책임은 많이 올라갈 것 같아요.

홍박사   공무원 고시에 지원자 수가 뚝뚝 떨어지겠지요.

H사장   그랬으면 좋겠습니다. 공무원 시험에 목매고 있는 젊은 청년들 보면 너무 답답하거든요. 잠깐 이야기가 바깥으로 나갔는데요, 다시 국회에 대한 진보진영의 말씀을 들어보도록 할게요.

국회에 대한 개선 희망 - 국민의 이익을 위한 국회

조나라 좋은 말씀 잘 들었습니다. 하지만 홍박사님의 안목에 좀 실망스러운 마음이 많이 남네요.

H사장 제가 듣기에는 다 좋은 말씀 같은데요? 정책적 제안으로써 매우 가치 있다고 생각해요.

조나라 제가 아까도 말씀드렸지요? 진보의 길의 끝에는 국민이 있다고요. 법률에 대한 '사전재판제'는 국민의 필요를 무시하는 무책임한 제도가 아닐까요? 예를 들어서 부산 가덕도 신공항 특별법의 경우를 보죠. 2021년 4월 7일 있을 부산시장 재보궐 선거에서 부산시민들의 표를 얻기 위해 더불어민주당이 적극 추진해서 제정되지 않았습니까? 만약에 이 중요한 법이 '사전재판제' 같은 걸림돌에 의해서 빨리 진행이 되지 않는다면, 더불어민주당은 부산에서 매우 불리한 선거를 치뤄야 하겠지요. 그렇다면 진보를 열망하는 국민들의 뜻을 저버리는 행위가 아닙니까? 기득권을 지키기에 혈안이 된 보수진영이 발의한 법안이라면 '사전재판제'를 통해서 거르고 또 걸러야 하겠지만, 국민을 위한 진보진영의 법이 그럴 필요 있을까요?

H사장 그럼 '법률 일몰제'는 어떤가요? 이것도 보수진영에서 발의한 법은 적용하고, 진보진영에서 발의한 법은 적용 안 하나요?

조나라 그것도 현실성이 너무 부족하죠. 예를 들어서 민식이법의 경우에 어린이들의 안전이 시간이 지난다고 덜해지는 것은 아니잖아요? 시간이 지났다고 법이 무력화되면 또 제2, 제3의 민식이가 탄생하지 않겠어요?

H사장 그치만 민식이법이 있어도 사고는 나던데요. 어쨌든 이번 장에서는 국회에 대한 의견을 들어보았습니다. 정말이지 법이라는 것이 한 나라의 미래를 바꿀 수 있는 큰 힘이 있는 절대적인 것인데 정당의 이익에 의해서, 여론에 의해서, 공무원들의 편의를 위해서 너무 성의 없이 제정되었던 것은 아닌지 심각하게 되돌아보았으면 좋겠습니다. 그리고 제도적인 보완을 통해서 국회가 더 이상 자기 정당의 이익을 확보하기 위한 싸움터가 되는 것이 아니라, 국민의 이익을 위한 싸움터가 되었으면 좋겠습니다.

조나라 더불어민주당이 장악한 국회와 문재인 대통령님의 국정운영 능력이라면 H사장님이 희망하시는 그런 날이 곧 올 겁니다.

H사장 역시 국회의 개혁도 아무나 하는 것은 아닌가 봐요. 진보진영의 재집권이 이루어지도록 최선을 다해주세요.

조나라 감사합니다.

Subject 6
부동산 이야기

"그렇게 해도 (집값) 안 떨어질 겁니다.
부동산 이게 어제오늘 일입니까?"

- 더불어민주당 진성준 의원
2021년 7월 MBC 100분 토론이 끝난 뒤 했던 푸념이 그대로 방송됨

진보진영이 집권하면 부동산은 오른다

H사장 전국에 계시는 독자 여러부~~운~~!! 국회에 이어서 드디어 부동산 정책에 대해 이야기해보는 시간이~ 돌아~ 왔습니다~~

조나라 와~~ 와~~ 짝짝짝~~ 이렇게 해야 하는 건가요? 무슨 전국노래자랑도 아니고 시간이 돌아오긴 뭘 돌아옵니까?

H사장 죄송해요. 제가 딱딱한 '법'이 나오는 국회 이야기를 벗어나니까 신이 나서 오바를 했어요.

조나라 홍, 부동산 정책에서는 법보다 더 딱딱한 숫자가 나온다는 걸 모르시는군요. 한 번 당해보세요.

H사장 그건 미처 생각을 못했네요. 그래도 할 건 해야죠. 우선 진보진영이 재집권하는 데 초를 치는 이야기이긴 한데요, 부동산업계에서는 거의 법칙처럼 이어져 오는 '진보정권 = 부동산 가격 상승'이라는 룰이 있어요. 양극화 해소를 지상목표로 서민의 정부를 자처했던 고 노무현 대통령의 참여정부에서도 자산의 양극화를 막지 못했었지요. 노무현 정부의 부동산 정책 실적을 수치로 보면, 주택매매가격 종합지수를 봤을 때 2003년 2월부터 2008년 2월까지 서울 집값이 25.4% 상승, 강남 집값은 51.3% 상승했어요.

조나라 국회 이야기를 할 때가 좋았네요. 국회의 미래를 바라보면서 제도적인 장치를 토론했는데 갑자기 과거 이야기로 돌아와 버렸군요.

H사장 이에 비해 이명박 대통령 시절인 2008년 3월부터 2013년 2월까지 서울 아파트값이 13.1% 상승, 강남 집값은 -0.6%로 오히려 떨어졌거든요. 부동산 가격으로만 보면 이만한 대통령이 없지요. 서민들이 살아야 할 주택의 가격이 오른다는 것은 집을 사고 싶어 하는 서민들에게 좌절을 안겨주는 상황일 텐데요. 어째서 진보정부에서는 부동산 가격의 상승을 제어하지 못한 걸까요?

조나라 먼저 통계자료를 보시죠. 문민 대통령 집권 이후에 각 정부의 서울 집값 상승률은 다음의 표와 같습니다. 상승률로만 보면 고 노무현 대통령님이 제일 높았었죠. 그 다음이 김대중 대통령이구요. 이러다 보니 진보에서 집권하면 부동산이 오른다는 이상한 소리가 나돌게 된 겁니다.

구분	서울			강남			비강남		
	임기 초	임기 말	증감 (%)	임기 초	임기 말	증감 (%)	임기 초	임기 말	증감 (%)
김영삼 정부	182	229	47 (26%)	185	247	62 (33%)	176	196	21 (12%)
김대중 정부	229	395	166 (73%)	247	488	241 (98%)	196	255	59 (30%)
노무현 정부	395	764	370 (94%)	488	1,017	529 (108%)	255	480	225 (88%)
이명박 정부	764	663	-101 (-13%)	1,017	854	-163 (-16%)	480	448	-32 (-7%)
박근혜 정부	663	842	179 (27%)	854	1,139	285 (33%)	448	526	78 (17%)

6. 부동산 이야기

문재인 정부	842	1,292	450 (53%)	1,139	1,726	587 (52%)	526	803	277 (53%)
계			1,110			1,541			627

- 단위 : 백만 원 / 호
- 아파트값은 매년 1월 기준
- 문재인 정부 취임 말은 2020년 5월 기준

정권별 서울 아파트값 상승액 (25평 아파트 기준)

H사장 표를 보면 그게 이상한 소리가 아니라, 아주 근거 있는 말이라는 느낌이 오는데요.

조나라 하지만 사실 진보가 집권해서 부동산 가격이 오른 게 아닙니다. 고 노무현 대통령님 집권 당시에는 전 세계 경제가 엄청난 활황이었고 유동성 과잉의 상태에 있었기 때문에 전 세계적으로 주택가격이 상승했거든요. OECD 국가들과 상승률을 비교해봤을 때 18위의 안정적인 상태를 보이고 있죠. 즉 진보정부가 부동산을 올린다기보다는 오를 때 정권을 잡았다고 보는 게 정확한 표현이 아닐까요? 반대로 이명박 대통령 시절에는 리먼브라더스 사태로 시작된 세계적 금융 위기가 전 세계를 덮었던 시절이잖아요? 미국이 망한다는 소리까지도 있었지요. 그러니 부동산 가격이 안정될 수밖에 없구요.

순위	국가	상승률(%)
1	덴마크	153.8
2	뉴질랜드	151.9
3	스페인	147.6
4	프랑스	146.1
5	노르웨이	144.6
6	스웨덴	144.2
7	캐나다	137.0

8	아이슬란드	136.5
9	영국	130.6
10	벨기에	128.7
11	핀란드	126.4
12	이탈리아	120.6
13	그리스	119.6
14	스위스	115.9
15	호주	115.4
16	미국	115.3
17	네덜란드	109.4
18	한국	109.3
19	오스트리아	103.0
20	칠레	101.4
21	아일랜드	92.9
22	포르투칼	92.9
23	독일	92.2
24	일본	87.1
평균		121.8

H사장 네? 노무현 정부 때 전 세계 경제가 활황이었다고요? 무슨 말씀을 하시는 거예요? 당시 국민들이 경제가 하도 어려워서 너무도 힘든 나머지 이명박 정부를 선택했을 정도로 경제가 어려웠다는 것을 모두 다 기억하고 계실 텐데요. 세계 경제가 활황이었다고요?

조나라 뭘 놀라고 있어요? 경제성장보다는 양극화 해소가 먼저라고 제가 몇 번을 강조합니까? 양극화 해소의 길은 모두가 잘 사는 게 목표가 아니라 공평하게 못 사는 게 목표라구요. 국민들이 진정 원하는 것을 이해하셔야죠. 또 21대 국회의원 선거 결과를 말해볼까요?

H사장 그렇지만, 부동산 급등의 원인을 좀 다른 걸로 이야기해주시

면 좋을 것 같은데요. 지금 하신 말씀은 고 노무현 대통령님이 세계 경제가 활황인데도 경제정책을 잘못해서 참혹한 국내 경제 상황을 만들었다고 비난하시는 발언이 될 수도 있으니까요. 고인에 대한 예의가 아니라고 생각해요.

조나라 생각해보니 그렇군요. 노무현 재단의 유시민 대표에게 싸대기 맞을 뻔했네요. 세계 경제 때문에 오른 것은 아닌 걸로 하죠. 그럼 진보에서 보는 부동산 가격 상승의 다른 원인을 체계적으로 말씀드리겠습니다.

H사장 부동산 이야기, 이제 본격적으로 시작합니다.

부동산 투기세력이 주범이다

조나라 다들 아시는 바와 같이 부동산 가격 상승의 최고 주범은 '부동산 투기세력'입니다. 다른 하는 일 없이 빈둥빈둥 놀면서, 가격이 오를 만한 아파트나 땅을 사서 임대료나 받아서 호화생활을 누리지요. 이들 때문에 부동산 시장에서는 주택에 대한 수요가 과다하게 나타납니다. 수요가 많으니 결국 가격이 오르는 현상이 나타나지요. 결국 진짜로 집이 필요한 사람은 높은 가격에 구매를 포기하고, 정기적으로 집세를 내는 임차인으로 살 수밖에 없습니다. 그래서 문재인 정부에서 실시한 모든 부동산 관련 세금규제는 이러한 투기세력의 이익을 세금으로 환수해서 부동산 투기세력을 무력화하려는 노력이라고 보시면 됩니다.

H사장 부동산으로 돈 벌면서 놀고먹는 '부동산 투기세력'이 모든 부동산 문제의 원인이라는 거죠?

조나라 가장 근본적인 원인이죠. 그렇지만 다른 것도 있어요. 두 번째 부동산 가격 상승의 원인은 재개발이죠. 개발이익에 눈먼 주민들과 이들을 부추기는 개발업자들이 벌이는 재개발 현장이 문제가 돼요. 멀쩡한 집을 부수고 새로 고층 아파트를 올리는 과정에서 엄청난 가격 상승이 일어나니까요. 예를 들자면 1억짜리 빌라 100채를 부수고 200가구의 고층 아파트를 짓는다고 합시다. 1억짜리 빌라 100채면 100억의 가치가 있습니다. 그런데 200가구의 고층 아파트는 가구당 5억 이상이라고 볼 때 1,000억의 가치가 됩니다. 결국 부동산 가격이 폭등하는 현상으로 통계에 잡히게 되죠. 따라서 문재인 정부에서는 이러한 재개발에 의한 부동산 폭등을 막기 위해 최대한 재개발을 억제하게 됩니다.

H사장 그렇지만, 주택의 공급 측면에서 재개발은 필요한 것 아닌가요?

조나라 아닙니다. 주택 공급은 이미 충분했어요. 세 번째로 말씀드릴 문재인 대통령님이 직접 언급하신 부동산 가격 급등의 원인에서도 나옵니다. 문재인 대통령님은 2021년 1월 18일 신년 기자회견에서 "과거 정부보다 주택공급을 많이 늘렸지만", "작년 한 해 우리나라 인구는 감소했는데도 61만 세대가 늘어났다", "세대 수가 급증하면서 예측했던 공급 물량에 대한 수요가 더 초과하게 되고, 그것으로 결국 공급 부족이 부동산 가격 상승을 부추긴 측면이 있다"라고 말씀하셨지요. 사실 늘어난 61만 세대는 1인 가구 세대 수의 증가를 의미하죠. 즉 박근혜·

최순실의 국정농단으로 인해 깊은 피해를 입은 청년세대에서 결혼이나 출산을 포기하고 독립하다 보니 1인 가구가 너무나도 늘어난 거죠. 그러니 수요가 폭발하고 가격이 오를 수밖에요.

H사장   박근혜·최순실 국정농단의 상처 때문에 부동산 가격이 상승한 것이군요. 그런데 그 부동산 가격 상승이 너무 서울이나 수도권에만 집중된 것은 아닌가요? 국정농단 때문이면 전국이 다 올라야 하는 거 아닌가요?

조나라   아니죠. 부동산 문제의 가장 큰 원인은 '부동산 투기세력'이라고 말씀드렸지요? 이 부동산 투기세력이 수도권에 집중적으로 몰려 있거든요. 세균이 들어간 부위에 염증이 생기는 것 아니겠습니까? 팔에 세균이 들어갔는데 발에 염증이 생기지는 않잖아요?

H사장   아하, 부동산 투기세력이 부동산 가격 급등의 원인이니까, 부동산 투기세력이 사는 수도권만 부동산 가격이 오르는 상황이 벌어진 것이군요.

조나라   2020년 1월 30일 서울신문에서 KB국민은행이 발표한 자료를 근거로 보도한 기사를 보면 서울 아파트의 중간가격이 사상 처음으로 9억 원을 돌파했다고 합니다. 이는 서울에 있는 아파트를 가격 순으로 일렬로 세웠을 때 가운데에 있는 아파트의 가격이 9억을 넘었다는 뜻이지요. 중간가격으로만 통계를 본다면 50.4%의 인상률로 가격이 오른 겁니다. 이는 아파트 가격이 서울에는 급등세이고 지방에는 급락하는 양극화 상황에서 서울에 집중된 아파트 가격 상승이 매우 심각하다는 것을 나타내는 지표가 되겠지요. 바로 서울에 사는 부동산 투기세력에 모든 문제가 있다는 반증이거든요.

H사장   또 숫자네요. 이번 장에서는 숫자가 많이 나와서 독자님들이 읽기 힘드시겠어요.

조나라   하지만 저는 서울 일부 지역의 아파트 가격의 상승이 그렇게 심각한 사회현상은 아니라고 생각합니다. 왜냐하면 서울에만 사람이 살아야 한다는 법은 없으니까요. 서울 외의 지역에서는 대부분 미분양이 속출하고 있거든요. 물론 서울의 영향을 받는 일부 수도권 지역을 제외하고요. 기본적으로 노무현 정부와 문재인 정부 모두 수도권 밀집에 대해 좋지 않은 시각을 가지고 있어요. 그래서 수도권 외의 지역이 주거하기 좋은 조건으로 변하고 있는 것에 대해 긍정적으로 평가하고 있지요. 이제 집값이 비싼 서울을 떠나서 지방으로의 이동이 점진적으로 일어날 것이고, 이는 수도권 외의 지방 균형 발전에 큰 도움을 줄 수 있지 않을까요?

H사장   농담이시죠? 수도권 지역 부동산 대책이 안 먹히니까 변명하시는 건가요?

부동산 자산의 양극화로 국민들 분노

조나라   그냥 웃기려고 해본 소립니다. 하나도 안 웃겼나요? 예전에도 집값이 올랐으면 수도권에서 떠나면 된다는 해법을 누군가 말해서 완전히 매장당한 분이 있었어요. 가장 현실적인 방법인데도 비난을 받는 이유는 국민들의 정서와 합하지 못했기 때문이지요.

H사장 실제로 수도권의 부동산 급등을 비난하시는 분들의 마음에는 "내가 사는 집이 그만큼 오르지 않았는데 저쪽만 오르는구나"라는 상대적 박탈감이 크게 자리 잡고 있는 거 같아요.

조나라 그만큼 국민들께서는 고가의 집을 가지고 있는 부동산 투기세력에 대한 분노를 품고 계시는 거지요. 아예 내 집조차 없는 분들은 "내가 몇 백 년을 안 먹고 안 쓰고 돈을 모아야 저 집을 살 수 있을까" 하는 자포자기의 심정과 미칠 듯한 분노가 치밀어 오르지 않겠어요? 이러한 자산의 양극화로 생긴 국민들의 울분을 해결할 사람은 진보진영밖에 없다고 진심 어린 말씀을 드립니다.

H사장 진보진영이 해결할 수 있을까요? 진보진영 집권시기에 오른 부동산 가격도 감당이 안 되는데요?

조나라 지금은 그 어떤 대책도 비웃듯이 부동산 가격이 오르고 있지만, 만약에 문재인 정부의 부동산 대책이 없었다면 몇 배는 더 부동산 가격이 올라 있겠지요.

H사장 아하, 덕분에 이 정도 부동산 가격 상승으로 막은 거군요? 그럼 부동산 투기세력 때문에 부동산 가격이 올라서 상심하고 있는 서민

들을 위해서 집권 4년 동안 노력해오신 문재인 정부의 부동산 정책에 대해서 말씀 부탁드릴게요.

조나라 10년 전에 『진보집권플랜』에서도 부동산 정책에 대한 평가가 있었는데요. 노무현 정권의 실수는 집값 관련 대책을 한 개씩 찔끔찔끔 내놨다는 것이죠. 사실 그때마다 가격이 올랐어요. 초반에 한꺼번에 다 내놓고 집값을 잡았어야 한다고 말합니다. 이러한 평가에 기반해서 문재인 정부에서는 부동산 관련 대책은 그 효과나 부작용보다는 속도가 중요하다는 정책 마인드를 갖고 있지요. 그 때문에 문재인 정부에서는 초기부터 강력한 정책들을 쉼 없이 쏟아내고 있는 겁니다.

H사장 정말 정신없이 많은 정책을 발표하셨지요.

문재인 정부의 부동산 정책 설명

조나라 이제 그 대책들을 하나씩 보도록 하죠. 2017년 5월 10일 문재인 정부의 임기가 시작되었습니다. 불행하게도 취임 1개월 전부터 들썩이던 부동산 가격이 취임 후 1개월 만에 전국적으로 가시화될 정도로 급등하는 양상을 보였지요. 그래서 취임 1개월이 좀 지난 2017년 6월 19일에 제1호 대책인 '6·19 부동산 대책'을 발표해요. 이는 조정대상 지역을 3곳 추가하여 37개에서 40개 지역으로 늘였으며, 조정대상 지역에 대해서만 '주택담보인정비율(LTV)'와 '총부채상환비율(DTI)'을 10% 포인트씩 강화하는 선별적 규제의 신호탄이었지요. 이후에 제2호 대책으로 '8·2 부동산 대책'에서는 김수현 청와대 사회수석님이 직접 나와서 대책을 발표하면서 '부동산 투기와의 전쟁'을 선포하셨어요. 2018년 4월부터는 장기 보유해도 양도소득세를 중과하겠다고 미리 공표하면서 그때까지 집을 팔도록 시간을 준다는 점을 강조했고요, 임대소득에 대한 과세를 유도하기 위해서 임대사업자 등록을 종용했습니다. 그리고……

H사장   잠깐만요! 지금 독자님들의 책 덮는 소리가 들리네요. 문재인 정부 들어서 4년 동안에 25개가 넘는 부동산 대책이 발표되었어요. 그 많은 정책들을 다 열거하시려는 거예요? 그 많은 대책을 언제 일일이 하나씩 들어요? 그냥 큰 틀에서 정책의 방향과 내용을 설명해주시면 안 될까요?

문재인 정부 부동산 정책 ① 수요 부분 정책

조나라   네, 좋습니다. 저도 그 편이 편해요. 문재인 정부의 부동산 정책은 크게 4가지 부분으로 구성됩니다. 이는 ① 수요 부분에 대한 정책 ② 금융 부분에 대한 정책 ③ 공급 부분, 그리고 마지막으로 ④ 시장 직접 통제 정책이 있습니다.

H사장   오호호, 그럼 4가지만 들으면 되겠네요. 독자님들! 조금만 참고 견뎌주세요. 그리고 조나라님. 최대한 숫자가 조금 나오게 부탁드려요.

수요 부분 정책 (1) 세금정책

조나라   첫 번째 수요 부분은 일단 세금정책에 집중되는데요. 일단 비싼 부동산을 소유한 사람을 모두 부동산 투기세력으로 봅니다. 고가의 집을 가지고 있으면 가지고 있기만 해도 이익이 발생하고 이렇게 생긴 불로소득을 누리는 사람은 모두 부동산 투기세력이기 때문에 징벌적인 세금을 내야 한다는 논리에서 시작됩니다. 과도한 세금을 내게 되더라도 실제로 주거를 목적으로 하는 실수요자는 집이 필요하기 때문에 부동산을 소유하겠지요. 그러나 부동산 투기를 목적으로 하는 사람들은 세금이 부담스러워서 구매를 포기하게 되는 거죠.

H사장   그래서 부동산 시장에서 부동산 투기세력을 쫓아낸다는 거군요.

수요 부분 정책 (1) 세금정책 - 종합부동산세

조나라   세금정책 중에서 첫 번째로 종합부동산세(보유세)가 있어요. 일단 고가의 부동산을 소유만 해도 부동산 투기세력이거든요. 그러니 소유에 대해 세금을 낸다는 개념을 현실화해서 부동산 투기를 억제하는 거죠. 그러나 일부에서는 부동산이 소유만 하고 있을 때에는 이익이 발생하지 않는데, 세금을 부과하게 되면 어떻게 내느냐 하는 불만이 있었지요. 보수진영에서는 다른 소득이 없이 농사만 하기 위해서 소유한 토지 등에 대해서 세금이 부과되면 저소득 자산가가 피해를 입게 된다고 주장해요.

H사장   저도 그렇게 알고 있어요. 그래서 소유에 대한 벌금이라는 평가도 있죠.

조나라   그러나 종합부동산세는 부과하는 대상의 가격 하한선이 있기 때문에 작고 싼 집에 사는 가난한 사람들은 세금을 안 내게 되고, 크고 비싼 집에 사는 부자들은 세금을 내게 됩니다. 예를 들어 아파트의 경우 종합부동산세 공제대상으로 1가구 2주택까지는 부동산 공시지가 합산 6억 원이고요. 1가구 1주택은 공시지가 9억 원까지 공제 대상입니다. 그냥 쉽게 공시지가 6억 미만인 아파트에 사시는 서민들은 종합부동산세랑 상관없는 거죠. 또한 농사 등을 목적으로 토지를 많이 소유한 경우에는 일부 토지를 판매함으로써 세금을 줄일 수 있으니까 걱정이 없지요(9·13 대책).

H사장   누군가 그 땅을 사면 종합부동산세를 내야 하잖아요? 부담스러워서 아무도 안 사면 어떻게 해요?

조나라   걱정 마세요. 문재인 정부에서는 다양한 신도시 개발계획을 세우고 있기 때문에 LH직원들이 계획발표 전에 싼 가격에 구매해드립니다.

H사장   아하, 그래서 3기 신도시 계획이 필요했던 거군요. 어쨌든 종합부동산세의 과세 기준이 되는 공시지가가 2021년 3월 '폭탄'으로 표현될 정도로 엄청나게 올라서 사회적 문제가 되었었죠. 문제는 공시지가 및 공시가격이 재산세, 종합부동산세, 양도소득세 등 부동산 관련

세제의 기본 금액을 결정하는 기준이 된다는 것입니다. 다행히도 종합부동산세는 인상 시에 200%로 인상 상한선이 있어서 조금 부담이 덜 하지만, 재산세와 양도소득세는 상한선 제한이 없어요. 따라서 공시지가가 큰 폭으로 인상되면 그만큼 세금 부담이 커질 수밖에 없고요, 또한 공시지가는 4대보험 보험료에도 연동이 되기 때문에 실질적인 부담은 더욱 커질 수밖에 없어요. 이렇게 국민들에게 대책 없이 세금 부담을 키워도 되나요?

조나라   국민이 원하는 것은 세금을 많이 내더라도 자산의 양극화를 해소하는 것이니까요. 특히 진보진영의 지지층인 서민들은 부유층에 비해서 턱없이 적은 세금을 냅니다. 그러니 부담이 없죠. 그리고 문재인 정부의 기본 부동산 정책의 패러다임이 부동산 소유주의 이익을 세금으로 환수하는 것입니다. 그러면 서민들이 더욱 좋아하시겠지요? 거기에다가 과세표준이 올라서 세금을 많이 내면 부동산 소유주는 부동산을 매각하기 위해서 시장에 내놓을 테고, 시장에서 공급이 많아지니까 가격이 자연스럽게 내려갈 것으로 예상됩니다.

H사장   수요 억제가 곧 공급이 되는 발상이네요. 그런데 6억 이상의 고가의 집들이 매물로 나오면 서민들이 어떻게 사요?

수요 부분 정책 (1) 세금정책 - 임대소득에 세금을

조나라   그걸 왜 걱정해요? 가격이 계속 오를 텐데 누구든 사겠죠. 일단 부동산 투기세력이 소유를 포기하는 것이 가장 중요해요. 세금정책

중에 두 번째로 임대소득에 대해 과세합니다(8·2 대책). 부동산 투기세력이 대출을 받아 주택을 구입하면 그 주택을 임대 주면서 임대료를 받지요. 그리고 그 임대료로 구입자금의 원금과 이자를 납입하고, 또한 때마다 임대료를 상승시켜서 임차인들을 힘들게 해요. 결국 그 임대료를 기반으로 또 다른 주택을 구매해서 또 임대료를 받습니다. 결국 집을 가진 부동산 투기세력은 계속해서 주택을 구매하면서 임대료를 받아 구매자금을 확보하고, 이 때문에 점점 공급이 부족하게 된 집값은 계속 올라서 임대살림을 시작한 사람은 계속해서 임대로밖에는 살 수 없게 되는 악순환이 계속되는 거죠.

H사장 그래서 부동산 투기세력의 임대소득에 대해 과세를 해서 중간 연결고리를 자르시려는 거죠? 그런 시도는 박근혜 정부에서도 있었잖아요?

조나라 그러나 실패했지요. 지금까지 다주택자의 임대소득에 대한 과세는 집주인이 임차인에게 세금 부분을 임대료로 전가하는 임대료 상승의 부작용을 우려한 것이기 때문에 망설여지고 있었던 것이 사실입니다. 그러나 문재인 정부에서는 약간의 부작용을 감수하고라도 장기적으로 이러한 악순환의 고리를 끊고자 임대소득에 대한 과세를 결정했습니다.

H사장 근데요. 그게 중간에 막 바뀌고 해서 말이 많았잖아요?

조나라 약간 살짝 바뀐 거죠. 자세한 내용을 볼까요? 다주택자가 임대를 할 때 임대사업자로 전환하여 임대를 하면 임대소득에 대한 과세를 줄여주는 방향으로 인센티브를 주어서 임대사업자 등록을 장려했습니다. 그래서 2018년 1~6월까지 총 74,000여 명이 임대사업자로 등록했을 정도로 많은 참여를 이끌어내는 데 성공했지요. 그러나 임대업자들이 받은 세금 혜택으로 갭투자를 하여 또다시 부동산 투기에 나설 수 있다는 지적에 따라 3개월 만인 2018년 9월 2일 국토교통부 김현미 장관은 기습적으로 해당 임대주택 전환 인센티브를 전면 재검토하겠다고 발표하는 등 발 빠른 움직임을 보여주었습니다. 이로 인하여 임대사업자들이 늘어나서 투명한 세금을 거둘 수 있는 세원을 확보할 수 있었어요.

H사장   그래서 다주택을 소유하고 임대를 하시는 분들이 골탕을 먹었다고 욕하는 것을 많이 접하게 되었었지요. 정부의 정책이 이랬다가 저랬다가 하니까 믿을 수 없다고요.

조나라   그게 섭섭하시면 가지고 계신 집을 파시면 됩니다. 왜 그렇게 걱정들을 하시는지 모르겠네요.

수요 부분 정책 (1) 세금정책 - 양도소득세

H사장   모든 결론은 "부동산을 팔아라"이네요.

조나라   부동산을 팔아도 세금에서 벗어날 수는 없죠. 진심으로 서민을 생각하는 문재인 정부에서 부동산 투기세력이 집을 파는데 그냥 놔두겠어요? 그래서 세금정책 중에 세 번째로 양도소득세가 있습니다. 예전에는 집을 팔 때 오랫동안 소유했을 경우에는 양도소득세를 감면해줬었어요. 실거주로 인정한 것이지요. 그러나 8·2 대책에서는 거주기간에 상관없이 무조건 다주택자에게 고율의 세율로 양도소득세를 부과합니다. 예를 들어서 기본적으로 5억 원 초과 아파트의 경우 양도 시 40%의 고율의 양도소득세를 부과하게 되어 있고요, 투기지역이나 투기과열지구에서 2주택자가 주택을 매도하는 경우 +10%의 세율을 적용하여 총 50%의 양도소득세를, 3주택 이상자가 주택을 매도하는 경우 +20%의 세율을 적용하여 총 60%의 양도소득세를 내야 하는 거죠.

H사장 이익의 절반 이상을 세금으로 내야 하네요. 이 대책은 2017년에 8·2 대책을 발표할 당시의 김수현 청와대 사회수석이 2018년 4월까지, 즉 8개월 동안 집을 다 팔아야 한다고 국민들을 협박했던 것으로 유명하죠.

조나라 결국 보유, 임대, 양도에 대한 모든 세금이 오르기 때문에 부동산 시장에 기생하는 부동산 투기세력들은 그만큼 투자 가치를 느끼지 못하게 됩니다. 따라서 부동산 가격 상승을 기대하고 집을 소유하려는 사람들은 시장 진입을 포기하거나 이탈하게 되는 거지요. 최종적으로 부족해진 수요가 가격을 떨어뜨리는 효과를 만들게 되는 것입니다.

H사장 그래서 일부에서는 세금 때문에 부동산 경기가 침체되는 것이 아니냐라는 우려를 하시는데요. 부동산에 관계된 많은 서민들, 즉 부

동산 중개인, 인테리어 공사에 종사하시는 분, 이삿짐업체 관련 종사자들까지 수없이 많은 국민들의 생계가 흔들리는 것은 아닌가요?

조나라 수술을 할 때 피가 나는 것은 어쩔 수 없다고 생각합니다. 그렇지만 병이 있을 때 피가 난다고 해서 수술을 안 하면 죽음에 이르지 않습니까? 약간의 희생이 있더라도 전 국민의 주거안정을 위해서 꼭 필요한 조치라고 생각해요. 그리고 경제 이야기에서 이미 언급했었지요. 중요한 것은 '양극화 해소'입니다. 문재인 정부에서는 집 없는 설움을 당하고 사는 서민들이 가슴속까지 시원해지도록 집 있는 사람들을 혼내주는 역할에 충실한 거지요. 그리고 걱정 마세요. 100% 깨끗한 문재인 정부에서는 망가진 국민의 삶을 치유하기 위해서 재정을 통해 나중에 현금을 지급할 테니까요.

금융 부분 정책 (1) LTV 축소, DTI를 DSR로

H사장 다음으로 넘어가죠. 금융 부분 부동산 대책에 대해 말씀 부탁드려요.

조나라 두 번째로 금융 부분 부동산 대책이 있습니다. 대출을 통해 부동산 투기로 들어가는 돈의 흐름을 끊어서 부동산 투기세력이 작은 돈으로 고수익을 얻는 것이 불가능하게 만드는 대책입니다. 2019년 12월 16일에 발표한 '12·16 대책'에서 구체적으로 제시한 내용을 보면, 시가 15억 원 초과 아파트에 대한 주택담보대출을 전면 금지하고 그 외 주택은 시가 9억 원 초과분에 대해 주택담보대출(LTV) 한도를 40%

에서 20%로 대폭 축소하겠다고 밝혔습니다.

H사장 이것도 발표와 동시에 시행해서 난리가 났었지요.

조나라 예컨대 시가 14억 원 주택의 경우 일단 9억 원분에 40%를 적용하면 대출 가능 금액이 3억 6천만 원, 나머지 5억 원의 20%를 적용하면 1억 원이 되니까 14억 원의 주택을 담보로 대출받을 수 있는 금액은 총 4억 6천만 원이 됩니다. 나머지 9억 4천만 원은 본인의 돈으로 사야 하는데, 이것이 쉽지는 않을 거라는 거죠. 이 12·16 부동산 대책에서는 총부채원리금상환비율(DSR)이 나와요. 이 총부채원리금상환비율(DSR)은 과거 적용했던 총부채상환비율(DTI)과 좀 다른 개념입니다. 기존 총부채상환비율(DTI)은 대출 원리금 상환액을 연간 소득으로 나눠 계산할 때, '원리금 상환액 = 모든 주택담보대출의 원리금, 이자'로 계산했지만, DSR은 여기에 신용대출이나 신용카드 장단기대출 및 신용카드 미결제액도 부채로 추가하기 때문에 부채금액이 늘어나게 돼요. 또한 현재 금융회사별로 총부채원리금상환비율(DSR)이 관리되고 있기 때문에 전에는 한 명의 차주가 여러 금융회사를 돌아다니며 대출을 받아 규제를 우회하였지만, 이제는 통합관리를 통하여 우회의 길이 막히게 되었지요. 12·16 대책부터 투기지역, 투기과열지구의 담보대출 차주 1인에 한해 DSR 한도는 은행권이 40%, 비은행권은 60%가 적용되었다가 이후 오는 2021년 말까지 모두 40%로 하향 조정될 예정입니다.

H사장 뭔 소린지 하나도 모르겠네요. 다음에도 또 이렇게 숫자 나열

하시면 원고료 반으로 줄여버릴 겁니다. 주의해주세요. 어쨌든 대략적으로 주택담보대출을 확 줄인다는 뜻이죠? 이렇게 대출이 막히게 되면 실제 거주할 집을 사는 실수요자들도 집을 살 수 없게 되는 것 아닌가요?

조나라 9억 이상 아파트에 대해 대출규제를 강화하기 때문에 저소득층이 구매하려는 저가의 주택들은 영향을 안 받아요. 어차피 9억 이상의 집을 구매하는 사람이 서민은 아니잖아요? 문재인 정부는 오직 서민만을 위한 정부라는 것을 상기해주세요. 이러한 부유층에 대한 규제로, 오히려 서민들의 지지가 더욱 확고해질 것으로 판단됩니다.

공급 부분 정책 (1) 제3기 신도시 - 40조 원 토지보상

H사장 어우, 숫자 때문에 머리가 아프네요. 다음으로 넘어가죠.

조나라 공급 부분의 대책으로 2018년 12월 19일 국토교통부(장관 김현미)에서 제3기 신도시 개발계획을 발표했습니다. 이는 서울과 수도권에 총 30만 호의 주택을 공급하겠다는 강력한 공급대책이지요. 자세한 내용은 1차로 35,000호의 택지를 개발하고, 2차로 155,000호의 개발을 진행합니다. 3차로는 11만 호를 개발할 예정으로 있습니다. 우선적으로 대규모 택지를 개발해서 총 12만 5,000호의 택지를 개발하려고 하는데요, 그 대규모 택지는 남양주 왕숙, 고양 창릉, 부천 대장, 하남 교산, 인천 계양 테크노밸리, 과천 등이 있어요. 이 때문에 2020년 예산 중 40조 원이 토지보상 비용으로 책정될 정도였지요. 이는 부동산을 억제만 하지 않고 건설경기 활성화를 위해 재정을 투입하니까 공급이 확대되어서 수도권 집값을 떨어뜨리는 효과가 있을 것으로 봅니다. 그리고 이명박 대통령의 4대강 사업의 2배에 달하는 40조 원의 유동성을 국민들에게 배분함으로써 경제성장에 도움이 되는 유익한 정책이라고 생각됩니다.

H사장 건설업에 종사하시는 분들이 들으시면 매우 좋아할 소식이네요.

조나라 40조나 되는 큰돈이 부자들이나 기업주에게 가지 않고 가난한 LH직원들에게 돌아가게 될 것을 생각하니 너무 기분이 좋지 않습니까? 역시 진보의 길의 끝에는 국민이 있습니다.

공급 부분 정책 (2) 2·4 대책
- 공공주도 83만 호 주택공급 부지 확보

H사장 제3기 신도시가 공급 대책의 전부는 아니잖아요? 변창흠 국토교통부장관이 야심차게 내놓은 2·4 대책이 있지요?

조나라 그렇습니다. 말 많은 제3기 신도시가 겨우 30만 호 건설계획이거든요. 그런데 2·4 대책은 2025년까지 총 83만 호의 주택공급 부지를 확보하겠다는 초거대 계획이에요. 이 정도 주택공급이면 우리나라에서 집값이 안 내려가고 버티겠습니까?

H사장   그런데 2025년이면 4년 남았는데, 83만 호를 언제 지어요?

조나라   하하하, 오해가 있으시군요. 2·4 대책은 주택공급 대책이 아닙니다. 일부러 주택을 공급할 것처럼 보이게 한 것은 아닙니다만, 많은 분들이 그렇게 알고 계시더군요. 간단하게 말해서 주택공급 부지를 확보만 한다는 거예요. 공익을 위한 것으로 하여서 민간주택을 강제 수용할 거니까요. 일단 지도에 선만 그으면 일은 다 끝난 거라고 보시면 되지요.

H사장   선만 그으면 돼요? 규모가 어마어마한데요? 서울에 약 32만 호의 부지를 확보하고, 서울 외의 수도권에 약 29만 호, 거기에 5대 광역시 등에 22만 호의 부지를 확보한다는 원대한 계획이잖아요? 선 긋기도 쉽지 않을 거예요.

조나라   특히 LH, SH가 주도하는 공공개발이 큰 틀입니다. 민간이 개발하면 공익보다는 사적 이익이 크기 때문에 공정한 공기업이 주도하지요. 절대적으로 공정한 공기업이 공익을 위해서 하는 일이니까 믿고 맡기서도 돼요.

H사장   공공기관이 공정할 줄 알았는데 이번에 빅이슈였던 LH직원들 사태를 보고 국민들의 생각이 바뀌었어요. LH직원들이 비밀정보를 이용해서 땅투기를 했기 때문이죠. 공기업인 LH의 직원들이 했기 때문에 2·4 대책과 맞물려서 더더욱 큰 국민적인 공분을 샀어요. LH 직원들이 내부정보를 이용해서 양극화를 더욱 심하게 만들었거든요.

조나라 국민들이 그들에게 분노했다는 것이 이해가 안 돼요. 왜 화를 내죠? LH직원이라고 해서 무조건 내부정보를 다 알 수는 없거든요. 그냥 아무것도 모르고 우연히 개발지역의 땅을 샀을 뿐이라고 생각할 수는 없나요? 그냥 나무 심는 것을 좋아하다 보니 좁은 땅에 잔뜩 심게 된 것이라고 생각하는 건 어떤가요? 이렇게 우연히 일어난 문제를 국민의 힘에서 서울시장, 부산시장 보궐선거에 이용하기 위해 여론을 부당하게 조작한 거죠.

H사장 그런가요? 과연 국민들이 우연으로 생각할까요? LH직원이 그런 방법으로 투기이익을 축적해서 부자가 되는 모습에 화를 내지 않으실까요?

조나라 생각해보세요. 보수진영이 늘 주장하는 것이 가난한 사람이 나중에 부자가 된다는 것 아닌가요? 그럼 가난한 가정에서 태어났지만 열심히 공부해서 남들 못 가는 LH에 들어가고, 우연히 땅투자를 했을 뿐인데 부자가 되었습니다. 이게 화를 낼 일입니까? 아니면 보수진영에서 박수를 칠 상황입니까? 보수진영에서 이런 일에 오히려 열을 내고 비난하는 것이 정치적 목적이 아니면 무얼까요?

H사장 그 말씀도 맞네요. 결국은 가난한 서민이 부자가 된 거니까요.

시장 직접 개입 (1) 분양가 상한제

조나라 마지막으로 시장에 직접 개입을 말씀드리겠습니다. 대표적인 정책으로 분양가 상한제가 있어요. 분양가 상한제는 2020년 7월 29일부터 실시되었지요. 분양가가 높은 새 아파트가 분양되고 나면, 주위의 낮은 아파트 가격이 덩달아 오르는 가격 추격 현상을 보였었지요. 따라서 분양가 상한제를 통하여 새로 분양되는 아파트의 분양가를 낮추면 가격 추격 현상은 사라질 겁니다. 실제로 분양가 상한제 실시를 통하여 새로 분양되는 아파트의 가격이 주변 시세 대비 20~30% 정도 낮아지는 효과가 발생했지요. 과도한 개발이익에 대한 희망을 없애버려서 무분별한 재건축을 차단하여 시장의 안정을 추구할 수 있게 되었어요.

H사장 분양가 상한제보다 더 유명한 것이 있지 않나요?

조나라 임대차 3법을 말씀하시는 거군요. 하지만 그건 문재인 정부의 정책이 아니라 국회에서 통과된 법입니다. 여기서 말씀드릴 게 아니죠.

H사장 어차피 문재인 정부나 국회의 더불어민주당이나 같은 진보진영이잖아요? 아까는 삼권통합을 이루셨다면서요? 얼릉 설명하기나 하세요.

시장 직접 개입 (2) 임대차 3법

조나라 네, 알았어요. 화는 내지 맙시다. 임대차 3법이라는 게 있는 건 아니고요. 주택임대차보호법 개정을 말하는 것이거든요. 핵심 내용은 다음의 표를 보세요.

임대차 3법 개정안 주요 내용	
전월세신고제	계약 후 30일 내에 계약 내용 신고, 임대인, 임차인에게 신고 의무를 부여함
전월세상한제	계약 갱신 시 임대료 상승폭(5% 이내) 제한, 지방자치단체가 5% 이내 상한 결정 시 그에 따름
계약갱신청구권제	• 2 + 2년 보장안 : 세입자 기존 2년 계약이 끝나면 추가로 2년 계약 연장 • 계약 갱신 청구 거부 조건 : 집주인은 물론 직계 존속, 비속이 주택에 실거주해야 할 경우

여기서 주로 충격이 컸던 내용은 계약갱신청구권제지요. 기존 임차인이 나가기로 하고, 다른 임차인과 계약을 맺었는데 법이 시행되면서 기존 임차인이 나가기를 거부해버린 거죠. 그럼 결국 임대인은 새로 들어올 임차인에게 계약금을 배로 물어주는 손실을 입게 됩니다. 부자인 임대인이 가난한 임차인에게 돈을 물어주는 효과를 통해 양극화 해소에 결정타가 되었지요.

H사장 하지만 새로 들어오기로 한 임차인은 계약금을 배로 받겠지만, 당장 집을 구하지 못하면 어떻게 해요?

조나라 그거야 그 임차인도 전에 살던 곳에서 계약갱신요구를 해서 더 살면 되죠.

H사장 만약에 그 임차인이 집을 소유하고 있다가 팔고 월세를 내고 임차인이 되려고 한 것이었으면요?

조나라 그런 사람이 몇 %나 되겠습니까? 다수의 서민들을 봐야지요.

어쨌든 계약갱신요구권이 강화되어서 부유한 임대인이 가난한 임차인에게 쩔쩔매는 상황이 벌어졌으니 얼마나 통쾌합니까? 일부에서는 급격한 전월세 감소로 임차인들이 골탕을 먹었다고 하지만 그건 그다지 많은 숫자가 아니지요.

H사장 별다른 내용 없이 정책을 뭉뚱그려서 소개하는 것만 해도 매우 많은 지면이 할애되는군요. 제가 간단하게 표로 정리했어요.

정책 방향	내용
수요 부분	[세금정책] • 소유 : 종합부동산세 • 임대소득 : 임대사업자 전환으로 과세 • 판매 : 양도소득세 최대 60% 중과세
금융 부분	• LTV 축소, DTI를 DSR로 변경 • 15억 원 초과 아파트는 주택담보대출 전면 금지
공급 부분	• 제3기 신도시 - 40조 원 토지보상(2020년) • 2·4 대책 - 공공주도 83만 호 주택공급 부지 확보
시장에 직접 개입	• 분양가 상한제 • (국회) 임대차 3법 - 임차인 권리 향상

문재인 정부 부동산 정책 정리

정말 짧은 기간에 어마어마한 대책의 보따리가 풀렸네요. 물론 이런 정책들이 철저하게 부작용을 예상하고 설계되어서 실행된다고 믿고 싶지만, 과연 그렇게 할 수 있는 시간이 있었을까요?

조나라 일부에서 제기하는 부동산 규제에 의해서 발생하는 선의의 피해자로는 실수요자, 부동산 중개인, 건축 관련 업종 종사자 분들이 있는데요. 사실 이분들 또한 이 땅에서 살아가는 서민들입니다. 가난한 서민이라면 조금의 피해가 있더라도 문재인 정부를 지지하는 게 마땅하겠지요.

청와대 고위공직자가 부동산을 소유한 것은 정당한 것

H사장 서민들을 위해서 청와대와 고위공직자 여러분께서 이러한 신속한 부동산 정책을 통하여 부동산 투기세력의 주택 소유를 억제하려고 노력하시는 것은 잘 알겠어요. 그런데 오히려 청와대와 여권의 고위공직자들이 부동산을 이용하여 수익을 올리고 있다는 사실이 밝혀져서 비난이 적지 않죠. 실예로 세계일보(2020. 3. 25.)에 따르면 관보를 통해 공개된 정부 고위공직자 1,865명의 정기 재산변동사항 신고 내역을 분석한 결과 행정부 소속 장·차관 72명 중 홍남기 경제부총리 겸 기획재정부장관 등 21명(29.1%)이, 문재인 대통령을 제외한 청와대 실장·처장·수석·비서관 49명 중에서는 노영민 비서실장 등 16명(32.7%)이 두 채 이상의 주택을 보유하고 있었어요. 장관급 이상에서는 홍 부총리(경기 의왕, 세종)와 은성수 금융위원장, 최기영 과학기술정보통신부장관, 강경화 외교부장관 등 9명이 각각 본인과 배우자 명의로 두 채의 주택을 보유하고 있었구요. 줄곧 다주택자의 주택 소유를 비난해온 문재인 정부의 핵심인사들이 보여준 행태로는 많이 문제가 있지 않나요?

조나라 당연히 문제가 없지요. 왜냐하면 다들 연세와 사회적 연륜이 있으신 분들이시고, 자녀들의 독립이라든지 노후생활을 위한 저축의 개념으로 부동산 투자를 했다고 생각해요. 문재인 정부가 전쟁을 선포한 세력은 부동산 투기를 통해 불로소득을 얻고자 하는 투기세력이지요. 정상적으로 부동산을 소유했을 경우에는 다주택자라 해도 전쟁의 대상이 되는 것은 아니니까요.

H사장 그래요? 아까는 고가의 부동산을 소유만 하면 부동산 투기세력이라면서요? 그렇다면 현재 공직에 계신 분들의 부동산 소유를 부동산 투기로 보던지, 아니면 부동산 소유를 무조건 투기로 봐서는 안 되는 것 아닌가요? 그리고 그렇게 정책에 반영해야 하는 것 아닌가요? 선량한 주택 구매자와 투기세력을 구분할 수 있는 기준이 무언가요?

조나라 고가의 부동산을 소유하면 무조건 투기세력으로 인정됩니다. 뭐하러 그렇게 비싼 집에서 살아요? 특히나 여러 채를 소유하면 당연히 부동산 투기세력이지요. 그렇기 때문에 포괄적인 정책을 통하여서 투기세력들이 알아서 부동산 시장에서 퇴출되는 것을 유도하는 것입니다. 그래서 부동산 투기세력이든 선량한 부동산 소유주이든 부동산의 가격이 비싸다면 모두 세금을 내고 같은 금융규제를 받아야죠. 만약에 구분이 가능했다면 부동산 투기세력들을 선별하여 벌금을 부과한다든지 하는 다른 정책들이 펼쳐졌을 겁니다. 하지만 100% 깨끗한 진보진영의 공직자들을 부동산 투기세력으로 보는 것은 말도 안 되죠. 왜냐하면 이분들은 보수진영의 공직자들과 틀려서 깨끗하고 공정한 분들이시니까요. 부동산 투기는 부도덕한 일인데 진보진영의 도덕적인 분들이 하실 리가 없지 않습니까? 그러니 진보진영의 공직자는 다주택을 소유해도 부동산 투기가 아닌 것이지요. 이 점은 국민들께서 깨끗한 문재인 정부의 도덕성을 무조건 믿고 따라오셔도 문제없습니다.

보수가 묻는다. 부동산 정책의 목표가 무엇인가?

H사장　지금까지 문재인 정부의 부동산 정책에 대해서 진보진영의 의견을 들어봤어요. 이제부터는 보수진영의 의견을 들어보죠.

홍박사　저는 문재인 정부의 부동산 정책의 목표가 궁금합니다. 2020년 1월 14일 신년 기자회견에서 문재인 대통령은 "(일부 지역 부동산) 가격 상승은 원상회복돼야 한다고 생각하고, 그렇게 될 때까지 노력을 기울일 것"이라고 밝혔었습니다. 그렇다면 문재인 정부의 모든 부동산 정책의 목표는 부동산 가격을 집권시점으로 낮추는 게 목표라고 유추해볼 수 있습니다.

H사장　그렇게만 되면 얼마나 좋을까요?

홍박사　지난 21대 국회의원 선거에서 진보진영에서는 문재인 정부 기간 동안에 부동산 가격 인상의 원인을 이명박 대통령과 박근혜 대통령에게 있다고 제시했는데요, 두 정권에서 못 오른 부동산 가격이 갑자기 폭등했다는 것입니다. 집권 초기도 아니고 집권한 지 2년 반이 지나서 내세우기에는 너무 부끄러운 핑계가 아닐까 싶습니다.

H사장　아까 초반에 말씀드렸지만, 이명박 정부 시절에는 서울 집값이 13.1% 상승, 강남 집값은 -0.6%로 오히려 떨어졌어요. 처음 있는 일이었지요.

홍박사   부동산 가격이 안정된 것이 일을 잘한 것이라면, 두 전 대통령들을 적폐라고 비난하시기에 앞서 이들의 업무 능력은 인정해줬으면 합니다. 반면 진보진영에서 집권했을 때, 즉 고 노무현 대통령과 문재인 대통령 두 분의 집권시기에 유난스럽게 부동산 가격이 올랐다는 것에 주목할 필요가 있습니다. 두 분 다 양극화 해소라는 큰 명제하에 공정한 사회를 이루기 위해 최선을 다한 것처럼 보이는 노력들을 해오셨습니다. 그래서 겉으로는 부동산을 많이 소유한 고소득층에 대해서 세금이나 규제를 통해 부동산을 포기하도록 하는 것처럼 보이는 정책을 많이 만들었지요.

H사장   저도 그 정책들을 보면서 '부동산을 많이 소유한 고소득층이 부동산을 포기하면 저소득 서민들이 헐값에 부동산을 살 수 있겠구나'라고 생각했었어요.

문재인 대통령 2021년 부동산 정책의 실패 인정

홍박사   그런데 지금 이 시점에 대한민국 국민 중에 부동산 정책의 결과로 부동산을 헐값에 살 수 있다고 생각하시는 국민이 몇 명이나 있을까요? 결과적으로 부동산 가격은 더 오르고, 임대차 3법의 시행으로 전월세도 급격한 상승을 이루어냈습니다. 결과로만 보면 모든 정책이 실패한 것 아닌가요?

H사장   결과만 놓고 보면 이만저만한 실패가 아니지요. 아주 쫄딱 망한 정도라고 봐야죠.

6. 부동산 이야기   399

홍박사   문재인 대통령이 부동산 가격을 원상회복시키겠다고 장담한 후로 1년 뒤인 2021년 1월 18일 신년 기자회견에서는 드디어 문재인 대통령이 부동산 정책 실패를 인정합니다. 그런데 그 원인 진단이 좀 이상해요. 수도권 1인 가구가 61만 가구 증가해서 이게 주택 수요를 폭발시켜서 가격이 상승했다는 겁니다.

H사장   1인 가구가 61만 가구나 늘어났으니 수요가 폭발할 만하네요. 그런데 좀 이상하네요. 가격이 먼저 오르고 1인 가구가 늘어난 거 아닌가요? 사실 문재인 정부 집권 1개월 전부터 부동산 가격이 들썩들썩했는데요.

홍박사   제 말이 그 말입니다. 만약 문재인 대통령의 원인 분석이 맞다면, 수도권의 1인 가구용 소형주택만 가격이 올라야 하겠지요. 3~4인용 아파트 가격은 대폭락을 해야 합니다. 혹시 서울에 3~4인용 아파트 가격이 내렸다는 말을 들어본 적 있으십니까? 그리고 1인 가구의 증가에는 1가구 다주택자에 대한 규제로 증여가 많이 늘어났다는 이유도 포함되어 있습니다. 결국 분석의 선후가 바뀐 것이지요.

H사장   그러네요. 오히려 크고 비싼 아파트가 더 많이 올랐는데요?

홍박사   이 정도면 이상한 원인 분석은 그만하고, 부동산 시장을 제대로 보지 못하고 양극화 프레임에 갇힌 정책을 좀 수정해야 하지 않을까요? 아무리 봐도 문재인 정부의 부동산 대책은 부동산 가격 안정은 필요 없고, 오직 부유층을 혼내주는 게 목표라고밖에는 보이지 않습니다. 겉으로는 '부동산 가격 안정'인데, 속으로는 '부동산 소유주 혼내주기'입니다. 제대로 국민을 속이는 것이지요. 홍보 포스터에는 야구경기라고 써놓고 안에 들어가면 축구경기를 하고 있는 것과 같습니다. 지금 국민들은 양극화 논리보다는 실제로 부동산 가격이 잡히기를 간절히 기대하고 있습니다.

H사장 그럼 문재인 정부의 부동산 정책은 양극화 프레임에 갇혀서 효과가 없다는 건가요?

부동산 투기와의 전쟁, 누가 적인가? 아무도 모른다

홍박사 효과가 없는 정도가 아니라 부작용이 더 컸습니다. 문재인 정부 4년 동안에 25차례나 부동산 대책이 발표되었습니다. 일단 이 어마어마한 숫자에서 알 수 있듯이, 문재인 정부는 부동산을 향해 기관총을 쏘듯이 대책을 발사했습니다. 대책이 나올 때마다 부동산 시장은 얼어붙었다 녹았다 또는 찌그러졌다 다른 쪽이 부풀어 올랐다 하는 반응으로 대응했지요. 그러한 반응에 따라 또 다른 대책이 나왔습니다. 정말 대책의 발표 속도로만 보면 노벨상감인 훌륭한 정부입니다.

H사장 속도만 훌륭하다는 말씀이죠?

홍박사 우리나라 서민들이 진짜 바라는 것은 무엇일까요? 물론 조두순 씨 같은 서민 말고요. 안정적인 직장에서 성실히 근무하며 노력한 만큼의 대가를 받고, 퇴근 후에 가족과 함께 쉴 수 있는 집을 부담 없이 소유하는 것이 아닐까요? 그래서 부동산 가격 안정은 국민들의 주거 안정에 직결된 문제로써 정부가 나서서 꼭 해결해야 할 일이라고 생각됩니다. 그러한 입장에서는 정부가 부동산 가격을 낮추지도 못하는 헛발질 대책이었지만, 이 쓸데없는 대책들을 마련하느라 끊임없이 노력해왔다는 사실이 매우 감명 깊게 다가옵니다.

H사장 오호, 이제 제대로 공격하시는군요. 자, 시작하시죠.

홍박사 도대체 왜 이렇게 많은 대책이 필요했을까요? 먼저 원인 분석을 잘못했기 때문입니다. 거기에다가 철저하게 계산되지 않은 대책을 남발했기 때문이라고 봅니다. 정부에서 어떤 정책을 수립할 때는 그 원인을 명확히 분석하고 효과와 부작용에 대해서 철저히 예상하고서 효과가 극대화되고, 부작용이 최소화될 수 있도록 보조 수단들을 확보한 후에 그 정책을 수행할 수 있는 공무원 조직을 만들고 나서 실행해야 합니다.

H사장 그래서 다른 정부들은 대책을 마련하는 데 시간이 많이 걸렸던 거군요.

홍박사 그러나 문재인 정부는 그런 사전작업이나 철저한 계산 없이 즉흥적으로 시장의 튀어나온 부분을 누르는 대책을 발표했습니다. 좀 전에 조나라님께서 설명해주신 금융 대책에 포함된 내용인데요, 12·16 대책을 통하여 9억 이상 고가주택에 대해 대출요건을 강화했고요, 15억 이상의 초고가 주택에 대해서는 대출을 전면 금지했습니다. 문제는 이러한 대책을 대출을 시행하는 은행권에 한마디 상의도 없이 마음대로 발표했다는 겁니다. 정부에서 이런 정책을 발표할 때에는 은행권과 정교한 사전조율을 통해서 준비해야 합니다. 이미 계약이 이루어진 상태에서 대출을 준비하던 사람들에 대한 규제적용 조건들을 상세하게 공유하여 현장의 혼란을 없애야 당연한 거죠. 그러나 일단 대책을 발표한 후 금융권에서 몰려오는 질문에 그때그때 대응방안을 마련하여 통보함으로써 은행권과 대출을 준비하던 많은 국민들이 큰 혼란을 겪게 되었습니다.

H사장 그랬었지요. 그때 대출을 받아 집을 사려던 사람은 대출길이 막혀서 계약금을 날리곤 했었어요. 하지만 사실 임대차 3법 시행으로 인한 전월세 폭등으로 집을 못 구한 서민들에 비할 바는 아니었죠.

홍박사 더불어민주당에서 통과시킨 임대차 3법은 가히 예술의 경지입니다. 듣도 보도 못한 강력한 법을 유예기간도 없이 즉각 시행함으로써 전월세를 이동하려던 국민은 벼랑 끝에 서게 되었었습니다. 이렇게 진보진영은 효과에 대한 검증이나 부작용에 대한 어떠한 검토도 없이 일단 대책을 던집니다. 물론 희생은 국민의 몫이구요.

H사장 하지만 부동산 투기와의 전쟁을 선포한 정부에서 전쟁을 수행한다는 마음으로 아군의 희생을 어느 정도 감수하면서도 신속한 작전을 폈다고 봐도 괜찮지 않을까요? 실제로 부동산 가격 상승에 대한 국민들의 부담감은 극에 달해 있잖아요. 성실히 일해서 번 돈으로 200년, 300년 모아야 겨우 집 한 채를 살 수 있는데 정작 집이 있는 사람들은

아무 일도 하지 않고 집값의 상승분을 이용해서 성실히 일한 것보다 더 많은 돈을 벌고 있다면 분노하지 않을 사람이 어디 있겠어요? 이런 분노를 달래주려다 보니 앞뒤 가릴 수 없었겠죠.

홍박사 그렇습니다. 당연히 전쟁 시에는 시시콜콜히 상황을 따져 가면서 작전을 펼칠 수는 없지요. 그렇기 때문에 희생이 있더라도 신속한 작전의 실행이 승패를 좌우하기도 합니다. 하지만 적이 누구인지는 알아야 이길 수 있습니다. 적이 보병인 줄 알고 아군도 보병을 쫙 깔아놨는데 적 전투기가 날아오면 학살당하게 됩니다. 같은 논리로 원인을 정확하게 분석해야 해결책도 나오는 겁니다. 한 번 물어봅시다. 전쟁의 대상이 부동산 가격인가요? 아니면 부동산 소유주에 대한 응징인가요?

H사장 목표는 부동산 가격을 내리는 것이지만, 그 수단으로 부동산 소유주를 응징하는 거 아니에요? 부동산 투기세력을 따로 구분이 힘드니까 모든 부동산 소유주를 응징해야 한다는 거죠.

홍박사 앞에서의 2020년 문재인 대통령 신년 기자회견에서 언급되었듯이, 진보에서는 부동산 투기와의 전쟁에서 목표는 분명히 '부동산 가격을 내리는 것'이라고 정의합니다. 그리고 정책 내용에서 보면 부동산 투기세력만이 그 원인이라고 보고 부동산 소유주를 공격하고 있습니다. 다른 원인은 전혀 안중에도 없습니다. 그런데 이 정도 정책에도 부동산 가격이 안 내려가면, 부동산 투기세력만이 원인이 아님을 인정해야 하지 않을까요?

부동산 투기세력 혼자서 부동산 가격을 올리는 게 아니다

H사장   부동산 가격 상승에는 부동산 투기세력 말고 다른 원인이 있다고 말씀하시려는 건가요?

홍박사   생각해보세요. 부동산 투기세력이 진보진영 집권 시에만 갑자기 나타났습니까? 노무현 정부에서 대활약을 했던 부동산 투기세력이 이명박 정부, 박근혜 정부에서는 편의점 아르바이트하며 시간 보내다가 문재인 정부 들어서 갑자기 무인점포시스템이 도입되어서 일자리를 잃으니까 부동산 투기를 다시 시작했나요? 아닙니다. 집값이 거의 정지했던 이명박 대통령 시절에도 부동산 투기세력은 있었습니다. 그런데 왜 그때는 안 올랐지요?

H사장   호호호, 편의점 무인점포시스템이 거기서 왜 나와요?

홍박사   글쎄요. 누가 그거 도입한다고 하더라구요. 어쨌든 부동산 투기세력은 항상 우리 주변에 살고 있었어요. 그렇다면 우리는 부동산 가격이 왜 상승하는지 차근차근 따져볼 필요가 있습니다. 우리는 학교에서 가격은 수요와 공급에 의해서 결정된다고 배워왔습니다. 그런데 현재 우리나라는 인구가 감소하는 추세에 있고 따라서 주택의 수요 부분은 감소하고 있다고 봅니다. 그럼에도 불구하고 수도권 지역의 집값은 계속 오르는 추세에 있습니다. 왜 그럴까요?

H사장   문재인 정부도 그 수요와 공급에서 문제해결을 찾는 걸로 알

고 있는데요. 부동산 투기세력이 자기가 살지도 않을 거면서 집을 여러 채 소유하기 때문에 가짜 수요가 늘어나서 부동산 가격이 높아진다고 보는 거잖아요.

홍박사 그럼 집을 여러 채 소유하면 무조건 부동산 투기세력입니까? 여러 채 소유해도 전부 임대를 주는데, 집을 소유하기 경쟁이 일어나지 않는 한 전체 수요가 늘어나는 게 아니지요. 진보진영이 이끄는 나라에서 살아갈 때 많이 힘든 이유 중에 하나가 어떤 정책을 발표하거나 방향을 제시할 때 감성적으로 발표한다는 것입니다. 예를 들어서 부동산이 '많이' 올라서 이를 통해 이익을 '많이' 보는 부동산 투기세력을 '철저히' 응징하겠다. 이런 식으로 발표를 하는데요. 그 '많이'의 기준도 모르겠고요, '철저히'의 기준도 알 수가 없습니다. 정부에서 명확하게 얼마 이상의 집을 얼마의 기간 안에 몇 퍼센트 이상의 가격 상승을 통해 이익을 얻는다면 투기이고 그렇지 않으면 투자 혹은 단순 주거라고 제시해주시면 매우 좋을 것 같은데요. 아직도 부동산 투기에 대한 수치적인 표현은 없습니다.

H사장 아까 조나라님은 모든 부동산 소유주를 투기세력으로 본다고 했었습니다. 구분이 어려우니까 전부 투기세력으로 보고 규제한다고요.

홍박사 저도 그런 줄 알았는데 표를 생각해서인지 부동산 가격을 기준으로 자르시더군요. 예를 들어 "다주택자의 경우 소유한 아파트 가격의 합이 6억이 넘으면 종합부동산세 부과 대상이다. 1주택자의 경우에는 소유한 아파트가 9억이 넘으면 종합부동산세 부과 대상이다" 이런 식이지요. 소유한 부동산 가격이 6억 이상이 되어야만 투기세력이 되는 건가요?

H사장 그러네요. 그럼 6억 미만의 집값은 얼마든지 가격을 올려도 부동산 투기가 아니네요?

홍박사 이런 식으로 이상하게 규제하니까 부동산 가격이 잡힐 리가 없지요. 6억으로 구분하는 게 정당한가요? 5억 9천 9백만 원은 투기세력이 아닌 이유가 뭐지요? 그리고 자기가 올린 부동산 가격이 아닌데 왜 소유주가 책임져야 하나요?

H사장 그럼 부동산 투기세력을 어떻게 구분해요? 홍박사님 말씀대로 부동산의 가격을 기준으로 한 구분조차 의미가 없다면, 부동산 투자와 투기를 구분할 방법이 없잖아요?

부동산 투기 = 양도 차익만을 위해서 부동산 구입

홍박사 모르면 인터넷에 물어봐야죠. 인터넷에 찾아보시면 부동산 투자와 부동산 투기에 대한 구분을 쉽게 찾아보실 수 있습니다. 인터넷에서 '부동산 투기'를 찾았을 때 가장 먼저 나오는 내용이 '부동산 투자'와 '부동산 투기'를 구별하는 조건입니다. 투자와 투기는 분명히 구분되어야 하는 개념입니다. 정당하게 개발이나 이용을 목적으로 부동산을 구매하는 경우에는 부동산 '투자'로 봅니다.

H사장   '투자'라고 표현하는 것으로 보아서 긍정적인 평가를 하고 있네요.

홍박사   그러나 '투기'는 단지 양도 차익만을 얻을 목적으로 부동산을 구매하는 경우입니다. 즉 부동산에 아무 노력도 안 기울이고 가격이 오르기를 기다렸다가 시세 차익을 노리는 게 문제라는 것이지요.

부동산 투자	부동산 투기
부동산을 이용하기 위하여 필요량을 취득하는 것을 말합니다. 항구적으로 사용할 수 있는 축조물이나 기개발지를 대상으로 하며 정상 가격을 가지고 소유하기 위해서 투자를 하게 됩니다.	단기간에 양도 차익을 얻을 목적으로 필요량 이상으로 취득합니다. 지가 수준이 낮은 미성숙지 등을 대상으로 하며 유동성이 큰 투기 가격을 형성하여 개발이익에 편승하기 위하여 투기하게 됩니다.

인터넷에서 통상적으로 나오는 구분

분명히 전문 부동산 투기세력은 있다

H사장   그런 분류라면 저도 부동산 투기세력 중에 아는 사람이 있어요. 제 주변에서도 제조업이나 유통업 등의 생산적인 일은 하지 않고, 그저 땅이나 집을 사고팔기만 해서 매우 큰돈을 버는 사람들이 있거든요. 그 사람들은 시간적으로도 매우 여유롭고, 씀씀이도 커서 명품으로 바르고 다녀요. 특히 제조업이나 유통업으로 고생해서 돈을 버는 것에 대해서 굉장히 하찮게 생각하는 경향이 있어요. 이런 분들하고 대화를 하면 굉장한 기분이 나빠요. 마치 자기들만이 현명해서 쉽게 돈을 벌고, 땀 흘려 일하는 사람들은 어리석다는 투가 섞여 있거든요. 그런 분들이 진정한 투기세력이 아닐까요?

홍박사   제가 부동산 투기세력에 대한 정의를 화두로 꺼낸 이유가 바로 그것입니다. 문재인 정부는 이렇게 티가 줄줄 나는 부동산 투기세력에 대해 구별하기를 스스로 포기합니다. 그리고는 자연스럽게 다주택은 6억 이상, 1주택은 9억 이상의 부동산을 소유한 모든 사람 전부를 부동산 투기세력으로 몰아세웁니다. 그렇게 함으로써 부동산을 소유하지 못한 저소득층에게는 부자들을 혼내주는 정의의 용사 이미지를 강하게 심어주는 데 성공했습니다.

H사장   다주택 6억 이상, 1주택 9억 이상이면 서울에서는 평균 이하입니다. 별로 정의의 용사가 되기 힘들어요.

홍박사   그렇습니다. 원래 선을 그을 때는 그것보다 가격이 한참 낮았었는데, 자꾸 오르다 보니 그렇게 되었습니다. 그러니 정책이 현장에서 성공을 거두지 못합니다. 만약 저더러 부동산 투기세력을 명확하게 구분할 기준을 만들라고 한다면, 전체 자산 중에서 부동산의 비율이 높으면서, 일정 기간 평균 부동산 양도 차익 얼마라는 수치화된 기준을 만들겠습니다. 예를 들어 전체 자산 중에 90% 이상이 부동산으로 구성되어 있고, 10억 이상의 부동산 자산을 소유한 상태에서 최근 5년의 기간 중에 연평균으로 5,000만 원 이상 부동산 양도 차익을 보았다면 투기세력으로 정의하는 겁니다.

H사장   수치로 정확하게 부동산 투기세력을 구분하자는 거죠?

홍박사   이밖에도 많은 조건들이 추가될 겁니다. 부동산 투기의 의지가 전혀 없는데 5년 동안 공장 이전을 위한 부지를 샀다 팔았다 하면서 얼떨결에 고소득이 될 수도 있는 거니까요.

H사장   그런 건 고용인 수로 구분할 수 있지 않을까요?

홍박사   그렇죠. 고용인을 기준에 넣는다면, 진짜 부동산 투기세력도 명목상으로라도 직원을 고용해서 일자리를 만들 겁니다. 그나마 일자리라도 건지는 거죠. 이런 기준을 세워놓고 해당되는 분들만 공격한다면 부동산 투기세력이 약화될 수도 있겠지요.

H사장   그렇게 구분하면 어떻게 처벌하지요? 전 재산을 몰수하나요?

홍박사   이렇게 분류된 부동산 투기세력에 한해서만 선별적으로 종합부동산세와 같은 보유세 인상과 대출 제한을 적용하면 어떨까요? 그렇게 하면 선량한 실수요자가 세금폭탄에 희생되는 경우는 막을 수 있지 않을까요?

과도한 보유세(종합부동산세)의 문제

H사장   그것도 괜찮겠네요. 사실 종합부동산세와 같은 고율의 보유세로 인한 부작용이 많이 지적되고 있거든요.

홍박사   맞습니다. 지나친 보유세의 인상은 서민들을 괴롭히는 도구가 됩니다. 예를 들어서 여기 가난한 부부가 있습니다. 평생을 땀 흘려 일하고 겨우겨우 번 돈을 모아서 집을 사서 살고 있었습니다. 그리고 고향에 부모님이 물려주신 폐가가 다 된 집이 한 채 있다고 합시다. 지금 살고 있는 집이 야금야금 가격이 올라서 6억 원 이상이 되면 갑자기 이 부부는 착하고 불쌍한 서민에서 극악무도한 부동산 투기세력으로 변신을 합니다.

H사장 그렇겠지요. 문재인 정부는 다주택 여부와 부동산 가격으로만 분류하니까요.

홍박사 그래서 이 부부는 부동산 대책에 이리저리 두들겨 맞게 됩니다. 소득은 그대로인데 과도한 종합부동산세가 부과되다 보니 결국 집을 팔게 됩니다. 문제는 그 돈으로 어디 갈 곳이 없어요. 왜냐하면 주위에 집들도 모두 가격이 올랐고 그 집들 중에 하나를 사면 어차피 똑같이 세금을 두들겨 맞습니다. 결국은 오랫동안 살던 터전을 버리고 먼 외곽으로 이사를 가야 합니다.

H사장 그러게요. 가난한 서민들이 너무 피해가 커요.

홍박사 서민을 위한 부동산 대책이라고 하는데, 이상하게도 돈 많은 사람에게 돈 벌기 좋게 판을 깔아주는 느낌을 받으시는 분들이 더 많으실 겁니다. 종합부동산세는 부동산을 소유하면 할수록 더 많이 내야 하는 세금이기 때문에 얼핏 보면 부동산을 많이 가지고 있는 부동산 투기세력에 불리한 세금으로 보입니다. 그러나 실제로 종합부동산세에 의해서 직접적으로 타격을 받는 피해계층은 소득이 적으면서 부동산을 많이 소유한 부동산 소유주들입니다. 지금은 소득이 적지만, 예전에 가격이 쌀 때 부동산을 구매했거나, 아니면 농사를 하거나 유산 등의 이유로 부동산 소유가 많은 계층입니다. 이들은 돈이 없기 때문에 종합부동산세를 내려면 어쩔 수 없이 소유하고 있는 부동산을 팔아야만 하는 입장에 처합니다. 물론 제값을 받을 수는 없겠지요. 그래서 급하게 싸게 팔기 위해서 가격을 내려 매각하게 되고, 그 부동산은 종합부동산세를 낼 수 있는 여력이 있는 부동산 투기세력이 구매하게 됩니다.

H사장   뭐예요? 그럼 종합부동산세 덕분에 부동산 투기세력이 싼 값에 쉽게 부동산을 구매할 수 있게 되는 거잖아요?

홍박사   그리고 나서 나중에 부동산을 매각할 때는 기존에 냈던 종합부동산세를 상쇄할 만큼의 가격으로 시세를 만들면 됩니다. 실거주를 목적으로 구매하는 실수요자들은 전에 소유한 소유자의 종합부동산세까지 그대로 떠안을 수밖에 없지요. 만약 부동산 경기의 하락으로 안 팔리게 되더라도 정권이 바뀔 때까지 또는 정책이 바뀔 때까지 버티면 됩니다. 진보정권이 집권하면 무조건 오를 거라는 믿음이 있으니까요. 거기다 돈이 있으니까 버티는 데도 문제가 없습니다.

H사장   듣고 보니 그러네요. 보유세를 늘리면 늘릴수록 돈이 많은 사람들이 이익을 보게 되는군요. 결국 가격이 오른 상태로 팔 테니까 지금 당장의 부담도 나중에는 없는 것이 되어버리고요. 그런 관점으로 본다면 부동산 관련 세금이 결국엔 돈 많은 사람들을 도와주는 세금이 되네요. 그런 논리라면 대출 규제도 마찬가지 아닐까요? 대출 규제를

통해서 빌릴 수 있는 한도를 낮추게 되면 돈 없는 사람들은 기존의 대출금만큼 대출을 받을 수 없어서 연장을 못하니까 부동산을 싼 값에 매각해야 하고 돈 많은 사람들은 대출을 받지 않아도 되니까 웃으면서 부동산을 구매하겠지요.

홍박사 문재인 정부, 즉 운동권 진보진영에서는 부동산 투기세력을 제대로 정의하지 않고 그냥 소유주라고 뭉뚱그리는 실수를 해서 부동산 가격이 오르는 것을 막지 못하게 되었습니다. 오히려 운동권 진보진영의 정책들이 부동산 투기세력에게는 유리한 판을 깔아주고 말았습니다.

H사장 '운동권 진보진영'이라고 하니까 말이 너무 불편하네요. '진보운동권'으로 부르시는 게 어때요?

홍박사 그게 깔끔하겠네요. 앞으로 '진보운동권'으로 하겠습니다.

H사장 어쨌든 진보운동권의 정책은 투기세력에 더 유리하기 때문에 부동산 대책이 안 먹힌다는 거죠? 거기까지는 이해했어요. 그런데 결국은 부동산 가격이 오르는 게 문제잖아요? 도대체 이 부동산 가격은 왜 이렇게 오르나요?

부동산 말고는 투자할 곳이 없다

홍박사 나중에 차차 설명하겠지만, 먼저 말씀드리겠습니다. 부동산은 유한한 재화입니다. 때문에 유동성이 조금만 늘어도 돈과 실물의 교환 비가 급격히 상승하기 때문에 가격은 급등하게 되어 있습니다. 가격 급등에서 중요한 것이 부동산과 교환할 유동성, 즉 돈이 얼마나 많이 시중에 돌아다니는가입니다.

H사장   이해가 잘 안 되는데요. 설명해주세요.

홍박사   예를 들어보죠. 온 세상에 땅이 $1m^2$ 있습니다. 다른 물건은 하나도 없다고 가정합니다. 그리고 돈이 100만 원 있습니다. 이 돈으로 땅을 교환한다면요?

H사장   글쎄요. 10만 원으로 사고 나머지 90만 원으로 미용실이랑 네일아트랑…….

홍박사   다른 교환 가능한 재화가 없다고 가정합니다. 세상에 땅 $1m^2$만 교환이 가능해요. 그럼 땅의 가격이 100만 원이 되겠지요. 이때 만약에 돈 50만 원이 어디서 툭 굴러들어 와서 세상에 돈이 150만 원이 되었다고 하면 어떨까요?

H사장   살 수 있는 게 땅 $1m^2$밖에 없다면서요. 그럼 당연히 땅값이 150만 원이 되겠죠.

홍박사   이렇게 유한한 재화의 가격은 유동성에 큰 영향을 받습니다.

H사장 부동산에 대한 수요문제는 유동성에서 찾아야 한다는 거군요. 진보진영에서 고 노무현 대통령님 시절에 전 세계 경제가 활황이어서 유동성이 넘쳐났기 때문에 부동산 가격이 뛰었다고 하시던데, 이를 뒷받침해주시는 건가요?

홍박사 유동성 문제가 맞기는 한데요, 죄송하지만 세계 경제의 상황과는 좀 별개의 문제입니다. 유동성이 많으면 다른 것도 가격이 올라야겠지요. 왜 유독 부동산이 많이 올랐을까요? 고 노무현 대통령의 반기업적인 경제정책의 실패로 서민들이 극한의 경제적 어려움을 겪었고, 조금이라도 나은 삶을 위해서 경제를 아는 사람으로 이명박 대통령을 뽑았던 시절의 상황을 이 글을 읽으시는 독자 여러분 중에 대부분은 기억하실 겁니다. 왜 넘치는 유동성이 다른 곳에는 안 가고 부동산에 몰빵을 하게 되었는지가 문제의 핵심이 되겠지요.

H사장 그러네요. 왜 시중의 돈은 부동산을 향해 달려가게 되었을까요?

홍박사 사실 시중에 돈이 많이 풀리고, 이 돈이 기업에서 투자와 고용으로 나타나는 것만큼 좋은 일이 있을까요? 그럼 경기도 살아나고, 실업률도 떨어질 겁니다.

H사장 가장 교과서적인 좋은 성장 방향이네요. 그런데 그걸 진보진영이 막고 있다는 말씀을 하시려는 거죠?

홍박사 당연합니다. 진보운동권에는 특유의 반기업 정서가 있습니다.

전에도 말씀드렸지만, 진짜 진보는 친기업적인 색채를 갖습니다. 그러나 진보운동권의 반기업 정서는 반기업 정책을 만들어냅니다. 노동, 환경, 안전의 부문에서 기업의 경영자를 형사처벌하는 무시무시한 법들을 잔뜩 만들어내죠. 거기에다가 경제민주화를 한다고 중소기업들에 힘을 실어주기 위해 대기업을 억압하는 법을 줄줄이 만듭니다. 그렇게 하면 중소기업들이 쑥쑥 자라서 대기업으로 성장할 줄 알았는데 정부의 억압으로 대기업이 시들시들하니까 대기업의 주문을 받던 중소기업들도 픽픽 쓰러져버립니다.

H사장 저도 반기업 정서에 기반한 정책들에 놀랄 때가 많아요. 저는 출판업이라 큰 부담은 없지만, 중대재해법의 내용을 보고 사업하기 싫어지더군요. 사업주는 그냥 죄가 없어도 모든 책임을 지고 감옥 가야 한다고 선언하는 것 같은 느낌을 받았어요.

홍박사 거기에 비하면, 부동산 투자는 직원을 고용한다든지 설비를 산다든지 안전사고가 발생한다든지 하는 경영 리스크가 현저히 적어집니다. 방금 언급하신 중대재해법에 의하면 회사에서 사망자가 나오면 무조건 대표자는 감옥에 가야 하고 추가로 벌금도 냅니다. 제조업 베이스에서 이러한 위험을 피하는 것이 매우 어렵기 때문에, 이 위험을 회피하기 위해서 고소득자나 기업은 본능적으로 사업을 접거나 축소합니다. 대신에 그 자금으로 부동산 투자에 뛰어들겠지요.

H사장 결국 기업 경영자가 돈을 기업투자에 쓰려고 하니 규제가 많아서 감옥에 갈 판이니까, "사업은 하지 말고 부동산이나 사자"라고 판

단한다는 건가요?

홍박사   그렇습니다. 반기업적인 정부가 들어설 때마다 부동산 가격이 급등하는 것은 시중의 돈이 마땅한 투자처를 찾지 못하기 때문입니다.

H사장   그렇지만 기업이 아파트를 구매하는 것은 아니잖아요? 기업에 대한 규제가 부동산 가격과 무슨 연관이 있나요?

홍박사   이 세상에는 삐까번쩍한 대기업만 있는 게 아닙니다. 중소기업이 훨씬 많습니다. 상장하지 않은 중소기업은 법인 형태를 가지고 있다고 하더라도 경영인 개인 소유의 성향이 강합니다. 지분의 대부분을 가지고 있으니까요. 만약 친기업적인 경제정책으로 중소기업이 가지고 있는 돈을 기업 내 투자로 유인했다면, 막대한 자금이 설비나 연구개발 또는 고용에 투입되었을 겁니다. 하지만, 강력한 반기업 정책은 결국 중소기업의 경영인이 기업경영에 흥미를 잃고 배당과 같은 수단을 통해 기업으로부터 돈을 빼내게 만듭니다.

H사장   그 돈으로 부동산을 산다는 거군요. 결국 기업은 쪼그라들고요. 그럼 노동자들이 일할 곳을 잃게 되잖아요?

홍박사   그나마라도 오래 일한 직원들을 생각해서 회사를 유지하던 경영자에게 정떨어지는 일들이 생깁니다. 진보운동권에서는 자신의 지지세력인 노동조합의 환심을 사기 위해서 기업을 운영하는 경영자의 권리는 축소하고 노동조합의 권리는 한껏 부풀립니다. 퇴직한 직원이 노조에 가입해서 마음대로 회사를 돌아다녀도 싫은 소리 한 번 못합니다. 노조원이 회사 임원을 두들겨 패도 경찰이 그냥 멀뚱멀뚱 처다봅니다. 누가 봐도 기업하기 싫어지는 그런 상황입니다. 또한 노동조합들에 대한 과도한 보호를 통해서 기업 경영진들의 경영권이 아예 무시되는 현상이 일어나고 있습니다. 이런 상황에서 왜 기업 경영자들만 희생해서 노동자의 일자리를 지켜야 하나요?

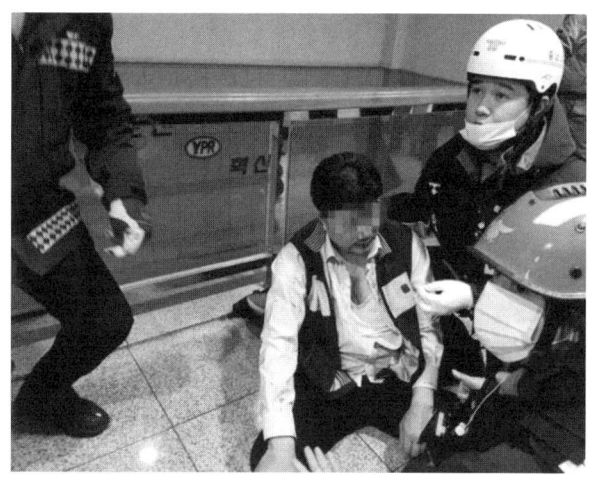

유성기업 노조원이 회사 임원을 폭행 (출처 : 중앙일보)

H사장   하지만 그렇게 투쟁하는 노동자 말고도 열심히 일하는 노동자도 많은데 경영자가 무조건 그 일자리는 지켜줘야 하는 거 아닌가요?

홍박사   글쎄요. 제가 직접 본 사건을 이야기하고 싶습니다. 이 이야기를 들으시고도 경영자가 무조건 고용을 유지해야 한다고 생각하실 수 있을까요? 고 노무현 대통령 집권 초기였습니다. 당시 가장 문제가 되었던 것이 노조의 파업이었는데요, 무조건 때려 부수는 형태의 투쟁이 일상화되어 있는 시기였습니다. 조그만 도자기 업체였는데 저의 지인의 회사 근처에 있어서 파업 현장을 자세히 볼 수 있었습니다. 파업 시작과 함께 사무실 집기가 마당에 나와서 내팽개쳐져 있었고요, 붉은 깃발과 붉은 조끼가 마당을 가득 메웠습니다. 그리고 옆에 경찰 순찰차가 한 대 와있었는데 그냥 지켜보기만 하더군요.

H사장　그때는 그런 회사가 굉장히 많았었어요.

홍박사　몇 달씩이나 그런 상황이 계속되었고 나중에 알게 된 결과는 장기간의 파업으로 거래처가 모두 없어지자 노조원 스스로가 생계를 위해 기업을 떠나는 바람에 파업이 자동으로 끝났다고 들었습니다. 그 사장님은 남아있는 직원들을 추스려서 다시 사업을 이어가기 위해 거래처를 찾아 뛰어다닌다고 하더군요. 그래도 회사의 한 귀퉁이에는 여전히 노조파업을 독려하는 깃발과 천막이 그대로 있었습니다. 정당한 기업 운영을 지켜줄 공권력은 아무 작동을 하지 않았습니다. 기업하시는 분들도 모두 사람입니다. 강자가 나타나서 겁을 주면 겁을 먹고 회피하는 게 본능입니다. 어떻게 다 때려 부수는데 월급을 줍니까?

H사장　저도 진보 측 지지자이지만, 그 부분이 이해가 안 되는 부분이에요. 지난 서울시장 보궐선거에서 더불어민주당의 박영선 후보는 젊은 청년들과 공감대를 홍보하기 위해서 편의점에서 야간 아르바이트를 했었지요. 그때 같이 일하는 아르바이트 직원에게 "중소벤처기업부 장관을 할 때 스마트상점, 무인스토어를 보급 및 확산시켰다. 점주에게 이런 것을 건의했다"고 했어요. 그리고 그 이유로 박영선 후보는 "무

인스토어를 하면 일자리가 없어진다고 생각하는데, 오히려 자정부터 아침 7시까지 무인으로 가게가 돌아가면 낮에 알바생 시간을 줄이면서 밤에 올라가는 매출만큼 (급여를) 더 지불을 하면 된다"며 "그럼 점주도 좋고 알바생도 좋아진다. 알바생이 덜 피곤하니까 손님한테 더 친절하고"라고 말했었지요. 이게 말이 되나요? 일이 없으면 당연히 알바생이 짤리죠.

홍박사 무인스토어를 하고 이익이 생기면 점주는 그 이익을 일도 안 한 아르바이트 직원에게 무조건 급여로 준다는 논리였지요. 노동자가 일을 하건 안 하건 경영자는 무조건 노동자에게 돈을 줘야 한다는 기본 마인드가 없이는 할 수 없는 말씀입니다. 그분께는 나중에 시간을 내서서 꼭 한 번 편의점을 경영해보실 것을 권해드리고 싶습니다.

H사장 그러게요. 하지만 정상적인 점주라면 그냥 아르바이트 직원을 내보내겠지요. 일도 안 하는데 왜 급여를 더 주나요? 그걸 그 아르바이트 직원도 아니까 엄청 놀랐을 거예요.

홍박사 아마도 진보진영의 고용주께서는 무인화 시스템을 통해 직원이 할 일이 없어도 고용을 유지하시면서, 무인화 시스템으로 인해 벌어들인 돈을 직원들에게 나누어주실 분들일 겁니다. 절대로 직원을 내보내지 않을 테지요. 혹시 주위에 그런 진보진영의 기업 경영자를 아시는 분은 연락 바랍니다.

부동산 세금정책은 반기업 정책보다 훨씬 쉽다

H사장 홍박사님, 하지만 기업을 경영하기에는 위험이 너무 커서 부동산 투자를 한다는 말씀은 좀 문제가 있다고 봐요. 부동산 투자에는 많은 규제장치가 있어서 엄청난 세금을 각오해야 하거든요.

홍박사 글쎄요. 마치 "세금만 내면 노조 걱정 없이, 환경부의 단속공무원 걱정 없이 마음껏 돈을 벌 수 있게 해주겠다"는 표현이 적절하지 않을까요? 기업 경영자의 입장에서 생각해봅시다. 중국이나 베트남 같은 저임금 국가의 제품과 단가 경쟁을 해야 해서 돈을 벌기도 쉽지 않습니다. 소득주도성장으로 인해 기업의 비용은 점점 늘어납니다. 거기에 정부에서는 어떻게든 기업 경영자를 감옥에 보내서 노조의 표를 얻으려고 하고 있어요. 이렇게 경영자에 대한 형사처벌 조항은 점점 늘어나는데 이익구조는 그대로니 답은 한 가집니다. 빨리 기업을 정리하는 것입니다. 그럼 정리된 자금이 어디로 갈까요? 물어보는 제가 더 미안하네요. 돈만 묻어놓으면 아무 위험 없이 겨우 세금만 조금 내면 알아서 가격이 오르는 좋은 투자 대상이 있었으니, 어떻게 부동산에 돈을 안 묻어놓을 수 있을까요? 문재인 정부가 기업에 대한 규제를 풀지 않고 반기업 정책을 유지하는 동안에는 유동성은 계속해서 기업에서 부동산으로 흘러 들어갈 것입니다.

H사장 알겠습니다. 기업에 대한 강력한 규제로 기업투자에 사용되어야 할 돈이 부동산으로 흘러 들어가는 시스템에 대해서는 이해하겠습니다. 하지만 왜 부동산이지요? 주식시장이나 금과 같은 투자처도 있

잖아요? 요즘은 비트코인이 뜨고 있어요.

부동산은 제한적인 재화, 생산이 안 된다

홍박사 사실 주식이나 금은 투자처로 유용하기는 하지만, 없어도 살 수 있습니다. 그만큼 시장이 작지요. 인간의 삶에서 꼭 필요한 3요소가 의식주입니다. 이중에서 오로지 주(부동산)만은 추가로 생산이 안 되기 때문에 유한한 성질을 가지고 있습니다.

H사장 그건 아니죠. 부동산도 생산이 되니까요. 예를 들어서 바다를 메워서 육지를 만드는 간척사업이라든지, 아니면 재개발을 통해서 단층 주택가가 고층 아파트로 바뀌는 경우 땅이나 주택이 늘어나잖아요?

홍박사 그러나 이것이 전체적인 공급에서 차지하는 부분은 매우 미미합니다. 대세에 영향을 미치기에는 역부족입니다. 예를 들어서 인천 송도신도시의 경우 원래 바다였던 곳을 원래 인천의 면적만큼 메워서 육지로 만드는 거대한 간척사업입니다. 그러나 전체 국토의 크기에 비하면 매우 미미한 면적입니다. 특히나 위치에 대한 가치를 상쇄할 수는 없습니다. 그곳에 가보시면 아시겠지만 넓은 공원과 쾌적한 삶을 위한 많은 시설들이 있습니다. 송도신도시 한 번 가보신 후에 강남 반포동에 한 번 가보시면 가슴이 답답한 것을 느끼실 겁니다. 왜 그럴까요? 너무너무 작은 집들이 다닥다닥 붙어 있고, 70~80년대 지어진 낡은 아파트들은 색이 다 바래 있고요. 자동차들은 좁은 길에 가득 들어서서 교통정체가 일상이 되어 있습니다. 삶의 수준으로 보면 강남은 송도신도시의 상대도 되지 않습니다. 그런데도 강남 반포동에 있는 작은 아파트 한 채가 송도신도시 큰 아파트 두 채보다도 가격이 비쌉니다. 이유는 간단합니다. 강남 반포동에 있기 때문입니다. 쾌적한 삶의 가치도 위치에 의한 가치는 어떻게 보상이 안 됩니다.

H사장   위치에 의한 가치요? 이해가 잘 안 되는데요.

홍박사   접근성 또는 거리라고 보시면 됩니다. 인천 송도에 가고자 하는 사람보다 강남에 가고자 하는 사람이 월등히 많은 경우를 예로 들어 보겠습니다. 그 사람들은 어디에서 출발하는 게 유리할까요?

H사장   당연히 강남에서 출발하는 게 유리하죠. 가까우니까요.

홍박사   맞습니다. 그래서 인천 송도보다 강남이 수요가 많고 가격이 비싸지는 겁니다. 하지만 이렇게 해서는 강남의 집값이 터무니없이 오르는 것이 설명이 잘 안 되지요. 강남에 집값이 오르는 이유를 명확하게 해야 합니다. 지금 문재인 정부나 노무현 정부 모두 왜 강남 집값이 오르는지 이유는 분석하려 하지 않고 마냥 억누르기만 합니다. 풍선에 바람이 빵빵한데 작아지게 만들기 위해서 무조건 누르기만 하면 옆으로 불룩 튀어나오거나, 아니면 미끄러져서 튕겨 나가 버립니다. 풍선의 바람을 빼야 조그마한 풍선을 만들 수 있지 않을까요? 그럼 강남이라는 풍선에 가득 차 있는 바람은 무엇일까요?

강남의 집값은 교육으로 잡아라

H사장   그거 전 국민이 알고 있는 거 아닌가요? 당연히 교육이지요. 그게 최고 이슈 아닌가요? 입시학원에서 작성해서 올리는 통계에서 2017~2018년 서울 내의 자치구별 서울대 입학률을 보면, 강남구는 전체 학생의 2.02%, 서초구는 전체 학생의 1.80%를 서울대에 보냈어요. 그나마 그들을 바짝 추격한 자치구가 양천구이지만 1.06%로 강남, 서초의 절반 정도에 그쳐요. 나머지 자치구는 0.6% 정도밖에 안 되구요. 서울대뿐 아니라 다른 유명 대학들에서도 서울 강남의 쏠림현상은 일반화되어 있어요. 한마디로 강남 가야 아이들이 공부 잘한다는 거죠.

홍박사   그렇습니다. 서울 강남에는 좋은 학교들과 좋은 학원들이 있습니다. 거기에 추가로 교육열에 불타는 학부모들이 많기 때문에 아이들이 학교에서 쉬는 시간에 공부를 해도 왕따가 되지 않습니다. 그렇기 때문에 강남에 아파트는 희소가치가 생기고 강남의 부동산에 대한 수요는 꾸준히 늘어나게 됩니다. 그렇다면 이제 생각해봅시다. 강남의 집값을 잡고 싶으면 세금을 올려야 할까요? 아니면 교육환경을 다른 지역에 비해 열악하게 해야 할까요?

H사장   당연히 세금정책보다는 교육환경에 대한 정책이 먹히겠죠. 자녀가 좋은 대학 간다는데, 그깟 세금이 문제인가요?

홍박사   H사장님도 별 수 없이 대한민국의 어머니이시군요. 예를 들어서 강남에 위치한 학원을 다니는 학생에 대해서 하루 학원 수업 2시간의 제한을 걸어서 사교육을 통제한다면, 그리고 학원마다 공무원을 배치해서 학원 초과 수업에 대해 통제한다면 어떨까요?

H사장 그게 가능한가요? 사교육을 지역별로 통제한다는 것이 지역주민들의 반감을 심하게 유발할 것 같은데요.

홍박사 느닷없이 투기과열지구로 지정해서 부동산 매매에 대해 세금폭탄을 왕창 투하하는 것은 괜찮고, 학원 수업시간을 통제하는 것은 안 괜찮은가요? 물론 충돌 없이 학원들의 영업을 제한시키는 방법은 매우 많습니다. 세무조사를 통해 투명한 운영을 하게 한다든지, 학원 관련 규정을 타 지역에 비해 엄격히 적용한다면 수업시간을 축소시키는 방법이 될 것입니다.

H사장 그렇게 학원에 못 다니게 달달 볶으면, 강남에 살 이유가 없겠네요.

홍박사 예를 들어서 충청도에 교육특구를 만들어서 학원수업 무제한으로 지정한 다음에 강남에는 학원수업을 하루에 2시간만 하도록 제한한다면 많은 어머니들이 비싼 강남을 떠나 충청도의 교육특구에 달려가실 겁니다. 하지만 이렇게 사교육을 제한한다고 다 해결되면 얼마나 좋겠어요. 강남 집값이 오르는 이유는 교육이 100%는 아니거든요.

H사장 교육 말고 또 뭐가 있나요?

홍박사 생각해보세요. 강남에는 대기업 본사가 많이 위치하고 있습니다. 그에 따라 협력업체들도 많이 위치하고 있어요. 즉 좋은 일자리가 강남에 대거 포진하고 있는 겁니다. 그러니 출퇴근에 한두 시간씩 길바닥에 시간을 버리고 싶지 않으면, 강남에 사는 게 유리합니다. 이러한 실수요가 늘어나는데 어떻게 주택의 추가공급 없이 집값을 잡을 수 있을까요?

강남 재개발을 진보에서는 악으로 규정

H사장 그러게요. 재개발로 인해서 강남에도 새로운 대단위 아파트 단지가 생길 수도 있지 않을까요?

홍박사 아쉽게도 진보운동권의 마인드에서는, 강남에서 재건축을 한다는 것은 부자들에게 더욱더 큰 이익을 갖다주는 있을 수 없는 흉측한 일입니다. 은마아파트를 예로 들어보겠습니다. 1979년 4,000가구 이상이 입주한 뒤 40년이 된 은마아파트는 사용 연한도 차고 건물도 낡아서 집주인들은 35% 정도만 거주하고 나머지 65% 정도는 세입자입니다. 최근 은마아파트는 승강기 선택 버튼을 5곳 이상 누르면 불이 모두 꺼져버리고 다시 누르면 1층으로 되돌아가 버립니다. 그리고 안쪽 문은 열렸는데 바깥쪽 문이 안 열리고요. 이처럼 40년이 넘은 엘리베이터의 잦은 고장은 물론이고, 폭염과 폭우에는 정전도 잦았습니다. 녹물이 나오고, 복도에 바퀴벌레가 무더기로 다니는데도 32평이 20억을 넘는 초고가 아파트로 늠름하게 서 있습니다.

H사장   그래서 강남 재건축 이야기가 나올 때마다 제일 먼저 거론되잖아요? 아무래도 재건축 1순위이니까요.

홍박사   재건축이 절대적으로 필요한 아파트 단지인 것은 분명합니다. 하지만 고 박원순 시장이 질질 끌면서 재건축 승인을 미루고 있었지요. 거기에 문재인 정부가 들어서면서, 분양가상한제 대상지역에 포함된 데다 안전기준 강화, 재건축초과이익환수제 등으로 당분간 재건축에 대한 희망이 사라져버렸어요. 거기에 갑자기 모든 허가사항은 전부 반려됩니다. 이쯤 하면 재건축은 포기해야지요. 아마도 건물 한 동이 무너져서 몇 백 명이 죽어도 진보운동권에서는 과거 보수정권의 부실공사 때문이라고 비난만 하고 재건축은 불허할 것으로 보입니다.

H사장   그럼 강남은 그들만의 리그로 버려두고, 집값 대책은 다른 곳에서만 시행되는 것이 맞을까요? 전 국민이 강남에 살 필요는 없다고 했던 어떤 정치인의 말처럼요?

수도권 집중을 해소하자 - 지방균형발전

홍박사   사실 맞는 말인데, 부동산 가격을 올려놓고 그런 소릴 하니까 욕을 먹었지요. 수도권을 벗어나서 살면 된다는 표현은 곧 지방균형발전을 의미합니다. 지방균형발전은 부동산이 가지고 있는 '위치'의 가치를 분산시키는 작업입니다. 그러나 이 위치의 가치는 주위 환경에 의해서 결정됩니다. 강남이 교육 여건에 의해서 가격이 영향을 받는 것과 마찬가지로 기업들이나 정부기관이 부동산의 가치에 영향을 미치기도 합니다.

H사장   지방균형발전에서 정부기관의 영향력은 과천 정부청사의 세종시 이전으로 입증된 적이 있었죠. 그런데 기업도 영향을 미치나요?

홍박사   2000년대 초에 수원의 동탄신도시가 개발된 후에 수원에 부동산 가격 급등이 일어났습니다. 부동산 가격이 급등하는 것을 본 인근 부녀회들이 모여서 주거환경을 해치는 제조공장인 삼성전자의 이전을 강력히 요구했습니다. 삼성전자 공장이 없어진다면 길에는 흉물스러운 트럭들이 다니지 않을 것이고 공해를 내뿜는 주위의 작은 공장들이 다 사라질 것이기 때문에 주거환경이 훨씬 쾌적해져서 집값이 더 오를 것이라는 기대 때문이었습니다.

H사장   하하하, 정말 부녀회다운 발상이네요.

홍박사   그러나 막상 삼성전자 공장의 이전 계획이 발표되자 집값은 뚝뚝 떨어지기 시작했습니다. 왜 그럴까요? 삼성전자와 그에 관련된 중소기업에 다니는 근로자들이 그 지역의 부동산 수요자였기 때문입니다. 삼성전자가 그곳에서 없어진다면 수원에서 살 필요가 없으니까요. 아마도 2000년대 초에 수원에 가보신 분들은 시내버스들마다 '삼성전자의 이전을 반대합니다'라고 붙여서 돌아다녔던 것을 기억하실 수 있으실 겁니다. 결국 삼성전자는 이전 계획을 백지화했고요. 제조공장을 R&D 센터로 변화시키는 계획에 착수했습니다.

H사장 하지만 이전하게 되면 그곳의 부동산 가격이 또 오르잖아요? 세종시의 부동산 가격이 폭등한 것이 그 예가 되겠죠. 정부 청사의 이전으로 인해 수요가 급등하고 개발이 되니까 부동산 가격이 폭등했잖아요? 밤만 되면 암흑천지가 되고 물 한 병 사러 가려고 해도 차를 타고 나서야 할 정도로 생활기반시설이 전무한 가운데서도 놀랍게도 부동산은 올랐어요. 심지어는 학교도 문을 안 열었는데요.

홍박사 그래도 지방균형발전 정책은 필요하다고 봅니다. 지방균형발전을 항상 주장했던 노무현 정부와 다르게, 문재인 정부는 신경을 안 썼어요. 그래서 문재인 정부 이후에 수도권 집중은 소리 없이 심해진 문제이기도 하죠. 2020년 6월 29일 통계청의 발표에 따르면 수도권 인구가 2020년에 처음으로 비수도권 인구를 추월했다고 합니다. 서울의 인구는 960만 명이지만, 서울을 기반으로 생활하는 인구가 서울 근교의 신도시로 이동한 숫자가 많아서 경기도의 인구는 1,341만 명입니다. 그래서 수도권에 거주하는 인구가 전부 2,596만 명이 되었지요. 상황이 이쯤 되었어도 문재인 정부는 여전히 세금만 부과하고 있습니다.

H사장 전체적으로 인구가 줄고 있는 것을 생각하면 수도권 쏠림은 더욱 심각해지겠네요.

홍박사 이러한 증가의 이유는 서울의 일자리 430만 개가 전국 일자리의 31%이고, 경기도의 일자리 316만 개는 전국 일자리의 23%입니다. 이 둘을 합치면 전국의 일자리 54%가 수도권에 있으니, 사람들이 몰리고 인구가 늘어나는 것은 너무도 당연하다고 할 수 있겠지요.

H사장 왜 이렇게 수도권에 일자리가 몰릴까요?

홍박사 일부분 소득주도성장 정책이 역할을 합니다. 소득주도성장 정책은 지방기업에 불리합니다. 사실 지방의 생활물가는 수도권에 비해서 훨씬 쌉니다. 그렇다는 말씀은 지방에서 제조한 물건이 수도권보다는 지방에서 싸게 팔린다는 이야기이고, 결국 지역시장을 대상으로 판매하는 지방의 기업들은 낮은 가격으로 지역시장에 제품을 판매한다는 뜻입니다. 수도권보다 판매 가격은 낮은데, 수도권과 똑같은 임금을 지급해야 하니 지방이 더욱 기업하기 힘든 조건이 되고 맙니다.

H사장 그건 소규모 자영업자도 마찬가지겠네요. 음식값은 수도권에 비해 싼데 알바에게 주는 시급은 같으니까요. 소득주도성장 정책으로 역차별을 당한다는 게 이런 거였군요. 이러한 수도권 쏠림을 해소하고 지역균형발전을 위해서 대안이 있을까요?

지방균형발전
- 기업규제의 권한을 지방자치단체에게 위임

홍박사 이러한 역차별을 해소하기 위해서는 지방자치단체에 최저임금에 대한 결정 권한을 위임해야 합니다. 결정 권한 전체를 줄 수는 없지만, 감면율을 정하는 권리 정도는 줄 수 있겠지요. 그러면 지방자치단체가 지역의 특성에 맞게 최저임금을 설정해서 지역시장을 판로로 하고 있는 지방기업들의 수익성을 향상시켜 줄 수 있습니다. 일단 권한이 생기면 지방자치단체는 고민하겠지요. 기업이 너무 많은 지역의 지방자치단체는 최저임금을 시원하게 올려서 표를 노릴 것이고. 기업이 없어서 가난한 지역의 지방자치단체는 최저임금을 내려서라도 기업을 끌어당길 겁니다.

H사장 최저임금 결정 권한만 지방자치단체에 주면 해결될까요?

홍박사 그게 달랑 최저임금 하나로 되겠어요? 앞에서 말씀드린 것처럼 기업들이 수도권에 몰려 있습니다. 좋은 인재, 좋은 교육, 행정업무 편의 등 여러 가지 이유가 있겠지만, 결국은 수도권에서 돈 벌기 편하다는 겁니다. 결국 지방에서 돈 벌기 더 편하게 만들어주면 기업은 지방으로 흩어집니다.

H사장 어떻게요?

홍박사 만약에 52시간 근무제를 탄력적으로 적용하도록 법을 바꾸고, 그 결정권을 지방자치단체에게 위임하면 어떨까요? 산업안전법, 화학물질관리법에서도 적용 권한을 지방자치단체에게 위임하면 어떨까요? 아마도 지방자치단체는 지역에 우수한 일자리를 도입하기 위해 앞다투어 규제개혁에 나설 것이고, 기업들의 발길은 수도권이 아닌 지방을 향하게 될 것입니다. 일자리가 이동하면 사람들도 자연스럽게 이전할 것이고요.

H사장 좀 꿈같은 말씀이긴 합니다만, 고 노무현 대통령님이 적극 추진했던 정책이 떠올라서 그런지 거부감은 덜하네요. 하지만 이렇게 기

업이나 정부기관이 지방으로 나가 버리면 원래 있던 지역은 폭탄을 맞을 텐데요?

홍박사 지방균형발전은 원래 집중되어 있던 곳의 경제 생태계를 붕괴시키고, 부동산 가격을 폭락시킨다는 단점이 있었습니다. 과천에 있던 정부종합청사가 세종시로 이전했을 때 과천의 경제는 큰 충격을 받았고, 많은 소상공인들이 사업을 접어야 했습니다. 결국 피해를 본 국민들은 다음 번 선거 때 다른 당을 찍겠지요. 그래서인지 문재인 정부에서는 지방균형발전을 적극적으로 시행하지 않고 있습니다. 하지만 저는 이것이 부동산 정책 중에 매우 중요한 한 축임에는 분명하다고 생각합니다.

H사장 저도 지방균형발전은 중요하다고 생각해요. 그럼 이제 요즘 논란이 많은 제3기 신도시에 대해 평가를 부탁드릴게요.

제3기 신도시, 2·4 대책 - 지금은 돈 잔치, 말 잔치

홍박사 제3기 신도시도 부동산 시장의 유동성 공급에 대단한 역할을 합니다. 왜냐하면 신도시 개발이라는 명목으로 토지 보상을 위해서 40조 원의 돈이 시중에 풀리게 되니까요. 당연히 이 돈은 LH직원이나 정부 고위층의 부동산 수익으로 흡수되면서 강남의 아파트를 사는 데 동원될 가능성이 있습니다. 신도시를 개발하는데 강남 집값이 오르는 이상한 현상의 원인이 됩니다.

H사장   제3기 신도시 관련 LH직원이나 정부 고위직의 부동산 투기를 언급해주시는군요. 기대됩니다.

홍박사   뭘 기대합니까? 부동산 대책 이야기에 집중해주세요. 제3기 신도시는 단기적으로는 부동산 가격을 내리게 하기 위한 대책이 아닙니다. 단기적으로는 토지보상비로 돈이 풀려서 오히려 부동산 가격을 오르게 하니까요. 생각해보세요. 신도시에 사람이 살기 시작하려면 최소 10년 정도의 시간이 필요합니다. 신도시 계획이 발표되고 나서 토지 보상하고, 부지 정리하고, 아파트 설계하고, 분양하고, 건설하고, 입주해야 합니다. 이거 쉬운 일이 아닙니다. 결국 문재인 정부 다음 다음 정부에서 부동산 가격에 영향을 주게 됩니다. 그걸 부동산 시장에서는 아니까, 신도시 계획이 발표되어도 부동산 가격은 계속 오릅니다.

H사장   그러네요. 고 노무현 대통령이 추진한 서울 마곡지구 개발에서도 이명박 대통령 이후 박근혜 대통령 때 본격적인 입주가 시작되었어요.

홍박사   하지만 나름 의미는 있습니다. 일단 신도시를 만들려면 건설업체와 정부 간의 거래가 발생됩니다. 즉 일반적으로 기업을 배제하고 국민들에게 직접 현금을 나눠주는 형태의 복지를 추구하던 진보운동권에서 기업에게 수주를 줘서 돈을 기업을 통해서 국민들에게 공급하는 정책을 선택했다는 것이 대단한 점이지요.

H사장   그간 문재인 정부는 이명박 대통령의 4대강 프로젝트를 적폐의

대표적 사례로 규정하고 대대적으로 비판해왔었잖아요? 진보진영은 전통적으로 국가 대 기업의 관계로 진행되는 대형 프로젝트는 서민에게 돈이 가지 않을 뿐 아니라 부정부패를 양산한다고 비판해왔거든요.

홍박사 그런 진보운동권에서 이번에 4대강 프로젝트보다도 몇 배나 규모를 확 키워서 초대형 정부 대 기업의 프로젝트를 수립했으니 깜짝 놀랄 수밖에 없습니다. 그리고 LH직원이나 정부 고위직들이 비밀정보를 이용한 투기를 해도, 항상 깨끗한 진보운동권이니까 부정부패 없이 완벽하게 진행되었다고 김어준의 뉴스공장에서 홍보해주시겠지요.

H사장 만신창이가 되어버린 제3기 신도시와는 달리 이번 2·4 대책은 부동산 대책으로써 희망이 있는 거 아닌가요? 2·4 대책 발표와 함께 부동산 가격의 상승세가 많이 누그러들었습니다.

홍박사 글쎄요? 2·4 대책 때문이 아니라 이어지는 서울시장, 부산시장 보궐선거에서 진보운동권의 기세가 꺾여서 그런 것 아닐까요? 보수진영이 집권하면 부동산 가격이 떨어질 테니까 부동산에 몰리던 돈이 주춤할 수밖에요. 그리고 2·4 대책이 부동산 대책이라고 생각하는 사람이 진짜 있습니까? 그게 될 거라고 생각해요? 제 눈에는 부동산 가격이 하도 오르니까 그냥 막 던진 돌멩이로 보입니다. 대책이라면 구체화된 제도적 방법을 말합니다. 먼 미래의 꿈은 대책이 아니라 환타지라고 부릅니다. 2025년에 부지 선정이 되는 사업을 구상 단계에서 공표했습니다. 그야말로 부동산이 공급될 거라는 여론 물타기용이 아닐까요?

H사장   하긴, 2025년에 부지 선정이 되면 집은 또 언제 짓는데요? 거기에 저도 서울에 그렇게 많은 주택을 지을 땅이 있는지 궁금해요. 상식적으로 힘들거든요. 서울에 약 32만 호의 부지를 확보하고, 서울 외에 수도권 약 29만 호의 부지를 확보한다는 게 가능할까요?

홍박사   그냥 숫자만 말하니까 느낌이 안 오시죠? 분당신도시가 개발된 후 30년간 20만 채를 지었습니다. 분당 정도가 20만 채라는 겁니다. 그런데 서울 안에 분당의 1.5배의 집을 어떻게 구겨 넣을 수 있을까요? 특히나 LH, SH가 주도하는 공공개발이 큰 틀입니다. 공공의 이익을 앞세워서 해당 부지의 부동산을 집주인으로부터 마구 강제 수용하겠다는 겁니다. 하지만 대상지역은 아직 미개발된 저층 주택단지가 대상이 됩니다. 대부분 서민들의 집입니다. 과연 서민의 정부에서 표를 날릴 각오를 하고 강제 수용할 수 있을까요? 실제로 서울에서 남는 평평한 땅은 미군이 나간 용산 미군기지에 만든 용산공원뿐입니다. 그런데 그런 땅은 그대로 공원으로 놔두고 멀쩡하게 사람들 사는 집을 강제로 수용해서 32만 채를 짓는다는 게 말이 되나요?

H사장   거기에다 요즘 같은 분위기에서는 공기업이 주도하는 게 더 불안해요.

홍박사   공공주도요? 공공주도보다 더 부정이 많은 방법이 있습니까? 진짜 공공주도하려면 LH를 시키지 말고 정부에서 직접 해야지요. 하지만 그게 가능해요? 분양 사무실에 각 구청의 부동산과 공무원들이 파견 나와서 일할 건가요? 건설 현장에 공무원 고시를 통과한 9급 공무원이 직접 나와서 삽질할 건가요? 결국엔 사기업에 하청을 주는 시스템이 됩니다. 분양도 사기업에 용역을 주겠지요. 어느 기업이 용역을 받게 될 것인지? 결국 높은 사람의 입김이 힘을 발휘합니다. 결국 부정은 개입됩니다.

H사장 이제 2·4 대책까지 환타지로 마무리하셨으니까요. 결론을 내야겠지요? 앞에서 중간중간에 살짝 결론들이 나왔었어요. 제가 살짝 정리해보겠습니다.

부동산 가격이 오르는 이유	해결책
문재인 정부의 반기업 경제정책에 의해서 기업의 돈이 부동산 시장으로 유입된다.	기업에 대한 규제 해소
강남 집값 상승	• 강남 교육 여건에 대한 규제 필요 • 강남 외 지역 교육 여건 향상
수도권 집중으로 인한 부동산 가격 상승	지방자치단체에게 권한 위임으로 기업 유치 능력 부여(최저임금, 안전환경, 노동규제)

기업 때리듯이 한 번 부동산 투기세력을 때려보세요

홍박사 정말 잘 정리하셨습니다. 하지만 근본적인 부동산 가격 안정을 이루려면 좀 더 강력한 대책이 필요합니다. 문재인 정부에서 많은 부동산 대책을 발표하고 있지만 부동산 가격의 현실적인 제어가 불가능한 이유는 기업에게 시행했던 것과 같은 강력한 제재가 아니라, 솜방망이 대책이기 때문입니다.

H사장 오호, 문재인 정부의 부동산 대책이 솜방망이라고요? 도대체

얼마나 더 강력해야 그럼 부동산 가격 상승을 통제할 수 있을까요?

홍박사   예를 들어서 기업에 적용하는 규제를 보겠습니다. 52시간 근무제에서 직원이 그냥 아무 생각 없이 52시간을 초과하여 근무했고 이에 대한 지적이 있었으나 위에 관리자들이 신경 안 쓰고 그냥 넘어갔다면, 나중에 그 회사의 대표이사는 2년 이하 징역에 처해집니다. 만약 똑같은 법 논리로 부동산 가격 상승이 사회에 미치는 악영향이 심각하다는 판단이 가능할 때 부동산을 매각하는 사람이 매입 가격보다 5% 이상 높게 가격을 책정하면 2년 이하 징역에 처해진다고 법을 제정하는 것이 가능합니다. 이렇게 강제적이고 강력한 법을 제정하면 될 텐데 왜 부동산 가격을 걱정합니까?

H사장   홍박사님! 배가 나오셔서 그렇게 안 봤는데 좀 살벌한 기운이 있으시네요. 아무리 부동산 가격이 상승되는 것이 사회적으로 문제를 만든다고 해도, 집값 좀 올렸다고 사람을 감옥에 보내면 되겠어요?

홍박사   그럼 직원이 52시간을 어기고 53시간으로 1시간 초과 근무하는 건 사회적으로 엄청난 악영향을 미치는 일인가요? 아무도 죽지도 않고요, 아무도 다치지도 않습니다. 그런데 왜 기업 경영자는 감옥 가도 되고, 집주인은 감옥 가면 안 됩니까?

H사장   그러네요. 52시간보다 조금 더 일해서 53시간을 일하면 무슨 문제가 생길까요? 그렇게 생각하면 기업 경영자에 대한 처벌은 너무 강해요.

홍박사   오히려 부동산 가격을 왕창 올리는 것이 국민의 주거안정을 심각하게 해치는 것이니까 더 위험한 것 아닙니까? 문재인 정부에서 부동산 투기와의 전쟁을 선포했으면 제대로 싸워야 할 것 아닙니까? 오히려 전쟁을 선포하지 않은 기업에는 별로 피해도 없는 사항에 대해서 강력한 법 집행으로 활동을 위축시킵니다. 그런데 정작 전쟁을 선포한 부동산 투기세력에게는 징역형과 같은 강력한 법 제정은 시도도 안 합니다. 무언가 이상하다는 생각 안 하십니까?

H사장   헌법에 보장된 사유재산 제도에 의해서 그런 게 아닐까요? 사유재산을 얼마에 팔든 그것은 개인의 자유니까요.

홍박사   그런가요? 그럼 사유재산을 얼마에 팔든 개인의 자유인데 왜 부동산 대책이라는 것을 만들어서 세금을 물리고 대출을 제한합니까? 임대료는 왜 5% 이상 못 올리게 하나요? 헌법에도 근로의 자유가 있어서 일하고 싶으면 맘껏 일할 수 있게 보장되어 있습니다. 그런데 왜 52시간 근무제는 그 자유를 침해하게 되어 있을까요? 공익을 위해서 헌법상의 모든 권리가 조금 침해될 수도 있기 때문입니다. 헌법이 문제가 아니라는 것은 상식적으로 잘 아시겠지요.

H사장   그럼 법을 어떻게 만들어야 하나요?

홍박사   아까 말씀드린 것처럼 명확하게 부동산 투기에 대한 기준을 제시한 후에 위반한 사람에 대해 징역형을 포함한 강력한 법 집행을 하는 겁니다. 그렇게 하면 부동산 투기가 한 번에 없어질 것입니다. 제가 살짝 법 조항을 만들어봤습니다.

> **[부동산 투기 근절을 위한 입법 예]**
>
> 제○조의 ○○을 다음과 같이 신설한다.
>
> 　제○조의 ○○(부동산 투기 조정대상지역에서 부동산 투기의 가중처벌) 부동산 소유주가 국토교통부장관이 지정한 부동산 가격 안정을 심각하게 침해하여 부동산 투기로 의심된다고 판단될 때는 다음 각 호의 구분에 따라 가중처벌한다. 부동산 투기의 판단 요건은 국토교통부장관령에 따른다.
> 　1. 부동산 투기로 가격이 5% 이상 상승하게 한 경우에는 무기 또는 3년 이상의 징역에 처한다.
> 　2. 부동산 투기로 가격이 1~5% 미만 상승하게 한 경우에는 1년 이상 15년 이하의 징역 또는 5,000만 원 이상 3억 원 이하의 벌금에 처한다.

H사장 이분이 진짜 누구 책 말아먹는 거 보고 싶으신 거예요? 이런 엉터리 법이 어디 있어요? 부동산 투기의 기준을 명확히 제시한다고 하시더니, 기준도 전부 그냥 장관이 정하고, '투기로 의심된다고 판단'도 관련 공무원이 할 텐데. 무기 또는 3년 이상의 징역이면 너무 가혹하지 않습니까?

홍박사 죄송하지만, 민식이법에서 글자만 몇 개 바꾼 겁니다. 거기에 추가로 대충 해당 부처의 장관령으로 떠넘기는 게 요즘 입법 트랜드거든요. 물론 처벌은 그냥 형사처벌로 시원하게 적용해버립니다. 이 정도 법이면 1%도 가격을 올리기 힘들 테니 부동산 투기는 완전히 근절될 것입니다.

> **[민식이법의 일부 내용]**
>
> 제5조의 13을 다음과 같이 신설한다.
>
> 제5조의 13(어린이 보호구역에서 어린이 치사상의 가중처벌) 자동차(원동기장치자전거를 포함한다)의 운전자가 「도로교통법」 제12조 제3항에 따른 어린이 보호구역에서 같은 조 제1항에 따른 조치를 준수하고 어린이의 안전에 유의하면서 운전하여야 할 의무를 위반하여 어린이(13세 미만인 사람을 말한다. 이하 같다)에게 「교통사고처리 특례법」 제3조 제1항의 죄를 범한 경우에는 다음 각 호의 구분에 따라 가중처벌한다.
> 1. 어린이를 사망에 이르게 한 경우에는 무기 또는 3년 이상의 징역에 처한다.
> 2. 어린이를 상해에 이르게 한 경우에는 1년 이상 15년 이하의 징역 또는 500만 원 이상 3천만 원 이하의 벌금에 처한다.

H사장 정말 엉터리이긴 한데, 듣고 보니 요즘 법들이 다 그런 식으로 만들어지네요. 아닌 경우는 국회의원이 직접 연관된 공수처법이나, 선거법 개정안밖에는 못 본 거 같습니다. 홍박사님이 제안해주신 이 법은 효과도 확실할 것 같습니다. 한 번에 대한민국에서는 부동산 투기가 완전히 뿌리 뽑힐 것 같아요. 이렇게 좋은 법을 알려주셨으니 이제 이것을 법으로 제정하면 부동산 투기는 완전히 없어지겠군요.

양도소득세 100%로 이익실현 포기

홍박사 정말 이런 법이 생긴다면 부동산 가격이 상승되는 것은 상상도 못하겠지요. 하지만 이런 법이 제정되지 않는다고 해도 대안은 또 있습니다. 부동산 투자자가 아니라 실수요자에게 부동산 시장을 돌려주기 위해서 부동산 가격을 안정시키는 대책 말이지요.

H사장 어떻게 실수요자에게 부동산 시장을 돌려줄 수 있을까요?

홍박사 돈은 이익을 쫓아서 움직이는 특징이 있습니다. 돈이 벌리는 곳이라면 그 어디도 마다하지 않고 달려가지요. 한마디로 부동산으로 돈을 못 벌게 해야 합니다. 땀 흘려 일하는 것도 아니고, 머리를 써서 고민하는 것도 아니고, 그냥 부동산을 사서 살고 있으면 돈을 번다는 시스템 자체가 말이 안 되는 겁니다.

H사장 그러게요. 열심히 일하는 사람들에게는 정말 힘 빠지는 일이에요.

홍박사 부동산을 소유한 사람으로부터 부동산을 구매하는 사람은 부동산 가격의 상승을 기대하면서 구매합니다. 그 연결고리는 계속 이어집니다. 한 단계를 넘어갈 때마다 가격이 오르지만 그 다음에 사는 사람도 부담이 없습니다. 또 가격이 올라서 이익을 볼 테니까요. 그래서 부동산의 가격이 아무리 올라도 이익을 볼 수 없게 몽땅 국가가 가져가 버리자는 게 어떨까요? 부동산을 이익을 바라보고 매입하려는 사람들이 사라질 것이고 비싸게 팔기 위해 눈치 보는 사람도 없어질 겁니다. 비싸게 팔아봐야 세금만 많이 내고, 남는 게 없으니 그냥 산 가격에라도 팔면 다행이지요. 그렇다면 부동산을 가진 분들이 안 팔고 갖고 있을 겁니다.

H사장 매매차익에 대해 양도소득세 중과세는 이미 하고 있잖아요?

홍박사 그 정도로는 안 됩니다. 지금도 문제인 정부에 고위층으로서 정정당당하게 부동산 투자를 통해 이익을 얻고 계시는 많은 공직자 여러분께는 매우 미안한 말씀입니다만, 부동산 매매를 통해서 발생하는 양도소득의 100%에 대해서 과세를 해야 한다고 생각합니다.

H사장 잠깐만요. 지금 보수진영에서 오신 분 맞으세요? 제가 계속 놀라고 있네요. 100% 세금이라니요? 공산주의를 하자는 건가요?

홍박사 현실적으로 양도차익의 100%를 양도소득세로 부과하기는 힘들 것입니다. 그러나 95% 이상의 양도소득세의 초강력 중과세로 실질적인 이익 발생에 대한 희망을 꺾을 수는 있다고 봅니다. 취득세, 등록세를 내고 인테리어한 후에 양도소득세를 95% 이상 내야 한다면 양도차익이 10억 정도 되지 않고서는 제대로 이익을 보기 힘들겠지요. 정말 집에서 살기 위해 구매하는 사람이 아닌 이상 집을 사서 투자한다는 것은 불가능할 것입니다. 물론 물가는 오르는데 집값만 잡고 있느냐는 식의 불만이 나올 수 있을 겁니다. 때문에 적정한 물가 인상율에 대한 고려는 필요하다고 봅니다. 하지만 지금의 부동산 가격 상황으로 볼 때 상당기간 물가는 신경 안 써도 될 것 같습니다.

H사장 집을 가지고 있는 사람들에게 중과세한다는 건데 문재인 정부의 종합부동산세와 뭐가 다르죠?

홍박사 종합부동산세는 가지고 있으면 세금을 내야 하는 보유세이지만, 양도소득세의 초강력 중과세는 팔아서 이익이 생길 때 내야 하는 거래세라는 점이 다르겠지요. 부동산 투기세력이 아닌 실제 주거가 목적인 소유주에게는 종합부동산세보다 유리합니다. 대신에 부동산의 가격이 대책 없이 올라서 큰 이익을 얻을 것이라고 기대하는 부동산 투기세력에게는 치명적이겠지요.

H사장   그럼 여기에 종합부동산세가 또 부과되면 어떻게 해요?

홍박사   저소득 부동산 소유주의 경우에는 소득이나 이득이 하나도 없는데 무작정 종합부동산세를 내야 합니다. 거기에 양도소득세 초강력 중과세로 아무도 부동산을 사러 오지 않으면 팔리지도 않습니다. 이 정도면 죽으라고 벼랑에서 밀어내는 것과 뭐가 다른가요? 그래서 종합부동산세가 양도소득세 초강력 중과세로 서서히 전환되는 형식을 취해야 한다고 생각합니다. 부동산 가격이 안정되어서 매매가 급격히 줄어들면 부동산 소유를 막기 위한 종합부동산세는 의미를 잃게 되기 때문에 서서히 없애야 합니다.

H사장   그러한 양도소득세 초강력 중과세는 기존에 부동산을 가지고 있는 분들에게도 큰 충격이 될 것 같아요. 몇 십 년 전에 저가에 부동산을 구매해서 보유하신 분들은 갖고 계신 재산을 거의 빼앗길 위기가 아닌가요? 파는 순간 매매 금액의 거의 대부분을 세금으로 내야 할 처지가 될 테니까요.

홍박사   맞습니다. 최근에 구매해서 판매하시는 분은 양도차익이 그다지 크지 않으니까 부담이 적겠지만, 오랫동안 소유하신 분이나 유산 등의 이유로 얼마에 받았는지 근거도 없는 경우에는 양도소득세가 엄청나게 계산될 가능성이 큽니다. 그래서 유예기간이 필요합니다. 양도소득세 초강력 중과세를 시행한 기준일 이후에 2회차 매매에서부터 양도소득세 초강력 중과세를 적용하는 것입니다. 즉 한 번은 양도소득세를 현재처럼 과세해서 매매할 수 있도록 한다는 것이지요. 그렇게 하면 구매 금액이 현 시세와 차이가 나서 골탕을 먹는 경우를 예방할 수 있을 듯합니다.

H사장   그렇게 하면 가격을 올려서 받을 수 있는 유일한 찬스인 1회차 매매에서 부동산을 팔려는 측은 최대한 가격을 높게 불러서 팔려고 하지 않을까요?

홍박사   만약에 제도가 시행된다면 그때 알게 되겠지만, 제가 아무리 생각해도 구매자 입장에서 다음 번 팔 때 이익을 거두지도 못할 텐데 무작정 높은 가격에 구매하려고 하지는 않을 듯합니다. 팔려는 사람이 아무리 가격을 올려봐야 구매하는 사람이 지불의사가 없다면 거래는 불가능한 것이지요. 결국 매매차익을 노리고 부동산에 접근하는 사람들이 줄어들기 때문에 1차 매매에서도 시세에 의해 결정된 가격으로 거래하게 될 것입니다.

H사장   그렇지만 부동산의 조건이 변하게 되는 경우는 어떻게 해야 할까요? 예를 들어서 재개발을 해서 평범한 주택가가 고층아파트 단지가 된다든지, 아니면 주위에 고속도로나 지하철역이 생겨서 갑자기 가치가 상승한다든지 하는 변경사항이 생길 수 있잖아요?

홍박사   일단 재건축과 같이 직접적으로 부동산의 형태가 변하는 경우에는 양도소득세 초강력 중과세는 불가능합니다. 건물의 일부가 아닌 전체에 대해서 준공심사를 통과하는 정도의 대규모 건축이 들어간 부동산에 한해서는 양도소득세 초강력 중과세를 면제해줘야 합니다. 그렇지 않다면 아무도 건축업을 하려고 하지 않을 테니까 말입니다. 부동산 투자의 부정적인 측면이 아무 노력 없이 그냥 시간만 끌면 가격이 올라서 이익이 발생하는 부분입니다. 그런 불로소득에 대해 중과세를 하는 것이 목적인데 건축사업자는 정당한 노력을 하고 이익을 얻는 것이니까 이익을 인정해주어야 합니다.

H사장 그럼 무조건 기존 건축물에 새로 뭘 만들어서 준공을 새로 받으면 양도소득세 초강력 중과세를 피할 수 있게 되겠네요. 그렇게 한 후에 가격을 왕창 올려서 받으면 되는 것 아닌가요?

홍박사 누가 그 가격을 주나요? 비싸게 사봤자 비싸게 팔지도 못할 텐데요. 결국 실수요자들의 시장에서 인정되는 가격이 결정될 것입니다. 또한 가격을 올려서 받을 수 있는 유일한 길인 재건축이 활성화되어서 경기 부양에도 좋은 영향을 끼칠 수 있다고 봅니다.

H사장 그럼 부동산 자체는 그대로인데 주위 환경이 바뀌어서 가치가 오르는 경우에는 어떻게 해요? 예를 들어서 집 앞에 바로 지하철역이 생겨서 역세권이 되면 가치가 높아지죠. 가치가 높아진 만큼 가격이 오르는 것이 정상이 아닐까요?

홍박사 맞습니다. 그 가치가 얼마나 올랐는지는 시장의 기능이 움직이지 않고서는 알 수가 없지만 과거 자료로 추정은 가능할 겁니다. 정부에서 공시지가처럼 지하철역에서부터 거리 순으로 5%, 3% 인상 가능으로 정해주는 것이 어떨까요? 또는 새로 생긴 지하철역 반경 2km 안에는 1회차에 대해 양도소득세 초강력 중과세를 면제해주는 것이 어떨까요? 1회에 대해 가격이 상승되겠지만 이 역세권이 된 부동산은 나중에 팔아도 이익을 기대하기는 힘들기 때문에 지금처럼 엄청난 프리미엄을 주고 구입하려는 사람은 나타나지 않을 겁니다. 역 근처에 집을 비싸게 사는 것보다는 차라리 차를 사서 출퇴근을 하겠지요. 결국은 역세권의 부동산이라고 해도 실수요자들끼리의 리그가 될 것입니다. 그렇게 되면 지금처럼 지하철역이 생기면 갑자기 가격이 두 배 가까이 오르는 이상한 현상은 일어나지 않겠지요.

H사장 그렇다면 여러 부동산을 소유하고 임대를 주시는 분의 경우에는 어떤가요? 이분들이 부동산의 가격을 통한 매매차익을 기대할 수 없으니까 임대료를 올려서 이익을 만들려 하지 않을까요? 결국 힘없는 서민들이 고통스럽게 되는 것 아닌가요?

홍박사 종합부동산세와 같은 보유세라면 임대료를 상승시키는 효과가 있을 듯합니다. 매매가격이 오르기를 기다리면서 시간을 벌어야 하니까요. 그렇지만 양도소득세 초강력 중과세는 매매차익을 기대하기 어려워집니다. 임대료를 올리면서까지 시간을 벌기보다는 매각에 나설 가능성이 큽니다. 또한 임대업자의 소득에 대한 과세체계는 상당 부분 이미 구축되어 있어서 추가적인 문제는 크지 않을 듯합니다.

과도한 세금정책은 피해자를 만든다

H사장   홍박사님이 하도 강력한 대책을 이야기하셔서 정신이 하나도 없네요. 부동산 투기세력을 감옥에 보내자고 하시더니, 양도소득세를 95% 이상 부과해야 한다고 하시네요. 진보진영보다 더 쎄게 나가시는 것 같아요. 조나라님은 홍박사님의 생각에 대해 어떤 평가를 하실 건가요?

조나라   빈대 잡으려고 초가삼간 태운다는 옛 속담이 생각이 납니다. 어떻게 양도소득세를 95% 이상 부과할 생각을 하시는 건지 의아하네요. 보수진영에서 세금을 올린다는 건 들어본 적도 없어요. 그렇게 하면 부동산 매매를 통해 수익을 얻기 힘들어지니까 투자자금이 일순간에 부동산에서 빠져나갈 것이고 가격이 곤두박질치면서 부동산 경기가 일순간에 파괴되어 버릴 것입니다.

H사장   그러면 좋은 거 아닌가요?

조나라   아니죠. 부동산 가격이 급락하게 되면서 부동산을 담보로 한 금융권 대출이 부실화될 우려가 큽니다. 실제로 2008년 미국에서 시작된 금융 위기는 미국의 부동산 가격 하락이 원인이기도 하거든요. 그 밖에도 전국에 퍼져 있는 부동산 중개업소와 건설사들은 순식간에 나락으로 떨어질 것입니다. 정책의 부작용에 고통받을 국민들을 생각지 않으시나요? 국민들을 그런 정책 부작용의 늪에 던져버리는 무책임한 생각을 한다는 것은 올바른 지식인의 자세가 아니죠.

H사장   정책 부작용은 원래 항상 있어 왔는데요.

조나라   그리고 종합부동산세를 폐지한다니 정말 놀랍습니다. 종합부동산세는 자산 양극화를 조정할 수 있는 가장 강력한 시스템입니다. 종합부동산세가 폐지되었다고 생각해봅시다. 돈이 있는 부동산 소유자는 한없이 기다립니다. 언젠가 정권이 바뀌거나 법이 바뀌면 높은 값을 받을 수 있을 것이라 믿으며 기다리겠지요. 그럼 일단 매매가 없으니까 양도소득세가 부과될 수 없을 것이고, 세금을 낼 일도 없습니다. 재산세나 쥐꼬리만큼 내면서 버티면 그만이지요. 종합부동산세의 부작용으로 집중 거론되는 것이 저소득 부동산 소유자입니다. 돈이 없는데 종합부동산세는 내야겠고 팔기에는 여의치 않은 상황이니 정말 머뜩할 수밖에 없지요. 하지만 부동산 가격 안정을 위한 대의를 위해 국민들이 그 정도는 희생해야 하는 거 아닌가요? 앞에서도 언급했듯이 100% 깨끗한 진보진영의 정책을 위해 희생되는 국민들도 모두 기쁘게 받아들이고 계십니다.

H사장   그렇군요. 진보진영을 위해서라면 국민은 얼마든지 기쁜 마음으로 희생해주실 마음이 있으시겠군요. 제가 아니라고 하면 또 21대 국회의원 선거에서 180석의 압승을 이야기하실 거죠?

조나라   그렇게 말씀하시면 좀 섭섭하네요. 문재인 정부에서는 정책의 부작용으로 인해 피해 보는 많은 국민들을 위해 재정대책이 꼭 따라붙습니다. 피해 본 나중에 돈으로 보상해드리는 거죠. 보수진영의 정책처럼 한 번 실행하고서 뒤에 피해 보는 국민들에게 아무런 대책도 없이 피해를 감수하도록 방치하지 않아요.

H사장   피해가 별로 없어서 그런 거 아닌가요? 진보진영에서는 좋은 재정대책이 준비되어 있다니 기대가 큽니다. 구체적으로 말씀해주실 수 있을까요?

조나라   부동산 가격 상승의 요인으로 유동성 공급과 수도권 집중현상에 대해 설명해주신 점도 감사드립니다. 그러나 유동성 공급 측면에 있어서는 인정할 수 없어요. 왜냐하면 대기업이 아닌 일반 중소기업들과 부유층 개인을 통해서는 전국의 부동산이 들썩일 정도의 유동성이 공급될 수가 없기 때문이죠.

H사장   왜죠? 그분들도 돈 많으신 분들인데요?

조나라   대한민국의 경제를 장악하고 있는 주체는 삼성과 같은 대기업들이고 중소기업들은 그 밑에서 시름하고 있습니다. 대기업을 통한 낙수효과는 사라진 지 오래되었고 오직 대기업과 부동산 투기세력만이 대량의 유동성을 보유하고 있다고 보는 것이 진보진영의 경제 분석입니다. 그러나 여러분도 아시다시피 대기업이 강남에서 집을 샀다 팔았다 하지는 않거든요. 그런 상황이 있었다면 많은 보도매체에서 놓칠 이유가 없었을 테지요. 그렇다면 부동산 투기세력만의 개입으로 유동성이 공급되었다고 보는 것이 맞겠지요. 만약에 그렇지 않다면 대기업을 통해서 중소기업들이 충분한 자금을 확보하고 있다는 뜻이 되는데요, 정말 말도 안 되는 상황이거든요.

H사장   그렇군요. 대기업이 중소기업을 착취하고 괴롭히는 대한민국에서 마치 대기업과 중소기업이 협력해서 비즈니스를 이루어가고 있는 상황을 가정하여 상황 설명을 한다는 것이 문제가 있네요. 하지만 그럼 돈이 어디서 기어 나온 걸까요? 그나저나 아까 종합부동산세에 의해 피해 보신 분들에 대한 재정정책은 설명을 안 하셨습니다만.

조나라   하하하, 제가 좀 성급하게 말씀을 드려서 혼란을 드렸군요. 2021년 공시지가 현실화 이후에 종합부동산세가 너무 과도하다는 지적이 매우 강하게 나오고 있습니다. 하지만 이에 대해 직접적으로 국민에 돈을 지급하기는 아직 시기상조가 아닐까요? 내년 2월 정도에 관련된 피해가 집계되면 합리적인 현금 지급이 이루어질 겁니다. 문재인 정부의 최고 장기 중에 하나가 신속한 정책의 실행과 바로 이어지는 부작용에 대한 완벽한 재정투입 보완책이 아니겠습니까? 정부를 믿고 조금만 기다려주시면 곧 알게 되실 것입니다.

H사장   내년 2월이면 대통령 선거 직전인데요. 그때 현금을 지급한다는 것은 선거에 영향을 미칠 수도 있는 일 아닌가요?

조나라   당연히 선거용이지요. 아직도 대한민국 국민들 중에는 돈을 준다는 정당에 표를 던지는 '선거 거지'들이 많이 있으니까요. 21대 국회의원 선거에서 몰표를 받는 것을 다들 보셨잖아요? 특히 자신이 가난하고 피해를 보고 있다고 생각하는 서민들이 현금성 복지에 많은 반응을 보이고 계십니다. 부자들의 돈을 공짜로 받을 수 있는 기회가 되니까요.

H사장 글쎄요. 무슨 초등학교 반장선거에서 "당선되면 햄버거 쏜다"라고 선언하는 것도 아니고, 돈 좀 준다고 우리나라 국민들이 표를 줄까요? 2021년 4월 서울시장 보궐선거에서도 더불어민주당 박영선 후보가 10만 원씩 현금 살포를 약속했지만 참패했잖아요? 돈 좀 나눠주는 걸로는 부동산 정책 실패로 인한 성난 민심을 이길 수 없었던 거죠.

조나라 하하하, 겨우 10만 원 주는데 누가 찍어요? 박영선 후보가 세상 물정을 몰라서 너무 소박했던 거죠. 생각해보세요. 21대 국회의원 선거에서는 시원하게 1인당 100만 원씩 긴급재난지원금을 논의하고 있다고 선전했었잖아요? 물론 나중에 확 줄여야 하니까 정식 공약으로 하면 안 되고, 논의되고 있다는 정도로 해야죠. 이 금액 정도 되면 국민들이 표를 줍니다. 지금도 국민들에게 기본소득을 주겠다고 선언하는 이재명 경기지사의 지지율이 제일 높잖아요? 우리나라 정치권도 아닌 척하고, 국민들도 아닌 척하지만 결국 돈으로 마음이 가는 걸 어떡하겠어요? 그리고 부동산 가격이 오른 것만 보면 분명히 진보진영이 정책을 실패했다고 할 수 있을 겁니다. 그러나 부동산 정책의 목적이 진보진영의 재집권이라면 실패한 것이라고 볼 수 없죠. 오히려 대성공이라고 해야 옳을 겁니다.

부동산 투기와의 전쟁, 목적은 진보의 재집권

H사장 아니, 대성공이라고요? 부동산 가격이 올라서 국민들이 분노에 차 있는데 왜 대성공인가요?

조나라 자산의 양극화로 인해 서민들이 분노해서 진보진영을 지지해 주셨습니다. 자산의 양극화를 해소해달라는 국민의 명령이었지요. 하지만 만약에 자산의 양극화가 해소되면 서민들은 분노하지 않을 것이고, 진보진영을 지지할 이유도 없어질 겁니다. 그래서 문재인 정부의 부동산 정책들은 자산의 양극화가 점점 커져서 서민들이 더욱 분노할 수 있도록 정교하게 설계되어 있는 것이지요.

H사장 에이, 말도 안 돼요. 이번 부동산 가격 때문에 서울시장과 부산시장 보궐선거에서 박살이 났었잖아요? 거기에 더불어민주당 지지율도 완전히 급락했던데요?

조나라 서울과 부산같이 부동산이 많이 오른 곳에서는 다들 종합부동산세를 많이 내니까 반대가 심하겠지요. 문재인 정부의 세금정책이 세금을 엄청 높였기 때문이지요. 하지만 대통령 선거는 다릅니다. 전 국민이 하는 투표니까요. 생각해보세요. 만약에 광주시장 보궐선거였다면 부동산 가격에 영향을 받았을까요?

H사장 그거 참. 광주시장 보궐선거였다면, 정말 막대기만 세워놔도 더불어민주당이 이겼겠지요. 아무리 생각해도 그쪽 분들은 너무 충성도가 높아요.

조나라 일단 부동산 부자에 대한 세금정책은 항상 신문기사의 전면을 장식하게 되고 문재인 정부가 부동산 부자들을 혼내주기 위해서 열심히 일한다는 이미지를 국민들에게 심어주게 됩니다. 지방의 서민들은 서울과 부산에 비싼 집을 가진 부자들에게 강력한 세금을 부과하여 돈을 거두어들인 후에 가난한 서민들에게 나누어주는 진보진영을 지지할 수밖에 없지 않을까요?

H사장 그럼 부동산에 대한 세금정책은 양극화를 해소하는 결과는 얻지 못하지만, 양극화를 해소하고 있다는 이미지는 부각시킬 수 있기 때문에 다음 선거 때 지방에 거주하는 저소득층으로부터 지지를 얻는 데 도움이 된다는 거죠?

조나라 빙고! 거기에 추가로 세금정책을 통해서 세수가 늘어납니다. 세금을 내는 만큼 부동산을 소유하는 데 비용이 들어가기 때문에 그만큼 부동산 투기세력이 가져가는 돈은 줄어들게 되죠. 또한 부동산 투자 시장에 진입하기를 꿈꾸는 저소득층의 계층 간 사다리를 제대로 부숴버리는 좋은 효과가 나와요. 결국 부동산을 소유하지 못하는 서민들은 더욱더 분노하게 됩니다.

H사장 아하! 그렇다면 세금을 통한 부동산 가격 억제정책은 별 실익이 없어도 진보진영의 재집권을 위해서는 꼭 지속되어야 할 정책이군요. 거기에 세수까지 많아진다니 복지정책을 실천하기 위한 재정확보에 큰 역할을 할 것 같아요.

조나라 한 번 생각해보세요. 세금 한 번 올리기가 얼마나 어렵습니까? 2021년 1월 정부가 담배세와 술에 붙는 건강증진부담금을 올리려 한다는 소문이 퍼지면서 국민의 반발로 난리가 났지요. 당시 정세균

총리님까지 나서서 사실이 아니라고 해명하고서야 겨우 잠잠해졌어요. 세금을 올리기 이렇게 힘든데 부동산 관련 세금은 아무리 올려도 저항이 없으니 얼마나 좋아요?

중앙정부 국세는 증가,
지방정부 지방세는 감소(거래 감소로)

H사장 일석이조네요. 진짜로 부동산 세금은 몇 십 %씩 올라도 거부감도 없고, 저항하는 사람도 별로 없어요.

조나라 그 외에도 세금정책은 문재인 정부의 중앙정부 권력에 좋은 영향을 미칩니다. 여러분도 다 아시다시피 종합부동산세, 양도소득세는 국세입니다. 즉 중앙정부가 가져가는 세금이죠. 그러나 부동산 거래로 인해 발생하는 취득세, 등록세는 지방세입니다. 지방자치단체가 가져가는 세금이지요. 세금정책으로 인해서 거래가 줄어들면 취득세와 등록세는 감소합니다. 지방자치단체의 재정은 극도로 나빠지게 됩니다. 그렇지만 종합부동산세는 누군가 소유주가 있고 일정 기준을 충족하기만 하면 부과할 수 있어요. 거기에 공시지가도 정부 마음대로 시원하게 올릴 수 있구요. 결국 중앙정부의 세수는 급격히 올라갑니다. 정치적 입장이 달라서 중앙정부 말을 안 듣는 지방자치단체를 돈으로 컨트롤하기 좋아지는 상황이 되는 거죠.

H사장 정말 대단합니다. 그 정도까지 설계가 되어 있으시다니요. 그럼 나머지 정책의 방향인 신도시 개발에 대해서도 설명 바랍니다.

조나라 더 말씀드릴 필요가 있을까요? LH직원 투기의혹에서 보셨듯이 공기업 직원이나 공무원에게는 돈 벌기 쉬운 판이 됩니다. 결국 공기업 직원과 공무원들의 강력한 지지로 이어지겠지요. 공기업 직원과 공무원을 합하고 그 가족만 다 해도 거의 500만 이상의 지지가 결집되지 않겠습니까?

H사장 하지만 문재인 대통령님까지 나서셔서 이번에 강력하게 수사해서 전부 몰수한다고 선언하셨잖아요?

조나라 그래서 정교하게 설계되었다는 거지요. 이런 일이 있을 것을 예상해서 이미 검경수사권 조정을 했어요. 지금 검경수사권 조정으로 경찰이 수사하기도 애매하고, 검찰이 수사하기도 애매합니다. 거기에 고위공직자가 연루되었을 때는 공수처가 나서야 하구요. 괜히 법을 어기면서까지 수사를 하다가는 재판에서 약점이 될 수도 있거든요. 결국 LH직원의 부동산 투기의혹도 수사권 문제로 헛힘만 쓰다가 문재인 정부 임기 중에 흐지부지 끝나게 될 가능성이 높아요.

H사장 글쎄요. 이번 LH직원 부동산 투기의혹을 제대로 정리하지 않으면, 다음 번 대선에서 치명적인 피해를 입게 될 것 같은데요.

조나라 걱정 마세요. 계획한 대로 잘 되어가고 있습니다. 서민들의 마음에는 LH직원의 투기의혹보다는 내가 집을 살 수 없다는 좌절감이 훨씬 큽니다. 자산의 양극화가 심화되고, 이를 막으려는 정부의 시도가 번번이 실패로 돌아갈 때마다 국민들은 더욱더 부동산을 소유한 사람을 미워할 것이고 서민을 위한 진보의 지지자로 확고히 자리매김할 것이니까요.

H사장 이제 마무리 부탁드립니다. 더 다른 정책이 있나요?

조나라 개헌을 통해서 토지의 소유권을 전부 국가에 귀속시켜서 토지 공개념을 실현하지 않는 한 현재로써는 모든 수단이 테이블 위에 올라가 있다고 해도 과언이 아니죠. 그래서 앞으로의 정책은 이미 나와 있는 정책들에 대한 심화 단계가 될 것으로 봐요. 투기과열지구의 지정은 더욱 확대될 것이고 양도소득세, 종합부동산세의 적용 범위도 확대되고 세율은 더욱더 오를 것입니다.

H사장 세금 인상의 한계선이 정해져 있나요?

조나라 세금 인상의 한계선은 필요 없을 것입니다. 그러나 단계적으로 상승하다 보면 부동산 투기세력이 이제는 부동산의 매매를 통해서는 이익을 얻을 수 없다고 판단하고 자금을 이탈시키는 현상이 생길 것이고 부동산 가격이 내려가서 모든 국민을 괴롭히던 부동산 자산 양극화의 문제가 사라지는 날이 올 것이라고 믿어주십시오.

H사장 그럼 양도소득세가 100%가 되거나 종합부동산세가 부동산 가격의 100%가 될 수 있겠네요.

조나라 그렇지요. 만약에 그렇게 된다면 그날은 부동산을 소유하지 못한 모든 서민들이 환호하는 날이 되겠지요. 이것들 모두 서민이 원해서 이루어진 결과일 것입니다. 진보의 길의 끝에는 국민이 있으니까요.

H사장 아까 홍박사님이 양도소득세를 초중과세한다고 했을 때 많이 부담스러웠거든요. 그런데 진보진영에서 세금을 올린다고 하니까 매우 자연스럽네요. 역시 부동산 시장에 대한 세금부과도 아무나 하는 것은 아닌가 봅니다. 진보진영의 재집권이 이루어지도록 최선을 다해 주세요.

조나라 감사합니다.

Subject 7
검찰개혁 이야기

"권력형 비리에 대해 정말 권력에 휘둘리지 않고, 눈치도 보지 않고, 사람에 충성하지 않는 자세로 아주 공정하게 처리해 국민의 희망을 받으셨는데, 그런 자세를 끝까지 지켜주기 바란다. 그런 자세가 살아있는 권력에 대해서도 같아야 한다고 생각하기에 청와대든 정부든 집권 여당이든 권력형 비리가 있다면 엄정한 자세로 임해주시길 바란다. (중략) 그래야만 검찰의 정치적 중립에 대해 국민이 체감하게 되고 권력 부패도 막을 수 있는 길이다"

- 2019년 7월 25일 윤석열 신임 검찰총장에게
문재인 대통령이 담화에서 당부한 말

검찰은 최강의 권력기관

H사장 이번 장에서는 문재인 정부의 최고 성과 중에 하나로 꼽히는 검찰개혁을 이야기해주시죠. 먼저 검찰개혁이 왜 필요한가에 대해 짚고 넘어갔으면 좋겠어요.

조나라 대한민국 정부가 운영 가능한 권력기관으로 뽑는다면 검찰청, 경찰청, 국세청, 국정원의 4개 기관이 대표적이죠. 그리고 이 가운데에서 가장 강력한 권력기관이라면 '검찰'이라고 볼 수 있어요. 제가 볼 수 있다고 표현한 이유는 시각에 따라서 틀리기 때문입니다. 만약에 기업을 운영하시는 분들이면 검찰보다는 국세청이 가장 무서우실 테고요, 화학약품을 취급하시는 분이시라면 국정원보다도 환경부의 단속공무원이 훨씬 무서우시겠지요. 하지만 그런 개개의 입장을 벗어나서 국가 전체를 통제하고 운영하는 데 있어서 가장 영향력이 큰 조직이 검찰이기 때문에 이렇게 표현해봤습니다.

H사장 검찰이 국가 운영에 큰 영향을 끼친다는 게 슬픈 일이긴 해도 사실이죠. 그러나 국가 운영에 가장 큰 영향을 끼치는 권력기관이라면 기획재정부가 아닐까요? 만약에 거기서 돈이 안 나오면 어느 공무원이 일하겠어요?

조나라 역시 돈이 가장 힘이 있는 게 사회 정설인 것처럼 미시는군요. 아까 금전만능주의에 달라붙으실 때 알아봤습니다. 그렇지만 기획재정부장관이라도 검찰의 수사를 받아서 영장이 발부되면 감옥에 가야 하는 것 아닙니까? 검사들 월급을 안 주면 더 심한 중형을 받아서 감옥에 들어가겠지요. 이 정도 되면 기획재정부장관뿐 아니라 그 밑에 모든 공무원들이 나서서 검찰에 월급을 지급하도록 노력할 것이고 검찰의 뜻대로 움직일 수밖에 없겠죠? 그래서 검찰을 가장 힘이 있는 권력기관이라고 하는 겁니다.

H사장   글쎄요…… 죄가 있다면 검찰의 조사를 받고, 그에 걸맞는 형벌을 받는 것이 맞을 거구요. 그리고 죄가 있는 것 같았지만 실제로 없다면 조사를 받아도 형벌을 받지 않는 것이 당연하잖아요?

조나라   그러한 원칙이 잘 지켜지지 않고 검찰에 의해서 있는 죄가 덮이고, 없던 죄가 만들어지니까 검찰개혁이 필요한 것 아닐까요? 모두가 검찰이 지금 이대로는 안 된다는 것에는 공감하고 있는데 명확한 이유를 시원하게 알고 계시는 분은 잘 없는 것 같아요.

H사장   그럼 지금부터 검찰개혁의 이유를 시원하게 소개해주세요.

검찰의 죄를 검찰이 수사할까?

조나라   앞서 말씀드렸듯이 검찰은 막강한 권력기관입니다. 왜냐하면 수사권과 기소권 모두를 독점하고 있기 때문이지요. 이러한 권력은 국민들이 죄를 지은 자들을 심판하여서 사회를 깨끗하게 만들어주기를 바라면서 검찰에 부여한 권한입니다. 문제는 이 권한을 국민을 위해서 사용하기보다는 검찰조직을 보호하기 위하여 사용한다는 것입니다.

H사장 그러게요. 검찰이 스스로의 권력으로 스스로를 보호한다는 말씀이죠?

조나라 검찰이 수사 대상이 아닌 경우에 검찰은 무시무시한 법 집행 의지를 보이면서 무자비한 압수수색을 통해 업무를 마비시키고 최대한 구속수사를 통해 인권을 짓밟는 행보를 보이죠. 그런데 막상 검찰 내부에서 일어난 부패사건에 대해 검찰이 스스로를 압수수색을 하는 것은 상상조차 못하고요, 검사에 대한 구속수사는 있을 수 없는 일입니다. 이렇게 공정하지 못한 행동으로 인해 스스로 자정 능력이 없는 조직이라는 것이 온 천하에 알려지게 되었고, 별도의 수사권과 기소권을 가진 조직을 새로 만들어서 검찰을 감시하게 하는 검찰개혁이 시작되게 된 것입니다.

H사장 그 점이 다들 의아하게 생각하고 있는 부분이에요. 왜 검찰이 검찰을 압수수색하지 않는 걸까? 검찰의 모든 검사들은 그토록 한 점 문제없고 잘못이 없나요?

조나라 검찰 내부의 문제들이 워낙 알아서 잘 덮이니까 국민들이 알 수가 없지요. 그 예로 박근혜 정부 당시의 대표적인 검찰 비리사건인 울산 고래고기 사건이 있어요. 아시다시피 대한민국에서 고래의 포획과 고래고기의 유통은 불법이거든요. 그러나 예외조항이 있는데요, 자연사한 고래는 포획과 유통이 가능해요. 그래서 자연사한 고래의 경우 고기에 대해 유통 허가서를 발행해줍니다. 박근혜 정부 당시인 2016년 5월 25일 울산중부경찰서는 불법 포획된 밍크고래를 판매한 유통업자 및 식당업주 등 6명을 현행범으로 체포하여, 그중 육상 운반책과 식당업주 등 2명을 구속했어요. 또 현장의 냉동창고에 보관 중이던 시가 40억 원어치 밍크고래 27톤(밍크고래 40마리 상당)을 압수했지요. 밍크고래 고기는 kg당 15만 원에 판매될 정도로 비싼 고기지요.

H사장 우와, 그럼 100g당 1만 5천 원이네요. 그럼 식당에서는 훨씬 비싸게 팔리겠군요?

조나라 이렇게 간단한 고래고기 사건이 검찰로 넘어가면서 이상하게 변질되기 시작해요. 사건을 송치받은 울산지검이 당시 포경업자들에게 고래고기 27톤 중에 21톤을 돌려줬다고 환경단체가 폭로하는 사건이 일어났습니다. 이에 따라 환경단체인 핫핑크돌핀스는 울산지검을 고발하는 고발장을 울산 경찰청에 제출했고 황운하 울산 경찰청장님의 지휘로 해당 수사가 시작되었지요. 당시에 수사지휘를 하는 검찰을 경찰이 수사하는 특이한 상황이라 세간에 이슈가 되기도 했습니다.

H사장 예전에 저도 이 사건을 보면서 과연 수사가 될까 하고 생각했었어요.

조나라 검찰은 27톤 가운데 불법이 명확하게 드러난 것은 6톤뿐이고 나머지는 불법성에 대한 확인이 어려워 기소하지 못하고 반환 조치한 것이다. 모두 적법한 절차에 따라 진행되었고 부실수사나 부정은 없었다고 주장했어요. 하지만 결국 고래고기를 돌려받은 업자가 선임한 변호사가 검사 출신이라는 점과 유통업자가 이 변호사에게 통상적인 수

임료보다 훨씬 많은 액수인 2억의 수임료를 지불했다는 점, 그리고 고래고기 21톤을 돌려받은 시점에 업자의 계좌에서 수억 원이 빠져나간 정황이 밝혀졌지요.

H사장   그냥 딱 답이 나오네요. 검찰끼리 인맥을 이용해서 뭔가가 이루어졌군요.

조나라   하지만 수사는 더 이상 진전되지 않았어요. 경찰이 신청한 해당 변호사의 사무실과 주거지 그리고 계좌, 통신에 대한 압수수색 영장에 대해 검찰이 사무실과 주거지는 기각하고 계좌, 통신에 대한 압수수색 영장만을 울산지법에 청구했으나 이마저도 법원에 의해 기각되어 버렸지요. 또한 고래고기를 돌려준 담당검사도 캐나다로 1년간 해외연수를 가버림으로써 검찰의 비리사건은 미궁에 빠지고 말았습니다.

H사장   이런, 결국 검찰이 혼자서 수사하고, 혼자서만 기소하니까 잘못을 저지른 자기 식구를 싸고돌아도 누군가 수사하고 들춰낼 사람이 없다는 뜻이군요. 그렇지만 이런 검찰에 대한 수사를 위해서 특별검사라는 제도가 있잖아요?

조나라   아이구, 특별검사는 국회에서 특별검사에 대한 특별법을 재정해야 가능해요. 거기에 특별검사의 임명 또한 정당 간 동의가 있어야 하죠. 즉 정치적으로 큰 이슈가 있는 사건에 의해서만 운영이 가능하다고 봐야 합니다. 어느 정당이 고래고기 수사하러 특별법을 만들겠어요?

H사장   아하, 그래서 검찰개혁의 방법으로 상시적으로 특별검사의 권한을 부여받으면서 기능적으로는 검찰의 내사팀의 역할을 할 수 있는 조직인 고위공직자수사처(이하 공수처)가 필요하다는 건가요?

조나라   공수처에 대한 개념은 새로 나온 게 아닙니다. 이는 노무현 대통령 때부터 이슈화되었던 검찰개혁의 큰 방향이죠. 10년 전 발행된 책 『진보집권플랜』에서 언급되었던 내용을 보겠습니다.

> "검찰은 고비처(고위공직자비리수사처의 줄임말, 당시에는 이런 명칭으로 불렸었음)가 검찰보다 더 강한 권력인데 이를 왜 새로 만드느냐, 고비처가 권력을 남용할 수도 있지 않느냐, 고비처를 새로 만들고 운영하면 비용이 들지 않느냐 등의 주장을 했죠. 그러나 고비처를 만든다는 게 어렵거나 비용이 많이 드는 것이 아니에요. 아주 단순화해서 말하면 현재의 대검중수부를 떼어내서 검찰조직 바깥에 두는 것이라고 보면 됩니다"

H사장   에이, 그럼 뭐가 달라요? 어차피 바깥으로 파견된 검사들이 고향 조직을 그리워하며 지원을 아끼지 않는다면 아무 의미가 없는 것 아닌가요?

조나라   공수처의 인적 구성에 대해서 10년 전 발행된 책 『진보집권플랜』에서 언급되었던 내용을 보겠습니다.

> "물론 구성원을 현직 검사로만 채우는 것은 아니고요. 사실 일선 지검에 특수부가 있음에도 대검중수부를 두는 것은 중요 특수수사를 검찰 수뇌부의 영향 아

래 두겠다는 것입니다. 그것이 검찰과 정치권력의 거래가 발생하는 출발점이거든요"

즉 인적 구성을 검사로만 하는 것이 아니라 다른 수사조직에서 뽑아서 조직을 만들고, 검찰의 수뇌부가 개입하지 못하도록 검찰의 바깥에 위치시킨다는 발상입니다.

검찰에 압력을 가하는 정치권까지 공수처의 수사 대상

H사장 검찰이 스스로 자정 능력이 없기 때문에 외부에서 감시하고 견제해야 한다는 공수처의 필요성은 이해가 되네요. 그런데 많은 우여곡절 끝에 이번에 제정된 '고위공직자범죄수사처 설치 및 운영에 관한 법률'에서는 수사 대상이 되는 고위공직자에 경찰, 검사, 판사 등 법 집행기관의 인사들뿐이 아니던데요? 대통령, 국회의원, 지방자치단체장 심지어는 금융감독원장까지 넣었습니다. 이렇게 되면 검찰개혁을 위한 법이 아니라 정치권 전체를 수사하기 위한 법이 아닌가요?

조나라 여기서 언급될 수밖에 없는 것이 고질적인 검찰의 정치적 줄대기 버릇이죠. 검찰의 행동 특성인데요, 10년 전 발행된 책 『진보집권플랜』에서 언급되었던 내용을 보겠습니다.

"검찰은 한편으로는 권력의 눈치를 보면서도 다른 한편으로는 권력의 비리를 파헤치면서 권력과 타협하고 협상합니다. 어느 경우든 최고의 행동준칙은 '조직을 옹위하라'이고요. 일단 집권 초기에는 검찰은 권력에 충성을 다합니다. 그래서 과거의 집권층을 탈탈 털어서 공을 세웁니다. 그래서 꿈꾸던 승진이나 정계 진출을 위한 디딤돌로 사용합니다"

H사장   정치권에서는 검찰에 압력을 넣어서 검찰을 이용하고, 또 반대로 검찰은 수사 권력을 이용해서 정치권에 줄을 대니까 그 연결고리 전체를 수사 대상으로 한다는 건가요?

조나라   검찰이 줄만 대는 게 아닙니다. 검찰은 현 집권세력이 약해 보이거나 검찰에 대해 개혁의 수술칼을 갖다대면 현 집권세력의 비리를 파헤쳐서 정치적 피해를 입히면서 검찰을 건드리면 혼난다는 것을 알도록 경고하지요. 불행하게도 이러한 검찰의 정치적 수사 행보는 절차상 모두 합법이에요.

H사장   그래요? 하지만 고소된 사건도 아닌데 검찰이 마음대로 수사를 시작할 수 있나요?

조나라   검찰이 누군가에게 비리가 있을 것 같다고 언론에 살짝 흘려주면, 어디서 나타났는지 알지도 못하는 이상한 시민단체에서 말도 안 되는 고발을 알아서 잘해주겠죠. 고발된 사건을 수사하는 것은 합법이기 때문에 마음껏 수사의 칼날을 휘두릅니다. 이때 최종 피해는 모두 국민에게 돌아가게 되는데 책임지는 사람은 아무도 없습니다.

H사장   그 말씀을 듣고 보니 윤석열 전 검찰총장이 떠오르네요. 문재인 대통령 집권 초기에 누구보다도 열심히 부패한 보수진영의 인사를

처벌하기 위해 뛰었던 분 아닙니까? 과도한 법 집행이라는 비판을 한 몸에 받으면서도 닥치는 대로 수사의 칼날을 휘둘러서 문재인 정부의 일등 공신이라는 칭호도 들었지요.

조나라   맞아요. 그랬던 사람이 검찰총장이 되어서 공수처를 통해 검찰개혁이 임박해지니까 가지고 있는 기득권이 날아갈 것이 두려워진 거죠. 그래서 역으로 문재인 대통령의 측근 인사에게 수사의 칼날을 겨누지 않았습니까? 그 측근 인사께서 참으로 고생이 많으셨지요.

H사장   그러게요. 얼마나 힘드셨을까요? 문재인 대통령 또한 마음에 빚이 있다고 지극한 안타까움을 표현하셨잖아요?

조나라   제 자신의 일은 아니지만 그 측근 인사를 생각하면 정말 눈물이 앞을 가려요. 방금 윤석열 전 검찰총장의 예로 말씀하셨듯이, 검찰은 정치적 이익을 얻기 위해 권력을 휘두르죠. 그리고 그러한 정치적 행보를 했던 검사들이 오히려 빨리 진급하고요. 정치적 행보 없이 국민의 안위를 위해 묵묵히 희생하는 검사들은 진급에서 소외되는 불합리한 일들이 검찰에서는 비일비재하게 일어나게 되지요.

H사장   그러고 보니까 윤석열 전 검찰총장도 정치적 이슈에 발 벗고 나섰던 분이네요. 그러니까 검찰총장으로 임명될 때 야당의 적극적인 반대에 부딪혔었죠.

조나라   그뿐입니까? 추미애 법무부장관의 최초 인사발령 때에도 정치적 행보가 두드러진 검사들이 대거 승진하여 요직을 거머쥐게 되었어요. 이러한 정치검사들의 약진을 본 일반 검사들이 '다음에는 나도 저 줄에 서야겠다'는 생각을 하면서 기회를 엿보게 되는 것은 당연한 현상 아닐까요? 이렇게 이익을 주고받는 시스템에 제동을 걸기 위해서는 검찰에 정치적 이익을 제공하는 정치권까지도 공수처의 수사 대상에 포함될 수밖에 없는 거죠.

H사장　저는 솔직히 이해가 잘 안 가는데요. 법이 멀쩡하게 있는데 검사들이 어떻게 억지로 죄를 만들죠? 공수처까지 만들어서 검찰이 진행하는 정치 관련 사건을 싹쓸이해 가지 않아도 수사 대상 스스로가 죄가 없다면, 법의 합리적인 판결을 받으면 그만 아닌가요?

수사만 해도 피의자는 망가진다. 검찰과 언론의 협공

조나라　검찰을 너무 말랑말랑하게 보시는군요. 일단 죄가 없어도 수사를 통해 피해를 입히는 방법은 얼마든지 있지요. 우선 수사권을 이용해서 공격합니다. 수사를 시작하면서 관련 정보를 언론에 흘리는 거죠. 기사에 목마른 언론에서는 검찰의 의도대로 보도합니다. 이를 접한 일반 국민은 언론의 신뢰성에 방송 특유의 착시현상 유발 작전에 넘어가서 이를 기정사실화하게 되거든요. 예를 들어 "직권남용 혐의가 있어서 수사에 착수하는데 죄가 없을 수도 있으니 너무 나무라지 말아 달라"는 내용인데, 실제 방송에서는 직권남용으로 의심받는 사안에 대해 5분 동안 상세히 도표까지 만들어서 설명하고 보도한 다음에 맨 마지막에 1초 정도 "구속영장을 신청한다"고 표현합니다.

H사장   구속영장이 신청되면 유죄 아닌가요?

조나라   법 상식이 있는 사람이라면 '구속'이라는 것은 수사의 편의를 위해서 수사 대상을 붙들어놓는 것임을 다들 알고 있죠. 유죄 여부는 재판에서 판결이 나야 됩니다. 그러나 법 상식이 없는 사람들은 '구속'이라면 벌써 죄가 확정되어서 처벌을 받는 것으로 인식해요. 그래서 구속영장이 기각되면 죄가 있는 사람이 처벌받지 않고 뺀질뺀질 법 집행을 피하는 것으로 인식하고 신나게 욕을 해요. 언론에서 죄가 있다고 하는 말을 앵무새처럼 따라하면서도 스스로 매우 지식이 많고 현명한 사람이라는 착각을 하는 거죠.

H사장   결국 수사 대상인 피의자는 죄가 있다고 의심받은 죄로 인해 언론의 공개적인 공격과 여론의 비공개적인 공격에 모두 노출되게 되는군요.

조나라   그렇지만 조국 전 법무부장관의 수사 내용 비공개 지침으로 인해서 그러한 공격은 무력화되었어요. 지금도 100% 깨끗한 진보진영의 인사들이 억울하게 수사를 받고 있으나 국민들은 수사를 받고 있는지조차 모르도록 배려해주신 거죠. 이는 검찰개혁을 방해하려는 검찰의 공격을 효율적으로 차단한 가슴 시리도록 지혜로운 방법이었다고 생각해요. 당시 조국 전 법무부장관 스스로가 수사 내용 비공개 지침의 첫 수혜자였다고 비난하시는 분들이 있지만, 제가 법무부장관이 되었더라도 검찰개혁을 무력화하려는 검찰의 저항을 차단하는 유일한 방법인 언론 통제는 꼭 시행했을 것입니다.

H사장   그렇지만 박근혜 대통령의 탄핵 이후에 가장 열심히 검찰의 언론플레이를 이용해서 여론을 만들어간 정부가 문재인 정부 아닌가요? 심지어는 역사상 없었던 재판과정 실황중계까지 하도록 하면서 언론을 집중적으로 이용해왔었잖아요? 이제 와서 검찰의 수사 내용을 비공개로 한다는 것은 좀 수상한 느낌을 줄 수 있는 비겁한 행동이 아니었나 싶어요. 그리고 국민들은 수사 진행상황을 궁금해하고 있는데 모든 수사 진행상황을 비공개로 함으로써 국민의 알 권리를 제한하는 결과를 만들었지요. 이는 언론의 자유를 부르짖었던 진보진영의 행동으로써는 이해되지 않는 행동이 아닐까요?

조나라   관점에 따라 그렇게 볼 수도 있겠죠. 그러나 검찰이 공정하지 못한 언론을 이용해서 진보진영을 공격하는 것을 그냥 놔둘 수는 없잖아요? 이것은 국민의 알 권리보다도 훨씬 중요한 가치가 아닐까요? 더구나 검찰의 정치적 행동으로 인한 최대 피해자는 진보진영이거든요. 모두 기억하고 계시겠지만 검찰의 여론몰이식 수사에 의해 고 노무현 대통령님은 물증도 없이 수사를 당하고, 언론에 비판의 대상이 되고, 급기야 검찰에 소환되어 심문을 받는 굴욕을 겪었습니다. 결국 이러한 비겁한 수사에 의해서 대한민국은 큰 별 하나를 잃어버리게 되지 않습니까? 만약 당시에 검찰의 수사 내용 공개를 비공개로 제한했다면, 귀한 대한민국의 큰 별 하나는 아직도 살아서 우리와 소통하며 세상의 발전에 공헌하고 계셨겠지요.

H사장   안타까운 기억이 떠오르네요. 당시 검찰은 물증도 없이 뇌물을 주었다는 사람의 말만 믿고 수사를 벌였지요. 확실한 물증이 없다

보니 본인들의 자백에 의지할 수밖에 없었고 그러한 강압수사를 벌이게 되었지요.

조나라 맞습니다. 모든 수사에는 물증이 가장 중요하지요. 박근혜·최순실 사건에서 삼성의 경영권 승계를 위한 뇌물이 오고 갔다는 것은 명확한 정황 증거가 있지 않습니까? 그러한 정황 증거가 아니었다면 삼성의 이재용 회장은 법의 심판을 받지 않고 박근혜 대통령이 최순실 씨의 사주를 받아서 삼성을 압박하여 돈을 뜯어낸 사건으로 변질되었겠지요. 그러면 이재용 부회장은 법의 심판을 받기보다는 오히려 피해자로서 국민의 동정을 받게 되었을 거예요.

H사장 정황 증거요? 물증이 중요하다면서요? 삼성의 이재용 부회장이 경영권 승계를 위해서 뇌물을 줬다는 물증이 없었나요?

조나라 그런 뇌물사건에서 물증이 어떻게 나옵니까? 돈다발을 건네는 장면이 CCTV에 찍혀도 대가성 여부는 알 수가 없어요. 결국 물증은 나올 방법이 없습니다. 어떤 바보가 뇌물을 은행계좌로 송금을 하고 청탁 내용을 기록으로 남기겠어요?

H사장 아까는 물증이 꼭 있어야 한다고 하셨는데요.

조나라 네, 그래서 물증만 확보되면 혐의는 쉽게 입증이 된다는 말입니다. 없으니까 고생이죠. 내 말이 틀려요? 다시 본론으로 돌아가서, 검찰이 물증 확보를 빌미로 진행하는 압박방법은 또 있습니다. 바로 압수수색인데요. 기업이든 개인이든 압수수색을 한 번 당하면 거덜이 납니다. 업무에 필요한 컴퓨터나 서류가 다 실려 나가고 압수수색한다면서 몇 시간씩 시키면 사람들이 들락날락하면 극도의 스트레스에 삶이 무너져 내리게 되지요. 이걸 알기 때문에 검찰은 압수수색을 무기로 사용해서 피의자에게 정신적 압박을 가하게 되는 거죠.

H사장 그래서 대한항공 갑질사건 수사 때 9번이나 압수수색을 했던 거군요? 그럼 기소권을 이용한 검찰의 정치적 행보는 무엇이 있을까요?

조나라 우선은 법 자체가 애매하게 되어 있고 검찰은 이걸 이용하죠. 즉 법이 명확한 기준 없이 자의적 판단을 허용하도록 제정되어 있을 때 악용되기 쉽습니다. 직권남용죄가 대표적인 예인데요. 직권남용법이라고 법이 따로 있는 것이 아니라 공무원이 직권을 이용하여 타인의 권리행사를 방해하거나, 인신을 구속하는 과정에서 일어나는 감금 등이 발생하거나, 공무원의 폭행에 관련하여 형법 123조, 124조, 125조에 규정되어 있는 조항을 말해요. 여기에서 '공무원이 직권을 남용하여 사람으로 하여금 의무 없는 일을 하게 하거나 사람의 권리행사를 방해한 타인의 권리행사방해죄(형법 제123조)'가 직권남용법입니다.

H사장 으아, 또 법이 나오니까 머리가 아파요!

조나라 조금만 참아요. 법문은 어려우니까 예를 들어 설명하죠. 만약에 청와대의 비서관이 세무서에 전화해서 어떤 사람의 최근 납세 실적에 대해 물어본다고 합시다. 이를 나중에 복지제도를 손보기 위한 정당한 업무로 인정한다면 문제가 없지요. 그러나 검찰의 자의적 판단에 의해서 세무서에 의무에 없는 일을 지시한 것으로 본다면 직권남용이 성립해요. 즉 같은 사안이라도 보는 관점에 따라 법 적용이 달라질 수 있는 거지요.

H사장   참 우리나라 법은 공무원들이 자의적으로 적용하기 너무 좋게 되어 있는 게 문제네요. 그렇다면 검찰이 억지로 죄로 인정하면 죄가 되겠지만, 검찰이 억지로 죄가 아니라고 하면 죄를 지어도 처벌을 면하겠네요?

조나라   그렇지요. 그런데 그렇게 자의적으로 해석해도 죄가 덮어씌우기 어려우면 우리나라 특유의 연좌제 문화가 나옵니다.

H사장   에이, 조선시대도 아니구 우리나라에 무슨 연좌제가 있어요?

조나라   검찰의 수사과정에서 피의자의 친인척들이 대책 없이 털리게 됩니다. 우리나라 같은 가족사회에서 친인척 중에 고위공무원이 생기면 관련된 사람들이 한둘은 꼭 생기기 마련인데요. 검찰은 이 연결고리를 비집고 들어와서 피의자 본인과 연관된 친인척을 수사를 통해 압박하지요. 아까 말씀드린 문제인 대통령의 측근 인사도 5촌 조카의 문제까지 들추어내서 연결했어요. 이런 연좌제식 수사는 21세기에 이해가 어려운 검찰의 법적 폭행이라고 봐요. 친인척들은 공무원도 아닌 일반인인데 공무원과 같은 청렴의 기준을 들이대는 것이 합당한 일일까요?

H사장   그게 왜 연좌제예요? 그 5촌 조카가 법을 어겼으니까 그런 거죠. 고위공직자이든 일반인이든 사소한 법 위반도 안 된다는 것이 진보진영의 견해잖아요?

조나라   그건 당연하죠. 왜냐하면 박근혜·최순실 사태를 통해 모든 국민들이 삶속에서 뼈아픈 피해를 입는 것을 목격했으니까요. 전 국민을 아프게 하는 부정부패가 다시는 나타나지 않도록 진보진영은 강력하고 큰 정부를 표방하면서 법 질서를 강화했지요. 그래서 문재인 정부에서는 각종 단속공무원의 수를 30%나 늘렸어요.

H사장   그래서 돈이 없어서 차를 못 바꾸는 서민이 타고 다니는 낡은 디젤차라 하더라도 공해유발 차량으로 적발되면 가차 없이 25만 원의 큰 벌금을 물리는군요?

조나라   그렇지 않습니다. 향후 법 집행의 과정을 보면 아시겠지만 사회적 강자에게는 무관용의 법 집행이 필요합니다. 그러나 사회적 약자에게까지 무자비한 법 집행은 불합리하다고 봅니다.

H사장   네? 사회적 위치에 따라 법 집행이 달라진다구요? '만인은 법 앞에 평등'하다는 원칙이 법치주의의 기반이 아닌가요?

조나라   글쎄요. 100% 공정한 문재인 정부가 들어서기 전에는 사회적 강자의 큰 불법에 법이 오히려 무릎을 꿇었었고, 사회적 약자들의 작은 불법에 대해서는 요란한 법 집행이 이루어졌었지요. 우리는 이것을 불공정이라고 부릅니다. 그렇다면 이제는 반대로 약자들에게 관용적이고 강자에게 가혹한 법 집행이 오히려 공정한 것이 아닐까요? 부패한 과거가 있었는데 이제 와서 똑같이 법이 적용된다면 정말 마음이 머뜩하지 않겠습니까?

H사장 진보진영이 사회적 약자였던 암울한 시대가 계속되었다면 논리적인 말씀으로 들릴 수 있겠지만, 이제는 사회적 강자 아닙니까? 그렇다면 진보진영도 법 적용에 무관용의 원칙을 받아들여야 하겠군요.

조나라 그것은 옳지 않다고 생각합니다. 얼핏 보면 진보진영이 사회적 강자로 보이지만, 우리나라를 민주화의 길로 이끌어가기 위해서 희생한 분들입니다. 군사독재로부터 민주화를 이루어내기 위해 헌신한 이분들이 없었다면, 우리는 아직도 군사독재 밑에서 허덕이고 있어야 했겠지요. 그러기에 민주화를 이룬 지금의 진보진영에서 생기는 사소한 위법행위는 정당한 정치행위로 인정받아야 하며, 같은 과실이 있더라도 부패한 보수진영에는 강력한 처벌을, 깨끗한 진보진영에는 관용적인 법 적용이 필요한 것입니다. 그렇지 않고 같은 잣대를 갖다댄다면 진보진영이 꿈꾸는 '한 번도 경험해보지 못한 나라'를 만드는 이상은 이루어지는 데 너무 많은 시간을 허비하게 될 겁니다. 그렇기 때문에 진보진영의 법적 문제는 합리적으로 관용적으로 처리하는 것이 나라를 위해 매우 유익한 일이겠지요.

H사장　좀 혼돈스러운 말씀이시네요. 그러나 진보진영의 생각이 그렇다면 어쩔 수 없죠. 하지만 법이 같고, 같은 죄가 있으면 누가 피의자든 같은 벌을 받는 것이 법 정신이라고 배워온 기성세대는 이해하기 힘든 입장인 것 같아요.

조나라　국가유공자의 자녀에게 각종 사회적 혜택이 주어지고 있어요. 그런데 아무도 그걸 불공정하다고 생각하지 않지요. 그렇다면 민주화 운동의 주체였던 사람들도 그런 대우를 받는 것이 정당한 것이지요. 이 이야기는 나중에 따로 하죠.

H사장　그러시죠. 다시 검찰로 돌아갈게요. 앞에서 말씀해주신 검찰의 수사권과 기소권을 이용한 권력의 남용은 이미 충분한 견제장치가 있지 않나요? 생각해보세요. 비상식적이고 과도한 수사는 이를 바라보는 언론에 의해서 세상에 알려질 수밖에 없고, 여론의 반발에 부딪히게 되겠죠. 억지로 기소를 한다고 해도, 무리한 법 적용은 사법부의 판단에 의해 기각되거나 재판에서 패배할 거예요. 그럼 한참 죄가 있다고 떠들어댄 다음에 무죄가 될 텐데, 검찰로서는 정치적 피해가 이만저만이 아닐 테죠. 그리고 최종적으로 검찰의 인사권을 가지고 있는 대통령과 법무부장관에 의해서 인사상의 불이익을 당하게 되지 않을까요?

조나라　언론 말씀을 하셔서 말씀드립니다. 언론은 사건의 진실 여부에는 관심이 없어요. 오직 사회적 이슈가 되는 뜨는 기삿거리를 좋아할 뿐이지요. 예를 들어 박근혜 대통령의 최순실 게이트 당시 신문에 대문짝만 하게 나왔던 내용이 청와대의 구매 목록에 비아그라가 있었다는 내용이었습니다. 결혼을 안 한 여자 대통령이 남자 보좌관들과 성적으로 즐기기 위해 비아그라를 구매한 것이 아니냐 하는 야릇한 상상을 하게 만드는 기사였지요.

H사장 결국 검찰의 기소에는 비아그라 구매는 빠져 있었죠. 정말 법적으로 별로 문제도 안 되는 것이었지만, 사람들은 그 이야기를 두고두고 했어요.

조나라 그리고 검사들도 사건의 판결에 대해서 직접적인 책임을 지지는 않습니다. 아주 먼 미래에 인사상의 불이익으로 나타날 가능성이 있기는 합니다. 그러나 그게 그렇게 쉽게 일어나는 일은 아니니까요. 오히려 정치적 이슈로 현 정권에 점수를 따는 정치검사가 더 진급을 잘해요. 죄도 없는데 탈탈 털어서 정치적 피해를 입히기만 해도 위에서 알아서 이뻐해주거든요.

H사장 그런 예가 있을까요?

조나라 박찬주 전 육군대장의 공관병 갑질사건이 있어요. 국가를 흔드는 큰 이슈였지만 어이없게도 나중에 전부 무혐의로 처리되었습니다. 그렇지만 박찬주 전 육군대장은 이미 전 국민에게 죄인으로 낙인찍혀서 아무런 활동도 할 수 없게 매장이 되어버리고 말았지요. 즉 억지 기소를 하는 검사는 아무 피해가 없는 대신에 당하는 피의자는 씻을 수 없는 상처를 입게 됩니다. 공정한 법에 의해 무죄선고를 받더라도 피해는 그대로 남지요. 이것을 알기 때문에 검찰에 의해서 겨누어지지 않도록 검찰의 권력에 순응할 수밖에 없게 됩니다.

H사장   문재인 정부도 검찰의 특징을 잘 알고 있었기 때문에 집권 초기에 정치적인 목적을 달성할 수 있었던 것 아닌가요? 적폐청산을 명분으로 사상 유래 없는 강력한 수사를 실시했었죠. 단기간에 가장 많은 압수수색과 가장 강력한 법 적용으로 이전 집권세력을 탈탈 털었었잖아요? 특히 노무현 대통령의 수사를 담당했던 우병우 비서관에 대해서는 복수라도 하듯이 구속수사를 위해 모든 것을 내던지는 모습을 보였어요. 수많은 의혹이 제기되어 있지만 딱히 유죄는 없는 상황이지요. 제가 생각하기에 검찰이 정치적으로 수사를 하는 것도 문제지만 검찰을 이용해서 정치적인 목적을 이루려는 정치세력이 더욱 문제가 있는 것 아닐까요?

국민이 지지하는 정치세력은
검찰을 정치적으로 이용해도 된다

조나라   '대한민국의 주권은 국민에게 있고, 모든 권력은 국민으로부터 나온다'(대한민국 헌법 제1장 제1조 2항)라는 말을 아시나요? 문재인 정부의 적폐세력에 대한 수사는 국민적 지지를 동반하기 때문에 국민으로부터 나오는 권력의 정당한 행사입니다.

H사장   그거랑 정치적 목적을 위해 검찰을 이용하는 거랑 무슨 상관이에요?

조나라 모르시겠어요? 검찰을 이용해서 정치적 보복을 하더라도 국민적 지지가 있기 때문에 문제가 없는 거죠. 촛불민심으로부터 출범한 문재인 정부는 그래서 당당하게 권력을 자유롭게 운영해도 되는 것입니다. 예를 들어서 추미애 법무부장관이 문재인 정부의 인사들을 수사하는 수사팀을 해체시키다시피 하는 인사발령을 했지만, 그것은 정당한 국민의 지지를 통해 이루어진 쾌거이기에 반대하는 시민단체나 국민들이 극소수에 불과했잖아요? 만약 보수진영의 정권에서 자신의 측근을 수사하는 수사팀을 해체하는 검찰인사를 했다면 시민단체나 국민들이 가만히 있었을까요?

H사장 시민단체에서 반대만 안 하면 무엇이든 해도 된다는 논리 같아서 좀 놀랍네요. 그리고 실제로 그런 상황이 벌어지고 있다는 것이 더욱 놀랍고요. 일단 공수처법의 문제점으로 주제를 옮기도록 하죠.

조나라 이제 겨우 공수처법으로 왔군요. 검찰개혁 이야기를 시작한 지가 언제인데 인제 공수처법을 이야기해요? H사장님이 주제에 좀 더 집중하셔야 할 것 같아요.

H사장 공수처법 즉 '고위공직자범죄수사처법'은 공수처의 수장인 공수처장의 선출방식이 가장 큰 논란거리였어요. 공수처장은 거의 모든 정치가와 고위공직자에 대한 수사와 기소를 독점하는 막강한 권력을 갖고 있기에 그의 정치적 성향에 의해서 국가의 미래에 끼치는 영향이 막대하거든요.

조나라   그러게요. 그것 때문에 정말 고생 많았어요. 21대 국회에서 180석의 국민적 지지가 없었다면, 검찰개혁 자체가 흔들릴 뻔했으니까요. 2019년 12월 30일 극적으로 통과된 공수처법에서는 공수처장의 정치적 중립을 확보하기 위해서 야당의 비토권이 보장되어 있었지요. 총 7명의 고위공직자범죄수사처장 후보추천위원회에서 야당의 자리는 2자리였어요. 그리고 6명이 찬성을 해야 의결이 되도록 했습니다. 이 정도 배려했으면 야당이 적극 협조하는 것이 상식이 아닐까요?

H사장   하지만 1년 만에 개정된 공수처법에서는 그나마도 없애버렸잖아요?

조나라   그렇습니다. 야당의 치졸한 방해 때문에 그렇지요. 야당인 국민의 힘은 공수처장의 정치적 성향에 따라 공수처가 보수진영을 정치적으로 탄압하는 도구가 될 수도 있다고 주장하면서 공수처장을 임명하지 않고 시간을 끌었어요. 그래서 더불어민주당에서는 국민의 지지에 보답하기 위해 압도적인 의석 수를 이용해서 2020년 12월 8일 7명의 고위공직자범죄수사처장 후보추천위원회에서 야당의 자리는 2자리를 유지하면서도, 그중에 5명만 찬성을 해도 의결이 되도록 법을 개정했어요. 야당이 아무리 반대해봐야 소용없게 된 것이지요.

H사장   심지어는 고위공직자범죄수사처장 후보추천위원회 위원으로 여당 추천 2명, 야당 추천 2명의 자리조차도 국회에서 4명을 추천하는 방식으로 바꿨지요. 다수당이 일방적으로 다 정하게 말이에요.

조나라   일방적이라니요? 국민의 지지가 뒷받침하잖아요? 21대 국회의원 선거에 대해서 또 말해요? 국민들이 검찰개혁을 얼마나 염원하면 그런 선거 결과가 나왔겠어요?

H사장   그러다가 만약에 더불어민주당이 다수당의 위치를 빼앗기면 어떻게 하려고 그래요? 아니면 21대 대선에서 정권을 빼앗기면요?

조나라   부동산 이야기에서 이미 말씀드렸었지요? 검찰개혁과 수사권 조정은 치밀하게 설계된 것이라고요. 이번 개정에서 공수처 검사 임기를 3년에서 7년으로 연장했어요. 많이들 공수처장의 임기가 7년이라고 잘못 알고 계시거든요. 공수처장의 임기는 처음 정했던 대로 3년입니다. 그러나 그 밑에서 일하는 공수처 검사의 임기가 7년이지요.

H사장   저도 그렇게 알고 있었어요. 지인들과 대화하다가 공수처장의 임기가 7년이라고 했다가 아주 제대로 바보가 되었지요.

조나라   생각해보세요. 공수처장 임기를 7년으로 하면 대놓고 다음 정권 때까지도 존속시키겠다는 의지가 되잖아요? 너무 속이 보이니까 포기했지요. 그렇지만, 그 밑에 공수처 검사의 임기는 그다지 문제가 되지 않아요. 그래서 국민들 반발도 적지요. 그러나 공수처장도 공수처 검사가 수사를 제대로 해야 역할을 할 수 있거든요. 지금 공수처장이 공수처 검사를 진보진영의 사람으로 잘 배치해놓으면, 나중에 공수처장이 바뀌더라도 공수처가 진보진영을 공격하는 일은 없겠지요.

공수처장 혼자서 조직을 구성하면 견제는 누가?

H사장 맞아요. 그것도 문제죠. 공수처장의 인사권한이 너무 막강하다는 거예요. 인사위원회가 있긴 하지만 결국 공수처장의 입맛에 맞는 사람만 쭈욱 뽑을 수 있게 되어 있잖아요? 자기 편 사람으로만 거대 권력기구를 만들면 어떻게 내부적인 견제가 가능할까요?

조나라 참, H사장님은 같은 말을 계속 반복하게 하는 능력이 탁월하시네요. 제가 몇 번을 말씀드려야 이해를 하실까요?

H사장 네 네, 문재인 정부는 국민적 지지를 동반하기 때문에 국민으로부터 나오는 권력의 정당한 행사라는 말씀이시죠? 그러니까 당연히 시민단체의 반대도 없을 것이고요. 결국 문재인 정부에 의해서 설립된 공수처가 정치적으로 독립되지 않고 내부 견제 없이 폭주해도 모두 국민의 뜻이기 때문에 문제없다는 거잖아요?

조나라 잘 아시면서 왜 모르는 척하실까요? 다음 문제점이 더 있습니까?

공수처에서 사건을 독점

H사장 당연히 문제가 더 있지요. 지금까지는 공수처장의 임명과 인사권 때문에 정치적 중립을 지키기 어려운 공수처의 위험성에 대해서 언급했어요. 이제부터는 공수처를 견제받지 않는 권력으로 만드는 대

표적인 조항인 사건의 강제이첩 권한에 대한 대화를 해봤으면 해요. 법의 내용만 보면 공수처에서 다른 수사기관에 사건을 달라고 요구하면 무조건 줘야 하죠. 이첩 여부를 심의하는 기관도 없고요, 이첩을 피하는 예외조항도 없어요. 이렇게 되면 공수처는 사건을 가지고 와서 덮을 수도 있고 키울 수도 있게 돼요.

조나라 저도 그 조항에 대해서 국민 여러분의 오해의 소지가 있다고 생각합니다.

H사장 사건이첩의 강제권에 날개를 달아주는 조항이 또 있죠. 타 수사기관에서 고위공직자의 비리를 첩보하면 무조건 공수처에 알리도록 의무화했거든요. 당연히 여기에도 예외나 심의조항 같은 것은 없어요. 일진이 삥 뜯듯이 "야! 내놔" 하면 무조건 줘야 할 뿐 아니라, "제가 뭐 하고 있습니다"라고 사사건건이 보고해야 합니다. 결국 공수처는 모든 공직자 비리사건에 대한 독점이 가능한 거죠.

조나라 사건에 대한 독점이라면 견제장치가 있으니 걱정 안 하셔도 됩니다. 만약 공수처 내부의 비리가 발생하여서 제대로 수사하지 않고 살짝 덮는 불법행위가 발생한다면(검찰에서처럼요) 검찰에서는 바로 이를 수사해서 견제할 수 있지 않을까요? 왜냐하면 검찰도 수사권과 기소권이 그대로 유지되니까요. 그래서 서로 독주하지 않고 견제하면서 비리의 발생을 원천적으로 막는 시스템이지요.

H사장 에헤헤, 그 정도는 저도 머리가 돌아가거든요. 공수처법에는

직접적으로 수사 대상에 '공수처 직원'을 명시하지 않았어요. 그래서 얼핏 보면 공수처에 대한 수사를 검찰이 할 수 있을 것 같은 착각을 일으키게 하지요. 그러나 공수처의 수사 대상에 판사 및 검사, 경무관 이상 경찰공무원을 포함시켰잖아요? 즉 이들에 공수처장이나 공수처 검사, 공수처 수사관이 포함된다면 공수처의 수사 대상이 공수처의 직원이 되므로 검찰은 건드릴 수 없어요. 즉 법적으로 검찰은 공수처의 견제기능이 없을 뿐 아니라 고위공직자의 비리사건에 대해 즉각 공수처에 통보하게 되어 있어서, 만약에 검찰이 공수처장의 비리를 알게 되어서 수사를 하더라도 공수처에 통보해야 합니다. 결국 이 사건을 공수처에서 가져가서 잘 덮어주겠지요.

조나라 참 걱정이 너무 많으시군요. 아까 말한 것 또 말할까요? 이 공수처법은 국회에서 다수 결의에 의해 합리적으로 의결된 합법적인 대한민국 법입니다. 여러 정당이 뜻을 모아 제정된 법이니만큼 그냥 국민들께서는 믿고 따라오시기만 하면 됩니다.

H사장 국민이 지지하는 정부니까 아무 문제 없다는 말씀이시군요? 네에, 알겠습니다.

조나라 모든 권력은 국민으로부터 나옵니다. 이 공수처법이 마음에 들지 않으셨다면 국민들이 21대 국회의원 선거에서 더불어민주당을 심판하셨겠지요. 그러나 180석 즉 60%의 국회의석을 민주당에게 밀어준 국민의 결정은 공수처법을 지지하는 것으로 나타났어요. 진보진영은 더욱더 국민들만 바라보고 나아갈 것을 약속드립니다.

H사장　공수처의 미래는 앞으로 어떻게 될 것이라고 생각하시나요?

조나라　공수처는 문재인 정부에서 악용의 우려 없이 정의롭게 잘 운영될 것입니다. 벌써 공수처에서는 타락한 검찰의 대표격인 윤석열 전 검찰총장에 대한 수사를 시작했지요. 직무유기와 직권남용으로 광범위한 수사가 진행될 예정입니다. 진보진영의 반대세력 중에서 대선후보로서 가장 지지율이 높은 윤석열 전 검찰총장을 탈탈 털어서 부패의 낙인을 찍어주는 사이다같이 시원한 수사를 기대합니다. 이것이 정의가 아니면 무엇이 정의겠어요?

H사장　아무래도 공수처에 공격을 당하다 보면 정치적 지지가 떨어지겠죠? 대선후보로서의 자격이 상실될 수도 있구요.

조나라　당연하죠. 이런 타락한 검찰을 벌주는 정의로운 공수처도 부패한 보수진영으로 권력이 넘어가게 된다면 독재의 수단으로 악용되기 가장 좋은 제도가 분명하지요. 그러하기에 국민들을 위해서 100% 깨끗한 진보진영은 계속해서 재집권해야만 하는 것입니다.

집에서 키우는 개가 사람을 물고 다니니 이를 견제하기 위해서 더 큰 개를 키우면?

H사장　이제는 좀 입장을 바꿀 때가 되었죠? 문재인 정부의 검찰개혁으로 상징되는 공수처법에 대한 보수진영의 입장을 들어보겠습니다.

홍박사 법 이야기가 또 자꾸 나와서 따분한 독자 여러분들이 많으시겠습니다. 따분할 땐 요점정리가 정신이 번쩍 나는 방법이겠지요. 앞에서 지적된 내용을 극도로 압축해서 요약해보겠습니다.

[홍박사의 요점정리]
① 검찰이 비리를 저지르면 아무도 못 건드린다. (예 : 울산 고래고기 사건)
② 그런데 가만 보니 검찰이 괘씸하게도 정치권을 수사하면서 살아있는 권력을 공격한다. (자기네는 안 하면서)
③ 검찰을 수사할 수 있게 수사권, 기소권이 있는 공수처를 설립한다.
④ 공수처장은 민주적으로 뽑는 것처럼 위장해서 반대파에는 달랑 2표만 준다. 결국 내 맘대로 뽑는다.
⑤ 법으로 공수처의 수사 대상을 검찰에서 고위공직자와 정치권으로 넓히고 검찰은 아예 수사도 못하게 사건을 뺏어올 수 있게 한다.
⑥ 시스템은 공수처가 독재의 수단으로 되어 있지만 진보진영에서 운영하는 한 공수처는 정의의 조직이 될 것이다. 그냥 믿어라.

H사장 깔끔한 정리 감사해요. 앞에서 조나라님께서 설명할 때는 매우 진지하게 무언가 되는 분위기였는데 이렇게 부정적인 말투로 딱딱 끊어서 말씀하시니까 공수처가 무척 재수 없는 조직으로 보이네요.

홍박사 검찰이 검찰을 수사할 수 없기 때문에 공수처를 만든다는 것은 좋은 발상입니다. 하지만 그 의도가 의심스러운 많은 정황들 때문에 비난을 받는 겁니다.

H사장　무슨 정황으로 비난을 받나요?

홍박사　진보진영이 원래 추구했던 검찰개혁의 방법에서 하지 말아야 할 것들이 모두 이루어진 다음에 추진하고 있습니다. 우선 10년 전 『진보집권플랜』에서 관련 내용을 보도록 하겠습니다.

"진보 개혁 진영이 권력을 잡았을 때 검찰을 어떻게 다루어야 할까요? 반대파를 뒷조사하거나 먼지를 터는 데 검찰을 쓰는 것처럼 검찰을 권력 유지의 도구로 쓰면 안 되겠죠. 그러나 대통령은 법무부장관을 통하여 검찰에 대한 정당한 인사권을 행사해야 합니다"

진보진영이 검찰개혁을 하고 싶었다면, 적폐청산을 한다고 반대파 숙청의 도구로 쓰기 전에 했어야 합니다. 사실 공수처를 처음부터 만들고 나서 적폐청산을 했다면 이렇게 검찰개혁에 애를 먹지도 않았을 겁니다.

H사장　하지만, 시기적으로 적폐청산이 더 급했기 때문이 아닐까요? 공수처부터 만들었다면 적폐청산에 시간이 더 걸렸을 거예요.

홍박사　그래서 더 명분을 잃어요. 또 10년 전 책인 『진보집권플랜』을 볼까요?

"사실 검찰개혁이라는 과제는 정권 초기에 전광석화처럼 처리해야 하는데 말입니다"

진보진영에서는 적폐청산보다 더 시급한 게 검찰개혁이라는 걸 이미 알고 있었지요. 하지만 검찰을 이용한 적폐청산의 꿀을 빨다 보니 시간이 너무 흘러가 버린 겁니다. 왜 실컷 이용하다가 정권 막판에 선거가 다가와서 공수처를 만들려 할까요? 뭔가 의심스럽지 않으세요?

H사장 시기가 좀 늦었지만, 기능적으로 필요하니까 만들려고 하는 것이겠죠. 검찰개혁에 꼭 필요한 조직이라고 하잖아요?

홍박사 그 공수처의 기능도 문제가 있습니다. 검찰에 대한 견제가 목적이라면 공수처는 수사 대상으로써 검찰만을 수사하는 기관으로 만들어야 하며, 검찰에서도 공수처를 마음껏 수사할 수 있게 해서 서로 견제하도록 법을 구성해야 한다고 생각합니다. 그렇게 하려면 검찰의 비리문제에 대한 사건을 요구하고 받는 과정에 검토하는 기관이 개입될 필요가 있지요. 예를 들어서 법원에 영장을 청구하듯이 신청해서 수사권을 받는다든지 하는 겁니다.

H사장 그렇게 하면 공수처가 너무 초라해지는 거 아닌가요? 거대한 검찰조직에서 슬슬 눈치 주면서 말려 죽일 수도 있겠는데요?

홍박사 그렇다고 지금처럼 유례없이 강력한 괴물을 만들어서야 되겠습니까? 검찰이 권력을 휘두르는 게 마음에 안 든다고 더 큰 권력기관을 만들면 뭐가 달라질까요? 예를 들어서 집에서 키우는 개가 바깥에 데리고 나가면 자꾸 사람을 물어서 문제가 됩니다. 그래서 고민하던 개 주인은 더 크고 사나운 개를 한 마리 데려와서 원래 있던 개가 꼼짝

7. 검찰개혁 이야기

도 못하도록 기를 죽입니다. 그러고 나서 원래 있던 개가 기가 죽어서 순해지니까 두 마리 개를 모두 데리고 산책을 나갑니다. 새로 온 크고 사나운 개는 원래 있던 개보다 더 신이 나서 사람들을 물고 다닙니다. 이 개 주인이 현명한 사람입니까? 어리석은 사람입니까?

H사장   하지만 아까 조나라님이 하신 말씀에는 검찰에 정치적 압력을 행사하는 정치인까지도 수사 대상으로 해야 하기 때문에 수사 대상을 넓힌 거라고 하셨거든요? 홍박사님 말대로 수사 대상을 검찰로만 국한하면 정치인 수사는 못하잖아요?

홍박사   검찰을 수사 범위로 하고 나중에 발견되는 정치인의 혐의에 대해서만 연관해서 수사할 수 있도록 제한을 하면 되지 않을까요? 방금 말씀드린 대로 수사 범위를 확대할 때는 법원에 신청해서 허가를 받도록 하면 됩니다. 사실 검찰의 비리를 공수처가 수사하고, 검찰에 압력을 가한 정치인은 검찰이 따로 수사할 수가 없으니까요.

H사장   좋아요. 공수처의 수사 범위를 검찰로만 한정하고 거기에 연루된 정치인이나 고위공직자 수사 여부는 따로 정한다고 해요. 그럼 공수처장의 임명은 어떻게 해야 할까요?

홍박사   공수처장의 임명도 그다지 걱정할 필요는 없다고 봅니다. 수사 대상이 검찰로만 한정되고 사건의 이첩을 강제하지 못하게 견제하는 시스템이 있다면 이는 공수처가 아니라 검수처(검찰수사처)가 되겠지요. 그렇다면 현행의 검찰총장 임명과 동일한 방식으로 진행해도 그

다지 큰 문제가 되지는 않을 것입니다.

H사장   그럼 공수처장의 임명에 국회의 야당이 참여할 필요 없다는 말씀이신가요?

홍박사   제가 분명히 '공수처의 권한이 검찰로만 한정되어 있고, 사건의 이첩이 강제되지 않는다'라는 조건을 붙였습니다. 안타깝게도 실제로 입법된 공수처는 검찰의 견제장치가 아닙니다. 공수처는 고위공직자와 정치권 모두를 광범위하게 수사 대상으로 하면서 수사권을 검찰이나 경찰과 같은 수사기관으로부터 마음껏 빼앗아올 수 있기 때문에 수사권 또한 독점하고 있습니다. 이건 검찰의 견제장치가 아닙니다.

H사장   견제장치가 아니라······. 검찰 위에 수사기관을 하나 더 만들었다는 말씀이죠?

홍박사   거기에 독점권까지 쥐어준 형태라고 보시면 됩니다. 즉 겉으로는 '검찰개혁'인데 실제로는 '정치권 수사처 신설'입니다. 홍보 포스터에는 야구경기라고 써놓고 안에 들어가면 축구를 하고 있는 것과 같습니다. 진지하게 고민하기 싫어하는 일반 국민들은 '검찰개혁이 되겠구나'라고 생각하고 있지만 모두 속아 넘어가고 있는 것이지요. 진보진영에서는 국민의 지지가 있으니 모두 합당하다고 설명하지만, 그 국민의 지지가 앞에 내건 거짓 홍보 포스터로 국민을 속여서 얻은 것이라면 그건 더 큰 죄악이 되는 것이라고 봅니다.

독재의 수단으로 변질될 가능성이 높은 공수처

H사장 진보진영에서는 검찰의 정치적 행보에 제동을 걸기 위해서라는 명분을 제시하고 있어요.

홍박사 검찰의 정치적 행보에는 분명히 문제가 있습니다. 검찰은 국가의 부정을 파헤쳐서 깨끗하게 하는 조직이지 국가의 미래를 조작하는 조직이 아니기 때문입니다. 그렇지만 방법이 매우 잘못되어 있습니다. 그리고 진보진영도 그것을 잘 알고 있습니다. 입장을 바꾸어서 만약에 보수정권 시절에 공수처를 신설하려 했다면 진보진영에서 환영했을까요? 아니면 반대했을까요?

H사장 당연히 반대했겠지요. 좀 전에 조나라님께서도 부패한 보수진영이 공수처를 운영한다면 독재의 수단으로 악용되기 좋은 제도라고 하셨습니다.

홍박사 공수처는 양날의 검입니다. 부패를 척결하기 위해서 강력한 권한을 휘두르면서 사회 정의를 세울 수도 있고, 독재를 위해 집권한 정치세력의 개가 되어 통제 없이 정적을 해치우는 사냥개가 될 수도 있습니다.

H사장 공수처 같은 조직이 정권의 사냥개가 되었던 경우가 있나요?

홍박사 공수처의 다른 나라 예를 들어보겠습니다. 홍콩의 염정공서

(廉政公署, ICAC)는 홍콩의 반부패 수사기구로서, 홍콩 특별행정구장관이 직접 지휘하는 독립적인 기구이자 독자적인 수사권을 갖춘 부패방지 수사기구입니다. 홍콩이 영국의 지배하에 있던, 1974년 설립된 이 기구는 경제는 선진국형이었지만 문화는 후진국형이었던 홍콩의 부패권력을 정화하는 데 큰 공을 세웠습니다. 그러나 지금 중국의 자치구가 되어버린 홍콩에서 염정공서는 정치적 중립성을 잃어버리고 중국정부에 반대하는 정치인을 억압하는 기관으로 변질되었습니다. 2019년에 일어난 홍콩의 대규모 시위에서 염정공서는 홍콩의 민주적인 시민시위를 억압하는 조직이 되었고요, 결국 홍콩시위대는 야우마테이 지역에 있는 염정공서 건물로 몰려가서 현판을 끌어내리기도 했습니다.

H사장 홍콩의 염정공서가 나올 때마다 같이 거론되는 싱가폴의 기관이 있잖아요?

홍박사 싱가폴의 탐오조사국(Corrupt Practices Investigation Bureau)이 있습니다만 이는 국가의 시스템이 너무 다르기 때문에 거론할 필요가 없다고 생각합니다. 싱가폴이라면 너무 깨끗하고 안정적인 나라를 떠올리는 분들이 많으시겠지만 사실은 정당정치에서 다당제 국가가 아닙니다. 1당 독재 국가입니다. 원래 그래요. 그러니까 정적을 제거하는 시스템이 아니라 스스로를 정화하는 시스템으로 운영될 수밖에 없습니다. 중요한 것은 이 두 조직도 모두 기소권을 가지고 있지 않습니다.

H사장 그럼 우리 공수처에 비하면 권한이 반쪽밖에 안 되는 거네요.

왜 그렇게 했을까요?

홍박사　견제를 위한 것이겠지요. 기소를 하려면 검찰과 사건을 공유해서 객관적으로 기소하는 것인지, 정치적으로 기소하는 것인지 검증을 받아야 하는 과정이 필요하게 됩니다. 그나마 견제의 최소한의 안전장치를 가지고 있다고 보면 됩니다. 우리나라의 공수처는 그것조차도 없습니다.

H사장　이 세상에 완벽한 시스템이 어디 있어요? 시스템이 조금 불안정하다고 하더라도 운영하는 주체가 보완해 나가면서 운영한다면 문제는 사라지지 않을까요? 보수진영이든 진보진영이든 부패하지 않은 깨끗한 정권이 운영한다면 문제는 없는 것 아닌가요?

영원히 깨끗한 권력은 없다.
권력이 부패를 만든다

홍박사　저도 부패하지 않는 깨끗한 정권이 이 세상에 존재한다면 보수고 나발이고 다 때려치우고 거기에 몸을 던지겠습니다. 스스로 깨끗하다고 말하는 정부는 있을지 몰라도 부패하지 않는 권력은 없습니다. 문재인 정부는 스스로를 깨끗한 정부로 평가합니다. 그렇기 때문에 좀 문제가 있어도 없었던 것으로 정리합니다. 거기에 정치검사, 정치판사들이 동조합니다.

H사장　문재인 정부는 스스로 깨끗한 정권으로 자처하고 있고 거기에

국회 180석의 절대적인 국민적인 지지를 받고 있어요. 비록 지난 번 서울시장, 부산시장 보궐선거에서 지기는 했지만, 전국적인 지지는 별로 달라진 게 없죠.

홍박사 국민을 속여서 지지를 받으면 있었던 죄가 없어지나요? 잠시 덮일 수는 있겠지만 사라지지는 않습니다. 또한 정권이 문재인 대통령 한 사람으로 운영이 되는 시스템이 아니지 않습니까? 수없이 많은 사람이 들어와서 일하고 나가는 일들이 반복되는데 그중에 부패한 사람이 한 명도 없다고 누가 장담할 수 있겠습니까? 안 그렇습니까? 조나라님?

조나라 제가 뭘요?

홍박사 2020년 5월에 온 세상을 떠들썩하게 했던 정의연 사건 기억하시죠? 정신대 피해 할머니들의 입장을 대변하면서 매주 수요일 집회를 통해 일본의 만행을 널리 알렸던 반일 시민단체에서 할머니들에게 쓰이기 위해 모금되었던 돈을 자기들끼리 신나게 쓰고 나서 기록은 없다면서 발뺌했던 사건입니다. 부정부패를 고발하는 시민단체의 리더라면 도덕적으로 완벽할 것이라는 국민들의 환상을 완전히 부서뜨리는 사건이었습니다. 더군다나 그 부패한 시민단체의 리더가 집권 여당의 국회의원 비례대표 후보로서 당선되어서 국회의원이 되었다는 사실은 문재인 정부와 여당도 부패한 사람에 의해 오염될 수 있다는 것을 국민들에게 알려주는 계기가 되었지요. 아직도 드러나지 않았을 뿐이지 수많은 부정부패가 숨어서 나타날 시점을 기다리고 있을지 아무도 모르는 것 아닙니까?

권력의 부패를 시스템으로 잡자

H사장   그럼 국민들은 깨끗한 정권에 대한 희망을 버려야 하나요?

홍박사   진보진영이든 보수진영이든 권력은 부패를 데리고 다닙니다. 또한 처음에 집권할 때 부정이 없다고 해서 영원히 변하지 않는 것도 아닙니다. 그래서 삼권분립과 같은 견제 시스템이 필요한 것 아닐까요? 불합리한 시스템을 깨끗한 정권이 합리적으로 운영할 것이라는 환상에서 벗어나서, 깨끗해야만 견딜 수 있고 깨끗하지 않다면 금방 들키는 시스템을 구축해야 합니다.

H사장   그래서 공수처와 같은 권력기관에는 견제장치가 꼭 필요하다는 말씀을 하시려는 거죠? 공수처도 부패할 수 있으니까요.

홍박사   아마도 보수진영이 절대로 집권할 수 없다는 가정하에 이런 법을 만드신 것 같습니다. 진보진영에서는 지금의 공수처 시스템을 잘 사용하여서 정적을 모두 감옥에 보내고 억압하면 영원히 정권을 유지할 수 있다고 생각하시는 것 같은데요. 박근혜 정부처럼 돌발적인 사건에 의해 정권이 바뀌어서 공수처의 수사 대상이 된다고 생각을 해보십시오. 공수처를 통한 처절한 정치적 보복이 실행될 것입니다.

H사장   그런 일이 안 일어나도록 이렇게 책까지 만드는 거잖아요?

홍박사   글쎄요. 정권만 안 바뀌면 되나요? 지금은 진보진영에서 권력을 누리는 자리에 있으니까 문제가 없다고 생각하시는 정치인이 있으십니까? 만약 잘못된 사건에 연루되어 정부의 지도부로부터 제거 대상으로 찍히게 되면 여지없이 공수처의 수사 대상에 올라가서 처절한 난도질을 당할 것입니다. 토사구팽(兎死狗烹)이 되는 거지요. 이런 부작용이 뻔히 보이는데 아직도 공수처가 검찰개혁의 수단이라고 말씀하실 겁니까?

H사장 그렇다면 검찰의 정치적 행보를 어떻게 해야 통제할 수 있을까요? 공수처가 없다면 홍박사님 말씀처럼 검찰이 국가의 미래를 조작하려 했을 때 통제할 방법이 없잖아요?

검찰, 사법부의 정치적 야망이 문제

홍박사 문제점의 시작점부터 잘 짚고 넘어갔으면 좋겠습니다. 검찰이나 사법부에서 왜 국가의 미래를 조작하는 일을 하려고 할까요? 악한 사람의 죄를 벌주고 착한 사람이 세상을 정의롭게 살 수 있게 법의 집행을 실천하면서 헌신하다가 조용히 은퇴해서 변호사로서 또는 법률 관계 직장에서 근무하며 개인의 경제적 부를 추구하려는 법조인은 문제가 될 게 없습니다. 그러나 검찰이나 사법부에서 현직의 권력을 이용하여 정치권에 유리하게 공을 세우거나, 정치권의 약점을 잡아서 빠른 진급을 하고, 차후에 국회의원 공천을 받아서 정치계에 입문하려는 야망을 가진 분들의 무리한 법 적용이 문제의 핵심입니다.

H사장 법조인들이 정치적 야망을 가지는 게 문제라는 거죠? 자신의

정치계 입문을 위한 발판으로써 현직의 권력을 이용한다는 지적을 부인할 수가 없네요. 21대 국회의원 선거에 최기상 전 부장판사(진보성향의 우리법연구회 회장), 이수진 전 부장판사(진보성향의 인권법)는 선거 직전에 법복을 내려놓고 정치권으로 직행했었으니까요.

홍박사 이분들은 "재판을 정치적 거래로 삼아 사법권의 독립이란 헌법적 가치를 부정했다"고 양승태 전 대법관을 비난했던 분들이십니다. 그랬던 분들이 그냥 열심히 판결에 집중하여 사법권이 독립하는 헌법적 가치가 아니라, 법복을 벗자마자 출마하시는 모습을 보여주셨고 출마를 선언하는 공식석상에서 자신의 사법농단 비판 행동을 업적으로 치켜세우는 발언을 하셨습니다. 결국 그 모든 행동이 정치적인 수단이었다는 것을 인정한 셈이 되었지요.

H사장 이러한 행동으로 비난도 많이 받았지만, 결국 모두 당선되었어요. 그러나 법원 내부의 정보망인 코트넷에서는 비판의 여론이 들끓었습니다. '사법농단'에 대해 비판적 목소리를 냈던 정욱도 대전지방법원 홍성지원 판사도 '법복 정치인 비판'이라는 글을 올려 "아마 (정치인으로 변신하시는) 그분들은 자신이 법복을 벗고 나서야 비로소 정치인이 되었다고 말씀하시겠지요. 그러나 법복을 벗자 드러난 몸이 정치인인 이상 그 직전까지는 정치인이 아니었다고 아무리 주장하신들 믿어줄 사람이 없습니다"라고 비판했지요. 그러면서 "본인만 혐의를 감수하는 것이 아닙니다. 이는 남은 법관들, 특히 같은 대의를 따르던 다른 법관들에게까지 법복 정치인의 혐의를 씌우는 일입니다"라고 지적했어요.

홍박사 법복 정치인의 대열에 김명수 대법원장의 행보도 빠질 수 없습니다. 더불어민주당이 정치적 실력행사를 위해 사법농단 관련 판사를 마음껏 탄핵할 수 있도록 해당 판사의 사표까지 반려했으니까요. 거기에다가 그런 적 없다고 둘러댄 거짓말까지 드러나는 민폐를 추가했었구요. 그분이 지금도 가장 정의로운 대법원의 대법원장으로 계십니다.

H사장 그러게요. 보나마나 김명수 대법원장님도 임기가 끝나면 정계로 진출하시겠죠? 다른 정치 판사님들처럼요?

홍박사 판사들뿐 아니라 검사들도 정치적인 이슈에 줄을 잘 서야 출세한다는 것은 10년 전 책인 『진보집권플랜』에서조차 지적된 사실입니다. 특히 진보정권의 특징인 과거사 뒤집기는 매우 위험한 수준까지와 있습니다. 과거시대의 상황을 무시하고 당시의 국민 정서도 무시합니다. 과거에 있었던 일들을 현재로 그대로 갖고 와서 현재의 기준과 감성으로 재판결함으로써 과거에 일들을 모두 부정부패로 인한 잘못된 판결로 몰아붙입니다.

H사장 저도 좀 의아한 게 있어요. 왜냐하면 대부분의 과거사 재판에서 과거에 판결에 영향을 미쳤던 증거들은 전부 채택되지 않고, 피해자를 자처하시는 분들의 증언만 증거로 인정되거든요. 과거사 재판을 할 때는 과거의 증거 목록과 내용을 현재의 증거 목록과 내용에 대비해서 공개할 필요가 있다고 생각해요.

홍박사　증거를 어떻게 선택하느냐에 따라 당연히 판결 결과는 달라질 겁니다. 하지만 과거에 사건을 조사했던 사람들도 지금의 검찰이고, 과거에 사건을 판결했던 사람들도 지금의 사법부입니다. 과거 자신의 선배들이 했던 수사와 판결을 뒤집음으로써 권력자의 사랑은 얻을 수는 있겠지만 국민들 마음에는 "너희들이라고 다르겠냐. 똑같이 정치적 입장에 따라 거짓말하는 못 믿을 사람들"이라는 판단이 심어지겠지요.

H사장　하지만 그런 평판이 무서워서 과거의 잘못을 방치하는 게 옳은가요? 지금이라도 진실을 밝히는 노력이 필요하지 않을까요?

홍박사　지금 나온 판결이 진실이라는 것을 어떻게 믿습니까? H사장님 말씀대로 새로 재판을 하면 당시에 있었던 물증이나 증언은 전부 무시되고 새로이 나오는 관련 피해자 측에 의한 증언만이 결정적인 증거로 채택되어 판결이 이루어집니다. 만약에 정권이 바뀌어서 다시 재판을 하고 판결이 또 뒤집어지면 어떻게 할 건가요? 박근혜 정부의 적폐 청산을 시작으로 최근에는 5·18 광주 민주화 운동에 관련된 내용들까지 다시 수사하고 판결을 하고 있습니다. 40년 전 일을 수사합니다. 그렇게 해서 지금 당장 수사 중인 진보진영 인사들의 수사에서 여론을 돌리려 합니다. 2~3년 후에는 임진왜란 때 이순신 장군에 대해서도 조사를 할지 모를 일입니다.

H사장　호호호, 저도 그런 생각을 했어요. 문재인 정부의 과거사 진실 규명 활동이 계속되면 이순신 장군이 죽염을 만들어 군자금을 마련했던 활동이 직권남용으로 처리될 수도 있겠다고 생각했었지요. 전투 인

원을 생산활동에 운영했으니 분명히 징계 대상입니다.

법 앞에 평등은 검찰, 사법부도 해당

홍박사 '법 앞에 평등'이란, 재판을 받는 사람만이 해당되는 것이 아니라 재판을 하는 사람도 포함된 개념입니다. 정권이 바뀔 때마다 판결이 달라지면 결국 검찰과 사법부는 국민들로부터 신뢰를 잃게 됩니다. 이를 극복하려면 법의 적용이 시간이 흐르고 사람이 달라졌기 때문에 달라져서는 안 됩니다. 똑같은 사건에 대해 법이 그대로라면 판결은 누가 하든 같아야 합니다.

H사장 우리나라 3심제에서는 1심, 2심, 3심에서 판결이 바뀌는 경우가 있잖아요? 그것도 문제인가요?

홍박사 그건 법을 해석하는 견해나 범위의 차이 때문입니다. 완전하지 않은 인간이 완전하지 않은 법을 만들었으니까요. 하지만 이는 검사와 판사의 정치적 입장의 차이로 판결이 왔다 갔다 하는 것과는 다른 사안입니다. 정치적 신념이 다른 검사가 수사를 하고 기소를 해도, 정치적 신념이 다른 판사가 재판을 해도 같은 판결이 나와야 국민들도 검찰과 사법부를 인정할 것입니다.

H사장 또 법의 한계를 말씀하시네요. 최근 들어 '민식이법', 'N번방 처벌법' 등 여론몰이식 법 제정이 많아지고 있어서 문제가 많은 것 같아요. 유행에 쏠려서 검토가 부족한 법들이 쏟아져나오고 있어서 부작용

이 속출하고 있지요.

홍박사   법은 당연히 충분한 검토와 부작용을 최소화하려는 노력을 통해 제정되어야 한다고 생각합니다. 하지만 그래도 부족한 부분은 있기 마련이지요. 이러한 부분을 판례를 통해 보완하는 것이 우리나라의 사법 시스템입니다. 그렇지만 최근 진보성향의 판사들로부터 판례 파괴의 현상이 나타나고 있습니다. 정치적으로 본인은 뜰지 모르지만 이전에 판결했던 판사들을 전부 부정하는 일이 될 뿐만 아니라 법을 지켜야 하는 국민들에게 무엇이 기준인지 알 수 없게 만드는 무책임한 행동입니다. 왜냐하면 판례를 파괴한 그 판사의 판결이 또 다른 판사에 의해서 파괴될 것이기 때문이지요.

H사장   잠깐만요. 이야기가 너무 멀리 가고 있는 것 같네요. 검찰개혁을 이야기하다가 갑자기 사법부 개혁까지 진행하고 계시는군요.

홍박사   검찰의 정치적 행보가 문제라면, 사법부의 정치적 행보도 문제가 되기 때문에 드리는 말씀입니다. 정치적 신념을 가지는 것은 인간의 권리입니다. 그러나 법보다는 정치적 신념에 따라서 기소하고 판결을 하면 정치적 신념이 다른 사람에게 불이익을 줄 수 있습니다. '내가 옳은데 뭐 어때! 반대파 녀석들은 혼나야 해'라고 생각할 수도 있겠지만, 만약에 내가 반대파에 의해 정치적 신념으로 수사를 받고 판결을 받는 입장이 된다고 생각해보세요. 그 피해는 너무도 크지 않겠습니까?

H사장   그렇다면 우리법연구회 같은 정치적 연구활동을 금지해야 하나요?

정치적 판결 여부를 검증하고 검사, 판사의 정계진출 차단

홍박사   정치적 활동에 대한 제한은 필요하다고 생각합니다. 소속감에 눈이 어두워질 수 있거든요. 또한 정치 판결에 대한 재검토 장치가 마련되어야 할 것입니다.

H사장   아까는 과거 사건을 또 꺼내는 게 문제가 있다고 하시더니 이젠 아예 재검토를 대놓고 하시겠다는 건가요?

홍박사   어떠한 사법부의 판단도 모두가 만족할 수는 없습니다. 누군가 불만스럽고 억울한 사람이 생기기 마련입니다. 하지만 정당한 판결이 아니라 누가 봐도 힘 있는 사람의 눈치를 본 정치적인 수사나 판결이라는 생각을 할 수밖에 없는 경우에는 구제방법이 필요하겠지요. 실제로 독일에서는 '법왜곡죄(독일 형법 제339조)'가 시행되고 있습니다. 이 법은 '법규를 해석 또는 판단하는 일에 종사하는 판사, 판사 이외의 공무원 또는 중재재판관이 당사자 일방에게 고의로 유리하게 또는 불리하게 법을 왜곡하여 적용하는 경우에는 1년에서 5년형에 처한다'라고 규정되어 있습니다.

H사장   저도 알아요. 과거 독일은 나치정부에 부역한 판사들을 처벌하기 위해 법왜곡죄를 도입했다고 하더라구요. 그런데 지금까지도 그

법이 그대로 있다고 해요. 법 집행에 불합리한 피해를 보았다고 생각되는 경우엔 누구라도 고소, 고발이 가능하구요. 지금도 아주 드물지만 현직 판사들이 법왜곡죄로 처벌되기도 한다던데요.

홍박사 그 법의 영향인지 독일에서는 사법부에 대한 신뢰가 매우 높습니다.

H사장 하지만 우리나라도 더불어민주당의 김용민, 정청래 의원님들이 발의한 비슷한 법안(2020년 9월 10일, 의안번호 3745)이 있어요. 그 법안에도 '법관, 검사, 사법경찰관, 기타 재판이나 범죄수사에 관한 직무를 수행하는 자가 정당한 이유 없이 사건처리를 과도하게 지연시키거나 지연시키도록 지시한 때에는 2년 이하의 징역과 5년 이하의 자격정지에 처한다'라는 조항이 있어요.

홍박사 취지는 좋은 법입니다. 물론 내용은 쓰레기지만요. 이런 '과도하게 지연시키거나'라는 표현을 보세요. 기준이 뭔가요? 6개월? 1년? '수사 접수하고 3개월 내에' 이런 표현으로 바꿔야 합니다. 왜 더불어민주당 법안은 이런 감성적 표현이 많을까요? 그것은 판단의 모든 권한을 대법원으로 돌리기 위한 것이지요. 왜 대법원에 의지할까요? 이유는 국민들이 이미 알고 계시겠지요. 어쨌든 저 개인적으로는 이런 법이 실행되기를 기대합니다. 왜냐하면 이 법에 의해 대법원도 정치적 중립이 이루어질 수 있을 테니까요.

H사장 그럼 홍박사님이 말씀하시는 판결에 대한 재검토 장치가 이

법안과 같은 것인가요?

홍박사 좀 더 넓은 의미라고 보시면 됩니다. 과거사 위원회 같은 정치적 활동도 포함합니다. 물론 정치적 판결이라는 이의제기가 있을 경우지요. 판결이 있은 후 10년 안에 해당 판결의 정치적 문제점이 거론되어서 재검토 요청이 있을 때 다른 성향의 다른 검사가 수사와 기소를 하고 다른 판사가 판결을 하게 하는 겁니다. 그래도 같은 판결이 나온다면 정치적 문제가 없는 것으로 판단해도 되겠지요.

H사장 그럼 독일 '법왜곡죄'나 더불어민주당 발의안처럼 시원하게 징역을 보내나요?

홍박사 범위가 넓어지니까, 그렇게 강력하게 하기는 좀 미안하지요. 만일 다른 판결이 나와서 정치적 문제가 있는 판결로 규정되면 과거 수사를 한 검사와 해당 판사는 모든 공직에서 물러나야 하고, 피선거권을 제한시키는 겁니다. 만약 이미 국회의원에 당선되어서 의정활동을 하고 있다면, 그분이 입안한 법안까지도 모두 효력을 정지시켜야겠지요. 거기에 국회의원 신분을 빼앗기게 만드는 게 어떨까요? 또한 관련 재판으로 피해를 본 피해자들은 사법부를 상대로 피해보상을 요구할 수 있게 하고, 사법부 예산으로 보상을 실시해야 할 것입니다.

H사장 만약에 재검토 수사와 판결을 하는 분이 전에 했던 분에게 엿먹이려고 악의적으로 다른 수사와 판결을 하면 어떻게 해요?

홍박사   그 재검토 수사와 판결도 10년 안에 재검토 대상이 됩니다. 자기가 남을 엿먹이려고 악의적으로 진실을 왜곡하면, 그 다음에는 자기가 엿먹을 차례가 됩니다.

H사장   에구 무서워라. 하지만 결론적으로 정계에 진출만 안 하면 상관없네요? 대부분의 검사, 판사들은 정계진출의 목표보다는 부장검사, 부장판사를 역임하고 나서 퇴직 후 변호사 개업을 하는 것을 목표로 하죠. 정계진출은 포기하고서라도 인사권자들에게 잘 보이기 위해서 정치적 행보를 할 수도 있지 않을까요?

홍박사   그럴 수도 있겠네요. 제가 그 부분은 미처 생각하지 못했습니다. 그렇다면 변호사 자격도 박탈하는 것이 어떨까요?

H사장   우와, 그러면 누가 검사, 판사를 하려 하겠어요? 특히 정치적으로 연루될 가능성이 있는 사건을 누가 맡아요? 전부 도망 다닐 것 같은데요.

홍박사   어차피 사건을 누가 맡느냐 하는 것은 본인이 결정하지 않습니다. 배당이 되어 내려옵니다. 그리고 정치적 판결은 그만큼 사회적 파장이 큽니다. 큰 권한에 큰 책임이 따르는 것이 무엇이 이상한가요? 법이 오용될 소지가 많은 상황에서 적용하는 주체가 정치적 입장에 따라 운영한다면 국민들이 어떻게 법을 지킵니까? 지금 했던 활동이 모두 나중에 정권이 바뀌면 불법이 될 터인데요. 정치적으로 중립을 지키는 자세로 법에 기초하여 공직에 임하는 것이 당연하다고 생각됩니다.

H사장   사실 공직자들의 '정치적 중립'이라는 것이 너무도 당연한 말씀인데요. 요즘 워낙 정치적 대립구도에 젖어있다 보니 낯설게 느껴져요.

홍박사   정권 초기에 정치적 목적을 수반하는 과도한 수사가 없다면, 정권 말기에 검찰에게 약점 잡힐 일도 없을 것이라고 생각됩니다. 또한 정권이 바뀔 때마다 검찰을 이용한 정치보복도 사라져야 한다고 생각됩니다. 이러한 희망은 정치적 수사와 판결로 정권에 점수를 따서 진급이나 정계진출을 하려는 시도를 원천적으로 봉쇄함으로써 이루어질 수 있다고 봅니다.

H사장   정계에 진출하거나 변호사로 전환하지 않는다고 하더라도 퇴직 후 정치적 성향의 법률단체에서 영향력을 행사하는 것은 가능하지 않을까요? 시민단체에 소속되거나 해서 말이죠. 그것도 못하게 막아야 할까요?

홍박사   그것까지 어떻게 막겠습니까? 현직이 아니라 퇴직 후에 정치적 활동을 하는 것은 자유를 보장해드려야 할 듯합니다. 나중에 기회가 되면 시민단체에 대한 이야기도 하고 싶습니다.

H사장   새로 신설되는 공수처에서 검사, 판사의 정치적 편향 여부를 점검하고 평가하는 게 어떨까요? 거기서 정치적 편향 여부에 나쁜 점수를 받으면 진급에 불이익을 주는 것도 좋은 방법이 될 것 같아요.

진보의 내공으로 부패를 이긴다

조나라   홍박사님의 상식을 깨는 독특한 아이디어에 감탄을 금할 수 없네요. 집에서 무슨 반찬을 드시길래 그런 상상도 못할 아이디어가 나오시는지 모르겠군요. 그렇지만 저는 홍박사님이 말씀하신 진보가 부패할 수 있다는 가정을 전적으로 부정합니다. 진보진영은 과거 3김 시대의 호남정당이었던 민주당이 아닙니다. 김대중 대통령은 지역정당이라는 민주당의 한계를 깨뜨리고 새로운 정치세력으로 나아갈 수 있도록 경상남도 김해 출신의 고 노무현 대통령님을 대권후보로 추대했어요. 이로써 지역감정에 호소하는 한계를 넘어서서 진보정치의 서막을 열었지요.

H사장   그런 건가요? 저는 지난 대통령 선거에서 광주에서 99%의 지지가 나오는 것을 보고 아직도 지역감정 모드가 그대로 살아있는 줄 알았는데요?

조나라   그건 지역감정이 아니죠. 그건 광주시민이 모두 진보진영의 뜻을 지지했기 때문이지요. 광주에 가서 진보에 대한 의견을 물어보세요. 모든 분들이 진보에 대해 정확하게 알고 지지를 보내고 있다는 것을 알게 될 겁니다. 진보가 뭔지도 모르고 그냥 민주당이라서 찍는 멍청한 사람은 한 명도 없어요.

H사장   기회가 되면 한 번 광주에 사시는 분에게 물어보고 싶네요. 사실 제가 아는 광주 출신은 대화가 잘 안 돼요. 민주당 말고 다른 당에

대한 말만 꺼내도 어찌나 화를 내시는지. 예전에는 타이거즈 이야기하다가 혼났다니까요.

조나라 그만큼 더불어민주당과 진보세력에 대해 지지한다는 뜻이겠지요. 지역감정을 허무는 그 흐름을 이어받은 문재인 대통령님은 인사에서 새로운 방향을 개척합니다. 세상을 정화하는 투쟁의 대열의 선봉에 섰던 운동권 출신 시민단체의 수장들을 정치 전면에 내세웠어요. 그래서 기존 정치인의 한계를 넘어서는 강력한 정책수행과 개혁을 이루어낼 수 있었지요. 이 시민단체의 수장들은 모두 오랜 세월 정부의 억압에 숨어다니거나 감옥을 다녀오면서까지도 정치적 뜻을 접지 않은 내공이 쌓이신 분들이니까요. 어떻게 이들의 숭고한 뜻이 정권을 잡았다고 해서 부패로 변질될 수 있을까요? 오랜 시간 부와 권력을 누려온 보수진영의 정치인들과는 급이 다릅니다.

H사장 정권이 바뀐 후에 수사를 하고 재판을 해봐야 정확하게 알 수 있겠지만 정황상 진보진영의 인사도 부패할 수 있다는 것이 알려지고 있어요. 예를 들어서 안희정 전 충청남도 도지사의 비서관 성폭행 사건이 있을 수 있고요, 오거돈 전 부산시장의 성추행 사건이 있지 않나요?

조나라 그것은 부패라고 하기보다는 성 관련 사건에 불과합니다. 물론 피해를 당한 피해 호소인은 평생에 씻을 수 없는 아픔과 상처를 입었겠지만 국가 전체에 큰 피해를 입히는 일은 아니었지요. 박근혜·최순실의 국정농단을 생각해보세요. 모든 국민들이 얼마나 큰 피해를 입었나요? 비교 자체가 안 되죠. 그리고 그 진보 정치인들이 국가를 개혁하기 위해 걸어온 험난한 여정을 생각한다면 이 정도의 실수는 인정할 수 있지 않을까요?

H사장 그걸 '실수'라구요? 그럼 민주당의 위성정당 설립은 어떻게 설명할 수 있을까요? 국민의 선택을 받았다고 하더라도 엄연히 스스로 한 약속을 무너뜨리는 행동이었죠. 이렇게 한 번 한 약속을 쉽게 어기는 정당이라면 공수처를 정의롭게 운영하겠다고 했던 국민과의 약속을 어길 수도 있잖아요?

조나라 그 약속은 국민과의 약속이 아니라 다른 정당들과의 약속이었지요. 그러니까 국민들은 속은 적이 없었어요. 그래서 21대 국회의원 선거에서 대승을 거둘 수 있었던 것이 아닐까요?

H사장 그렇다면 정의연의 정신대 피해자 할머니들을 위한 기부금 횡령사건은 어떻게 생각하십니까? 대표적인 시민단체 수장의 부패사건이 아닐까요?

조나라 저는 일부 토착왜구 세력이 조작한 사건이라고 생각하고 있어요. 그리고 기득권을 지키려는 정치검사들이 동조하여 사건을 부풀리고 있는 게 그냥 보이잖아요? 아마도 공수처가 가동이 되어서 고위공직자에 대한 철저한 수사가 이루어지면 진실이 밝혀지면서 모두가 수긍하는 수사 결과가 발표될 것입니다. 깨끗하고 옳았던 정의연의 행동은 모두 그 상황에 맞는 일이었다는 것이 규명될 것이고 모함을 일삼았던 토착왜구 세력들은 합당한 벌을 받게 되겠지요.

H사장   그럼 추미애 전 법무부장관의 수사팀 해체를 위한 인사권 행사는 어떤가요? 문재인 정부의 핵심인사를 수사하던 수사팀이 공중분해가 되었잖아요? 누가 봐도 수사를 방해하기 위한 인사발령 아닌가요?

조나라   어허, 법무부장관이 자기가 갖고 있는 인사권으로 인사를 하는데 뭐가 이상해요? 그냥 우연히 그 당사자들이 같은 수사팀에 있었을 뿐이죠. 그게 위법은 아니잖아요? 오히려 덕분에 문재인 대통령님의 지지자들은 더욱더 똘똘 뭉칠 수 있게 되었지요.

H사장   하긴, 당시에 윤석열 전 검찰총장을 자르라고 인터넷에서 난리가 났었지요. 국민청원까지도 올라왔었잖아요?

조나라   그렇기 때문에 공수처만이 진정한 검찰개혁의 방법이라고 봅니다. 향후 대통령 선거 직전에 공수처를 통한 야권 대통령 후보자에 대한 대대적인 비리수사와 의혹 발표가 있을 겁니다. 그리고 선거에 엄청난 영향을 미칠 사건이 나중에는 허무하게 무죄로 판단될 수도 있지요. 하지만 그것은 모두 우연의 일치라고 국민들께서는 보아 넘겨주시면 됩니다. 국민들께서는 그런 것 하나하나 신경 쓰지 않아도 되는 달라질 정의로운 세상을 상상하시면서 기쁜 마음으로 진보의 길을 응원해주시기 바랍니다.

H사장 역시 검찰개혁도 아무나 하는 것은 아닌가 봅니다. 진보진영의 재집권이 이루어지도록 최선을 다해주시기 바랍니다.

조나라 감사합니다.

Subject 8
복지와 재정 이야기

"내 삶을 책임지는 국가"

- 문재인 정부 100대 국정과제 중에서

"내년도 국가채무비율은 국내 총생산(GDP) 대비 40%를 넘지 않습니다. OECD 평균 110%에 비해 비교할 수 없을 만큼 낮은 수준이고, 재정 건전성 면에서 최상위 수준입니다"

- 문재인 대통령 2019년 10월 22일 국회에서
예산안 시정연설 중에서

대한민국 최대 이슈, 복지국가

H사장 이번 장은 모든 국민의 시선이 집중되는 '복지 이야기'예요. 옛날에는 경제성장이 국가의 최고 이슈였고, '복지'는 경제성장으로 인해 발생한 경제적 여유로 가난하거나 병든 사람을 돕는 자선행위라고 생각했어요. 그러나 진보진영의 노력으로 이제는 '복지'가 국가의 최상위 이슈로 변해가고 있지요.

조나라 하하하, 너무 띄워주시는 것 아닌가요? 하얀 구름들이 발 아래에서 넘실대는 것 같네요.

H사장 진보진영에 아첨하려는 것이 아니라 진심이에요. 진보진영은 그동안의 노력을 통해서 국민들이 국가가 복지를 통해서 국민의 삶을 지켜주기를 간절히 바라는 상황을 만들어내지 않았습니까? 그래서 이제 우리 대한민국이 산업발전국가에서 복지국가로 한 단계 업그레이드되는 단계에 와 있다고도 할 수 있겠지요. 그리고 그 발전 단계에서 더욱더 속도를 높이는 것이 진보의 역할이 아닐까요?

조나라 10년 전 『진보집권플랜』에서도 복지에 대해 매우 여러 번 언급되었어요. 또한 진보진영의 집권을 정당화하는 가치로 아름답게 묘사되었었지요.

"노무현 대통령 임기 5년 동안 사회복지, 보건 분야 총지출은 매년 11.3%씩 증가합니다. 특히 주목할 것은 성장에 도움이 되는 생산적 복지를 확대하는 사회 투자전략을 실시했다는 점입니다. 이러한 두 민주정부의 복지정책에는 각각 김성재 정책기획수석, 김용익 사회정책수석 두 사람의 역할이 컸습니다. 그렇지만 모자랐죠. 제주대 이상이 교수의 표현을 빌리자면, 김대중 노무현 정권은 '복지국가' 전략이 아니라 '복지확대' 전략을 취하고 있었어요. 복지를 여전히 '시혜적 복지', '잔여적 복지'로 파악하고 있었다고나 할까요. 당시 사회복지 전문가들은 그걸 넘어서 '보편적 복지'로 가야 한다고 주장했지만 수용되지 못했어요. 예컨대, 모든 사람이 인간다운 삶을 살 수 있도록 하는 '사회적 기본소득', 모든 아동에게 보편적으로 제공하는 '아동수당', 실업과 육아 등으로 인한 소득 손실을 보전해주는 '고용보험'과 '실업수당', 질병으로 인한 소득 손실을 보전해주는 '상병급여', 노후소득을 보장해주는 국민연금 등의 사회보험은 이루어지지 않았습니다. 당시 정치권은 물론 시민사회단체도 이 문제에 대해서는 인식이 취약했어요. 진보, 개혁 진영 모두의 한계였다고 볼 수 있죠"

당시에는 진보진영에서조차 '복지'에 대한 개념이 미약했어요. 그래서 저자는 '시혜적 복지'를 베푸는 복지확대 전략에서 '보편적 복지'를 우선시하는 복지국가 전략으로 변환해야 한다고 강조했었지요.

H사장 그래서 이제는 복지는 진보라는 공식이 국민들 머릿속에 깊이 새겨져 있어요. "진보가 밥 먹여주나"라는 질문에 복지로 화답하겠다고 강조했었지요.

조나라 그래서 문재인 정부의 복지 슬로건이 '내 삶을 책임지는 국가'입니다. 이것은 국가가 평범한 국민들에게까지도 복지로 다가가겠다는 깊은 의미가 있는 표현입니다. 또한 복지의 당위성을 강조한 거죠.

H사장　실제로도 문재인 정부 들어서 파격적인 복지 향상이 이루어졌어요. 하지만 언제나 뒤에서 발목을 잡는 것은 '재정'이 아닐까요? 돈이 있어야 복지도 가능하니까요. 저도 사실 복지를 환영하지만 제가 세금 낼 거 생각하면 짜증이 나요.

조나라　진보진영이 복지에서 '복'자만 꺼내도 보수진영에서 눈에 불을 켜고 달려드는 것이 '재정문제'입니다. 그러나 진보진영은 이러한 방해도 지혜롭게 잘 이겨냈지요. 진보진영은 전략적으로 집권 초기에 대기업 총수들을 수사하고 감옥에 보내는 모습을 보여주면서 '서민을 위한 세력'으로 이미지를 만들어왔어요. 그런 다음에 '복지'를 한다고 나서니까 일반 국민들께서는 부자들의 것을 빼앗아서라도 재정을 책임지겠다는 뜻으로 믿으시고 전폭적인 지지를 보내주시기 시작한 거죠.

부자나 기업들이 재정을 전부 감당할 수는 없다

H사장　실제로 10년 전 책 『진보집권플랜』에서도 부자증세를 통해 재원을 마련하면 저항이 적다는 표현을 통해서 서민들은 복지를 만끽하고 돈은 부자들이 다 지불하는 시스템을 만들겠다는 내용이 나와요.

조나라　만약 우리나라 서민들이 국가재정을 걱정했다면 21대 국회의원 선거에서 진보진영은 참패를 면치 못했을 겁니다. 그때나 지금이나 국가채무가 증가되는 속도가 장난이 아니었거든요. 2021년 6월 12일 국회 예산정책처의 발표에 따르면 2021년 1차 추경으로 인해 국가채무는 965조 9천억 원이 되었다고 합니다. 문재인 정부 들어서 평균을 내면 1초당 305만 원씩 국가채무가 늘어나고 있으며, 국민 1인당 국가 채무는 1천 700만 원을 돌파했지요.

H사장 그럼 상당히 심각한 거 아닌가요? 초당 305만 원씩 빚이 늘고 있다니요? 그걸 어떻게 갚아요?

조나라 그러나 우리나라 서민들은 국가채무 따위는 걱정하지 않아요. 왜냐하면 문재인 정부의 뛰어난 국정운영 능력을 믿기 때문이죠. 이는 서민 중심의 정책을 거침없이 실행하는 문재인 정부의 모습을 보면서 서민의 삶을 위해 모든 노력을 다할 것이라는 신뢰가 생겼기 때문이 아닐까요? 아마도 서민들은 재정문제는 기업과 고소득층이 감당할 것이고 서민들은 아무 부담 없이 받기만 하면 된다는 믿음을 갖고 계신다고 생각해요.

H사장 대한민국의 고소득층에게 소득과 자산이 편중되어 있다는 보도는 각종 언론을 통해 자주 나오고 있어요. 상위 10%의 부유층이 전체 소득세의 80%를 내고 있다는 기사도 본 적 있거든요. 만약 고소득층에게 거두어들이는 세금을 2배로 올리면 고소득층이 낸 세금으로 충분한 복지가 가능하지 않을까요?

조나라 전체 10%의 부유층이 80%의 소득세를 내고 있다는 통계는 사실입니다. 하지만 그 이유는 고소득층이 돈이 많아서가 아니라, 전체 국민 중에 하위 40%가 소득세를 전혀 안 내기 때문에 생긴 통계상의 착시현상이죠. 그리고 현재 고소득층의 종합소득세의 세율이 40%인데요, 만약 이걸 2배로 올리면 80%가 되거든요. 그럼 20%를 벌기 위해 고소득층들이 일을 해야 하는데, 과연 누가 열심히 일을 할까요? 아니요. 제가 고소득층이라도 중위소득층으로 내려가기 위해서 소득을 줄일 겁니다. 문제는 고소득층이 소득을 줄이는 과정에서 기업들의 폐업이 생길 것이고 일자리들이 하늘로 증발해서 실업자를 양산할 수도 있을 텐데 그건 어떻게 해요? 또 일자리 줄어든다고 청년층들이 반발하면 재집권은 물 건너가는 거죠.

H사장 그럼 고소득층 개인은 좀 힘들고요. 어떻게 하나요? 기업에 쌓여 있는 자산을 모두 팔아서 복지를 위한 재정을 충당하실 것인가요? 경제 이야기에서 삼성을 국유화해서 판다고 하셨었잖아요?

조나라 그거 안 된다면서요? 200만이 넘는 서민이 주식을 가지고 있는데, 그걸 국유화를 했다가는 재집권은 정말 물 건너가는 거죠. 그리고 기업의 자산을 모두 현금으로 보는 어리석은 짓은 진보에서도 안 해요. 그냥 기업에 자산이 얼마라고 주워들은 학생들이 기업을 비난할 때 쓰는 어리숙한 계산방법이지요. "기업에 쌓여 있는 돈이 얼마인데 왜 가난한 사람에게 나눠주지 않고 노동자를 착취하느냐"라는 식으로 말이죠.

H사장 기업의 자산을 팔아서 가난한 사람에게 나누어준다니, 정말 순진한 발상이네요. 조선시대도 아니고 아직도 그런 사람이 있나요?

조나라 순진한 건지 멍청한 건지 구분이 안 되죠. 사실 기업의 자산은 기업이 유지되어야 의미가 있거든요. 회사에 100억짜리 기계가 있다고 해도 회사를 폐쇄하고 처분하려고 하면 100만 원짜리 고철도 안 돼요. 또한 회사의 자산은 회계장부상 자산을 모두 포함해요. 사무실 의자 하나까지도 자산으로 잡는 경우가 있는데요, 복지한다고 기업에서 의자 빼앗아봐야 어디에 쓰겠어요? 거기에 문재인 정부의 든든한 동반자인 대기업 노동조합은 생각 안 하나요? 기업 자산을 빼앗아서 나눠주면 바로 노동조합의 반대 집회가 열릴 겁니다. 그런데도 대기업 자산 빼앗아서 서민에게 나눠주자는 소릴 하니까 현실을 모르는 '키보드 워리어'라는 소리를 듣는 거예요.

H사장 그럼 왜 고소득층이나 기업이 모든 재정을 감당할 것처럼 홍보하나요?

조나라 진보진영에서 직접적으로 고소득층과 기업의 재산을 세금으로 몽땅 빼앗아서 복지하겠다고 말씀드린 적은 없는데요? 신문이나 방송, 그리고 정부 발표 어디에도 그런 표현은 없습니다. 국민들이 그렇게 믿고 있다고 말씀드릴 뿐이죠. 앞에 글을 자세히 다시 읽어보세요. 전부 국민들이 '믿고'라고 표현했어요. 어쨌든 재정이 어디서 나올지 일일이 꼼꼼하게 따질 필요 없습니다. 전체적으로 크게 봅시다.

H사장 전체적으로 본다면 어떤 말씀이신지?

1인당 국민소득 3만 달러면 복지해도 됩니다

조나라   우리나라 정도의 경제 규모이면 어느 국가든 다 실행했던 것이 복지입니다. 우리는 1인당 국민소득 30,000달러가 되어서야 겨우 시작하게 되었고요. 예를 들어 집이 잘 살면 자가용을 한 대씩 삽니다. 소득이 얼마여야 자가용을 산다는 기준은 없지만, 그래도 "우리 정도면 차 한 대 사야지" 하는 개념적인 수준은 있잖아요? 또한 어느 국가든 복지와 고소득층 증세, 그리고 국가채무는 같이 증가합니다. 일단 뒤에 일어날 일을 꼼꼼히 따지기보다는 먼저 시작하고 문제점들을 해결해 나가면서 완성해 나가는 것이 문재인 정부식 업무 추진방법입니다. 여러 가지 재정적인 방법을 통해 문재인 대통령님은 '한 번도 경험해보지 못한 나라'를 실현하고 있는 것입니다.

H사장   알겠어요. 머리 아프게 재정에 대해서 꼼꼼히 따지지 말고 그냥 복지를 실천한 국가들과 비슷한 수준에 맞추겠다는 말씀으로 들리네요. 그렇다면 이제 문재인 정부의 대표적인 복지정책들을 설명해주세요.

조나라   국민들의 안정된 삶을 최우선으로 하는 문재인 정부의 복지정책은 아직도 현재진행형입니다. 또한 지자체가 알아서 실시하는 복지도 다수 있구요. 그래서 복지의 종류를 먼저 설명드리고, 각 종류별로 실제 시행되는 복지정책을 살펴보도록 하겠습니다. 복지에는 '사회보험', '공공부조', '사회수당'의 세 가지 종류가 있어요. 각각의 내용은 다음의 표를 참고해주시죠.

종류	재원 / 방식	예
사회보험	법으로 보험 가입을 강제하여 보험 가입자들의 보험료를 재원으로 함	국민연금, 건강보험, 산재보험, 고용보험, 장기요양보험
공공부조	조세를 재원으로 자산조사를 통해 저소득층에 지원	국민기초생활보장제도, 한부모가족지원제도, 장애인연금, 장애인수당제도, 기초연금제도
사회수당	조세를 재원으로 인구학적 조건에 해당 시 소득에 상관없이 누구에게나	양육수당, 보육료지원제도

H사장   저번 부동산 이야기에서도 숫자를 쫙 까시더니 이번에는 문재인 정부의 복지정책을 소개해달라고 했는데, 느닷없이 복지의 종류를 설명하시나요? 지금 대학에서 강의하는 모드인가요? 이런 딱딱한 이론 말고 실제 정책을 설명해주세요.

돈을 벌게 하는 복지

조나라   이렇게 좀 딱딱한 내용이 있어야 중고등학교 필독서로 선정이 되는 겁니다. 알지도 못하시면서. 그냥 들으세요.

H사장   네.

조나라   과거에는 표의 내용처럼 사회보험, 공공부조, 사회수당 등이 복지의 전부로 여겨졌었습니다. 하지만 문재인 정부에서는 한발 더 나아가서 좀 더 포괄적으로 전 국민을 대상으로 나누어주는 복지가 아니라 스스로 돈을 벌게 하는 복지를 실천하고 있습니다. 그래서 ① 일자리 만들기 최우선 정책 추진(소방 / 경찰 부문 등의 공공일자리 확충) ② 비정규직의 정규직 전환 추진 ③ 최저임금 1만 원 인상 추진 ④ 주 52

시간 근무제를 통해 삶의 여유 추구 등을 하고 있습니다.

H사장   잠깐만요! 이것들은 복지정책이 아니잖아요? 누가 봐도 경제정책이랑 노동정책이 섞여 있는 상황인데요? 특히 최저임금 1만 원 인상 추진은 소득주도성장이라는 이름으로 추진되었던 경제정책이잖아요? 복지정책의 내용이 생각보다 부실하니까 그냥 보기 좋으라고 갖다 붙인 거 아닌가요?

조나라   무슨 섭섭한 말씀을. 이건 제가 임의로 갖다 붙인 게 아닙니다. 2017년 7월에 문재인 정부의 인수위원회 역할을 맡았던 국정기획자문위원회가 7월 19일 오후 2시 청와대에서 '국정운영 5개년 계획'을 발표했을 때 이미 포함되어 있던 내용이라구요. '사회서비스 공공인프라 구축과 일자리 확충'이라는 과제에 포함되어 있던 내용이지요.

H사장   그럼 그때 실적이 미미할 것을 예상하고 미리 갖다 붙이셨나 보군요.

조나라   어디 아프세요? 왜 자꾸 내용이 부실하다고 하세요?

H사장   책 내용이 산으로 가니까 그렇죠. 아무리 봐도 복지정책이 아니잖아요? 게다가 이게 국민들에게 실질적인 도움이 되는 내용인가요? 공공일자리를 소방관, 경찰 등 공익을 위한 곳에 확충한다고 했었는데, 정작 소방관, 경찰의 정원은 지자체의 예산 반발에 의해 막혀 있고, 60~70대 노인들 공공근로만 증가했지요. 이것도 지속성은 하나도 없

이 예산이 떨어지면 끝이 나는 초단기 일자리예요.

조나라　다른 장에서 이야기 다 했었잖아요? 왜 그걸 또 여기서.

H사장　비정규직을 정규직으로 전환한 것도 억지로 밀어 붙였지만 신분만 바뀌었지요. 전체 일자리의 숫자가 늘어나지 않고 있어요. 특히나 인천공항공사 기간제 근로자를 정규직으로 전환하는 과정에서 많은 취업준비생에게 '공정'에 대한 실망을 안겨주었었죠. 또한 소득주도성장으로 인해 기업이 급여를 지불하는 저임금 취업자 수는 감소했고, 주 52시간 근무제로 인해 시간 단위로 급여를 받는 저소득 근로자는 투잡을 뛰어야 겨우 아이를 학원 보낼 수 있게 되었어요.

조나라　왜 그렇게 비관적으로만 보세요? 일부 통계에서는 조금이나마 고용이 늘어난 것으로 나타납니다.

H사장　국가세금으로 노인들과 청년들을 대량으로 초단기 고용한 것을 모르는 사람이 있을까요? 그 정도 쏟아붓고도 통계에서 약간 증가했으면 정상적인 기업의 일자리는 어마어마하게 줄었다는 거죠. 여러 통계 중에서 고용 증가로 보일 것 같은 통계만 살짝 빼서 그것만 들여다보면서 고용이 늘었다고 주장하는 것은 좀 창피한 것 같네요. 어떤 통계를 보든지 시원하게 증가된 수치가 보여야 국민들이 고용이 늘었다고 인정하실 것 같은데요.

포용국가 4대 정책

조나라 저보다 더 잘 알고 계시니 할 말이 없네요. 통계에 따라 약간씩 차이가 있다는 것은 인정합니다. 그러나 정책적 효과는 좀 더 지켜봐야 하지 않을까요? 아직 임기가 1년이나 남았거든요. 이제 진짜 복지정책으로 접근하겠습니다. '내 삶을 책임지는 국가'가 되기 위한 정책으로 '포용국가 4대 정책'이 있습니다.

H사장 그래요. 이제 나오네요. 포용국가 4대 정책.

조나라 보건복지부에서 2018년 제시한 포용국가 4대 정책은 ① 건강보험 보장성 강화(문재인 케어) ② 노인 기초연금 : 소득이 선정기준액 이하인 65세 이상 어르신을 대상으로 단독가구는 25만 원, 부부는 40만 원(차등 지급) ③ 치매국가책임제 : 치매 정보 제공, 의료지원 강화 ④ 아동수당 : 1인당 10만 원씩 지급 등으로 구성되어 있어요.

H사장 가장 큰 논란이 되었었지요. '문재인 케어'.

포용국가 ① 문재인 케어

조나라 '문재인 케어'는 가장 대표적인 취약계층을 위한 사회보험 정책입니다. 2017년 8월 발표된 문재인 케어는 2022년까지 의료비 걱정에서 자유로운 나라를 만들겠다는 목표로 20조 원을 투자하여, 총 의료비에서 건강보험 보장율을 60%에서 70%로 만들겠다는 의욕적인 계획입니다.

H사장 그 계획 덕분에 싼 맛에 여러 진료가 더해져서 결국에는 돈은 똑같이 들어간다고 하던데요. 거기에 병원에는 별 필요 없는 진료 받느라 환자들이 더 바글바글해졌구요.

조나라 사실 건강보험 보장율을 높이려는 기본 취지조차도 병원에서 비급여 항목을 추가로 만드는 바람에 실효를 거두지 못하고 어려움을 겪고 있어요.

H사장 그래서 제가 아는 가난한 분은 건강보험 보장율 높이지 말고 차라리 소득 하위 50% 이하의 사람만이 갈 수 있도록 지정된 국립병원을 세워주면 좋겠다고 하시더라고요. 고소득층과 저소득층이 같은 병원에서 바글바글하니까 저소득층의 의료 혜택이 상대적으로 위축될 수밖에 없잖아요? 그런데 문재인 정부에서는 그런 서민을 위한 국립병원은 하나도 안 만들도 건강보험 적용 대상만 늘인다고 분통을 터뜨리시더라구요.

조나라 H사장님, 이번 장에서는 왜 이러세요? 보수진영에서 나오셨어요? 홍박사님이 여자로 변장하고 계신 건가요? 우린 같은 편인데 왜 이렇게 까칠하세요?

H사장 저도 진보진영의 사람이지만, 좀 얄미워서 그래요. 가만 보고 있으면 정부는 별로 일도 안 하고 그냥 지정만 하고, 보장이 늘었다고

마구잡이로 진료하는 병원들은 돈을 벌고, 건강보험공단은 별 걱정 없이 달라는 대로 돈을 준 다음에 모자라는 돈은 정부에서 받거나, 보험료 올리면 되잖아요? 도대체 건강보험료는 왜 이렇게 생각 없이 올리는 건가요? 저는 아파도 시간이 없어서 병원에도 제대로 못 가요. 그야말로 대통령이나 정부처럼 돈 안 내고 말만 하는 사람들이 칭찬은 칭찬대로 받고 일은 세상 편하게 하는 꿀보직들이지요. 정작 저희 같은 자영업자들은 세금 내랴 건강보험료 내랴 등골이 휘지만 좋은 소리 하나도 못 들어요.

조나라　결국은 건강보험료 많이 내는 게 화가 나신 거군요. 이것이 일반적인 국민들이 가지는 복지에 대한 반감이죠. '내 돈을 세금으로 빼앗아서 게으른 사람 도와주는 것 아닌가?' 하고 생각하시는 것이 오히려 당연해요. 그러나 막상 내가 복지를 받게 될 경우에는 매우 기뻐하게 됩니다. 다수가 행복하게 된다면 소수의 사람들이 희생하는 것은 당연하지 않을까요?

H사장　소수가 희생하라는 말씀은, 열심히 일해서 소득이 높은 사람은 평생복지 혜택도 못 보고 세금만 내다가 편안히 죽어라 이런 뜻인가요?

포용국가 ② 노인기초연금

조나라　너무 열 내시지 마시구요. 작거나 크거나 모두가 복지를 받게 됩니다. 진보진영이 꿈꾸는 보편적 복지의 세상이 이루어지고 있기 때문이죠.

H사장 흥.

조나라 두 번째는 '노인기초연금'입니다. 고령화는 이제 피할 수 없는 사회현상이죠. 그리고 누구나 나이는 들어요. 박근혜 정부 때부터 고령의 어르신에게 기초연금을 드리고 있었지만 아쉬움이 많이 있었어요. 그래서 2018년 9월부터 65세 이상 소득 하위 70%의 어르신들에게 기초연금이 20만 원에서 25만 원으로 파격적으로 오릅니다. 거기다가 2021년에는 30만 원으로 인상되었죠. 추가로 어르신들 임플란트 치료에 필요한 비용도 70%를 지원하여 본인은 30%만 부담하시면 됩니다.

H사장 그냥 돈 더 준다는 것 아닌가요? 특히나 기초연금은 소득 하위 70%가 받습니다. 모든 어르신이 혜택을 받는 게 아니잖아요? 딱 봐도 저는 못 받을 거 같은데요.

포용국가 ③ 치매국가책임제

조나라 소득은 그렇다 치죠. 하지만 치매는 누구에게나 찾아올 수 있어요. 그래서 문재인 정부는 치매국가책임제를 실시합니다. 치매안심센터를 전국의 252개 시, 군, 구 보건소에 설치하여 어르신들의 치매 상담을 지원하고 있어요. 또한 병원비도 중증치매환자에 대해서는 10%만 본인 부담하도록 지원합니다.

H사장 의욕적으로 치매안심센터를 설치하기는 했는데, 결국 보건소 한 귀퉁이에 직원 몇 명 써서 운영하고 있어요. 하는 일은 달랑 '상담'이

구요. 거기다 거창한 구호와 달리 할 일이 별로 없기 때문에 나이 드신 노인들에게 전화해서 상담받으러 오시라고 권유를 하더군요.

조나라 할 일이 없어서 연락하는 게 아니라, 일을 열심히 하는 거죠.

H사장 그런 상담이 중요한가요? 치매는 일시적으로 상담받는 게 중요한 것이 아니라 장기적인 보호가 더 필요하지 않나요? 아직도 치매 노인 보호에는 민간의 요양병원이 주축이 되어 있는데, 이것을 국립으로 증설할 생각은 아무도 안 하고 계신 것 같아요. 또한 치매에 대한 혜택을 받으려면 치매에 걸려야만 하는 것 아닌가요? 전 국민에게 차별 없이 줘야 보편적 복지 아닌가요?

포용국가 ④ 아동수당(0~5세)

조나라 하, 정말 사사건건이 불만이시네요. 이래서야 책이 팔리겠어요? 이젠 우리의 미래 세대인 유아들 복지에 대해 알아보죠. 2018년 9월부터 0~5세의 아동에게 월 10만 원의 아동수당을 지급하고 있어요. 이를 통해 혜택을 받는 부모님들의 만족도가 매우 높은 것으로 파악되고 있지요.

H사장 아동수당 달낭 10만 원으로 포용이 되겠어요? 아이를 키우는 데 한 달에 얼마가 들어가는지 알고는 계시나요?

조나라 첫술에 배부르겠어요? 점진적으로 복지국가로 가는 과정이죠.

복지의 내용과 범위가 점점 더 깊어지고 넓어질 것으로 생각됩니다. 또한 아동수당의 지급으로 저출산의 사회현상이 변화되는 계기가 될 것입니다.

H사장 '포용국가'라는 대단한 슬로건에 비해서 내용은 좀 빈약하네요. 이 정도를 실행하려고 내가 그렇게 많은 건강보험료를 냈나 하는 자괴감이 듭니다.

청년구직촉진수당

조나라 하하하, 너무 실망 마세요. 이게 다가 아니거든요. 과거에는 복지란 정말 도움이 필요한 불우한 이웃을 돕는 것이었지요. 그렇지만 이제는 좀 살만 해도 복지의 지원 대상이 됩니다. 즉 복지의 지원폭이 그만큼 넓어진 것입니다.

H사장 그래서 쌩쌩하고 먹고살 만한 젊은 청년들에게도 복지의 혜택을 아낌없이 베푸시는 건가요? 그것도 세금으로?

조나라 그건 정부에서 한 게 아닙니다. 국회에서 법으로 만든 거죠. 국민 여러분께서 전폭적으로 지지해주신 더불어민주당이 2020년 5월 구직촉진수당 관련 법안을 국회 본회의에서 통과시켰어요. 그래서 18~34세 청년층 가운데 가구 소득 수준이 일정 수준 이하일 경우 월 50만 원씩 최대 6개월 동안 구직촉진수당을 받을 수 있게 되었지요. 이 책을 읽으시는 독자 중에서는 이 복지 혜택을 받고 계시는 분도 있으실 것 같네요. 저소득 구직자의 경우 기준 중위소득 60% 이내 범위에서 대통령령이 정하는 수준 이하인 경우이며, 18~34세 청년층의 경우 기준 중위소득 120% 이하여야 합니다.

H사장　그 돈 받아서 청년들이 노래방도 가고 술도 먹고 해서 말이 많았잖아요?

조나라　그래서 만약에 구직활동의무 미이행 시에는 수당 지급을 중단토록 했어요. 또한 구직촉진수당을 부정수급한 경우, 지급을 중단하고 이미 지급된 수당에 대해서는 반환명령 및 추가징수하도록 했습니다. 대책 없이 돈을 막 주는 것 같지만 청년들이 제대로 구직활동을 안 하고 부정수급하면 회수하는 거죠.

H사장　글쎄요. 규정은 그렇지만 과연 부정수급으로 회수되는 경우가 얼마나 있을까요? 진보진영이 지지층인 청년에게 냉혹한 모습을 보이기는 쉽지 않을 것 같은데요.

조나라　우리나라 공무원들이 누굽니까? 문재인 정부의 열렬 지지자들 아니겠습니까? 알아서 해주실 거라고 믿어요.

전 국민에게 똑같이 돈을 주자 : 기본소득제

H사장　앞에서도 몇 번 나온 내용입니다만, 코로나19로 인해 전 국민은 21대 국회의원 선거 직후에 긴급재난지원금을 받았었죠. 전 국민이

이렇게 시원하게 돈을 받아본 것은 처음일 거예요. 전 국민이 이를 계기로 전 국민에게 100% 지급되는 기본소득제의 맛을 보게 되었죠. 그래서 지금 정치권에서는 기본소득제에 대한 논의가 뜨겁습니다. 그 기본소득제의 중심에는 이재명 경기도지사가 있잖아요?

조나라 글쎄요. 이재명 경기도지사의 성급한 기본소득제는 문제가 있어요. 물론 전 국민에게 지급하면, 돈을 받는 국민들에게는 고단한 삶에 기쁨이 되겠죠. 21대 국회의원 선거 직후에 지급한 긴급재난지원금의 경우를 볼까요? 행정안전부는 2020년 5월 4일부터 6월 3일까지 31일간 긴급재난지원금을 수령한 가구가 2천 152만 가구, 지급액수는 총 13조 5천 428억 원으로 집계되었다고 발표했어요.

H사장 엄청 대단할 것 같더니 13조 5천억 원밖에 안 되는군요. 국가재정에는 큰 문제가 없을 것 같아 보이는데요.

조나라 선거 전에 발표한 대로 5,000만 국민에게 똑같이 100만 원씩 지급했으면 50조가 날아갈 뻔했죠. 그나마 가구별로 지급하기로 한 묘수 덕분에 작은 금액으로 전 국민을 행복하게 해드린 겁니다. 하지만, 이걸 매월 지급한다고 생각해보세요. 1년에 162조입니다. 보통 복지 관련 예산이 연간 180조인 것으로 보면, 1년 복지예산 전부를 잡아먹는 괴물이 되는 거죠. 그럼 그만큼 서민들에게서도 세금을 거두어야 할 겁니다. 그래서 이재명 경기도지사는 보편적 증세가 함께해야 한다고 말하죠. 이게 합리적인가요? 가난한 서민에게 세금 부담을 강요하다니요?

H사장 　가난한 서민에게 세금을 거두는 보편적 증세 때문에 이재명 경기도지사의 기본소득제를 반대하시는 건가요?

조나라 　그것도 있고요. 친문계열이 아닌 분인데 대선후보 지지율이 너무 높으니까 신경 쓰이지요. 이재명 경기도지사도 별다른 공약도 없이 필요도 없는 사람에게 골고루 얼마씩 준다는 공약으로 인기를 얻고 있잖아요? 다들 돈에 팔려서는.

이 정도면 국민의 삶을 책임지기에 충분하다

H사장 　그래서 조나라님은 기본소득제에 대해서는 부정적이시군요. 하지만 기본소득제를 빼고 국가가 내 삶을 책임진다는 표현을 하기에는 조금 옹색하지 않을까요?

조나라 　글쎄요. 지금 말씀드린 정도면 충분히 국가가 국민의 삶을 책임지는 것으로 볼 수 있지 않을까요? 과거 어느 정권보다도 파격적인 복지를 위한 지출이 이루어졌거든요. 아까도 13조 5천억 원의 재정이 한 번의 긴급재난지원금을 위해 사용되었음에도 큰돈이 나간 게 아니라는 느낌을 받지 않았습니까? 이명박 대통령이 우리나라를 파멸 직전으로 내몬 4대강 프로젝트에 들어간 예산이 22조였거든요. 그것도 굉장히 긴 기간 동안 집행되었죠. 사실 한 달 안에 4대강 개발의 절반이 넘는 돈을 복지를 위해 쓰면 국가가 휘청휘청했을 텐데, 전혀 그런 것이 없었잖아요? 이미 국민들의 마음에 국가재정보다는 복지가 더 중요하다는 기본적인 생각의 틀이 생겼다는 의미가 아닐까요?

H사장　슬로건이 너무 거창해서 기대가 커진 게 문제일 수도 있죠. 국민들은 '책임진다'는 의미를 문재인 정부가 이전 정권들과 다르게 그냥 일 안 하고 놀고만 있어도 국가가 다 해줄 것 같은 의미로 받아들이고 있거든요. 특히 저소득층에서는 나라에서 책임지고 공짜로 먹고살게 해준다는 의미로 해석하는 분들이 많아요. 정말 국민이 놀아도 먹여 살려줄 겁니까? 그래서 방금 언급한 기본소득이 필요한 거 아닐까요?

조나라　10년 전 『진보집권플랜』 책에서도 사회적 기본소득 개념이 등장했었습니다. 그리고 지금도 정치권에서는 기본소득에 대한 논의가 이루어지고 있구요. 하지만 현실적인 문제가 많이 있죠. 1인당 1년에 1,000만 원의 기본소득, 즉 매월 83만 원을 지급하려면 500조의 예산이 필요하거든요. 지금의 세수가 연간 300조가 안 된다고 봤을 때 기본소득만 지급하기에도 200조가 모자라요. 나라 살림은 안 할 겁니까? 국민들에게 기본소득으로 돈을 다 나누어주면 국가는 어떻게 운영합니까? 불이 나도 소방차에 넣을 기름을 살 돈이 없어서 불구경만 해야 할 판입니다.

H사장　정치권이나 복지 전문가들은 기본소득 금액을 줄이고 보편적 증세를 하면 가능하다고 합니다. 이재명 경기도지사도 보편적 증세를 강조했지요. 결국은 많이 거두어서 많이 나누어주겠다는 건데요.

조나라　그 보편적 증세가 문제라는 거죠. 그러면 가난한 서민들은 나라에서 돈을 받고 나서, 받은 돈을 다시 세금으로 내야 하죠. 결국 이재명 경기도지사는 어차피 다시 빼앗을 돈이지만 일단 돈을 주었다는 이유로 인기를 끌게 되는 거구요. 정치인에게 이보다 좋은 일이 있을까요? 하지만 이건 국민을 기만하는 행위죠. 그래서 저는 기본소득제에 대해서 너무 한 번에 확 가면 안 된다고 생각합니다.

H사장   하지만 그럴 수 있을까요? 21대 국회의원 선거 직후에 국민의힘 김종인 비상대책위원장도 기본소득제에 대해 추진 의사를 보였었잖아요? 이러다 복지 이슈를 보수진영에 빼앗기는 거 아닌가요?

조나라   정치권에서는 표를 얻기 위해 이슈를 선점하면 좋겠지만, 이는 문재인 정부의 재정에 대한 피로도를 높여서 2022년 3월에 치뤄질 대통령 선거 전에 재정적 문제를 심각하게 만들려는 보수진영의 술수입니다. 지금부터 신나게 기본소득으로 돈을 뿌리고 나면, 정작 선거에 임박해서는 뿌릴 돈이 없겠지요. 돈을 못 뿌리면 선거에서 어떻게 이깁니까?

H사장   그럼 기본소득제는 언제나 실행 가능한가요? 선거 끝나면 되나요?

조나라   선거 끝났는데 기본소득제를 왜 해요? 아마 당선된 분은 서서히 금액을 줄여서 월 1만 원 정도 지급하겠지요. 전 국민이 일할 필요 없이 기본소득으로 인간다운 삶을 누릴 수 있으려면 AI나 로봇에 의한 생산수단의 완전 자동화로 노동 없이 생산이 소득을 뒷받침할 수 있는 단계에 이르러야 해요. 복지국가와 과학력의 최상위 단계라고 할 수 있겠지요. 이는 당장은 매우 어렵고요, 천천히 이루어 나가면 종착지에서는 그런 세상을 만나지 않을까요?

H사장 네, 알겠습니다. 기본소득제는 아직 아니라고 하시니 좀 그러네요. 결국은 기초연금처럼 원래 주던 금액을 조금씩 더 준다거나, 구직촉진수당같이 예전에 있던 것을 이름만 바꾸어서 법제화하여 재탕하는 모습만 보여요. 그냥 있던 제도에 뭔가 덧대서 생색을 내고 있는 느낌을 받거든요. 그렇다면 '내 삶을 책임지는 국가'가 아니라 정확히 말해서 '아직은 내 삶을 책임질 수는 없지만 나중에 책임을 질 수 있게 노력하는 국가'라고 표현해야 맞는 표현이겠군요.

조나라 참 끝까지 까칠하시네요. 문재인 정부의 성과는 국민들의 판단에 맡기겠습니다. 진보진영이 거짓말을 한다고 생각하시면 보수진영을 지지해주시고요, 진보진영이 정직하다고 생각하시면 진보진영을 지지해주시면 될 거 아닙니까?

H사장 이제 보수진영의 의견을 들어봐야 할 시간이 되었네요. 홍박사님, 응답하세요.

복지가 돈 나누어주기인가?

홍박사 복지가 정확히 무엇인지 잘 알지도 못하면서 길바닥에 널려 있는 시대가 되었습니다. 일반 국민들에게 복지가 무엇인지 물어보면 "나라에서 돈 주는 거요"라고 대답합니다.

H사장 아니었어요?

홍박사 사전적 의미의 복지는 '[福祉] 좋은 건강, 윤택한 생활, 안락한 환경들이 어우러져 행복을 누릴 수 있는 상태'를 말합니다. 행복을 누릴 수 있는 필요조건이라는 의미를 가지는데요, 지금 우리가 말하고 있는 복지랑은 좀 개념이 다릅니다. 지금은 진보진영에 의해서 복지의 목적이 행복을 누리는 것이 아니라 '돈'을 나누어주는 것에 포커스가 맞추어져 있습니다.

H사장 그래도 진보진영이 복지에 있어서는 국민들에게 좋은 인상을 심어주는 데 성공하지 않았나요? 복지를 향상시키기 위한 그들의 노력을 무시해서는 안 된다고 봐요.

홍박사 맞습니다. 진보진영이 복지를 확대시키는 주체라고 국민들에게 인식시키는 데에는 대성공을 거두었습니다. 그래서 국민들의 머릿속에 진보는 국민에게 돈을 주려 하는 착한 사람이고, 보수는 진보가 국민들에게 돈을 주려는 것을 막는 나쁜 사람이라는 생각을 각인시키는 데 성공했지요.

H사장 사실이 아닌가요? 보수진영은 항상 복지에 대해서 회의적이고 반대하는 입장을 취했잖아요? 평소에는 항상 복지의 확대에 대해서 반대다가, 박근혜 대통령이 대선공약으로 노인들의 기초연금을 들고 나온 것처럼 정치적으로 쓸모 있을 때만 파격적으로 복지를 이용하고서 나중에 슬쩍 축소해버렸지요.

홍박사 정치적으로 복지를 이용하는 게 잘못되었다면 21대 국회의원 선거 직전에 긴급재난지원금 1인당 100만 원 지급으로 국민을 우롱한 분들이 최근에 계셨던 것으로 기억합니다. 먼저 그분들에게 죄를 묻는 것이 순서겠지요. 1인당 100만 원 주신다고 해서 그 돈 어떻게 쓸지 부부싸움도 일어났다고 하더군요. 그런데 막상 선거 끝나니까 엄청 줄여서 주셨습니다. 이런 말하니까 너무 치사해 보이나요? 그런 개개의 사건에 집중하지 마시고, 전체적인 흐름에서 이야기를 풀어가고자 합니다.

H사장 네, 알겠어요. 제가 괜한 이야기를 꺼냈네요. 이제 복지에 대한 보수진영의 입장을 이야기해주세요.

지금의 복지 시스템은 전부 보수정권에서 만든 것

홍박사 한마디로 보수진영은 결코 복지에 반대하지 않았습니다. 천천히 조금씩 복지를 위한 기초를 다지고 있었습니다. 보수진영이 반대한 것은 복지가 아니라 포퓰리즘이었습니다. 그냥 실효성도 없는데 국민들에게 표를 얻기 위해 돈을 주겠다고 선포하는 것이 어떻게 복지가 됩니까? 그건 포퓰리즘입니다. 포퓰리즘이라고 표현하니까 느낌이 잘 안 오시죠? '선거에서 표를 얻기 위해 국민들에게 공짜 돈을 뿌리는 행위'라고 표현하면 느낌이 오실 겁니다.

H사장 오호, 보수진영이 복지를 만들었다고 하시니 좀 어색하네요.

홍박사 진보진영에서는 우리나라에 복지가 1도 없다가 문재인 정부 들어서 갑자기 생긴 것처럼 홍보하지만, 현재의 장애인 복지, 고용보험 등은 보수정권 시절에 만들어진 것들입니다. 건강보험도 1963년 의료보험법 제정으로 박정희 대통령 때부터 기초가 만들어졌으며, 이 제도가 1979년에 공무원 교직원 의료보험으로, 1988년 농어촌 의료보험이 추가되었고, 1989년 자영업자와 직장인 대상으로 확대되면서 실질적인 전 국민 의료체계가 만들어졌습니다. 나중에 김대중 대통령이 2000년 7월에 흩어져 있던 의료보험을 통합하여 국민의료보험관리공단을 만들었을 뿐입니다. 직장을 다니다가 실직했을 때 실업급여를 받는 고용보험도 김영삼 대통령 시절에 만들어진 것입니다. 어떻게 보수가 복지에 반대한다고 말하는지 이해가 되지 않습니다.

H사장 그런데 왜 복지라고 하면 진보진영이 떠오를까요? 보수진영은 복지를 반대하는 사람들이라는 이미지가 너무 강해요.

홍박사 진보진영은 복지가 필요도 없는 사람에게도 막 돈을 준다고 하니까요. 일반 국민들 입장에서는 매우 강렬하게 다가올 수밖에 없습니다. 거기에 보수진영은 그 돈으로 약자를 먼저 도와야 한다고 반대하니까, 일반 국민들에게는 부정적으로 비치게 됩니다.

H사장 복지를 받는 대상의 차이 때문이라는 말씀이죠?

홍박사 보수는 복지의 대상을 정상적인 경제생활에서 이탈한 약자들이라고 보고 있습니다. 장애인처럼 사회가 나서서 돕지 않으면 생활

자체가 안 되는 사람부터, 경제적 능력이 충분히 있지만 잠시 직장에서 나와서 실직 상태에 있는 사람까지 어려움이 생겨서 도움이 필요한 사람을 돕는 것을 복지로 봅니다. 그래서 현실에서 어려움이 발생하지 않은 일반 국민은 복지와 상관이 없도록 설계합니다. 대신에 어려움이 발생한 분들에게 더욱 많은 혜택이 가도록 합니다. 이러한 구조를 시혜적 복지니 선택적 복지니 하면서 비하하시고 계시지만, 정말 도움이 필요한 사람에게 도움을 집중하는 것이 왜 비난받을 일인가요?

H사장 최근 들어 워낙에 보편적 복지가 일반화되다 보니 좀 선택적 복지가 잘못되었다는 느낌들이 많아지기는 했죠.

홍박사 여기 교통사고를 당해서 진짜 도움이 필요한 가난한 사람이 있다고 합시다. 그 집 아이들은 집에서 굶고 있어요. 그런데 정부에서 이분에게 줄 돈을 뚝 떼어서 멀쩡하게 외제차 타고 다니는 사람에게 나누어줍니다. 이게 보편적 복지입니다. 지금 절박하게 도움이 필요한 사람에게 집중하는 게 효율적인 복지 아닌가요? 엉뚱하게도 집에서 굶고 있는 아이들을 위해서는 정부가 아니라 '다음' 사이트에서 모금을 합니다.

H사장 그렇게 생각하니까 보편적 복지가 무척 부도덕하게 느껴지네요.

홍박사 그러나 진보진영은 선거를 위해서 복지의 대상을 일반 국민으로 설정합니다. 딱히 돈을 받지 않아도 되는 사람들에게 복지라는 형태로 돈을 지급합니다. 예를 들어 인천의 지역화폐인 이음카드를 들 수 있습니다. 그냥 인천시민이면 인천 안에서 사용할 수 있습니다. 초창기에는 10%의 포인트를 주었기 때문에 인천시민은 이음카드를 이용하면 10% 싸게 물건을 살 수 있었습니다. 그야말로 10%의 돈을 시민들에게 뿌린 것이지요. 지금은 막혔지만 초창기에 이음카드로 고급 외제중고차를 구매하거나, 금을 구입하는 사람이 많아서 논란이 되기도 했었습니다.

H사장 인천에 사는 제 친구도 열심히 쓰던데요. 혜택을 받는 50만 원까지만요.

홍박사 돈을 느닷없이 주니까 의아해하면서도 돈을 받습니다. 이렇게 돈을 받으면 나중에 지방재정이 문제가 될 것을 알면서도 '내가 안 받아도 누군가 받을 테니 재정이 빵꾸가 나서 이음카드 서비스가 중단되기 전에 빨리 받자'라는 심리가 퍼지게 됩니다. 복지를 위한 건물이나 시스템보다는 그냥 돈을 나누어주는 형태의 복지를 실시하기 때문에 국민들에게 체감되는 정도가 매우 강합니다.

H사장 그럼 사회적 약자들에 대한 복지 시스템을 구축하기 위해서 보수진영에서 고생은 다 하고, 진보진영에서는 막판에 돈을 뿌려서 인기를 싹쓸이한다고 봐야 하는 건가요?

홍박사 맞습니다. 보수진영은 드러나지 않게 선행을 하는 사람처럼 널리 알리지 않고 묵묵히 기초를 닦아왔습니다. 특히 고효율의 복지를 항상 추구해왔습니다. 복지가 꼭 필요한 사람에게 재정 부담이 최소화 되도록 제도를 설계하고 구축해왔습니다. 왜냐하면 보수진영은 미래 세대에게 부담이 되지 않아야 한다는 확고한 국정운영에 대한 책임감이 있었기 때문입니다. 지금 돈이 넉넉하더라도 아끼고 효율적으로 써서 미래 세대에게 건전한 세상을 물려줄 걱정을 하고 있습니다. 지금 국가채무가 30%인데 잘 운영해서 10%로 줄여서 미래 세대에게 주면 미래 세대는 더욱 행복할 것 아닙니까?

H사장 그럼 보수진영은 복지를 효율적으로 운영하기 위해 돈을 아끼기 때문에 욕을 먹는다는 말씀인가요?

홍박사 그렇습니다. 앞에서 말씀드린 것같이 보수진영은 건강보험체계를 만들었습니다. 병원들이 가동할 수 있는 전산 시스템을 만들고 아무 것도 없는 상태에서 의료급여 대상과 비율을 정했습니다. 돈이 적게 들어가게 하려고 병원으로 흘러 들어가는 돈은 줄이도록, 서민들이 혜택을 많이 받도록 고효율로 설계하니까 결국 의사들의 강한 반발에 부딪히기도 했습니다. 건강보험 도입 초기에 의료파업 같은 의사들의 반발을 기억하실 겁니다.

H사장 그럼 진보진영은 돈을 함부로 쓴다는 말씀인가요?

홍박사 진보진영이 추구하는 복지 시스템은 저효율 고비용의 구조입니다. 복지가 필요 없는 사람에게도 돈을 떠안겨서 고마움을 유발합니다. 100만 원이면 충분히 될 일을 일부러 1,000만 원 이상 돈을 씁니다. 당연히 돈을 받는 사람들은 좋아합니다. 문제는 재정인데 진보진영은 돈 걱정을 안 합니다. 왜냐하면 돈을 벌어본 적이 없는 투쟁가들이 모였기에 국회에서 추경만 하면 기획재정부에서 돈이 무한정 나올 것이라고 믿습니다.

H사장 그 논리가 홍남기 경제부총리 때문에 막혀서 난리가 났었죠. 오죽하면 당시 국무총리였던 정세균 전 총리가 "이 나라가 기재부의 나라냐"라고 했었겠어요?

홍박사 특히 진보 운동권은 시스템 구축이나 병원건립 같은 어려운 일은 안 합니다. 티가 안 나기 때문입니다. 아까 H사장님께서 아는 지인 분이 서민을 위한 의료복지라면 소득 하위 50%만 갈 수 있는 국립병원을 설립해야 한다고 말씀하셨다지요? 진보 운동권은 그런 힘든 일 절대 안 합니다. 일은 많고 힘들면서 돈을 뿌린 만큼 표가 안 나옵니다. 그냥 건강보험에서 급여항목을 확대합니다. 돈은 병원으로 마구 흘러 들어갑니다. 의사들이 뭐하러 저항하겠습니까? 혹시 문재인 케어 때문에 의료 파업했다는 소식을 들어보신 적 있으세요?

H사장 그럼 국민의 돈을 헛되이 쓴다고 국민들이 반발하지 않을까요? 하지만 지금도 그런 반발은 전혀 없습니다.

홍박사 진보 운동권은 국민들이 재정에 대한 의문을 갖지 않도록 연막작전을 충실히 이행했습니다. 아까 조나라님이 설명하신 것처럼 소득의 양극화를 내세워서 부자들과 서민들의 대결구조를 만듭니다. 그래서 소득의 양극화를 해소하기 위해 분배에 집중한다고 선언하여 부자들에게서 돈을 빼앗아 서민에게 줄 것 같은 뉘앙스를 풍깁니다. 그래서 서민들이 문재인 정부에서 엄청난 재정지출을 결정해도 부자들에게서 빼앗아서 주는 것일 뿐 나에게 부담은 없다는 환상 속에 머물게 합니다.

H사장 그러면 보수도 그렇게 하면 되는 것 아닌가요? 진보진영에서 바보가 아닌 한 뭔가 방법을 숨겨놓고 있는 것 아닐까요?

과도한 복지를 유지하는 유일한 방법 : 아이를 많이 낳자

홍박사 수입보다 지출이 많으면 빚을 내야 하고, 빚이 많아지면 이자 때문에 더 많은 고생을 하다가 결국 파산합니다. 이건 숨겨진 비법의 문제가 아니라 아주 간단한 산수입니다. 여기에 해결책은 단 하나입니다.

H사장 오호, 해결책이 있기는 있네요. 숨겨진 비법이 아니라고 해서 대책이 없는 줄 알았어요.

홍박사 사실 선진국의 복지의 재정 메커니즘은 기본적으로 '인구가 증가한다'는 가정하에 설계되었습니다. 계산을 한 번 해볼까요? 숫자를 싫어하시는 H사장님께서는 조금만 참고 계세요. 현재 100의 인구가 있다고 가정하고 10%씩 복지를 위해 세금을 납부한다고 합시다. 그리고 그 돈은 이전 세대(시행 당시의 노인들)의 복지비용으로 지출되어 버립니다. 그래서 복지제도 실시 초기에는 모두들 혜택에 기쁨이 넘치게 됩니다.

H사장   저희 아버님이 생각나네요. 저희 아버님이 은퇴 직전에 국민연금이 시행되었는데, 6개월 내시고 돌아가실 때까지 20년 넘게 생활비를 받으셨어요.

홍박사   그런 거죠. 하지만 향후 인구가 120으로 증가되면 10%씩 지불했던 100의 인구에게 120의 인구가 10%씩 내도 10%씩 복지가 가능해집니다.

H사장   잠깐만요. 120의 인구가 10%씩 내서, 그걸 100의 인구로 나누면 12% 아닌가요? 2%는 왜 빼돌려요?

홍박사   세금을 거두어서 나누어주는 공무원은 돈 안 받습니까? 공무원은 이슬만 먹고 살아지나요? 복지는 무조건 INPUT보다 OUTPUT이 작아요. 그걸 '복지비용'이라고 합니다. 그 이후에 인구가 144로 늘어나면 10%씩만 납부해도 120의 이전 세대 인구에게 10% 복지가 가능한 거구요. 이렇게 인구가 20%씩 늘어나야, 복지를 만들어낸 정치인에게 지지를 보내게 되고 복지도 지속 가능한 겁니다.

H사장   그런데 우리나라는 인구가 줄어들고 있잖아요?

홍박사   그게 문제가 됩니다. 앞의 예에서 100의 인구가 10%씩 복지를 위해 세금 납부해서 이전 세대의 복지비용으로 지출되어 버리고 나서, 그 다음 세대의 인구가 80으로 줄어버리면 어떻게 될까요? 80의 인구가 10% 세금을 내면 100 인구의 세대는 8%씩밖에 복지를 받을 수 없게 됩니다. 거기에 '복지비용'을 더 빼면 6% 정도 받겠지요. 그래서 100 인구 세대의 불만이 발생합니다. 이때 정부는 두 가지 선택이 가능합니다. 80의 인구가 세금을 14%씩 내든지, 아니면 최소 4%만큼 빚을 져서 지급해야 하는 겁니다. 당연히 표를 잃을 것이 두려운 정치가들은 후자를 택하게 됩니다.

H사장 그때는 그냥 빚져서 해결한다고 치고요. 다음에 인구가 또 20% 줄어들면 진짜 대책이 없는 거 아닌가요?

홍박사 80 인구의 다음 세대가 또 20% 감소되어서 64의 인구가 되면 무척 힘들지겠지요. 거기에 앞 세대의 빚까지 갚아야 합니다. 결국 이탈리아에서처럼 복지를 둘러싼 세대 간 전쟁이 시작됩니다. 결국 인구 증가 없는 복지 확대는 파멸로 직행하는 길입니다. 진보진영에서 지금의 인구 감소를 바꿀 묘수가 있을까요? 아니면 있는 것처럼 국민을 속이고 있는 걸까요?

H사장 그럼 정부는 또 빚을 내서 빚을 갚으면 되는 거 아닌가요? 어차피 국가라는 든든한 배경이 있으니 국채를 발행해서 빚을 내면 되잖아요?

홍박사 일단 용어부터 정리하겠습니다. 흔히들 '나랏빚'이라고들 하시는데 국가채무(國家債務)가 있고요, 국가부채(國家負債)가 있습니다. 그 차이를 잠간 생각해 봐주세요.

용어	의미	현황
국가채무 (國家債務)	국가가 중앙은행이나 민간(외국 포함)으로부터 빌려 쓴 돈	문재인 정부 들어서 400조 정도 늘어서 임기 말에는 1,000조를 초과할 것으로 예상(GDP 대비 50%)
국가부채 (國家負債)	국가채무에 미래에 국가가 지불해야 할 금액을 더한 금액, 즉 국가채무에 미래 지출하기 위해 현재 충당해야 하는 공무원연금과 군인연금 등의 충당 채무를 합한 것	국가채무의 급격한 증가와 공무원의 증가로 문재인 정부 임기 말에 2,000조 예상됨(GDP 대비 100%)

H사장 아하, 그래서 어떤 분은 국가빚이 GDP 대비 50%라고 하고, 어떤 분은 GDP 대비 100%라고 하시는 거군요.

홍박사 모두 눈치채셨겠지만 국가부채(國家負債)는 공무원의 숫자에 결정적으로 영향을 받습니다. 문재인 대통령의 공무원 증원 공약이 다 빚이 되는 겁니다. 그러나 그것까지 말하면 공무원연금 개혁까지 들어가니까요. 그만하구요. 여기서는 국가채무(國家債務)만 언급하겠습니다. 이 국가채무도 문재인 정부 들어서 무서운 속도로 늘어났습니다. 채무가 무서운 이유는 이자가 계속 붙기 때문입니다. 이자 부담 없이 마냥 빌릴 수 있으면 걱정이 없겠지요.

H사장 국가채무의 이자가 얼마나 되나요? 그거에 대해 언급하는 사람은 한 명도 못 봤어요.

홍박사   문재인 정부에서 400조 정도 국가채무가 증가해서 1,000조 원대의 국가채무가 발생했습니다. 통상적으로 대한민국은 신용도가 높기 때문에 국채의 이자 1% 정도입니다. 매년 10조의 이자가 발생하게 되는 거지요.

H사장   에이, 그까짓 10조 정도가 무슨 부담이 된다고 그래요? 지난번 4차 재난지원금은 한 번 주면 20조씩 주던데요.

홍박사   그러나 원금은 생각 안 하나요? 원금을 축소하지 못하면, 나중에는 이자에 이자가 붙어서 눈덩이가 됩니다. 거기에다가 만약 경제가 더 폭망해서 신용도가 떨어지면 이자율은 더 올라갈 가능성이 있습니다. 그리스 같은 경우 국채이자율이 8%~10% 정도인데도 잘 안 팔려요. 우리도 국채이자율이 8%가 되면 매년 80조를 이자로 내야 합니다. 우리나라 1년 세금 수입이 300조 정도인데 어떻게 감당할 건가요? 안 그래도 적자재정인데 어떻게 이자와 원금을 냅니까?

H사장   그렇다고 정부에서 가만히 있을 수는 없잖아요? 문재인 정부에서는 지금 같은 코로나 경제위기 상황에서 정부가 재정을 확대해서 국민들에게 나눠줘야만 소비가 살아나서 경제가 살아난다고 주장합니다. 그리고 우리나라뿐 아니라 유럽의 선진국조차도 경기 침체기에는 재정확대 정책으로 경제의 꺼져가는 불씨를 살리고 있구요.

홍박사   경제라는 장작에 불이 붙도록 재정이라는 종이에 불을 붙여서 밀어 넣는 것은 누구나 아는 원론적인 이론입니다. 그런데 만약 그 장작에 규제라는 물이 잔뜩 묻어 있다면 어떤 상황이 벌어질까요? 멀쩡히 잘 타고 있던 장작의 불이 규제라는 물에 의해서 꺼졌는데, 그 물을 말리지도 않고 열심히 종이에 불을 붙인들 장작이 타겠습니까? 지금의 반기업 정서와 상상을 초월하는 기업규제를 그대로 놔둔 채로는 어떤 불도 붙일 수 없습니다. 실제로 재정지출의 GDP 창출효과는 1이 안 되는 것으로 알려져 있습니다. 한마디로 재정을 써도 본전을 못 건진다는 말씀입니다.

H사장 그게 무슨 소리예요? 알기 쉽게 설명해주세요.

홍박사 제가 언급한 것은 경제학에서 말하는 '승수(multiplier) 이론'입니다. 경제 변수(정책)의 효과를 분석하는 모델이지요. 불황기에 국가가 돈을 풀어 만든 유효 수요가 투자와 소비로 이어지고, 시간이 흐르면 결국 풀린 돈의 몇 배에 이르는 경제효과가 나타난다는 케인스 이론의 핵심논리를 수학적으로 계산하는 모델입니다. 여기서 '재정 승수'는 정부지출을 한 단위 늘렸을 때 국내총생산(GDP)이 얼마나 증가하느냐를 복잡한 함수모형으로 산출한 것인데요. 예를 들어서 10억의 재정을 투입해서 GDP 상승효과가 10억이 되면 재정 승수는 1이 됩니다.

H사장 그럼 우리나라 '재정 승수'는 얼마인가요? 아까 1이 안 된다고 하셨으니까 0.9?

홍박사 안타깝게도 기획재정부가 추산하는 우리나라 재정 승수는 0.3~0.4 정도라고 보시면 됩니다. 즉 재정을 10억 쓰면 3~4억 정도의

GDP 증가효과가 나타난다는 뜻입니다. 물론 이 효과가 장기적으로 반복되어 늘어나고 또 파급효과를 일으켜서 재정의 투입보다 훨씬 큰 이득이 된다고 주장하는 분이 계시지만, 정부가 적극적으로 경기 활성화를 위해 노력한다는 가정하에 가능한 상황이라고 봅니다. 멀쩡하던 경제를 인기 끌려고 일부러 침몰시켰는데, 재정을 푼다고 갑자기 살아납니까? 지금 같은 기업 말려 죽이기 상황에서 일반 국민들에게 돈을 억지로 쥐어주는 방식의 재정지출은 더욱더 큰 손실을 만들 가능성이 큽니다.

H사장 제가 생각해도 솔직히 경기가 살아나기는 힘들어 보이긴 해요. 그렇지만 정부가 손 놓고 아무 것도 안 하고 국민들이 말라 죽기를 기다리는 것은 더욱 말이 안 되니까 재정지출을 단행하는 것이 유일한 방법 아닐까요?

홍박사 글쎄요. 재정지출을 늘리지 않고도 경기가 살아날 방법은 얼마든지 있습니다. 문재인 정부에서는 서민들의 표를 잃을까 봐 무서워서 절대로 실행 못하는 방법이지만요.

H사장 대충 무슨 방법인지 알겠네요. 앞에 '경제 이야기'에서 나왔던 내용이겠지요? 궁금하신 독자님들은 다시 한 번 읽어봐 주세요. 어쨌든 지금처럼 하면 재정은 빵꾸가 나고 GDP는 별로 안 오르면서 빚만 잔뜩 지게 된다는 말씀이신데요. 진보진영에서는 무언가 아무도 모르는 독창적이고 기발한 방법이 있지 않을까요?

홍박사   유일한 방법인 인구증가는 폭삭 망했기 때문에 진보 운동권에서는 더 대단한 기발한 방법을 실행합니다. 맨날 부자들을 욕하면서, 정작 세금은 일반 국민에게 늘리는 기발한 방법입니다. 진보진영은 겉으로는 부자증세에 대한 국회 논의과정을 언론을 통해 크게 홍보합니다. "이번 세금 인상은 상위 2%에만 영향이 있다" 이런 식이지요. 그러면 서민들은 문재인 정부에서 부자들의 돈을 세금으로 빼앗았으니까 재정에는 아무 문제 없다고 안심합니다. 그냥 거짓말일 뿐입니다. 야구장에서 운동경기를 한다고 하면 모두가 야구경기인 줄 착각하게 됩니다. 하지만 막상 가보면 축구경기를 합니다. 모두가 홈런을 기대하고 가지만 홈런은 없습니다. 축구경기니까요. 결국에는 실제로 돈이 없으니까 국채를 발행해서 빚만 잔뜩 지게 됩니다. 아니면 건강보험료나 종합부동산세 같은 세금만 야금야금 올립니다.

H사장   알아요. 부자들에게 세금 많이 거두어봐야 해결되지 않을 거라는 말은 조나라님으로부터 아까 들었어요. 그래도 돈 많은 사람들이 좀 노력해야 하는 것 아닙니까?

홍박사   부자들도 무지 노력하고 있습니다. 아까 언급된 10%의 국민이 80%의 소득세를 내고 있다는 말을 벌써 잊었습니까? 그리고 전체 세금 수입금액에서의 법인세(법인기업들이 내는 소득세)도 22.4%를 차지하고 있습니다. 소득세와 법인세 합쳐서 전체 세수의 50% 정도를 부자들과 기업들이 내고 있습니다. 거기에 상속세, 증여세, 부동산 거래에 의한 취등록세를 합하면 이미 대한민국의 세금 거의 대부분을 부자와 기업이 내고 있습니다.

H사장　그렇지만 아직도 우리나라 양극화 현상은 매우 심각한 것으로 나타나고 있어요. 그래서 진보진영에서는 아직도 부자들과 기업들은 세금을 더 낼 여력이 많이 있을 것이라고 홍보하고 있죠.

홍박사　이 정도 말해도 "부자들에게서 세금으로 돈을 빼앗아야 한다"고 악착같이 버티는 독자님들이 계실 것 같습니다. 제가 질문 한 번 드리겠습니다. 부자들의 세금을 몇 % 올리면 완벽하게 복지재정이 충당된다는 통계를 본 적 있으신가요?

H사장　그러게요. 그런 통계를 본 적이 없어요.

홍박사　진보 운동권에서조차도 그런 통계는 발표한 적이 없습니다. 기껏해봐야 부자들의 세금을 몇 % 올리면 연간 몇 천억 정도의 세금이 더 걷힌다는 정도입니다. 정말 미친 듯이 올려서 긁어 들여서 10조가 더 걷혀봐야 우리나라 복지예산 180.5조(2020년 보건, 복지, 고용 관련 예산)의 5% 남짓 될까 말까인데, 이걸로 뭘 하겠다는 건가요? 살짝 도움은 되겠지요.

H사장　아무리 생각해도 진보진영에서 세금 몇 % 올리면 재정의 문제가 완전히 해결된다고 발표한 적은 없는 것 같네요. 그럼 결국 부자들의 돈이 아니라 일반 국민들의 돈으로 복지를 한다는 것인가요?

홍박사　기본소득제로 인기몰이를 하고 있는 이재명 경기도지사조차도 보편적 증세를 이야기하고 있습니다. 저소득층도 모두 세금 내라는 거지요. 모두에게 다 주려면 모두에게 다 걷는 수밖에 없으니까요.

H사장 모두에게 걷어서 모두에게 줄 거면 뭐하러 줘요? 그냥 안 걷으면 되지.

홍박사 아무리 이리 붙이고 저리 붙여도 부자들 돈으로 복지를 떠받칠 수 없다는 것을 문재인 대통령도 아니까 고민고민을 하셨겠지요. 그러다가 결국 "GDP 대비 국가채무 비율이 다른 OECD 국가보다 낮다"라는 명답을 찾으셨습니다. 무슨 뜻입니까? 우리나라 국민 모두의 이름으로 빚을 지겠다는 뜻입니다. 우리들 몰래 국민의 이름으로 마이너스 통장을 개설한 후 거기서 돈을 빼서 국민들에게 나누어주면, 결국 그 마이너스 통장의 빚은 국민이 갚아야 합니다. 이자까지 붙여서 말이지요. 왜 국민들이 그런 정부에 고마워해야 하나요? 화를 내야 하는 것 아닌가요?

H사장 에이, 누가 빚이 지고 싶어서 지나요? 상황이 급하니까 빌리는 거죠. 다행히도 우리나라는 OECD 국가채무 비율 전체 평균보다도 한참 밑에 있으니 추가적인 채무 발생은 큰 문제가 없다는 문재인 대통령님 말이 설득력 있게 들리는데요.

홍박사 빚을 지더라도 향후 갚을 수 있는 대안이 있다면 문제없습니다. 예를 들어 트럭으로 화물을 운송해서 생계를 이어가는 가정이 있다고 합시다. 그런데 트럭이 고장이 났습니다. 당장 수리를 해야 하는데 수리비가 없어요. 어떻게 해야 하나요? 당연히 빚을 져서라도 수리비를 내고 수리해야 합니다. 그러고 나서 화물을 운송해서 번 돈으로 빚을 갚으면 됩니다. 그렇다면 누구나 이해할 수 있는 정당한 채무입니다. 그런데 이 예에서 트럭을 수리하기 위해 수리비로 대출을 받은 후에 그 돈을 전부 집에 있는 아이들에게 용돈으로 준다면 큰 문제가 있습니다. 받는 아이들도 느닷없이 돈을 받아서 기분이 좋기는 하지만, 사실 얼떨떨하기도 하고 이렇게 낭비해도 되나 하는 마음에 불안하기도 합니다. 그리고 아이들이 그 돈으로 PC방 가서 게임 아이템 사버리면, 트럭을 수리할 수 없기 때문에 그 돈은 갚을 방법이 없습니다.

H사장 당연히 빚을 나중에 갚을 생각 안 하고 마냥 써버린다면, 그건 미친 거죠. 그러나 그 빚이 그다지 많지 않으면요? OECD 평균치 국가채무 비율로 봐도 우리나라 정도의 경제력이라면 빚 좀 더 져도 괜찮을 거 같은데요?

홍박사 하하하, 요즘 말만 나오면 백조, 십조 이러니까 무슨 새 이름인 줄 아시고 '조'가 우스워 보이시나 봐요. 한 번 생각해봅시다. 1조 원이면 1천만 원이 10만 개 있는 것입니다. 10만을 365로 나누면 280이 됩니다. 즉 280년 동안 매일 하루에 1천만 원씩 써야 없어지는 돈이 1조 원입니다. 그런 돈을 몇 백조씩 채무를 만들겠다고 하는데 부담이 없다니요? 아예 안 갚을 돈도 아니고 나중에 갚아야 할 돈이라면 어떻게 부담이 안 됩니까? 여기에서 진보 운동권의 말 바꾸기의 결정체가 나타납니다. 문재인 대통령의 OECD 국가채무 비율 발언 이후에 국가채무 비율 40%에 대한 무시현상이 일어나고 있습니다.

H사장　그렇지요. GDP 대비 국가채무 비율을 40% 이하로 유지해야 한다고 규정한 법은 없거든요.

홍박사　법만 가지고 살아지나요? 정직한 정치인이면 자기가 한 말에 책임을 지면서 살아야 하는 거 아닌가요? 그 발언이 있기 4년 전 문재인 대통령은 박근혜 대통령의 확대 예산안에 대해서 국가채무 비율 40%를 지킬 것을 강력하게 호소했습니다. 빚이 무섭고 두려운 것이라는 사실을 알고 있었다는 증거입니다. 지금의 진보 운동권은 미래 세대에게 거덜난 거지나라를 물려주고 싶어 안달이 났습니다. 그래서 부담이 가는 빚 걱정은 쓰레기통에 갖다 버렸어요. 왜냐하면 최대한 복지잔치를 벌여서 미래 세대에게 부담이 가는 상황을 만들어야 유리하기 때문입니다.

H사장　미래 세대가 빚에 쪼들려 부담이 가는 게 왜 진보진영에 유리해요?

홍박사　나중에 국가 경제가 파탄나서 소방차에 기름도 못 넣게 되면 국민들은 진보 운동권을 외면하게 됩니다. 그리고 보수진영이 구원투수로 등판합니다. 그러나 보수진영이 집권하여 긴축재정을 펼치면 국민들이 화려했던 진보 운동권의 복지잔치 시절을 그리워하게 됩니다. 참 어이없지요? 그래서 한바탕 난리가 나고 아무 대책 없이 복지를 더 주겠다고 하는 진보 운동권이 다시 재집권하게 됩니다.

H사장　설마 그럴 리가요? 우리나라 국민들이 바보도 아니고 누가 어

떤 정책을 펼쳐서 재정에 문제가 생겼다는 것을 기억할 텐데, 그 상황을 또 그리워한다구요?

홍박사 베네수엘라 국민들도 차베스 대통령을 최고의 대통령으로 추앙하고 있습니다. 아르헨티나 국민들도 페론 대통령 시절을 그리워하고 있고요. 두 사람 모두 복지를 통해 국가재정을 파탄시킨 장본인인데 말이죠. 똑똑한 우리나라 진보 운동권이 복지를 빌미로 재정을 파탄시켜서 장기집권을 이룬 다른 나라의 예를 놓칠 리 없겠지요.

H사장 어찌 되었든, OECD 평균 국가채무 비율이 110%인 것은 사실이잖아요?

홍박사 진보 운동권에서는 정말 멋진 핑계거리를 찾으신 것 같아요. 하지만 원래 남하고 비교하는 인간이 제일 몹쓸 인간인 거 아시죠?

H사장 하긴, 저도 우리 아이들이 다른 집 아이들의 부모와 저를 비교하면 짜증이 나요. "다른 집 부모는 아이들에게 '사과사'에서 만든 고급 태블릿 PC를 사줬는데 왜 자기는 안 사주느냐"라고 투정을 하면 그 집에 가서 살라고 윽박을 지르지요.

홍박사 원래 비교할 때는 자기에게 유리한 POINT만 찍어서 비교합니다. 예를 들어서 방금 이야기한 '사과사'의 고급 태블릿 PC를 받은 다른 집 아이는 전교 1등을 했다던지, 수학경시대회에 나가서 1등을 했을 수 있지요. 하지만 그런 건 조용히 숨깁니다. 마찬가지로 동등 비교하면 안 되는 사항이 비교 대상에 포함되어 있습니다. 국가채무 비율 평균을 확 높인 장본인은 일본입니다. 자그마치 237.13%입니다. 당시의 우리나라 37%보다 6배나 많습니다. 그러나 일본의 국채는 대부분 일본인이 삽니다. 일본 국민들 사이에는 주식만큼이나 보편적인 투자처로 인식되고 있습니다. 혹시 주위에 대한민국 국채를 투자방법으로 선택하신 분이 계시나요?

H사장 있긴 있겠지만, 제가 직접 보지는 못했어요.

홍박사 일본은 자국민이 국채 매입의 큰손이기 때문에 국채를 많이 발행해도 이자가 국민들에게 흘러 들어가서 오히려 복지지출의 효과가 생깁니다. 또한 국채를 발행해도 국민들이 사니까 통화도 증가되지 않습니다. 즉 큰 문제가 되지 않는 상황입니다. 또한 미국은 104.26%입니다. GDP 대비 비율이 우리나라보다 2.5배 정도 많지만 경제 규모가 워낙 크니까 그 금액은 어마어마합니다. 그러나 걱정이 없습니다. 기축통화국이므로 돈 모자라면 달러를 찍어내면 그만입니다. 우리나라와 똑같이 비교하시면 안 되는 거 모르시는 분 없으시겠지요?

H사장 그럼 누구랑 비교를 해요?

홍박사 140년 복지 전통을 가진 복지의 모범국가 스웨덴을 보겠습니다. 헉!! 38.46%입니다. 문재인 대통령이 OECD 국가채무 비율을 거론했던 당시 우리나라 국가채무 비율 37.92%와 별로 차이가 안 납니다. 원래 복지를 하면 국가채무가 팍팍 늘어나야 한다는 진보 운동권의 홍보 내용과 많은 차이가 있습니다. 우리는 이제 겨우 복지국가 시작인데 벌써 50% 넘기려고 하는데 어떻게 140년 전통의 복지국가는 국가채무 비율이 38.46%일까요? 이는 복지국가를 길게 유지하려면 국가채무 비율을 적정 수준 이하로 묶어놓아야 한다는 복지 선진국의 노하우가 있는 것입니다. 이래도 국가채무 비율을 높이셔야겠다면 차라리 "내가 집권한 동안은 괜찮을 테니까 나중에 거지나라가 되더라도 마음껏 쓴다"고 솔직하게 고백해주시기 바랍니다.

H사장   보수진영에서도 21대 국회의원 선거 이전에는 홍박사님처럼 재정문제를 많이 거론하셨는데, 선거 참패 이후에는 별로 재정문제를 거론하지 않고 있어요.

홍박사   재정 걱정해서 국민들에게 직접 돈을 뿌리는 것을 저지하는 현명한 판단이, 정작 국민들에게는 인기가 없는 작업이라는 것이 만천하에 알려졌으니까요. 더 이상 정치권의 논쟁거리가 되지 않는 것이 당연합니다. 코로나19 전까지 팽팽했던 지지율이 전 국민 100만 원씩 긴급재난지원금 발표로 쑥대밭이 되었잖아요? 아마도 다음 대선에서는 전 국민 1,000만 원씩 지원 공약이 쏟아질 수도 있습니다. 어차피 당선 후에 축소하거나 없애면 되니까요.

H사장   그럼 이제 정치권에서는 아무도 재정 불안정에 대한 이슈를 언급하지 않겠군요. 그거 참 불안하네요.

홍박사   보수진영이 정말 안일하다고 느껴지는 부분이 이런 상황입니다. 진보 운동권은 집권을 위해 시민단체를 꾸준히 지원하고 광주 민주화 운동에서의 희생한 사진을 사람이 많은 거리에 걸어놓고 잔혹한 실상을 알리는 일을 해왔습니다. 또한 정신대 할머니들을 이용해서 과거 일본의 만행을 홍보하는 활동을 지속적으로 해왔습니다. 이러한 작은 일들이 호수에 돌을 던지는 것 같아도 결국 호수를 메워버리는 결과를 만들었지요.

H사장 보수진영에도 시민단체가 있기는 하지만 별로 지원도 안 하고 활동도 없잖아요? 솔직히 왜 있는지 잘 모르는 단체가 많아요. 태극기 부대, 해병대 전우회 이런 노인들 모임만 떠오르거든요.

홍박사 어르신들의 모임만으로는 국민들에게 어필하기 힘듭니다. 이제는 보수진영도 체계적으로 '재정 건전성 감시단', '국민약속 기억연대' 등 정부의 방만한 재정 운영이나 공약에 대한 정책이 얼마나 헛발질인지 국민들에게 홍보할 시민단체를 만들어야 합니다. 또한 진보 운동권처럼 주말에 사람이 많이 모이는 공원에 자료들을 전시하거나, 출퇴근 시간에 지하철역 앞에서 피켓을 들고 국민들에게 진실을 알리는 노력을 해야 합니다. "진보진영에서 주는 복지는 결국 내 마이너스 통장에서 나온 돈으로 나에게 주는 것이다. 나중에 이자까지 쳐서 내가 갚아야 한다. 속아서 고마워하지 말고 화를 내자" 이런 식으로 알려야 합니다.

H사장 어차피 내가 나중에 갚아야 할 돈이라면 지금 공짜 돈을 준다고 해도 고마워할 사람은 없을 것 같네요. 재정 이야기는 여기까지만 하고요, 복지를 당연한 권리로 인식하는 사회적 분위기에 대해서도 이

야기해주세요.

홍박사 당연히 대한민국의 국민이라면 기본적인 삶의 유지가 불가항력적으로 어려워졌을 때 국가의 복지를 이용할 권리가 있습니다. 그걸 모르는 사람이 없는데 새로운 개념인 것처럼 말하는 사람이 이상하네요. 그런데 왜 그런 이상한 사람들이 대한민국에서 갑자기 늘어나고 있을까요? 대한민국 국민은 복지가 필요할 때 복지를 받을 권리가 있습니다. 그렇지만 아무 이유 없이 정치가들이 표를 얻기 위해 다음 세대의 돈을 빼앗아서 공짜 돈을 뿌리는 것이라면, 이것을 받을 권리는 지금 세대 국민에게 없습니다.

H사장 저도 그 생각은 해요. 어린이 보호구역에 아이들을 민식이법까지 만들어서 보호하면서, 왜 그 아이들의 돈은 미리 빼앗나?

홍박사 길을 가다가 누가 갑자기 돈을 쥐어주면 대부분의 사람이 이렇게 생각합니다. '이 돈은 위험하다' 그 돈은 훔친 돈일 수도 있고요, 아니면 그 돈을 빌미로 접근해서 다른 물건을 사야 할 수도 있습니다. 이렇게 누군가가 이유 없이 호의를 베풀 리가 없고 당연히 그 뒤에는 어떤 요구가 있을 것이기 때문입니다. 그런데 진보 운동권에서는 이러한 국민들의 불안함을 떨칠 수 있게 '권리'라는 좋은 표현을 갖다 붙입니다. 그냥 대한민국 국민이니까, 살아있는 사람이니까 권리가 자동으로 생기는 것이고 그냥 돈을 주면 받아도 문제될 것이 없다고 설득하는 거죠. 즉 '공짜 돈'에 대한 국민들의 의심이나 불안을 잠재우는 좋은 명분이 되는 겁니다.

H사장   '공짜 돈'은 복지가 아니기 때문에 복지에 대한 국민의 권리와 상관이 없다는 말씀이시군요?

홍박사   이것은 복지가 아니라 공짜 돈을 국민들에게 뿌려서 표를 얻기 위한 불법선거운동입니다. 과거 노인 세대는 전통적으로 강한 보수 성향을 보여왔습니다. 그러나 최근 대규모 재정을 쏟아부은 공공일자리를 통해서 노인들의 표가 대거 진보 운동권으로 움직였습니다. 실제로 제가 알고 있는 지인의 증언을 소개하겠습니다. 자기와 친한 어르신이 진보를 지지하길래 왜 진보를 지지하시는지 물어봤더니 "돈 주잖아. 딴 놈들이 나한테 돈 주는 거 봤어?"라고 답변을 하셨다고 합니다. 그래서 "어르신, 그거 다 빚입니다. 나중에 우리 손주들이 고생고생해서 이자까지 갚아야 합니다"라고 말씀드렸더니, "몰라. 내가 안 받는다고 뭐가 달라져? 나만 손해지"라고 답변을 하셨다고 합니다. 공공근로가 공짜 돈은 아니지만 재정을 통해서 곧 거덜이 날 일자리를 억지로 만들었다는 측면에서 본다면 공짜 돈과 다름이 없지요. 이렇게 돈으로 지지층을 회유하는 방식이면 자기를 찍어달라고 돈 봉투를 건네는 것과 무엇이 다릅니까? 그나마 과거에는 자기 돈으로 돈 봉투를 돌렸는데 이제는 국가의 세금으로 돈 봉투를 돌리고 있습니다.

H사장   현금 살포성 복지에 대한 공약이나 정책이 불법선거운동에 해당되지 않는다는 유권해석은 예전부터 있어 왔어요. 법에서 정한 규정을 위반하지 않았다면 불법선거운동으로 보기는 무리가 있지 않을까요?

홍박사   쓸데없이 국민을 통제할 때는 너무나도 촘촘하고 가혹한 대한민국 법이 국회나 정치권에 대해서는 한없이 너그럽습니다. 이런 '내로남불 양극화'는 언제쯤 해소될까요? 언젠가 깨어 있는 누군가에 의해 법이 개정되면 이러한 행동들은 모두 불법선거운동으로 인정될 것입니다. 만약에 이렇게 신나게 '공짜 돈 살포'를 하고 나서 "나는 욕심이 없으니 정계를 떠난다"라고 입장표명을 한다면, '공짜 돈 살포'가 표를 얻기 위한 행동이 아니었다고 인정받을 수 있겠지요. 그러나 '공짜 돈 살포'를 한 후에 출마한다면 그는 국민을 위해 한 행동이 아니라 표를 얻기 위해 국민의 세금을 날려버린 사람이니까 비난받아 마땅할 것입니다.

H사장 좋습니다. 정치가들이 표를 얻기 위해 '공짜 돈'을 뿌리고 있다고 합시다. 그래 놓고 국민들이 미안해하니까 권리가 있다고 속이고 있다고 치죠. 그러나 만약 이런 일들의 결과로 국민들의 삶이 나아지고 소비가 늘어나서 경제가 살아난다면 국민들에게는 유익한 일이 아닌가요?

홍박사 10~100년 꾸준히 국민의 삶이 나아진다면 매우 유익한 일이라고 볼 수 있습니다. 하지만 1~2년 국민의 삶이 나아지다가 국가가 몰락한다면 과연 유익하다고 볼 수 있습니까? 여기서 '복지국가'와 '포퓰리즘 국가'의 차이가 생기게 되는 것입니다.

H사장 그럼 '복지국가'와 '포퓰리즘 국가'의 차이점을 설명해주세요.

홍박사 다음의 표에서처럼 여러 가지 구분 조건이 있습니다.

점검 포인트	복지국가	포퓰리즘 국가
예	북유럽의 선진국 스웨덴, 핀란드	남미 극빈국 베네수엘라, 아르헨티나
특징	경제 정점기에 서서히 복지 실행, 경제적 위축기에는 복지를 축소하는 등 유연하게 대처	경제 정점기에 급격히 복지 실행, 경제적 위축기에도 복지 늘림(정치적 이유)
세금 부담	전 국민 동일 소득세율, 저소득층도 납세에 동참하여 재정에 대한 책임감 큼	저소득층 세금 부담 없음, 저소득층은 납세에 관여하지 않으므로 재정 상황을 신경 쓰지 않음
공무원	부패지수 낮으며, 국민으로부터 신뢰	부패지수 높으며, 국민으로부터 절대 불신
국민	제도 순응적 합리적 사고(내일 일하니까 오늘은 일찍 쉬자), 높은 사회 책임감	제도 불순응적 감성적 사고(내일 일해도 오늘 술 한 잔 하자), 낮은 사회 책임감
기업	친기업 정서	반기업 정서(심지어 강제로 국유화까지)
재정 건전성	GDP 대비 국가채무 30~60% 수준 유지, 복지 지속 가능	국가채무에 대한 모라토리엄 선언, 복지 지속 불가능

결정적인 구분 조건은 '재정 건전성'이라고 보시면 될 것 같습니다. 그리고 복지 선진국들은 복지를 늘리다 가도 이건 아니다 싶으면, 10년이 걸리더라도 사회적 합의를 통해서 복지를 축소했습니다. 스웨덴은 1970년대 한때 개인의 소득세를 95%까지 올렸었습니다. 과도한 복지를 충당하기 위한 방안이었지요. 거기다가 소득세 외에도 각종 사회보험 등을 거두었기 때문에 소득이 많은 사람은 소득을 초과해서 세금을 낸 다음에 소득이 없으니까 나라에서 생계지원금을 받아 생활했습니다.

H사장 하하하, 부자가 세금을 내고 나서 돈이 없으니까 국가보조를 받았다구요? 그게 말이 돼요?

홍박사 당시 스웨덴의 유명한 어린이 동화인 '말괄량이 삐삐'의 작가 '린드그렌'이라는 분이 있었습니다.

린드그렌(Astrid Lindgren)

H사장 그 유명한 '말괄량이 삐삐'가 스웨덴 사람이 지은 동화였군요. 처음 알았어요.

홍박사 그분이 높은 세율로 인해서, 실제로 자신이 번 돈보다 많은 세금을 내게 되자 화가 나서 만든 우화가 있습니다. 이 글이 스웨덴 전통의 집권당이자 복지주의 정책을 편 사민당의 몰락을 불러왔다고 하기도 하는데, 제가 본 것도 아니고, 확실히 그렇다고 말씀드릴 수는 없습니다. 일단 재미있는 내용이니까 읽어보시죠.

'모니스마니엔(돈의 나라)에 사는 폼페리포사'

(이야기의 전체 흐름) 모니스마니엔이라는 가상의 나라에서 동화작가로 성실히 살아가는 폼페리포사의 세금에 대한 이야기입니다. 폼페리포사는 비록 매우 높은 세율이지만 40년간 모니스마니엔을 다스린 지혜로운 통치자들이 복지국가를 유지하기 위해 정한 세율을 준수하며 살아왔습니다. 그런데 어느 시점에 폼페리포

사가 알게 된 것은 그녀의 책이 많이 팔리면 팔릴수록 그녀가 더 가난해진다는 사실이었습니다. 분명히 자신이 번 돈의 일정 부분은 자신의 몫이어야 함에도 불구하고 오히려 수중에 돈이 더 줄어드는 황당한 현상이 나타나고 있는 것이었습니다. 폼페리포사가 계산한 그녀의 수입과 세금은 다음과 같습니다.

- 연간 그녀가 벌어들인 돈 : 200만 크로나(한화로 3억 3,000만 원)
- 소득세 : 185만 크로나
- 복지세 : 10만 8천 크로나
- 기타 세금 2% : 37,000크로나
- 세금 총계 : 199만 5,000크로나
- 폼페리포사의 몫 : 5,000크로나

이런 상황에 격분한 폼페리포사가 쓴 편지의 마지막 글을 인용해보면 다음과 같습니다. 200만 크로나를 벌고도 5,000크로나로 살아야 한다는 생각이 들자, 나의 주변에는 절망의 그림자가 길게 드리우기 시작했어요. "난 정말 불쌍해. 소득 신고할 필요 없는 기초생활수급자였으면 좋았을 텐데. 그럼 차라리 지금보다 나았을 거야" 그때 그녀에게 한 가지 생각이 번쩍하고 떠올랐습니다. "나도 복지 혜택을 누리면 되잖아! 왜 지금까지 이 생각을 못했지? 생계지원금을 받는 거야! 바로 그거다" 이제 폼페리포사에게는 새로운 희망이 생겼습니다. 그녀는 바로 재무장관에게 사회보장으로 받는 생계지원금이 얼마인지 묻는 편지를 썼습니다. "그래 뜻이 있는 곳에 길이 있다니까. 게다가 어찌 되었든 아직까지 모니스마니엔은 세상에서 가장 너그러운 사회니까. 아닌가? 그건 두고 보면 알겠지" 그 후로 폼페리포사는 사회보조금을 받아 행복하게 살았습니다. 다시는 책을 쓰지 않았어요.

<추신> 책을 마감하기 전에 폼페리포사는 국세청에서 더욱 정확한 세액을 통보받았어요. 확정된 세금 내역에 따르면 그녀의 생활비로 남은 5,000크로나까지 세금을 내야 한다는 거예요. 즉 당신이 200만 크로나를 벌면, 세금으로 200만 2천 크로나를 거둬간다는 것이지요. 할렐루야! 폼페리포사는 길가에 나가 돈을 구걸하기로 했어요. 많이도 필요 없고 작은 새 지렛대를 살 만큼만요. "조심해라. 이 지혜로운 사람들아! 금고 주위에 야간 경호를 좀 더 탄탄하게 하는 게 좋을걸! 5,000크로나는 내 돈이야. 나라가 아무 가책 없이 내 돈을 훔칠 수 있다면, 나도 할 수 있어!" - 1976년 3월 폼페리포사

H사장 그렇게 개인 소득세를 올렸는데도 용케 기업들이 무너지지 않고 버텼네요. 세금이나 인건비 때문에 우리나라 기업들이 힘들다고 아우성치는 게 엄살인가요?

홍박사 개인 소득세를 무지막지하게 올리면서 함께 기업의 법인세도 52~62.2%로 어마어마하게 올렸습니다. 그러나 재미있는 것은 노조가 있는 대형 제조업체 즉 에릭슨, 사브 등 스웨덴을 대표하는 대기업들에게는 세금공제에 대한 특혜를 많이 주어서 22% 정도의 실효세율이 적용되었습니다. 그래서 오히려 대기업들은 사업하기가 더욱 좋은 상황이었지요. "돈을 벌려면 기업을 하고 고용을 늘려라" 이런 식의 메시지라고나 할까요? 당시 집권당인 사민당의 리더였던 '올로프 팔메' 총리가 추구했던 '완전 고용'을 이루어줄 수 있는 것은 '기업'뿐이라는 것을 알고 있었기에 취했던 친기업적인 방법이었습니다. 고용을 높인다고 하면서 기업을 탈탈 털어버리는 우리나라의 진보 운동권과는 기업에 대한 입장에서 좀 차이가 있었지요.

H사장   그럼 오늘날의 스웨덴은 어떤 상황인가요? 제2의 폼페리포사가 나올 상황인가요?

홍박사   오늘날의 스웨덴은 전 국민 소득세가 44%로 동일 세율을 적용합니다. 저소득층도 세금에 대한 책임을 나누어집니다. 전 국민 가운데 40%가 세금을 안 내는 우리나라와는 좀 다릅니다. 당연히 상속세도 없습니다. 기업을 하다 창업주가 죽어도 부담 없이 후대에서 기업을 이어갑니다. 우리나라도 진정한 복지국가로 진입하려면 전 국민 동일 세율 과세의 시도가 필요하다고 봅니다. 그래야 '나는 받는 자, 너는 내는 자'라는 복지 양극화가 이루어지지 않을 것입니다. 스웨덴은 복지 혜택을 늘리는 정책에 대해 저소득층이 반대를 하기도 합니다. 결국 세금 부담이 돌아오기 때문이지요. 자연스럽게 정치적 목적의 과도한 '공짜 돈 뿌리기'가 견제됩니다.

H사장   앞의 562p 표에서 보면 국민에 대한 항목도 있던데요?

홍박사   네, 돈만 있다고 복지국가가 되는 것은 아닙니다. 스웨덴 같은 모범적 복지국가는 100년이 넘는 복지의 전통이 있습니다. 한마디로 복지의 쓴맛, 단맛 모두 거치면서 해야 할 것과 하지 말아야 할 것에 대한 사회적 합의가 국민의식 속에 새겨져 있습니다. 실제로 복지를 하기에는 아르헨티나나 베네수엘라가 돈은 훨씬 많았습니다. 그러나 국민들이 복지를 돈 받는 것으로만 인식해서 국가의 발전은 등한시한 채 나눠 먹기에만 골몰한 결과 참혹한 국가가 되고 말았습니다.

H사장　그 나라 국민들은 나만 돈 받아서 잘 살겠다는 이기심으로 똘똘 뭉쳐 있었나 봐요?

홍박사　정치가만 원망하지 말고 국민들도 욕심을 내려놓고 후대와 공공을 위한 희생의 정신이 있어야 합니다. 예를 들어서 병원 진료할 때 MRI가 건강보험 비급여 항목에서 급여항목으로 바뀌었다고 합시다. 환자들이 느끼는 가격이 급격히 싸지겠지요. 그러나 갑자기 MRI 설비가 확 늘어나지는 않습니다. 가격이 싸졌으니까 MRI가 필요도 없는데 싼 맛에 과잉진료로 찍는 사람의 숫자가 확 늘어납니다. 그 때문에 정작 필요한 사람은 제때 찍지도 못하는 경우가 생긴다면, 복지에 대한 준비가 안 된 국민입니다. 가격이 싸져도 누군가 필요한 사람을 위해 필요할 때만 MRI를 찍는다면 복지에 대한 준비가 된 국민입니다. 우리나라는 어느 쪽인가요?

H사장　복지 선진국 이야기는 그 정도면 되었구요. 그럼 포퓰리즘 국가는 어떤가요?

홍박사　복지 선진국과는 반대로 복지를 위한 지출을 감당할 생각도 없이 그냥 정치적 목적을 위해 복지정책을 남발합니다. 남미의 파산 직전의 국가들을 말합니다. 포퓰리즘은 일반적으로 '대중영합주의', '인기영합주의'라고 합니다. 그야말로 인기 얻으려고 생각 많이 안 하면 됩니다. 포퓰리즘의 대표적 선구자는 아르헨티나의 페론 대통령이 있습니다. 이분에게는 신앙에 가까운 믿음이 있었는데요, 그것은 국가가 아무리 해코지를 해도 경제를 떠받치는 기업들이 경제를 잘 살려줘서 재정의 파탄을 막아줄 것이라는 믿음이었습니다. 그 믿음은 한동안 유효했지만 곧 바닥을 드러냈고 페론 대통령 이후 50년이 지난 지금 9번째 모라토리엄 선언을 준비하고 있습니다. 하도 여러 번 모라토리엄을 선언하니까 채권국가들도 별로 놀라지 않습니다. 페론 대통령 이후 태어난 아르헨티나 국민들은 끝없는 가난과 그 가운데서도 슬금슬금 기어 나오는 복지정책을 받아먹으면서 살아가고 있습니다. 아직도 아르헨티나의 포퓰리즘은 현재진행형이거든요.

H사장 복지를 확장했다가 재정이 감당이 안 되면 복지를 줄이면 될 일 아닌가요? 국민들에게 문제를 설명하고 동의를 구한다면 불가능한 일도 아닐 텐데요.

홍박사 문제는 과도한 복지는 마약과도 같아서 끊기가 쉽지 않습니다. 복지가 확장되어서 재정의 문제가 생기면 국민들에게 복지를 줄이겠다고 설명합니다. 그때 다른 정치적 경쟁자들이 나와서 나를 찍으면 더 큰 복지를 주겠다고 외칩니다. 자기만의 뾰족한 수가 있어서 가능하다고 호언장담을 합니다. 그러면 감당이 안 되는 것을 뻔히 아는 국민들이 그를 배척하고 복지 축소에 동의해주는 것이 맞을 것 같은데, 이상하게도 복지에 취해버린 국민들은 복지 허풍쟁이를 찍습니다.

H사장 그래서 재정파탄의 악순환이 시작되는 거군요.

홍박사 재정파탄의 악순환이 아니라, 복지와 부정부패의 악순환이라고 봅니다. 그 후 새로운 당선자는 정권이 오래 못 갈 거라는 것을 알게 됩니다. 선거 때 가지고 있는 것처럼 거짓말을 한 그 뾰족한 수가 실제로는 없으니까요. 그럼 복지를 늘리는 척하면서 부정비리로 자기 배를 불린 후 국민들을 구렁텅이로 밀어 넣습니다. 예를 들어서 베네수엘라는 세계 최대의 석유 매장량과 금광을 가진 나라입니다. 외국 기업들이 들어와서 석유를 채굴하고 기업을 운영할 때는 전 국민에게 생활비를 줄 충분한 수입이 있었습니다. 그러나 잘 나갈 때에 미래에 발생할 유가 하락과 에너지의 탈석유화를 대비해서 나라를 유지할 다른 산업을 일으키는 어려운 일은 하지 않았지요. 그냥 인기를 얻기 위해 나눠주는 일만 했습니다. 결국 미국의 세일가스 개발에 의해 유가가 하락해서 나라가 거덜날 위기에 처했지요.

H사장 개미와 배짱이 이야기에서 겨울을 맞은 배짱이가 생각나네요. 그런 위기 상황에서 베네수엘라 국민들은 어떤 행동을 했나요?

홍박사 베네수엘라 국민들은 이제 나라를 안정적으로 운영할 지도자를 선택했어야 하는데 오히려 차베스 대통령 같은 급진적인 포퓰리즘 지도자를 선택합니다. 그는 그나마 있던 기업들을 빼앗아서 국유화하고 아랍의 지도자들과 반미 대열에 동참하면서 석유 가격을 일시적으로 올려 복지를 확대하는 데 성공합니다. 기업들이 설비를 재투자하고, 국민의 복지를 줄이면서 국민들이 스스로 생업을 이어 나갈 수 있게 하는 마지막 기회를 시원하게 날려버립니다.

H사장 하지만 결국 원유 가격이 떨어지잖아요?

홍박사　운 좋게도 차베스 대통령은 다시 석유 가격이 떨어질 즈음에 암으로 세상을 떠납니다. 더러운 꼴 안 보고 잘 간 거지요. 이후 차베스 대통령의 후계자인 니콜라스 마두로 대통령이 취임합니다. 그는 더욱더 복지를 늘이기 위해 무한정 돈을 인쇄해서 뿌리는데 결국 12만%의 상상도 못할 인플레이션으로 국가를 초토화시킵니다. 12만%라고 하면 실감이 안 나시죠? 2만 원짜리 치킨이 2,400만 원이 되는 겁니다. 돈 세느라 치킨이 식겠지요.

H사장　국민들이 복지에 취하면 계속해서 더 복지를 요구하다가 몰락의 길을 걷는다는 말씀이신데, 우리나라에는 상관없는 예가 아닐까요? 우리나라 국민은 베네수엘라 국민보다도 훨씬 더 학력도 높고 현명합니다.

홍박사　현명함보다는 이기적인가, 이타적인가의 문제가 아닐까요? 결국 국가보다 자신의 복지만을 생각했던 이기적인 국민들은 100명 중 16명이 지금도 쓰레기통에서 먹을 걸 찾아서 돌아다니고 있습니다. 계속되는 시위의 주제는 복지를 더 달라는 내용이구요. 복지에 일단 중독되면 마비된 감각은 살아나지 않습니다. 그래서 시작할 때 서서히 시작하면서 상황을 판단해야 합니다.

길에서 쓰레기를 뒤져 음식을 먹고 있는 베네수엘라 어린이들 (출처 : 서울신문)

H사장 우리나라 국민들을 남미의 국민들과 비교하는 것부터 자존심이 상하네요. 최근 이기적인 국민들이 일탈적인 행동을 해서 사회적 문제가 되는 경우가 많아지고 있기는 하지만, 저는 우리나라 국민들을 믿어요. 대한민국은 1인당 국민소득 3만 달러의 국가입니다.

홍박사 그 표현이 "대한민국은 문재인 보유국입니다"보다는 낫네요. 죄송하지만 1인당 국민소득이 3만 달러면 다 똑같은 3만 달러인가요? 전문직 종사자가 살살 일해서 연봉 5,000만 원 버는 거랑, 단순직 노무자가 야근에 특근까지 해서 연봉 5,000만 원 버는 거랑 금액으로 단순 비교하는 것은 곤란합니다. 우리나라 국민소득 3만 달러는 근로자들이 개고생해서 이룬 결실입니다. 근로시간이 OECD 국가 중에서 최고로 길다고 연일 비난하실 땐 이런 생각 못하셨나요? 스웨덴이나 독일 같은 국가와 우리가 산업 기반이나 기술의 수준이 같은가요? 핸드폰이

8. 복지와 재정 이야기

랑 반도체 좀 팔린다고 교만 떨기에는 독일 벤츠랑 현대자동차의 판매 가격 차이가 부끄럽게 느껴지지 않습니까? 만약 현대자동차를 독일의 벤츠와 같은 가격으로 판다면 어떤 자동차가 팔릴까요? 뻔하지 않습니까?

H사장 저는 가격이 똑같아도 현대자동차를 사겠습니다.

홍박사 국뽕이 뿡뿡 솟아나오는 감동적인 발언이시군요. 그렇게 우리나라 사람들끼리 말하면서 기분 좋아한다고 끝나는 게 아닙니다. 거리에 독일 차가 점점 늘어나는 건 어떻게 설명하실 겁니까? 세계 시장에서 부딪히는 현실은 독일과 우리나라 산업의 차이를 뼈저리게 느끼게 해줍니다. 현실 이야기가 나왔으니 이론적으로 복지국가와 포퓰리즘 국가의 비교는 그만하지요. 이제 실제 우리나라 상황으로 돌아가 보겠습니다.

H사장 이제 우리나라로 돌아오는 건가요? 해외여행 갔다가 귀국하는 느낌이네요.

홍박사 문재인 대통령의 '내 삶을 책임지는 국가'라는 멋진 슬로건부터 점검해보겠습니다. '국가'라는 절대 존재에게 대책 없이 내 삶을 맡기고 안심하라는 의미가 그냥 뿡뿡 솟아납니다. 하지만 안타깝게도 '국가'라는 절대 존재는 없습니다. 아까 교육 이야기에서 말씀드렸지요? 여기서 '국가'는 무얼 의미한다구요?

H사장   '국민의 세금 + 국민의 빚과 공무원'이라고 하셨잖아요. 저 잘 기억하죠?

홍박사   그럼 '내 삶을 책임지는 국가'를 '내 삶을 책임지는 국민의 세금 + 국민의 빚과 공무원'으로 풀어쓰면 좀 느낌이 다르죠? 거기에 조금 더 리얼리티를 추가해보면 '국민의 삶을 책임지는 내가 내기 싫은데 나라에서 강제로 세율을 높여서 가져간 세금과 외국에서 잔뜩 이자를 주고 빌려온 돈과 공부만 열심히 해서 시험에 합격한 공무원'이라고 표현해봅시다. 어떤가요?

H사장   그냥 막연히 '국가'라는 표현과 '내가 내기 싫은데 나라에서 강제로 세율을 높여서 가져간 세금과 외국에서 잔뜩 이자를 주고 빌려온 돈과 공부만 열심히 해서 시험에 합격한 공무원'이라는 표현은 완전히 다른 것 같으면서도, 뭔가 완벽한 표현 같아서 답답한 느낌이 오네요.

홍박사   이 글을 읽으시는 독자 분들 중에는 세금을 안 내시는 분들이 대다수이겠지만, 그래도 상당수는 세금을 납부하시는 분들일 것입니다. 또한 소득세를 내지 않더라도 담배를 피우면 담배세, 물건을 사거나 음식점에 가서 음식을 먹으면 부가가치세, 술 한 잔 하시면 주세 등 이렇게 저렇게 세금을 내고 계시는 겁니다. 어차피 나한테서 강제로 가져간 세금이 나한테 오는 겁니다. 그리고 거기에 내가 갚아야 하는 빚까지 떠안고 나서, 하루가 멀다 하고 문제가 터지는 공무들이 정직하게 잘 운영할 것이라고 믿으며 복지가 늘어난다고 좋아하고 계실 겁니까?

H사장   특히 일부 공무원들이 근무하는 모습은 좀 실망스러워요. 공무원들이 "이렇게 하셔도 됩니다"라고 해서 진행해놓으면 나중에 다른 공무원이 와서 "규정이 바뀌었으니 벌금 내세요"라고 해요. 또는 "제 관할이 아니니 다른 부서에 가서 문의하세요"라고 떠넘기기만 하구요. 심지어는 승인에 대한 기한이 정해져 있는 일을 미리 신청했는데도 공무원들의 처리가 늦어져서 승인이 기간을 초과하면 벌금을 내라고 하죠. 공무원이 원인을 제공했다고 항의해도 처리에 당연히 시간이 걸리는데 미리미리 신청 안 한 게 잘못이라는 답변만 돌아오거든요. 이건 공복(公僕)이 아니라 공갑(公甲)이에요.

홍박사   대한민국 일부 공무원이 규정만 따지고, 국민을 위해 헌신적으로 일하지 않는다고 생각하는 것은 온 국민 공통의 생각일 것입니다. 심지어는 공무원들 사이에서도 타부서 공무원들 일 안 하고 논다고 서로 비난합니다. 그렇게 권력만 휘두르고 모든 책임에서는 자유로운 조직이니까. 공무원 시험 경쟁률이 100 대 1이 넘는 경우도 허다합니다.

H사장   진짜 대한민국 공무원들은 문제가 많아요.

홍박사   글쎄요. 이게 공무원 개개인의 문제일까요? 아니면 열심히 일해서 국민에게 봉사하면 특혜를 줬다고 부정부패 공직자로 몰아버리고, 책임질 일 안 하고 국민들이 불편하든 말든 대충 넘기면서 시험공부만 열심히 해서 시험 보면 진급 잘하게 만드는 시스템의 문제일까요? 국민의 공복(公僕)으로서의 자세를 최우선으로 보는 공무원 평가가 아니라 권한을 휘둘러서 국민을 감시하는 것을 좋게 평가하는 시스템 자체에 대해서는 언제쯤 보편적 복지가 이루어질까요?

H사장   어느 나라나 공무원들의 권한이 점차 커지고 있잖아요? 이에 따른 문제가 생기지 않는 나라가 있나요?

홍박사   문제야 어느 나라나 있습니다. 그러나 복지 선진국일수록 국민들이 보는 공무원에 대한 인식은 많이 다릅니다. 스웨덴의 경우 국민들은 공무원이 국민들에게 좋은 일을 하기 위해 노력한다고 믿고 있습니다. 물론 부패한 공무원도 있지만, 전체적인 시스템이 국민을 위한 봉사를 통해 평가받기 때문에 공무원들이 노력하지 않을 수 없습니다.

H사장   하긴 앞에 국회 이야기에서 나온 공무원 부패지수에서도 우리나라와 스웨덴은 많은 차이가 나더군요.

홍박사   공무원 차이만 있는 게 아니지요. 사실 국민들의 의식도 문제입니다. 세금을 왕창 내더라도 열심히 일해서 돈을 벌겠다고 생각하는 국민보다, 집에서 놀면서 복지 혜택을 받는 게 더 좋다는 생각을 하는 국민이 다수를 이룬다면, 이 국가는 복지국가가 될 수 있을까요?

H사장   스웨덴도 별 수 없는 것 같던데요. 앞에서 예를 든 말괄량이 삐삐의 작가인 린드그렌이 쓴 '모니스마니엔(돈의 나라)에 사는 폼페리포사' 이야기에서도 보면 소득을 초과하는 세금을 내던 폼페리포사는 돈

벌기를 포기하고, 국가에서 주는 복지를 받아서 행복하게 살았다고 하잖아요? 그냥 다 때려치우고, 복지만 받아가면서 놀고먹는 게 좋은 것은 어느 나라나 같은 것 아닐까요?

홍박사   미안하지만 그토록 세금을 많이 물리던 스웨덴 정부도 기업에는 특혜를 많이 줘서 돈 벌도록 해주었습니다. 우리나라는 시원한 규제로 기업을 더욱더 옭아매서 쥐어짜고 있고요. 스웨덴 국민들은 '기업이 돈을 벌어야 복지가 된다'고 생각하고 있었고, 우리나라 국민들은 '나는 일단 복지를 받고 나중엔 누군가 알아서 내겠지. 대신에 기업이 돈 다 벌어가는 것은 용서 못해'라고 생각합니다. 그래서 스웨덴에서는 최근까지도 국민들 서로 간에 일은 안 하고 놀면서 복지 혜택을 받는 사람이 있다면 경멸하는 분위기가 살아있습니다. 우리나라에서는 그런 사람에게 어떻게 복지혜택을 받았는지 방법을 물어봅니다.

H사장   그럼 공무원들이 깨끗해지고, 국민들의 의식이 바뀔 때까지 우리는 복지국가를 하면 안 되는 건가요? 그렇게 생각하니까 좀 슬프네요. 마치 막장드라마에서 "천한 것들이 어딜 넘봐" 이렇게 말하는 악역 여주인공 같아요.

홍박사   저는 우리나라가 복지국가가 될 수 없다고 말씀드리는 것이 아닙니다. 앞에서도 예로 들었듯이 우리나라의 복지국가화 작업은 이미 시작되어 있었습니다. 거기에다가 어떤 부분에서는 복지 선진국보다도 앞서 있는 부분도 많이 있습니다. 코로나19가 뻥 터졌을 때 스웨덴에는 음압병상이 80개 정도밖에 없었습니다. 의료비가 공짜면 뭐해요? 병원이 부족해서 한 번 진료 받으려면 예약하고 3개월 기다려야 합니다. 그래서 초기에 집단면역 정책을 선택할 수밖에 없었지요.

H사장   그러게요. 위기 상황에서 알고 보니 우리나라도 매우 훌륭한 복지국가이더라구요.

홍박사   잘 기억들이 안 나시겠지만, 보수정권 때부터 복지국가화 작업은 서서히 이루어지고 있었습니다. 앞에서 복지 선진국과 포퓰리즘 국가의 비교를 했었는데요. 복지국가라는 평가를 받는 기준을 알고 계시나요? 나라에서 어떤 어떤 복지를 해야 그때부터 '복지국가다. 그 이전에는 복지국가가 아니다'라는 판단 기준 말씀입니다.

H사장   글쎄요? 의료비 전액 면제? 교육비 전액 면제? 그걸 정해주는 세계적인 인증 기구가 있나요?

홍박사   당연히 없습니다. 복지 선진국들의 복지 수준이나 방향도 다 제각각입니다. 어디는 의료비가 비싸지만 교육비가 무료이고, 어디는 의료비가 무료지만 교육비가 비쌉니다. 복지국가는 어느 날 목표를 정하고 확 무언가를 해서 어느 수준에 이르면 인정받는 것이 아니라, 서서히 긴 기간을 가지고 국민들 스스로가 만들어가는 국가의 발전 형태입니다. 진보 운동권에서 선전하듯이 보수정권 시절에는 1도 복지국가가 아니었고, 진보 운동권이 집권해서 국민들에게 100만 원씩 나눠주면 복지국가가 되는 거 아닙니다.

H사장   그런 과정에 따라 우리나라가 선택적 복지에서 보편적 복지로 진화하는 것 아닌가요? 즉 복지가 필요한 사람에게만 시혜적으로 주는 선택적 복지에서 복지가 필요 없어도 모든 사람에게 주는 권리로써의 보편적 복지로 발전한다는 말씀이죠?

홍박사   보편적 복지라는 거짓말에 속으시는 분이 여기도 계시네요. '보편적 복지'는 지구상에 없는 외계의 물질입니다. 모든 복지는 선택적 복지입니다. 일부 정치가는 이렇게 선전합니다.

보편적 복지	차별 없이 모두가 똑같이 받는 공정한 복지
선택적 복지	조건에 따라 구분해서 주니까 불공정한 복지

여기서 강조되는 조건이 일반적으로 소득 수준이니까요, 국민들은 소득 수준을 고려하지 않고 주면 무조건 보편적 복지라고 생각합니다.

H사장   맞는 말씀 아닌가요? 소득에 상관없이 모두가 같이 받으면 좋잖아요?

홍박사   보편적 복지의 대표적인 예가 바로 학교에서 하는 무상급식입니다. 소득이나 가정 형편에 상관없이 초중고등학교 학생에게 무조건 지급하니까 보편적 복지라고 봅니다. 그러나 여기에도 초중고등학교라는 조건이 붙습니다. 사정이 있어서 학교를 못 다니는 사람은 안 줍니다. 보편적 복지는 '모두'가 다 받아야 하는 거 아니었나요?

H사장   헐, 학생에게만 선택해서 주는 것이니까, 선택적 복지가 맞네요.

홍박사   진짜 보편적 복지라면 전 국민에게 점심을 무상으로 줘야 진짜입니다. 그런데 이게 가능합니까? 그리고 국민들이 원할까요? 내 애인과 멋진 점심을 함께하고 싶은데 식판을 들고 줄을 서야 합니다. 만약에 돈으로 점심값을 지불하면? 그 돈으로 점심을 사먹지 않고 다른 걸 살 수도 있습니다. 그러면 문재인 정부의 성격으로 봐서 바로 고액의 벌금을 매기겠지요?

H사장   아항, 이제 뭐가 문제라고 하시는지 알았어요. 돈을 주고 안 주고의 문제가 아니라 실천방법이 없다는 말씀이군요. 차별 없이 똑같이 지급한다고 해서 보편적 복지라고 봤는데 거기에도 선택의 기준이 있었군요.

홍박사   또한 보편적 복지가 성공하려면 학교급식처럼 판매가 불가능한 실물 지원이 기본입니다. 점심값을 현금으로 지급하면, 물가가 비싼 곳에서는 돈을 보태야 하고, 물가가 싼 곳에서는 돈이 남게 됩니다. 이것도 불공정이 발생하는 거죠. 심지어 일진이 점심값을 빼앗아갈 수도 있습니다.

H사장   그럼 청년들에게 지원하는 구직장려금도 보편적 복지가 아닌가요? 청년들 가족의 소득 수준에 상관없이 지원하는데요.

홍박사   '청년'이어야 하고 '구직'을 해야 하는 조건이 붙는데 왜 보편적 복지인가요? 선택적 복지 그 자체 아닌가요?

H사장　그럼 코로나19 사태로 전 국민에게 지급한 긴급재난지원금은 어떤가요? 진정한 보편적 복지의 형태가 아닐까요?

홍박사　1인 가구에는 40만 원(1인당 40만 원), 2인 가구에는 60만 원(1인당 30만 원), 3인 가구에는 80만 원(1인당 26만 6천 원), 4인 이상 가구에는 100만 원(4인이면 1인당 25만 원이지만, 5인이면 20만 원, 6인이면 16만 6천 원) 이렇게 줬습니다. 이게 뭐가 보편적인가요? 차별적인 거 아닌가요? 아이를 많이 낳았으니 돈은 조금밖에 못 준다. 그럼 만약에 전 국민 똑같이 준다고 합시다. 어린아이들은 그 돈을 쓸 줄도 모릅니다. 부모가 알아서 쓰겠지요. 그럼 아이들은 돈을 구경도 못하니까 차별 아닌가요?

H사장　그러네요. 물리적으로도 수학적으로도 똑같이 줄 방법이 없네요. 그럼 진정한 보편적 복지는 이 세상에 없다고 치고, 선택적 복지 안에서 보편적으로 개선해야 할 텐데요.

홍박사　솔직히 불가능한 똑같이 주기 놀이는 포기한다고 선언해야 합니다. 국민들도 더 이상 속아서는 안 되고요. 복지는 필요한 곳, 필요한 사람에게 주어져야 의미가 있습니다. 실제로 복지 선진국의 복지제도는 선택적 복지를 기반으로 합니다. 그냥 막 주는 복지는 남미 국가에서 많이 나타나는 형태입니다. 필요하지도 않으면서 일단 주는 거니까 혜택만 쏙쏙 빼먹는 사람들을 경계해야 합니다.

H사장　혜택만 쏙쏙 빼먹는 사람이라면 어떤 사람을 말씀하시나요?

홍박사 예를 들어 3개월간 건강보험료 내고 나서 7,800만 원어치 치료를 받은 다음에 외국으로 도망가는 외국인들이 있겠지요. 제도의 헛점을 권리로 여기고 복지 시스템을 갉아 먹는 사람들이 사회로부터 통제받아야 합니다. 그래야 병원 서비스와 재정이 더욱 필요한 사람에게 갈 수 있는 것 아닐까요?

H사장 건강보험에 해당하는 것만 있나요?

홍박사 범주적 공공부조에서도 부정수급자에 대한 철저한 필터링이 필요합니다. 특히 현재의 소득만을 기준으로 삼는 복지 시스템은 윤리적인 문제가 있습니다. 일부 기초생활수급자의 이야기이지만, 평생을 처자식을 때리고 술과 도박으로 지새운 사람이 나이가 들어서 소득이 없으면 기초생활수급자가 되어서 당당하게 국가의 혜택들을 빨아들입니다.

H사장 진보진영에서 선전하는 것처럼 소득이 없는 가난한 사람이 다 착한 게 아니군요.

홍박사 국가에서 한 달에 한 번 생계급여가 나오면 비슷한 상황의 기초생활수급자 친구들과 같이 모여서 고스톱을 칩니다. 보름 정도 화투판으로 지새면 돈도 다 떨어지고, 허리도 아픕니다. 그러나 걱정이 없습니다. 병원 입원비가 공짜니까요. 단골 병원에 가면 반갑게 맞이해 줍니다. 거기서 2주 정도 푹 쉬면서 몸을 치료하면 또 생계급여가 나옵니다. 그럼 퇴원해서 다시 모여서 고스톱을 치면 됩니다. 열심히 일한 다른 국민들의 피와 땀이 이렇게 헛되이 쓰여도, 공무원들은 규정에 어긋나지 않으니까 먼발치에서 쳐다만 봅니다.

H사장 사실 저도 그게 답답해요. 얼마 전에 조두순 같은 악한 성폭행범에게도 소득이 적어서 복지의 혜택을 준다고 하는 뉴스를 봤어요. 이게 말이 되나요? 그런 식이면 조두순도 코로나 긴급재난지원금을 받을 거 아녀요?

홍박사 현재의 규정으로는 당연히 받을 수 있습니다. 복지 규정에는 소득이 적은지, 재산이 있는지, 부양을 할 수 있는 가족이 있는지만 보게 되어 있습니다. 복지수급자가 살인을 했건 아동 성폭행을 했건 상관없습니다. 실제로 지난 2021년 2월 2일 중앙일보에 따르면, 안산시는 2021년 1월 말 생활보장위원회를 열고 조두순 부부에 대한 기초생활보장수급 자격을 심사해 통과시켰습니다. 규정상 거부할 근거가 없으니까요. 이에 따라 조두순 부부는 기초연금 30만 원, 2인 기준 생계급여 62만 6,000원, 주거급여 26만 8,000원 등 최대 120만원 가량을 매달 수령하게 되었지요. H사장님이 열심히 일해서 번 돈으로 조두순 씨의 윤택한 생활을 책임지고 있습니다.

H사장 정말 치가 떨리네요. 문재인 정부에서 말하던 '서민'이 조두순이었군요. 제발 제가 낸 세금이 그쪽으로는 안 갔으면 좋겠어요. 어쨌든 복지 혜택이 소득 조건만 따지는 건 문제가 있어 보입니다. 국가의 복지가 소득만 보지 말고 좀 더 효율적으로 변했으면 하는 바람이 생기네요.

홍박사 기초생활보장제도뿐 아니라 거의 모든 복지에는 소득기준이 들어갑니다. 하지만 과거 세금 납부 실적, 국민연금 납부 실적, 범죄 전과 같은 기준은 빠져 있습니다. 이런 추가적인 평가기준을 더하여서 지원금을 차등 지급하는 것은 어떨까요? 아무리 가난해도 과거에 세금도 안 내고 주위에 폭력을 휘두르던 양아치에게는 지원금을 아예 안 주는 겁니다. 무조건 가난하다고 선한 게 아니니까요.

H사장 그렇게 하면 국민들이 좀 더 착하고 성실하게 살려고 노력하겠네요. 더 추가적으로 우리나라의 복지제도가 개선되어야 할 사항이 있나요?

복지신청을 쉽게 하자. 하나의 창구로 즉시

홍박사 이번에 전 국민이 코로나 긴급재난지원금을 신청하면서 모두 동일하게 느낀 마음일 텐데요, "신청하기 왜 이렇게 힘드나" 하는 마음입니다. 집을 사도 재산세가 꼬박꼬박 통보되고요. 월급을 받아도 알아서 세금 다 떼어갑니다. 내가 소득이 얼마인지, 부양가족이 몇 명인지 다 알고 있으면서 주민등록상의 세대주 기준으로 그냥 지급하면 될 텐데, 굳이 신청을 받습니다.

H사장 저도 의아했습니다. '그냥 나라에서 세대주 명의 통장에 가족관계에 따라 입금하면 될 텐데, 왜 이렇게 하지? 일부러 못 받도록 막는 건가?'라는 생각이 들 수밖에 없었죠.

홍박사 예전에는 개인정보보호를 위해서 계좌정보 사용 허락을 받아야 한다는 명분이라도 있었지요. 코로나19 방역을 통해서 우리나라 개인정보보호 시스템은 진작에 망가졌습니다. 예를 들어 2020년 8·15 광화문 집회 참가자들의 휴대전화 접속기록은 본인 동의 없이 그대로 방역당국으로 넘겨졌습니다. 왜냐하면 코로나19 재난상황이라는 명분이 있었기 때문이죠.

H사장 그러게요. 같은 코로나19 상황인데, 왜 사람 잡으러 다닐 때는 알아서 정보를 수집하고, 돈 줄 때는 신청해야만 할까요?

홍박사 우리나라 복지는 조각조각 나누어져 있어서 복지 혜택 하나 받으려면 매우 많은 노력이 들어갑니다. 시행하는 주무부처가 다 제각각이구요, 지원하는 창구도 동사무소에서 신청하는 것, 구청에서 신청하는 것, 아니면 정부기관에 따로 가서 신청하는 것 모두 다 다르게 되어 있습니다. 특히 답답한 것은 담당하는 공무원도 자기 것이 아니면 모릅니다. 병원이나 학교의 사회복지사가 하는 말과 담당공무원의 말이 다릅니다. 심지어는 담당공무원이 상담하면서 요구하는 서류를 준비해서 갔더니, 바로 옆자리에 다른 공무원이 해당이 안 된다고 거절하는 경우도 있습니다. 복지라는 것이 어렵고 힘들어서 받으려는 것인데 신청 단계에서부터 복잡하고 힘들어서 포기하게 됩니다. 예를 들어서 생계급여(맞춤형 급여)는 소득민을 기준으로 합니다. 땅 부자도 받을 수 있다는 말씀이지요. 동사무소에서 신청합니다. 그러나 비슷한 성격의 긴급복지 생계지원금은 소득, 재산, 금융잔고를 기준으로 합니다. 시, 군, 구청에서 신청합니다. 비슷한 복지인데도 신청하는 창구와 평가기준이 다 틀립니다.

H사장   그럼 어떻게 해요? 나라에서 막무가내로 월급 안 나오는 거 보고 실업급여를 바로 송금해줄 수는 없는 노릇 아닌가요?

홍박사   신청도 안 하는데 알아서 주는 것은 말이 안 되죠. 대신에 신청을 편하게 해줘야 합니다. 선언적인 복지만 하고 돈만 뿌리는 문재인 정부에서는 꿈도 꿀 수 없는 일이지요. 복지를 제대로 하려면 정부에서 노력을 좀 해야 합니다. 시, 군, 구청에 복지 전담센터를 설치하고요. 모든 복지 관련 신청을 일원화합니다. 또한 복지를 받기 위한 서류도 간소화해서 각종 증명을 상담하는 공무원이 그 자리에서 직접 출력하거나 등록하게 하는 겁니다. 우리나라 정도의 전자정부 시스템이면 불가능할 것도 없습니다.

H사장   하긴 저도 제일 답답한 게 공공기관에서 주민등록 등초본을 요구하는 경우에요. 그냥 자기네가 조회해서 보면 될 일을…….

홍박사   김대중 대통령이 조각조각 나누어져 있던 건강보험을 하나로 통합했던 것처럼 복지 신청창구를 하나로 통합하는 것입니다. 그러면 복지가 필요하신 분은 여기를 찾아가서 자기 신분증만 제시하고 개인정보제공에 동의만 하면 소득수준, 재산상태가 한 번에 조회될 것이고요, 필요한 민원서류를 바로 전산으로 조회해서 그 사람이 받을 수 있는 복지제도와 추가 내용을 안내해주고, 바로 그 자리에서 신청까지 마무리합니다.

H사장　하지만, 그러려면 그 많은 복지제도의 적용 조건을 상담하는 공무원이 전부 알고 있어야 한다는 것인데 그게 가능할까요?

홍박사　'복지로'라는 인터넷 사이트를 아시나요?

H사장　복지 관련 사이트인가요? 금시초문인데요.

홍박사　2003년에 개발이 시작되어서 2005년부터 서비스가 시작되었고, 2011년부터는 부문별로 차근차근 온라인으로 복지 신청을 받을 수 있는 분야를 넓히고 있습니다. 그러나 솔직히 제가 들어가 봐도 여전히 복잡하기 그지 없습니다. 제가 쓰기 어려운데 교육이 부족한 분들이 오죽하겠습니까? 그분들은 결국 동사무소를 찾아갑니다. 그러나 동사무소에서 해줄 수 있는 게 별로 없지요.

H사장　하긴 최근에 오픈한 '보조금24'도 있어요. 복지에 관련된 사이트들이 있기는 해도 실제로 쓰기에는 어려움이 많아요. 왜냐하면 인터넷으로 무언가 하는 일이 죽기보다 어려운 분들이 있기 때문이지요.

홍박사　인터페이스의 어려움은 둘째치더라도 이 사이트가 작동을 한다는 것은 일단 모든 복지에 관련된 자료가 전산화되어 있다는 뜻이 아닐까요? 그렇다면 복지를 받을 수 있는 조건만 입력하면 해당되는 복지제도와 해당이 될 듯 말 듯한 복지제도 등을 검색해서 불러올 수 있을 것입니다. 그러면 상담하는 공무원은 상담을 통해 민원인이 희망하는 복지를 그 자리에서 신청해주는 겁니다.

H사장   복지제도의 신청을 한 곳으로 일원화를 하자는 말씀이시죠?

홍박사   그렇습니다. 여기서 중요한 점은 무슨 서류를 뽑아서 어디로 가서 신청하라고 알려주는 것이 아니라 그 자리에서 필요한 서류를 공무원이 바로 뽑고 바로 신청이 완료되는 겁니다.

H사장   상담만 하는 게 아니라, 민원인이 받을 수 있는 복지를 모두 리스트업한 후에 일괄 신청까지 끝낸다는 말씀이시네요. 복지를 신청하는 입장에서는 이보다 좋은 희소식이 없을 거 같아요. 진보진영에서는 이런 아이디어를 받아들여서 시스템적인 복지의 발전을 이루면 지지율이 확 올라갈 텐데요.

충돌하거나 중복되는 복지는 정리하자

홍박사   시스템의 발전도 중요합니다. 하지만 제도적 문제도 좀 해결해야 할 듯합니다. 복지제도가 중구난방으로 하나씩 나오다 보니까 서로 충돌하는 복지가 생깁니다. 예를 들어서 최저임금의 급격한 상승으로 경영 위기에 처한 중소기업을 위한 '일자리 안정자금' 제도가 있습니다. 기업주에게 혜택이 갑니다. 그러나 단 한 명이라도 직원을 해고하게 되면 지급이 중단됩니다. 그런데 노동자가 '구직급여(실업급여)'를 받으려면 자발적 퇴사가 아니라 해고를 당하거나 건강상의 이유 등으로 근무를 못하게 되어서 퇴사를 해야 합니다. 한쪽은 해고를 하면 돈을 못 받고, 한쪽은 해고를 당하지 않으면 돈을 못 받습니다. 그래서 서로 눈치만 봅니다. 정치권에서 한쪽의 조건을 완화해주지 않으면 사용자와 노동자는 계속 대립을 하게 됩니다.

진보 재집권을 위한 복지 플랜
- 보편적 복지(현금 살포)의 확대

H사장 이제 조나라님 차례입니다. 우선 보수진영의 의견을 들어본 결과를 정리해볼게요. 진보진영은 표를 위해서 대한민국이 미래에 거지나라가 되는 것은 생각조차 안 하고 '공짜 돈'을 뿌리는 사람들이고, 진짜로 국민들이 원하는 복지의 발전을 위한 시스템은 만들지도 않으면서 가만히 앉아서 "돈 얼마 줄게"라는 선언만 하는 게으른 사람들이라는 평가입니다. 조나라님께서는 가만히 듣고 계시기 정말 힘드셨겠어요?

조나라 아닙니다. 좋은 지적과 기발한 의견은 잘 들었습니다. 특히 '모니스마니엔(돈의 나라)에 사는 폼페리포사' 이야기는 정말 흥미 있었어요. 스웨덴에서 사민당이 개인 소득세를 신나게 올린 후에 정권을 잃었던 것은 알고 있었지만, '말괄량이 삐삐'의 저자가 거기 끼어 있는 줄은 몰랐네요. 부자들 세금만 잔뜩 올리면 서민들이 자동으로 몽땅 지지할 거라고 기대하는 분들에게는 좋은 교훈이죠.

H사장 왜들 그러서요? 일단 칭찬 깔고 그 다음에는 깔아뭉개는 게 요즘 유행인가요?

조나라 H사장님도 기회 되시면 한 번 해보세요. 재미있습니다. 어쨌든 정말 보수진영의 답답한 사고방식을 한 번에 느낄 수 있는 좋은 시간이었다고 말씀드리고 싶네요. 이런 한심한 소리만 하니까 21대 국회의원 선거에서 참패를 하고, 국민들로부터 외면받는 게 아닐까요?

H사장 그럼 국민들로부터 환영받는 진보진영에서는 어떤 말씀을 해주실 건가요?

조나라 제가 예를 들어보겠습니다. 여기 가난한 모녀가 있습니다. 어머니는 몸이 아픈 가운데에서도 열심히 일하면서 적은 금액이나마 급여를 받고 열심히 어린 딸을 키우고 있었습니다. 소득이 어느 정도 되니까 당연히 기초생활수급자의 혜택은 받으실 수 없었지요. 어느 날 갑자기 병이 심해져서 어머니는 의식을 잃고 쓰러져버리고 병원에 입원합니다. 입원비는커녕 전기료나 수도세도 낼 돈이 없는 어린 딸은 쫄쫄 굶으면서 전기와 물이 끊겨서 어둡고 더러운 집에서 울고만 있습니다. 이를 딱하게 여긴 옆집 아주머니가 아이를 데리고 동사무소에 찾아가지만 자기 소관이 아니라고 합니다. 구청으로 가서 긴급생계지원금을 신청하라고 해서 아이의 손을 잡고 가보지만, 옆집 아주머니는 어린 딸의 대리인이 될 수 없었고, 어머니가 직접 오거나 위임장을 작성해서 오라고 합니다. 쓰러져서 의식이 없는 어머니가 어떻게 옵니까? 위임장은 어떻게 씁니까? 이런 분들이 정말 복지를 받을 수 있도록 복지를 확대해야 할까요?

H사장 어린 딸이 얼마나 무서울까요? 정말 복지가 꼭 필요한 분인 것 같네요. 이런 분들을 위한 복지를 문재인 정부에서 새로 만들어서 혜

택을 보게 되었나요?

조나라   참 머뜩하네요. 그러니까 꼰대 소리를 듣는 겁니다. 이러한 신파식 눈물팔이하는 건 보수진영에서나 써먹는 수법이지요. 진짜 국민이 원하는 것을 볼 수 있는 눈을 키워야죠. 국민들은 이런 극한의 어려움에 처한 이웃을 돕기를 절대로 원하지 않아요.

H사장   뭐예요? 이런 딱한 사정을 듣고도 마음이 막히는 사람이 있다구요?

조나라   실제로는 그런 힘든 사람들에게 도와줄 돈을 '긴급재난지원금'이나 '기본소득'이라는 이름으로 내 계좌에 넣어주기를 훨씬 더 원하고 있습니다. 민주주의가 무엇인가요? 국민의 뜻에 따라 국가를 운영하는 정치체제 아닙니까? 그렇다면 이런 불쌍한 어린 소녀를 도울 돈으로 국민들에게 골고루 나눠드려서 많은 국민들을 행복하게 해야 진정한 복지인 거죠.

H사장   상상도 못했네요. 불쌍한 이웃을 돕는 복지가 국민의 지지를 받지 못한다구요? 이런 위급하고 절박한 상황의 국민을 돕기 위해 만든 긴급생계비 지원제도는 고 노무현 대통령님 임기 중인 2005년에 제정되어서 2006년부터 시행된 제도입니다. 그런데 고 노무현 대통령님이 실행한 제도가 국민의 뜻에 어긋난다는 말씀이군요?

조나라   그 당시에는 그 정도도 대단한 복지였지요. 하지만 지금 국민들은 어려운 사람들을 돕는 선택적이고 시혜적인 복지에 넌덜머리를 내고 있습니다. 그런 선택적, 시혜적 복지를 통해서 어려운 이웃이 혜택을 받아봐야 아무도 알아주지 않고 아무도 지지해주지 않습니다. 이제는 모든 국민들에게, 특히 표가 많은 저소득층에게 별다른 문제가 없어도 돈을 지급하는 보편적이고 권리로서의 복지를 국민들은 원하고 있습니다.

H사장 그래도 어려운 이웃은 좀 도와야죠. 어떻게 보편적 복지만 내세워요? 그리고 아까는 이재명 경기도지사의 '기본소득제'에 대해서 매우 부정적이셨잖아요? 왜 갑자기 입장이 바뀌나요?

조나라 매달 똑같이 주는 '기본소득제'는 돈을 뿌리는 효과도 급격히 감소하거니와 돈이 너무 많이 들어서, 결국 저소득층에게도 증세를 해야 하니까 반대했었지요. 지금 드리는 말씀은 선거를 대비해서 국민들에게 골고루 돈을 나눠드리는 보편적 복지를 의미합니다. 돈이야말로 가장 강력한 선거 전략이거든요.

H사장 또 그 이야기하신다.

조나라 이것은 지난 21대 국회의원 선거를 통해서 여지없이 만천하에 드러났습니다. 긴급재난지원금 1인당 100만 원 지급 발표와 함께 지지율은 급격히 요동치기 시작했고, 100만 원을 받을 수 있다는 가슴 벅찬 희망이 국민들을 투표소로 이끌어서 180석이라는 경이적인 의석을 진보진영의 여당에게 몰아주지 않았습니까? 이런 결과를 보시고도 제 말이 틀렸다고 할 수 있으신가요?

H사장   그렇지만 긴급재난지원금은 재정상의 문제에 의해서 1인당 100만 원에서 많은 후퇴를 하게 되었고요, 약속을 지키지 않았다는 비난을 같이 받지 않았나요?

조나라   이미 선거 끝났는데 무슨 문제인가요? 주겠다고 했던 돈 안 준 게 어디 이번뿐입니까? 그러나 국민들은 그런 복잡하고 답답한 예측 같은 것 좋아하지 않아요. 당장 준다고 하느냐 안 하느냐에 따라 지지가 바뀌는 거죠. 특히 재정문제는 선거에서 이슈조차 되지 못합니다. 재정의 문제는 먼 미래에 올 아득한 일이기 때문에 당장에 문제가 산더미처럼 많은 우리가 걱정할 바가 아니니까요. 그렇지만 국민을 위해 돈을 지급하는 복지는 매우 시급하죠. 나라에서 돈을 받아야 좋은 옷도 사입고, 예쁜 카페에 가서 사진을 찍어서 인스타그램에 올릴 수 있으니까요. 진보진영이 재집권을 하려면 복지제도의 정비를 통해 전 국민을 대상으로 현금성 복지를 더욱 많이 퍼부어야 해요. 특히 코로나 19로 인한 위기상황을 적절히 이용하면 반대 여론에 부딪히지 않고 현금성 복지를 넓히는 길이 쉽게 열릴 겁니다.

H사장   안타깝게도 현금성 복지에 대한 보수진영의 공격이 시작되었다고 봐야 하지 않을까요? 놀랍게도 보수진영에서 '기본소득'이라는 재정에 직격탄을 먹이는 복지 이슈를 들고 나왔어요. 그래서 복지에 대한 국민 여론을 "진보진영에서는 복지를 막으려 한다"는 프레임 안으로 끌고 들어가려 하고 있죠. 특히 복지를 확대하라고 외치면서, 동시

에 종합부동산세의 철폐와 같은 감세를 주장하여 문재인 정부의 세금 정책의 틈을 파고들겠죠.

조나라 그래요. 사실 보수진영이 복지 확대를 반대할 때가 봄날이었죠. 그때는 진보진영이 스스로를 확실한 복지의 주체로서 이미지를 심을 수 있었거든요. 이제는 아마도 보수진영에서 더욱더 큰 복지 이슈를 들고 나와서 진보진영의 지지를 흔들어 놓겠지요.

H사장 걱정되시겠네요. 이에 대한 진보진영의 대안은 없나요?

조나라 별로 걱정 안 됩니다. 작은 꼬마가 아빠 양복을 입으면 불편하고 어색하고 맞지도 않지요. 보수진영에서 황당한 복지정책을 들고 나와서 진보진영을 흔들어 놓으려고 하겠지만 국민들이 호응하지 않을 것입니다. 황당한 복지는 지난 21대 국회의원 선거에서 '국가혁명배당금당'의 공약을 통해 많이들 접해보셨을 겁니다.

H사장 저도 기억나네요. 333공약을 통해서 국민이 20세 이상이면 무조건 월 150만 원을 받는 파격적인 공약을 제시했지만 결과는 비참하기 그지 없었죠.

조나라 그냥 돈을 뿌린다고 되는 게 아니지요. 국민이 믿고 호응할 수 있는 선 안에서 국민의 편이라는 이미지를 깔고 돈을 뿌려야 국민들이 지지하는 겁니다. 보수진영의 복지정책은 허경영 본좌님의 국가혁명배당금당 공약처럼 국민들의 호응을 얻지 못한 채 나락으로 떨어져버

8. 복지와 재정 이야기

릴 가능성이 매우 크죠.

H사장   역시 현금성 복지도 아무나 하는 것은 아닌가 봅니다. 진보진영의 재집권이 이루어지도록 최선을 다해주시기 바랍니다.

조나라   감사합니다.

Subject 9

성소수자,
그리고 저출산 이야기

"국가가 존재하는 가장 큰 이유는
국민의 생명과 안전을 지키기 위해서입니다"

- 2017년 2월 9일 대한민국 바로 세우기
제6차 포럼에서 문재인 전 대표 기조연설

동성애가 당연한 나라가 선진국이다

H사장 2021년 6월 16일 더불어민주당 이상민 의원이 범여권 의원 24명의 동의를 얻어 '평등에 관한 법률안(평등법)'을 발의했습니다. 그 내용이 2020년 4·15 총선 직후에 정의당에서 발의했던 '차별금지법'과 매우 유사하기 때문에, 당연히 차별금지법을 발의했을 때처럼 난리가 나고 있어요.

조나라 그렇습니다. 그 논란이 점점 뜨거워지고 있는 형국입니다. 정치적으로 중립적이고 공정한 국가인권위원회에서도 '평등법'을 빨리 제정하라고 촉구할 정도지요. 이 평등법은 2020년 6월에 정의당에서 발의되었던 '차별금지법'에서 형사처벌 조항을 빼고 대신 '악의적이고 지속적인 괴롭힘에 대해' 징벌적 손해배상을 하도록 바꾸었어요. 그리고 적용 범위에 대한 제한을 없애서 모든 영역에서 적용되도록 개선했습니다. 그 외에 기본 내용은 동일하다고 보시면 됩니다.

H사장 2020년 6월에 차별금지법으로 성소수자에 대한 관심이 들끓었을 때가 생각나네요. 특히 기독교계에서 강력 반발하고 나섰고, 정치인들이 이를 맞받아치는 형국이 되면서 성소수자 보호에 대한 의견이 분분했었지요. 성소수자는 사회를 유지하는 룰을 무너뜨리는 사람들이므로 절대로 보호를 할 필요가 없다는 쪽과 성적 취향이 다르다는 이유로 상처받아서는 안 되니까 상처 주는 사람을 강력하게 처벌하자는 측이 팽팽한 대립을 하고 있지요.

조나라 당시 차별금지법의 발의안은 제가 꼼꼼하게 보지 못했어요. 그러나 성소수자뿐만 아니라 각종 차별로 고통받는 사람들을 구제하고자 한다는 것 정도는 알고 있죠. 특히 고 노무현 대통령님이 만든 인권위원회의 기능을 강화해서 성소수자에 대한 인권을 향상시킬 뿐 아니라, 조금이라도 험담을 하는 사람들에 대해서는, 그들이 스스로를 방어할 수 있는 기본 인권조차 무시하고 강력하게 처벌함으로써 인권 선진국으로 갈 수 있는 법입니다. 특히 선진국들이 가지고 있는 '성에 대해서 개인이 판단하고 결정할 권리'를 이루기 위해 다른 사람의 인권은 짓밟을 수 있게 보장해주는 혁신적인 법이죠.

H사장 기독교계에서는 지나치게 문란한 성행위가 당연하게 받아들여지는 것에 대해 경고하고 있어요. 저도 개인적으로는 사람이 성적 쾌감만을 위해 사는 것이 아닌데, 성적 활동에 관해 보장하는 법을 이렇게 강력하게 만들 필요가 있나 하는 생각이 들어요.

조나라 성소수자, 특히 동성애의 경우 남에게는 전혀 피해가 없는 그들만의 사랑입니다. 남에게 피해를 끼치는 성추행이나 성폭행과는 엄연히 다르지요. 모든 국민에게 정당한 성적 지향에 대한 판단을 보장해서 동성애자와 같은 성소수자의 자유로운 성관계를 유도해야 진짜 선진국인 것이죠. 도심 공원 한복판에서 남자끼리 키스를 해도 아무런 거리낌이 없는 인권국가가 된다면, 또한 근친 간 결혼이 합법이 된다면, 우리도 북유럽의 선진국에 한 발짝 더 가까이 갈 수 있을 것입니다.

H사장 동성애를 해보셨나요? 왜 그렇게 동성애를 지지하세요? 동성

애가 늘어나고 국민들이 쉽게 받아들인다고 해서 선진국이 되는 것은 아니잖아요? 실례하지만, 지금 남자 맞으신 거죠?

조나라   하하하, 걱정 안 하셔도 됩니다. 저는 남자로 사는 게 좋거든요. 제가 동성애를 해보지는 않았지만, 딱히 남에게 피해를 주는 것도 아니기 때문에, 기회가 되면 한 번 해보는 것도 좋다고 생각해요. 그래서 마음에 맞는 상대를 물색 중에 있어요. 혹시 독자분들 중에 관심 있는 분이 있으시면 연락 주세요. 다들 아시겠지만 동성애는 선진국의 대세입니다. 선진국들이 한다면 무조건 따라해줘야 발전이 있지 않을까요?

H사장   완전 의외네요. 멀쩡하게 생기서 가지고 남자들에게 인기는 있겠어요. 어쨌든 더불어민주당의 이상민 의원이 발의한 '평등에 관한 법률안(평등법)'에 대해 자세한 내용을 설명해주시면서 이야기를 이끌어가도록 하죠

조나라   죄송한데요. '평등에 관한 법률안(평등법)' 발의안은 지금 논의 중이고, 계속 수정 중이라서 깊게 논의하기 부담스럽네요. 더불어민주당에서 진행하는 법안인데 말 잘못하면 문자폭탄을 맞을 수 있거든요. 대신에 2020년 6월에 정의당에서 발의한 '차별금지법'을 기준으로 진행하면 안 될까요? 내용이 거의 동일합니다.

H사장   알겠어요. 그럼 '차별금지법'을 기준으로 설명 부탁드릴게요. 조나라님, 시작해주세요.

조나라 잠깐만요. 진행 순서에 이의가 있습니다. 맨날 진보진영이 먼저 이야기하고, 나중에 보수에서 나와서 부정적으로 평가하잖아요? 이번에는 순서를 바꿔서 진행하면 어떨까요?

H사장 홍박사님께서 동의하시나요?

차별금지법 발의안

홍박사 상관없습니다. 제가 먼저 하거나 말거나 어차피 이 책 나오면 문자폭탄 맞을 텐데요. 그럼 제가 차별금지법에 대해 먼저 언급하겠습니다. 지금의 '평등에 관한 법률안(평등법)'의 모체가 된 법안이니까요. 자세히 알아보는 것도 좋을 것 같습니다. 논란이 된 이 법은 2020년 6월 29일에 장혜영, 심상정, 배진교, 강은미, 이은주, 류호정, 권인숙, 이동주, 강민정, 용혜인 의원에 의해서 발의되었습니다.

H사장 발의할 때 말도 많았어요. 정의당에 국회의원이 6명밖에 없어서 발의자 10명을 못 채우니까 더불어민주당에서 2명, 열린민주당에서 1명, 그리고 기본소득당에서 1명의 지지 의원을 끌어들인 것으로 유명하죠.

홍박사 시작하기 전에 개념부터 정립하겠습니다. H사장님은 '차이', '차별', '표현'을 구분하실 수 있습니까? 제가 한 번 설명해보겠습니다.

차이	다르다는 것을 인정하고 구분하는 행위
차별	내가 좋아하지 않는 차이에 대해 불이익을 가하는 행위
표현	어떠한 사실이나 행위에 대해 자신의 의사를 알리는 행위

차별금지법이 문제가 있는 이유는 차이와 차별, 그리고 표현에 대한 개념을 모두 싸잡아서 차별로 봅니다. 차이나 표현을 기분 나쁘다고 받아들이면 그냥 '차별'이 됩니다.

H사장 차이랑 차별은 분명히 다르죠. 표현은 완전히 다르구요. 그것도 모를까요?

홍박사 법에는 차이인지 차별인지 또는 표현인지를 구분하는 기준이 거의 없습니다. 대신에 구분하는 주체만 인권위원회로 정해져 있어요. 그래서 '싸잡아서'라고 말씀드린 겁니다. 인권위원회 마음대로 결정하니까요. 또한 적용 대상도 매우 광범위합니다. 차별금지법에서 나열한 차별의 대상은 모두 21가지, 거의 모든 차이에 대해서 차별로 규정할 수 있게 넓은 범위를 적용합니다.

H사장 21가지요? 그냥 동성애자만 보호하는 거 아니었나요?

홍박사 아닙니다. 차별금지법 발의안 제3조에 보면 '성별, 장애, 나이, 언어, 출신 국가, 출신 민족, 국적, 피부색, 출신 지역, 용모 등 신체조건, 혼인 여부, 임신 또는 출산, 가족 및 가구의 형태와 상황, 종교, 사상 또는 정치적 의견, 형의 효력이 상실된 전과, 성적 지향, 성별 정체성, 학력, 고용 형태, 병력 또는 건강 상태, 사회적 신분'에 대한 차별을 정의하고 있습니다. 이걸 피해갈 수 있는 항목이 있을까요?

H사장 재미있네요. '용모' 부분이 확 눈에 들어옵니다. 잘생긴 연예인만 좋아하면 차별하는 것으로 걸리나요?

차별금지법으로 한쪽은 귀족이 되고 한쪽은 노예가 되어서 강력하게 차별을 받는다

홍박사 대부분의 사람들이 차별금지법이 동성애자의 권리만 보장하는 것으로 인식하고 있습니다. 그러나 차별금지법에서 기독교계와 동성애자가 충돌하는 부분은 1%도 안 됩니다. 전체 법문의 60% 이상에서 기업의 경영을 공격합니다.

H사장 지금도 회사 운영하기가 힘든데, 차별금지법이 왜 기업의 경영을 공격해요?

홍박사 정의당의 지지기반인 동성애자들로부터 지지를 모으고, 기업들을 미워하는 서민들에게서도 표를 끌어 당겨보겠다는 의도가 깔려 있는 것으로 추정됩니다. 정의당은 표를 받아서 기쁘겠지만, 기업하는 분들은 죽으라는 거죠. 다음의 표를 보면서 차별금지법의 운영 프로세스를 살펴보겠습니다.

단계	내용	특징
1	차별당했다고 느낀 사람이 인권위원회에 진정(고용상 차별도 해당)	증거 필요 없음, 감성적 느낌으로도 가능함
2	인권위원회에서 피진정인(차별을 한 기업이나 개인)에게 해명할 것을 요청	서면으로 해명해야 함
3	피진정인은 차별이 아니라 정당한 차이였다는 것을 서면으로 제출	이때 모든 증명의 책임은 피진정인(기업 또는 개인)에게 있음
4	인권위원회의 독자적 판단으로 불합리한 결정 시 시정 명령	기준 매우 모호, 판단과정 공개 없음, 사후 평가 없음
5	피진정인이 시정을 거부하면 3,000만 원 이하 벌금	
6	피진정인이 불복하려면 소송 제기	
7	소송 시 인권위에서 세금으로 진정인의 소송 지원	피진정인(기업 또는 개인)은 자기 돈으로 소송
8	결과와 상관없이 진정인에게 회사에서 인사상 불이익을 가하면 대표자 1년 이하 징역	철밥통으로 변신
9	회사 내에서 직원끼리 문제 시에도 회사는 연대 책임	
추가적인 내용 • 교육, 행정, 의료 기관에서도 차별 발생 시 인권위원회의 통제 • 입법과정에서도 차별 없애도록 인권위원회의 지시를 받아야 함		

H사장 이 정도 규정이면 감히 악의적인 차별은 할 생각도 못하겠네요. 대한민국 사회에 만연한 차별을 없애기 위해 매우 강력한 법을 만들려 하는 거였군요.

홍박사 강력하기는 한데 너무 한쪽으로 치우쳐서 강력하다는 게 문제입니다. 법은 공정해야 하는 것이 원칙입니다. 또한 악용되었을 때의 부작용도 막아야 합니다. 그런데 차별로 인한 피해자가 인권위원회에 '진정'만 하면 강력한 특권이 생깁니다. 상대적으로 차별을 했다고 진정의 대상자가 되는 피진정인에게는 어마어마한 의무가 생깁니다. 소명의 모든 책임이 피진정인에게 있거든요. 그리고 차별의 개선, 벌금,

그리고 징역형까지 감수해야 합니다. 기본적으로 불공정합니다. 만약 제도를 악용하는 사람이 생기면 어떻게 하나요? 차별당했다고 생트집을 잡은 후에 돈을 주지 않으면 인권위원회에 진정하겠다고 협박을 한다면?

H사장   그런 부작용은 인권위원회에서 합리적인 판단으로 걸러낼 수 있지 않을까요?

홍박사   인권위원회의 결정을 나중에 검증하거나 공개하는 내용은 없습니다. 그냥 결정하고 통보하면 끝! 책임감 있게 검토하고 판단할까요? 아니면 갑자기 늘어난 과도한 업무량에 어제 고용한 알바생에게 규정집 하나 던져주고 판단을 맡길까요?

H사장   그렇게까지 자세히 생각해보지는 않았네요. 예상되는 차별금지법의 부작용을 예로 들어주실 수 있나요?

회사에서 일 안 하는 뺀질이가 귀족의 특권을 가지게 된다

홍박사   회사생활을 해보신 분들은 누구나 공감하실 이야기입니다. 회사에서 일하다 보면 뺀질뺀질 윗사람 눈치만 보면서 일도 제대로 못하고, 주위에 민폐만 끼치는 사람이 꼭 있기 마련이죠. 당연히 주위에서 안 좋은 시선으로 대하고, 윗사람도 일 안 하는 거 아니까 인사상 불이익을 줍니다. 이때 그 뺀질 사원은 인권위원회에 차별을 받았다고 진정을 합니다. 그 즉시 회사에서는 사장님까지 그 뺀질 사원에게 쩔쩔매게 됩니다. 그걸 본 다른 직원들은 너도나도 인권위원회를 찾아가게 되죠. 결국 회사에서는 아무도 일을 안 합니다. 사장님은 조용히 폐업을 준비하시게 되고, 결국 일자리들은 차별금지법에 의해서 사라집니다.

H사장 갑자기 우리 회사의 모 직원이 떠오르네요. 화장만 요란하게 하고 머리 색깔을 이상하게 하고 다니는데, 직원끼리 싸우게 되는 곳에 항상 끼어 있더라고요.

홍박사 제가 한 가지씩 문제를 정리해봤어요. 첫 번째로 (**차별금지법 발의안 문제점 ①**) 지킬 수 없는 법입니다. '차별'이 성립하는 기준이 너무 감성적입니다. 한마디로 차별을 받았다고 느껴서 "어? 나를 차별해? 기분이 나쁘네" 이러면 차별이 성립합니다. 채용이나 급여뿐 아니라 말 한마디 표현에서조차 상대가 기분 나쁘면 '차별'이 됩니다. 내가 무슨 말을 했을 때 상대가 기분 나쁠지 안 나쁠지 어떻게 알 수 있을까요? 법을 지킬 방법이 없습니다. 특히 이번 '평등법'의 경우에는 '악의적이고 지속적인 괴롭힘에 대해' 징벌적 손해배상까지 요구할 수 있게 규정했습니다. H사장님은 악의적이고 지속적인 기준을 아시나요?

H사장 글쎄요? '악의적'의 기준도 모르겠구요, '지속적인'도 기준이 모호하네요. 어떻게 해야 악의적인가요? 화장실 뒤로 불러서 여러 명이 둘러싸서 때려야 '악의적'인가요? 그리고 1개월에 10번 이상 해야 지속적인가요? 이게 어떻게 법이 되죠?

홍박사 지킬 방법이 없습니다. 법을 발의한 더불어민주당의 이상민 의원도 기준을 제시하지 못하고 대신에 법원의 판례가 있다고 둘러댑니다. 그럼 그 판례에서 나온 기준을 법안에 넣으면 될 거 아닌가요? 일단 법을 시행하고 나중에 소송해서 걸리면 걸리는 겁니까? 무슨 법이 그래요?

H사장 나름 법을 지켰는데, 나중에 소송이 정신없이 날아올 게 뻔하네요. 결국에는 돈 벌려고 일부러 진상짓을 해서 욕을 먹은 다음에 소송하는 사람도 생겨나겠어요.

홍박사 소송을 피하려면 친한 사람과도 모든 인연을 끊고 땅만 바라보면서 살아야 하는 세상이 올 수도 있습니다. 또 가난한 자영업자들이 타겟이 될 수 있습니다. 식당에 가서 시비를 걸다가 식당 주인이 홧김에 한마디 하면 차별받았다고 인권위원회에 진정을 하거나 소송을 걸겠지요. 거기다가 정부에서 모든 소송비용을 대기 때문에 소송에 대한 부담도 없습니다. 한 달에 몇 백 건씩 인권위원회에 '차별' 당했다고 진정을 넣고, 수백 건의 소송을 진행하는 '평등법 타짜'가 나올 수도 있습니다.

H사장 저도 진보지만, 제발~~ 진보진영은 법 좀 제대로 만들어주세요. 부작용에 대해서 언급하면 제가 홍박사님에게 할 말이 없어요.

홍박사 다음으로 넘어가시죠. **(차별금지법 발의안 문제점 ②)** 기업의 자율적인 채용과 배치, 평가 행위를 차별로 몰아서 자율성을 제한하게 됩니다. 예를 들어서 차별금지법에는 '용모'에 대해 차별할 수 없게 되어 있습니다. 회사에서 신입사원을 뽑는데 면접을 봅니다. 같은 나이에 같은 수준의 학벌입니다. 경력도 비슷하고요. 1명을 뽑는데 2명의 후보자가 와서 면접을 봤습니다.

H사장 그게 무슨 문제가 되나요?

홍박사 '용모'가 문제가 됩니다. A 후보자는 박지원 국정원장과 비슷하게 생겼고요, B 후보자는 이해찬 국회의원과 비슷하게 생겼습니다. 1명을 뽑는 면접이니까 A 후보자가 떨어지고, B 후보자가 취업되었습니다.

H사장 아하, 무슨 말씀하려고 하는지 알겠어요. 떨어진 A 후보자가 '외모'로 차별받았다고 인권위원회에 진정을 넣으면, 회사의 인사담당자는 B 후보자가 A 후보자보다 잘생긴 게 아니라는 증명을 서면으로 해야 한다는 거죠?

홍박사 앞에서 언급했듯이, A 후보자는 박지원 국정원장과 비슷하게 생겼고, B 후보자는 이해찬 국회의원과 비슷하게 생겼습니다. 누가 더 잘생겼을까요? 그리고 그걸 어떻게 합리적으로 서면으로 증명할 수 있습니까?

H사장 예를 참 힘들게 드셨네요. 저는 서면으로 증명은 고사하고 도저히 판단을 할 수가 없어요. 그리고 별로 생각하고 싶지 않아요. 그냥

다음으로 넘어가시죠.

홍박사   **(차별금지법 발의안 문제점 ③)** 차별을 받았다고 주장하는 직원에게 무제한의 권리를 부여합니다. 특히 개인정보를 마구 뒤질 수 있습니다. 차별을 받았다고 생각한 직원은 인권위원회에서 지정한 양식의 요청서를 작성해서 제시하면, 회사는 무조건 인사자료 전부를 내줘야 합니다. 당연히 그 안에는 개인정보가 들어 있겠지요. 물론 받아봤는데 차별 내용이 없어도 사과조차 할 필요 없습니다. 차별받았다고 생각한 사람의 당연한 특권이니까요.

H사장   인사정보를 맘대로 보는 세상이 되면, 직원들 서로 간의 급여나 이력이 다 공개된다는 이야기잖아요? 그럼 안 되는 거 아닌가요?

홍박사   정상적인 상태에서는 있을 수 없는 일이죠. 개인의 정보나 경영상의 비밀 등 중요한 다른 가치들이 있는데, 차별금지법은 그러한 가치보다 '차별'을 없애는 것이 가장 중요하다는 이상한 논리가 가득합니다. '차별'이 문제가 있다지만 그렇다고 다른 사람의 소중한 것들은 무시해도 되는 것인가요? 차별금지법이 그만큼 공정한 법이 아니라는 이야기입니다. 또한 차별을 받았다고 생각하신 분은 인권위원회에 진정 넣을 때 증거를 제시할 필요가 없습니다. 그냥 느낌만으로도 신고가 가능합니다. 그래서 아니면 말고 식의 무차별 진정이 줄을 이을 수 있습니다. 만약 사실이 아니어도 무고죄도 없습니다.

H사장   어휴, 하루 종일 일은 안 하고 인권위원회에 들어갈 진정서만

작성할 직원들의 모습이 떠오르네요. 그러다가 제가 일하라고 하면 그 진정서를 흔들면서 저를 비웃겠죠. "사장은 이제 죽었어~~" 이러면서요.

홍박사   (**차별금지법 발의안 문제점 ④**) 차별을 한 것으로 진정된 개인이나 회사, 즉 피진정인에게는 참혹한 의무가 부여됩니다. 역차별의 끝판왕입니다. 피진정인을 이렇게 '차별'하는 법이 왜 '차별금지법'인지 이해가 안 됩니다. 먼저 진정인의 진정에 대해서 차별이 아니라 합리적인 차이에 의한 것이라는 점을 피진정인이 모두 증명해야 합니다. 앞에서의 예와 같이 증명이 불가능하더라도 무조건 증명해야 합니다.

H사장   세상에는 서면으로 안 되는 것도 있는데, 너무하네요.

홍박사   그런데 진정을 한 진정인에 대해서 나중에 인사상 불이익이 있으면 그 회사의 대표자는 1년 이하 징역입니다. 그래서 한 번 인권위원회에 진정을 넣은 직원은 철밥통이 됩니다. 일도 안 하고 하루 종일 빈둥거려도 못 건드립니다. 만약 직원끼리의 문제가 발생해도 법인이나 고용주가 연대책임을 집니다.

H사장   어머, 그 꼴을 어떻게 봐요? 성질나서 폐업해버리는 게 나을 거 같아요.

홍박사   (**차별금지법 발의안 문제점 ⑤**) 인권위원회의 판단에 대한 기준이 없습니다. 직무상 차별에 대해서 '그 사람 아니면 안 되는 일'이거나

'바꾸어서 할 수 없는 일'이라는 기준이 있지만 그 외에는 명문화된 기준은 없습니다. 그리고 회사에서 어지간한 일은 '바꾸어서 할 수' 있습니다. 단지 잘하느냐, 못하느냐의 문제겠지요. 아무리 피진정인이 합리적으로 증명을 해도 인권위원회에서 인정 안 해주면 그만입니다. 또한 그런 판단을 11명의 인권위원이 직접 할까요? 아니면 말단공무원을 시킬까요? 아무 관리감독 없이 말단공무원이 수많은 고용인이 일하고 있는 기업을 죽였다 살렸다 합니다. 그때그때 달라도, 편파적이어도 법적으로는 문제없습니다.

H사장 편파적인 법 적용이 문제가 안 된다면, 매우 위험하다는 생각이 드는데요?

홍박사 그렇습니다. 예상한 대로 정치적으로 정적을 죽이기 좋은 수단이 됩니다. 인권위원회는 무조건 대통령의 조직입니다. 11명의 위원 중에 7명을 대통령과 대통령이 임명한 사람이 선출합니다. 정치적으로 대통령과 적대적인 사람이 피진정인이 되었을 때 인권위원회가 강력하게 제재하면 피해를 입게 되죠.

H사장 그렇지만 인권위원회가 모든 결정 권한을 가진 것은 아니지 않나요? 아까 발의안의 내용에 인권위원회의 결정에 불복하면 소송을 하게 되어 있다고 하셨잖아요?

홍박사 공정할 거 같은데 제대로 빛 좋은 개살구입니다. 피진정인은 소송을 자기 돈으로 해야 하지만, 진정인은 인권위원회에서 모든 지원을 해주니까요. 진정을 당한 기업이나 개인은 자기 돈으로 변호사 구하고 재판하러 다니고 난리가 납니다. 만약에 재판에서 지면 막대한 벌금이 날아옵니다. 혹시 이기더라도 인권위원회에 미운털이 박혀서 누군가 또 진정을 넣으면 불이익이 예상됩니다. 그야말로 피가 마르는 거죠. 그러나 진정인은 편안하게 앉아서 재판에 대한 소식만 들으면 됩니다. 인권위원회에서 비용을 지불하는 변호사가 모든 재판을 다 진행해줍니다. 만약에 재판에 져도 상관없습니다. 피해가 전혀 없으니까요.

H사장 소송 한 번 해보신 분들은 아시겠지만, 정말 스트레스가 말도 못하죠. 소송하는 것보다는 회사를 접는 게 훨씬 쉬울 거 같아요. 그래서 요즘 접는 핸드폰이 잘 팔리나 봐요.

홍박사 **(차별금지법 발의안 문제점 ⑥)** 성범죄자의 지속적인 감시가 불가능해집니다. 한 어린 여자아이의 인생을 짓밟은 조두순 씨를 예로 들겠습니다. 만약에 조두순 씨가 어린이집에서 아이들을 돌보는 일을 하게 된다면 어떨까요? 현재 어린이집에서 근무하려면 성범죄 사실이 없다는 증명을 받아야 합니다. 아이들을 성범죄부터 보호하려는 최소한의 장치입니다. 그러나 차별금지법에 의하면 '형의 효력이 상실된 전과'에 의해서 차별받으면 안 됩니다. 결국 어린이집에서 조두순 씨가 근무해도 막을 방법이 없습니다. 참 좋으시겠어요.

H사장 조두순 씨는 대표적인 예이고, 다른 성범죄자 모두를 어린이들로부터 막을 방법이 없어지는 결과가 되네요. 우리 아이들이 무서워

서 어떻게 하나요?

홍박사 (**차별금지법 발의안 문제점 ⑦**) 기업뿐 아니라, 정부기관, 의료기관, 교육기관에서 일어나는 차별도 해당되기 때문에 모든 정부기관, 의료기관, 교육기관을 인권위원회가 통제하게 됩니다. 거기에 향후 법 재개정 시에 인권위원회의 의견을 듣도록 해서 국회 위에 군림하게 되죠.

절대적인 인권위원회의 권한

H사장 대통령 다음으로 높은 사람이 인권위원장이 되는 건가요? 앞으로 잘 보여야겠네요. 혹시 알아요? 인권위원장의 말 한마디면 저희 아들이 대기업이나 공기업에 시험도 안 보고 들어갈지?

홍박사 아마도, 친한 분이 인권위원장이 되시면 아드님이 의대에 시험도 안 보고 들어갈 수 있을 겁니다. 만약 아드님이 예술하시는 분이면 정부로부터 지원금을 독차지할 수 있을 겁니다. 공개되지도 않는 작품을 제출하고 가뿐하게 6,900만 원 정도는 지원금으로 받을 수 있습니다. 차별금지법은 성소수자의 보호를 빌미로 국가 권력을 인권위원회로 옮기는 전략입니다. 독자 여러분 중에는 '나는 회사를 경영하지도 않고, 그냥 개인이니까 상관없네. 아니 오히려 좋네'라고 생각하시는 분도 있을 수 있겠죠. 그러나 개인 대 개인도 해당됩니다. 일도 안 하고 뺀질거리는 동료에게 일 좀 하라고 말했더니, 인권위원회에 진정을 당할 수도 있습니다. 회사는 연대책임이 있지만 피진정인이 개인인 경우 개인도 책임을 져야 합니다. 또한 회사가 아니어도 상관없습니다. 그냥 삼촌이 조카에게 "넌 왜 장가도 못 가냐"라고 해도 차별금지법에 걸립니다. 이때 삼촌은 조카에게 최소 500만 원 이상의 보상금을 지불해야 할 수도 있습니다. 여기서 주의하실 부분은 500만 원이 최고 금액이 아니고 최소 금액이라는 점입니다.

H사장 아니, 무슨 삼촌이 결혼 이야기 한 번 했다고 차별금지법에 걸려요?

홍박사 아까 보셨죠? '혼인 여부'도 차별의 조항 중에 들어가 있습니다. 조카에게 "결혼 안 하냐?" 물어봐도 차별에 해당합니다. 이렇게 역차별이 너무 강해서 선진국들에서도 사회의 활력을 떨어뜨리고 있는 법입니다. 특히나 그 어느 나라도 '인권위원회'와 같은 정부의 한 기관에 무제한의 권력을 주는 법을 적용하고 있지는 않습니다.

H사장 그럼 상대에게 말만 건네도, 친한 척을 해도 어디서 무슨 진정이 날아올지 모르는 삭막한 세상이 되는 건가요? 차별금지법이 성소수자에 대한 보호만 있는 줄 알고 안심했는데 그게 아니군요. 당장 개인끼리의 차별문제가 심각하게 대두될 것 같아요. 그래도 성에 대한 내용이 있긴 할 텐데요? 그걸 말씀해주세요.

성적 지향은 자기 맘대로 고무줄 잣대

홍박사 전체적엔 차별에 살짝 묻혀 있습니다. 잘 숨겨놓기 위해서, 용어를 설명하면서 살짝 성에 대한 독특한 정의를 합니다.

[발의안] ④ '성적 지향'이란 이성애, 동성애, 양성애 등 감정적. 호의적. 성적으로 깊이 이끌릴 수 있고 친밀하고 성적인 관계를 맺거나 맺지 않을 수 있는 개인의 가능성을 말한다. ⑤ '성별정체성'이란 자신의 성별에 관한 인식 혹은 표현을 말하며, 자신이 인지하는 성과 타인이 인지하는 성이 일치하거나 불일치하는 상황을 포함한다.

H사장 ④ '성적 지향'이 좀 애매하네요. 이성애, 동성애, 양성애 중에서 선택하는 '가능성'을 말한다고 정의해버리면, 도대체 뭘 보고 결정을 하라는 건가요? 사람이 어떤 '성적 지향'인지 아무도 모르게 되는 거잖아요?

홍박사 향후 내가 가지게 될 성적인 이끌림의 가능성이라면 이랬다가 저랬다가 할 수 있는 건데, 그걸 법 적용의 기준으로 삼으면 어떻게 법을 지킵니까? 결국 이 법은 다시 한 번 더 '지킬 수 없는 법'이 됩니다. 예를 들어서 동성애자가 이성애를 비판해도 이성애를 하는 성적 지향을 차별했으니 차별금지법에 걸립니다. 그런데 이성애자가 "나는 나중에 동성애자가 될 가능성이 있어. 그렇지만 동성애자가 싫어"라고 비판하면 차별금지법에 안 걸립니다. 같은 성적 지향을 갖고 있는 사람이 한 말이니까요.

H사장 어떻게 홍박사님은 남의 헛점만 그렇게 콕콕 집어내세요? 그 인성이 대단하시네요.

홍박사 '성별 정체성'은 더 큰 문제가 됩니다. 남이 나를 보기에 나는 남자이지만, 내가 머릿속으로 여자라고 생각하면 여자가 됩니다. 남자가 갑자기 여자를 껴안아도 "그때는 내가 여자였어"라고 하면 무죄가 됩니다. 이걸 유죄라고 하면 차별금지법에 걸리는 거죠. 실제로 영국에서는 성폭행을 한 후에 "그때 나는 여자였다"라고 주장해서 무죄판결을 받는 사건이 일어나기도 했습니다.

H사장 한국에서도 얼마 전에 여성 정체성을 가진 남자가 여자 목욕탕에 들어와서 몰래 목욕을 하고 나가려다 걸려서 문제가 되었었죠. 그 남자는 자기가 여자라고 했지만 분노한 여성들이 경찰에 끌고 갔었어요.

홍박사 만약 차별금지법 발의안이 입법된다면, 그 여성분들은 모두 차별금지법 위반입니다. 인권위원회에서 500만 원 이상 벌금을 때려 맞을 준비를 해야 할 겁니다. 이렇게 '성별 정체성'을 머리에 글자로 문신이라도 하지 않는 한 세상은 개판이 되어갈 겁니다. 성은 개인의 판단에 의해 선택되는 것이 아니라 타고나는 것입니다. 만약 정말 성적으로 바꾸고 싶다면 되돌릴 수 없는 외과적인 수술에 의해 가능하다고는 생각합니다. 그렇지만 외부에서 드러나는 성과 내면의 성이 수시로 바뀌게 되면 사회적으로 큰 혼란의 여지가 생깁니다.

H사장 '성적 지향'보다 '성별 정체성'이 좀 더 문제가 심각하네요. 사회적 기준이 다시 수립될 필요가 있겠어요. 하지만 '성적 지향'의 일부분인 동성애에 대해서는 좀 관대해질 필요가 있지 않을까요? 아까 조

나라님께서 말씀하신 것처럼 딱히 '다른 사람에게 피해가 없는 일'이니까요.

홍박사 동성애를 옹호하시는 분들이 가장 많이 하는 말이 "남에게 피해가 없다"입니다. 그럼 마약을 하는 경우는 어떻습니까? 특히, 집에서 대마나 양귀비를 재배해서 대마초나 아편을 스스로 만들어서 자기가 피우는 경우 남에게 아무 해가 없으니 보호받아야 하나요? 처벌을 피하는 게 아니라 보호받는 것입니다.

H사장 마약은 몸에 안 좋으니 문제가 되겠지요. 장기적으로는 건강을 해치니까요. 그래서 법으로 금지하고 있는 것 아닙니까? 하지만 동성애는 전혀 그런 건강상의 부작용이 없지 않나요?

동성애의 건강상 문제점

홍박사 일단은 남에게 피해를 주지 않는다고 해서 '처벌을 받지 않는' 것이 아니라 '보호를 받아야 하는' 것은 정말 이상한 논리입니다. 동성애가 나라를 구하나요? 왜 '보호'를 합니까? 그리고 동성애의 건강상 부작용은 무지 많습니다.

H사장 아하, AIDS 말씀하시는 건가요? 그 병은 약이 나와서 쉽게 고칠 수 있잖아요?

홍박사 AIDS 이야기는 조금 이따가 하죠. 문제점을 하나씩 들어보겠습니다. **(동성애의 건강상 문제점 ①)** 동성애자들은 순수한 사랑보다는 순간적인 성적 쾌감에 집중합니다. 남성 동성애자들이 항문 성교 시에 여성에게는 없는 전립선이 자극을 받게 되어 극도의 흥분 상태에 빠지게 됩니다. 동성애자들은 이 쾌감에 빠져들어서 헤어나오지 못하게 되는 거죠. 그래서 사랑하는 사람과의 성관계에 만족하지 못하고 사냥하듯 이 남자, 저 남자 상대를 찾아 헤매게 됩니다. 그런데 항문은 성교를 하는 구조가 아닙니다. 치질 수술을 해보신 분들은 아시겠지만, 치질 수술만 해도 방귀나 변이 조금씩 샙니다. 그런데 그 약한 곳으로 성관계를 하다니요? 결국 항문 파열이나 감염이 일어납니다.

H사장 아, 상상하면 안 돼~ 상상하면 안 돼~

홍박사 공개적인 동성애자로 유명한 방송인 홍석천 씨는 하루에 15번 화장실을 간다고 합니다. 이건 방송에서 본인이 공개적으로 한 이야기입니다. 무언가 자꾸 새어 나오니까 갈 수밖에 없는 거죠. 심하게는 항문 파열이나 탈장 등으로 목숨을 잃는 사람도 있습니다.

H사장 으아~ 상상해버렸어요~~

홍박사 **(동성애의 건강상 문제점 ②)** 동성 간의 성폭행으로 사람이 죽었습니다. 우리나라 사회는 이성 간의 성폭행에는 매우 민감하지만, 동성 간의 성폭행에는 둔감한 문화를 가지고 있습니다. "친구끼리 좋으니까 그런 거지" 이런 정도죠. 특히 대통령까지 나서서 동성애자의 인권을 보호해야 한다고 강조하는 바람에 경찰도 동성 성폭행범에 대해서 처벌을 유보하는 상황이 되었습니다. '보호'해야 하니까요. 동성애자가 무슨 천연기념물인가요? 국가유공자입니까? 결국 이런 수수방관의 행태가 중학생 1명을 죽음으로 몰고 갔습니다.

H사장 네? 동성애 성폭행으로 사람이 죽었어요?

홍박사 2020년 6월 30일 전라남도의 한 대안중학교 기숙사에서 동성 간 성폭행 피해자가 급성췌장염으로 사망하는 사건이 일어났습니다. 입학 이후에 기숙사 내 동성애 동급생으로부터 지속적으로 동성 성폭행을 당했고, 이를 알게 된 학부모는 가해자를 강력하게 처벌해달라고 학교에 요구했습니다. 그러나 학교 측은 이를 묵살하고 동성애자의 인권 향상을 위해 동성애 가해자들을 열심히 보호했습니다. 결국 아무 곳에서도 도움을 얻을 수 없었던 피해자는 계속 동성애 성폭행을 당해야 했고, 결국 급성췌장염으로 사망했습니다. 췌장염은 동성애와 관계가 없다고 할 수 있겠지만, 과연 동성 성폭행이 없었다면 이 어린 학생이 죽었을까요? 그렇지만 아직도 그 가해자들은 보호를 받고 있고요, 희생자의 아버지는 1인 시위를 하고 있습니다.

H사장 그러게요. 다른 사람에게 피해가 없다고 보호받아야 하는 건 아닐 텐데요.

홍박사 제가 다음 이야기를 위해서 예를 하나 들어보지요. H사장님은 서울 명동에 자주 가십니까?

H사장 아무래도 회사가 그쪽 근처이다 보니 자주 가는 편이에요.

홍박사 어느 날 H사장님이 명동 거리를 거닐고 있는데, 누군가가 와서 뒤통수를 팍 때립니다. 그러고서 "○○아. 오랜만이다" 이렇게 말을 하는 겁니다. 그리고 다시 얼굴을 보고서 "어머 죄송해요. 제 친구 ○○인 줄 알았어요" 하고 사과를 하고 갔습니다.

H사장 머리를 때리는 경우는 없지만, 그렇게 사람을 잘못 보는 경우는 종종 일어나요. 이쁜 건 알아가지고. 호호.

홍박사 그런데 한참 있다가, 또 누군가가 와서 뒤통수를 팍 때립니다. 그러고서 "○○아. 오랜만이다" 이렇게 말을 하는 겁니다. 그리고 다시 얼굴을 보고서 "어머 죄송해요. 아까 그분이네. 제 친구 ○○인 줄 알았어요" 하고 사과를 하고 갔습니다. 그분의 행동이 이해가 되시나요?

H사장 제 뒷모습이 비슷한가 보죠. 이해는 되는데 뒤통수는 안 때렸으면 좋겠어요.

홍박사 그러고 나서 잠시 후에, 누군가가 와서 뒤통수를 팍 때립니다. 그러고서 "○○아. 오랜만이다" 이렇게 말을 하는 겁니다. 그리고 다시 얼굴을 보고서 "어머 죄송해요. 아까 그분이네. 제 친구 ○○이랑 정말 똑같으세요" 하고 사과를 하고 갔습니다. 이분이 실수로 이런 행동을 한 걸까요? 아니면 H사장님을 만만하게 보고 괴롭히는 걸까요?

H사장 당연히 괴롭히는 거죠. 3번이나 실수할 리가 있나요? 이걸 우연이라고 말할 사람이 어디 있어요?

홍박사 물론 우연히 이런 일이 일어날 가능성이 없지는 않습니다. 그렇지만 상식적으로 이건 그분이 H사장님을 괴롭힌 거죠.

H사장 그냥 예만 들었는데 열을 받네요. 도대체 왜 갑자기 이런 예가 나온 건가요?

홍박사 (**동성애의 건강상 문제점 ③**) AIDS나 성병이 동성애를 비롯한 무분별한 성관계에 의해서 급속도로 빠르게 퍼지고 있습니다. 특히 2019년 신고된 새로 AIDS에 감염된 환자는 1,222명이며, 그중에 남성이 1,111명으로 91.1%, 여성은 111명으로 8.9%로 집계되었습니다. 이 가운데 내국인인 1,005명을 대상으로 한 조사에서 동성 간 성접촉으로 인한 신규 감염이 전체 신규 감염자의 절반을 넘는 53.8%의 비율을 차지했습니다. 이러한 상황에서 신규 감염이 100% 동성 간 성접촉에 의한 것이 아니니까, AIDS의 확산에 대해서 동성애가 책임이 없다는 말을 할 수 있을까요?

H사장 우연히 그냥 많았다고 말하기에는 무리가 있겠죠.

홍박사 또한, 일반적으로 AIDS는 치료약이 개발되어서 약만 잘 먹으면 건강하게 잘 생활할 수 있다고 생각하고 계십니다. 미안하지만 정말로 틀린 생각입니다. AIDS 치료제는 AIDS의 원인이 되는 HIV바이러스를 죽여서 치료하는 약이 아닙니다. 단지 활동력을 억제해서 병의 진행을 지연시키는 약입니다. 약을 먹는다고 해도 HIV바이러스는 서서히 몸의 기능을 약화시킵니다. 그리고 서서히 HIV바이러스는 몸과 뇌를 갉아 먹습니다. 감염자가 약을 먹으면서 버티는 평균 유지 수명은 30년이 채 안 됩니다. 20대에 감염된 사람은 50대에 죽는 거죠. 대부분 감염된 지 20년 이후부터는 뇌가 파괴되어서 반신불수 등 마비 상태로 오래 고통받으며 죽어가게 됩니다. 특히 오랜 기간 항문성교로 인해 항문에서는 계속 피와 고름, 그리고 배설물이 나오는데, 마비가 오면 제대로 닦지도 못합니다.

H사장 AIDS 치료제가 개발된 줄 알았더니 그게 아니군요.

홍박사 2017년 2월 9일 대한민국 바로 세우기 제6차 포럼에서 당시 문재인 전 대표 기조연설을 했습니다. "국가가 존재하는 가장 큰 이유는 국민의 생명과 안전을 지키기 위해서입니다"라고 안전 최우선을 천명했습니다. 그래서 문재인 정부는 어린이 보호구역에서 어린아이의 생명을 지키기 위해 우발적인 교통사고에 대해서도 무기징역의 강력한 처벌법을 만들었습니다. 그런데 왜 매년 1,000명이 넘는 사람을 AIDS라는 죽음의 병으로 몰고 가는 동성애를 처벌하지는 못할망정, 보호해야 할까요? 당연히 동성애자들의 표를 받고 싶으신 마음은 이해합니다. 하지만 소중한 생명을 표와 바꾸시는 그 마음은 이해를 할 수가 없습니다. 그 희생자들의 어머니가 젊고 이쁘지 않고, 대통령과의 대화에 나와서 불쌍한 표정으로 눈물을 흘리지 않았으니까 신경 쓸 필요가 없는 건가요?

H사장　아마도 죽어가는 동성애자 중에 이름이 '민식'이인 사람이 없었나 보죠. 이름이 '민식'이인 분이 빨리 AIDS에 걸리셔야 할 텐데요.

홍박사　하하하, 심각한 상황에 느닷없이 유머를 날리시는군요. 살짝 놀랐습니다. 다음으로 가시죠. **(동성애의 건강상 문제점 ④)** 동성애를 정당한 것으로 했을 때, 성 관념이 무너진 사람들이 아동성애자로 변화될 가능성이 높습니다. 프랑스는 10세만 넘으면 성관계를 해도 되는 것으로 인정하고 있습니다. 민식이보다 더 어린아이들이 동성애자들의 먹잇감으로 위험에 처하게 됩니다. 하지만, 어린 나이에 성관계에 노출된 아이들이 정상적으로 성장할 수 있을까요? 아니면 치명적인 상처를 안고 평생을 살아야 할까요?

H사장　그런 이야기도 들은 적 있어요. "동성애가 남에게 피해를 입히지 않아서 문제가 없다면, 아동이 동의하는 아동성애도 남에게는 피해가 없으니 괜찮은 것 아닌가" 하는 의견이 있었던 것으로 기억해요. 아동성애에 대해서 정당성을 부여하게 되는 거죠.

홍박사　**(동성애의 건강상 문제점 ⑤)** 동성애자가 동성애만 열심히 하면 문제가 덜한데, 이분들이 느닷없이 이성과도 성관계를 가집니다. 결국 죄 없는 여성들이 AIDS에 감염됩니다. 동성애를 못하게 하지는 않더라도, AIDS에 감염된 남성 동성애자가 여성과 성관계를 해서 전염시키는 경우에 대해서만이라도 남성에게 책임을 물었으면 합니다. 많은 분들이 콘돔만 잘 착용하면 AIDS의 전염을 예방할 수 있다고 알고 계십니다. 그러나 콘돔을 사용했을 때 예방 확률이 90%입니다. 즉 10%

는 감염의 위험이 있다고 보는 거죠. AIDS 감염자와 10번 성관계를 하면 확률적으로 무조건 걸립니다. 이렇게 나쁜 병을 확산시키는데, 왜 남에게 피해가 없다는 소리가 나옵니까?

H사장 동성애로 인한 항문질환이 생기고, AIDS라는 죽음의 병이 퍼지게 되니까 건강에 무척 안 좋은 것이군요.

동성애의 경제적 피해

홍박사 그밖에도 경제적인 피해가 있습니다. 예를 들어보죠. 5명이 무거운 쇼파를 들고 가고 있습니다. 이때 1명이 손을 놓더니 냅다 그 쇼파 위에 올라 타버립니다. 나머지 4명은 어이가 없어서 쳐다보고 있는데, 주위에서 누군가 "그 사람은 무거운 것 드는 일을 싫어하는 취향이니, 그 사람을 보호해주라"고 합니다. 이때 이 쇼파를 든 4명에게 피해가 가나요? 안 가나요?

H사장 아니, 누군 무거운 걸 들고 싶어서 든답니까? 이런 개민폐를 그냥 놔둬요?

홍박사 동성애자의 경제적 피해를 들어보겠습니다. **(동성애의 경제적 피해 ①)** 정상적인 가정이 무너집니다. 매일매일 새로운 사람을 만나 성적 자극을 받아야 하는데, 어떻게 결혼을 합니까? 동성결혼을 한다구요? 우리가 생각하는 그런 결혼이 아니라는 것은 다들 예상하시겠지요? 유럽에서 동성결혼이 합법인 경우에 동성결혼을 한 커플들이 모여서 집단 성관계를 하는 것은 동성애자들의 자랑 중에 하나입니다. 이렇게 난잡하게 살지 않는다고 해도 어쨌든 출산은 불가능해집니다. 대한민국이라는 나라가 유지되려면 합계출산율을 2.0 이상으로 높여야 합니다. 그래야 그나마 현상 유지가 되죠. 지금 출산한 후세의 아이들이 열심히 일해서 갚을 것을 믿고 문재인 정부는 해외에서 빚까지 끌어와서 표를 위해 돈을 뿌리고 있습니다. 그런데 출산을 안 하면 빚을 어떻게 갚아요? 결국 동성애자는 결혼도 안 하고, 출산도 안 하고 재미만 보다가 늙으면 이성애자들이 낳은 자녀들이 번 돈으로 복지를 즐기며 노후를 보내게 됩니다. 이게 개민폐가 아니면 뭐가 개민폐입니까?

H사장 동성애자들 노후 복지까지 책임질 우리 아이들이 너무 불쌍해지네요. 돈 열심히 벌어야겠어요.

홍박사 **(동성애의 경제적 피해 ②)** 아까 말씀드린 대로 AIDS와 동성애는 매우 밀접한 관계가 있습니다. 그래서 국가에서는 AIDS 감염자를 동성애를 하는 사람으로 규정하고 가히 충격적일 만큼 강력한 지원을 합니다. AIDS 감염자는 매일 약을 먹어야 병의 진행을 지연시킬 수 있습니다. 약값은 한 달에 600만 원입니다. 개인이 낸다면 어마어마한 금액이지만, 누가 냈는지 알 수 없는 세금으로 때운다고 생각하면 껌 값이죠. 그런데 병원에서 진료비 청구서를 보면 60만 원이 찍혀 있습니다. 본인 부담이 10%니까요. 나머지 540만 원은 우리가 낸 세금으로 지불됩니다. 그래서 60만 원을 내고 약을 먹습니다. 60만 원도 큰돈이라구요? 그런 부담을 알고 있는 정부에서는 보건소를 통해 그 60만 원 조차도 감염자에게 지급합니다. 그래서 AIDS 감염자가 한 달 내내 먹는 약값 600만 원은 모두 우리들의 세금으로 지불됩니다. 2019년 내국인 AIDS 신규 감염자가 1,005명이었으니, 이분들 약값으로만 1년에 723억이 들어갑니다. 지금까지 누적되어 있는 분들이 있으니 총 약값은 얼마 들어갈까요? 상상하기도 힘드네요. 거기에 병원비 전액 무료입니다. 심지어 간병인 비용과 병원 오가는 차비도 우리들의 세금으로 줍니다.

H사장 아니! 무슨 혜택이 이렇게 많아요? 열심히 일하다가 암에 걸려도 치료비를 그렇게 지원하지 않는데! 그냥 AIDS 걸리는 게 더 살기 편하겠네요.

홍박사 그래서 동성애자들이 AIDS 걸리는 것을 두려워하지도 피하지도 않습니다. 오히려 혜택이 많아서 걸린 사람을 부러워합니다. 결국 2019년 기준으로 전 세계에서 유일하게 AIDS 신규 감염자 수가 증가한 나라가 대한민국입니다. 아프리카의 가나, 나이지리아까지도 AIDS 신규 감염자 수가 감소하는 추세에 있습니다. 우리나라 신규 감염자 수는 2001년 327명에서 2006년에 749명으로 늘었고, 2013년에는 1,013명, 그리고 2019년에는 1,222명으로 꾸준히 증가했습니다. 누적 환자가 계속 쌓이고 있기 때문에 이들의 치료를 지원하기 위해 필요한 사회적 비용이 8조에 이르는 것으로 추정되고 있습니다.

H사장 도대체 언제 그렇게 동성애자에 대한 복지가 많아진 건가요? 누가 내 세금을 그렇게 써도 된다고 허락했죠?

동성애의 문화적 피해

홍박사   경제적 피해 외에도 문화적인 피해도 있습니다. **(동성애의 문화적 피해 ①)** 진보정부 이후에 동성애자에 대한 인권을 향상시키기 위한 활동으로, 동성애의 문제점을 숨기기 위해서 학교에서 AIDS라는 병에 대한 교육이 완전히 사라져버립니다. 그래서 아이들이 AIDS가 무슨 병인지도 모릅니다. 최근 유행한 <보헤미안 랩소디>라는 영화를 보면서 영화 주인공이 동성애를 즐기다가 AIDS에 걸려서 죽는 장면을 보고 아이들이 AIDS라는 병에 대해서 질문을 합니다.

H사장   저도 그 영화 봤어요. 저희 아이들도 그게 무슨 병이냐고 묻더군요. 아이들이 아무 것도 몰라서 깜짝 놀랐어요.

홍박사   동성애와 같이 비정상적인 성관계가 성적 질환을 일으킨다는 것을 아이들에게 전혀 가르치지 않고, 동성애자를 미화하고 차별하면 안 된다고 가르칩니다. 심지어는 봉사활동 시간을 줄 테니 동성애자들의 큐어축제에 가서 인증샷을 찍어오라고 시키는 선생님도 있습니다. 그래서 청소년들은 좋은 것인 줄 알고 동성애를 경험하러 나섰다가, 어이없이 병에 걸리게 됩니다. 마스크 안 쓰고 코로나 확진자 병실에 들어가는 것과 같은 상황이라고 보시면 됩니다.

H사장   큐어축제 인증샷으로 봉사활동 시간을 준다고요? 선생님 맞나요?

홍박사　**(동성애의 문화적 피해 ②)** 병만 숨기는 게 아닙니다. 동성애와 양성애에 대해서 교육 내용이 점점 심화되고 있습니다. 성적 혼란에 대한 부작용은 쏙 숨긴 채 모두 정상적이고, 피해가 없으니 인권의 입장에서 존중해야 한다고 어린아이들에게 가르칩니다. 어떤 학부모가 초등학교 교과서의 내용이 너무 적나라해서 이를 전단지에 그대로 담아서 다른 학부모들에게 알리려고 전단지로 인쇄하려 했더니, 너무 선정적이라서 출판물 허가가 나지 않았습니다. 그런 자료로 우리 초등학생들이 성에 대해 배우고 있습니다. 결국 선생님들이 나서서 초등학생들에게 어린 나이 때부터 동성애를 접하게 하고, 관심을 가지게 하고, '한 번 해보고 싶다'는 마음을 먹도록 부추기는 겁니다. 이런 일의 결과로 동성애자들의 교류 앱을 보면 미성년자들이 성관계를 찾는 대화들이 흔히 보이는 현상으로 나타나게 되었습니다.

H사장　왜 초등학생에게 동성애를 꼭 가르쳐야 하는지 모르겠네요. 나중에 크면 다 알게 되는데. 그리고 몰래몰래 보는 야동에도 다 나오는데요. 학교에서 그걸 정당하다고 가르쳐야 하는 건지…….

홍박사　**(동성애의 문화적 피해 ③)** 동성애를 당당히 여기고 우대하는 분위기로 인해 동성애자가 이를 특권으로 인식하고 동성 성폭행을 일으키게 됩니다. 사회적으로 남자에 의한 여성에 대한 성폭행의 예방장치는 매우 많이 있습니다. 예를 들어서 기숙사에서나 목욕탕, 탈의실 등 남녀가 구분되어 있는 시설은 매우 많습니다. 그런데 남자만 모아 놓은 곳이라면, 동성애자에게는 성적 대상이 널린 사냥터가 됩니다. 체력이 좋은 남자라고 하더라도 여럿이 달려들거나 약을 먹여서 성폭행하는 일이 발생하기도 합니다. 거기에 성폭행당했다고 신고해도, 대통령까지 나서서 동성애자의 인권을 보호하라고 지침이 떨어진 상태에서 경찰이 합리적인 법 집행을 하지 못한 채 방관을 하기 일쑤입니다.

H사장 아까 말씀하신 동성 성폭행으로 죽은 중학생 같은 경우를 말씀하시는군요.

홍박사 그렇죠. 만약 사회가 동성애자를 보호하는 분위기가 아니었다면 정당한 처벌을 받았을 것이고, 어린 피해자가 목숨을 잃지는 않았을 겁니다. 도대체 뭐 잘한 게 있다고 '보호'하는지 이해가 안 돼요. 이제 다음 **(동성애의 문화적 피해 ④)**입니다.

H사장 생각보다 많네요. 또 있어요?

홍박사 실제로 독일에서 일어난 일입니다. 동성애 결혼을 인정하고, 동성애를 정당화하면서 성의 경계가 무너져버립니다. 근친상간, 수간(동물과의 성관계), 아동성애(어린아이와 성관계)를 반대할 논리적 근거가 없어지는 거죠. 그래서 이런 이상한 성적 취향을 가진 분들이 대거 합법화 투쟁을 진행했고, 모두 성공을 거둡니다. 독일은 1969년부터 수간이 허용되어서 최근까지도 10만여 명의 수간 애호가들이 공개적으로 활동을 했습니다. 2012년의 뉴스를 보면 수간 전용 매춘업소가 성행을 해서 동물들이 많은 고통을 받았다는 내용이 있습니다. 결국, 수간은 동물학대의 성향을 우려해서 동물보호법으로 제한되고 맙니다. 하지만 아직도 수간을 즐기는 독일 사람들이 적지는 않은 것으로 알려져 있습니다. 결국 타인에게 피해만 없으면 만사 오케이라는 안일한 기준이 다른 문제를 만들게 된 겁니다. 거기에 근친상간의 문제도 등장합니다. 남에게 피해가 없고, 자기들끼리 동의하면 무슨 짓을 하던지 그들의 권리라고 해버리면 어머니와 아들, 아버지와 딸의 관계도 부정할 방법이 없습니다. 어린아이라 하더라도 아이가 원한다면 성관계를 해도 된다는 논리는 어떻게 부정할 겁니까?

H사장 설마요? 그건 너무 변태스러운 것 아닌가요? 진보진영에서는 무언가 대안을 가지고 있겠지요.

홍박사 저도 제발 대안이 있기를 바랍니다. "동성애는 인권이지만 근친상간은 인권이 아니야"라고 따박따박 대응할 논리가 있으면 좋을 텐데요. 다음은 **(동성애의 문화적 피해 ⑤)**입니다.

H사장 5개나 있어요?

홍박사 총 6개입니다. 너무 그렇게 지적하지 마시고 지겹더라도 좀 더 들어주세요. 성적 지향에 대한 모든 가능성을 열어두면, 매춘도 인정이 되어야 합니다. 유럽 선진국들에는 공창이 있습니다. 국가에서 관리하는 허가된 성매매 구역이지요. 우리나라는 성매매를 법으로 엄격하게 금지하고 있습니다. 그런데 만약 "나는 낯선 여성에게 성관계를 하고 돈을 줘야 쾌감을 느낀다"라는 사람이 있다면, 이 사람에게 매춘을 금지하는 것은 차별입니다. 돈 받을 여성도 원하고, 돈 주는 남성도 원하고, 남에게 아무 피해를 안 주는데 왜 못하게 막나요? 참 한심하죠?

H사장   참나, 논리적으로 맞기는 한데 좀 이상해요.

홍박사   원래가 시작부터 이상한 논리니까 당연히 이상한 결과들이 나온 겁니다. 마지막으로 **(동성애의 문화적 피해 ⑥)**입니다. 대한민국 군대 내부에 동성애가 널리 퍼지게 됩니다. 동성들끼리 모아놓고 같이 일하고, 같이 자는 군대는 동성애자들에게는 성관계 대상자들을 같이 몰아놓은 더없이 좋은 사냥터가 됩니다. 거기에 사회적으로 거부감이 없도록 문재인 대통령이 앞장서서 동성애자의 인권을 향상시켜야 한다고 하니, 군대에 입대한 동성애자들이 적극적인 포교활동을 통해 동성애를 확산시키게 됩니다. 생각해보세요. 열심히 훈련하고, 나라를 지키기 위해 경계를 강화해야 할 군인들이 경계초소 안에서 서로의 성기를 빨고, 항문에 삽입하며 동성애를 즐기고 있다면? 아마도 경계초소 앞으로 북한군 1개 대대가 지나가도 모르겠지요.

H사장   설마요? 실제로 그런 일이 생길까요? 군기가 엄격한 군대 내에서?

홍박사   지금도 동성애자 사이트를 찾아보시면, 군대 내의 동성애 사진을 자랑스럽게 올려놓은 사람들이 있습니다. 이를 감독하고 제지해야 할 장교들은 인권보호 때문에 찍소리도 못하고요. 2020년 이태원 게이클럽으로부터 시작된 코로나19 감염이 문제되었을 때 군인 중에 고위간부들도 동성애자로 밝혀져서 충격을 안겨준 적이 있었죠. 군인이 전장에 나가서 적과 대치할 때에 항문에서 흐르는 배설물과 피고름을 막을 패드를 차고 다닌다면 어떻게 승리할 수 있을지 의문입니다.

H사장 이야기가 너무 산으로 갔네요. 동성애도 문제가 되겠지만 실제로는 차별금지법이 더 중요한 이슈라고 봐요. 동성애나 성적 지향에 대한 것은 일부분일 뿐, 차별금지법은 사회에 만연해 있는 불합리한 차별을 개선하기 위한 법 아닙니까? 세부 내용을 보았을 때 홍박사님 말씀처럼 실현 불가능한 억지스러운 법인 것은 알겠어요. 그렇지만 사회에서 당연시되는 차별과 그로 인한 피해자들이 더 이상 생기지 않도록 하겠다는 진보진영의 의지는 되새겨볼 필요가 있다고 생각해요.

차별금지법은 이름만, 내용은 강력한 차별법

홍박사 차별을 막겠다는 의지요? 자세히 들여다보면 그런 거 없습니다. 전형적인 진보 운동권의 거짓 홍보작전입니다. 밖에서 보면 포장은 너무 멋있습니다. "약자들이 차별로 인해 고통받고 있으니, 강력하게 보호해준다"라고 포장을 해놓았으니 안에 속을 깊숙이 들여다보지 않는 국민들은 '차별금지법'이라는 이름만 보고 믿게 됩니다. 제도를 잘 이용해서 차별을 받았다고 주장하는 측이 귀족 특권층이 되고, 선량하게 생활하다가 날벼락을 맞는 사람은 노예보다 못한 의무들에서 히우적거리게 됩니다. 이렇게 불공정하게 '차별'하는 법이 어떻게 '차별금지법'이 됩니까? 진정인과 피진정인을 강력하게 차별하는 '초강력 차별법'이라고 이름 붙이는 게 맞을 거 같은데요. 내가 피해자라고 진정만 하면 장땡인 세상에서 서로 차별받았다고 진정을 하면서 물고 물리는 싸움판으로 세상은 변하겠지요.

H사장   국민들끼리 서로 싸우면 누가 이익을 얻게 되나요? 진보진영에서 이익도 없이 서로 싸우는 법을 왜 만듭니까?

홍박사   국민들끼리의 싸움은 정치인들에게는 잔칫상입니다. 어디에 잘 붙어서 이익을 볼 수 있는가의 문제일 뿐이지요. 무언가 이익이 없다면 이런 이상한 법이 만들어질 수 있겠습니까? 차별금지법의 진짜 문제는 국가 권력이 대통령에게 집중되도록 만드는 것입니다. 차별금지법에서 제일 많이 등장하는 국가기관이 어디입니까?

H사장   인권위원회요. 아까 조나라님은 정치적으로 중립적이고 공정하다고 하시던데요.

홍박사   차별을 당했다고 진정을 하는 곳이 인권위원회입니다. 그런데 정치적 중립이 어렵게 되어 있습니다. 아시다시피 11명의 인권위원 임명 권한은 대통령과 그가 임명한 대법원장에게 몰려 있습니다. 그래서 인권위원회에 대한 대통령의 영향력은 절대적이라고 할 수 있는 거죠. 이런 상황에서 차별을 당했다고 진정을 하는 곳이 인권위원회입니다. 그 진정에 대해 피진정인의 소명을 보고 차별인지 아닌지 판단하고, 차별을 개선하라고 지시하는 곳도 인권위원회입니다. 차별이 개선되지 않으면 벌금을 부과하는 곳도 인권위원회, 차별당했다고 진정한 사람에게 회사가 인사상 불이익을 가했는지 판단하는 곳도 인권위원회, 기업주를 1년 이하 징역에 처하는 곳도 인권위원회입니다. 인권위원회의 이 모든 활동은 인권위원회 안에서 비공개로 이루어지며, 나중에 책임을 묻는 장치도 없습니다. 공수처가 진보진영에 반대하는 고위공직자들과 정치인을 탈탈 털어주고, 경찰이 밑에 공직자가 아니면서 진보진영에 반대하는 기업이나 일반인들을 탈탈 털어주면, 사소하게 차별하는 조그만 사건들은 인권위원회에서 탈탈 털어줍니다. 이렇게 함으로써 3단계 먼지떨이 세트가 완성됩니다.

H사장 그러니까 인권위원회가 대통령이 좋아하는 방향으로 편파적인 판단을 할 것이고, 불공정한 판단을 해도 아무도 모르게 덮인다는 말씀인가요?

홍박사 네, 만약에 야당 의원이나 보수인사가 차별금지법 관련 피진정인이 되면 무자비한 개선요청과 벌금이 나오겠지요. 만약 여당이나 친대통령 성향의 정치인이 차별금지법 관련 피진정인이 되면 간단히 무혐의 처분을 받을 겁니다. 이런 결과가 나와도 문제 삼을 근거는 없습니다. 마음에 안 들면 소송을 하라는 식으로 대응할 것이고요, 실제로도 그것 말고는 대응방법이 없습니다.

H사장 그럼 소송을 해서 대항하면 되잖아요?

홍박사 만약 야당 의원이나 보수인사에게 진보진영의 시민단체든 개인이든 그 사람의 발언을 대상으로 줄진정을 해서 100건 정도 소송이 이어진다고 해봅시다. 건당 400만 원 정도 변호사 비용이 필요하다고 하면 총 변호사비만 4억이 필요합니다. 재판에 나갈 시간은 또 어떻게 하나요? 그러나 진정인은 소송이 걸려도 걱정이 없습니다. 나라에서 다 돈을 대주니까 걱정 없이 소송을 합니다. 그게 다 우리가 낸 세금입니다. 결국 차별금지법은 나랏돈을 이용해서 대통령의 정치적 상대를 공격하는 도구가 될 수 있습니다. 그렇게 되면 야당 의원이나 보수인사들은 막대한 비용의 소송을 주렁주렁 달고 거기에 힘을 빼면서 어떻게 정상적으로 정치활동을 하겠습니까?

H사장 그럼 그 야당 의원이나 보수인사들이 측근들에게 부탁해서 또 차별금지법을 근거로 상대방에 대한 진정을 넣으면 되잖아요? 이른바 맞고소하는 거죠.

홍박사 진정을 넣을 수는 있겠지요. 하지만 인권위원회에서 바로 각하되어 버릴 겁니다. 대통령의 편에 서는 조직이니까요. 결국 야당 의원이나 보수인사들만 소송에 죽어납니다.

H사장 하지만, 홍박사님 말씀에는 헛점이 있어요. 이 법은 민주당이 아닌 정의당에서 발의한 거잖아요? 정의당에서 뭐가 아쉬워서 대통령의 권한을 확장시켜요?

홍박사 제 생각에는 정의당이 정치세력화한 동성애 단체로부터 지지를 더 받기 위한 목적이 있다고 봅니다. 인권위원회를 이용해서 대통령의 권한을 확장시키는 것은 더불어민주당의 지지를 끌어들이려는 수단이라고 보구요. 반동성애 단체는 기독교 단체가 주축이 되어 있기는 하지만, 실제로 단결되어 있는 정치세력으로 보기는 어렵습니다. 항의한다고 거리에 나와서도 예배를 드리고 있거든요. 그러니까 지지층으로의 매력이 0점이지요. 거기에다가 정의당의 원래 지지기반이었던 진보 지지층이 거의 민주당 쪽에 흡수되어 버렸습니다. 이제 정의당에게는 정치세력화된 동성애 단체가 매력적으로 보일 수밖에 없겠지요. 거기에 원래 성적 차별에 대항하는 여성정당으로서의 이미지 메이킹도 추가되었다고 봅니다. 어디까지나 이것은 저의 추정입니다.

부작용이 있는 법이라도 일단 실행하고 수정하자

H사장   사실 여기서 하는 모든 이야기가 추정이 아닐까요? 그렇지만 진짜로 정의당에서 동성애자 단체를 지지층으로 선택하고 있다면, 이런 법이 만들어지는 것도 이상할 것은 없겠네요. 진보진영의 차별금지법에 대한 의견은 어떠신가요?

조나라   사실 차별금지법 발의안을 자세히 읽고 깊이 생각해보지는 않았어요. 그도 그럴 것이 이건 발의안이잖아요? 아직 법으로 제정되지도 않은 발의안을 전부 다 달달 꿰고 있을 수는 없지요. 다만, 일반적인 국민의 눈높이로 보고 국민과 같은 수준에서 생각하는 것이 국민과 함께하는 진보의 자세입니다. 국민들을 미개한 중생으로 보고 가르치려고 위에서 내려다보는 보수에서는 너무도 어리석어 보이는 행동이겠지요. 일반적인 국민이 차별이 없는 세상을 바라고 있고, 그것을 이루기 위한 법이 필요하다면, 이제는 좀 더 터놓고 그 법에 대해 한 발씩 나아가야 하지 않을까요? 그런 노력도 없이 "이건 나쁘다. 저것도 나쁘다"라고 빈정거리는 것은 보수만이 가진 특권인가 봅니다.

H사장 어머, 공부 좀 하시지. 발의안의 내용을 잘 모르신다니 물어볼 게 없네요. 그래도 앞에서 나온 내용 중에서 인권위원회에 과도한 권력이 집중되는 것은 어떻게 생각하시나요? 진정인과 피진정인 간에 공정하다고 보기는 좀 힘든 권리의 차이는 어떻게 생각하세요?

조나라 어떤 법이든 문제점은 당연히 있지요. 사소한 실행상의 문제점은 일단 실행하면서 부작용을 재정으로 하나씩 해결해 나가면 됩니다. 진보진영의 입법과 실행과정을 보시면 항상 명확한 방향을 향하고, 신속한 법이나 시행령의 제정으로 현실 세계에 적용하죠. 나중에 발생하는 문제점에 대해 더욱 빠르게 재정을 투입하여 보완함으로써 국민의 삶이 한 발짝 앞으로 나아가도록 돕습니다.

H사장 재정을 사용하면 그 돈은요?

조나라 그렇게 사용된 재정은 나중에 우리 미래 세대가 갚을 빚이니까 지금 우리에게는 아무 부담도 없지요. 이렇게 간단한 것을 못하고, 부작용을 의식해서 책상머리에 앉아서 되니 안 되니 논의만 하고 있으면, 그것은 '보수'죠. 발의안의 내용이 어찌 되었든, 일반적인 국민들은 차별금지법이 힘없는 동성애자들과 기득권을 가진 수구세력인 기독교계의 싸움으로 인식하고 있어요. 그렇다면, 진보는 마땅히 힘없는 동성애자들 편에 서서 당당히 싸워야 하지 않을까요?

전 국민이 동성애를 하도록 권장합니다

H사장   그럼 진보진영이 동성애자들을 지지한다면, 조나라님 스스로 직접 동성애를 하거나, 자녀들에게 권하실 건가요?

조나라   저도 동성애를 할 수 있고요. 저희 자녀들도 할 수 있어요. 이미 간통죄도 없어졌으니, 제가 만약에 다른 남자와 성관계를 즐긴다고 해도 불법은 아닙니다. 그리고 저희 아이들이 동성의 연인과 제 앞에서 성관계를 해도 좀 무안하기는 하겠지만, 그 아이의 권리이므로, 금지해서는 안 된다고 생각해요. 이렇게 말씀드리면 너무 나가는 거 아닌가 하고 생각하시는 분도 있겠지만, 성소수자의 문제를 강 건너 불구경으로 보면서 입만 지지한다고 하시는 것보다는 직접 해보시면서 지지하는 것이 진정한 진보라고 생각합니다. 그래서 저도 기회가 될 때마다 지인들에게 아름다운 동성애를 즐겨볼 것을 적극 권장하고 있어요.

H사장   아까 홍박사님이 말씀하신 내용 중에 동성애를 통해서 심각한 건강상 문제가 발생할 수 있다고 하셨어요. 건강상 문제를 무시하고 그냥 동성애를 받아들이기에는 너무 피해가 크지 않을까요? 제 개인적으로 기저귀를 찬 조나라님을 보고 싶지는 않거든요.

조나라   유튜브에서 동성애 비판에 대한 동영상을 너무 많이 보셨네요. 동성애가 건강에 유해하다는 것은 보수진영에서 꾸며낸 새빨간 거짓말입니다. 동성애를 비판하면서 들이대는 자료들이 조작되어 있다는 것은 현명한 진보진영의 지지자 분들이라면 한 번에 알아낼 수 있어요. 독자님들이 스스로 유튜브에서 동성애 관련 영상들을 보시면서 누구 말이 옳은지 확인하셨으면 좋겠네요. 특히 2019년 AIDS 신규 감염자 중에서 동성애로 인해 감염된 비율이 53%라고 하셨는데, 그렇다면 47%는 다른 감염 원인인 것이죠. 이런 상황에서 꼭 동성애가 AIDS의 모든 원인인 것처럼 매도하는 것은 지극히 보수진영다운 편협한 생각이 아닐까요? 이렇게 생각해보는 것이 어떨까요? 사회적 편견에 의해서 위생적인 환경에서 성관계를 가지지 못하는 불쌍한 동성애자들이 상대적으로 감염에 취약할 수밖에 없었다고요. 그래서 병에 더 많이 걸리게 된 것이죠.

H사장 전체 AIDS 신규 감염자의 53%가 동성애로 감염되었는데 문제가 없다구요? 전에 2020년 8·15 광화문 집회(보수진영 집회)에서 코로나19가 퍼졌을 때 질병관리본부의 공식 발표에 따르면 2020년 8월 12일부터 9월 2일까지 전국 누적확진자는 5,789명이었구요. 그 가운데에서 감염 확산의 핵으로 떠오른 사랑제일교회 감염자가 차지하는 비중은 19%였어요. 거기에 8·15 광화문 집회에서 나온 확진자를 다 합쳐도 26%였지요. 전체 비율의 26%밖에 안 되었지만, 그래도 모든 원인은 사랑제일교회에 있다고 정부에서 발표하고 공무원은 교회도 가지 못하게 인사상 불이익을 줬잖아요?

조나라 그건 사랑제일교회에서 진행한 보수성향의 집회니까 당연한 것이죠. 부정부패로 썩은 냄새가 풀풀 나는 집회에서 감염자가 생기면 모두 교회 탓이 되는 것은 당연한 것 아닌가요? 우리 모든 국민들이 박근혜·최순실 국정농단을 통해 얼마나 뼈아픈 고통을 겪었습니까? 지금 세금 좀 오르고 살기 힘들어진 것은 그에 비할 바도 아니지요. 만약에 100% 깨끗한 진보진영의 집회라면 그런 문제가 없었을 겁니다. 실제로 8·15 광화문 집회 바로 옆 종각에서는 민주노총의 집회가 있었습니다. 하지만 그분들은 의로운 진보진영이니까 아무 문제 없었지 않습니까? 그러니까 비율에 신경 쓰지 마시고 AIDS는 동성애자와 연관이 있다는 보수진영이 꾸며낸 거짓말은 믿지 마세요.

H사장   아하, 그렇군요. 전부 보수진영에서 꾸며낸 말이라는 것이죠? 그럼 공개적인 동성애자로 유명한 홍석천 씨는 하루에 15번 화장실을 간다고 방송에서 공개했는데요. 그것도 꾸며낸 것인가요?

조나라   당연하죠. 아마도 동성애자들에 대한 차별적 환경으로 과도한 스트레스가 대장 트러블을 일으켰을 가능성이 크죠.

H사장   참. 이번 장은 비위가 강해야 진행을 할 수 있는 장인 것 같아요. 많이 힘드네요. 어쨌든 건강상의 문제가 전부 거짓말이라고 하더라도, 논리적 문제가 남아요. 성적 지향에 의한 모든 성관계가 인정된다면 당연히 근친상간, 즉 아버지랑 딸, 어머니와 아들, 아들과 딸이 성관계를 가지는 것에 대해 금지할 명분이 없어지게 됩니다. 또한 아동성애사는 어떻습니까? 아동만 동의한다면 나이와 상관없이 성관계를 가져도 금지할 명분이 없잖아요? 모두 개인의 성적 지향이니까요.

진보진영은 근친 성관계를 적극 권장

조나라   또 말씀드리네요. 당연하죠. 진보진영은 근친 간의 성관계를 적극 지지합니다. 근친 간의 성관계를 왜 부정하려 하는지 이해를 못하겠습니다. 이것은 엄연히 개인의 성적 지향의 문제입니다. 가족 간에 무슨 일을 하던지 다른 사회 구성원에게 아무 피해도 끼치지 않습니다. 왜 그러한 성적 선택의 문제가 사회적으로 금기시되어야 합니까? 만약 어떤 딸이 진심으로 친아버지를 좋아하고 그와 성관계를 하고 싶어 한다면 왜 막아야 합니까? 오히려 성관계를 통해서 부모자식 간에 건강한 소통의 길이 열리겠죠. 또한 성관계 경험이 많은 부모를 통해서 성관계에 대해 많은 지도를 받을 수 있지 않을까요?

H사장   보통의 경우 아버지와의 성관계를 딸이 거부하지 않나요? 제가 말하면서도 징그럽네요.

조나라   그것은 차별금지법에 의하면 옳지 않습니다. 아버지가 딸을 성관계의 상대로 보는 것은 본인의 성적 지향이고 인권이거든요. 그런데 딸이 정당한 이유 없이 아버지를 외모나 나이로 인해서 성관계 상대에서 차별한다면, 이건 명백한 차별금지법 위반이 되겠죠. 아버지가 딸을 인권위원회에 진정해서 합리적인 조치를 받을 수 있을 것으로 생각됩니다.

H사장   합리적인 조치라고요? 그럼 인권위원회에서 "아버지랑 성관계를 해라" 이렇게 명령이 떨어진다는 것인가요? 아주 막 나가시는군요.

그럼 아동성애자는 어떻습니까? 어린아이가 동의만 하면 성관계에 문제가 없나요?

조나라 그건 곤란하죠. 미성년자와 성관계는 법으로 금지되고 있거든요. 미성년자가 나이가 더 들어서 성인이 된 뒤에 성적 판단이 가능해진 후에 성관계를 시작하는 것이 바람직하지요.

H사장 아까 차별금지법 발의안에서 '나이'로 인해 차별받아서는 안 된다고 되어 있다고 하던데요. 이건 '나이'로 인해 성년자와 미성년자의 차별 아닌가요?

조나라 아이쿠, 그렇네요. 죄송합니다. 법이 그렇다면 아동성애도 인권으로써 인정받아야 합니다. 성은 평생을 살아가면서 행복을 추구할 수 있는 당연한 권리지요. 어리다고 해서 그러한 권리를 침해받을 이유는 없어요. 아무리 어리다고 해도 본인이 진심으로 성관계를 원하면 나이에 상관없이 적극 권장해야 할 좋은 문화라고 생각합니다.

H사장 정말 어이가 없네요. 뭔가 무너지니까 끝도 없이 나가는군요. 사실 성에 대해서 이렇게 쿨하게 말씀하실 거라고는 생각도 못했어요.

조나라 지식인이라고 고리타분하게 성에 대해서 논할 거라고 생각하는 사람은 보수진영으로 보내야 한다고 생각합니다. 진보란 항상 먼저 앞서가면서 현재의 생각의 틀을 부수는 사람들을 말하는 겁니다. 한번 상상해보세요. 엄마와 아들이 집에서 다정하게 키스하고 성관계를 합니다. 서로 안아주면서 마음속에 있는 이야기도 하고요. 또는 아버지가 퇴근해서 아들과 동성애를 즐기면서 성관계를 합니다. 즐겁게 성관계를 하고 성관계가 끝난 후 서로 안아주며 가족 간의 사랑을 확인합니다. 어떻습니까? 정말 성적 지향에 의한 성관계의 자유가 마음껏 이루어지는 차별금지법이 꿈꾸는 이상적인 사회 아닌가요? 이 정도도 못 받아들이면서 퀴어축제에서 동성애를 지지한다는 소리를 한다면, 그건 치졸한 가식인 거죠.

H사장 역시 조나라님은 진정한 진보시군요. 저는 아직 모자란 진보인가 봐요. 말씀하시는 내내 역겨움을 참을 수가 없네요. 저만 고리타분한 사람인가요?

조나라 아직 보수적인 성인식의 틀은 깨지 못하고 계셔서 그래요. 가족이라고 해서 성적 지향의 자유를 억압할 이유는 없는 거죠. 2020년 8월에 여성가족부에서 출간한 『나다움 어린이책』에 보면 동성애와 동물과의 사랑에 대해서도 친절하게 안내하고 있어요. 이 책은 초등학교 학생용으로 제작되어서 교육에 쓰이기 위해 출간되고 배포되었지요. 당연히 여성가족부 예산으로 집행되었습니다. 이렇듯 진보진영에서는 성적 지향에 대한 자유를 어린 초등학생에게 상세히 잘 설명하여서 가족 간의 성관계에서도 초등학생의 자연스러운 참여를 유도하는 좋은 성과를 내고 있습니다.

H사장 저도 그 책의 내용이 신문에 실린 것을 봤어요. 초등학교 1~3학년용 세트가 총 7권이고요, 초등학교 4~6학년용 세트가 총 5권입니

다. 인터넷에서 팔더군요. 책을 보지는 않았지만 신문에 실린 내용을 보고 고등학생용 성교육책인 줄 알았죠. 하지만 제가 아무리 좋게 생각하려 해도 초등학생에게 동성애를 꼭 가르쳐야 하는지 이해가 안 되는 불쾌한 책이더군요. 마치 전두환 대통령 시절에 군사 쿠데타에 의해 집권함으로 인해 발생한 사회적 불만을 프로야구를 통해 우회 배출하도록 한 우민화 정책처럼, 사회 내의 불만이나 이성적 비판을 성적 문란을 통해서 우회 배출하게 하려는 의도는 아닌지 걱정이 됐어요.

조나라 앞으로 진보진영이 재집권한 사회에서 정상적으로 살아가기 위한 자유로운 성생활 조기교육이라고 보시면 됩니다. 서로가 동의하면 어떤 성관계도 가능하다고 생각을 바꿔주세요. 이런 자유로운 성관계의 사회가 되어서 많은 서민들이 성적 자유를 느끼게 되시면, 더욱더 진보진영이 재집권하는 것이 행복을 추구하는 데 도움이 된다는 것을 알게 되실 겁니다. 그래서 차별금지법은 성적 지향에 의한 그 어떠한 차별도 용서하지 않는 것이겠죠. 이런 성적 지향의 자유에 대해 불쾌하다는 표현을 하신다면 앞으로 차별금지법 위반으로 벌금형을 받으실 수 있어요.

H사장 그러네요. 차별금지법에 의하면 조금만 기분 나빠도 인권위원회에 진정할 수 있으니까요. 앞으로 조심하겠습니다. 차별금지법의 처벌을 받지 않으려면 서도 동성애를 할 상내를 빨리 찾아봐야 할 것 같네요. 그런데 차별금지법으로 인해 성적 지향의 자유가 점점 확대되고, 무차별적인 성관계가 가능해진다면, 결혼을 안 하려는 사람이 점점 늘어나지 않을까요? 왜냐하면 결혼만 안 하면 눈치 안 보고, 언제든

지 성관계의 상대를 바꿔가면서 즐길 수 있으니까요. 또한 출산도 안 하게 되지 않을까요? 결혼으로 인한 법적인 보장이 사라진다면, 언제 헤어질지도 모르는 가벼운 성관계 파트너의 아이를 임신하고 출산하는 무모한 여성들이 있을까요? 결국 저출산 문제가 심각해질 것 같은데요.

문재인 정부의 저출산 대책

정부	연도별 합계출산율	평가
박근혜 정부	2013년 : 1.187명 2014년 : 1.205명 2015년 : 1.239명 2016년 : 1.172명	중간에 2년간 잠시 오름, 최종적으로 감소분 거의 없음
문재인 정부	2017년 : 1.052명 2018년 : 0.977명 2019년 : 0.918명 2020년 : 0.840명	지속적으로 감소함, 전체적으로 20% 감소

합계출산율

조나라 저출산 문제는 문재인 정부에서도 2014년의 합계출산율 1.2명을 2020년에는 1.5명까지 끌어올리는 것으로 해서 상승세를 타고 2030년에는 1.7명, 2045년에는 2.1명을 목표로, '제3차 저출산 고령화 사회에 대응할 기본계획(2016~2020년)'을 수립하여 실행했습니다.

H사장 좀 역겨운 이야기에서 제대로 된 이야기로 돌아오니 숨이 좀 트이네요. 정책에 대해 자세한 소개를 부탁드려요.

조나라 문재인 정부의 '제3차 저출산 고령화 사회에 대응할 기본계획'

은 '청년, 신혼부부의 생활 안정', '난임 및 출산 비용 지원', '보육 여건 개선'의 세 가지 큰 묶음으로 이루어져 있어요.

H사장   정책 이야기를 하니까 고향에 온 기분이에요. '청년, 신혼부부의 생활 안정'부터 말씀해주세요.

조나라   다음의 표를 봐주시죠.

정책	내용
청년 고용 활성화	임금, 근로시간, 고용관계를 개혁하여 청년의 생활이 안정되게 하여 향후 5년간 37만여 개의 청년 일자리 창출
임대주택	예비부부, 신혼부부에게 맞춤형 임대주택 공급 및 주거자금 지원
뉴스테이(기업형 임대주택)	2017년 6만 가구 늘릴 예정

청년, 신혼부부의 생활 안정

H사장   표가 반갑네요. 그나저나 내용을 보아하니 실행 실적이 또 난감할 것 같은데요.

조나라   무슨 말씀이신가요? 최저임금 인상과 52시간 근로제를 통해서 임금은 오르고 근로시간은 줄어들었지요. 또한 내일채움공제, 청년재직자 내일채움공제, 청년내일채움공제를 통해서 청년들의 중소기업 취업을 적극 지원함으로써 고용 안정을 위한 정책들이 순탄하게 잘 실행되고 있어요.

H사장   그래서 말씀드리는 겁니다. 실행은 되는데 결실이 없지 않나요? 특히 최저임금 인상과 52시간 근무제는 '경제 이야기'에서 모두

가 잘 사는 정책이 아니라 조금 더 못 살게 되더라도 격차를 줄여나가는 정책이라고 인정하셨잖아요? 거기에 정상적인 일자리는 줄고 있어요. 이 상황에서 청년 일자리 37만 개를 새로 만드는 것은 어떻게 되었나요?

조나라 이미 시행되어서 정착되었습니다. 정부 재정을 투입하는 공공근로로 청년들에게 일자리를 제공해주었으니까요.

H사장 아하, 그게 그 일자리였어요?

조나라 다음으로, '청년 신혼부부 매입임대주택'을 통해서 신혼부부의 주거 안정을 지원합니다. 이를 통해서 청년들은 주거 걱정 없이 안심하고 결혼을 할 수 있는 거죠. 이렇게 주거문제가 해결되면, 청년 신혼부부가 차근차근 준비해서 내 집을 마련하고 출산을 준비하게 될 겁니다.

	2020년 1차 모집(총 27,968채)		
청년	매입임대 1,369채	합계 10,369채	
	전세임대 9,000채		
신혼	매입임대 5,599채	합계 17,599채	
	전세임대 12,000채		

기업형 임대인 뉴스테이도 비싼 임대료와 까다로운 조건 때문에 외면받았지만, 정부의 강력한 부동산 정책으로 전월세가 급격히 오르면서 상대적으로 임대료가 싸져서, 현재에는 대기자만 100명이 넘을 정도로 대인기입니다.

H사장　집을 지원해주시는 것도 좋은데, 부동산 가격이 너무 높아서 청년 신혼부부가 서울에서 집을 살 가능성이 0에 가까워요. 전국을 통틀어서 28,000채를 지원받고 나면 나머지 서민은 어떻게 살아가나요?

조나라　문재인 대통령님을 못 믿으세요? 부동산 이야기에서 내내 이야기했잖아요? 지금도 정부에서는 모든 역량을 집중해서 부동산 관련 세금을 더욱더 올리고 있으니, 조금만 기다려주시면 됩니다. 그런 쓸데없는 걱정은 그만하시고 '난임 및 출산 비용 지원'으로 넘어가죠. 결혼은 했는데 아이가 안 생겨요. 참 안타까운 현실이죠.

H사장　주위에 그런 분이 꼭 한둘은 있으세요. 병원을 찾아간다고 해서 다 성공하는 것은 아니지만, 비용이 없어서 시도도 못한다면 이것보다 안타까운 일이 어디 있을까요?

조나라　그래서 문재인 정부에서는 난임부부에 대한 지원을 아끼지 않습니다. 난임 시술 관련된 의료비에 대해서 건강보험을 적용하고, 난임 시술을 위한 휴가제를 도입했지요. 거기에 중앙과 권역별 난임 상담센터를 설립하여 난임에 대한 상담을 하고 있어요. 이 제도로 혜택을 받으시려면, 본인 가구가 소득기준 중위 소득의 180% 이하의 소득이어야 해요. 즉, 전 국민을 소득으로 일렬로 세워놓고 중간에 서 있는 분의 소득의 두 배가 조금 덜 되는 소득까지 해당이 되죠. 이 정도면 많은 국민이 혜택을 받으실 것이라고 생각됩니다. 해당되시는 분은 각 구청에 신청하시고 따끈따끈한 지원금을 받으세요. 특히 난임 치료제 중에 보편적인 것들에 대해서는 건강보험이 적용되므로 병원에 말씀하시면 알아서 처방해주실 겁니다.

H사장 난임은 그렇다 치고, 임신은 어떤가요? 임신과 출산에 대한 지원은 예전에도 있었는데요?

조나라 임신과 출산에 필요한 지원 또한 파격적으로 이루어지죠. 가장 부담스러운 초음파 검사와 1인실 입원, 그리고 제왕절개 시에 무통주사가 건강보험의 적용 대상이 되어서 부담이 확 내려가요. 특히 임신 사실이 확인되고, 건강보험 수급자인 경우에는 건강보험공단에 신청하시면, 국민행복카드에 60만 원(쌍둥이의 경우 100만 원)을 채워드립니다.

H사장 국민행복카드는 저도 알아요. 아주 예전부터 '고운맘카드'가 있었고, 박근혜 정부 말기 때 즈음에 '국민행복카드'로 변경되었죠. 이건 박근혜 정부의 정책이잖아요?

조나라 아니죠. 박근혜 정부의 지원금은 너무 소액이라 복지 혜택을 국민들이 체감하기 힘들었어요. 그렇지만 이제 대폭 상향되어서 국민들이 제대로 체감하실 수 있게 변경되었죠.

H사장 그래요? 그렇게 많이 올랐나요?

조나라 2014년 기준으로 50만 원에서 2020년에 60만 원으로, 쌍둥이의 경우에는 70만 원에서 100만 원으로 파격적인 인상이 이루어졌습니다.

H사장   왜 출산율이 떨어지고 있는지 알 거 같네요.

조나라   마지막으로 '보육 여건 개선'에 대한 정책을 알아보겠습니다.

저출산 정책 폭망함, 여성의 사회참여 복지로 저출산 극복

H사장   잠깐만요. 더 알아보기 전에 정책들의 결과를 살짝 보고 가요. 제가 알고 있기로는 2019년 합계출산율이 0.9명이 되어서 최초로 1.0선이 무너졌습니다. 즉 한 세대만 지나면 인구가 절반 이하로 줄어든다는 거죠. 원래 목표가 1.5명이었는데 실적이 0.9명이면 쫄딱 망한 거 아닌가요?

조나라   그게 바로 제가 드리고 싶었던 말씀의 핵심입니다. 기존의 출산장려 패러다임은 완전히 실패했어요. 왜냐하면 저출산의 모든 원인이 박근혜·최순실 국정농단으로 뼛속 깊이 상처받은 청년층들이 결혼과 출산을 모두 포기했기 때문입니다. 결국 모든 원인은 보수진영의 부정부패인 것이지요. 그러다 보니 단지 "출산하면 얼마 준다" 이런 식의 출산장려 정책은 한계를 드러낼 수밖에 없어요. 만약 박근혜·최순실 국정농단 사태가 우리 국민들에게 준 상처와 아픔만 없었으면 대성공을 거두었을 정책들이죠.

H사장   헐.

조나라   그래서 저출산 정책의 패러다임이 바뀝니다. 2020년 6월 10일 '제11회 이데일리 전략포럼'에서 문재인 대통령님이 직접 참석은 못 하셨지만, 대통령직속 저출산고령사회위원회 부위원장을 통해 전달한 축사에서 "인구 변화가 우리가 준비하는 것 이상으로 빠르게 다가오고 있다. 정부는 저출산의 벽을 넘기 위해서 국가 중심의 출산장려에서 개인의 선택을 존중하며, 삶의 질을 중시하는 방향으로 인구정책의 패러다임 전환이 필요하다"고 언급하셨어요.

H사장   오호~~ 삶의 질을 높여서 출산율을 높인다는 방향인 거 같네요. 아이고 좋아라. 이번에는 꼭 1인당 100만 원씩 주면 좋겠네요.

조나라   거 참, 말끝마다 100만 원 타령이신가요? 매우 부담스럽네요. 문재인 대통령님은 여성의 고용률이 높아질수록 출산율이 높아진다는 통계에 주목하시고, 이 점에 착안해서 여성의 사회 진출을 위한 여건을 개선해서 출산율을 높이는 방안을 제시하셨어요. 또한 국민의 삶의 질을 높여서 부담 없이 출산할 수 있는 분위기를 만들어갈 겁니다.

H사장   여성의 고용률이 높으면 출산율이 높다는 통계는 도대체 어디서 왔나요? 잘 이해가 안 되는데요? 우리나라만 해도 제가 어렸을 때는 거의 대부분의 어머니들이 전업주부였는데, 그때의 출산율이 지금보다 훨씬 높았거든요.

조나라   여성의 사회적 참여, 즉 고용이 출산율을 높인다는 주장의 근거는 1930~1940년대에 북유럽 스웨덴에서 시행한 출산장려 정책의 성공사례에서 나타나요. 여성 노동자의 지위 향상을 위해 법을 개정하고, 육아시설을 많이 만들어서 2명 이하로 떨어졌던 합계출산율을 2.5명까지 높이는 데 성공했죠.

H사장   그래요? 제가 생각하기에 만약 그런 통계가 있다면 정말 대단하네요. 저의 상식을 뛰어넘는 통계이군요. 그런데 제가 실제로 접하는 직장에서 일하는 젊은 여성들 중에는 결혼해서 아이를 출산하고 싶다는 사람이 별로 없어요. 제가 이상한 사람들만 알고 지내는 건가요?

조나라   사실 저도 주위에 젊은 여성분들을 대상으로 결혼에 대한 의견을 들을 기회가 종종 있어요. 놀랍게도 대부분 "결혼을 왜 해요?"라고 대답을 합니다. 젊은 여성분들의 문화적 분위기가 결혼을 안 하는 쪽으로 기울고 있다는 뜻이겠지요. 그래서 결혼 안 하는 이유를 물어보면, "자기의 삶을 결혼에 묶이고 싶지 않다" 또는 "육아를 위해 인생을 낭비하고 싶지 않다"는 이유를 댑니다.

H사장   저도 그런 의견을 많이 들었어요. 특히 중고등학생처럼 어린 경우에는 그런 경향이 더욱 심해요.

조나라   그래서 제가 물어봤죠. "그러다가 늙어서 보살핌이 필요하거나, 몸이 아프거나 하면 어떻게 하냐?" 그랬더니 "나라에서 복지로 보장해주니 걱정이 없어요. 가족은 짐만 되지 불필요해요"라고 답합니다. 복지로 인해 결혼과 출산이 줄어드는 기현상이 벌어지고 있는 것이지요.

H사장   아까는 통계에서 복지로 삶의 질이 좋아져야 출산율이 높아진다고 하더니, 이제는 복지 때문에 출산율이 낮아진다고 하는 건가요? 도대체 출산율을 높일 의지가 있는 거예요?

조나라   하하하, 아직 결론이 안 났는데 너무 성급하시네요. 젊은 여성들이 결혼과 출산이 짐이 된다고 하는 이유는 경제적 부담의 영향이 크다고 생각해요. 왜냐하면 그동안의 복지는 결혼과 출산에 필요한 전체 비용에서 아주 일부분만 지원했기 때문이죠. 이제 문재인 정부에서는 좀 더 팍팍 복지를 추가해서 삶의 질을 높여서 이 문제를 해결할 것입니다. 또한 결혼하지 않고 출산하는 가정에 대한 복지 지원도 늘려서 비결혼 출산에 대한 걱정을 덜어드릴 예정입니다.

인구가 감소할 때의 문제점

H사장   아하, 그런 뜻이었군요. 그런데 아이 한 명당 10억씩 나누어주지 않는 한 출산장려는 힘들 거 같은데요. 되지도 않을 출산율 정책에 돈 쓰지 마시고, 차라리 인구가 줄어드는 것을 준비하시는 게 어떨까요? 사실 인구가 줄어들면 공해도 줄어들고, 집값도 내려가지 않을까요? 우리보다 인구가 훨씬 적은 나라도 잘 살고 있잖아요?

조나라   저도 그러고 싶어요. 그런데 원래 인구가 적은 것과 많다가 줄어드는 것은 문제가 조금 달라요. 인구가 줄어들게 되면, 경제 규모가 큰 크기에서 작은 크기로 줄어들어야 하는데, 기업의 크기는 그대로인데 인력이 줄어드니 일시적으로 극심한 인력난에 빠지게 되죠. 결국 인력을 찾아 회사를 외국으로 옮기는 현상이 가속화되고 국내에서는 산업의 붕괴가 점점 빨라지게 되는 거죠.

H사장   예전에 일본이 겪었던 과정이잖아요?

조나라   아까 복지와 재정 이야기에서 나온 내용인데요. 인구 감소로 제일 심각한 것은 사회적 복지 시스템의 붕괴입니다. 인구가 감소하게 되어도 시간은 흐르거든요. 국민들이 점점 늙어간다는 거죠. 결국 일을 해서 돈을 벌어야 하는 젊은 사람은 없고, 돌봐주어야 하는 노인만 바글바글하게 되는데 세금은 누가 냅니까? 원래 인구가 적은 상태라면 부양해야 할 노인들의 숫자가 얼마 안 되니까 큰 걱정이 없지만, 급격히 인구가 줄어드는 상황이라면 문제가 심각해지죠. 심하게는 노후에 복지를 믿고 출산을 거부한 세대가 나이가 들어서 복지를 받으려고 할 때, 세금이 없어서 복지를 못 주게 되어서 곤란을 겪게 될 게 뻔하죠.

H사장   아이고~ 고거 괜찮네요. 복지 믿고 출산 안 한 사람들이 복지를 받으려니까, 돈이 없어서 복지를 못 주게 된다고요? 자업자득 아닌가요? 자기는 아이도 안 낳고 즐기기만 하다가 남이 낳은 아이가 번 돈으로 복지를 받을 생각을 하다니.

조나라   복지를 못 받는 정도로 끝나나요? 그동안 진 나랏빚도 갚아야죠. 하지만 진정한 진보진영의 지지자라면 '한 번도 경험해보지 못한

나라'를 이루시려는 문재인 대통령님의 말씀을 믿고 더 참고 기다려주실 것입니다. 문재인 정부에서는 진보진영의 국민들이 실망하지 않도록 더욱더 진보한 대책을 보여드리겠습니다. 많이 기대해주세요.

H사장   흥, 동성애가 쫙 퍼지기를 바라고, 자유로운 성관계를 적극 지지하시고, 본인도 동성애 상대를 찾고 있는 분이, 다른 사람들 보고 결혼해서 착실하게 아이를 낳아서 키우라고 말하면 누가 들을까요? 보수진영에서는 다른 방안이 있나요?

보수에서 보는 저출산의 원인

홍박사   저도 저출산 문제에 대해서는 항상 심각하게 생각하고 있습니다. 그래서 작년에는 2020년 12월에 발표되었던 '제4차 저출산 고령화 사회에 대응할 기본계획'에 약간의 희망을 걸고 있었습니다. 제발 '돈을 골고루 나눠주는' 복지가 아니기를 말이죠. 하지만 결국 3개월의 육아휴가 기간 동안 통상임금의 100%(최대 300만 원)를 휴직급여로 지급하고, 0~1세 아이들에게 '영아수당' 30만 원 지급하는 게 전부이더군요. 어떻게 돈 주는 것 말고는 할 줄 아는 게 없어요?

H사장   돈 주는 복지로는 출산율을 높일 수 없다는 말씀인가요?

홍박사   아닙니다. 사실 출산과 육아를 유도하는 방법은 복지밖에 없습니다. "아이를 안 낳으면 감옥에 가두겠다!!" 이렇게 협박을 할 수는 없잖아요?

H사장 그럼 문재인 정부에서 복지를 통해 삶의 질을 올려서 출산율을 올리겠다는 방향은 잘 되어 있는 거네요.

홍박사 복지는 복지인데, 출산율을 높이는 복지이어야 합니다. 진보진영에서는 복지를 준다고 해놓고서는 그냥 돈을 막 퍼주는 복지를 보편적 복지로 포장해서 선전합니다. 그리고 선거 직전에 돈을 전부 다 준다고 해놓고 선거가 끝나면 안 주거나 덜 주죠. 진보진영은 겉으로는 출산율을 복지를 통해서 올리겠다고 홍보하고서, 돈을 뿌리면서도 속으로는 출산율은 오히려 낮추려고 합니다. 진보진영의 출산율 축소 의지는 매우 많은 증거가 있어서 감추기 어려울 겁니다.

H사장 아닌데요. 적극적으로 출산율을 높이려 애쓰던데요. 아까 들으니까 아이를 임신하면 주는 돈도 6년 만에 10만 원이나 파격적으로 인상했던데요. 하이 참, 제가 말하면서도 어이가 없네요.

홍박사 예를 들어 21대 총선 직전에 이슈가 되어서 총선 후에 지급된 코로나19 긴급재난지원금을 보시죠. 처음에는 전 국민에게 1인당 100만 원씩 지급하는 것을 검토하고 있다고 발표합니다. 이 발표를 보고 심장이 뛰지 않았던 사람이 있을까요? 코로나19로 인한 경제적 손실이 전혀 없는 국민들에게도 무조건 100만 원씩 준다고 하니 얼마나 좋아요? 4인 가정의 경우 갑자기 400만 원의 돈이 생기는 상상을 할 수밖에 없죠. "이 돈 받으면 뭐하지? 여행 갈까? 명품백을 살까?" 이런 설레는 기대를 국민들 마음에 심어주고 적극적인 지지를 받아 챙겼지요. 그런데 막상 선거가 끝나니까 선거 전에 주겠다는 돈이 확 찌그러듭니다.

그런데 정말 경악할 만한 것은 출산을 해서 아이를 키우는 가정을 매우 홀대했다는 겁니다.

H사장 아하, 무슨 말씀하시려는 줄 알겠어요. 그때 출산도 안 하는 1인 가구에는 40만 원 줬지만 출산을 2명이나 한 4인 가구에는 100만 원, 즉 1인당 25만 원밖에 안 줬지요.

홍박사 네, 출산율을 높이겠다는 정책적 방향성이 있다면 상식적으로 4인 가정에 최소 160만 원은 줘야 합니다. 다자녀 가정인 경우에는 훨씬 더 줘야 하구요. 출산도 안 하는 1인 청년에게는 구직을 촉진한다면서 구직수당을 매달 50만 원씩 쌩으로 줍니다. 제가 구직수당을 받으면서 면접만 보러 다니는 청년에게 물었죠. "왜 면접만 보고 취업을 안 하냐고?" 무슨 대답이 나왔을까요?

H사장 설마 "취업을 하면 구직수당이 안 나오잖아요"는 아니겠죠?

홍박사 복지정책이랑 아무 상관 없는 출판사 사장님도 쉽게 예상할 수 있는 결과입니다. 그런 비효율적인 복지에 매달 50만 원을 지불하면서, 아이를 낳아서 기르려면 얼마나 돈이 많이 듭니까? 육아 비용은? 사교육 비용은? 그런데 오히려 복지에서는 차별을 받고 있으니, 누가 아이를 많이 낳아요? 그런데 여기에 또 엉뚱하게도 여성의 사회 참여를 늘려서 출산율을 높이겠다고 방향을 설정하고 있습니다. 이번에는 복지의 방향이 출산이 아니라 여성의 사회 참여에 카펫을 깔아주겠다고 홍보해서 여성들 표를 노립니다. 여성에게 유리하게 법을 만들고 돈을 뿌린 후에 모든 의무를 기업에 씌우겠지요. 출산율을 높이는 복지라고 선전해놓고서, 실제로는 표를 많이 받을 수 있도록 돈을 뿌리는 복지를 실행합니다. 야구경기라고 홍보해놓고 경기장 안에 들어가면 축구를 하고 있는 것이죠. 겉과 속이 다른 진보진영 정책의 대표적인 예입니다.

H사장   하지만 아까 조나라님이 1930~1940년대 스웨덴에서는 실제로 여성의 사회 참여를 늘리는 법과 육아시설 확충을 통해서 출산율이 2명 밑에서 2.5명까지 향상되었다고 합니다.

스웨덴 출산율의 역사

홍박사   흔히들 스웨덴을 제도적 롤모델로 삼는 일을 많이 합니다. 그래서 스웨덴의 출산율 통계 그래프를 준비했습니다.

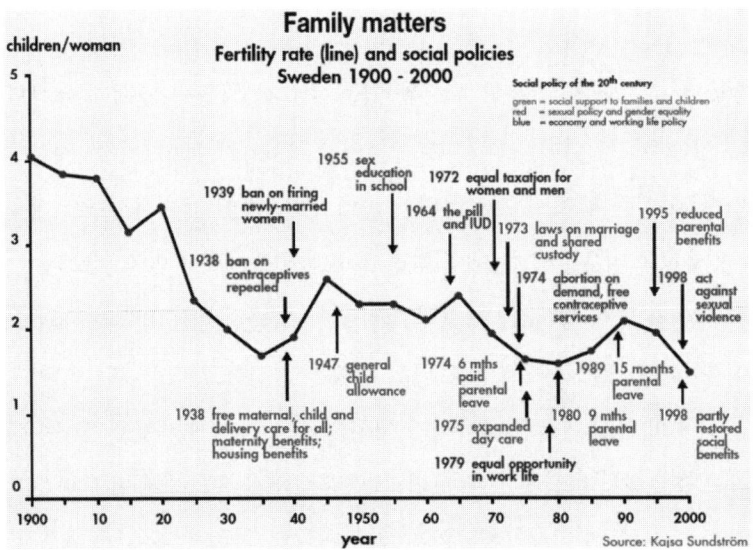

스웨덴의 출산율 추이와 주요 정책 변화

그래프에서 보시듯이 실제로 1930~1940년대에는 출산율의 급등이 있었습니다. 당시는 전 세계가 대공황의 늪에서 허우적거릴 때였고, 당장 먹고살기도 힘드니까 출산율은 곤두박질칠 수밖에 없었습니다. 이때 사민당 정부는 부부가 모두 노벨상을 수상한 유명한 뮈르달 부부에게 의견을 물었습니다. 뮈르달 부부는 공동육아 시스템을 구축하여서 기혼 여성들을 육아에서 해방시키면 노동에 참여할 수 있을 것이라는 의견을 냈죠. 사민당 정부는 이들의 제안을 적극 수용하기에 이릅니다. 거기에 전 국민 무상보육과 육아수당까지 입법화합니다. 또한 출산 비용을 전액 국가에서 지원하고, 여성 노동자의 지위 향상을 위한 법들을 제정합니다. 또한 보육시설을 만들어서 직장 다니는 어머니는 보육 걱정을 안 하도록 만들었습니다. 이런 노력의 결과 2명 이하로 떨어진 합계출산율이 2.5명으로 늘어나는 성과를 올리게 됩니다. 그런데 이 상황이 우리에게 적용 가능할까요?

H사장 듣고 보니 여성의 고용율이 높아져서 출산율을 높아졌다는 이유는, 너무 먹고살기 힘든 상황을 벗어나서 경제적인 기여로 출산을 할 여력이 생겼기 때문이라는 말씀이죠?

홍박사 생각해보면 당시는 1930년대입니다. 우리나라에서는 일제시대에 봉오동 전투가 있은 지 10년 남짓 지난 때입니다. 유럽과 미국 모두 대공황의 여파로 먹고살기 힘들었던 암울한 시기였죠. 그때는 사람들의 유일한 낙이 아이를 낳아 기르는 것이었습니다. 귀여운 자녀의 얼굴 말고는 위안이나 기쁨이 없던 시절이었죠. 거기에 의료환경도 열악하기 때문에 한 명이라도 어른으로 성장하는 아이를 보려면 많이 낳아서 살아남기를 기대하는 것밖에는 방법이 없었습니다. 그런데 돈이 없어요. 아이를 낳아도 기를 수가 없어요. 그런 안타까운 상황에서 나라가 갑자기 "아이를 대신 봐줄 테니까 나와서 일해라. 그리고 돈 벌어 가라"라고 하니 열심히 일하고, 아이도 낳았던 것이지요.

H사장   그래도 결과적으로는 복지를 통해서 출산율이 높아진 것이 사실이잖아요? 매우 성공적인 것으로 보이는데요. 우리 정부는 예산을 어마어마하게 퍼부어도 한 번도 출산율이 오른 적이 없잖아요?

홍박사   하지만 그래프를 보시면 다시 출산율이 곤두박질칩니다. 2차 세계대전에서 전쟁의 피해를 피한 스웨덴은 대부분의 산업시설이 그대로 살아남았고, 전쟁으로 초토화된 유럽의 다른 나라들에 비해 매우 윤택한 상황이었습니다. 극빈의 상태를 벗어난 국민들이 경제적 윤택함을 즐기게 되자 1970년대까지 완전히 출산율이 떨어집니다. 1970년대에 성평등 정책과 가족친화 정책을 통해서 반짝 출산율이 올라가기도 하지만, 사실 이때가 전 세계적인 베이붐의 시대였다는 것을 보면 정책적 효과로 보기는 허전하죠.

H사장   그럼 스웨덴에서 2010년 이후에 합계출산율이 1.9까지 상승한 이유는 무엇인가요? 그래프를 보면 1970년대의 약발은 곧 사그라들어 버린 것으로 보이는데요.

홍박사   현재의 스웨덴의 사정을 살펴봅시다. 이민자 빼고 스웨덴 여성 중에 40%가 결혼을 안 합니다. 자기의 삶과 성적 자유를 즐기는 문화가 나라를 덮고 있기 때문이죠. 결혼을 안 하니 아이가 생기는 것이 부담스러울 수밖에 없습니다. 그러니 결혼 가정에 비해 출산의 비율이 떨어지는 것은 당연합니다. 그런데 어디서 합계출산율 1.9가 갑자기 나타납니다. 이 출산율이 어디서 나타난 걸까요?

H사장 결혼을 하지 않은 사람도 출산을 하긴 하지만, 미비할 테고. 그럼 결혼한 가정에서 많이 낳는다는 건가요?

홍박사 딩동댕~ 스웨덴은 복지의 천국이라 불리지만, 복지에 대한 부담은 모두가 나누어집니다. 우리나라처럼 40%가 소득세를 내지 않고 받기만 하는 것이 아니라, 전 국민 모두가 소득세를 냅니다. 거기에 가난한 사람이나 부자나 같은 세율로 소득세를 냅니다. 즉 세금 부담이 엄청나다는 거죠. 그런데 아이를 낳으면 산더미 같은 혜택이 따라옵니다. 결국 비출산자에게 세금을 거두어서 출산자를 먹여 살리는 시스템입니다. 간단히 말해서 "애 안 낳고 세금 낼래? 아니면 애 낳고 복지 받을래?" 이런 시스템이라고 보시면 됩니다. 이런 상황에서 출산이 가능한 상황이라면 가급적 많이 낳는 것이 이익이 됩니다.

H사장 그거 재밌네요. 진보진영이 항상 주장하는 "부자에게서 세금을 거두어 가난한 사람에게 나누어주자"라는 슬로건과 비슷한 맥락이네요.

홍박사 비슷하지만 속을 들여다보면 전혀 다르죠. 정확하게는 "가난하든 부자든 상관없이 모두에게 세금을 거두어 출산한 가정에 주자"라고 보시면 됩니다. 가난하기 위해서는 딱히 노력을 할 필요는 없잖아요? 하지만 아이를 낳아서 키우려면 엄청난 노력이 들어갑니다. 노력하지 않은 사람에게 집중적으로 복지를 주는 것과 노력한 사람에게 복지를 주는 것으로 구분이 가능하겠지요. 우리나라는 어떤가요? 우리는 소득공제에서 아이 한 명당 150만 원 공제해줍니다. 1년에 150만 원으로 어떻게 아이를 키우나요? 보육비 지원도 아이를 직접 키우는 비용에 비하면 너무 약소합니다. 한 달에 10~20만 원 더 준다고 누가 아이를 낳아요? 특히 보육만 하면 뭐합니까? 사교육은 어쩔 건가요?

H사장 사교육 이야기가 나오니 다시 피가 끓네요. 그 사교육하느라 아이들 달달 볶기 위해서 인생이랑 돈이 낭비되는 거 생각하면 정말 열받아요. 우리나라 교육환경에서는 아무리 복지가 잘 되어서 돈을 뭉태기로 준다고 해도, 사교육비로 다 날리게 될 거예요.

홍박사 스웨덴같이 사교육이 거의 없는 사회적 분위기도 중요합니다. 사교육 부담이 없다면 아이를 더 낳아서 복지 혜택을 많이 받는 것이 훨씬 유리하죠. 그래서 저소득층에서 다자녀 가정이 더욱더 많이 나옵니다.

H사장 그럼 스웨덴은 복지가 출산 가정에 잘 되어 있고, 사교육이 없어서 출산율이 늘어난 겁니까?

스웨덴 이민자들의 다자녀 출산

홍박사   그것 때문이었으면 진작에 출산율이 늘어났겠죠. 2010년 이후에 늘어난 이유는 따로 있습니다. 현재 스웨덴 인구의 30%가 이민자입니다. 아랍의 봄으로 인해 중동지역을 떠난 이슬람 난민을 적극 수용했습니다. 덕분에 3D 업종에서 일할 인력이 많이 보충되었습니다. 그분들이 모여 사는 지역은 다른 지역보다 범죄율이 두 배에 이를 정도로 문제가 심각합니다. 그러나 이분들이 출산을 무지무지 열심히 하고 있습니다. 그러니 통계에서는 합계출산율이 팍팍 올라가는 것이 당연하죠.

H사장   잠깐만요. 그럼 정리하자면, 스웨덴에서 2010년 이후에 출산율이 급격히 늘어난 이유는 비출산자에게서 세금을 거두어서 출산자에게 주는 복지정책이 있는 상태에서, 이민자들이 그 복지의 혜택을 노리고 다자녀 출산을 했기 때문이다. 맞나요?

홍박사   정말 정리 잘하시네요. 저랑 바꿉시다.

여성의 사회적 권리 향상은 독신으로 이어짐

H사장   그러니까 결론은 "여성의 사회 참여로 출산율이 높아졌다는 것은 현재에 적용할 수 없는 말도 안 되는 소리다" 이 말씀이죠?

홍박사   여성의 입장에서 법적 보호와 사회적 분위기에 의해 권익이 높아지면, 그것을 누리는 것은 당연합니다. 그런데 왜 그런 권리들을 내팽개치고 집에 들어앉아서 아이를 키우나요? 물론 아이를 너무너무 사랑하는 사람은 그럴 수 있습니다. 하지만 대부분의 여성들은 얼굴도 모르는 아직 태어나지 않은 자기 아이를 위해 자신의 권리를 포기할 생각은 하지 않습니다.

H사장   그런 예가 있나요?

홍박사   실제로 고용이 가장 안정되고 출산을 해도 경력 단절의 걱정이 가장 없는 우리나라 여성 공무원의 경우, 2016년 기준으로 32.3%가 결혼을 안 하고 있습니다. 아직 혼기가 안 된 분도 계시겠지만, 일반 기업에 비하면 매우 높은 비율입니다. 특히 안정되어 있는 다른 직업군, 즉 은행원, 공공기업 직원, 교사에서 비혼 비율이 높습니다. 아무리 나라에서 키워준다고 설득해도, 임신과 출산은 여성의 몫입니다. 자신만만한 인생에서 힘들게 시간 빼앗기는 것은 원하지 않게 되는 거죠.

H사장   그럼 우리도 이민자를 잔뜩 받아서 출산율을 높이면 되겠군요.

홍박사   어차피 대한민국은 지금의 출산율 감소가 지속되면 100년 안에 지구상에서 사라질 나라입니다. 사라질 바에는 중국에서 이민을 잔뜩 받아서 나중에 중국의 속국으로 들이가는 것도 좋은 방법이 되겠지요. 실제로 2021년 6월 청와대와 법무부가 마련한 국적법 개정안에서는 대한민국 내에 거주하는 영주권을 가진 외국인의 자녀에게 한국 국적을 허용해서 합계출산율을 높이려는 시도가 있었습니다. 한국 내 영주권자의 94.8%가 중국인인 것을 고려하면, 나중에 우리나라가 중국의 속국이 될 수도 있습니다. 하지만, 글을 읽으시는 분들 중에 우리나라와 우리 민족을 소중하게 여기시는 분이 계신다면 좀 더 신중하게 출산정책에 대해 고민해보는 것이 좋을 것입니다.

H사장   중국의 속국이 되는 것은 바람직해 보이지 않네요. 그럼 이제 중국의 속국이 되지 않도록 진지하게 출산정책을 고민해보시죠. 먼저 저출산의 이유를 명확히 하는 게 좋지 않을까요?

진짜 저출산의 이유

홍박사   진짜 저출산의 이유를 알아봅시다. 첫 번째 저출산의 이유는 '기회비용'입니다. 기회비용이란 A와 B 두 가지 중에 하나만 선택할 수 있는 조건에서 A를 선택했을 때 포기하게 되는 B를 말하는 경제학 용어입니다. 예전에는 결혼 안 하고, 아이를 낳지 않으면 퇴근 후에 집에서 TV나 보면서 새우깡이나 먹는 게 유일한 낙이었습니다. 그러니 아이를 낳아야 진정한 행복을 찾을 수 있었죠. 하지만 지금은 즐길 거리가 너무너무 많습니다. 그래서 아이를 낳고 키우려면 포기해야 할 것들이 그만큼 늘어난 것이죠. 여행, 요리, 운동, 레저 등 하고 싶은 일들이 차고 넘칩니다. 특히 미디어에서는 혼자 사는 사람들의 구질구질하면서도 여유로운 생활이 미화되어 나옵니다. 거기에 성적 개방의 시대가 왔다고 정부에서 부채질을 합니다. 동성애만 하면 특권층으로 계급이 상승되니, 왜 결혼을 하고 애를 낳을까요?

H사장   하긴, 저도 결혼 안 하고 애 안 낳았으면 혼자 벌어서 쓰면서 잘 나갈 수 있었을 텐데요. 남자 친구도 한 열 명쯤 만들어서 돌아가면서 만나고…….

홍박사   어허, 이분이 위험한 말씀을 하시네요. 남편분은 이러고 다니는 거 아세요? 하지만 그건 아마도 H사장님의 솔직한 마음일 것입니다. 결혼하고 아이들 다 키운 사람도 이렇게 생각하시니, 결혼을 아직 안 한 분들은 얼마나 하기 싫겠어요? 두 번째 저출산의 이유는 '복지'입니다. 전통적으로 가족은 위기 때에 나를 지켜주는 방어막이었습니다. 아프거나, 사고를 당하거나, 늙었을 때 나를 보호해주고, 지켜주는 도움의 손길이었죠. 따라서 가족이 없으면 항상 불안함에 시달려야 했습니다. 하지만 이제는 모든 문제를 국가가 해결해줄 것이라는 믿음이 생겼습니다. 물론 천천히 생각해보면 몽땅 거짓말인데, 다른 분들은 믿고 싶어 하더군요.

H사장   저도 그거 믿었었는데, '국가'를 '내가 내기 싫은데 나라에서 강제로 세율을 높여서 가져간 세금과 외국에서 잔뜩 이자를 주고 빌려온 빚과 공부만 열심히 해서 시험에 합격한 공무원'이라고 바꾸니까 믿음이 싹 사라졌어요.

홍박사   진보진영에서는 나이가 들어서 갑자기 아파도 간병인 지원과 건강보험으로 부담이 없다고 선전합니다. 또 늙어도 자녀가 없으면 나라에서 생계비도 나옵니다. 오히려 자녀가 있으면 부양가족이 있다는 이유로 지원이 안 나옵니다. 특히나 우리나라는 저소득층을 보호한다는 이유를 대면서도 다자녀 저소득층에는 차별을 합니다. 아까 이야기한 긴급재난지원금에서도 1인 가구 대비 4인 가구의 복지 혜택은 처절할 만큼 적어집니다. 복지의 방향부터 저출산을 부채질하고 있습니다.

H사장   제가 결혼 안 한다는 젊은 여성들에게 제일 많이 듣는 말이에요. 늙어도 나라에서 지켜주니까 걱정이 없다고요. 신기하죠? 우리의 후세가 없으면, 누가 복지정책을 실행해서 우리를 노년에 먹여 살리나요? 그런 생각은 아무도 안 해요.

홍박사   세 번째 저출산 이유는 '높은 사교육 비용'입니다. 결혼은 해도 출산을 거부하는 부부가 점차 늘어나고 있습니다. 아이 없이 그 돈으로 좀 더 큰 집에서 개를 키우면서, 매일 밤 와인 한 잔을 즐기고 싶다는 거죠. 사실 자녀를 출산해서 양육하는 비용은 전체 비용에서 크지 않습니다. 그런데 저출산 정책에서는 이것만 논의해요. 왜냐하면 보건복지부 소관이거든요. 정작 돈이 많이 들어가는 것은 중고등학교 이후에 사교육비입니다. 점점 복잡해지는 입시정책 때문에 새로운 학원이 속속 새로 생깁니다. 이건 또 교육부 소관이잖아요? 그러니 저출산 눈치 안 보고 신나게 복잡하게 만듭니다. 거기에 나만 학원 안 보내면 우리 아이가 뒤처지는 것 같은 사회적 분위기 때문에 엄마는 학원비 벌러 알바를 나갑니다. 정부에서는 고맙게도 연말정산에서 1인당 150만 원 공제해주시고, 학원비도 공제를 해주시죠. 사실 그래봐야 애들 학원 가서 먹는 간식비도 안 됩니다. 아이들에게 평생 투자하고 나면, 내 노후자금은 사라져버리고 맙니다. 정말 돈이 없어서 아이를 못 낳습니다.

H사장　정말이지 사교육 없는 세상에서 살고 싶어요. 왜 진보정부에서 사교육하지 말자는 캠페인은 안 하는지 모르겠어요. 행정명령으로 사교육하지 말라고 확 명령하면 안 되나요?

홍박사　그분들이 더 열심이시던데요? 마지막 저출산의 이유로 '부모에게 손 벌리는 문화'와 '불효자 양산법'이 있습니다. 성인이 된 자녀가 부모와 생활하는 것이 창피하지 않은 문화적 상황이죠. 젊은 세대의 청년들이 유럽의 복지나 자유로운 성관계에는 열광을 하면서도 성인이 되면 경제적으로 부모에게 의지하지 않고 독립하는 문화는 거부합니다. 경제적 능력이 있는데도 부모와 살면 주거나 경제적 책임에서 자유가 생깁니다. 그리고 부담 없이 번 돈을 전부 자기에게 씁니다. 고급 와인바에도 가고, 손톱 발톱에 예쁜 장식도 합니다. 그리고 돈이 모자라면 심지어 부모에게서 용돈까지 타갑니다. "나 죽을 때까지 결혼 안 하고 엄마랑 살 거야" 자신은 부모의 혜택을 누리면서 다음 세대에게는 자신이 주어야 할 혜택은 주지 않겠다고 선언합니다. 아주 쪽쪽 빨아만 먹겠다는 현명한 판단이지요.

H사장　아이구 얄미워라.

홍박사　진짜 얄미운 것은 시작도 안 했습니다. 우리나라에는 민법에 불효자 양산법이 있습니다. '유류분분할제도'라고 하는데요. 보통 부모를 부양하고, 공경한 자식에게 부모는 자신이 평생 모은 재산을 증여하거나, 유산으로 상속해줍니다. 그리고 부모에게 대들거나 인연을 끊은 경우, 심지어는 부모를 폭행하는 경우 유산은 국물도 없을 거라고 생각하는 게 정상적인 상식입니다. 그러나 대한민국의 법은 항상 이런 악인들을 보호합니다. 그래서 이런 불효자들도 유산 상속 시에 동등한 권리를 갖게 됩니다. 재산을 모은 부모의 유언은 휴지조각이 됩니다. 따라서 이 법의 내용을 잘 아는 사람은 부모에게 잘할 필요가 없다는 것을 깨닫고 자식 된 도리를 내팽겨칩니다. 그러나 나중에는 부모님 돌아가시면 장례식장에 와서 내 상속분 달라고 행패를 부리며 당당히 법이 정한 권리를 행사하지요.

H사장   부모를 때린 사람도 유산을 받아요?

홍박사   네, 부모를 죽이지만 않으면 법으로 권리가 보장됩니다. 이런 상황이 자꾸 벌어지니, 차라리 자녀 없이 사는 것이 현명한 선택이라는 분들이 많아집니다.

H사장   이건 얄미운 정도가 아니라 그냥 쓰레기잖아요? 이런 자식을 낳느니 그냥 혼자 사는 게 현명한 판단이 될 수도 있겠네요.

홍박사   그래서 가끔 '노인복지 특별세' 같은 세금을 만들면 어떨까 하는 상상을 해봅니다. 부모와 인연 끊고 보살피지 않는 자녀에게 세금을 더 징수하는 겁니다. 그리고 그 세금으로 돌봄이 필요한 노인들을 돌보는 거지요. 그럼 세금이 무서워서라도 부모에게 인사라도 하지 않을까요?

H사장   홍박사님이 지적하신 저출산의 이유를 들으니 진보진영에서

제시한 단순히 '여성의 사회 참여에 장애가 많아서'라는 이유보다 훨씬 저출산의 이유로 설득력 있게 다가오네요.

홍박사 저출산 정책이 2009년부터 2019년까지 총 200조가 넘는 예산을 집어삼켰습니다. 그런데도 오히려 출산율은 곤두박질칩니다. 이건 진보정부 이전부터 시작된 문제입니다. 주무부처인 보건복지부도 불필요한 정책을 내세워서 예산만 자꾸 따가지, 실질적인 저출산 해결에는 관심 없어 보입니다. 만약에 보건복지부장관이 합계출산율 0.2%p 떨어질 때마다 경질된다면? 거기에 보건복지부 국장급 이상의 공무원이 모두 짤린다면? 아마 지금의 저출산 문제는 진작에 해결되었을지도 모릅니다.

H사장 보수진영의 해결방안은 무언가요? 보건복지부 공무원들 징계하는 것이 해결방안은 아닐 테고요.

결혼과 출산 단계별 저출산 대책

홍박사 보수진영 전체의 뜻이라고 표현할 수는 없겠죠. 이건 어디까지나 제 개인적인 의견입니다. 결혼과 출산에 있어서 여러 가지 경우의 수를 정리해보았습니다. 다음의 분류를 보시면 결혼해서 자녀를 낳기까지 얼마나 많은 난관이 있는지 알게 되실 겁니다.

1. 결혼을 안 하고 싶어 하는 사람
    1-1. 죽을 때까지 출산 안 함

1-2. 얼껼에 미혼인 상태로 출산함

　　2.　결혼을 하고 싶은데 못하는 사람(생각만 해도 슬픔)
　　　2-1. 연애를 못하는 사람
　　　2-2. 연애는 되는데 돈이 필요한 사람

　　3.　결혼을 한 부부
　　　3-1. 출산을 원하지 않는 부부
　　　3-2. 출산을 원하는데 낳지 못하는 부부
　　　3-3. 출산을 원하고 가능한데 부담 때문에 망설이는 부부
　　　3-4. 출산을 원해서 아이를 낳은 부부
　　　3-4-1. 아이를 2명 이하 낳은 부부
　　　3-4-2. 아이를 3명 이상 낳은 부부

H사장　호호호, 이렇게 분류하는 사람은 처음 봐요. 매우 흥미로운 분류네요.

홍박사　먼저 '1. 결혼을 안 하고 싶어 하는 사람' 중에서 '1-1. 죽을 때까지 출산 안 함'을 보도록 하죠. 가장 많은 비율이고, 마음을 돌이킬 가능성이 거의 없기 때문에 사회적으로 가장 큰 문제입니다. 왜냐하면, 지금의 사회적 부담은 자녀를 양육하는 분들과 동일하게 부담하면서, 향후 다음 세대가 만들어내는 복지 혜택에는 무임승차를 하겠다는 원대한 계획을 갖고 계시기 때문입니다. 이런 분들에게는 일종의 사회적 패널티를 부여하는 것도 한 방법입니다. 부동산을 과다 보유한 분들에

게 '종합부동산세'와 같은 보유세를 부과하여 부담을 주는 것처럼, '독신세'를 신설해서 다음 세대가 부담할 복지 혜택의 비용을 미리 내도록 하는 게 어떨까요? 네, 당연히 난리가 나겠지요. 현실적으로 적용하기에는 부적합합니다.

H사장 잠깐 놀랐네요. 예전에도 '독신세' 이야기를 꺼낸 분들이 종종 있었는데, 강력한 반발에 역사의 뒤안길로 사라지셨어요. 우리 책도 역사의 뒤안길에 묻힐 뻔했네요.

홍박사 하지만 간접적인 방법을 통해서 다음 세대가 부담할 복지 혜택의 비용을 미리 낼 수 있게 배려하는 것은 가능하다고 생각됩니다. 소득세의 과표를 인하해서 소득세 인상 효과를 노릴 수 있습니다. 또한 미혼층이 많이 이용하는 담배, 주류, 여행 관련 세금 등에 간접세를 인상하면 큰 저항 없이 세금 부담을 높일 수 있습니다. 또한 국민연금, 건강보험, 고용보험 등의 보험요율을 올리면 자연스럽게 부담을 늘릴 수 있습니다. 이상하게도 우리나라 국민들은 국민연금, 건강보험, 고용보험에 대해 관대하더라고요. 또한 교통범칙금 등의 일반적인 벌금도 야금야금 올리면 도움이 되겠지요. 특히 동성애와 같이 구조적으로 불임을 할 수밖에 없는 사람들에 대해서는 AIDS의 치료비 보조를 줄여나감으로써 생각을 바꿀 기회를 줄 수 있을 겁니다.

H사장 그럼 전 국민에게 그냥 세금을 올리는 거잖아요? 저출산 해결과 무슨 관계가 있나요?

홍박사 맞습니다. 전 국민의 세금이 오르는 거니까 사회적 부담이 덜합니다. 그러나 출산을 한 가구에 세금공제 혜택을 준다면 효과가 생기겠지요. 또한 출산을 하지 않고 노년을 맞이하는 분들에 대한 복지혜택을 차등 적용하는 것도 필요합니다. 옛날의 방식이라면 불가능하겠지만, 모든 것이 전산화되어 있는 지금의 시대에는 복지 차등적용은 가능합니다. 예를 들어 건강보험 적용 시, 출산을 하지 않고 노년을 맞은 어르신과, 출산을 많이 한 어르신이 입원을 했을 때 지원금액을 다르게 적용하는 겁니다. 출산을 하지 않은 어르신은 50% 자기 부담이라면 출산을 한 어르신은 10% 자기 부담으로 적용합니다.

H사장 재미있네요. 병원에서도 어르신끼리 누가 아이가 많은지 가지고 서열을 매기는 장면이 그려져요. 그 다음 경우가 좀 어이없어요. '1-2. 얼결에 미혼인 상태로 출산함'이라면, 미혼모, 미혼부를 말씀하시는 거죠? 조금 보수답지 못하시네요.

홍박사 미혼모, 미혼부는 요즘의 문제만이 아닙니다. 일제 강점기에 활동하셨던 이효석 선생의 단편소설 '메밀꽃 필 무렵'에도 미혼모가 나오지요. 미혼모, 미혼부에 대한 대책은 꼭 필요한 사회정책입니다. 숨겨서 될 일이 아니잖아요? 특히 자녀를 출산한다면, 앞으로 나올 결혼해서 출산한 것과 같은 혜택이 필요합니다.

H사장 '2. 결혼을 하고 싶은데 못하는 사람' 중에서 '2-1. 연애를 못하는 사람'은 생각만 해도 눈물이 앞을 가리네요. 아마도 독자님들 중에 뜨끔하시는 남자분들이 많으실 거 같아요.

홍박사 남자만 그런 거 아닙니다. 여성 중에도 있습니다. 업무상으로는 이성과 무난한 대화가 가능합니다. 그런데 호감이 있는 이성 앞에서는 얼굴만 빨개지고, 숨도 제대로 못 쉽니다. 나라가 이런 분의 구제에 나서는 것은 실질적으로 불가능합니다. 억지로 지역사회에서 만남의 자리를 마련해줘도 안 나오면 그만이니까요.

H사장 그럼 이분들은 그냥 세금이나 내게 놔두시구요. 산 넘어 산이네요. 연애를 겨우 시작했더니, 이젠 '2-2. 연애는 되는데 돈이 필요한 사람'이 되는군요.

홍박사 결혼을 안 하려다가 사랑에 빠져서 결혼을 하시려는 분들이 이런 경우가 되겠지요. 결혼 계획이 없었으니, 돈이 없는 게 당연하지 않겠어요? 이런 분들을 위해 정부에서 결혼자금을 대출해주거나, 결혼 장소를 대여해주는 서비스를 하는 것은 어떨까요? 지자체의 회관, 공연장을 공공임대하는 겁니다. 서울의 '공군회관'같이 유명한 공공예식장이 이미 있습니다. 그러나 좀 더 저렴하게 이용할 방법을 제도적으로 마련하는 거죠. 별도의 예식장을 건립하는 것도 방법입니다.

H사장 참 경우의 수가 많네요. 일단 결혼했다고 합시다. '3. 결혼을 한 부부' 중에서 '3-1. 출산을 원하지 않는 부부'는 어떻게 해요?

홍박사 만약에 결혼을 위해 정부 지원을 받았다면, 정말 얄미운 케이스입니다. 그러나 갑자기 아이가 생길 확률이 있으니 좀 기다려보면 좋을 듯합니다. 어쨌든 결혼 아예 안 한 사람보다는 희망적이니 혜택이 있어야 하겠죠. 소득공제에 있어서 배우자 공제를 파격적으로 적용하고, 중복 적용을 허용합니다. 즉 남편이 아내를 배우자로 공제를 받아도, 아내가 다시 남편으로 배우자 공제를 받는 거죠. 또한 공무원 시험이나 공공기업 입사 시에 가점을 적용합니다. 부부카드를 발급하여 사용 시 간접세의 할인 혜택은 어떨까요? 아까 올려놓았던 국민연금, 건강보험, 고용보험에서 할인 혜택을 받는 것도 좋은 방안일 것입니다.

H사장 결혼만 했는데 너무 팍팍 쓰시는 거 아닌가요? '3-2. 출산을 원하는데 낳지 못하는 부부'는 어떻게 하실 건가요?

홍박사 불임, 난임 부부에 대한 정책은 현재에도 매우 많이 있습니다. 아까 조나라님으로부터 다 들으셨잖아요? 독자님들 지루하시니까 다음으로 넘어가죠.

H사장 독자님들 생각해서 진도를 빼주시는군요. 감사해요. '3-3. 출산을 원하고 가능한데 부담 때문에 망설이는 부부'로 넘어가시죠. 가장 현실적인 문제를 고민하는 부부들 아닌가요?

홍박사 딱히 이분들에게 뭘 해드릴 수는 없구요. 아이를 낳은 부부들에게 파격적인 혜택을 줌으로써, 출산으로 유도할 수 있을 것 같습니다. '3-4. 출산을 원해서 아이를 낳은 부부'에서 '3-4-1. 아이를 2명 이하 낳은 부부'를 보시죠. 일단은 출산을 했다는 것만으로 축하해야 할 일입니다. 지금도 있는 보육비 지원과 보육 시 생활비 지원은 당연히 강화되어야 할 겁니다. 또한 소득공제 시 자녀에 대한 인적 공제를 파격적으로 올리고, 중복 공제를 가능하게 하면 좋을 듯합니다. 아까 결혼한 부부에 대해 적용했던 간접세 할인 혜택을 아이 1명당 10%씩 상향 조정하면 어떨까요? 또한 주택 구입 시 대출에 적용하는 DTI를 대폭 상향 조정하는 겁니다. 그러면 아이가 많은 사람이 주택을 구매하기 쉽겠죠. 또한 종합부동산세를 면제해주고, 부동산 매입 시 취등록세를 할인해주는 겁니다.

같은 소득이면 자녀가 많은 가정이 더 가난하다

H사장   이거 세금을 너무 많이 깎아주는 것 아닌가요?

홍박사   아닙니다. 오히려 부족합니다. 예를 한 번 들어볼까요? 두 가구가 있습니다. 소득이 500만 원인 집, 소득이 200만 원인 집. 누가 세금을 많이 내야 할까요?

H사장   당연히 500만 원인 집이죠. 소득이 많잖아요?

홍박사   그렇지만 이런 조건이 붙으면 어떨까요? 200만 원 소득인 집은 1인 가구이고, 500만 원인 집은 4인 가구라고 한다면? 4인 가구는 500만 원을 벌어도 1인당으로 나누면, 125만 원이니까 1인 가구에 비해서 소득이 적은 셈이 되죠. 여기서 어떤 분은 "에라이~~ 한 집에 사니까 주거 비용도 세이브가 되고, 애들도 어리니까 돈도 덜 들어가잖아"라고 하실 수도 있습니다.

H사장 어떤 자식이 그딴 소리를 해요? 60년대에서 왔나요? 애들이 어른보다 돈이 더 들어가는 걸 몰라요?

홍박사 하하하, 그건 대한민국에서 아이를 키워본 사람이라면 누구나 공감하는 당연한 일이죠. 그럼 500만 원인 4인 가구가 더 가난합니다. 그래서 세금을 덜 걷겠다는데 누가 불만인가요?

H사장 듣고 보니 그러네요. 나라의 미래를 생각한다면, 아이를 낳아서 기르는 것만으로도 세금을 안 내는 게 맞을 거 같습니다. 이제 마지막으로 '3-4-2. 아이를 3명 이상 낳은 부부'에 대해 어떤 혜택을 줄까요?

홍박사 현재의 법률상 다자녀 가구에 대한 정의부터 문제가 있습니다. 대부분 미성년자인 경우만 다자녀 가구로 봅니다. 그래서 양육하는 동안만 혜택이 있습니다. 그것도 전기료 살짝, 수도료 찔끔. 그나마 파격적인 혜택이 국민주택 특별 공급이나, 민영주택 특별 공급 시에 '아이 3명 이상에 무주택자 또는 부부합산 소득 5,000만 원 / 연 이하' 조건으로 혜택을 주는 겁니다.

H사장 저도 그 조건에는 좀 갸우뚱해요. 아이를 3명 낳아서 키우는데, 부부합산 소득이 5,000만 원 이하라면 생활이 될까요?

홍박사 일단 다자녀 혜택은 아이를 낳았다는 사실에만 기초해야 합니다. 아무리 복지를 준다고 해도 자녀를 키우면 쓰는 돈이 더 많은 것이 사실입니다. 그리고 아이가 커도 낳았다는 사실이 그대로인데 혜택을 유지해야죠. 더군다나 소득이나 재산에 대한 기준은 정말 이해가 안 됩니다. 흔히들 유행가에서 "니가 왜 거기서 나와~~" 이런 느낌이죠.

H사장 그래도 소득재분배나 양극화 개선을 위해서는 필요하지 않을까요?

부유층을 다자녀 가정으로 유도

홍박사 소득재분배나 양극화 개선을 위해서 다자녀 출산보다 더 좋은 방법이 있을까요? 특히 소득이 많은 가정이 아이를 많이 낳도록 유도하는 것이 좋습니다. 생각해보세요. 소득이 많은 가정에 자녀가 많으면 나중에 상속 시에 여러 명에게 분할됩니다. 그럼 자연스럽게 재산이 나누어져서 부의 독점이 사라지기 때문에 양극화 해소에 도움이 됩니다.

H사장 하긴 소득이 적은 가정이 아이를 많이 낳으면 너무 힘들 거예요. 정말이지, 다자녀 가정은 대단해요. 저는 아이 2명 이후에 남편이 1명 더 낳자고 해서 2달간 말을 안 했어요.

홍박사 고생한 만큼 결실이 있어야 합니다. 아이 2명 낳은 부부에게 적용하는 혜택 외에도, 사교육비 경감을 위한 대학입시에서 가점을 추가하는 것도 좋을 듯합니다. 현재에도 수시에는 다자녀 전형이 있으나 전형 규모가 워낙 적을 뿐 아니라, 형제 중에 1명만 받아도 나머지는 적용받지 못합니다. 자녀가 1명인 가정에 비해서 자녀가 3명인 가정은 소득이 같다고 했을 때 상대적으로 사교육을 위해 투자할 수 있는 돈이 적어집니다. 그렇다면 수시에서 가점을 주는 것이 공정한 것이 아닐까요?

H사장　맞는 말씀이기는 한데, 좀 조심스럽네요. 우리나라에서 입시는 워낙에 민감한 사항이라서.

홍박사　상속세와 증여세 경감도 필요합니다. 1자녀당 세율을 10~20% 경감한다면 부유층의 다자녀 가정화가 쉽게 이루어질 수 있을 것입니다. 부유층의 다자녀 출산을 장려하려면, 아까 언급한 불효자법도 개정되어야 할 것입니다. 부모의 상속, 증여에 대한 권한을 높이면 자녀들이 아무래도 알아서 말을 듣지 않을까요? 부모와 인연을 끊고 막 살다가 돌아가시면 와서 내 몫을 요구하는 패륜은 좀 정리되어야 할 문제지요. 또한 노후에 복지에 대해서도 다자녀로 인한 혜택이 추가되어야 합니다. 노령연금이나 무상의료에 있어서도 우선권을 드려야죠. 만약 그 가장이 공무원이라면, 진급 시에 가점을 주는 것도 좋을 것입니다.

H사장　홍박사님 말씀대로 다자녀 가정에 특혜가 철철 넘치면, 저도 한 명 더 낳고 싶어지는데요. 아이를 키우는 것이 내 인생을 낭비하는 것이 아니라, 최고의 투자가 될 것 같아요.

홍박사　이밖에도 문화적인 유인책도 필요합니다.

H사장　방송이나 영화에서 다자녀 가정이 하하 호호 하는 것을 보여

주라는 말씀인가요? 앞에 경제 부분에서 반기업 정서를 개선하는 방안으로 언급하셨었잖아요?

홍박사   맞습니다. 당연히 강제할 수는 없겠지요. 그러나 방송 내용이 다자녀 가구를 미화하는 경우, 즉 출산에 친화적인 내용일 경우에 제작사에는 보조금을 지급하는 것이 좋을 듯합니다. 상대적으로 1인 가구를 멋있게 그리는 경우는 국물도 없겠죠. 특히 반결혼 정서를 조장하는 경우, 예를 들어 '부부의 전쟁' 같은 프로그램은 시작부터 금지해야 합니다. 요즘은 모 방송사에서 '애로부부'라는 이름으로 결혼 방해 공작을 시작하더군요. 멀쩡한 부부가 이것만 보면 싸우게 됩니다. 또한 자녀가 성인이 되면 자립하는 문화도 필요합니다. 성인이 된 후에도 부모에게 묻어 있으면 부모는 등골이 휩니다.

H사장   잘 나가다가 갑자기 수구꼴통스러운 발언을 하시네요. 요즘 유치한 친가족적인 내용으로 어떻게 시청자들의 눈을 끄나요?

홍박사   꼴통이라고 저에게 돌을 던지셔도 저는 그냥 맞겠습니다. 그러나 국민들의 잠재의식 속에 있는 생각은 방송이나 영화가 아니면 바꿀 수가 없습니다. 그 방법 말고 뾰족한 방법이 없으니까요. 닭살 돋는 내용이라도 추진할 수밖에 없지요. 광화문 앞에서 "가족이 최고입니다. 아이를 낳으세요"라고 피켓을 들고 서 있다고 해결될 문제가 아니잖아요?

H사장   그 정도 파격적인 지원에 추가해서 다자녀를 권장하는 TV 드

라마까지 동원한다면, 저출산을 해결할 가능성이 보일 수도 있겠네요. 진보와 보수를 떠나서 정책적으로 도입해볼 필요는 있을 것 같습니다.

소득양극화 해소가 저출산 문제보다 중요

조나라 죄송하지만, 저는 매우 부정적입니다. 괜히 보수꼰대라는 평가가 있는 게 아니군요.

H사장 어머, 의외네요. 이유가 뭔가요?

조나라 세금을 인하하는 내용이 많이 포함되어 있으니까요. 국가가 국민의 삶을 책임지고 있는 상황입니다. 세금이 점점 더 늘어나서 국가가 공정하고 정의롭게 분배해야 하죠. 그런데 감세정책이라니요? 정말 보수진영다운 비현실적인 정책들뿐이네요. 특히 다자녀 가정의 자녀에게 대입시험에서 가점을 주는 것은 상상을 초월하는 불쾌한 정책이잖아요? 입시는 자신의 능력이 드러나야 하는 것입니다. 부모가 아이를 많이 낳아서 영향을 받는 것은 있을 수 없는 부정이죠.

H사장 부모가 입시랑 상관없다는 인식이 틀리지는 않은데, 왜 기분이 안 좋을까요? 혹시 시민단체에서 좋은 교육기관에 자기 자녀를 추천하는 권리를 가지게 되면 이런 기분일까요? 아니면 시민단체의 중직을 이용해서 교수들과 무언가를 짜고 거짓을 만들어내면 이런 기분일까요? 어쨌든 국가유공자의 자녀도 혜택이 있는데 미래의 우리나라를 살릴 다자녀 가정에 혜택을 주는 게 불합리한가요?

조나라   진보의 진정한 가치는 양극화 해소에 있어요. 가난한 서민과 부자 사이에서 가난한 서민의 편에 서서 그들을 위한 정책을 펴는 것이 진정한 진보 아닐까요? 그런데 그까짓 출산율 좀 높여보겠다고 부자들에게 세금 혜택을 주면서 비굴하게 부탁을 할 수는 없지요. 생각해보세요. 세금 혜택을 받은 부자들은 자녀들에게 더 많은 돈을 물려주기 위해 사업을 키우고 직원을 더 고용할 겁니다. 일자리를 만들어내면서 더 돈을 벌겠죠. 그럼 그 부자는 더욱 부자가 됩니다. 결국 양극화가 더욱 심해지는 거죠. 이런 끔찍한 상황을 원하세요?

H사장   알겠어요. 세금 혜택이나 부유층이 다자녀 가정이 되도록 유도하는 출산 촉진정책이 양극화를 더 심화시킬 수 있다는 말씀이죠? 이제 마무리하는 단계에서 진보의 재집권을 위한 결론 부탁드릴게요.

조나라   저출산으로 인해 대한민국의 미래가 어두운 것은 사실입니다. 그리고 현실적으로 청년이나 저소득층이 출산을 많이 해서 합계출산율을 높이는 것은 불합리한 정책이지요. 저도 부유층이 자녀를 많이 출산하는 방법이 유일한 방법이라고 생각합니다.

H사장   오호, 어쩐 일로 보수진영의 의견에 동의를 하세요?

부유층의 출산을 법으로 강제

조나라   그렇지만 국민이 주신 절대 권력을 가지고 부자들에게 굽신거릴 수는 없죠. 부자는 국민이 아니니까요. 더욱더 강력하게 억압을 해서 서민들의 마음의 응어리를 달래드려야 하지 않을까요? 그래서 장기적으로는 소득 상위 30%의 고소득층이 결혼을 하지 않거나, 결혼을 하더라도 출산을 2명 이하로 출산하면 고율의 소득세를 적용하는 것이 합리적이지 않을까요? 아니면 징벌적인 벌금을 부과하거나 1년 이하의 징역형에 처하는 것도 좋은 방법이 될 겁니다. 그렇게 하면 세금이나 벌금, 또는 징역의 압박에 못 이긴 부유층이 적극적인 출산에 나설 것이고 자연스럽게 출산율은 급상승하겠죠. 또한 부유층에만 증세를 하는 것이기 때문에 부유층을 응징하는 정의로운 진보진영의 모습이 부각되어서 더욱더 큰 국민적 지지를 받을 수 있어요.

H사장 그런데 부유층이 소득을 일부러 줄이거나, 저소득층으로 자진해서 내려오는 현상이 생길 수 있지 않을까요? 그렇게 된다는 것은 회사가 문을 닫거나, 축소한다는 뜻이 되니까요. 결국 서민들이 일자리를 잃게 되는 상황이 되는데요. 아니면 회사들이 외국으로 떠날 수도 있잖아요?

조나라 네, 그다지 걱정하실 필요는 없습니다. 급격히 세율을 올린다고 해도 소득 상위 30%에만 해당되는 일이고요, 기업을 줄이거나 소득을 줄이는 일이 하루아침에 되는 일이 아니죠. 결국은 2022년 3월에 있을 대통령 선거기간까지는 경제적 부작용이 나타나지 않아요. 그렇기 때문에 증세를 통한 출산 촉진정책은 국민적인 지지를 받으면서 성공적인 재집권 전략이 될 수 있다고 봐요. 또한 실제 성과가 전혀 없는 각종 지원정책을 좀 더 강화한다면, 지원을 받는 분들이 적극적인 지지를 보내주실 것으로 예상됩니다. 왜냐하면 정권이 바뀌면 복지가 끊어질 수 있기 때문이죠.

H사장   그렇지만 재집권을 한 후에 많은 부작용이 나올 수 있을 텐데요.

조나라   재집권 후에는 재정을 통한 경기 부양과 서민 복지가 이루어져서 부족해지는 소득을 보조해야 합니다. 지금부터 이 방안을 정교하게 설계해서 국가채무를 잔뜩 늘려서 대응한다면, 지속적인 집권이 가능한 수준으로 반발을 막을 수 있다고 생각됩니다. 진보의 재집권의 중요성에 비한다면 저출산은 고민거리도 아니죠.

H사장   네, 알겠습니다. 진보의 재집권을 위해 계속 최선을 다해주세요.

조나라   감사합니다.

Subject 10
진보의 재집권 이야기

"10년 집권해봤자 무너뜨리는 데 불과 3~4년밖에 안 걸린다. 금강산도 개성공단도 복지정책도 무너졌다. (중략) 복지정책을 뿌리내리기 위해선 20년이 아니라 더 오랜 기간 집권해야 한다. 우리는 아주 극우적 세력에 의해 통치돼 왔기 때문에 가야 할 길이 굉장히 멀다. (중략) 우리 당이 아니면 집권해서 개혁진영의 중심을 잡아나갈 역량이 어디에도 없다고 본다. (중략) 우리가 내후년 총선에서 압승을 거둬 2022년 대선에서 압승을 거두는 준비를 지금부터 하기 위해 계획을 세우고 있다"

- 2018년 11월 25일 이해찬 더불어민주당 대표
중구난방, 더불어민주당의 미래를 생각하는 당원 토론회에서

조나라 이야기

조나라 드디어 책이 끝났습니다. 지난 1년간의 작업을 어떻게 했는지 기억도 안 나네요. 책을 쓰면서 내내 다시는 이런 시사 이슈 관련된 책은 쓰지 말아야겠다고 수백 번도 더 다짐했어요. 이제 다 했구나 싶으면 또 새로운 정책이 나오고, 이제 끝났다 싶으면 새로운 의혹이 나오니까 끝도 없이 수정을 할 수밖에 없잖아요.

좀 눈치 빠른 독자님들은 이미 눈치채셨겠지요? 사실 H사장, 홍박사는 가상의 인물입니다. 저자는 저 혼자죠. 이야기를 쉽게 풀어나가기 위해서, 그리고 보수의 답답한 생각을 나타내기 위해 사용한 가상의 인물들입니다. 그게 실제로 누구냐고 물어보시면 곤란합니다.

저를 아는 많은 분들이 이 책이 망할까 봐 걱정해주고 계십니다. 사실 이런 책은 유명한 사람들이 쓴 책만 팔리고 저 같은 무명작가는 쫄딱 망하는 책이잖아요. 조국의 '조국의 시간', 진중권, 서민의 '한 번도 경험해보지 못한 나라' 같은 책이랑 제가 어떻게 경쟁을 하겠어요? 하지만 진보의 재집권을 위해서, 그리고 진보진영의 모든 지지자들이 똘똘 뭉쳐서 단결할 수 있게 하기 위해서는 누군가 불편한 진실을 말하는 사람이 필요하다고 생각했어요. 높은 국회의원들이나 유명인들은 하지 못하는 솔직한 이야기 말이죠. 예를 들어서 청와대 대변인이 "양극화 해소는 부자들만 집중적으로 혼내줘서 서민의 표를 따내는 것이다"라고 어떻게 말하겠어요? "소득주도성장이 다 같이 가난해지는 정책이다"라고 솔직하게 말 못하죠. 그분들이 "대선 때 표를 끌어당기기 위해서 나라가 거덜이 나더라도 재난지원금을 주는 거다"라는 발언을 할 수 있을까요? 하지만 이런 진실을 덮어놓고 어떻게 진보진영의 국민들에게 지지를 구할 수 있을까요? 그건 가식이죠.

이제는 진짜로 2022년의 대통령 선거를 준비해야 하는 시간입니다. 철저한 플랜으로 준비해야 하죠. 모두가 알고 계시겠지만, 선거는 전쟁입니다. 진실이나 정의보다는 표를 많이 받아서 이기는 것만 중요하지요. 아니라구요? 선거에 져서 적폐청산으로 탈탈 털리는 거 못 봤나요? 생각해보세요. 그렇게 털리는 게 진보진영이라고 상상해보면 소름이 끼치지 않나요?

하긴 진보진영이 안이한 게 이상할 것도 없지요. 지난 19대 대통령 선거에서는 너무 유리한 싸움을 했거든요. 전 국민이 미워하는 대상과 싸웠어요. 그러다 보니 너무 쉽게 승리했구요. 이어지는 지방선거에서는 여세를 몰아 또 대승을 거두죠. 오죽하면 부산시장에 오거돈 씨 같은 분이 당선되었겠어요? 그뿐인가요? 박정희 대통령의 고향인 구미에서 구미시장으로 더불어민주당 사람이 당선된 것을 보면 할 말 다 한 거죠. 그리고 나서 적폐청산의 약발이 다해서 힘을 잃을 때 즈음인 2020년 총선에서는 코로나19라는 든든한 지원군이 와주었지요. 새로운 전염병으로 목숨이 왔다 갔다 하는 위기 속에서, 국민들은 집권당의 편을 들어줄 수밖에 없었으니까요. 실제로 그때는 전 세계적으로 집권당의 지지율이 확 오른 시기였거든요. 거기에 추가로 재난지원금 명목으로 100만 원씩 푼다니까 다들 믿었었죠. 하지만 이제는 그 약발이 안 먹힙니다. 2022년 3월이면, 코로나19는 끝나버려서 재난지원금 줄 명분도 쉽지 않아요. 생각 같아서는 코로나19를 그때까지 끌고 가고 싶은데요. 진짜 그때까지 끌었다 가는 정말 재집권 못할 겁니다.

국민들을 내 편과 네 편으로 나누자

2022년 대통령 선거는 진짜 싸움입니다. 냉정하게 내 편과 네 편을 확실하게 나누고 전략적으로 접근할 필요가 있어요. 그래서 국민을 4가지 부류로 나누어봅니다.

국민 ① 보수진영
볼 것도 없지요. 갖다 버립니다. 숫자가 좀 많기는 해도 진보진영보다는 적으니까 그냥 포기하고 국민이 아니라고 생각하는 게 정신건강에 좋습니다.

국민 ② 진보진영의 지식인
정치에 관심이 많고 이성적인 사람이라서 문재인 정부의 정책실패를 다 알고 있는 사람이죠. 진중권 씨 같은. 진보는 하나도 실수 안 해야 하고, 하나도 부패하면 안 된다고 주장하는 이상주의자입니다. 자기보고 해보라고 해요. 그게 되나? 설득도 안 되고 오히려 보수보다 더 위험한 적이라고 보면 됩니다. 다행히도 이런 부류는 극히 소수이죠. 안심하세요.

국민 ③ 진보진영 핵인싸
김어준 씨나 문자폭탄 투하 폭격기들을 떠올리시면 됩니다. 당연히 관리할 필요가 없어요. 이들은 이미 많은 이권을 누리고 있으니까요. 오히려 이분들이 진보진영을 관리합니다. 이런 분들은 여론조사에 유리한 결과를 만들기 위해서 핸드폰을 여러 개 가지고 다니면서 여론조사 전화가 오기를 기다리는 사람이죠. 정말 든든합니다.

국민 ④ 진보진영의 잘 사는 서민

진보진영이라고 스스로 생각하면서 안정적인 봉급생활을 하거나 공무원 또는 정부정책으로 혜택을 입은 사람들이죠. 예를 들자면 중견기업에 직원으로 있거나, LH직원 같은. 경제적으로 안정된 삶을 살고 있으니 경제정책의 실패에 영향을 받지 않아요. 그러니 계속 진보진영을 지지하죠. 아직까지도 국민의 다수를 차지하고 있으며 진보진영의 핵심 관리대상입니다. 같은 진보진영이라도 극빈 서민은 경제정책 실패로 너무 살기 힘들어져서 더 이상 지지를 기대하기 힘들거든요. 벌써 보수진영으로 다 넘어갔어요.

그러나 이런 시류와 상관없이 꿋꿋이 잘 버티는 진보진영의 잘 사는 서민에게는 특징이 있어요. 진보를 자처하지만, 정작 정치 이슈에는 관심이 없다는 거죠. 신문에 헤드라인만 읽고 뉴스는 건성으로 봅니다. 깊이 생각하기 싫어하고, 그냥 언론에서 떠먹여주는 결론만 받아먹어요. 머리 쓰는 거 싫어하다 보니, 누군가가 진보와 보수에 대해 제대로 설명하려면 짜증을 내고 자리를 피하죠. 박근혜·최순실로부터 무슨 피해를 입었냐고 누가 물어봐도 성질만 내죠. 그러니까 보수로부터의 공격에도 잘 견딥니다. 그러면서 스스로 잘하고 있다고 매우 자존감이 높아요. 자신의 프라이드가 높으므로, 반대편 세력에 대한 반감도 강하죠. 내가 좋아하는 진보진영을 보수진영에서 공격하는 것이 용납되지 않아요. 그러니까 더욱 강하게 공격하죠. 또한 자신이 지지하는 문재인 정부의 정책이 실패했다는 것을 인정하지 않아요. 자존심 상하잖아요?

진보진영은 여기서 말하는 '국민 ④ 진보진영의 잘 사는 서민'에게 노력을 집중시켜야 합니다. 사실 이들을 대상으로 하는 정치적 노력은 집권 초기부터 지금까지 지속되고 있지요. 이 부분에 대해서는 문재인 정부는 너무 잘하고 있어요. 하지만 흐트러지지 않도록 한 번 더 정리하고자 합니다.

진보진영의 잘 사는 서민을 위한 진보 재집권 플랜

조나라 다음의 플랜들을 실행하면서 2022년 대선을 준비하면 안정적으로 승리할 것으로 보입니다. 자 보시죠.

플랜 ① 현금 나눠주기 지속 실행, 100만 원 이상 큰 규모로

아닌 척하고 있지만, 국민들은 돈에 환장합니다. 서민들이 100만 원 벌려면 10일 넘게 일해야 하죠. 저임금 파트타임 노동자의 경우에는 한 달 내내 일해야 합니다. 그런데 그런 큰돈을 공짜로 준다는데 싫어할 사람이 있을까요? 단, 선거 전에 미리 주면 안 됩니다. 돈만 받고 안 찍는 수가 있으니까요. 당선되면 준다는 공약도 의미가 없어요. 실체가 불확실한 후보자의 공약을 믿지도 않을 뿐더러, 보수진영에서도 돈을 주겠다는 공약을 따라하니까요. 실체가 있는 현 정부에서 선거 직전에 돈을 주겠다는 계획을 발표해야 믿음이 가는 거죠.

    2020년 4월 총선과 2021년 4월 서울시장, 부산시장 보궐선거의 결과를 비교해보세요. 60%의 승리냐 0%의 승리냐가 돈을 주느냐 아니냐에 의해서 결정되었잖아요? 제가 이렇게 말하니까 제 지인분이 돈 때문이 아니고 부동산 정책실패 때문이라고 말하시더군요. 그래서 제가 물어봤었죠. "2020년에는 집값이 쌌냐?"라고요. 부동산이나 다른 정책실패는 이유가 아니에요. 역시 돈 주는 게 최고죠. 그렇다고 진짜 막 주면 재정이 거덜이 납니다. 그래서 돈을 준다고 목청 높여서 홍보하고, 줄 것처럼 하면서 질질 시간을 끌고 버텨야 하죠. 이런 분야에서 문재인 정부는 지금까지 너무도 잘해오고 있어요. 특히 홍남기 경제부총리와 불협화음이 있는 것처럼 꾸며서 언론의 관심을 집중시키면서, 지급 시기를 자꾸 늦추는 전략은 정말 예술의 경지죠. "국회랑 사사건건 충돌하는 홍남기 경제부총리가 왜 안 짤릴까?" 이런 의문이 없는 분 있나요? "열심히 반대하면서 시간을 끌던 홍남기 경제부총리가 왜 갑자기 다 수용할까?" 이런 의문을 가지셨던 분은요? 다 서로 짜고 역할극을 했기 때문이죠. 중간 중간에 자꾸 주면 진짜로 돈이 없어서 못 주니까 대립하는 척하고 시간을 끌다가 2021년 12월과 2022년 1월 사이에 마지막 지급을 해서 국민들이 돈맛을 보게 하는 겁니다. 국민들이 '어? 진짜 주네'라는 생각을 갖도록요. 그리고 대통령 선거가 있는 2022년 3월 직전에 대통령 선거 후에 거액의 지급계획을 발표해서 국민들이 기대하게 만들어야 하는 거죠.

플랜 ② 모호하고 아름다운 먼 미래 비전 제시

'한 번도 경험해보지 못한 나라', '내 삶을 책임지는 국가', '포용국가' 등은 들으면 너무 좋은 표현들이죠. 그러나 조금만 이성적으로 생각해도 현실적으로는 가능성이 전혀 없어요. 환타지 같은 소리죠. 해방 후에 북한을 지배한 김일성이 주장한 '지상천국'이랑 다를 게 없어요. 집권 4년이 흘러가고 있지만 미래 비전은 전혀 이루어질 기미가 안 보입니다. 그러나 걱정 없어요. 힘들고 희망이 없을 때일수록 국민은 믿고 싶은 것을 믿으니까요. 아직도 정치에 관심 없는 진보진영의 잘 사는 서민들은 국가가 자신을 더 잘 살게 해줄 것을 기대하고 기다리고 있어요. 우리는 그 기다림의 마음을 이용해야 합니다. 더 모호하고 더 아름다운 미래 비전은 계속 제시되어야 합니다.

안타까운 것은 집권 초기에 2025년으로 제시했던 먼 미래가 점점 다가온다는 사실이죠. 정책이 줄줄이 실패하다 보니 준비된 게 별 볼 일 없거든요. 이럴 때 최고의 수단은 언론을 이용하는 거죠. 진보진영의 잘 사는 서민은 그냥 언론에서 나오는 말을 여과 없이 믿어요. 그동안 꾸준히 길들여온 언론과 긴밀한 협조를 통해서 2030년으로 미래 비전을 미루는 작업이 치밀하게 이루어져야 합니다. 그래야 아무것도 모르는 진보진영의 잘 사는 서민은 계속해서 진보를 응원하면서 한없이 기대하며 기다립니다.

플랜 ③ 겉으로 좋고 속으로 썩는 정책을 계속해서 추진한다

이름만 듣거나 혜택을 들으면 너무 좋은 정책이나 법이 있어요. '문재인 케어', '서민을 위한 최고 이자율 인하', '대체 공휴일 확대', '평등법', '중대재해 처벌법', '민식이법' 등이요. 문제는 이런 정책이나 법들이 속으로는 썩어 문드러진다는 거죠. 가만히 앉아서 한 단계만 깊게 생각하면 누구나 알 수 있어요. 예를 들어보죠.

'최고 이자율 인하 = 서민들이 높은 이자에 허덕인다. 그래서 법으로 이자를 낮춘다' 얼마나 좋아요? 이자를 내는 사람 입장에서는 이자 부담이 확 줄어들잖아요? 그런데 금융권에서는 입장이 다르죠. 서민 중에는 돈을 대출한 후에 안 갚는 사람이 많거든요. 금융권에서는 이자보다 위험 비용이 더 높으면, 차라리 대출을 안 하는 게 이익이 되죠. 결국 서민에게 돈을 안 빌려줍니다. 결국 급전을 빌리지 못한 서민은 쫄딱 망하게 되는 거죠. 10살짜리도 앉아서 5분만 생각하면 알 수 있는 간단한 일이지요. 그러나 진보진영의 잘 사는 서민은 결과는 관심 없어요. 자기랑 상관없으니까 깊게 생각 안 하거든요. 그냥 겉으로만 이쁘면 됩니다.

'대체 공휴일 확대' 노는 거 싫어하는 사람이 있을까요? 거기에 휴일은 회사에서 유급으로 준다고 합니다. 회사에서 주는 공짜 돈으로 일도 안 하고 놀러가면 얼마나 좋을까요? 그런데 1년에 220일 정도가 근무일입니다. 이중에 5일을 더 쉬면 2.3% 정도 더 쉬는 셈이죠. 2.3%의 생산 차질이 별거 아닌 거 같아도 국가 전체로 하면 GDP의 2.3%가 날아간다는 뜻입니다. GDP가 2,000조면 46조가 날아간다는 겁니다. 그게 좋은가요? 그만큼 국내 기업들은 손실이 날 것이고 힘들어집니다. 생산은 없는데 인건비는 지불해야 한다니. 나중에 골병이 든 기업은 그만큼 빨리 망하거나 해외로 도망갑니다. 결국 그 효과는 국민에게 돌아가겠지요. 하지만 진보진영의 잘 사는 서민은 당장 쉬는 것에만 열광합니다. 한 단계 깊게 생각하기는커녕 0.1단계도 귀찮아하니까요. 이런 정책이 점점 더 많아져야 이분들의 지지를 더욱 이끌어낼 수 있어요. 기업들이 망하는 것은 걱정되시나요? 걱정하지 마세요. 그건 선거가 끝난 뒤 먼 미래의 일이니까요.

플랜 ④ 편가르기 강화

양극화 해소의 명분에서 시작한 편가르기는 최고의 선거 전략입니다. 여기에 안 넘어가는 국민이 없죠. 일단 숫자가 적은 편과 많은 편을 나누어서 싸움을 붙인 후에 숫자가 많은 편의 지지를 이끌어내면 성공입니다. 이번에 2021년 6월 말 더불어민주당에서 종합부동산세 부과 대상을 상위 2%로 규정한 것은 최고의 편가르기 전략이었죠. 그냥 공시지가 9억 원에 대해 부과하던 기준을 12억 이상으로 변경하면 될 것을 일부러 상위 2%라고 규정했어요. 그러면 당연히 나머지 98%는 더불어민주당의 혜택을 입은 '우리 편'이 되는 거죠.

이런 패턴을 착실히 이행하는 분이 2021년 7월 1일 대선 출마를 선언하신 이재명 경기지사시죠. 거의 교과서적이라고 보시면 됩니다. '억강부약(抑强扶弱)'의 정치를 하시겠다고 선언하셨죠. 강자를 누르고, 약자를 돕는다는 뜻입니다. 그러니까 수가 많은 약자들은 내게 표를 던져달라는 거죠. 강자 중에도 선한 사람과 악한 사람이 있습니다. 약자도 마찬가지죠. 그런데 선하냐 악하냐는 안 봐요. 표가 안 되니까요. 강하냐 약하냐? 즉 돈이 많으냐? 적으냐? 이런 것만 보겠다는 거죠. 이러니까 경제적으로 약자인 조두순 편이냐는 소리를 듣는 겁니다.

특히 진보의 재집권을 위해서는 편가르기만 해서는 안 되죠. 싸움을 붙여야 합니다. 지속적으로 편가르기를 하면서 싸움이 될만한 법과 제도를 이용해서 충돌을 일으키는 것이 중요합니다. 이때 공백이 생기면 안 돼요. 충돌이 줄어들면 왜 싸우는지 국민들이 생각하게 되니까요. 그럼 진보진영이 표를 얻으려고 국민을 일부러 싸움 붙이고 있다는 것을 눈치채게 됩니다. 대표적인 예로 임대차 3법은 멀쩡히 잘 있는 임대인과 임차인을 제대로 싸움을 붙이는 절정의 편가르기 법안이었어요. 진보의 재집권을 위해서는 이런 법안이 앞으로 2~3개 정도 더 입법되어서 전국이 계층 간 싸움터로 변하게 해야 합니다.

이런 대립을 조장하는 법이 입법되면 정치인들도 국민들에게 최대한 양보하고 화합하라는 식의 권유를 해서는 안 되겠죠. 대신 약자를 위해 힘들게 만든 법이라는 것을 강조하고 그 권리를 누릴 것을 암시해야 합니다. 그래야 서로 자기 권리만 주장하고, 양보는 없이 고발하고 소송하는 전쟁터가 되니까요. 그 전쟁터에서 진보진영의 잘 사는 서민은 누가 옳은지 생각하지 않고 진보진영을 지지하게 될 것입니다.

법안 말고도 친일과 반일의 대결 프레임은 끝까지 잘 밀고 나가야 합니다. 특히 우리는 일본과 화해하려고 하는데, 일본이 거부한다는 이미지 메이킹은 매우 좋은 전략이죠. 그래야 문재인 정부를 친일과 반일 편가르기의 주체로 인식하지 않으니까요. 결국 진보진영의 잘 사는 서민은 반일의 자리를 지키며 진보에 대한 지지를 굳건히 지켜낼 겁니다.

플랜 ⑤ 기업이나 부자에 대한 더욱 강력한 억압으로 지지 확대

진보진영의 안정적인 서민은 대부분 안정적인 봉급 생활자입니다. 당연히 회사에서 경영자에 의해 스트레스를 받고 살지요. 또한 경영자의 2세가 와서 자기보다 빨리 승진하는 것을 보면 더욱 스트레스 받습니다. 진보진영에서는 이런 스트레스를 이용하기 위해 기업에 대한 억압을 정교하게 설계하고 추진해 나가야 해요. 편가르고 나서 상대를 욕하는 것만큼 시원한 스트레스 해소가 또 있을까요? 부자와 서민으로 나누어서 시원하게 부자를 비난할 수 있는 창구를 열어주면 진보진영의 안정적인 서민의 스트레스가 확 날아갑니다. 프로야구 관중석에서 소리 지르는 것과 같지요.

이 분위기를 이용하기 위해서 "금수저 출신이 어린 나이에 아파트가 몇 채다" 또는 "회삿돈으로 고급 스포츠카를 타고 다닌다"라는 기사들을 먼저 뿌립니다. 그러면 국민들이 분노하죠. 그때 더욱 강력한 기업이나 부유층 억압정책으로 철저히 서민 편이라는 모습을 보여줘야 합니다. 물론 부작용이 생기죠. 경제가 다 이어져 있기 때문에 기업을 억압하면 일자리가 줄어들고, 국민 소득이 줄어들게 되죠. 생각해보세요. 누가 몸에서 대우받지 못하는 '발'을 약자로 생각합니다. 그리고는 약자를 보호한답시고 발을 똘똘 싸매고 강자를 억압한다고 머리를 계속 때립니다. 머리를 계속 맞아서 뇌가 죽으면 발은 어떻게 될까요? 승리를 쟁취했다고 좋아할까요? 아니면 같이 죽을까요? 하지만 진보진영의 안정적인 서민은 그런 걱정 안 합니다. 당장은 월급이 나오니까요. 그래서 기업과 경영인을 혼내주기 바라고 있어요.

산안법, 화관법, 공정경제 3법, 노조법 개정, 52시간제, 중대재해 처벌법, 대체 공휴일 확대, 평등법 등등 듣기만 해도 신나는 법이 줄줄이 생기고 있어요. 아무리 튼튼한 사람이라도 몽둥이로 한두 대 때리면 멍이 들지만 계속 때리면 죽습니다. 이런 법들이 누적되다 보면 기업들이 우수수 무너질 날이 오겠죠. 일단 우리나라 기업들이 제대로 무너지기 시작하면, 그때는 바로 잡으려 해도 늦었지요. 하지만 진보진영의 잘 사는 서민은 그런 걱정 안 합니다. 그건 대선 이후에 있을 일이니까요.

과거 독일 슈뢰더 총리가 노동개혁을 통해 기업규제를 풀고 노동시장을 유연하게 해주어서, 지금의 독일이 급성장하는 데 기여했어요. 하지만 나중에 정권을 잃었지요. 나라는 부강하게 만들고 국민을 잘 살게 만들었지만 인기는 잃었어요. 재집권을 위해서는 나라와 국민의 미래보다는 국민들이 당장 좋아하는 일만 골라 해야 하는 겁니다.

플랜 ⑥ 유체이탈 화법의 강화

모두가 쫄딱 망한 것을 알고 있지만, 당당하게 잘 되고 있다고 호언장담을 해야 합니다. 절대로 실패를 인정해선 안 되죠. 문재인 대통령 취임 4주년 특별연설을 한 번 보세요. "경제가 살아나고 있고, 일자리도 늘어나고 있습니다" 깊이 생각하는 것을 싫어하는 진보진영의 안정된 서민들은 그 말만 듣고 열광합니다. 언젠가 시사타파에서 조중동의 기자들이 서울의 집값이 내린 통계는 인용하지 않고, 수도권 전체의 집값이 올랐다고 비난하는 기사를 냈다고 주장했었죠. 기자들이 아주 나쁜 놈들이라고요. 그런데 서울에서 떨어진 집값에 집을 산 사람은 아무도 못 봤어요. 하지만 진보진영의 잘 사는 서민은 그냥 그렇게 말하면 믿습니다. 이렇게 말하면 "진보의 재집권의 자산인 진보진영의 잘 사는 서민을 이따위로 험담을 해도 되냐?"고 물으시는 분이 계시겠죠? 당연하죠. 해도 됩니다. 그분들은 이런 머리 아픈 책 안 봅니다. 그냥 '팬트하우스' 같은 막장드라마를 보면서 부자들에 대한 적개심을 불태우지요. 심지어 이런 책에서 험담했다고 방송에 나와도 안 봅니다. 자기 험담인 줄 몰라요.

유체이탈 화법이 가끔 국민적 공분을 살 수도 있어요. 고 박원순 시장 같은 진보진영의 범죄가 드러났을 때, 만약 누군가가 아무 문제 없다고 나서서 해명하면 문제가 더 심해집니다. 그때 괜히 '피해 호소인'이라는 말을 해서 아직도 욕을 먹고 있잖아요? 진보진영에 문제가 생겨서 비난이 거세지면 조용히 지내면 됩니다. 진보진영의 잘 사는 서민은 빨리 잊어버립니다. 전에 LH직원들의 부동산 투기가 연일 대한 문제인 양 난리났었지만 지금 보세요. 아무도 신경 안 씁니다. 그러다가 반대로 보수진영에 문제가 생겨서 좀 유리하다 싶으면 나서서 철저히 수사하라고 지시하면 됩니다.

플랜 ⑦ 경찰, 검찰, 공수처, 대법원을 이용한 철저한 자기 방어

정치에 관심 많은 국민은 언론이나 검찰에 제시된 정황만으로도 대충 뭔가 있다고 짐작합니다. 옵티머스, 라임, 이용구 차관 택시기사 폭행사건 등. 하지만 진보진영의 잘 사는 서민은 진보진영의 부정부패에 대해서 수사기관과 법원의 최종판결을 기다립니다. 자기가 지지하는 진보진영이 부패했다는 것을 인정하기 싫으니까요. 그러니까 검찰에 대한 인사권을 통해서 친진보적인 검사들을 요직에 앉히는 작업은 계속되어야 합니다. 법무부장관 같은 상급자가 수사를 받고 있을수록 더욱 요직에 임명해야 합니다. 그래야 충분히 수사를 방해하고 지연시킬 수 있으니까요.

대법원의 인사이동은 문재인 대통령 임기 중에는 더 이상 없을 것으로 보입니다. 그러나 다른 인사이동도 정치적 편향에 대한 비난은 전혀 신경 쓸 필요 없이 무조건 우리 편으로 임명해야 해요. 그래야 재집권에 실패하더라도 줄줄이 감옥 가는 것을 막을 수 있거든요. 또한 요란했던 수사과정과 달리 진보진영의 부정부패에 대한 사건이 전부 대법원에서 무죄판결을 받거나, 100만 원 미만의 벌금형으로 끝나야 합니다. 그래서 진보진영에서는 어떠한 잘못을 해도 처벌받지 않는다는 상식을 만들어야 합니다. 그것이 상식이 된다면 그 특권을 누리기 위한 진보진영의 잘 사는 서민들의 지지가 더욱 강화되겠지요.

그런 상식이 불가능하다구요? 아닙니다. 자연법칙에도 항상 예외는 있어요. 모든 액체가 고체로 되면 부피가 줄어듭니다. 하지만 물은 부피가 늘어나요. 이걸 이상하게 생각하는 사람이 있나요? 불만 있는 사람이 있나요? 모두가 당연히 받아들입니다. 이렇게 진보진영은 부정부패해도 처벌받지 않는다는 상식을 만들어가는 것이 진보 대법원의 임무입니다.

공수처는 윤석열 전 검찰총장에 대한 수사에 전력을 쏟아야 할 겁니다. 또한 지금부터 철저히 자료를 수집해서 2022년 2월경에 대선 경쟁자에 대한 무수한 의혹을 제기해야겠지요. 거기에 선거 임박해서 압수수색으로 분위기를 한층 업시켜야 합니다. 무죄여도 상관없죠. 보수진영이 못 믿을 사람이라는 국민적 의혹만 제대로 일으키면 되니까요. 선거개입 의혹은 처음부터 신경 쓸 필요 없어요. 진보진영의 잘 사는 서민은 믿고 싶은 것만 믿으시니까요. 선거만 승리하면 불필요한 의혹은 조용히 사라져요. 그럼 책임이나 비난도 같이 사라지죠. 만약에 불똥이 튀어서 공직에서 사임해도 상관없어요. 바로 이어지는 국회의원 선거에 출마하면 되니까요.

이런 공수처의 공격은 타이밍이 가장 중요합니다. 예를 들어보죠. 정의연에 의해서 이용만 당했던 정신대 피해자 이용수 할머니를 볼게요. 21대 국회의원 선거 전에 이슈를 터뜨렸으면 시민단체나 더불어민주당이 얼마나 큰 피해를 입었을까요? 하지만 진보진영에서는 최대한 시간을 벌도록 할머니를 설득했습니다. 어리숙한 이용수 할머니는 그 말을 믿고 시간을 끌다가 바보가 되었죠. 이용수 할머니는 결국 선거가 지난 후에 언론에 이슈를 터뜨렸지만 이미 당선된 다음이었습니다. 선거 결과는 변하지 않아요.

플랜 ⑧ 사전투표나 재외국민투표의 축소가 필요합니다

사전투표나 재외국민투표는 전통적으로 더불어민주당에게 유리했습니다. 이는 젊은 사람들이 많이 이용하기 때문이죠. 젊은 층의 지지를 많이 받는 정당을 위한 좋은 수단입니다. 그런데 진보진영의 잘 사는 서민들은 중장년층입니다. 청년층은 취업을 시작하는 단계다 보니 진보진영의 경제정책 실패가 뼈저리게 느껴지는 세대거든요. 허구

헌 날 취업 사이트를 보면서 전에는 널려 있던 좋은 알바 자리가 싹 사라졌다는 것을 가장 먼저 실감하고 있어요. 그래서 이번 서울시장, 부산시장 선거에서도 보수의 편에 섰던 계층입니다. 이들은 워낙 피해의식이 강해서 이들을 되돌리기 위한 구직지원금 따위는 쳐다도 안 봅니다. 구직지원금 받아봐야 좋은 일자리가 없다는 현실은 바뀌지 않는다는 것을 이미 깨달아 버렸으니까요. 심지어 지금 진보진영에서 뿌리는 복지로 인한 부채를 자기들이 갚아야 한다는 것을 아는 사람도 생겼습니다.

이 젊은 세대는 배은망덕하게도 자기들이 누렸던 수많은 특권이 진보진영이 만들어준 것이란 것을 잊어버렸어요. 이들이 청소년 시기에 학교 폭력이라도 일어나면 시민단체 출신 청소년 전문가들이 나서서 기성세대들이 이해해주고 보호해줘야 한다고 열변을 토했었죠. 덕분에 지금 청년층은 어렸을 때 항상 보호받고 인정받았습니다. 그러다 보니 항상 자기들은 보호받고 인정받아야 한다고 생각해요. 내가 아닌 다른 기성세대들이 다 자기한테 잘해줘야 한다고요. 자기가 기성세대가 된 줄도 모릅니다. 이런 응석받이들이 경제 좀 힘들고 취업 좀 안 된다고 보수진영으로 돌아섰습니다. 그래서 이들이 선거에 더욱 많이 참여하도록 한 제도들을 거두어들일 때가 된 거죠. 178석의 의석으로 법을 바꾸어서라도 최대한 젊은 층의 선거 참여를 막아야 합니다.

플랜 ⑨ 문파의 활동 지원

극성스러운 '문파'들의 지원사격은 매우 훌륭한 선거자원입니다. 반대파의 지식인들이 입방정을 떨지 못하게 사전에 제압하는 역할을 해내죠. 그래서 문재인 대통령은 문파의 문자폭탄에 대해 '정치에 양념', '그것도 국민의 의견'으로 표현했습니다. 특히나 김어준 씨 같은 문파 방송인이 회당 500만 원의 출연료를 받는 상황은 문파 언론인 지망생에게 매우 큰 희망이 되고 있어요. 친문 방송인 김제동 씨의 경우도 김포에서 90분 강연을 하고 1,300만 원의 강연료를 받았었죠. 충남 아산에서는 2차례 강연했는데, 총 2,700만 원의 강연료를 받았구요. 지방자치단체의 재정에서 받았기 때문에 부담도 없습니다. 이렇게 문파를 잘 이용해서 뜨면 대박을 낼 수 있다는 거죠. 정부에서는 좀 더 적극적으로 문파 인재를 키워나가야 합니다.

진보 재집권을 위한 선거전략을 잘 이해하셨나요? 여기까지의 9가지 플랜을 치밀하게 계획하고 강력하게 밀어부치면 2022년 3월의 대선도 진보진영의 대승으로 마무리할 수 있을 겁니다. 다 같이 그때를 기대해보겠습니다. 감사합니다.

홍박사 이야기

홍박사 이렇게 쓰니까 진짜 진보진영의 조나라님이 쓴 것 같지요? 하하하, 현명한 독자님들은 모두 눈치채셨겠지만, 사실은 제가 모두 쓴 겁니다. 진짜 저자는 저 하나뿐이니까요. 조나라님이랑 H사장님은 다 허구의 인물입니다. 저자 정리도 했으니까 이제 조금 더 깊게 들어가 보겠습니다.

무인도에 혼자 사는 게 아닌 한은 진보도 보수를 만날 수 있고, 보수도 진보를 만날 수 있습니다. 심지어는 진보와 보수가 한 이불 덮고 같이 사는 경우도 있습니다. 그때 보수진영 사람이 시비를 걸기 위해서 느닷없이 정치 이야기를 꺼낼 수 있습니다. 그래서 진보진영에서는 다음과 같이 물어보는 사람에 대해 대비해두시면 좋습니다. 그게 안 되시면 그냥 피하세요.

보수의 질문 ①

서민의 기준이 무언가? 너는 서민인가? 서민을 위하는 진보정부에서 무슨 혜택을 입었나?

[대책]

만약 내가 진보정부에서 혜택을 입었으면 다행인데 땡전 한 푼 혜택을 받은 게 없으면 조용히 피하세요. 대부분 진보진영의 잘 사는 서민은 복지 혜택을 별로 받은 게 없습니다. 잘 사니까요. 이때 전 국민이 받은 긴급재난지원금 이야기 꺼내면 바보가 됩니다. 재원과 국가채무로 이야기가 넘어가는 수가 있습니다. 만약 혜택을 입었어도 그 제도가 보수정부에서 만든 것이라면 말을 하지 마세요. 예를 들어서 실업급여 같은 겁니다. 문재인 정부의 경제정책 실패로 실업을 했는데, 정작 김영삼 정권 때 만들어진 실업급여를 받는다면 얼마나 창피합니까?

보수의 질문 ②

진보진영은 서민의 편인가? 서민은 소득이 적은 사람인가? 조두순은 소득이 적은가? 그럼 진보진영은 조두순의 편인가?

[대책]

이런 말을 하는 사람은 꾼입니다. 상대를 하지 마세요. 이미 치밀한 논리로 준비했기 때문에 절대로 못 이깁니다. 생각보다 가난한 사람 중에 악인이 많습니다. 가난하고 순수하면서 착한 사람은 소설에나 나옵니다. 가난하다 보면 점점 억척스럽게 살게 되고, 결국 남에게 배려하기 어려워지는 게 정상이니까요. 가난한 서민은 무조건 착하고 불쌍하고, 부자는 무조건 나쁘고 사치한다는 기본 전제를 이용한 양극화 패러다임이 그대로 무너집니다. 도망치세요.

보수의 질문 ③

진보에서는 반일을 외친다. 그런데 반일을 외치는 자리에서 진보언론의 기자들은 왜 일제 카메라를 이용하고 일제 부품이 들어간 핸드폰을 쓰나?

[대책]

노재팬을 주제로 어느 진보 정치인이 기자회견을 했는데, 기자들이 전부 니콘, 캐논 카메라로 찍었습니다. 이거 어색한 광경이 아니죠. 진보진영의 전통이 아닐까요? 이명박 대통령 임기 초기에 광우병 파동으로 인한 촛불집회가 있었습니다. 촛불집회의 원년 멤버로 보시면 됩니다. 이때 SNS의 위력이 나타났었습니다. 그때 반미를 외치는 열혈 투쟁가들은 손에 손에 애플 스마트폰을 들고 Facebook에 집회소식을 올려서 반미 촛불집회 참여를 독려했었습니다. 정말 쪽팔리면서 아름다운 모습이었어요.

하지만 이건 다 과정이라고 봅니다. 점점 기자들도 한국산 카메라를 사용할 것이고, 핸드폰에도 일제 부품이 안 들어가게 만들 겁니다. 과거 광우병 파동 때 애플 스마트폰을 사용했던 진보진영에서 모두 국산 스마트폰으로 바꾸셨듯이요. 진짜 그러냐고요? 아직 안 바꾼 사람도 있다구요? 대선 끝난 다음에 바꾼다고 말하세요. 나중에 알게 뭡니까?

보수의 질문 ④

기업을 때리는 것이 서민을 위한 것인가? 표가 안 나오는 기업을 때려서 표를 얻으려 하면, 일자리와 소득이 줄어든다. 2030 청년들은 기업 때리기보다는 일자리에 더 목말라 하고 있다.

[대책]

그래 그래 하면서 말을 자릅니다. 보수의 질문 ②보다 더 나쁜 놈입니다. 괜히 말 끌다가 소득주도성장이랑 현금 나눠주기로 물가 오른 이야기 나오면 대책 없습니다. 하여간 경제 쪽에는 말싸움을 포기하세요.

보수의 질문 ⑤

'제조업 르네상스 비전'이라고 들어보셨나요? 2019년 6월 20일에 문재인 대통령이 선포한 제조업 발전 계획입니다. 이후에 우리나라 제조업은 박살이 났고 수많은 기업이 해외로 도망갔습니다.

[대책]

이걸 기억하다니. 이미 한참 전에 쫄딱 망해서 조용히 사라진 정책입니다. "어쩌다 보니 그게 어영부영 한국판 뉴딜로 바뀌었어"라고 이야기하고 싶은 마음이 생기는 건 이해합니다. 하지만 그랬다간 제대로 함정에 빠집니다. 진보정부는 원래 듣기 좋은 정책만 해야 하기 때문에 모든 정책은 나중에 사라지는 게 당연합니다. 그냥 밥을 사세요. 그리고 생색내는 게 편합니다.

어떠신가요? 이제 좀 보수진영과 말싸움할 자신이 생기시나요? 진보진영 여러분 파이팅입니다.

H사장 이야기

H사장 호호호, 이제 제가 진짜 진짜 진실을 말씀드릴 때가 되었네요. 제가 진짜 저자입니다. 조나라님이랑 홍박사님은 다 가상의 인물이시죠. 저 혼자 쓰면서 3명이 이야기하는 척하느라 정말 힘들었어요. 어쨌든 두 분은 제가 책을 많이 팔기 위해서 대화체로 하려다 보니 만들어 낸 인물입니다.

독자님들 중에는 보수진영의 사람들과 말싸움해서 이기는 스킬을 얻기 위해서 이 책을 읽으신 분들이 제법 있으실 것 같아요. 그리고 책이 끝나가는 지금쯤 왕창 실망하고 계시겠죠. 아무리 봐도 속 시원히 보수진영을 이길 멋진 논리는 없으니까요. 그렇지만 실망하시면 안 돼요. 진보진영은 원래 그런 거니까요. 앞에서는 멋진 이상과 약속을 말로 채워놓지만, 뒤에서는 실제로 받쳐줄 수 있는 방법이 없어서 엉뚱한 상황만 벌어지고 있잖아요? 그게 바로 진보진영의 진정한 스킬입니다.

보수진영과 말싸움하실 때 디테일하게 접근하지 마시고, 큰 이미지만 그리는 거죠. '양극화 해소', '적폐청산', '한 번도 경험해보지 못한 나라' 등등 이런 거 내밀면서 아름답게 미래를 그려주세요. 그게 보수진영을 이길 수 있는 스킬입니다.

이제 마무리해야겠네요. 사실은 처음에 기획했던 책의 내용은 지금의 2배 정도였어요. 여성인권, 노동조합, 환경, 탈원전과 재생에너지 등 몇 가지 더 다루고 싶은 내용이 있었는데 시간이 없어서 포기했네요. 2022년 대선 다음에 책이 나오면 의미가 없잖아요? 나중에 기회가 된다면 추가된 내용으로 2편이 나올 수도 있겠죠. 만약 2편이 나오지 않고 이 책으로 끝나더라도 이 책이 진보의 재집권을 위한 도움이 되길 바랍니다. 그리고 혹시 정권을 잃을지 모르니 진보진영의 높은 자리에 계신 분께서는 선거 전에라도 중고등학생 필독서로 지정해주세요. 부탁드려요~~

에필로그

"나쁜 정치(政治)를 외면(外面)하고 싸우기를 피한 가장 큰 대가(代價)는 가장 저질(低質)스러운 인간(人間)들에게 지배(支配)당하는 것이다"

- 플라톤(BC 428~348) -

그냥 멋있어서, 그냥 좋아서 진보를 하는 사람들에게 부탁합니다. 정치에 관심 좀 가지라고요. 아무것도 모르고, 특히 알려고 하지 않고 감성으로 진보를 지지하는 일은 진보에게 오히려 해가 되는 일입니다. 공부 좀 해주세요.

[한자 공부]

다음 중 맞는 한자에 ○표, 틀린 한자에 ×표 해주세요.

1. 평등
① 平等 : 권리나 의무, 신분 따위가 차별이 없이 고르게 됨 (×)
② 評騰 : 평가가 들쭉날쭉함 (○)

2. 공정
① 公正 : 공평하고 올바르다 (×)
② 公定 : 공공기관, 즉 정부에서 정한다 (○)

3. 정의
① 正義 : 옳고 바른 도리 (×)
② 情義 : 정이 가는 쪽(내 편)이 무조건 옳다 (○)